종속과 차별

식민지기 조선과 일본의 지주제 비교사

지은이 **최은진**(崔銀珍) Choi, Eun-jin

한양대학교 사학과와 동 대학원 석·박사과정을 졸업했다. 석사학위논문은 「군산미(群山米)의 대일 수출구조—개항 (1899년)~1910년대를 중심으로」를, 박사학위논문은 「1930년대 조선농지령의 제정 과정과 시행결과」를 썼다. 국가보훈 처 학예연구사, 을지대학교 강사 등을 거쳐 현재 국사편찬위원회 편사연구사, 한양대학교 사학과 겸임교수로 있다. 한 국 근대사의 식민지배정책사, 사회경제사, 법제사, 한일관계사, 트랜스내셔널사, 사회운동사, 독립운동사, 지역사, 일 상사 전반에 관심을 두고 있다.

저서로는 『식민지지주제와 소작정책의 식민성』(2021), 『경성지방법원 검사국 문서와 식민지 사회』(2022, 공저), 『투자 권하는 사회—투자에서 투기까지, 대중투자사회의 역사』(2023, 공저), 역서로는 『일본의 식민지 조선통치론—'내지연 장론'과 '조선자치론'(조선통치문제논문집 국역)』(2023), 『국역 조선총독부 30년사』 상·중·하(2018, 공역) 등이 있다. 논문으로는 「일제하 조선고등법원 판례를 통해 본 소작문제」(2017), 「1930년대 조선총독부의 조선농지령 입안과 일본 정부의 심의·의결과정」(2019), 「1930년대 중반 조선농지령 시행 이후의 소작쟁의」(2020), 「1920~1930년대 초 일본 정 부의 소작입법 과정」(2020), 「1920~1930년대 중반 소작입법을 둘러싼 식민지 조선과 일본 사회의 대응과 인식」(2021), 「1930년대 조선소작조정령의 제정과 시행의 한계」(2021), 「1920년대 후반 전북 옥구 이엽사농장 소작쟁의의 전개 과정 과 성격」(2021), 「일본과 식민지 조선의 지주제와 소작문제 비교」(2021), 「일제하 토지 투자 열풍—일본인 지주·자본가 의 한국 토지 매입 전략과 수익」(2022), 「1930년대 장흥의 전남운동협의회 관련 활동과 지역사회」(2022) 등이 있다.

종속과 차별 ─식민지기 조선과 일본의 지주제 비교사

1판 1쇄 인쇄 2023년 10월 20일
1판 1쇄 발행 2023년 11월 1일

지은이 최은진
펴낸이 정순구
책임편집 정윤경
기획편집 조원식 조수정
마케팅 황주영

출력 블루엔
용지 한서지업사
인쇄 한영문화사
제본 대원바인더리

펴낸곳 (주) 역사비평사
등록 제300-2007-139호 (2007.9.20)
주소 10497 : 경기도 고양시 덕양구 화중로 100(비전타워21) 506호
전화 02-741-6123~5
팩스 02-741-6126
홈페이지 www.yukbi.com
이메일 yukbi88@naver.com

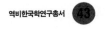

종속과 차별

| 식민지기 조선과 일본의 지주제 비교사 |

최은진 지음

역사비평사

일러두기

1. 이 책은 필자의 박사학위논문 「1930년대 조선농지령의 제정과정과 시행결과」(한양대학교 대학원 사학과, 2020)를 저본으로 하여 수정·보완을 거쳐 집필했다.

2. 사료는 원문을 번역하여 참고하는 것을 원칙으로 하되, 가독성을 높이기 위해 한자를 한글로 바꾸고 내용 이해를 위해 필요한 경우에만 부별로 한자를 한 번 병기했다.

3. 사료 인용 시 강조 밑줄 표시는 내용상의 필요에 따라 필자가 표시한 것이다.

4. 본문 중 괄호 안의 짧은 용어 설명이나 각주 중 비교적 긴 용어 설명 가운데 일반 사전을 참조한 해설은 참고문헌 기재를 생략했다.

5. 각주의 참고문헌은 부별로 전체 서지정보를 표기한 후, 앞에 든 문헌이 다시 나올 경우 바로 앞에서 인용한 책과 논문은 '위의 책', '위의 논문', 바로 앞이 아닌 앞에서 인용한 책이나 논문은 '앞의 책', '앞의 논문'으로 적었다. '앞의 책', '앞의 논문'에는 저자와 출판연도를 첨가하고, 한 저자의 출판연도가 같은 문헌이 여러 개일 경우에는 출판연도 다음에 알파벳을 기재하여 구별했다.

책머리에

    이 책은 식민지기 조선의 지주제 특성을 보다 명확히 하기 위해 당시 일본의 지주제 현황과 전면 비교연구하고자 했다. 식민지 조선의 지주제는 일본에 정치경제적으로 종속되어 있었고, 일본 정부는 일본과 조선에서 지주제를 관리하는 데 차별적이었다.

    여기에는 한국사학계에 새로운 일본 근대사 내용도 있고, 일본사학계에 새로운 일본 근대사 내용도 있을 것이다. 또 일본사학계에 새로운 한국 근대사 내용도 있고, 한국사학계에 새로운 한국 근대사 내용도 있다. 이 책은 한국과 일본의 비교사인 동시에 트랜스내셔널사이다. 식민지기 조선의 근대는 당연히 트랜스내셔널한 상황일 수밖에 없었다. 제국주의의 지배 아래 억압받고 저항하며, 갈등하고 타협·협력하며, 교류하는 등 식민지와 본국 간의 다양한 상호작용을 포괄하는 것이 제국주의 지배와 식민지 경험의 본질이다. 따라서 한국의 근대를 해석하는 데 트랜스내셔널한 시각은 필수적이다.

    이 연구를 가능하게 한 자료 역시 한국과 일본에 산재해 있었다. 한국에서는 주로 국립중앙도서관, 국사편찬위원회, 국가기록원, 법원도서관 등에 소장된 자료, 일본에서는 주로 국립국회도서관, 국립공문서관, 고베대학 부속도서관 등에 소장된 자료를 활용했다. 특히 일본에서 자료를 발굴·수집하기 위해 몇 년간 여러 차례 일본을 드나들었다.

이 책에서 가장 주목하고 싶었던 것은 사실 식민지기 지주제라는 '제도' 그 자체보다도, 그 시대를 '살아낸 사람', 바로 농민들이었다. 농민의 저항운동을 필자는 잠정적으로 "민(民)의 '생존권' 찾기 운동"이라고 부르고자 한다. '생존권'이란 인간의 기본적인 자연권의 하나로 인간이 완전한 사람으로서 생존하는 데 필요한 모든 것을 국가에 요구할 수 있는 권리를 가리킨다. 이 생존권 개념은 지금은 익숙하지만 상당히 근대적인 용어이다. 필자는 조선 후기 이른바 '민란', 1894년 동학농민운동, 일제하 수탈과 착취에 맞선 농민운동의 경험이 계속 축적되면서 농민들이 자연스레 이 생존권 개념에 눈뜨게 되었고, 불평등한 현실을 각성하면서 투쟁 시 요구사항을 더욱 정교하게 발전시켜갔다고 생각한다.

일제하 농민운동은 우리에게 무엇을 남겼는가? 개항기부터 식민지기에 걸쳐 농민운동은 계속되었고, 민의 생존권 투쟁의 역사는 전화위복(轉禍爲福)을 만들었다. 1920년대부터 1930년대 중반까지 소작쟁의가 활발히 일어나 집중적으로 식민지지주제의 문제를 폭로하면서 어느새 식민지지주제를 청산해야 한다는 사회적 합의를 이끌어낼 수 있었다고 본다. 그리하여 해방 직후 바로 지주제 청산이 대표적인 정책 현안으로 부상할 수 있었고, 1946년부터 이북에서 토지개혁이, 1950년부터 이남에서 농지개혁이 실시되어 지주제가 철폐될 수 있었다.

처음 이 주제에 천착하기 시작하면서, 식민지기 소작 문제는 현대의 비정규직 문제와 비슷한 측면이 많다고 생각했다. 2007년 소위 '비정규직보호법'(정확히는 '기간제 및 단시간근로자 보호 등에 관한 법률'과 '파견근로자 보호 등에 관한 법률')이 시행되어 비정규직 노동자의 노동조건 개선을 도모한다고 했다. 비정규직 노동자의 계약 기간을 최대 2년으로 제한하고, 이후에는 정규직화를 권장한다 했다. 동일 업종, 유사 업무에 종사하는 정규직 노동자와 비정규직 노동자를 차별하지 못하도록 하겠다고 했다. 그런데 지금 현실은 어떤가? 비정규직 노동자를 정규직으로 전환해주는 경우는 매우 드물다. 비정규직의 사용 기간은 최대 2년이지만, 사용자 측이 갖가지 사유를 대면 그것마저 지켜지지 않는 경우가 허다하다. 정규직과 비정규직의 차별 철폐는 '동일 노동, 동일 임금'을 이상으로 했지만, 정규직의 호봉제 등과 달리 여전히 비정규직은 임금 상승을 제대로 보장받지 못하고 각종 수당이나 상여금, 복지 혜택에서도 소외되어 있다. 결국 역설적으로 비정규직보호법 시행 이후 비정규직 노동자의 비중은 현저히 증가했으며, 노동시장은 더 '유연'해졌다.

1934년 '조선농지령'을 시행할 때 조선총독부는 소작인들이 계약 기간 최소 3년을 보장받고, 불의의 상황에 소작료를 감면(減免)받음으로써 최저 생활을 보장받을 수 있으며, 정부가 소작지 관리자를 파악하고 관리함에 따라 이들의 착취로부터 벗어날 수 있을 것이라고 선전했다. 그러나 법과 현실은 역시 달랐다. 지주는 계약 기간 3년을 채우지 않기 위해 갖가지 명목으로 '불량한' 소작인을 쫓아내고 지주의 구미에 맞는 '선량한' 소작인으로 교체했다. 또 지주는 소작인의 최저 생계비는 고려하지 않은 법의 결함을 이용하여 그렇지 않아도 고율이던 소작료를 더 고율로 올리고 지주에게 '온순한' 소작인만 사용하고자 했다. 마름 등 소작지 관리자를 신고하도록 조선농지령에서 정했건만 이를 지키지 않는 지주들이 허다했고, 소작지 관리자가 착취를 계속 자행해도 그를 처벌할 규정은 별달리 없었다. 즉 조선농지령은 결함도 많았지만 강제집행력도 부족한 법령이었다.

그렇다면 일제하 일본의 기생지주제(寄生地主制)가 도입된 후 조선의 토착적인 지주제와 혼성되어 식민지지주제가 성립되고 확대되고 나서, 식민지 조선의 지주제는 해방 때까지 어떻게 되었는가? 식민당국은 식민지 조선에서 계속 식량과 원료를 구하려 하면서 과연 지주제를 포기할 수 있었을까? 식민지 지주제의 쓸모는 일본 본국 내 지주제의 효용과는 다르지 않았을까? 지주와 소작인의 '공존공영'을 위한다면서 일본 본국보다도 먼저 '소작법'인 조선농지령을 만든 것은 과연 누구를 위한 것이었을까? 애초에 조선농지령에 내용적 한계가 많고 강제력이 부족했던 것은 과연 우연이었을까? 이러한 질문들에 이 책은 답하고자 한다.

이 책은 필자의 박사학위논문 「1930년대 조선농지령의 제정과정과 시행결과」(2020)를 상당 부분 수정·보완한 것이다. 필자가 석사과정 때부터 농업경제사, 농촌사회사, 지역사에 관심을 두게 된 것은, 고백하건대 '귀농'을 준비하고 실천했던 경험에서 비롯되었다. 2006년 1월 고(故) 박원순 변호사가 '민간 싱크탱크'를 표방하여 만든 희망제작소에 창립 멤버이자 가장 나이 어린 연구원으로 들어갔는데, 이 첫 직장에서 지역의 현실에 눈을 뜨게 되었다. 서울 태생이면서도 '농심(農心)'이 왠지 친근했던지라 서울에서 일하기보다 지역에서 일하면 더 큰 사회 기여를 할 수 있지 않을까 처음에는 막연히 생각했다. 그러면서 희망제작소 직장 동료 언니와 함께 귀농 준비를 시작했고, 벤치마킹할 만한 대상을 찾아 주로 일본 각지에 출장을 가서 조사한 내용을 아이디어로 차곡차곡 모아갔다. 2년 정도 희망제작소를 다니고 나와 서울에서 마지막으로 하고 싶고 해야 할 일이라고 생각한 사학과 석사과정 이수를 위해 모교인 한양대를 다시 찾았다.

2001년 3월부터 2005년 2월까지 한양대를 다니고 학부를 졸업했는데, 잠깐 사회생활을 하던 사이 박찬승 선생님이 한양대 교수로 부임해 계셨다. 친한 선배의 소개로 박찬승 교수님을 찾아가 석사과정에 들어가고 싶다고 말씀드렸

더니, "자네는 미래를 내다보는 일을 해왔는데, 과거를 돌아보는 공부를 할 수 있겠는가" 물으셨다. 그러면서 "석사는 한 4년, 박사는 한 6년, 도합 10년은 걸릴 텐데 할 수 있겠는가" 하고 겁 아닌 겁도 주셨다. 정말 지나고 보니 석사과정부터 박사과정 이수까지 10년보다 더 길게 11년이 걸렸다. 선생님은 그렇게 말씀하시면서도 제자가 되고 싶다고 찾아온 필자를 반갑게 맞아주셨다. 그런데 괘씸한 제자는 '사실은 귀농하기 전에 서울에서 마지막으로 하고 싶은 일이 석사과정 이수여서 왔습니다'라는 말씀을 드리지 못하고 속으로 집어삼킨 채 2007년 9월부터 2010년 8월까지 3년간 석사과정을 밟고 말았다.

현존하는 '소농' 사회가 언제부터 생겼을까에 관심을 가지고 시작한 공부가 어느덧 개항기와 일제시기 쌀 문제로 진전되었다. 그리고 박찬승 교수님의 지도하에 「군산미(群山米)의 대일 수출구조: 개항(1899년)~1910년대를 중심으로」라는 석사학위논문을 완성할 수 있었다. '개항기와 일제시기 일본으로 넘어간 조선쌀은 과연 어디로 갔을까?', '흔히 오사카 등지의 노동자가 값싼 조선쌀을 먹었다고 하는데 과연 그랬을까?' 하는 질문에서 시작한 석사논문에서 조선쌀의 생산-유통-수이출-일본에서의 소비까지 전 과정을 다루고자 했다. 당시에는 아직 생소하던 트랜스내셔널사 연구방법론으로 접근하여 한국과 일본의 자료를 폭넓게 활용해 박사논문과도 같은 좋은 연구를 해냈다며 선생님들께 과분한 칭찬을 받았다. 그런데 석사논문 제본을 지도교수님께 드리면서 그제야 필자는 "사실은 귀농하기 전에 석사학위를 받기 위해 대학원에 들어왔고, 이제 공부를 마쳐서 바로 귀농하게 되었습니다"라고 이실직고했다. 그때 지도교수님은 얼마나 황당했을까. 그런데도 언제나 너그럽고 평정심을 잃지 않으시는 박찬승 선생님은 "사람은 하고 싶은 일보다 잘하는 일을 해야 하는데…" 하시면서 화 한번 내지 않으시고 도리어 내려갈 때 여비로 쓰라며 꽤 많은 돈을 급히 찾아 손에 쥐어주셨다. 그 말씀과 마음이 지금까지 생생히 남아 있다.

필자는 계획대로 직장 동료 언니의 고향인 충북 괴산군으로 2010년 8월 귀농했다. 거기서 평생을 보낼 작정이었다. 귀농 준비도 5년 정도 해서 자신이 있었고, 직장 동료 언니의 고향인 데다가 언니의 어머님까지 농사를 짓고 계셔서 든든했다. 이웃 어르신들도 우호적이셨다. 여러 가지 시도를 해볼 수 있는 논밭도 3,000평 정도로 넉넉했다. 처음에는 의기양양하기만 했다. 유기농업을 지향하면서 힘들지만 옥수수, 단호박을 유기농으로 키워서 직거래로 판매했다. 주요 작목으로는 유기농으로 하기 쉽고 모든 일이 거의 수작업으로 이루어질 수밖에 없는 깨에 집중하여, '깨가 쏟아지는 마을' 협동조합을 만들어 행정안전부 마을기업 지원도 따냈다. 우리가 농사지은 깨뿐만 아니라 인근 마을 어르신들이 농사지어 자식에게 주고 남은 깨를 시가보다 비싸게 수매해서 직접 참깨, 참기름, 들깨, 들기름을 만들어 직거래로 판매하는 일이었다. 이 밖에도 쌀, 고추, 감자, 고구마, 배추 농사 등 웬만한 농사는 모두 지어 거의 자급자족했다.

그런데 하루 이틀 지날수록 귀농하면서 세운 계획과 현실은 많은 차이가 있다고 느끼게 되었다. 일단 농촌에서 사는 데 많은 생활비는 들지 않았지만, 꼭 필요한 비용을 벌기에 당장의 농사 수입은 턱없이 부족했다. 그래서 도시공학을 전공한 직장 동료 언니와 함께 전북 전주, 고창, 남원, 군산, 완주, 임실, 진안, 장수, 전남 진도, 경남 함양 등지 지역 컨설팅 프로젝트에 참여하여 연구를 병행해 생계를 유지하면서 한 달에 몇 번 해당 지역을 찾아 머물다 와야 했고, 필자는 역사 연구용역까지 병행해서 생활비를 마련했다. 농사에 마을기업 운영에 각종 프로젝트까지 참여하니 도시에서 살 때보다 더 바쁘고 여유 없는 생활을 보낸 것이 가장 큰 문제였다. 귀농을 한 이유는 우리 농촌을 살리고 싶어서이기도 했지만, 워커홀릭에서 벗어나 앞으로는 유유자적한 삶을 살고 싶어서이기도 했는데 더 워커홀릭이 되고 만 것이다. 그리고 결국 공부를 버리지 못하고 귀농한 지 1년 반 만에 다시 한양대 박사과정에 입학한 것이 화근이 되었다. 농사는 때가 중요한데 공부한답시고 괴산에서 서울까지 왕복 4시간 걸려 1주일에 이틀씩 서울에서 공부하고 돌아오면 중요한 농사일은 직장 동료 언니와 어머님이 다 해놓으신 경우가 다반사였다. 결국 필자는 평생의 꿈을 포기하고 2013년 봄 농촌에서 다시 도시로 돌아왔다. 꿈을 접은 것도 스스로에게 큰 충격이었지만, 무엇보다도 같이 일하던 직장 동료 언니와 어머님께 큰 피해를 드린 것 같아 한동안 죄책감과 우울감에 시달렸다. 그래도 2013년 2학기부터 대학의 한국사 강사 일을 시작하면서 서서히 현실을 자각하기 시작했고, 그럼 이제 어떤 다른 인생을 살지 고민하기 시작했다. 그러면서 이제 역사 연구의 길에만 집중하자고 다짐했다.

박사논문을 쓰는 일은 정말 고행과도 같아, 2014년 2월 박사수료 후 2020년 2월 박사졸업 때까지 한시도 박사논문이라는 마음의 짐을 내려놓은 적이 없었다. 6년간 일희일비하면서 더 큰 세상으로 나아가기 위한 하나의 통과의례라고 위로하며 부족한 시간을 쪼개고 또 쪼개어 글을 썼다. 2014년까지는 프리랜서로 생활비를 마련하기 위해 여러 역사 연구용역을 맡아 일하다 보니 물 들어올 때 노 젓는다고 일정치 않게 한꺼번에 밀려오는 용역 일을 다 받아서 하며 밤새우는 경우가 많았다. 공부에 집중하기 위해 직장에 들어가지 않았건만, 박사논문 주제 구상과 관련 연구 읽기는 시작했어도 절대적 시간 부족으로 박사논문은 좀처럼 진척되지 않았다.

이러다가는 죽도 밥도 안 되겠다는 생각으로, 2015년 3월부터 국가보훈처에 들어가 주 5일제로 일본 지역 독립운동 자료 수집과 독립유공자 포상 업무를 담당하며, 아침 9시부터 저녁 6시까지만 일하고 나머지 시간은 오롯이 박사논문 쓰기에 전념하리라 결심했다. 그런데 입사 전 들은 "국가보훈처는 일이 너무 많기로 악명 높다"는 소문 그대로 평상시에도 해야 할 일이 넘쳐났고, 대통령실과 국회, 지역 등에서 들어오는 민원은 예상치 못한 일들을 또 잔뜩 만들어내 스트레스가 심각했다. 언젠가부터 박사논문을 빨리 써야 여기를 탈출할 수 있겠다는 생각이 들었다. 집에 있는 달력에 그날 몇 시간 박사논문을 위해 공부하고 글을 썼는지 빼곡히 표시해 가면서 이를 악물었다. 국가보훈처 상황을 잘 아는 지도교수님도 도대체 언제 그렇게 글 쓸 시간이 있었냐고 놀라실 만큼 최선을 다했다.

그렇게 박사논문만 장장 6년간 지도해주신 박찬승 지도교수님께 가장 먼저 감사의 말씀을 드리고 싶다. 박찬승 선생님은 필자의 영원한 스승이자 사회적 아버지와도 같은 분이다. 다양한 연구 분야와 주제를 공부할 수 있도록 당신이 몸소 먼저 길을 닦아주시며 가능성을 보여주시고, 자유롭게 탐구할 수 있도록 격려해주시고 제자들을 훨훨 날 수 있도록 해주시는 분이다. 언제나 청년 같은 호기심과 학구열을 보여주시니 제자로서는 그에 조금이라도 누가 될까 송구스러워하며 오늘도 부단히 노력하게 된다.

그리고 박사논문을 심사해주신 심사위원장 이준식 전 독립기념관장님, 이석규 한양대 사학과 명예교수님, 강진아 한양대 사학과 교수님, 김인수 대구교대 사회과교육과 교수님께 진심으로 감사드린다. 두 차례 심사 모두 장장 3시간 반 이상이나 걸렸는데, 논문을 꼼꼼히 봐주시며 예리하게 채찍질해주시고 포기하지 않도록 방안을 제시하며 당근을 주시는 것도 잊지 않으셨다.

처음 박사논문의 가제는 「근대 일본과 식민지 조선의 소작입법과 소작쟁의 비교」였는데, 1심을 거치며 식민지 조선의 지주제 및 소작입법 과정과 그 이후 상황 연구에 더 집중하는 것이 좋겠다는 심사위원님들의 말씀에 따라 목차 구성을 완전히 새로 하면서 많은 시간을 할애해야 했다. 그뿐만 아니라 심사 후 조선 후기의 지주제와 식민지지주제가 성립·확대되는 과정, 식민지지주제 하의 소작관행에 대해서 대폭 내용을 보완하고, 조선농지령 시행 이후의 소작쟁의 사례를 유형화하고 선별하여 심화 분석하는 데 더 주력했다. 이러한 피,

땀, 눈물(?)의 결과 마침내 박사논문 종심을 통과할 수 있었다. 종심 후에도 여러 수정·보완을 거쳐 「1930년대 조선농지령의 제정과정과 시행결과」라는 제목으로 박사논문을 제출할 수 있었다. 처음 구상했던 일본과 식민지 조선의 지주제를 전면 비교연구한다는 과제 목표는 훗날 단행본을 출판할 때 이루기로 하고 아쉬움을 달랬다. 박사 졸업 후 3년여간 원래 계획했던 것에서 못다 한 연구를 보완해서 진행하면서 추가로 7편 정도의 소논문을 게재했고 그것들을 포함하여 단행본을 집필하게 되어 이제야 초심으로 돌아가 숙제를 마친 것 같다.

2019년 12월 말 박사논문을 제출하면서 그동안 나를 억누르던 무언가에서 벗어나는 듯한 해방감을 맘껏 누렸다. 국가보훈처에서 민간 무기계약직 연구원 신분으로 3년, 공무원 학예연구사 신분으로 3년, 총 6년 정도를 일하고, 박사 졸업 후 국사편찬위원회에 다시 시험을 봐서 2020년 12월 근대사 1명 모집에 '당첨'되는 행운을 얻었다. 2021년부터 지금까지 새로운 직장에서 근현대사 자료 수집·정리 관련 업무를 하며 여러 가지를 배울 뿐만 아니라 직장 동료들을 만나면서도 연구에 많은 영감과 자극을 얻고 있다. 항상 고마울 따름이다.

학회는 2007년 하반기부터 한국역사연구회 회원으로 활동하고 있다. 석사과정 때는 한국역사연구회 근대신문강독반원으로 3년 정도 공부했고, 박사 졸업 후에야 다시 한국역사연구회를 찾아 2020년부터 토지대장연구반원으로 농업경제사, 농촌사회사, 법제사 등 관련 최고 전문가 선생님들과 거의 매달 귀중한 연구모임을 갖고 있다. 박사논문을 비롯하여 관련 소논문을 몇 차례 발표할 때 허심탄회하게 따끔한 지적도 해주시고 더 발전하라고 응원해주신 토지대장연구반 선생님들께 감사하다는 말씀을 꼭 남기고 싶다. 2023년에는 한국역사연구회 근대사분과장을 맡아 더 많은 선생님을 만나 함께 공부하고 토론하는 소중한 시간을 보낼 수 있었다. 그 모든 분께 고맙다는 말씀을 전한다.

또한 2020년부터 활동하고 있는 역사문제연구소 민중사반 선생님들께도 감사 인사를 빠뜨릴 수 없다. 민중사를 어떻게 새롭고 의미 있게 쓸 것인가, 민중의 일상적 삶과 민중운동 속에서 이루어진 구체적 경험과 의식세계를 어떻게 주목할 것인가, 민중의 다양한 구성과 다양한 정체성, 그리고 다성적(多聲的) 주체로서 민중을 어떻게 설정할 것인가, 사회운동사를 지역사회 현실과 그 안의 네트워크, 역동과 에너지에 주목하면서 어떻게 새롭게 쓸 것인가 등 언제나 따끈따끈한 화두를 던져주는 분들이다. 역사 연구자로서 벌써 20여 년, 어느새 일정 부분 관성화해버린 나를 반성하게 해주시고 다시 새롭게 나아갈 수 있도록 용기를 불어넣어주시는 우리 민중사반 선생님들께 감사드린다. 우리가 이야기하고자 하는 '새로운 민중사'는 여전히 사회적 약자에 대한 애정과 그들이 역사의 주인공이라는 믿음을 잃지 않는 것이다.

아울러 특별히 박사논문과 관련하여 앞서 길을 닦아주시고 많은 연구성과를 내주셔서 필자가 이를 계승하여 연구할 수 있게 해주신 지수걸 공주대 역사교육과 명예교수님, 이윤갑 계명대 사학과 명예교수님, 정연태 가톨릭대 국사학과 교수님, 이승일 한양대 사학과 교수님께 감사드린다.

그리고 책을 출간해주신 역사비평사 선생님들께도 진심으로 감사드린다. 바쁘고 어려운 출판사 사정에도 필자의 기획서를 흔쾌히 받아들여 출판을 허락해주시고, 탈고가 지체되는 과정에서도 널리 양해해주신 데 죄송하고 감사한 마음을 다시 한 번 전하고 싶다. 꼼꼼하게 글을 다듬어주시고 방대한 책을 묵묵히 편집해주신 역사비평사 편집부의 노고가 아니었다면 이 책이 제대로 나오기는 어려웠을 것이다.

또 나의 원가족, 오랫동안 자식 부양을 위해 노동하시느라 이제는 몸에 성한 데가 없으실 정도로 편찮은 곳이 많은 아버지, 어머니께, 바쁘답시고 가까이 살면서도 자주 찾아뵙지 못한 냉정한 자식이 죄송하다는 말씀을 대신하여 이 책을 드린다. 바쁜 부모님 대신에 어려서부터 거의 나를 키워준 언니, 내리

사랑이라며 중년이 된 여동생을 여전히 아껴주는 오빠에게도 고맙다는 말을 전하고 싶다.

마지막으로 가장 가까운 인생의 동반자이자 새로운 가족처럼 언제나 내 편이 되어 격려하고 위로해주는 나의 소울메이트 박소영 심리치료학박사와 반려동물 강아지 나소영, 또 박사논문 쓸 당시 항상 같이 밤을 지새워줬던 무지개다리를 건넌 강아지 마루에게 고마움을 전하고 싶다. 우리 가족이 없었다면 나도, 내 연구도 존재할 수 없었다. 이 책은 우리가 삶을 잘 견뎌온 대가로 받은 선물과도 같다.

박사논문을 냈을 때는 잠깐 기뻤다가 얼마 지나지 않아 곧 스스로 부족한 면만 보여 한동안 침울하고 자책했다. 하지만 이번에 책을 출판하면서만큼은 나 자신에게 고생했다고 큰 박수를 보내고 싶다. 아쉬움도 들지만, 행복감을 누리고 그 충만한 마음을 내 가족과 스승님, 지인들과 함께 나누고 싶다.

2023년 10월
국사편찬위원회에서 최은진

표·그림 차례

서론

서론

1. 일본과 식민지 조선의 지주제 비교연구 목적

식민지 조선의 경제에서 가장 큰 비중을 차지한 것은 농업이었고, 민중의 대다수는 농민이었으며 그중에서도 소작농민이 가장 많았다. 그 역사는 식민지기 사회경제사의 핵심이다.

조선총독부도 "조선에서 소작 문제[01]는 농민의 78%를 차지하는 소작농의 생활안정과 농업의 건전한 발달에 중대한 관계가 있는 근본 문제"라며 그 중요성을 강조했다.[02] 일제는 식민지 조선에서 시행한 식민지배정책 가운데 소작정책을 특별히 중시했다. 일제가 식민지 조선으로부터 이출한 상품 대부분은

---

01 '소작 문제'란, 사전적 정의상 소작제도로 인해 일어난 정치·경제·사회문제를 통틀어 이르는 말이며, 특히 소작권과 소작료를 중심으로 지주와 소작농민 사이에서 일어난 여러 가지 문제를 가리킨다.

02 조선총독부 편, 박찬승·김민석·최은진·양지혜 공역, 『국역 조선총독부 30년사』 중, 민속원, 2018b, 717쪽.

농산물이었고, 일제의 농산물 착취[03]는 거의 지주소작관계를 이용하여 이루어졌기 때문이다. 이에 '식민지지주제'를 구축하고 지주소작관계를 적절히 통제하는 것은 식민정책에서 긴요한 과제였다. 또한 식민지 지배질서를 확립하고 체제를 안정시키기 위해 소작 문제로 말미암아 발생하는 농민의 저항과 동요를 무마하는 것도 급선무였다.[04]

식민지지주제란, 토지조사사업과 등기제도 시행을 통해 체제적으로 확립·재편된 일본식 지주제를 가리킨다. 즉 일본의 기생지주제(寄生地主制)가 도입되어 조선의 토착적인 지주제와 혼성되어, '자본주의적 근대성'과 함께 '식민지성'을 띠고 '반(半)봉건적' 구조를 이루며 식민지지주제화한 것이다. 식민당국은 1910~1918년 토지조사사업으로 자본주의적인 배타적 토지사유권(土地私有權)을 인정하고, 1912년 '조선민사령'을 제정·시행하고 그해 '조선부동산증명령'(소유권·전당권 한정), '조선부동산등기령'(소유권·전당권 외 지상권·선취특권 등 권리 포괄)을 공포하고 1918년까지 전국적으로 시행하면서 등기제도를 확립했다. 식민지지주제는 식민지성의 규정에 따라 주로 쌀 수집을 목적으로 한 경제적 기능, 지주(地主)를 식민지 지배의 사회적 지주(支柱)로 삼는 정치적 기능이 부여된 정치·경제적 개념이라고 할 수 있다.[05]

---

03 이 책에서 '착취', 특히 경제적 착취란, 사전적 의미상 경제적 권리와 그와 관련된 의사결정을 통제하는 행위를 말한다.

04 이윤갑, 『일제강점기 조선총독부의 소작정책 연구』, 지식산업사, 2013, 87~88쪽.

05 조선총독부 편, 박찬승·김민석·최은진·양지혜 공역, 『국역 조선총독부 30년사』 상, 민속원, 2018a, 49~50쪽; 장시원, 「일제하 대지주의 존재 형태에 관한 연구」, 서울대 대학원 박사논문, 1989, 5쪽; 정연태, 「1930년대 '조선농지령'과 일제의 농촌통제」, 『역사와 현실』 4, 한국역사연구회, 1990, 227쪽; 최은진, 「群山米의 대일 수출구조」, 한양대 대학원 석사논문, 2010, 5쪽; 남기현, 「일본과 식민지 조선에서 성립된 토지소유권의 성격 검토」, 『개념과 소통』 27, 한림과학원, 2021, 80~82쪽.

근대 일본의 농촌경제는 '기생지주의 지주적 토지소유'와 '채무반예농(債務半隸農, 채무를 지는 등 지주에게 어느 정도 예속된 농민)의 영세소작'으로 특징지을 수 있는 구조였다.[06] 식민지 조선의 지주제는 이러한 일본의 '기생지주 지배체제'가 도입되어 주축을 이루게 된다.

일본의 근대사학계에서 통용되는 '기생지주'라는 용어의 '기생성'은 다음과 같이 정의된다. 즉 ① 소작농민이 납부한 소작료, ② 산업자본의 이윤, ③ 식민지 초과이윤(약소민족의 노동 착취)에 기생한다는 의미로, 이 삼중 규정에서 그 기생성을 이해해야 한다는 것이다. 이 삼중 규정의 관련은 단순한 병렬관계가 아니라, ①의 규정을 기초로 하여 ②의 규정이 생기고 ①, ②의 규정 위에 ③의 규정이 생기는 중층적인 내적 연관구조로 되어 있다. 이 지주의 기생성은 자본주의와 관련되어, 제국주의의 기생성을 이해하는 하나의 방향을 제시했다. 그리고 근대 일본의 기생지주제는 다른 나라의 지주제보다 상대적으로 고율의 소작료 문제가 심각했고, 지주와 소작농민의 인격적 지배종속관계를 특징으로 했다.[07]

식민당국과 일본인 대지주가 주도한 식민지지주제 역시 이러한 일본식 기생지주제의 영향을 크게 받았다. 즉 ① 식민지지주화로 식민지에서 초과이윤 확보, ② 소작농민에게 고율의 소작료 부과, ③ 인격적 지배종속관계 유지, ④ 산업자본의 이윤 확보의 양상을 띠었다. 일본식 기생지주제는 식민지 조선에서 명목은 '토지제도의 근대화'를 위해서이나, 실제로는 식민지 '착취'를 위해 식민지지주제로 재편·확대되어 일제 말기까지 유지되었다.

---

06 相川春喜, 『農村經濟と農業恐慌』, 岩波書店, 1933, 3쪽.

07 中村政則, 『近代日本地主制史研究』, 東京大學出版會, 1979, 85쪽; 川口由彦, 『近代日本の土地法觀念』, 東京大学出版會, 1990, 8쪽; 島袋善弘, 『近代日本の農村社會と農地問題』, 御茶の水書房, 2013, 244~247·255·262쪽.

그동안 한국사학계에서는 식민지지주제와 관련하여 여러 연구를 진행해 왔다. 특히 식민지지주제라는 개념에 대해서 양분된 견해가 있었다. 크게 나눠 '근대적 토지소유론'과 '(반)봉건적 토지소유론'이다. 전자의 관점은 자본주의 사회에서 지주가 소작농의 노동과정을 통제하여 생산성을 향상시키고 효율적으로 지주경영을 했다고 파악했다. 이 관점에서 한편으로는 일본인 지주의 '농업경영의 식민성'을 지적하기도 했다. 후자의 관점은 형식상으로는 근대적 토지소유제도를 확립했지만, 생산관계는 여전히 이전의 (반)봉건적 관계가 남아 있다고 보았다. 그리고 식민지사회에서 (반)봉건적 관계는 일본 제국주의 시장 구조에 따라 편성되어 식민지적 성질을 가진다는 점에 주목했다.[08]

그러나 식민지지주제의 '식민지 근대성'을 둘러싼 문제에서, '개발'의 주체와 그로부터 창출된 '이윤'의 수혜자는 과연 누구였는가? 식민지지주제를 통한 개발과 근대화는 식민지 조선의 농업 그 자체의 개발과 근대화였다기보다 바로 식민권력과 지주를 위한 것이었다. 당시 지주의 대부분이던 일본인 지주들은 식민지 조선의 쌀을 비롯한 농산물을 일본으로 가져가기 위해 고율의 소작료 등으로 수익률을 극대화했고, 그에 따라 소작농의 대부분이던 조선인 소작농들의 생활은 더욱 피폐해졌다. 상층사회에 속하는 일본인 지주의 소유지는 계속 늘어났고, 하층사회에 속하는 조선인 농민은 빠르게 소작농으로 몰락하면서 농가 부채를 떠안는 '식민지 이중사회'가 되어갔다. 이러한 식민지지주제의 실태를 소작관행, 소작입법,[09] 소작쟁의 등의 측면에서 다각도로 파악하

---

08 전자 관점의 연구는 홍성찬, 「일제하 기업가적 농장형 지주제의 존재 형태」, 『경제사학』 10, 경제사학회, 1986이 대표적이다. 후자 관점의 연구는 안병직, 「조선에 있어서 (반)식민지반봉건사회의 형성과 일본 제국주의」, 한국사연구회 편, 『한국근대사회와 제국주의』, 삼지원, 1985와 장시원, 앞의 논문, 1989 등이 있다.

09 이 책에서 '소작입법'이란 실체법으로서 '소작법' 제정을 중심으로 하며, 기타 소작관계법을

고,[10] 이에 대해 상세한 사실을 규명하며 정확한 인식을 가질 필요가 있다.

나아가 이전부터 학계에서 식민지 조선의 지주제 특성을 규명하기 위해서는 일본의 지주제와 비교해볼 필요가 있다고 문제제기되었는데도 일본과 식민지 조선의 지주제 비교연구는 지금까지 거의 이루어진 적이 없다. 관련 연구로는 일본과 식민지 조선의 토지임차법, 소작관행조사 등을 비교분석한 김인수의 연구가 유일하다고 할 수 있다. 하지만 이 연구는 주로 소작관행조사 방식을 비교하는 데 집중하고, 지주제를 전면 비교하는 데까지 나아가지는 않았다.[11]

식민지 조선의 상황에만 매몰되어서는 일제시기 지주제의 성격을 충분히 파악하기 어렵다. 식민지지주제라는 소작관행, 소작정책과 소작관계법, 사회구조를 구축해간 식민권력과 일본인·조선인 지주, 소작지 관리자, 소작농 등의 활동을 당대 일본의 지주제 실상과 비교해볼 때, 식민지지주제의 체계와 내용이 비로소 명확하게 보일 수 있다.

이에 이 책에서는 일본과 식민지 조선의 지주제를 처음으로 본격적으로 비교연구하고자 한다. 이 책에서는 일본 근대사도 비중 있게 다루게 될 텐데, 이는 단순히 일본사를 정리하기 위해서가 아니라 한국 근대사의 성격을 더 잘 이해하기 위해서이다. 더욱이 한국사와 일본사를 비교연구하는 것에서 한 걸음 나아가, 트랜스내셔널사(transnational history, 국경을 벗어난 초국적 역사 연구) 연구방법론으로 한국과 일본의 근대사에 접근할 것이다. 당시 일본과 식민지 조선의 상

포함한다.

10 일반적으로 '제도'란 관습, 도덕이나 법률 등의 규범, 사회구조의 체계를 가리킨다. 지주제에 대해서도 이러한 사회구조와 관습 및 규범에 주목한다.

11 김인수, 「일제하 조선의 농정 입법과 통계에 대한 지식국가론적 해석」, 서울대 대학원 박사 논문, 2013.

호작용을 역동적으로 분석하여 식민지지주제의 특성을 더 자세하게 규명하고
자 한다.

2. 주요 문제제기와 연구 과제

일제의 식민지 조선 소작정책은 특히 1929년 대공황을 계기로 변화할 수밖
에 없었다. 경제공황의 충격이 식민지 조선의 농촌에도 미쳐 농촌경제의 파탄
이 심각해지면서, 자작농이 소작농으로 몰락하는 경향도 가속화했다.

농업공황의 대책으로 조선총독부 식산국 농무과 등은 '자작농 창정(創定, 창
설)'과 '소작법 제정'이라는 두 가지 방침을 세웠다. 먼저 총독부는 1932년부터
조선 각도에서 자작농 창설 계획을 시행했다. 총독부는 자작농의 몰락을 중요
현안으로 보고 조선농촌진흥운동의 보조시책으로 1932년 9월 자작농지 설정
계획안을 발표했다. 자작농 창설 계획은 농가 1호당 650~1,000원을 연리(年利)
3.5%로 빌려주어 0.5정보(町步, 1정보는 3,000평)의 경지를 사들이게 한다는 것이었
다. 해당 농가는 24년간 원리금을 균등상환하게 했다. 사업 계획의 기한은 10개
년으로 하고, 1년간의 실행 호수는 2,500호로 정했다. 그러나 1932년을 기준으
로 자작농 창설 농가 목표 2,500호는 순소작농가 154만 6,456호의 0.16%에 불과
했다. 창설될 자작농지의 전체 규모도 1932년 당시 소작지 면적의 0.48% 정도로
미미했다. 결국 자작농 창설 계획은 별다른 효과를 거두지 못했고, 농가 부채
문제만 심화되는 결과를 낳았다.[12]

---

12 「自作農創定と小作法の制定」, 『大阪每日新聞 附錄 西部每日』 1931년 10월 15일; 「小作法規
實施後に施行すべきもの」, 『大阪朝日新聞 附錄 朝鮮朝日』 1932년 8월 8일; 朝鮮總督府 農

한편 일제하 지주 중심의 식민지 농업정책과 지주들의 식민지적 농업경영 및 착취로 농민생활이 궁핍해지는 등 식민지지주제의 모순이 심화되면서, 이에 대한 조직적 항쟁으로 1920년대 초부터 소작쟁의가 갈수록 거세어졌고 1930년대 초부터는 '혁명적 농민조합운동'까지 전개되었다. 혁명적 농민조합운동이란 빈농 우위의 원칙에 입각하여 반제·반봉건혁명을 지향하는 농민운동을 가리킨다. 이런 상황에서 조선총독부는 더 이상 기존의 소작정책만으로 당시 중요한 사회문제이던 소작 문제에 대응할 수 없다고 판단하고 '조선소작조정령'(1932)과 '조선농지령'(1934)을 제정하게 되었다. 자작농 창설 계획은 대상이 매우 제한적이었지만, 이러한 소작관계법은 그 영향이 지주와 농민 일반에게 미칠 것이어서 식민농정의 중심적 위치를 차지하는 것이었다. 조선소작조정령과 조선농지령은 이전에 이미 조선민사령을 비롯한 여러 법령으로 제도화된 지주소작관계를 일제가 만주사변(1931) 이후 새롭게 재편한 식민지배정책에 따라, 아울러 농촌진흥운동에 알맞게 개편한 것이었다.

조선소작조정령은 소작쟁의가 폭발하고 혁명적 농민조합운동이 발전하는 체제위기 상황에서 입법되었다. 조선소작조정령은 일본의 '소작조정법'(1924년 제정)을 모범으로 하여 1932년 12월 10일 제령(조선총독이 법률에 대신하여 발포한 명령) 제5호로 제정되어 1933년 2월 1일부터 시행되었다. 이 제령은 대규모 혁명운동으로 발전할 가능성이 큰 소작쟁의를 체제 내 권익분쟁으로 개별화·분산화시키기 위한 것이었다. 이는 소작쟁의를 법원의 조정이나 부(府)·군(郡)·도(島) 소작위원회의 권해(勸解, 화해권고)로 해결하는 것이 주된 목적인 '절차법'[13]이었

林局,「自作農地設定計劃の槪要と其の實績」,「自作農地設定事業實績」,『朝鮮小作關係文書: 朝鮮小作關係法規集』, 1936; 서승갑,「소작조정령·자작농창정 이후의 농촌 실태 연구」,『국사관논총』58, 국사편찬위원회, 1994, 84~86쪽.

13 권리의 실질적 내용을 실현하는 데 필요한 절차를 규정한 법. 민사소송법, 형사소송법, 부동

다. 즉 조선소작조정령은 소작쟁의가 일어났을 때 법원 또는 소작위원회 또는 제3자가 지주와 소작농민 사이에 개입하게 하여, 양자의 충돌을 완화하고 쟁의의 '평화적인 해결'을 촉진하려 한 것이었다.

조선소작조정령의 주요 내용은 다음과 같다. ① 지주·소작농민 간에 소작료 및 기타 소작 문제와 관련하여 일어난 소작쟁의의 조정은 당사자의 신청에 따라 해당 토지 소재지를 관할하는 지방법원의 합의부(3명 이상의 법관이 합의하여 재판 내용을 결정하는 재판부)에서 취급하고, 조정 신청은 그 토지 소재지를 관할하는 부윤(府尹)·군수(郡守)·도사(島司)를 거쳐서 할 수 있다. ② 조정 사건이 법원에서 계속(繫屬, 사건이 특정한 법원의 재판 대상으로 되어 있는 상태)될 때, 사건의 난이도에 따라 부·군·도 소작위원회 또는 기타 적당하다고 인정되는 자에게 권해하게 하여 조정 절차에 들어가지 않고 타협할 수 있다. ③ 당사자 간 타협점을 발견했을 때, 법원은 이에 기초하여 조정 조항을 기재한 조서를 작성한다. ④ 조정이 성립되거나 성립되었다고 간주될 때, 그 조정에는 소송상 화해(소송 중인 당사자 쌍방이 합의하여 재판을 끝내는 것)와 같은 효력이 부여되어 강제집행할 수 있다.

이와 같은 조선소작조정령은 소작쟁의를 '합법적으로 해결'할 수 있는 길을 열어주었다고 선전되었다. 그러나 조선소작조정령은 기본적으로 식민지지주제를 유지하면서 농업생산력을 증진하고 식민지 지배체제를 안정시키기 위해 제정되었기 때문에, 이것으로 소작쟁의를 통해 제기된 소작 문제를 해결할 가능성은 매우 제한적이었다. 조선총독부가 조선소작조정령을 제정한 주안점은 식민지 조선에서 소작쟁의가 혁명적인 운동으로 발전하지 못하게 개별화하고 이를 체제 안으로 포섭하는 데 있었다.

한편 조선총독부는 소작관행조사(1927~1931) 등을 기초 자료로 하여, 1932년

산등기법 등이 있다.

부터 식산국(이후 농림국) 농무과를 중심으로 '조선소작령'(이후 '조선농지령'으로 개칭·제정) 입안에 착수했다. 자작농 창설 계획보다는 소작농민 보호를 위한 '사회정책적[14] 시설(施設)'로서 '실체법'[15]인 소작법을 빨리 시행해야 한다는 여론도 대두했다. 조선농지령은 소작쟁의 조정의 법적 기준으로서 1934년 4월 11일 제령 제5호로 제정되어 그해 10월 20일부터 시행되었다.

조선농지령의 주요 내용을 보면, ① 보통작물의 소작은 3년 이상, 뽕·과일·모시·닥나무 등을 재배하는 특수작물의 소작은 7년 이상으로 소작기간을 보장하고, 더불어 소작농민의 '배신행위'가 없고 소작농민이 지주의 소작조건 변경 요구를 수용할 경우 지주는 소작 계약의 갱신을 거절할 수 없게 했다. ② 소작료와 관련하여 불가항력으로 수확이 감소한 경우 소작농민이 지주에게 소작료 감면(減免)을 요청할 수 있게 하고, 소작료를 검견(檢見, 농작물을 수확하기 전에 미리 작황을 조사하여 소작료율을 결정하던 일)할 때 지주와 소작농민 또는 그 대리

---

14 조선소작조정령과 조선농지령을 '사회정책(사회입법)'으로 보는 것은 당시 식민당국의 선전 용어를 그대로 받아쓰는 것에 가깝다. 기존 연구에서도 농업공황과 농민운동으로 식민지 조선 농촌의 상황이 악화되자, 식민당국이 그 불만을 달래고 농촌의 안정을 위해 사회정책(사회입법)을 도입했다고 보면서, 당시 식민당국이 표방한 용어를 그대로 사용하는 경향이 있다. 특히 식민당국이 농업생산에만 관심을 기울이고 지주제를 통해 농촌을 통제하던 기존 정책으로부터, 사회 안정을 강조하고 농촌 상황에 더욱 직접적으로 국가가 개입하고자 하는 정책으로 전환했다고 보는 연구에서는 이것이 '사회정책'임을 더욱 강조한다. 신기욱·한도현, 「식민지조합주의」, 신기욱·마이클 로빈슨 편, 도면회 역, 『한국의 식민지 근대성』, 삼인, 2006, 129쪽. 그러나 과연 농촌진흥운동의 범주에 속하는 조선소작조정령과 조선농지령의 기본 성격을 '사회정책'(현재의 사회체제를 유지하면서 사회문제를 해결하기 위해 국가나 공공단체에서 시행하는 정책)으로 보는 것이 맞는지는 재고의 여지가 있다. 두 제령의 제정 과정을 보면, 식민지 조선의 사회문제 곧 소작문제 해결에 그 주된 목적이 있었던 것이 맞는지 의문을 가지게 되기 때문이다.

15 권리나 의무의 발생, 변경, 소멸, 성질, 내용, 범위 등의 실체적 법률관계를 규정하는 법률. 헌법, 민법, 형법, 상법 등이 있다.

인이 같이 입회(立會)하여 실시하게 했다. ③ 마름[舍音] 등 소작지 관리자에 대한 신고 의무를 법제화하여 지주가 소작지 관리자를 둔 경우 15일 내에 부윤·군수·도사에게 그에 대한 사항을 신고해야 했고, 또 부윤·군수·도사는 부·군·도 소작위원회의 의견을 참고하여 지주와 소작지 관리자의 계약이 부당하다고 인정되는 경우 계약 변경을 명할 수 있고, 소작지 관리자가 적당하지 않다고 인정되면 소작지 관리자의 변경을 명할 수 있었다.

그러나 조선농지령은 소작쟁의 해결에 적용할 구체적인 기준을 소작기간 보장 등 일부 조항으로 최소화하고, 나머지 대부분의 판단을 조선소작조정령에 따라 설치된 부·군·도 소작위원회에 맡겼다. 이렇게 조선농지령을 만든 까닭은 식민지지주제의 근간을 훼손하지 않으면서 소작지의 생산력을 계속 높이고, 소작쟁의가 발생하면 소작농을 최대한 소작위원회로 유도하기 위한 최소한의 수준에서 소작조건을 개선한 것이었다.

조선소작조정령과 조선농지령은 1930년대 식민권력이 체제 안정화정책으로 농촌진흥운동을 실시하면서 제정·시행되었다. 이후 조선총독부의 소작정책은 기본적으로 두 법령을 바탕으로 전개된다.[16]

그런데 당대 식민당국의 정책 입안자는 조선농지령에 대해 스스로 매우

---

16 「사설: 소작법 제정은 긴급」, 『동아일보』 1932년 11월 3일; 辛泰嶽, 「조선소작조정령 해설 (3)」, 『農民』 4-11, 1933, 43쪽; 豊島正己, 「小作調停令に付いて」, 『司法協會雜誌』 13-7, 1934, 21쪽; 조선총독부 편, 박찬승·김민석·최은진·양지혜 공역, 앞의 책, 2018b, 717~718쪽; 조선총독부 편, 박찬승·김민석·최은진·양지혜 공역, 『국역 조선총독부 30년사』 하, 민속원, 2018c, 1222~1224쪽; 지수걸, 「1932~35년간의 조선농촌진흥운동」, 『한국사연구』 46, 한국사연구회, 1984, 117쪽; 김용섭, 「일제 강점기의 농업문제와 그 타개방안」, 『동방학지』 73, 연세대 국학연구원, 1991, 293쪽; 김용달, 『농민운동』, 독립기념관 한국독립운동사연구소, 2009, 13·15·266쪽; 조동걸, 『식민지 조선의 농민운동』, 역사공간, 2010, 162~163·178·181·358·466쪽; 이윤갑, 앞의 책, 2013, 88~89·164~167·203~204쪽; 정연태, 『식민권력과 한국 농업』, 서울대학교출판문화원, 2014, 408쪽.

긍정적으로 평가했다. 대표적으로 조선총독부 관리로서 충청남도·황해도 소작관 등을 역임하고 농업 관계 업무를 담당하며 조선농지령 입안에도 참여한 히사마 겐이치(久間健一)는 조선농지령이 "총독정치 시작 이래 유일한 대중적인 입법"이며, "총독정치의 양심을 반영하는 시금석(試金石)"이라고까지 칭송했다. 그는 조선농지령이 소작농의 생활안정 및 농업의 개량·발달과 생산력의 증대를 목적으로 하여 이전의 소작관계에 법적 조정을 가한 것으로, 그 바탕을 이루는 것은 '소작권의 확립'이라고 보았다. '소유 본위'에서 '노동 본위', '지주 본위'에서 '농민 본위'의 정책으로 비약적으로 전환한 '사회정책적 입법'이라고도 평가했다.[17]

　해방 후에도 조선농지령에 대한 조선총독부 관리 출신 인물들의 평가는 변함없었다. 대표적으로 식산국 농무과 농정 담당 사무관으로 소작관행조사를 추진하고 소작법을 연구했으며, 1933년 농림국 임정과장 겸 농정과 사무관으로 조선농지령의 초안을 만드는 등 조선농지령 제정을 주도했던 시오다 마사히로(鹽田正洪)가 있다. 그는 해방 후에도 조선농지령이 농촌진흥운동과 함께 우가키 가즈시게(宇垣一成) 총독의 '농민애(農民愛)'의 발로였고 "조선 통치상 매우 이색적이고 획기적인 입법"이었다고 높이 평가했다. 또한 총독부 심의실 사무관이자 조선학회 회장을 역임한 기시 유이치(岸勇一)도 조선농지령 입안에 관여했던 한 사람으로, 조선농지령은 "기존의 지주에게는 매우 불리한 법령이었을 뿐 아니라 당시의 사상 방면에서 보면 매우 급진적인 것으로, 아마 자본주의제도 중에서 생각할 수 있는 것으로는 매우 과감한 것이었다"고 하며 조

17　久間健一, 『朝鮮農業の近代的樣相』, 西ケ原刊行會, 1935, 1·60쪽; 久間健一, 『朝鮮農政の課題』, 成美堂書店, 1943, 52~58쪽; 한상인, 「식민지하 '조선농지령'에 있어서 제문제」, 『영남경상논총』 10, 영남경상학회, 1992, 29쪽.

선농지령의 '진보성'을 주장했다.[18]

　그러나 이러한 조선농지령 등 소작관계법에 대한 평가는 재검토가 필요하다. 당시 식민지 조선과 일본 사회는 조선총독부의 소작입법을 환영하고 '사회입법'으로서 높이 평가했을까? 기존 연구는 식민지 조선 사회에서 지주를 제외하고 소작농민뿐만 아니라 민족주의자·사회주의자들까지도 식민당국의 조선농지령 제정 추진에 대체로 찬성했다고 보았다.[19] 혹은 반대로 소작농민 측이 소작관행을 법문화하는 데 불과한 내용일 뿐이라며 소극적·냉소적인 반응을 보였다고 해석하기도 했다.[20] 하지만 이와 관련하여 주로 지주 측의 '전선농업자대회(全鮮農業者大會)'(1933) 등 조선소작령 제정 반대운동 사례, 소작농민 측의 '조선소작령제정촉진회'(1934) 등 조선소작령 제정 촉진운동 사례 등에 대해서만 단편적으로 살폈을 뿐,[21] 전반적으로 소작입법에 대한 지주 측의 동향이나 소작농민 측의 입장과 관련된 사회 여론은 충분히 주목하지 않은 경향이 있다. 실제로 지주들은 처음부터 끝까지 소작입법 반대로만 일관했는지, 소작농민들은 소작입법에 대개 찬성했는지 또는 반대로 이후 냉소적으로 돌아섰는지, 지주와 소작농민 측의 소작입법에 대한 시기별 대응과 인식을 구체적으로 확인할 필요가 있다. 또 총독부의 소작입법을 둘러싸고 식민지 조선과 일본 사

18　岸勇一, 「在鮮二十年の思い出」, 友邦協會·朝鮮史料硏究會, 『朝鮮近代史料硏究集成』 2, 1959, 13쪽; 鹽田正洪, 『朝鮮農地令について』, 1959, 251쪽; 鹽田正洪, 「朝鮮農地令とその制定に至る諸問題」, 友邦協會, 『朝鮮近代史料硏究: 友邦シリーズ』 7, クレス出版, 1971, 1~4쪽; 宮田節子, 「'朝鮮農地令': その虛像と實像」, 『季刊現代史』 5, 現代史の會, 1974, 33쪽; 宮田節子 監修, 辻弘範 解說, 「朝鮮總督府時代の農政」, 『東洋文化硏究』 7, 學習院大學 東洋文化硏究所, 2005, 375쪽; 김인수, 「범주와 정치」, 『일본역사연구』 38, 일본사학회, 2013, 150쪽.

19　이경희, 「1930년대 소작쟁의 연구」, 충남대 대학원 석사논문, 1991, 29쪽.

20　이윤갑, 앞의 책, 2013, 157쪽.

21　宮田節子, 앞의 논문, 1974, 37~39쪽; 정연태, 앞의 논문, 1990, 248~252쪽.

회의 여론은 어떠했는지 그 추이를 분석해야 한다. 특히 소작농민 당사자의 목소리를 직접 들을 수 있는 자료가 매우 부족하므로, 소작입법에 찬성한 소작농민 측 관계 인사와 사회단체 등의 여론을 함께 정리해보면 의미 있을 것이다. 이렇게 하면 지주 대 소작농 측 및 관련 인사와 사회단체의 요구가 총독부의 소작입법 과정에서 어떻게 채택되거나 묵살되었는지 알 수 있을 것이다. 한편으로 조선농지령 제정을 전후하여 재조선 일본인 사회와 일본 본국 사회의 인식과 평가는 어떠했는지도 들여다볼 필요가 있다.

학계에서는 지금까지도 조선농지령의 성격을 둘러싸고, 이른바 '지주적 농정'이라고 보는 관점과 '농민적 농정'이라고 보는 관점이 엇갈리고 있다. '지주적 농정'의 입장에서는 조선농지령이 체제위기에 대한 대응책으로 실시되었으나, 그 정책의 본질은 식민지지주제를 온존·발전시키는 데 있었다고 본다. 이에 반해 '농민적 농정'의 입장에서는 조선농지령이 농민을 체제내화(體制內化)하기 위해 농민을 안정시키면서 지주제를 약화·정체시킨 농정이라고 한다.

과연 조선농지령을 제정·시행한 일제의 정책 의도는 무엇이었는지, 또 그것이 얼마만큼 실현되었는지 검토해볼 필요가 있다. 이를 위해서는 실체법인 조선농지령의 제정 과정과 시행 결과를 중점적으로 살펴봐야 한다. 이에 이 책에서는 1930년대 조선농지령의 제정 과정과 그 시행 이후의 소작조건 실태와 소작쟁의에 대해 집중적으로 연구하여, 조선총독부의 소작법으로서 조선농지령에 대한 평가를 새로이 하려 한다. 절차법인 조선소작조정령에 대해서도 기존에는 단편적으로만 언급된 경향이 있어 입법 배경과 제정 과정 및 시행 결과, 그 내용과 문제점, 그에 따른 개정 내용을 보다 구체적으로 분석하려 한다.[22]

---

22 전시체제기로 넘어가는 1930년대 후반부터는 국가총동원체제가 구축되어 지주제, 그중에서도 소작정책과 소작관계법이 변질하고 비상시국하에 농업통제가 더욱 강화되는 측면이

먼저 식민지 조선에서 일본과 통합적이면서도 차별적인 소작정책이 구상되고, 그 목적에 따라 소작관계법이 입안되고 심의·의결되는 과정을 구체적으로 추적한다. 특히 조선총독부와 일본 정부 척무성 및 법제국, 일본 제국의회와 내각 상호 간의 논의 내용을 정리하면서 조선농지령의 성격을 규명한다. 또한 식민당국이 일본 본국의 소작법안[1931년 중의원 가결 후 귀족원의 심의 미료(未了)로 제정 실패] 조항을 어떻게 선택적으로 적용·변질시켜 식민정책과 연관하여 실현했는지 살핀다. 조선농지령의 제정 과정 및 그 내용을 일본 본국의 소작입법 과정 및 그 내용과 비교하여, 상호관계와 영향과 차별점 등을 밝혀 조선농지령을 평가할 것이다.

그리고 조선농지령 시행 이후의 소작쟁의 및 소작조정 사례를 구체적으로 분석하겠다. 이를 통해 당시 농촌사회에서 조선농지령의 시의적절성, 유효성을 검증할 것이다. 과연 조선농지령 시행은 실제 식민지 조선의 지주와 소작농민의 이해관계에서 어느 쪽에 더 유리한 결과를 낳았을까?[23] 이를 확인하기 위해서는 당시 수많은 소작쟁의 사례와 소작조정 판례를 들여다볼 필요가 있다.

그런데 조선농지령 시행 이후 1930년대 초중반 소작쟁의 사례와 소작조정 판례에 대해서는 질적 분석이 이루어진 적이 거의 없다.[24] 이에 우선 신문기사

있으므로 이 시기는 이 책의 연구범위 밖으로 한다.

23 당시에도 조선농지령 시행 후 경작권이 확립되었다고 하지만 결국 지주 이익의 확보로 끝났다는 비판이 있었다. 조선농지령을 통해 경작의 안정을 도모한 것은 농업 집약화와 생산력의 증대를 위해서였고, 결국 소작료 증가로 지주의 이익을 증대시켰다는 것이다. 久間健一, 앞의 책, 1943, 57쪽.

24 1930년대 초중반 지주제의 실증적인 분석은 여전히 연구의 공백기이다. 이 시기 양적 분석의 배후에 있는 농정의 성격, 지주소작관계, 자본주의의 전개와 지주경영의 관계, 소작쟁의 등에 대한 질적 분석이 필요하다. 주봉규·소순열, 『근대 지역농업사 연구』, 서울대학교출판부, 1998, 16~17쪽.

를 통해 조선농지령 시행 전후의 소작쟁의 사례와 소작조정 판례들을 정리해 본다. 그중 법원의 소작조정은 조정이 성립된 경우에는 소송상 화해와 같은 효력이 부여되어 부·군·도 소작위원회의 권해로는 부족했던 강제집행력을 가지고 있었고, 그 판례가 소작위원회의 기준이 되기도 했다는 점에서 중요한 연구 대상이다.[25] 조선농지령으로 지주적 토지소유가 후퇴·정체 국면에 들어갔다고 보는 기존 연구 관점은 주로 식민당국의 통계를 양적 분석한 결과였으며, 조선 농지령 시행 이후 지주소작관계가 비교적 개선되었다고 보았다.[26] 그러나 조선농지령 시행 결과 실질적으로 소작 문제가 해결되어갔다고 볼 수 있는지, 그 정반대의 결과를 보여주는 대규모의 소작쟁의 사례들을 중심으로 분석하여 소작조정이 증가하던 것과는 별개로 소작 문제 현상은 계속되었고 소작농민의 피해도 지속되고 있었음을 밝히고자 한다.

3. 연구 동향과 연구 필요성

식민지기 농업경제사 및 농촌사회사 연구는 위로부터의 식민농정과 아래

---

25 법원의 조정에 따라 해결된 소작쟁의는 상대적으로 지주와 소작농 사이에 갈등이 심해 해결이 힘들었던 쟁의였다고 볼 수 있다. 정연태, 앞의 책, 2014, 373~375쪽.

26 소순열, 「식민지 조선에서의 지주·소작관계의 구조와 전개」, 『농업사연구』 4-2, 한국농업사학회, 2005, 84~86쪽. 선행연구는 주로 소작 관련 통계와 법규 내용 분석을 통해 조선농지령이 고율 소작료 문제를 방임했다는 한계가 있었으나, 소작입법 이후 농민들이 소작관계법을 적극적으로 활용하여 법정(法定) 최소 소작기간 3년 동안에는 소작권의 안정성을 확보하고, 마름 등 소작지 관리자의 폐단 또한 완화되는 등 소작농의 농업경영이 이전에 비해 안정되어갔다고 보았다. 정연태, 앞의 책, 2014, 378~380·387쪽 참고. 그러나 실제 조선농지령 시행 이후 소작권이 어느 정도 보장되었으며, 소작지 관리자의 폐해가 얼마만큼 해소되었는지 사례 연구를 통해 확인해볼 필요가 있다.

로부터의 농민운동, 그리고 양자 사이의 지주경영을 중심으로 진행되었다.

그중 식민지 조선의 농민에게 중요했던 조선총독부의 소작정책 및 소작입법의 성격에 대해서는 이른바 '지주적 농정'인가 '농민적 농정'인가 하는 논쟁이 제기되었다. 주로 1930년대 초중반 조선총독부의 조선농촌진흥운동과 조선농지령 등 소작관계법을 둘러싼 평가가 엇갈린 것이다.

먼저 '지주적 농정'의 관점에서 미야타 세쓰코(宮田節子), 지수걸 등은 농촌진흥운동과 조선농지령은 대공황으로 인해 농촌경제가 파탄 나고 농민운동이 고양되는 등 체제위기를 맞아 그 대응책으로 실시되었다고 했다. 그러나 그 정책의 본질은 과거 농정의 연장선상에서 식민지지주제를 온존·발전시키는 데 있어, 이데올로기적인 호도책(糊塗策)이자 선전적인 차원의 관제운동의 성격이 강했다고 했다.

미야타 세쓰코는 1930년대 식민지 조선 사회 내의 기본적인 모순과 민족모순이 지주소작관계에 있었다고 파악했다. 그러면서 농촌진흥운동과 조선농지령의 파쇼적 기만성, 즉 계급 간 협력이나 일본인과 조선인의 융화를 강조한 측면을 지적했다. 일본의 식민지 조선 지배는 일본인 지주(地主)를 주요한 지주(支柱)로 삼았기에 식민농정은 지주의 이익을 옹호하는 것으로 일관되었으며, 농민에게는 그저 심리적 효과를 주는 데 지나지 않았다는 것이다. 이에 조선총독부와 일본인 지주 사이에 근본적인 대립은 있을 수 없었고, 조선농지령 규정은 지주의 이익을 크게 해치지 않았다고 했다.[27]

지수걸도 식민지의 내부 모순을 강조하면서 농촌진흥운동과 소작입법은

---

27 宮田節子, 「1930年代日帝下朝鮮における '農村振興運動' の展開」, 『歷史學硏究』 297, 歷史學硏究會, 1965(宮田節子, 「일제하 한국에서의 농촌진흥운동」, 이호철 외, 『한국근대민족운동사』, 돌베개, 1980); 宮田節子, 앞의 논문, 1974.

사회주의운동을 포함한 농민운동을 저지·포섭하려는 것으로, 식민지 지배체제의 안정을 도모하기 위한 미봉책의 성격이 강했다고 평가했다. 이로 인해 소작쟁의에 대한 국가적 통제가 강화되고, 대공황 타개책이라는 명목으로 농업과 농민에 대한 식민권력의 통제가 강화되었다고 보았다. 조선총독부는 농촌진흥운동을 통해 지주·유지(有志) 세력을 다시 강화하고, 부락민(部落民)을 통제하는 이른바 '사회정책적 농정'을 실시하여, 총독부 권력과 재지(在地) 지주 간의 지배동맹이 더욱 공고해졌다고 했다. 그리고 농촌진흥운동의 보조시책으로 실시된 조선농지령이 지주에게 특별히 불이익을 주었다고 보기는 어렵다고 했다. 고율의 소작료를 제한하는 규정이 없고, 소작기간의 하한(下限)을 3년으로 초안보다 짧게 규정했으며, 조선농지령을 지키지 않은 지주에 대한 처벌규정이 없는 등의 한계를 보였다는 것이다. 차라리 소작입법은 일종의 지배이데올로기 세뇌정책이었다고 말했다. 즉 1930년대 초중반에 이루어진 식민지 재편성은 식민지 조선 지배의 정치·경제·사회적 기초로서 식민지지주제의 기저의 틀을 그대로 유지하는 가운데 약간의 정책 수정을 가하는 형태로 이루어졌다고 보았다.[28]

그리고 이윤갑은 조선소작조정령이나 조선농지령은 이전의 여러 법령에 따라 제도화되어 있던 지주소작관계를 우가키 총독이 만주사변 후 농촌진흥운동에 적합하게 개편·보완한 것이라고 평가했다. 일본에서 소작입법의 주된 목적이 지주제를 개혁하는 소작법 제정이었다면, 이와 달리 식민지 조선에서는 소작쟁의를 혁명적인 계급·민족운동으로 발전하지 못하도록 개별화하고

---

28 지수걸, 「1932~35년간의 조선농촌진흥운동」, 고려대 대학원 석사논문, 1982; 지수걸, 앞의 논문, 1984; 지수걸, 「1930년대 전반기 조선인 대지주층의 정치적 동향」, 『역사학보』 122, 역사학회, 1989; 지수걸, 『일제하 농민조합운동 연구』, 역사비평사, 1993; 지수걸, 「일제의 군국주의 파시즘과 '조선농촌진흥운동'」, 『역사비평』 47, 역사비평사, 1999.

체제 안으로 포섭하는 데 조선소작조정령의 주안점이 있었으며, 이것이 기능할 수 있도록 기준인 조선농지령을 제정했다는 것이다. 조선총독부는 기본적으로 민법이 보장하는 지주의 권익을 보장하며 기존의 소작관계를 유지하고자 했다고 보았다. 이와 동시에 일제는 만주 침략으로 급변한 국제정세에 대처하여 '일(日)·선(鮮)·만(滿) 경제블록'을 구축하려 했고, 이를 위해 농업생산력 향상을 위한 생산 여건을 조성하고, 지주와 소작농민의 융화를 이루는 데 조선농지령의 중점을 두었다고 했다.[29]

이에 반해 '농민적 농정'의 관점에서 도미타 아키코(富田晶子), 박섭 등은 농촌진흥운동과 소작입법은 직접생산자인 농민을 새로이 조선총독부 통치의 협력자로 육성하려는 정책이었다고 평가했다. 조선 민중을 체제내화하기 위해 소작농민의 이해관계를 반영하여 농민을 안정시키고 지주제를 약화·정체시킨 농정이라는 것이다.

도미타 아키코는 미야타 세쓰코에 반박하며 전시체제 형성 과정의 측면, 즉 외적 영향에 더 주목하여 농촌진흥운동과 소작입법은 이를 위한 농촌 조직화, 구성 농가 파악으로 농민의 체제내화를 의도했다고 주장했다. 조선총독부는 패전할 때까지 식민지 조선 지배에서 기본적으로 지주제를 지렛대로 삼으면서도, 1930년대부터 총동원정책을 시행하면서 파쇼적 이데올로기를 주입·강화하기 위해 농촌진흥운동과 조선농지령을 통해 직접생산자인 농민을 '중견인물'로 육성하려 했다는 것이다. 준(準)전시체제의 형성과 동시에 이제는 지

---

29 이윤갑, 「일제 강점 전반기(1910~1931년)의 조선총독부의 소작정책」, 『계명사학』 15, 계명사학회, 2004; 이윤갑, 「우가키 가즈시게 총독의 시국인식과 농촌진흥운동의 변화」, 『대구사학』 87, 대구사학회, 2007; 이윤갑, 「농촌진흥운동기(1932~1940)의 조선총독부의 소작정책」, 『대구사학』 91, 대구사학회, 2008; 이윤갑, 앞의 책, 2013.

주(地主)가 아닌 농민을 총독부 지배의 지주(支柱)로 만들려고 했다고 보았다.[30]

나아가 박섭은 농촌진흥운동은 농민운동을 방지하고 만주사변 이후 국제적 난국을 타개하며 침략전쟁을 수행하기 위해, 경제적 측면에서는 농가경영을 재정비하고 정신적 측면에서는 황민사상(皇民思想)을 보급하기 위해 벌인 운동이었다고 규정했다. 이를 위해 농가경제갱생계획과 부락조직사업도 전개하여 조선총독부의 하부조직을 총동원하고, 중견인물을 육성하여 식민권력의 하부조직과 부락 사이에 매개시켜 농민을 장악하려 했다는 것이다. 또한 소작입법을 통한 총독부의 소작관행 개선 목표는 지주소작관계에 직접 간섭하여 소작농의 생활을 안정시켜 소작쟁의를 방지하고자 한 것으로 소작농민을 보호하는 성격을 띠었으며, 이것이 지주제가 쇠퇴하는 계기가 되었다고 설명했다. 조선소작조정령은 소작쟁의를 체제 내로 포섭하여 완화하는 효과가 있었으며, 조선농지령은 소작기간을 보장하여 소작권 이동을 저지하고 소작료율을 정체시키는 등 지주의 자의적인 착취를 제한하는 데 효과가 있었다고 평가했다.[31]

이에 더해 신기욱은 조선소작조정령과 조선농지령의 입법은 식민지지주제를 기반으로 하던 일제 전반기 정책의 변화를 의미하는 것이라며, 농촌의 피폐와 소작쟁의에 직면하여 지주제를 약화하려는 정책적 인식에서 나온 일련

---

30 富田晶子, 「農村振興運動下の中堅人物の養成」, 『朝鮮史研究會論文集』 18, 朝鮮史研究會, 1981; 富田晶子, 「準戰時下朝鮮の農村振興運動」, 『歷史評論』 377, 校倉書房, 1981.

31 박섭, 「식민지 조선에 있어서 1930년대의 농업정책에 관한 연구」, 장시원 외, 『한국 근대 농촌사회와 농민운동』, 열음사, 1988; 朴ソプ, 「植民地朝鮮における小作關係政策の展開」, 『日本史研究』 353, 日本史研究會, 1992a; 朴ソプ, 「1930年代朝鮮における農業と農村社會」, 京都大學 大學院 博士論文, 1992b; 박섭, 「식민지 후기의 지주제」, 『경제사학』 18, 경제사학회, 1994; 朴ソプ, 『1930年代朝鮮における農業と農村社會』, 未來社, 1995; 박섭, 『한국 근대의 농업변동』, 일조각, 1997.

의 조치였다고 보았다. 식민권력은 농민 개량화 정책을 통해 안정적으로 식민지 체제를 유지하려고 했다는 것이다. 이에 이미 약화하고 있던 농촌 지배계급으로서 지주의 역할은 더욱 축소되었다고 보았다. 1930년대 식민농정이 농민을 중심으로 세우고 보다 직접적인 농촌통제로 변화하는 과정에서, 일제 대 식민지 조선 농민의 민족 갈등보다 지주 대 소작농민의 계급 갈등이 더 중요한 쟁점이 되었다고 했다. 조선소작조정령, 조선농지령 이후 발생한 대부분의 소작쟁의는 이러한 개선된 소작조건을 이용하려는 소작농민 대 지주의 투쟁이었다고 설명했다.[32]

이에 대해 조선총독부의 소작입법을 바라보는 제3의 시각도 등장했다. 정연태 등은 조선농지령을 지주제를 둔화시키고 일본인 위주의 '식민지주제'로 재편한 정책으로 규정했다. 특히 독점자본주의 단계에 진입한 일본 자본주의는 더 이상 지주나 농민 어느 한 계급의 이익을 대변하려 하지 않고, 독점자본의 최대 이윤을 실현하기 위한 농업생산관계 및 생산구조 창출에 더 관심을 가졌다는 관점이다.

정연태는 1930년대 농정, 그중에서도 조선농지령은 독점자본의 이해를 대변하는 식민권력이 지배체제의 안정화를 위해 농민운동을 체제내화하여 안정적인 농민 수탈의 기반을 조성하려 했던 정책이었다고 보았다. 또 만주 침략을 위한 노동력 수탈과 공업화를 제도적으로 보장하기 위한 독점자본의 이른바 '사회정책적 농정'이었다고 평가했다. 그런데 조선농지령의 영향으로 소작권의 안정과 마름의 폐단 개선 등 농민층의 상대적 안정화는 이루었으나, 한편으

---

32 신기욱, 「1930년대 농촌사회 변화와 갈등」, 『동방학지』 82, 연세대 국학연구원, 1993; Shin, Gi-Wook, *Peasant Protest & Social Change in Colonial Korea*, University of Washington Press, 1996; Shin, Gi-Wook, Michael Robinson, eds., *Colonial Modernity in Korea*, Harvard University Asia Center, 1999(신기욱·마이클 로빈슨 편, 도면회 역, 앞의 책, 2006).

로 탈농(脫農)과 빈농(貧農)의 증대 등 농촌사회의 불안정성은 계속되었다고 보았다. 이런 상황에서 한국인 지주제는 둔화·퇴보하고, 일본인 지주 중심의 '식민지주제'가 더욱 성장하는 한편 금융자본의 지배가 강화되었다는 것이다. 조선농지령을 농민경제의 안정화를 추구한 사회정책으로 파악하면서도, 소작료 제한 규정이 없는 점 등을 들어 지주의 이익도 동시에 보장하려 한 절충적 성격의 '사회개량적 입법'으로 보았다.[33]

이러한 일련의 연구 결과는 식민농정이 통제적인 성격을 띠었다는 데는 인식을 같이하지만, 기본적인 관점은 상이하다. 1930년대 식민농정의 전환에 대해 논의를 집중하면서도, 식민당국이 지주와 소작농민의 대립구조에서 어떠한 역할을 했는가에 대한 시각의 차이를 드러내고 있다.[34]

그런데 조선농지령의 의미를 제대로 평가하기 위해서는 첫째, 조선농지령의 제정 과정을 구체화하여 그 목적이 무엇이었는지 분명히 확인할 필요가 있다. 조선농지령이라는 제령의 입안과 조정·결정 과정의 전모를 추적해야 한다. '조선소작령'이 입안되고 조선총독부와 일본 정부의 심의·의결을 거쳐 '조선농지령'으로 확정되기까지 소작입법 과정을 상세히 규명해야 한다. 특히 식민지 조선의 소작입법을 위해 총독부와 일본 정부가 협의하는 과정과 상호작용을 역동적으로 살펴봐야 한다.[35] 이를 통해 조선농지령이라는 제령의 제정 과

---

33 정연태, 앞의 논문, 1990; 정연태, 「일제의 한국 농지정책(1905~1945년)」, 서울대 대학원 박사 논문, 1994; 정연태, 앞의 책, 2014.

34 서승갑, 앞의 논문, 1994, 49~50쪽.

35 식민지기 법령의 제정 과정에 대한 연구는 아직까지 부족한 실정이다. 특히 제령은 조선총 독부 내부의 행위로 끝나지 않고 일본 정부로 넘어가 여러 협의를 거치는데, 기존 연구에서 는 일본 정부에서 논의된 내용에 대해 거의 분석이 이루어지지 않았다. 이승일, 「조선총독부 공문서를 통해 본 식민지배의 양상」, 『사회와 역사』 71, 한국사회사학회, 2006, 84·112쪽. 제령 제정은 해당 국(局) 입안 → 위원회 등의 초안 결정 → 조선총독관방 심의실 심의 → 조선총

정에서 일본 정부(척무성 및 법제국)와 의회, 내각 등이 어떠한 역할을 했는지 알 수 있을 것이다. 특히 총독부와 척무성의 협조관계, 척무성과 의회의 길항(拮抗) 관계와 타협의 의결구조를 분석하도록 한다.

1930년대 초중반 조선총독부가 조선농지령 제정 과정에서 논의한 내용을 보면, 준전시체제 수립과 식민지 공업화 정책 추진을 위해 농산물 증산과 체제 안정을 목표로 하여 농업·농촌을 통제하려 한 의도가 컸다. 식민당국은 표면 상으로도 조선농지령을 입안하면서 지주와 소작농의 '공존공영'을 강조했고, 식민지지주제를 유지하며 농업을 개발하여 생산력을 증진시키기 위한 것이라 고 표명했다. 그 이면에서는 만주 침략 후 일·선·만 경제블록화의 일환으로 식 민지 조선에서 농업생산력 증진의 경제정책 기조를 이어 나가며, 전시를 대비 하여 체제 안정을 위해 농민운동을 안정시키려고 했다. 이에 지주 및 자본가의 요구를 우선적으로 고려하여, 식민본국보다 먼저 '최초의 소작입법'을 단행한 것이다. 이러한 목적이었기에 조선농지령은 이전의 총독부 소작관행 개선안 에 비해 행정 시책에서 법령으로 진전은 있었을지언정 그 내용은 오히려 후퇴 했다. 이런 취지였으므로 일제는 본국의 소작법안을 숙지하고 있으면서도 그 보다 후퇴된 내용으로 조선농지령을 제정한 것이다.

둘째, 기존에는 주로 통계만 분석하여 조선농지령의 성과를 평가한 문제가 있어, 조선농지령 시행 이후의 소작쟁의 및 소작조정에 대한 사례 연구가 이루 어져야 한다. 선행연구는 대체로 일본 본국에서는 소작법 제정이 1931년 수포 로 돌아갔으나 식민지 조선에서는 1934년 소작법 제정에 성공한 점을 높이 평

독의 상주 → 척(식)무대신 경유 → 내각 법제국 심의 → 각의(閣議) 결정 → 내각총리대신 승 인 → 천황 재가 후 공포의 과정을 거쳤다. 이승일, 「조선총독부의 법제정책에 대한 연구」, 한 양대 대학원 박사논문, 2003, 10·70·216쪽.

가하며, 양적 연구 결과를 중심으로 그 효과에 주목했다. 한편 식민지 조선에서 소작법이 제정될 수 있던 원인으로 식민지 조선 사회의 적극적인 농민운동이 그 원동력이 되었다고 보기도 했다. 그런데 이와 관련하여 흔히 범하는 오류는 조선총독부가 조선농지령을 통해 농업·농촌을 통제하려 하는 등 정책적 시도를 했다고 해서 이것이 곧바로 관철되었다고 과대평가하는 것이다. 앞에서 본 세 가지 관점 모두 사실상 이것을 전제하면서 무소불위(無所不爲)의 식민권력을 상정하는 경향이 있었다.

예컨대 기존 연구에서는 조선농지령의 시행 후 1930년대 중반부터 대규모의 집단적·폭력적인 소작쟁의가 급격히 감소하고, 소규모의 개별적·합법적인 소작쟁의는 급격히 증가했다고 분석했다. 그러면서 소작쟁의의 발생 건수는 증가했으나 그것이 국가를 위협하는 수준은 약화되었고 소작쟁의가 체제 내로 포섭되고 있었다고 해석했다. 이처럼 소작쟁의의 양상이 바뀐 데는 일제의 대대적인 탄압과 함께 실시된 조선소작조정령, 조선농지령 등 사회개량적 소작관계법의 영향이 컸다고 보았다. 이를 통해 총독부는 소작쟁의의 발생을 견제하고 동시에 농민에 대한 직접적인 지배력을 획득했다고 해석했다.[36] 심지어 소작입법이라는 '사회정책', '사회입법'의 근대적 수혜로 소작 문제가 많이 해결되었다고 분석하는 선행연구들도 있었다.

그러나 총독부가 소작입법을 통해 지주와 농민을 직접 포섭하려 한 측면은 있으나, 당시 통계 분석만으로 이것이 과연 성공했다고 평가할 수 있을까? 그 관철 여부를 확인하기 위해서는 수많은 사례 연구를 통해 실제 현황을 들여다봐야 한다. 또 당시 식민권력이 스스로 선전한 것처럼 일본 '최초의 소작입법'으로서 조선농지령이 과연 소작 문제를 근본적으로 해결할 수 있었는지 의

36　정연태, 앞의 논문, 1990, 256~257쪽; 정연태, 앞의 책, 2014, 373쪽.

문이다. 조선농지령이 과연 얼마만큼 소작 문제를 해결하는 내용을 담고 있었고, 그 내용을 현장에서 실천했는지 조선농지령 시행 이후의 소작 실태를 살펴봐야 한다.

셋째, 크고 작은 소작쟁의의 사례 연구를 통해 이를 주도한 소작농민이 처한 경제조건으로서 소작조건과 소작 문제를 구체적으로 조명해야 한다. 그간 일제하 소작쟁의 연구는 정치·사상사적, 이데올로기적, 독립운동사적 측면에서 의미 있는 사례를 위주로 분석이 이루어진 경향이 있다. 그러면서 대표적인 농민조합의 소작쟁의 사례나 대지주에 대한 대규모 소작쟁의 사례들을 주로 분석해왔다.[37] 하지만 소작쟁의의 성격을 이데올로기적으로만 이해하는 것은 한계가 있다. 당시 소작농민들이 제기한 소작 문제가 도대체 무엇이었는지 세부적으로 정리할 필요가 있다. 특히 1930년대 초중반 소작쟁의에 대한 사례 연구는 아직까지 부족한 편이다.[38] 1930년대 초중반 소작쟁의 사례 및 소작조정 판례 다수를 유형별·주제별로 집중 분석하여, 당시 주요한 경제적 조건으로서 소작농이 처했던 소작조건을 구체적으로 파악하며 이를 조선농지령의 규정과 대조해보아야 할 것이다.

넷째, 1930년대 조선총독부의 소작입법 성격을 명확히 규정하기 위해서는,

---

37 조동걸, 『일제하한국농민운동사』, 한길사, 1979; 엄기섭, 「일제하 소작·노동쟁의의 전개 과정에 관한 연구」, 동국대 대학원 박사논문, 1981; 강훈덕, 「일제하 농민운동의 一研究」, 경희대 대학원 박사논문, 1989; 한국정신문화연구원, 『식민지시대 농업불황과 소작쟁의』, 1990; 이경희, 앞의 논문, 1991; 지수걸, 앞의 책, 1993; 백대영, 「일제강점기의 소작쟁의에 관한 연구」, 국민대 대학원 박사논문, 1996; 김용달, 앞의 책, 2009.

38 1930년대에 이전보다 많은 수의 소작농민이 참여했던 소작쟁의의 경험이 해방 후 농민운동에 어떠한 영향을 미쳤는가 하는 점이 그동안 간과되었다. 이에 1930년대 소작쟁의의 전개와 성격, 그 영향에 대한 보다 많은 학문적 관심이 필요하다. 신기욱, 앞의 논문, 1993, 186~187·218쪽.

일본 본국의 소작입법 과정 및 소작법안의 내용과 비교해볼 필요가 있다. 기존에 정연태와 이윤갑은 조선농지령 제정 과정에서 일본의 소작법안을 참고한 점을 언급했다. 그러면서 일본 본국의 소작법안이 1920년대에 개혁 성향의 관료 주도로 입안되어 지주제 개혁을 목표로 한 데 반해, 식민지 조선의 조선농지령은 기존의 지주 권익을 일정하게 보장하면서 입법이 이루어졌다고 지적했다. 그런데 이러한 일본과 식민지 조선의 소작법 비교는 조항 내용의 대조에 그쳤다. 조선농지령 등 소작관계법을 제대로 평가하기 위해서는 일본과 식민지 조선의 소작입법 전 과정을 전면적으로 비교해봐야 한다. 일본은 본국의 소작법안을 숙지하고 있으면서도 왜 그보다 후퇴한 내용으로 조선농지령을 제정했을까? 일본 정부가 어떠한 절차와 내용으로 소작법안을 만들어갔는지 소작입법 추진 상황을 전체적으로 검토해보면 그 취지가 조선농지령과 어떻게 달랐는지 알 수 있을 것이다.

한편으로 일본의 주요 연구 동향도 참고해보자. 일본에서는 소작입법과 관련하여 두 가지 연구 흐름이 있다. 하나는 오구라 다케카즈(小倉武一) 등의 이른바 '강좌파(講座派)'의 계보를 잇는 연구이고, 다른 하나는 오우치 쓰토무(大內力) 등의 우노(宇野)경제학 이론에 따른 연구이다.[39]

---

39 1960~1970년대 일본의 사회과학에 큰 영향력을 미친 마르크스경제학자인 우노 고조(宇野弘藏, 1897~1977)의 이론은 1930년대 이른바 '강좌파(講座派)'와 '노농파(勞農派)' 간 일본자본주의 논쟁의 부산물이었다. 노농파는 일본이 메이지유신(明治維新)을 거쳐 자본주의 국가가 되었다고 주장하면서, 당시의 일본을 반(半)봉건사회로 규정하고 있던 강좌파를 비판했다. 노농파의 시점에서 반봉건적 지주제는 자본축적의 지체로 남아 있는 현상일 뿐이며, 자본주의의 발전에 의해 머지않아 소멸될 것으로 간주되었다. 이에 우노는 '후발 자본주의 국가' 유형 분석을 통해 이 두 학파를 모두 비판했다. 독일이나 일본 등 후발 자본주의 국가는 선발 자본주의 국가인 영국의 자본축적 방식을 모방하여, 자국의 자본주의 발전 단계와는 무관하게 선발 자본주의 국가로부터 최신 제도와 기술을 도입하여 급속한 자본축적을 이루었다는 것이다. 그런데 노동력 시장의 미성숙으로 농촌에 과잉인구가 체류하게 되

먼저 오구라 다케카즈는 민법의 성립은 지주적 토지소유권의 확립을 의미하고, 제1차 세계대전 후의 소작입법 추진은 지주적 토지소유권을 개혁하려는 것이었다고 보았다. 즉 소작입법이라는 특별법에 의한 민법의 수정 과정을 소유권과 용익권(用益權)의 대등한 대립으로의 움직임, 다시 말해 지주적 토지소유권에서 근대적 토지소유권으로 발전하는 과정으로 해석했다. 그러면서 소작입법을 '소유권의 사회화'를 위한 사회입법으로 보고, 소작입법을 추진한 관료와 학자를 '민주주의적' 입장으로, 소작입법정책을 채택한 헌정회(憲政會)를 '부르주아 민주주의적' 입장으로 평가했다.[40]

아다치 미키오(安達三季生)도 소작조정법이라는 새로운 법체계가 창출되어 지주를 억제하는 기능을 했다고 보았으나, 충분히 증명하지는 못했다.[41]

이에 사카네 요시히로(坂根嘉弘)는 한 걸음 나아가 소작조정법 운용 과정을 중심으로 연구하면서, 개별적인 소작쟁의와 소작조정 사건을 유형별로 분석했다. 이를 통해 소작조정법이라는 국가적 시책이 구체적으로 촌락 단위에서 어떠한 기능을 했는지를 촌락의 경제구조 아래 여러 계층의 동향과 대응관계 속에서 종합적으로 파악하고자 했다. 사카네 요시히로는 1920년대 농민운동의 성과로 형성된 농촌 촌락의 이른바 '협조체제'가 경제적 근대화, 곧 지주적 토지소유의 제한과 경작권의 상대적 강화, 그에 따른 소작농민 생활의 안정화를

어, 농촌에서 전통적인 생산양식의 소농경영이 계속되었다고 보았다. 그러나 점점 산업화를 이루면서 도시가 경제와 문화의 중심지로 변화해갔고 농촌에서 도시로 인구이동이 일어났다고 설명했다. 松本武祝, 「조선의 '식민지 근대'에 관한 최근의 논의에 대해서」, 『동방학지』 147, 연세대 국학연구원, 2009, 103~106쪽. 이하 일본의 소작입법에 대한 선행연구 분석은 坂根嘉弘, 『戰間期農地政策史硏究』, 九州大學出版會, 1990, 16~29쪽 참고.

40 小倉武一, 『土地立法の史的考察』, 農業評論社, 1951.

41 安達三季生, 「小作調停法」, 『講座日本近代法發達史』 7, 勁草書房, 1959.

가져왔다고 보았다. 한편으로 정치적 민주화, 곧 중농층의 정치적 지위 향상과 정치 참여도 가능하게 했다고 보았다. 이 '소작조정법체제'는 국가권력의 제도적 개입이었으나, 촌락 내 협조체제를 매개로 하여 소작법이 제정되지 못한 가운데서도 사실상 소작법 질서를 실현할 수 있었고 사회법적 기능을 발휘하여 체제 통합을 이루었다고 해석했다.[42]

한편 다른 관점에서 우노 이론에 따라 오우치 쓰토무는 근대 일본의 농지 정책에서는 부르주아를 대상으로 한 자작농 창설·유지사업이 주가 되었고, 소작입법 사업은 차선책이었다고 주장했다. 그러면서 자작농 창설·유지사업은 재정 부담 문제에 부딪혀 제약을 받을 수밖에 없었으나, 소규모 농가경제의 개선에 직접적인 도움이 되었다고 높이 평가했다. 반면에 소작법안은 민법의 부르주아적 계약 자유의 원칙을 대폭 수정하고 사유재산권을 현저히 제한하는 내용이 되면서, 보수 세력의 반대가 거세져 진전될 수 없었다며 그 의의를 상대적으로 저평가했다.[43]

이에 대해 사이토 히토시(齋藤仁)는 소작입법을 파악하는 오우치의 분석틀에 동조하면서도 소작조정법 운용에 대해서는 오우치와 상반되게 평가했다. 사이토는 소작조정제도를 제국주의 단계의 사회정책적 농정으로 높이 평가했다.[44]

---

42 坂根嘉弘,「協調體制の歷史的意義」,『日本史硏究』224, 日本史硏究會, 1981; 坂根嘉弘,「小作調停法體制の歷史的意義」,『日本史硏究』233, 日本史硏究會, 1982; 坂根嘉弘,「小作調停法運用過程の分析」,『農業經濟硏究』55-4, 農業經濟學會, 1984; 坂根嘉弘, 앞의 책, 1990.

43 大內力,『日本農業の財政學』, 東京大學出版會, 1950; 大內力,「資本主義的商品經濟と農業」, 東畑精一·宇野弘藏 編,『日本資本主義と農業』, 岩波書店, 1959.

44 齋藤仁,「日本農政の史的構造」,『思想』497, 岩波書店, 1965; 齋藤仁,『アジア土地政策論序説』, アジア經濟硏究所, 1976.

이러한 일본의 선행연구와 같이 1920~1930년대 초 일본 정부의 소작입법 추진에 대해, 과연 사회입법으로서 지주적 토지소유를 개혁하여 경작권을 강화하는 방향으로 나아갔다고 적극적으로 평가할 수 있을까? 이와 관련하여 일본 정부의 소작법 입안과 의회 상정 과정 및 법안의 특성에 대해 아울러 면밀히 검토하도록 한다.

일본 정부의 소작법 제정 시도와 좌절의 역사적 과정을 구체적으로 정리하면서, 일본 내 정치 시스템(관료, 정당, 의회)의 타협과 갈등의 논의 내용과 함께 소작법을 둘러싼 지주와 소작농민의 이해관계를 주목하여 소작관계법의 의결 구조를 파악한다. 일본 정부의 소작입법 추진에 대한 지주와 농민 측의 저항과 협상의 측면도 다루도록 한다.[45]

4. 책의 구성과 활용 자료

이 책의 1부에서는 일본과 식민지 조선의 지주제와 소작 문제의 전반적인

---

[45] 일본의 소작법으로는 결국 1938년에 가서 '농지조정법(農地調整法)'이 제정·시행되나, 이에 대해서는 이 책에서 자세히 다루지 않는다. 농지조정법은 전시하 일본 정부가 농업생산력의 유지·증진, 농지에 관련한 분쟁 방지를 통한 농촌의 평화 확보를 양대 주안점으로 하여 입안했다. 농지조정법은 전시 식량 문제를 해결하기 위해 농민에 대한 국가의 통제를 강화하고 지주에 대한 엄격한 규제를 포함하는 정책으로서 실시되었다. 그리하여 소작법안의 당초 의향과 다르게 소작관계 조정에 대한 조항은 거의 없었고 전쟁에 편승하여 소작입법의 정신을 왜곡한 것이었다. 日本評論社, 「農地調整法案要綱成る」, 『法律時報』 10-1, 日本評論社, 1938, 70쪽; 小林巳智次, 「農地調整法案要綱を讀みて」, 『法律時報』 10-2, 日本評論社, 1938, 24~26쪽; 田邊勝正, 「農地問題の本質と農地調整法」, 『法律時報』 10-5, 日本評論社, 1938, 29쪽; 小野木常, 『調停法槪說』, 有斐閣, 1942, 55쪽; 데루오카 슈조 편, 전운성 역, 『일본농업 150년사(1850~2000)』, 한울, 2004, 139쪽.

상황을 우선 비교연구한다. 먼저 일본의 농업과 지주제의 변화, 소작쟁의 추이의 대개를 살피고, 소작관행 실태와 소작 문제에 대해 좀 더 자세히 들여다본다. 이 부분에서는 주로 관련 통계를 양적 분석하며 흐름을 살펴본다.

한편으로 조선의 식민지지주제 성립 및 확대 상황과 1920년대까지의 소작쟁의 추이를 개괄하고, 소작관행과 소작 문제에 대해 보다 상세히 정리해본다. 여기에서도 주로 양적 연구를 통해 그 흐름을 볼 것이다.

1부에서 자료는 일본의 지주제 전반과 그중에서도 소작관행, 소작쟁의 현황을 자세히 정리하기 위해 일본국립국회도서관에 소장된 일본 농상무성 농무국의 『(1912년 및 1885년) 소작관행에 관한 조사자료[(大正元年及明治十八年)小作慣行ニ關スル調査資料]』, 농림성 농무국의 『소작연보(小作年報)』 각 연도판, 『본방소작관행(本邦小作慣行)』, 『소작사정조사(小作事情調査)』, 『소작쟁의·조정 및 지주·소작인조합의 개요(小作爭議·調停及地主小作人組合の概要)』 등을 주로 이용한다. 그리고 관찬문서 자료집으로 국립중앙도서관에 소장된 농지제도자료집성편찬위원회가 편찬한 『농지제도자료집성 3: 지주 및 소작인단체·소작조정법에 관한 자료(農地制度資料集成 3: 地主及び小作人團體·小作調停法に關する資料)』와 국가보훈부에 소장된 오기노 후지오(荻野富士夫) 편찬 『특고경찰관계자료집성 제10~11권: 농민운동(特高警察關係資料集成 第10~11卷: 農民運動)』 등을 분석한다. 이와 함께 국립중앙도서관에 소장된 당시 주요 단체인 일본 제국농회(帝國農會)의 『소작료의 감면에 관한 관행조사(小作料の減免に關する慣行調査)』, 일본국립국회도서관에 소장된 협조회(協調會)의 『최근의 사회운동(最近の社會運動)』 등의 자료를 참고한다. 아울러 이 부분은 기존 연구로 정리된 내용이 많으므로 선행연구를 같이 정리한다.

이어서 식민지 조선의 지주제 전반과 소작관행, 소작쟁의에 대해 정리하기 위해 주로 국립중앙도서관에 소장된 조선총독부의 『조선의 소작관습(朝鮮の小

作慣習)』,『조선의 소작관행(朝鮮ノ小作慣行)』상·하, 총독부 농림국의 『조선소작연보(朝鮮小作年報)』 1~2, 국사편찬위원회에 소장된 농림국의 『조선농지연보(朝鮮農地年報)』 1 등을 이용한다. 관찬문서의 한계는 있으나 집대성한 자료가 많지 않으므로 이들 자료를 기본적으로 참고할 수밖에 없다. 보고서로는 국립중앙도서관에 소장된 조선농회의 『조선농업발달사: 정책편(朝鮮農業發達史: 政策篇)』,『조선농업발달사: 발달편(朝鮮農業發達史: 發達篇)』 등을 참고한다. 이 부분과 관련해서는 역시 연구성과가 상당히 축적되어 있으므로 기존 연구를 아울러 정리한다.

2부에서는 우선 일본에서 먼저 행해진 소작입법 과정과 그 법안 특성을 면밀히 분석한다. 즉 일본 정부의 소작법 입안과 의회 상정 후 제정 실패까지 일련의 과정을 구체화하고, 일본의 소작법안의 성격과 내용을 살펴본다. 1920년대부터 일본에서 소작입법이 정책 현안으로 등장하여 일본 정부 내 소작제도조사위원회가 설치되고 소작법 입안을 위한 논의가 심화되다가, 1924년 소작조정법이 먼저 제정·시행되고, 소작제도조사위원회가 소작조사회로 개칭되어 소작법안을 심의·공표하는 과정 등을 검토한다. 아울러 일본 정부의 소작입법 추진에 대한 지주와 소작농 측의 반응을 본다. 다음으로 1931년 의회에 상정된 소작법안의 제정 방침과 그 내용을 들여다본다. 그 후 소작법안이 중의원을 통과했으나 귀족원에서 심의 중단되어 소작법 제정이 좌절되는 과정과 이후의 소작법 제정을 위한 움직임을 정리한다. 특히 소작법이 일본 의회에 상정되고 유산(流産)되기까지 일본 정부와 정계, 지주와 소작농 측의 갈등과 협력, 타협에 대해 분석하며 소작입법의 의결구조를 파악하도록 한다.

다음으로 조선총독부의 조선농지령 제정 과정을 자세히 살펴본다. 1920년대부터 진행된 총독부의 소작입법 관련 논의의 흐름을 보고, 1927년부터 1931년까지 총독부가 소작관행조사를 전국적으로 실시한 후 소작입법을 위한 근거 자료로 삼는 과정을 본다. 또한 1932년 조선소작조정령이 먼저 제정되어 1933년 시행된 이후 총독부의 조선소작령 입안·심의가 본격화되어, 일본 척무성·법제국 등의 심의·의결을 거쳐 1934년 조선농지령으로 개칭되어 제정·시행되는 일련의 소작법 입법 절차를 추적한다. 이와 함께 조선농지령과 조선소작령안, 일본의 소작법안의 내용 구성을 세부적으로 비교하여 조선농지령의 성격을 밝히고 그 한계를 짚어본다. 그리고 총독부의 소작입법 추진에 대한 지주와 소작농 측의 반응은 어떠했는지, 또 조선농지령에 대한 식민지 조선과 일본 본국 사회의 인식은 어떠했는지 아울러 살핀다. 끝으로 조선농지령 제정 후 소작입법의 흐름이 어떻게 변화했는지 정리한다.

2부에서 자료는 먼저 일본의 소작입법 과정과 논의 내용을 살피기 위해 당시 일본 신문에 보도된 기사와 함께, 관찬문서로 국립중앙도서관에 소장된 농지제도자료집성편찬위원회가 편찬한 『농지제도자료집성 3: 지주 및 소작인단체·소작조정법에 관한 자료』와 『농지제도자료집성 4·5: 소작입법에 관한 자료(農地制度資料集成 4·5: 小作立法に關する資料)』 상·하 등을 활용한다. 또한 일본 제국의회 회의록을 일본국립국회도서관 '제국의회 회의록(帝國議會會議錄) 검색시스템'(http://teikokugikai-i.ndl.go.jp)을 통해 참고하고, 국립중앙도서관에 소장된 『제국의회 의사록: 제59회(帝國議會議事錄: 第59回)』와 일본국립국회도서관에 소장된 입헌민정당(立憲民政黨)의 『제59의회 보고서(第59議會報告書)』 등을 검토한다. 그리고 일본국립국회도서관에 소장된 일본 농림성 농무국의 『소작법 초안에 대한 의견의 개요(小作法草案ニ對スル意見ノ槪要)』 1·2와 『저서·잡지에 나타난 소작법에 대한 의견(著書雜誌ニ表ハレタル小作法ニ對スル意見)』, 국립중앙도서관에 소장된 조선총독부 농림국 농무과의 『내지의 소작법 초안과 그 해설(內地に於ける小作法草案と其の解說)』 등을 분석한다. 단체 보고서 중에는 일본국립국회도서관에 소장된 일본 협조회 농촌과(農村課)의 『소작입법에 관한 중요 문제(小作立法に關する重

要問題)』, 흥농회(興農會)의 『소작조정법 주해(小作調停法註解)』, 니가타현(新潟縣) 기타칸바라군(北蒲原郡) 협화회(協和會)의 『소작법 초안에 대한 지주·소작인·기타 의견(小作法草案ニ對スル地主·小作人·其ノ他ノ意見)』, 국립중앙도서관에 소장된 법률신문사(法律新聞社)의 『소작조정법 원의(小作調停法原義)』, 니가타현 농정협회(農政協會)의 『대일본지주협회 소작법 운동 보고서(大日本地主協會小作法運動報告書)』 등이 볼 만하다.

다음으로 조선농지령의 제정 과정과 내용을 파악하기 위해 신문에 보도된 내용과 함께, 국립중앙도서관에 소장된 조선총독부 농림국의 『(전편) 조선의 소작에 관한 법령[(前編)朝鮮ニ於ケル小作ニ關スル法令]』, 『조선소작연보』 1~2, 일본 농림성 농무국의 『조선 및 대만의 소작사정(朝鮮及臺灣ニ於ケル小作事情)』, 국사편찬위원회에 소장된 『조선소작관계문서: 조선소작관계법규집(朝鮮小作關係文書: 朝鮮小作關係法規集)』과 『조선농지연보』 1 등을 검토한다. 조선농지령 제정을 위한 총독부와 일본 정부, 의회의 협의 내용과 관련해서는 국가기록원에서 수집한 총독부 법무국의 『1934년 타 국·과 주관 사항 합의 관계 서류(의회 의논 관계 서류)[昭和9年他局課主管事項合議關係書類(議會議關係書類)]』, 일본국립공문서관 쓰쿠바분관(筑波分館)에 소장된 『1934년도 조선농지령·미곡통제법 관계(昭和9年度 朝鮮農地令米穀統制法關係)』, 국립중앙도서관에 소장된 『제65제국의회 척무의사상록(第65帝國議會 拓務議事詳錄)』, 일본국립공문서관에 소장된 일본 내각의 『공문유취(公文類聚)』, 일본 '제국의회 회의록 검색시스템' 등을 분석한다. 보고서로는 국립중앙도서관에 소장된 조선농회의 『조선농무제요(朝鮮農務提要)』와 『조선농업발달사: 정책편』, 사법협회(司法協會)의 『조선소작조정법령집(朝鮮小作調停法令集)』과 『조선농지령·조선소작조정령 해설: 부록 관계법령(朝鮮農地令·朝鮮小作調停令 解說: 附 關係法令)』 등을 이용한다.

3부에서는 일본과 식민지 조선의 1930년대 초중반 소작쟁의와 소작조정 사례를 심화 연구하여 비교분석한다. 우선 일본의 소작법 제정이 중단된 시기를 전후하여 1930년대 초중반 일본의 소작쟁의 추이와 소작 문제를 개괄한 후, 소작쟁의 사례 및 소작조정 판례를 연구하여 변화 양상을 살펴볼 것이다. 사회 문제화된 소작쟁의와 소작조정 사례를 소작권, 소작료 관련 사례로 유형화하여 분석한다. 소작쟁의의 사례 연구를 통해 구체적인 소작 문제가 무엇이었는지 살피고, 소작입법 실패 후 일본에서는 어떠한 소작 문제로 인해 소작쟁의가 일어나고 그 조정이 어떻게 이루어졌는지 소작쟁의의 장소, 주체, 원인, 방법, 내용, 결과를 파악한다.

그리고 식민지 조선에서 조선농지령 시행을 전후한 1930년대 소작조건의 변화와, 이 시기 소작 문제로 인해 발생한 소작쟁의의 추이를 주로 관련 통계의 양적 분석을 통해 살핀다. 그리고 조선농지령 시행 이후의 소작쟁의와 소작조정 사례를 중점적으로 질적 연구한다. 사례들을 유형화하여 크게 소작권, 소작료, 소작지 관리자 문제를 둘러싼 쟁의 사례로 나누고, 유형별로 주제를 구별하여 조선농지령 시행 이후의 소작쟁의와 소작조정, 소작 문제 실태를 정리해본다. 조선농지령이 시행된 이후 1930년대 중반의 소작쟁의 사례와 소작조정 판례 연구는 거의 처음으로 이루어지는 것으로, 이를 통해 소작입법 후의 실질적인 지주소작관계 상황을 확인할 수 있다. 조선농지령이 얼마나 소작 문제를 해결했는지, 조선소작조정령·조선농지령에 따라 소작조정이 얼마나 실현되었는지 그 현실적 효과를 검증하도록 한다.

3부에서는 우선 일본의 소작법 제정 중단 이후 소작쟁의의 추이와 소작 문제에 관련해서는 일본의 선행연구가 일부 있으므로 핵심적인 내용을 한국사학계에 알리는 데 중점을 두겠다. 그리고 자료로는 1930년대 초중반 소작쟁의와 소작조정 사례와 관련하여 주로 이 시기 신문기사에 보도된 사례들을 살펴본다. 또한 일본국립국회도서관에 소장된 일본 농림성 농무국의 『(비밀) 소작

쟁의 및 조정사례: 1929, 1933, 1934년[(秘)小作爭議及調停事例: 昭和4, 8, 9年]』, 『소작쟁의·조정 및 지주·소작인조합의 개요』 등에서 주목할 만한 사례를 검토한다. 그리고 일본국립국회도서관에 소장된 법학연구회(法學硏究會)에서 편찬한 『사항유찬판례대집 제8권: 대차관계(事項類纂判例大集 第8卷: 貸借關係)』 등의 자료도 도움이 된다. 아울러 1930년대 대심원의 소작조정 판례를 보기 위해 일본국립국회도서관의 '일본 대심원·최고재판소 판례집(日本大審院·最高裁判所判例集)'(https://rnavi.ndl.go.jp/politics/entry/Japan-hanrei-sup.php)의 『대심원 재판례(大審院裁判例)』 등을 검토한다. 국립중앙도서관에 소장된 『법률시보(法律時報)』, 국립중앙도서관과 국사편찬위원회에 소장된 『조선사법협회잡지(朝鮮司法協會雜誌)』 등 잡지에서도 일본 대심원의 판례를 찾아볼 수 있다.

그리고 조선농지령 시행 전후의 소작조건과 소작쟁의의 추이를 살피기 위해 국립중앙도서관에 소장된 조선총독부의 『조선의 소작관행』 상·하, 총독부 농림국의 『(후편) 조선의 소작에 관한 참고사항 적요[(後編)朝鮮に於ケル小作ニ關スル參考事項摘要)』, 『조선소작연보』 1~2, 국사편찬위원회에 소장된 『조선소작관계문서: 조선소작관계법규집』, 『조선농지연보』 1 등을 이용한다. 보고서로는 국립중앙도서관에 소장된 조선농회의 『조선농업발달사: 정책편』, 『조선농업발달사: 발달편』 등을 분석한다. 아울러 이 부분은 기존에 연구된 내용이 많으므로 선행연구를 함께 참고한다.

조선농지령 시행 이후의 소작쟁의 및 소작조정 사례는 주로 이 시기 신문기사에 보도된 쟁의 사례들을 살펴본다. 이와 함께 법원행정처 법원기록보존소의 '광복 전 판결문'(민사) 데이터베이스를 통해 관련 소송사건 목록을 확인하고, 법원별로 해당 판결문 원문을 요청하여 검토한다. 조선고등법원의 소작문제 관련 판례는 법원도서관에 소장된 사법협회의 『고등법원판결록(高等法院判決錄)』과 『조선고등법원판례요지류집(朝鮮高等法院判例要旨類集)』 등에서 확인

한다.

그중에서도 민사판결문은 1934~1937년간의 소작 문제 관련 판례를 주목하여 분석한다. 조선농지령이 1934년 4월 제정·공포되고 그해 10월부터 시행되므로, 시기는 1934년 1월부터 시작하여 중일전쟁 발발로 전시체제기에 들어가 소작관계도 총동원체제로 인해 변모되는 무렵인 1937년 12월까지로 한정한다.

민사판결문은 법원행정처 법원기록보존소에서 구축한 데이터베이스를 통해 소작 문제 관련 민사소송 목록을 파악한 후, 해당 판결문을 각 지방법원과 고등법원에 요청하여 개별적으로 수집하여 검토할 수 있다. 법원기록보존소의 '광복 전 판결문' DB는 현재 법원도서관 웹사이트의 '귀중본·고서: 구한말 민사판결문'에 1889년부터 1918년까지 일부가 공개되어 있고, 이후의 판결문은 법원기록보존소를 직접 방문하여 확인할 수 있다. 이 DB의 구축은 아직 진행 중으로, 1945년 뒤 시기부터 앞 시기로 역순으로 DB 자료화를 진행하여, 2019년에는 1932년경부터 1945년까지 DB 구축을 완료한 상태였다. 본 연구에서 관심을 가진 1934~1937년간의 민사판결문 목록은 법원도서관 웹사이트에 아직 공개되어 있지 않다. 따라서 먼저 법원기록보존소를 방문하여 '광복전 판결문' DB를 검색해서 소작 문제 관련 민사판결문 목록과 원본을 열람한 후 법원명과 사건번호 등을 확인해야 한다. 그리고 나서 해당 민사판결문 자료를 수집하기 위해 별도로 각 관할 지방법원과 고등법원에 판결문 사본 제공을 신청해야 한다. 그동안 민사판결문에 대한 연구는 주로 법사학계에서 일부 이루어졌을 뿐 한국사학계에서는 아직 많이 진척되지 않아, 위와 같은 방법을 통해 사료에 접근하여 더 많은 연구가 이루어질 수 있기를 바란다.

위의 자료들뿐만 아니라 전반적으로 일본과 식민지 조선의 신문과 잡지 등 정기간행물과, 당시 조선총독부 관료와 일본 제국의회 의원, 일반 학자 등이 남긴 단행본들을 두루 참고한다. 이들 자료는 주로 국사편찬위원회, 국립중앙도서관, 일본국립국회도서관, 고베대학 부속도서관 등에 소장되어 있다. 이는 식민통치당국의 자료만 활용할 때 일본 정부나 조선총독부의 관점에 매몰될 수 있는 한계를 넘어서고, 이들 자료를 비판적으로 해석하기 위해서이다. 그리하여 당시 식민지 조선과 일본의 민간에서 보도된 기사와 발행된 자료의 다양한 사실과 관점들을 함께 분석하고자 한다. 식민지 조선 내 신문들이 보도한 일본 본국의 소식도 주목할 만하다.

마지막으로 결론에서는 본론의 각 부 내용을 요약한다. 이상의 내용을 통해 종합적으로 일본과 식민지 조선의 지주제에 대해 소작관행, 소작입법, 소작쟁의를 중심으로 비교연구할 것이다. 또한 일본 정부와 조선총독부의 소작입법의 의결구조와 법안의 내용 차이를 분석한다. 그리고 일본과 식민지 조선의 소작쟁의와 소작조정 상황을 비교하여 조선농지령 시행 효과를 평가하도록 한다.

1부

지주제와 소작 문제 비교

1장
일본과 식민지 조선의 지주제 변화[01]

1. 일본의 농업과 지주제 변화

1) '막번제적 토지소유'에서 지주소작관계의 형성으로

일본의 도쿠가와(德川) 막번(幕藩)체제(1603~1867)[02]는 막번제적 토지소유를 기초로 했다. 쇼군(將軍)은 다이묘(大名)의 봉건적 토지소유를 능가하는 상위의 국토 지배권을 장악하고 있었으며, 다이묘와 가신단(家臣團) 사이에도 이와 비슷한 관계가 형성되었다. 막번체제에서는 봉건적 토지소유를 세습되는 무사 신분만 독점하는 특색이 있었다.

그런데 막번제적 토지소유는 중세적인 재지영주제(在地領主制)의 형태가 아니었다. 다이묘의 가신단은 보통 성 밖에 거주했고 직영지를 소유하지 않았다. 대신에 소농경영을 바탕으로 자작농제[本百姓制]가 발달했다. 농민층은 혼뱌쿠

---

01 이 장의 일부는 필자가 「일본과 식민지 조선의 지주제와 소작문제 비교」, 『한국근현대사연구』 99, 한국근현대사학회, 2021, 115~131쪽에 발표했다.

02 막부(幕府)의 쇼군(將軍)과 번(藩)의 다이묘(大名) 간의 봉건적 주종관계를 토대로 성립한 일본 에도(江戶)시대 통치체제를 가리킨다.

쇼[本百姓, 토지조사부에 이름과 수확고가 기재된 독립 자영 소농민으로서 공조(貢租)와 부역(賦役) 부담]와 미즈노미뱌쿠쇼(水呑百姓, 농토나 집을 소유하지 못한 소작농민), 히칸[被官, 영주에게 예속(隸屬)된 농민], 나고[名子, 중세 이후의 농노(農奴)], 후다이[譜代, 대대로 같은 주군(主君) 또는 집안을 섬기는 사람] 등으로 나뉘었다. 특히 17세기에 걸쳐 가부장적 대경영이 해체되고, 영주에게 신분상 예속되지 않은 자립적 소농경영이 진전되었다.[03] 도쿠가와시대 일본의 농민들은 농노라기보다는 자작농과 비슷한 성격을 띤 소작농민이 대부분이었으며, 영주에게 조세를 납부하는 것 이외에는 신분상 예속되지 않았다.[04]

이러한 막번제 경제에 중대한 변화를 가져온 것은 지주소작관계의 전개였다. 토지생산력이 높고 상업적 농업이 발전하여 농외 수입을 얻기 쉽던 교토(京都) 지역 인근의 농촌에서, 소작농민이 신분적으로 비교적 자유롭게 복수의 지주로부터 토지를 빌려 경영하기 시작했다. 지대율(地代率)이 낮은 새로운 경작지에는 막부 권력과 결합한 특권 상인들이 투자하여 유리한 이익을 얻고자 했다.

하지만 막번체제하에서 일반적인 지주소작관계는 '질지소작(質地小作)'으로 전개되었다. 질지소작이란 자기 소유지를 저당 잡혀 자금을 빌린 농민이 그 저당 잡힌 땅을 경작하여 잉여 생산물 일부를 소작료의 형태로 빌린 돈의 원금과 이자로 지불하는 고리대적 관계를 가리킨다. 주로 궁핍한 혼뱌쿠쇼들이 연한을 정해 부유한 자작농에게 소유지를 담보로 잡혔다. 막번체제 아래 토지매매는 금지되어 있었기에 저당 형식으로 토지를 이동한 것이다. 이러한 질지소작

---

03 데루오카 슈조 편, 전운성 역, 『일본농업 150년사(1850~2000)』, 한울, 2004, 27~28쪽.

04 김위상, 「근대적 경제개발과 농업의 잉여축적」, 『협동조합경영연구』 1-14, 농협대 협동조합 경영연구소, 1993, 44쪽.

은 생산력이 낮고 상업적 농업 발전이 늦던 도호쿠(東北) 지방에서 널리 전개되다가 이후 일본 거의 전 지역에서 나타났다. 그런데 질지소작이 확대되면서 저당 잡힌 토지를 기한이 넘도록 돌려받지 못하는 경우가 많아졌다. 이에 빈궁한 농민들은 저당 잡힌 땅을 돌려받고자 쟁의를 일으키기 시작했다. 동시에 17세기 후반에는 지대 감면(減免) 투쟁도 많아졌다.

이러한 상황이 진전되어 사실상 막번 영주는 잉여생산물의 독점체제를 버릴 수밖에 없었고, 토지가 이동하고 지주층이 형성되는 것을 묵인할 수밖에 없었다. 상품경제의 발전에 따라 출현한 호농(豪農)과 상인 지주의 발생을 억제할 수 없어, 막번 영주는 이를 전제로 농민을 지배하고 지대 수취제도를 고쳐갈 수밖에 없었다.[05]

이후 1868년 들어선 메이지(明治) 신정부는 지조개정(地租改正, 1873~1880)[06]과

---

05 川口由彦, 『近代日本の土地法觀念』, 東京大學出版會, 1990, 5쪽; 데루오카 슈조 편, 전운성 역, 앞의 책, 2004, 32~33쪽.

06 지조개정법(地租改正法)의 기본은 구 조세제도를 폐기하고 지가(地價)를 조사하여 산정 지가의 3%를 지조(금납)로 하고, 지조부가세(행정 경비)도 지가를 기준으로 부과한 것이다. 지조개정의 핵심은 전답의 개조(改組)였으며, 당시 세입 부담 주체의 80% 이상을 차지하던 농민을 대상으로 하면서 국가 재정 확보를 위해 미리 개조액을 정하여 농민들에게 몰아붙였다. 이에 지조개정을 기점으로 다수의 자작농이 몰락하고 소작농으로 전화(轉化)하여 새로운 지주소작관계가 전개되었다. 川口由彦, 앞의 책, 1990, 7~8쪽; 데루오카 슈조 편, 전운성 역, 앞의 책, 2004, 47·54쪽. 지조개정은 토지제도 개혁(토지의 사유권 공인)과 조세제도 개혁(옛 공조의 금납 지조로의 전환)의 양면을 가졌다. 大石嘉一郎, 『日本資本主義百年の步み』, 東京大學出版會, 2005, 23쪽; 마리우스 B. 잰슨 저, 김우영 외 역, 『현대일본을 찾아서』 1, 이산, 2006a, 545~546쪽; 마리우스 B. 잰슨 저, 김우영 외 역, 『현대일본을 찾아서』 2, 이산, 2006b, 600쪽.

62 종속과 차별─식민지기 조선과 일본의 지주제 비교사

질록처분(秩祿處分, 1876)[07]을 시행하여 사적(私的) 토지소유를 공인했다.[08] 특히 지조개정에 따라 근대적 토지소유권이 확립되고 금납 지조로 이행하게 되어 지주소작관계의 제도적 틀이 형성되었다. 토지 상품화를 통해 토지의 매매·양도가 자유로워져 자연히 토지 투자가 활발해졌으며, 지조의 금납화는 미가(米價) 상승으로 이어져 지주와 자작농의 소득을 증대시켰다. 이때 일본의 지주는 영국처럼 봉건 영주가 지주가 된 것이 아니라, 부유한 자작농이나 상인 가운데서 생겨났다.[09]

2) 일본의 '기생지주'제

그 후 일본 농촌에서 지주제는 1880년대 마쓰카타(松方正義)[10] 디플레이션기

---

07 메이지 정부는 재정 지출을 줄이기 위해 무사의 봉건적 특권 폐지를 내세워 1876년 화족(華族)과 사족(士族)에게 지불하던 녹봉의 특권을 폐지했다. 그리고 수년 분의 가록(家祿, 집안 대대로 세습되어 물려받는 녹)에 해당하는 금액을 채권[金祿公債證書]으로 청산했다. 이처럼 영주의 토지를 공채로 계산하여 지급하면서 구 영주계급은 급속히 해체되었다. 그리고 호농·상인·대금업자가 토지를 사 모아 지주가 되었다. 그러나 구 영주(화족층)는 공채를 자본으로 하여 제15국립은행을 설립하고 이로부터 특별한 보호를 받는 등 그 지위가 보장되었다. 또한 정부는 금록공채 발행과 동시에 '국립은행조례'를 개정하고 공채 저당에 의한 국립은행의 설립, 은행권 발행을 인정했으며, 공채의 철도·면업·금융 등 자본으로의 전화를 도모했다. 데루오카 슈조 편, 전운성 역, 앞의 책, 2004, 47~48·77~78쪽; 大石嘉一郎, 앞의 책, 2005, 21~23쪽.

08 이와 함께 1872년 시행된 '전답[田畑] 영대(永代) 매매 금지 해제령'도 사적 토지매매의 자유를 전국적으로 공인하는 획기적인 것이었다. 또한 같은 해 '토지[地所]매매·양도에 대한 지권(地券) 양도 방법[渡方] 규칙'은 담세자(擔稅者) 확정의 증표인 지권제도를 매개로 토지거래를 제도적으로 보장했다. 이러한 일련의 조치로 지주의 토지집적이 가능해지고, 영주의 규제에서 해방되어 지주소작관계의 전개가 가능해졌다. 川口由彦, 앞의 책, 1990, 5쪽.

09 데루오카 슈조 편, 전운성 역, 앞의 책, 2004, 78쪽; 木村茂光 編, 『日本農業史』, 吉川弘文館, 2010, 273~274쪽.

10 마쓰카타 마사요시(松方正義, 1835~1924)는 1881년부터 10년 넘게 대장대신[大藏卿, 大藏大

(1881~1889)에 자작농의 몰락으로 토지를 집적한 '기생지주(寄生地主)'의 지배체제로 성립되었다. 즉 지주소작관계가 급격히 확대된 계기가 바로 마쓰카타 디플레이션이었다. 일본은 1870년대에 인플레이션을 겪었지만 1881년부터 디플레이션으로 미가가 떨어지면서 금납 지조의 부담이 증가했으며 간접세도 더 증가했다. 그 결과는 많은 영세농민에게 치명적이었는데, 채권자와 징세관이 농민들의 재산을 몰수해 파산 농가와 소작농의 비율이 가파르게 상승했다. 이 과정에서 농민경영은 악화하고 소유지를 내놓는 농민들이 많아졌다. 이에 경지

쓰]으로 재직했는데, '마쓰카타 재정' 혹은 '마쓰카타 디플레이션', '마쓰카타 불황' 같은 용어를 낳을 만큼 일본 경제에 큰 영향을 미쳤다. 마리우스 B. 잰슨 저, 김우영 외 역, 앞의 책, 2006b, 599쪽.

매매와 토지 이동이 증가했다.

마쓰카타 디플레이션기 당시 물가는 전반적으로 1/4 정도 하락하고, 농산물 가격은 1884년까지 50% 정도 폭락했다. 그 결과 쌀과 생사(生絲) 판매 수익에 주로 의지하던 농민들은 곤경에 처했다. 생존을 위해 소농들은 부유한 지주에게서 돈을 빌렸고, 이후 수천 명의 농민이 빚을 갚지 못해 전답을 빼앗겼다. 심각한 디플레이션으로 토지소유권이 급격히 이동했다. 소작농의 수가 정확히 얼마나 증가했는지는 확인되지 않으나, 소작지 비율은 1870년대 후반 30%에서 1880년대 후반에는 40%로 늘어난 것으로 추정된다.

한편 일본 '기생지주'의 기생성은 ① 소작농민에 대한 고율의 소작료 부과, ② 소작농민에 대한 인격적 지배종속관계 유지, ③ 산업자본에서의 이윤 확보, ④ 식민지 지주화를 통한 식민지에서의 초과이윤 확보를 특징으로 했다.

나카무라 마사노리(中村政則)는 기생지주는 ① 소작농민=소작료, ② 산업자본=이윤, ③ 식민지 초과이윤=약소민족의 노동 착취에 기생한다는 의미로, 이 삼중(三重) 규정에서 그 기생성을 이해해야 한다고 보았다. 이 삼중 규정의 논리적 관련은 단순한 병렬관계가 아니라, ①의 규정을 기초로 하여 ②의 규정이 생기고 ①, ②의 규정 위에 ③의 규정이 생기는 중층적인 내적 연관 구조를 가지고 있다. 이는 지주의 기생성을 자본주의와 관련하여 이해하여, 제국주의의 기생 방향성을 제시한 것이다. 최근 연구에서도 일본 지주의 기생성 양태는 소작료, 유가증권(有價證券) 투자, 식민지 지주화라는 측면에서 규명되었다.

추가로 시마부쿠로 요시히로(島袋善弘)는 지주의 기생성은 자본주의와 농업의 관련에 더해 노동시장의 측면에서 접근해야 정확히 해명할 수 있다고도 했다. 이를테면 소작료는 '불변자본가치(C) + 가변자본가치(V)'의 초과분인데, 여기서 V는 노동시장에 의해 규제된 것이므로 'C + V'의 초과분을 받는 지주는

자본주의체제에 기생하게 된다는 것이다.[11]

이러한 과정에서 일본 자본주의와 농업의 관계가 형성되었는데, 농업에는
불리한 두 가지 흐름이었다. 하나는 '지조의 흐름'으로, 농촌에서 조달된 지조
의 대부분은 자본주의를 육성하는 자원이 되고 농업·농촌에 환원되는 것은 적
었다. 또 하나는 지주에게 집중된 '지대의 흐름'으로, 소작료 역시 지주 자금이
되어 지주가 기업 발흥기에 더욱 이윤이 남는 공채, 주식 투자에 유용(流用)하고
농업·농촌에는 환원하지 않았다. 이러한 흐름은 지조 증징을 위한 토지소유에
대한 중과(重課), 그에 반한 자본소유에 대한 경과(輕課)라는 일본 정부의 세제(稅
制)상 유도책에 의해 장려되었다. 그에 따라 지주 자금의 자본 전화(轉化)가 이
루어졌다. 이는 필연적으로 자본주의 경제의 발전과 농업·농촌의 상대적 정체
라는 대조적 구조를 낳고, 양자 간의 격차를 고정·확대했다.[12]

하지만 한편으로 일본은 도쿠가와시대 후기부터 인구가 급속도로 증가하
여 식량 증산과 농업 보호정책을 지속할 수밖에 없었다. 이는 메이지시대의 농
업개혁과 함께 공업화의 과업이 완수되기까지 식량 자급률을 비교적 높게 유
지한 기반이 되었다.[13] 일본의 식량 생산 증대는 1920년경까지 집중적으로 이
루어져 늘어나는 인구를 부양했다. 농업생산성은 발달된 농경법이 광범위하
게 보급되면서, 또 새로운 작물·품종과 더 많은 비료가 사용되면서 꾸준히 증

---

11 中村政則, 『近代日本地主制史研究』, 東京大學出版會, 1979, 85쪽; 川口由彦, 앞의 책, 1990, 8
    쪽; 아사오 나오히로 외 편, 이계황 외 역, 『새로 쓴 일본사』, 창비, 2003, 418쪽; 데루오카 슈조
    편, 전운성 역, 앞의 책, 2004, 77쪽; 마리우스 B. 잰슨 저, 김우영 외 역, 앞의 책, 2006b, 603~604
    쪽; 木村茂光 編, 앞의 책, 2010, 274~276쪽; 島袋善弘, 『近代日本の農村社會と農地問題』, 御
    茶の水書房, 2013, 244~247·255·262쪽.

12 平賀明彦, 『戰前日本農業政策史の研究(1920~1945)』, 日本經濟評論社, 2003, 2쪽.

13 김위상, 앞의 논문, 1993, 56쪽.

가했다. 연간 생산 증가율에 대한 추정치는 1~3%로 다양하다. 그런데 농촌의 농업인구는 줄어들어, 수백만 명이 농촌을 떠나 도시로 이주하고 농업에서 상업 및 제조업 부문으로 이동했다. 이를 고려할 때 인구 증가로 인한 식량 위기에서 벗어나기 위해서는 국내 생산량을 늘리거나 식량을 수이입하는 길밖에 없었다.[14]

3) 통계로 보는 일본의 농업과 지주제 변화

통계로 보면, 메이지시대부터 쇼와(昭和) 전전기(戰前期)까지 일본의 농가 호수는 어느 정도 일정했고, 농업 취업 인구는 다소 감소했으나 경지면적은 증가하여 농가 1호당 경지면적과 농업 취업자 1인당 경지면적은 메이지 전기부터 쇼와기에 걸쳐 30% 정도 증대했다. 이는 근대 농업 노동 생산성의 증대를 보여주는 것이다.

〈표 1-1〉에 따르면, 농가 호수는 메이지 전기에 550만 호에서 메이지 후기부터 조금씩 증가하기 시작해 쇼와 전전기에는 560만 호가 되었다. 그에 비해 농업 취업자 수는 공업화의 진전에 따라 서서히 감소했는데, 메이지 전기의 1,464만 명에서 쇼와 전전기에는 1,375만 명으로 줄어들어 1호당 농업 취업자 수는 조금 감소했다. 하지만 경지면적은 메이지 전기에 논밭을 합쳐 470만 정보(町步, 1정보는 3,000평)에서 쇼와 전전기에 595만 정보로 크게 증가했다. 여기에는 개별 농가의 개간 노력과 '경지정리법'(1899), '개간조성법'(1919) 등 일본 정부의 토지개량과 개간 유도정책의 영향이 컸다. 그에 따라 쌀 생산량도 메이지

---

14   앤드루 고든 저, 김우영 역, 『현대일본의 역사』, 이산, 2005, 188쪽; 木村茂光 編, 앞의 책, 2010, 266~268쪽.

⟨표 1-1⟩ 일본의 농가 호수, 농업 취업자 수, 경지면적, 쌀 생산량(1876~1940)

(단위: 천 호, 천 명, 백 정보, 천 석)

연도	농가 호수	농업 취업자 수	경지면적		쌀 생산량
			논	밭	
1876~1885	100	100	100	100	100
(實數)	(5,497)	(14,644)	(27,303)	(19,692)	(33,720)
1881~1890	100	99	101	103	109
1886~1895	99	98	102	106	117
1891~1900	99	97	103	111	118
1896~1905	100	97	104	117	124
1901~1910	100	96	106	123	138
1906~1915	100	96	108	132	152
1911~1920	101	95	110	140	165
1916~1925	101	95	113	143	172
1921~1930	101	95	115	140	176
1926~1935	102	94	117	140	178
1931~1940	102		118	144	185

* 출전: 梅村又次 他編, 『長期經濟統計 第9卷 農林業』, 東洋經濟新報社, 1966(木村茂光 編, 앞의 책, 2010, 266쪽에서 재인용).

전기에 3,372만 석에서 쇼와 전전기에 6,002만 석으로 크게 늘어났다.[15]

그런데 일본은 제1차 세계대전에 따른 호황과 세계시장으로의 비약적 진출을 계기로 본격적으로 금융자본을 축적하고 독점자본주의체제를 확립하기에 이르렀고, 이 무렵부터 지주적 토지소유는 동요기에 들어갔다. 제1차 세계대전으로 1914~1918년간 일본의 산업 생산고가 5배 급증한 와중에도 생산 물품의 대개가 전쟁 수요로 사용되어, 일본은 근대에 들어 최악의 인플레이션을 경험했다. 1914~1920년간 쌀 소매가격은 174% 올랐고, 도매 물가 전반은 150% 상승했다. 1차 대전 이후 상공업화의 진행으로 경지가 감소하자, 지주들은 일

---

15 木村茂光 編, 앞의 책, 2010, 266~268쪽.

제히 소작료를 인상하는 움직임을 보였다. 그에 따라 소작쟁의는 소작료 인하에서 시작하여 경작하는 권리 그 자체를 쟁점으로 하는 운동으로 발전했다. 이 시기 지주제의 변질, 농민의 촌락 이탈과 도시 노동자화, 광범한 소작쟁의의 발생 등이 나타난 촌락사회 변화의 기저에 이러한 독점자본주의적 경제조건이 있었다는 점을 주목해야 한다. 이 시기가 되면 자본제 생산과 비자본제적인 소농경영의 모순이 현재화(顯在化)하고, 이 모순이 촌락사회의 구조를 변화시키는 기본적인 요인으로 작용하게 된다.

지주경영은 1917~1919년 미가 폭등기에 일시적인 황금시대를 경험하기도 했으나, 1920년 공황 후에 미가가 폭락하는 한편 조세·공과 부담이 증가하고 소작쟁의가 급증하면서 소작료도 감소하게 되어 악화했다. 이 시기 논밭의 임대 순수익 이율은 5%대로,[16] 정기예금·국채 6%대, 주식·사채 8%대의 이율을 상당히 밑돌았다. 즉 지주에게 토지 투자가 채산에 맞지 않는 불리한 경제 환경이 형성된 것이다. 이러한 지주경영의 악화로, 대지주를 중심으로 소작지를 매각하고 경영의 중심을 주식·국공채·사채 등 유가증권 투자나 은행 정기예금 관리로 옮기는 경향이 나타났다.[17]

지주제의 변질은 사실상 메이지시대 말 독점자본주의의 생성기부터 서서

---

16 마쓰카타 디플레이션기에 떨어진 지가는 1890년대 초부터 급등했다. 이에 지가 하락 시 구입한 토지의 자산 가격이 급상승했다. 한편 신규 토지 투자 이율은 급감했고, 19세기 말에서 20세기 초에는 순익률 4~5%의 낮은 수준이었다. 데루오카 슈조 편, 전운성 역, 앞의 책, 2004, 83~84쪽.

17 菅野正, 「小作爭議の研究 (上)」, 『福島大學敎育學部論集』 18-1, 福島大學敎育學部, 1966, 63~65쪽; 데루오카 슈조 편, 전운성 역, 앞의 책, 2004, 105쪽; 大石嘉一郎, 앞의 책, 2005, 134~135쪽; 앤드루 고든 저, 김우영 역, 앞의 책, 2005, 264쪽; 木村茂光 編, 앞의 책, 2010, 304~309쪽; 八木謙一郎, 「小作爭議と小作調停における地主團体の動向」, 『駒澤大學大學院史學論集』 42, 駒澤大學大學院史學會, 2012, 69쪽.

히 진행되어, 1920년대 말 대공황을 계기로 그 변모가 더 명확해졌다. 〈표 1-2〉와 이를 그래프로 나타낸 〈그림 1-2〉에서 일본의 50정보 이상 대지주 추이를 보면, 대지주 수는 일본 전국[홋카이도(北海道)와 오키나와(沖繩) 제외]적으로 1919년에 절정을 이루고 점차 감소했다.[18] 50정보 이상의 대토지소유 해체 경향은 1925년까지 비교적 완만했으나 이후에는 가속화했다.

지역별로 보면, 대지주 수는 서일본[긴키(近畿)지방 오사카부(大阪府), 교토부(京都府), 효고현(兵庫縣), 나라현(奈良縣), 와카야마현(和歌山縣), 시가현(滋賀縣) 6부·현]에서는 1910년대 전반부터 일관되게 감소하는 경향이 나타났다. 서일본에서는 도시화·공업화가 빨리 이루어진 한편 소작쟁의가 고양되어 대지주의 증권 투자 경향이 일찍이 진전되었다. 동일본[도호쿠(東北)지방 아오모리현(青森縣), 이와테현(岩手縣), 미야기현(宮城縣), 아키타현(秋田縣), 야마가타현(山形縣), 후쿠시마현(福島縣) 6현]에서는 1930년대 전반에 가서야 대지주가 감소하는 경향이 나타났다. 동일본에서는 도시화·공업화가 미약하여, 대지주 수의 절정이 상당히 늦게 1930년에야 나타났고 이후 그 수가 감소했다.[19] 이는 독점자본주의의 발달 정도에서 지역적 차

---

18 1920년대부터 일본에서 나타난 대지주의 후퇴 경향은 본국 내에 한정된 것이었고, 식민지 토지 투자는 이와 달랐다. 일본인의 한국 토지 투자는 러일전쟁 후 한국병합 전부터 급증했고, 1920년대를 전후하여 일본인 대지주는 가장 빠르고 안정적인 수익을 올릴 수 있는 식민지 조선의 토지에 투자해 본국 내 지주경영의 불안정성에서 벗어나려는 경향을 보였다. 일본 제국주의가 본국 식량 문제의 해결책으로 식민지 쌀을 수탈하는 데 나선 것과 마찬가지로, 일본인 대지주도 국내 토지경영의 어려움을 식민지 토지 수탈로 풀려는 의향을 보였던 것이다. 또한 일본 본국 지주제의 위기 이전에 식민지 조선에 진출해 있던 일본인 대토지소유자들도, 1920년대 이후 일본 본국에서의 실지(失地)를 만회하기 위해 토지소유의 주축을 식민지 조선으로 이전시켰다. 그러면서 일본 기생지주제의 식민지적 이식·전개가 촉진되었다. 데루오카 슈조 편, 전운성 역, 앞의 책, 2004, 106쪽.

19 일반적으로 서일본의 지주는 토지경영 규모가 비교적 작고, 일찍이 농업 외 투자에 다면적으로 나섰다. 이에 비해 동일본의 지주는 농업 외 투자 기회를 찾기보다, 개간이나 토지개량

〈표 1-2〉 일본의 50정보 이상 대지주(1908~1940)

(단위: 호)

연도	내지	도호쿠	긴키	연도	내지	도호쿠	긴키
1908	2,216	516	97	1925	2,249	631	86
1909	2,291	553	101	1926	2,195	614	88
1910	2,314	564	106	1927	2,173	620	81
1911	2,316	538	104	1928	2,154	620	79
1912	2,317	524	111	1929	2,135	604	74
1913	2,293	502	95	1930	2,117	634	61
1914	2,381	511	96	1931	2,058	633	57
1915	2,284	518	84	1932	2,078	632	55
1916	2,370	572	87	1933	1,999	597	56
1917	2,364	556	94	1934	1,941	590	55
1918	2,428	581	85	1935	1,818	552	51
1919	2,451	603	82	1936	1,797	549	53
1920	2,435	582	86	1937	1,806	560	48
1921	2,396	602	91	1938	1,782	529	47
1922	2,354	622	94	1939	1,667	578	43
1923	2,305	581	93	1940	1,742	587	45
1924	2,333	625	82				

* 출전: 農地改革記錄委員會 編, 『農地改革顚末槪要』, 農政調査會, 1951, 802쪽(菅野正, 앞의 논문, 1966, 75쪽에서 재인용).

이를 보여준다. 그러나 전국적으로 볼 때, 독점자본주의의 완성과 함께 지주의 토지집적은 종언을 고하게 되었다. 일본에서 기생지주제는 대토지소유자의 토지 매각과 중소지주의 자작화를 양극으로 하면서 서서히 분해되어갔다.[20]

등 농업 내 투자에 열심이었다. 위의 책, 80쪽.

[20] 菅野正, 앞의 논문, 1966, 74~75쪽; 田中學, 「1920年代の小作爭議と土地政策 (I)」, 『經濟學季報』 18-1, 立正大學經濟學會, 1968a, 136~141쪽; 데루오카 슈조 편, 전운성 역, 앞의 책, 2004, 79~80·107쪽; 大石嘉一郎, 앞의 책, 2005, 135~138쪽.

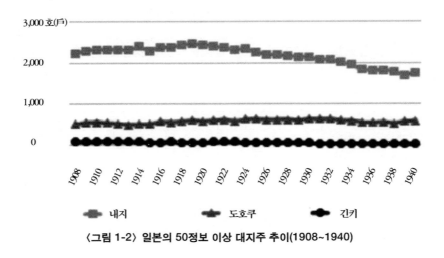

3,000 호(戶)

2,000

1,000

0

1908 1910 1912 1914 1916 1918 1920 1922 1924 1926 1928 1930 1932 1934 1936 1938 1940

■ 내지   ▲ 도호쿠   ● 긴키

〈그림 1-2〉 일본의 50정보 이상 대지주 추이(1908~1940)

이러한 상황에서 자·소작별 농가 호수의 변화를 보면, 〈표 1-3〉과 같이 전국(홋카이도와 오키나와 제외)적으로 자작농은 정체, 자소작농은 완만한 증가, 소작농은 1920년까지 증가 후 1920년 공황을 계기로 감소하는 경향을 보였다. 소작농이 감소한 것은 자소작농으로 상승하거나 농촌을 떠나 도시 노동자가 되었기 때문이다.[21]

농가경영 규모는 일찍이 1888년부터 1908년에 걸쳐 전체적으로 영세해졌다. 저임금이더라도 가계 보충을 위한 수입 없이는 생계유지가 어려운 영세농가가 대량으로 생겨났다. 즉 '고율의 소작료와 저임금의 상호규정관계'가 일반적으로 성립하여 이를 기초로 일본의 기생지주제가 확립되었다.

1920년대에 농민들은 농업소득의 신장률이 농업지출의 증가율을 따르지

---

21 菅野正, 앞의 논문, 1966, 71~73쪽; 여박동, 「근대 일본의 국민생활상태와 생활보호 시설에 관한 연구」, 『일본학지』 9, 계명대학교 국제학연구소 일본연구실, 1989, 25쪽.

〈표 1-3〉 일본의 자·소작별 농가 호수(1908~1932)

(단위: %, 천호)

연도	농가총수	자작	자소작	소작	농가총수	자작	자소작	소작
1908					100.0(5,261)	100.0(1,729)	100.0(2,098)	100.0(1,434)
1917	100.0(5,283)	30.6	41.9	27.5	100.4	93.5	105.3	101.5
1918	100.0(5,291)	30.5	41.7	27.8	100.6	93.2	105.0	102.7
1919	100.0(5,294)	30.6	41.7	27.7	100.6	93.7	105.2	102.2
1920	100.0(5,298)	30.3	41.8	27.9	100.7	92.8	105.8	103.1
1921	100.0(5,276)	30.3	41.8	27.9	100.3	92.4	105.1	102.7
1922	100.0(5,262)	30.3	42.0	27.7	100.0	92.3	105.3	101.7
1923	100.0(5,266)	30.4	42.0	27.6	100.1	92.6	105.5	101.3
1924	100.0(5,278)	30.5	42.2	27.3	100.3	93.0	106.3	100.5
1925	100.0(5,292)	30.4	42.5	27.1	100.6	92.9	107.3	99.9
1926	100.0(5,297)	30.5	42.8	26.7	100.7	93.4	108.0	98.7
1927	100.0(5,300)	30.5	43.0	26.5	100.7	93.6	108.7	97.7
1928	100.0(5,312)	30.7	43.2	26.1	101.0	94.2	109.4	96.8
1929	100.0(5,305)	30.5	43.5	26.0	100.8	93.6	110.0	96.1
1930	100.0(5,324)	30.4	43.6	26.0	100.2	93.8	110.5	96.5
1931	100.0(5,350)	30.5	43.5	26.0	101.7	94.4	111.0	96.9
1932	100.0(5,354)	30.4	43.6	26.0	101.8	94.2	111.2	97.0

* 출전: 加用信文 監修, 『日本農業基礎統計』, 農林水産業生産性向上會議, 1958, 97·99쪽(菅野正, 앞의 논문, 1966, 72쪽에서 재인용).
* 왼쪽은 각 연도 농가총수를 100으로 했을 때 구성비이고 오른쪽은 1908년을 100으로 했을 때 증감을 보여주는 것이다.

못해 더욱 궁핍한 상태에 놓였다. 독점자본주의의 확립이 낳은 장기적인 불황과 공황은 농민의 경영과 생활을 극도로 압박하여 농민층 분해가 심각해졌다. 특히 대공황의 타격으로 1930년대에 농민층 간에 격차는 더욱 벌어졌다. 대공황에 따른 농가경제의 궁핍은 소작빈농층뿐만 아니라 자작·자소작 중농층에까지 영향을 미쳤다. 또한 상당수의 지주가 소득 확보를 위해 소작농에게 빌려

준 토지를 회수하여 직접 경작하려 했다.[22]

　기생적 대지주의 감소가 곧바로 광범한 재촌 경작 지주를 기초로 한 지주제의 근간을 위협한 것은 아니었지만, 이 시기 조세·공과 중 지조·지가 비중이 저하하거나, 지역 공공단체 운영에 자소작·소작층이 참여하기 시작하는 현상과 더불어 지주 세력의 후퇴 경향이 나타났다. 지주적 토지소유는 자본주의가 미발전하여 상인·대금업 자본의 활동 폭이 크고 착취할 수 있는 소생산자가 대량으로 존재하는 시기에 적합한 토지소유 형태이기에, 일본 자본주의의 발전에 따라 토지 투자의 상대적 유리함이 서서히 없어지면서 지주의 메리트도 없어진 것이다. 그리고 토지정책도 이를 저지하는 것이 아니라 촉진하는 방향으로 전개되었다. 기생지주제가 후퇴한 일반적이고 기초적인 조건은 농업공황과 농업 문제의 심각화 그 자체였으나, 직접적으로는 소작쟁의의 전개도 영향을 미쳤다.[23]

　이번에는 소작지율의 추이를 통해 일본 지주제의 변화를 확인해보자. 1873년의 소작지율은 전국 평균 27%로 추계된다. 그러다가 지조개정을 거쳐 마쓰카타 디플레이션이 한창인 가운데 소작지율은 1883년 36%, 이후 1892년 40%, 1907년 45%로 증가했다. 이후 소작지율은 1920년대 말까지 대체로 증가했다.

　그런데 메이지 초기에 소작지율은 지역 차가 두드러졌다. 이 시기 도호쿠 지방은 15%대, 간토(關東), 산요(山陽), 규슈(九州) 지방은 20%대로 낮았고, 호쿠리

22　菅野正, 앞의 논문, 1966, 67~69쪽; 田中學, 앞의 논문, 1968a, 131~135쪽; 데루오카 슈조 편, 전운성 역, 앞의 책, 2004, 65·77·128쪽; 大石嘉一郎, 앞의 책, 2005, 84~87·167쪽; 앤드루 고든 저, 김우영 역, 앞의 책, 2005, 337·356쪽; 마리우스 B. 잰슨 저, 김우영 외 역, 앞의 책, 2006b, 858쪽; 木村茂光 編, 앞의 책, 2010, 304~309쪽.

23　菅野正, 앞의 논문, 1966, 74~75쪽; 田中學, 앞의 논문, 1968a, 136~141쪽; 데루오카 슈조 편, 전운성 역, 앞의 책, 2004, 79~80·107쪽; 大石嘉一郎, 앞의 책, 2005, 135~138쪽.

쿠(北陸), 시코쿠(四國), 산인(山陰) 지방은 40% 전후로 높았다. 시코쿠의 가가와현(香川縣)·에히메현(愛媛縣)은 50%로 전국 1위를 차지한 데 반해, 같은 시코쿠의 고치현(高知縣)은 22%가 조금 안 되었다. 와카야마현(和歌山縣), 가고시마현(鹿兒島縣)의 난카이도(南海道)는 11%로 도호쿠 이하의 소작지율을 보였다. 또한 규슈에서도 후쿠오카현(福岡縣), 구마모토현(熊本縣)은 소작지율이 높은 그룹에 속했지만, 오이타현(大分縣)은 도호쿠와 비슷했다.

이후 1880년대 디플레이션기에 경지매매가 급격히 이루어지면서, 이전에 소작지율이 이미 높던 지대에서 소지주의 대부지(貸付地)가 중·대지주에게 집중되는 현상이 나타났다. 반면에 소작지율이 낮던 지대에서는 직접생산자의 토지상실로 소작지율이 급증하는 추이를 보였다.

미가는 마쓰카타 디플레이션기 이후부터 청일전쟁 무렵까지 명목가격과 물가 상승률을 감안한 실질가격이 모두 상승했다. 한편 지조율은 러일전쟁 때까지 크게 인상되지 않았다. 즉 이때까지는 토지 투자가 유리하여 활발해질 수 있었다.

일본의 지역별 소작지율을 〈표 1-4〉에서 보면, 지역 차가 나다가 메이지 말기, 다이쇼(大正) 초기에 걸쳐 그 차이가 급감한다. 메이지 말기 전국 평균 소작지율은 45%에 접근했는데, 이는 메이지 초기 소작지율이 낮던 현들의 소작지화가 급속히 진전되면서 가능했다. 소작지율의 지역 차는 지조개정에 의한 지조 금납화, 상품경제화, 경제 변동으로 축소되어 전국적으로 소작지율 45% 선에 접근해갔다. 그러는 동안 지주의 성격도 변화하여 농촌 리더로서 농사개량에 충실한 자영형 지주가 비교적 많다가, 메이지 말기, 다이쇼 초기에는 소작료 징수자로 탈바꿈하여 기생지주의 성격을 강화하는 움직임을 보였다.

그런데 다이쇼기에 소작쟁의가 급증하면서 다이쇼 말기를 전환기로 하여 대지주 세력이 후퇴했다. 즉 1880~1900년대의 지주제 확립, 메이지 말기~다이

〈표 1-4〉 일본의 지역별 소작지율(1909~1945)

(단위: %)

	1909	1912	1917	1922	1927	1932	1937	1940	1945
홋카이도	51.5	47.1	48.1	47.4	51.3	53.9	49.1	46.5	48.7
도호쿠	40.4	41.0	41.9	43.5	44.1	47.0	46.8	46.7	48.2
간토	44.1	44.7	46.5	46.7	46.5	48.5	49.0	49.1	50.6
호쿠리쿠	49.8	50.5	51.6	51.5	51.2	53.5	52.2	51.9	49.0
도산	46.9	46.8	47.7	46.4	43.6	43.9	43.1	42.3	43.6
도카이	48.4	48.9	49.0	47.3	45.0	43.5	42.6	43.0	40.5
긴키	49.5	50.1	50.5	50.8	48.7	47.5	46.3	45.1	44.9
주고쿠	47.4	47.9	46.8	46.3	44.7	44.4	43.5	42.8	40.3
시코쿠	45.0	42.2	40.7	42.2	41.1	45.2	44.0	43.5	43.5
규슈	41.3	41.9	43.3	44.3	43.3	42.7	42.9	42.8	41.0
홋카이도 제외	44.9	45.2	45.9	46.2	45.3	46.4	46.3	45.7	45.5
전국	45.4	45.4	46.2	46.4	46.1	47.5	46.8	45.9	45.9

* 출전:「農事統計」,「農地等解放實績調查」; 加用信文 監修, 앞의 책, 1958, 94~95쪽(大栗行昭, 『日本地主制の展開 と構造』, 御茶の水書房, 1997, 68~69쪽에서 재인용).

쇼 초기의 기생지주화, 다이쇼기~쇼와기의 지주제 동요와 대지주의 후퇴 모습을 볼 수 있다. 소작지율은 〈표 1-5〉와 같이 1929년에 48%로 절정을 이루었으며, 1930~1940년대에 걸쳐 감소했다.[24]

소작농민들은 1930년대에 들어 대공황으로 수입 기반이 흔들리는 어려움을 겪었다. 대공황으로 인해 1929~1931년 사이 쌀과 보리를 포함한 기본 농산물의 평균 가격이 43%나 하락했다. 수입 기반이 흔들리던 소농과 소작농은 세금이나 소작료를 내기 위해 돈을 빌려야 했다. 1932년 일본 정부 통계에 따르면, 농가 부채가 국민총생산의 무려 1/3에 달한 것으로 추산된다. 앞에서도 말

---

24 倉內宗一, 『地主·小作制の展開過程』, 農林統計協會, 1999, 90~91쪽; 木村茂光 編, 앞의 책, 2010, 273~274쪽.

(단위: %)

연도	자작지	소작지
1909	54.6	45.4
1912	54.6	45.4
1917	53.8	46.2
1922	53.6	46.4
1927	53.9	46.1
1929	52.0	48.0
1932	52.5	47.5
1937	53.2	46.8
1940	54.1	45.9
1945	54.1	45.9

* 출전: 加用信文 監修, 앞의 책, 1958, 94~95쪽(大栗行昭, 앞의 책, 1997, 68~69쪽에서 재인용).

한 것처럼 이 시기 지주들은 소득 증가를 위해 소작농에게 빌려주었던 토지를 회수하여 직접 경작하고자 하는데, 이에 소작농들이 쫓겨나지 않으려고 저항하면서 소작쟁의 건수가 급증했다.[25]

〈표 1-6〉의 농가경제 수지(收支) 동향을 보면, 농촌공황은 농민들의 궁핍 상태를 극도로 촉진했다. 농가소득의 증감은 농산물 가격의 동향과 거의 대응되었다. 농가소득은 1921~1922년에는 하강, 1923~1925년에는 상승, 1926~1928년에는 대체로 하강, 1929~1930년에는 급락했다. 소작농은 물론이고 자작농을 포함한 많은 농가가 생활비 적자에 쫓기게 되었다. 자작농의 경우 농가경제가 가장 호전된 1925년에도 대략 5호당 1호는 적자 농가였고, 1927년에는 거의 3호당 1호의 비율이었다. 1930년에는 소작농 76%가, 자작농 59%가 적자 상태에 빠

---

25 앤드루 고든 저, 김우영 역, 앞의 책, 2005, 337·356쪽.

〈표 1-6〉 일본의 농가경제 수지(1921~1930)

(단위: 円)

구분	연도	농업소득			가계비	농가경제 잉여	적자 농가 비율
		농가총수입	농가경비	농가소득			
자작	1921	2,055	674	1,381	1,257	124	36.4
	1922	1,751	557	1,194	1,177	17	36.7
	1923	2,008	625	1,383	1,179	204	26.2
	1924	2,975	1,226	1,748	1,392	356	20.0
	1925	3,238	1,349	1,888	1,531	357	18.5
	1926	2,996	1,399	1,598	1,383	215	29.0
	1927	2,630	1,209	1,421	1,320	101	38.6
	1928	2,635	1,230	1,394	1,297	97	39.2
	1929	2,552	1,186	1,366	1,271	95	42.0
	1930	1,726	888	837	919	82	58.6
자소작	1921	1,847	763	1,084	981	103	36.4
	1922	1,680	682	998	999	△1	48.5
	1923	2,096	801	1,295	1,089	207	21.4
	1924	2,869	1,407	1,462	1,296	167	27.9
	1925	2,888	1,367	1,521	1,270	251	19.1
	1926	2,785	1,398	1,387	1,134	254	22.4
	1927	2,340	1,145	1,195	1,092	103	35.7
	1928	2,384	1,204	1,180	1,036	144	23.7
	1929	2,265	1,155	1,110	996	114	31.5
	1930	1,583	884	699	768	△69	65.8
소작	1921	1,504	738	766	731	35	40.0
	1922	1,431	700	731	726	5	47.2
	1923	1,711	769	942	777	165	26.1
	1924	2,215	1,244	971	822	149	22.4
	1925	2,452	1,240	1,212	890	322	17.3
	1926	2,220	1,233	987	929	59	50.0
	1927	2,175	1,189	987	885	101	35.7
	1928	2,046	1,123	923	854	68	32.7
	1929	2,045	1,170	874	876	△2	51.7
	1930	1,492	912	579	662	△83	73.7

* 출전: 『農家經濟調査』(田中學, 앞의 논문, 1968a, 132쪽에서 재인용).
* 円 미만은 사사오입함.

졌다. 농업소득과 가계비를 살펴보면, 자작과 소작 간에는 30% 내외의 격차가 있었으며 그 격차는 대공황기에 더 벌어지는 추세를 보였다. 이 격차는 소작료 수준에 달려 있었는데, 소작료는 1920년대의 소작쟁의 등을 통해 일정 부분 감소했지만 그 경감 정도는 대공황하의 농업경영 지출 삭감의 정도에 훨씬 못 미쳤다. 따라서 소작농가 경영에서 소작료의 중압은 클 수밖에 없었다.[26]

그렇지만 소작농가는 일본의 전통적인 '촌(村)'의 구성원으로서, '이에(家)'를 기초로 한 소농경영에는 크게 변화가 없었다. 일본에서 지주소작관계의 확대를 가능하게 한 중요한 요인은 농민들의 강한 신뢰관계였다. 일본의 촌락 내에서는 농가 간에 생산·생활상 매우 긴밀한 사회관계가 형성되어 있었다. 이 촌락의 집단적 규범은 지주도 규제하여, 지주는 촌락의 규범에 반해 함부로 높은 소작료를 징수할 수 없고 소작지를 회수할 수 없도록 규제받았다. 이 촌락의 집단적 규범은 지주소작관계에서 쌍방의 '도덕적 해이(moral hazard)'를 억제하는 기능을 했다.[27]

이처럼 일본에서는 촌락이 자치적·공동체적으로 사적 토지소유를 규제하면서 경작권이 어느 정도 보전될 수 있었다. 특히 토지소유자가 자치촌락의 구성원인 경우, 촌락의 의사와 토지소유자의 의사가 상반되는 일은 적었다. 재촌지주들은 촌락의 자치적 규범의 제약을 받는 동시에 이를 이용하여 지주의 기능을 관철했다. 재촌지주는 자치촌락의 상층에 위치하여 소작농민 생활의 이면까지 파악하고 있었고, 흉작이나 불행한 일이 있을 때는 온정적으로 대응하

---

26 菅野正, 앞의 논문, 1966, 67~69쪽; 田中學, 앞의 논문, 1968a, 131~135쪽; 데루오카 슈조 편, 전운성 역, 앞의 책, 2004, 128쪽; 大石嘉一郎, 앞의 책, 2005, 167쪽; 마리우스 B. 잰슨 저, 김우영 외 역, 앞의 책, 2006b, 858쪽.

27 木村茂光 編, 앞의 책, 2005, 272~273쪽.

기도 했다.[28]

특히 일본에서는 촌락 내에 중소지주가 다수 존재하여 소작료 조정구조가 구축되어 있었다. 일본 농지소유의 특징은 중소지주가 두텁게 존재한다는 점에 있었다. 중소지주는 소작료를 취득하는 지주이면서 동시에 농업경영자이기도 했다. 따라서 농업경영자의 입장에서 소작료 문제를 생각할 수 있었고, 그에 따라 촌락 내에서 소작료 합의가 이루어지기 쉬웠다. 이에 더해 소작쟁의가 전국적으로 전개되면서 지주의 이해(理解)가 진전된 점, 소작쟁의 경험을 통해 소작농 층이 적정 소작료 시세를 이해하게 된 점, 소작조정법에 따라 조정이 원활해진 점 등이 있어, 소작료 문제는 쟁의가 심각해지기 전에 해결되는 경우가 많았다. 이를 전제로 촌락 내 소작 문제 조정 시스템이 형성될 수 있었던 것이다.

소작료 문제의 촌락 내 조정구조에는 여러 형태가 있었다. 기본적으로 ① 협조적인 '단독 소작조합', ② 농사조합과 같은 '협조조합', ③ 소작료 조정 기능을 함께 가지는 '농사조합', ④ 수시로 회합하여 협의하는 조정 등 네 가지 조정 시스템이 있었다. 이들은 공통적으로 촌락 내에서 '적정 소작료'를 실현하기 위해 조정 기능을 했다. 네 가지 소작료 조정 시스템 중에서 표준적이고 전형적인 것은 ③이었고, ④에 의해 쟁의로 번지는 일 없이 해결된 소작료 분쟁도 많았다. 즉 일상적인 농사 활동의 일환으로 촌락 내 소작료 조정이 행해지는 시스템이 형성된 것이다. 지주와 소작농민의 시장경제에 대한 의식이 성장하고 1920년대 소작쟁의가 확대되면서 소작료 조정의 필요성에 대한 인식이 공유되어 1920년대 말에 그 조정은 거의 균형점에 도달했고, 이후 산발적으로 소작료 관련 쟁의가 발생했으나 촌락 내 소작료 조정 시스템에 의해 대체로 해결

---

28 데루오카 슈조 편, 전운성 역, 앞의 책, 2004, 81쪽.

되었다.[29]

2. 조선의 식민지지주제 성립과 확대

앞 절에서는 1940년대까지를 범위로 하여 일본의 농업과 지주제 변화를 개괄적으로 살펴보았다. 하지만 조선의 식민지지주제 성립과 확대에 대해서는 이 절에서 1920년대 말까지의 내용을 보다 자세히 살펴보고, 1930년대부터의 내용은 3부에서 다시 이어서 상세히 보도록 하겠다.

1) 조선 후기의 지주제

조선시대 후기에 지주제는 상당히 발전해 있었다. 이는 17~18세기 토지의 사적 소유와 유통경제의 발달로 가능했다. 특히 16세기에 직전제(職田制, 현직 관리에게 토지를 지급한 제도)가 폐지되고 수조권(收租權, 관리가 토지에 부과된 조세를 거두어들일 수 있는 권리)이 소멸한 후 소유권의 재정비 과정을 통해 17세기 이후 지주제가 발달했으며, 이는 생산관계를 소유권자 중심으로 재편하려는 국가의 양안(量案) 정비를 통해 촉진되었다. 양안 기록을 보면 조선 후기의 지주들은 일정 영역을 집중적으로 소유·경영하지 않고 여러 곳에 걸쳐 토지를 분산 소유했던 것을 알 수 있다.[30]

한편 16세기까지만 해도 미간지(未墾地)가 많았기 때문에 토지보다 노동력이 부족한 실정이어서, 조선시대 경작자의 권리는 상당히 보장된 편이었다. 경

---

29 島袋善弘, 앞의 책, 2013, 82~83·110쪽.

30 최윤오, 「조선 후기 사회경제사 연구와 근대」, 『역사와 현실』 45, 한국역사연구회, 2002, 46쪽; 최윤오, 『조선 후기 토지소유권의 발달과 지주제』, 혜안, 2006, 389쪽.

작권은 비록 소유권에 비해 매우 낮은 가격이지만 물권적 성격을 가지고 매매되기도 했다.

그러나 조선 후기에 들어와 직접경작자인 작인이 지주의 소유권에 대항할 수 있는 권리는 줄어들었다. 일부 존재한 특수한 경작권인 도지권(賭地權, 영구적 소작권과 그 권리의 양도, 매매, 저당, 상속권)을 제외하고, 차지권(借地權)은 다만 채권일 뿐 지주의 소유권에 대항할 수 있는 물권이 아니었다. 그에 따라 작인이 지대 납부 기한을 지키지 않거나, 지대를 거납(拒納)하는 경우 이작(移作)은 당연하게 여겨졌다. 작인이 이작에 대해 억울함을 토로해도 어쩔 수 없었다. 이작과 관련한 소송도 대체로 관이 개입하지 않고 지주에게 맡겨졌다. 그리하여 지주에 의한 탈경(奪耕)이 빈번했고, 심지어 농사가 시작된 다음에 작인이 바뀌는 일도 일어났다. 경작지에 대한 작인의 권리가 사실상 약화된 것이다. 이런 현실은 작인 간의 치열한 차지 경쟁을 초래했다. 지주제가 강화되면서 차지 경쟁에서 승리한 부농층만이 땅을 빌려 경작할 수 있었고, 여기서 탈락한 빈농이나 몰락 농층은 임노동층으로 전락하게 되었다.[31]

2) '식민지지주제'의 구축

대한제국은 이러한 지주소작관계를 청산하지 못한 채 일본 제국주의의 식민지로 전락했다. 그리고 구한말부터 일본인 지주들이 대거 조선에 진출·정착하여 지주제 농장 경영을 통해 일본으로 곡물을 이출하기 시작했다. 일본인 지

---

31 김건태, 「조선 후기 지주제하 농민층 동향」, 『경제사학』 22, 경제사학회, 1997, 29~45·58·102~112쪽; 조윤선, 『조선 후기 소송연구』, 국학자료원, 2002, 144쪽; 김건태, 『조선시대 양반가의 농업경영』, 역사비평사, 2004, 389~390쪽; 최윤오, 앞의 책, 2006, 398쪽; 배항섭, 「조선 후기 토지소유구조 및 매매관습에 대한 비교사적 검토」, 『한국사연구』 49, 한국사연구회, 2010, 213~216쪽.

주들은 농경지 개간, 경지 정리, 수리시설 확충 등의 토지개량을 주도적으로 추진하고, 다비(多肥), 심경(深耕), 집약농업으로 특징지어지는 이른바 '메이지농법(明治農法)'의 일본 농업기술을 도입하여 농사개량을 도모하며 '식민지지주제'를 구축해갔다.

식민당국은 토지조사사업으로 자본주의적인 배타적 토지사유권(土地私有權)을 인정하는 한편 등기제도를 확립했다. 그에 따라 토지를 상품화하여 토지매매·저당이 자유롭게 이루어지도록 하고, 일본 자본의 토지 투자와 점유를 허용하며 법률상으로 보장했다. 행정기관이 주도하여 토지소유권을 확인하고, 일본 민법을 적용하여 등기제도로 권리를 보장했다는 점에서 일본의 지조개정과 식민지 조선의 토지조사사업으로 확인된 토지소유권의 성격은 유사하다. 그러나 일본은 토지 구관(舊慣)을 고려하여 토지소유자를 확정해간 반면, 식민지 조선에서는 토지조사사업 과정에서 토지 구관을 인정하지 않았다.

그러나 식민지지주제는 자본주의사회의 기본적인 특징인 ① 생산수단으로부터 직접생산자의 분리, ② 임금노동의 상품화(직접생산자가 경제외적 강제 없이 자유롭게 자기 노동력을 상품으로 판매)를 완전히 이루지 못한 반봉건적 구조였다. 즉 농업경영의 기본인 토지는 자본화했으나, 경영형태에는 봉건적 유풍(遺風)이 남아 있었던 것이다.[32]

식민지 조선에서 특히 일본인 대지주는 소작농민을 권력에 의해 민족적·

---

32 崔光模, 「조선 농촌은 왜 파멸하는가」, 『농민』 1-3, 1930, 10쪽; 朝鮮農會, 『朝鮮農業發達史: 政策篇』, 1944a, 527쪽; 주종환, 「봉건제로부터 자본주의로의 이행」, 가지무라 히데키 외, 『한국근대경제사연구』, 사계절출판사, 1983, 25·28·32쪽; 장시원, 「일제하 대지주의 존재 형태에 관한 연구」, 서울대 대학원 박사논문, 1989, 5쪽; 정연태, 「1930년대 '조선농지령'과 일제의 농촌통제」, 『역사와 현실』 4, 한국역사연구회, 1990, 227쪽; 최은진, 「群山米의 대일 수출구조」, 한양대 대학원 석사논문, 2010, 5쪽; 남기현, 「일본과 식민지 조선에서 성립된 토지소유권의 성격 검토」, 『개념과 소통』 27, 한림과학원, 2021, 80~82쪽.

계급적으로 지배했다. 이와 함께 식민지 소작농민에게 부역을 시키는 등 잉여노동을 수탈하고, 소작농민의 인격에 대해 직접적인 권력, 곧 경제외적 강제를 행사했다. 이러한 일상적 수탈과 경제외적 강제를 매개로 하여, 식민지 조선의 소작농민에게서 폭력적으로 소작료를 착취했다. 일본인 지주들이 식민지에서 지속적으로 고율의 소작료를 징수할 수 있었던 것은 일제 식민권력에 의해 체제적으로 이를 보장받았기 때문이었고, 일본인 지주들은 이를 근거로 토지소유 규모를 증대·유지할 수 있었다.[33]

한편 식민지기 지주소작관계의 발달과 농업생산력 향상은 밀접한 관련이 있었다. 즉 고생산력 지대는 지주소작관계가 고도로 발달한 지역이었다. 이는 식민지 농업경영이 지주소작관계를 매개로 추진되고 발전되었음을 의미한다. 그런데 지주소작관계의 발달은 농가경영의 소작화와 경영규모의 영세화를 수반했다. 즉 지주소작관계는 소작경영을 통해 농업생산력의 증대를 가져왔지만, 한편으로는 농가의 궁핍화를 심화시켰다. 일제하 지주소작관계는 대토지소유의 압도적인 우위와 영세 소작경영의 압도적인 열위라는 기본구조를 이루었고, 이를 기반으로 농업생산력이 발달할수록 고율의 소작료 수취로 농민의 궁핍화가 심각해지는 현상이 나타났다.[34]

한국이 식민지가 되는 시점에 경지의 소작지 비율은 이미 50%를 넘었으며, 논으로 한정하면 60%를 넘었다. 일본의 소작지율이 가장 높던 1929년대에도 48% 정도였고 50%를 초과한 경우는 없었으며 논으로 한정하면 50% 남짓이던 것과 대조적이다. 이는 식민지 조선이 공업화가 시작되기 전에 세계시장에 포

---

33 한빛, 「이상적 소작제도」, 『농민』 3-9, 1932, 40~41쪽; 淺田喬二, 「はしがき」, 『增補 日本帝國主義と舊植民地主制』, 龍溪書舍, 1989, 1~2쪽; 위의 책, 6~7·257쪽.

34 소순열, 「식민지 조선에서의 지주·소작관계의 구조와 전개」, 『농업사연구』 4-2, 한국농업사학회, 2005, 69~70쪽.

섭되었고, 일본 이출을 위한 농업의 상품화가 진전되어 자본 대부분이 토지 구입에 돌아갔기 때문이었다.

따라서 식민지 조선 농민의 대다수를 차지하던 소작농민은 근대적이면서도 반봉건적인 지주소작관계를 청산하여 농민적 토지소유를 실현하고 일제의 식민지배와 착취를 없애고 반제(反帝) 민족해방을 달성해야 하는 지난한 과제를 떠안게 되었다.[35] 식민지기의 농민운동은 단순한 경제운동으로 그치는 것이 아니라, 결국은 반제·반일의 정치운동 곧 민족해방운동으로까지 연결되는 것이었으며, 이에 이 시기 농업 문제는 단순한 경제 문제, 계급 문제가 아니라 정치 문제, 민족 문제이기도 했다.[36]

3) 통계로 보는 조선의 식민지지주제 변화

이하에서는 식민지지주제의 성립과 확대 상황을 여러 통계 수치를 통해 살펴보자. 우선 한국에서 일본인 대지주가 형성되는 과정을 보면, 일본인 대지주들은 이미 러일전쟁을 전후하여 한국에 대거 정착했고 한국인 대지주들보다 거대한 규모로 농장을 경영했다.

일본인 대지주의 형성을 〈표 1-7〉을 통해 보면, 한국에서 토지 획득에 나선 일본인은 1903년 이전에도 상당수 존재했다. 1909년에 30정보 이상의 토지(기간지·미간지 포함)를 소유한[37] 일본인 대지주 135호 중 10%에 상당하는 13호가 1903

---

35 나카무라 사토루, 「소농경영의 비교사적 검토」, 호리 가즈오·나카무라 사토루 편저, 박섭·장지용 역, 『일본 자본주의와 한국·대만』, 전통과현대, 2007, 93쪽; 김용달, 「일제의 농업정책과 농민운동」, 『동양학』, 41, 단국대 동양학연구소, 2007, 269쪽.

36 김용섭, 「일제 강점기의 농업 문제와 그 타개 방안」, 『동방학지』, 73, 연세대 국학연구원, 1991, 250쪽.

37 대지주 분석은 30정보 이상의 경지를 소유한 군내(郡內) 또는 도내(道內) 대지주 분석이 유

(단위: 호)

토지소유 규모	1903년 이전	1904	1905	1906	1907	1908	1909	계
30~50정보	1	4	3	2	3	7	-	20
50~100	3	6	7	4	7	3	-	30
100~200	2	5	5	12	6	-	1	31
200~300	3	5	2	2	-	-	-	12
300~500	2	2	5	10	2	-	-	21
500~1,000	1	3	1	3	3	1	-	12
1,000~2,000	-	1	1	1	2	-	-	5
2,000~5,000	1	-	1	-	-	-	-	2
5,000~	-	1	-	-	-	1	-	2
계	13	27	25	34	23	12	1	135

* 출전: 統監府, 『第3次統監府統計年報』, 1910, 247~256쪽(淺田喬二, 앞의 책, 1989, 68쪽에서 재인용).

년 이전에 이미 한국에 진출하여 토지를 소유하고 있었다. 일제가 한국의 식민지화를 위해 발걸음을 내딛는 1904년 '한일의정서' 체결부터 식민지체제가 거의 확립되는 1907년 '한일신협약' 체결까지의 기간에 일본인의 대지주화는 더욱 적극적으로 이루어졌다. 30정보 이상 일본인 대지주 추이를 보면 이 4년간 무려 일본인 109호가 한국에서 대지주화했다. 1909년 현재 일본인 대지주 135호 중 81%가 이 4년간 진출한 이들이었다. 그리고 1909년 300정보 이상을 소유

효하다. 장시원은 식민지지주제의 전개 과정에서 결정적 역할을 한 지주, 즉 일제의 식민지 조선 지배의 정치적·경제적 지주(支柱)로서 기능했던 지주(地主)는 50~100정보 이상의 경지를 소유한 지주였다고 보았다. 그러나 지수걸은 당시 도·군 단위의 지주 간담회가 대체로 10~30정보 이상을 소유한 지주들을 대상으로 개최된 점, 1930년 현재 50정보 이상을 소유한 지주 수는 2,790명에 불과했던 점 등을 고려하여 조선총독부의 식민지 조선 지배의 사회적 지주(支柱)로서 기능했던 지주층(地主層)의 폭을 30정보 이상을 소유하는 대지주로 더 확대해서 보아야 한다고 주장했다. 지수걸, 「1930년대 전반기 조선인 대지주층의 정치적 동향」, 『역사학보』 122, 역사학회, 1989, 30쪽.

하고 있는 일본인 대지주 21호 가운데 90%에 해당하는 19호가 이 4년간 진출한 이들이었다. 이후 1908년부터 1909년까지 창업한 일본인 대지주 수는 적었는데, 의병운동의 영향 등으로 일본인의 토지집적이 위축된 것으로 보인다.

1922년 기준으로 30정보 이상의 토지(경지 이외 포함)를 소유한 일본인 지주 129호 중 39%에 해당하는 50호가 한국병합 전에 이미 한국에서 지주화했다. 그리고 1,000정보 이상의 일본인 거대지주 28호 중 64%에 상당하는 18호가 한국병합 전에 지주화했다. 일본인 토지소유자 가운데 취득한 토지를 직접 경영하는 자는 매우 소수였고, 대부분은 조선인을 소작인으로 채용하여 지주제 농장 경영을 시작했다.[38]

한국병합 후 식민지 조선에서 일본인들은 더욱 적극적으로 지주가 되었다. 1915년까지 일본인 지주는 7,000명에 육박했다. 그리고 토지조사사업 이후 일본인 대지주의 토지겸병이 급격히 늘어나기 시작했다.

〈표 1-8〉에서처럼 토지조사사업이 완료된 1921년 시점에 100정보 이상을 소유한 대지주 681명 중 한국인 수는 360명(53%)이었고, 일본인 수는 321명(47%)이었다. 그런데 1927년에는 100정보 이상을 소유하는 대지주 651명 중 한국인은 290명(45%)으로 감소한 데 반해 일본인은 361명(55%)으로 증가했다. 100정보 이상의 대지주는 해를 거듭하며 증가했다. 이와 비슷하게 1921년에 200정보 이상의 거대지주 335명 중 한국인은 166명(49.6%)이었고 일본인은 169명(50.4%)이었으나, 200정보 이상의 한국인 거대지주는 1923년부터 격감하여, 1929년에는 200정보 이상의 거대지주 212명 중 한국인은 40명(19%)에 불과했고 일본인은 172명(81%)으로 증가했다.[39]

---

38 淺田喬二, 앞의 책, 1989, 67~71쪽.

39 위의 책, 1989, 77쪽; 지수걸, 『일제하 농민조합운동 연구』, 역사비평사, 1993, 43쪽.

(단위: 명)

구분		1921	1923	1925	1927	1929
100정보 이상	한국인	360	333	344	290	340
	일본인	321	289	360	361	361
	기타	-	-	-	-	2
	계	681	622	704	651	703
200정보 이상	한국인	166	67	45	45	40
	일본인	169	178	170	192	172
	기타	-	-	-	-	-
	계	335	245	215	237	212

* 출전: 朝鮮農會,『朝鮮農業發達史: 發達編』, 1944b, 附錄 第4表.

특히 토지조사사업 이후 산미증식계획이 실시된 1920년대에 일본인과 조선인을 합쳐 대지주 수는 점차 증가했다. 30정보 이상을 소유한 대지주 호수를 나타낸 〈표 1-9〉와 그 추이를 그래프로 나타낸 〈그림 1-3〉을 보면, 그 수는 1922년부터 1926년까지 계속 증가했고 1927년 금융공황 때부터 1929년 대공황 때까지 소폭 감소했으나 거의 존속되었음을 알 수 있다.[40]

이 가운데 특히 한국병합 전에 창업하여 1929년 현재 2,000정보 이상을 소유하고 있던 일본인 거대지주의 토지소유 면적과 소재지는 〈표 1-10〉과 같다. 1929년 기준으로 동양척식주식회사(東洋拓殖株式會社), 조선흥업주식회사(朝鮮興業株式會社), 불이흥업주식회사(不二興業株式會社), 동산농사주식회사(東山農事株式

---

40 朝鮮總督府 農林局,「朝鮮小作令制定ヲ必要トスル理由」, 앞의 책, 1936; 지수걸,「1932~35년간의 조선농촌진흥운동」,『한국사연구』 46, 한국사연구회, 1984, 120쪽; 김선미,「1930년대 농업정책과 조선 농업의 전개」, 부산대 대학원 석사논문, 1988, 45~46쪽; 지수걸, 앞의 논문, 1989, 34~36쪽; 장시원, 앞의 논문, 1989, 53~72쪽; 김용섭, 앞의 논문, 1991, 261~262쪽; 지수걸, 앞의 책, 1993, 42~43쪽.

<tr><td colspan="8" align="center">〈표 1-9〉 식민지 조선의 30정보 이상 대지주(1922~1929)</td></tr>
</table>

(단위: 호)

연도	30정보 이상	50정보 이상	70정보 이상	100정보 이상	150정보 이상	200정보 이상	계
1922	5,132	1,182	708	388	181	248	7,839
1923	5,625	1,235	742	437	184	245	8,468
1924	6,331	1,325	796	465	197	215	9,329
1925	7,087	1,310	856	500	204	215	10,172
1926	7,498	1,485	880	474	217	243	10,797
1927	7,008	1,476	824	449	202	237	10,196
1928	6,736	1,491	810	470	206	225	9,938
1929	6,216	1,414	837	486	215	212	9,380

*출전: 朝鮮總督府 農林局,「朝鮮小作令制定ヲ必要トスル理由」, 앞의 책, 1936.

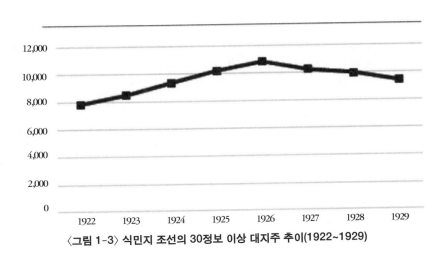

〈그림 1-3〉 식민지 조선의 30정보 이상 대지주 추이(1922~1929)

會社), 조선실업주식회사(朝鮮實業株式會社), 구마모토 리헤(熊本利平), 호소카와 모리타쓰(細川護立) 순으로 소작지를 많이 소유하고 있는데, 이들 일본인 지주는 각지에서 대규모의 지주제 농장을 운영했다.

〈표 1-10〉 식민지 조선의 일본인 거대지주 토지 소유(1908~1929)

(단위: 정보)

지주명	창업년	토지 소유 면적(소재지)				
		1908	1915	1922	1925	1929
동양척식주식회사	1908	11,036 (전국 각지)	73,364 (전국 각지)	85,410 (전국 각지)	84,308 (전국 각지)	105,336 (전국 각지)
조선흥업주식회사	1904	6,095 (전남 나주·무안·지도·해남·진도, 경남 양산·김해·동래)	11,440 (경기, 충남, 전남)	12,268 (충남 대전, 경북, 황해 서흥·황주·봉산)	14,480 (충남 대전·천안, 전남 해남·무안·나주·함평·진도, 경북 경산·영천, 황해 황주·봉산·서흥, 경남 김해·창원·동래·창녕·청도)	15,186 (충남 대전·천안·아산, 전남 무안·함평·해남·진도, 경북 경산·영천·달성·대구, 경남 밀양·김해·창녕, 황해 황주)
불이흥업주식회사 [후지이 간타로 (藤井寬太郞)]	1904	914 (전북 옥구·임피·익산 등)	2,382 (충남, 전북, 평북)	4,504 (충남 논산, 전북)	7,912 (충남 논산, 전북 전주·익산·김제·정읍·옥구, 황해 해주, 평북 용천, 강원 철원)	10,372 (충남 논산, 전북 익산, 황해 해주, 평북 용천, 강원 철원)
동산농사주식회사 [이와사키 히사야 (岩崎久彌)]	1907	4,292 (경기 수원·진위·안산·광주·과천, 전북 전주·김제·익산, 전남 영암·나주·함평·광주)	4,830 (경기, 전북, 전남)	12,510 (경기 수원, 전북 전주·김제·익산, 전남 나주, 황해 옹진)	5,523 (경기 수원·용인·시흥·진위, 전북 전주·김제·익산, 전남 광주·영암·나주, 황해 옹진)	5,999 (경기 수원·용인·시흥·안성·진위, 전북 전주, 전남 나주·광주·영암, 황해 옹진)
조선실업주식회사 [가마다 가쓰타로 (鎌田勝太郞)]	1905	980 (전남 무안·함평·나주·영암·해남·강진)	2,725 (경기, 전남)	3,816 (전남 목포)	3,356 (전남 강진·해남·영암·무안·나주·함평)	4,162 (전북 고창, 전남 나주·함평·해남·강진·무안)
구마모토 리헤 (熊本利平)	1903	1,590 (전북 김제·금구·태인·고부)	1,712 (전북)	2,536 (전북 전주·정읍·부안·옥구·김제·익산)	2,978 (전북 전주·정읍·부안·옥구·김제·익산)	3,188 (전북 옥구)
호소카와 모리타쓰 (細川護立)	1904	1,008 (전북 김제·익산·만경·은진·전주)	1,375 (전북, 전남)	1,946 (전북 전주·김제·익산, 전남 담양)	2,143 (전북 전주·김제·익산·군산·부안, 전남 광주·담양·장성)	2,021 (전북 익산, 전남 담양·장성·광주·나주)

* 출전: 淺田喬二, 「附表」, 앞의 책, 1989, 384~399쪽.

(京212) THE ORIENTAL COLONY JOINT STOOK COMPANY 社會式株殖拓洋東城京 (所名鮮朝)

〈그림 1-4〉 동양척식주식회사 본점(1910년대)
출전: 서울역사박물관 사진자료.

〈그림 1-5〉 조선흥업주식회사 부산지점 창고
출전: 국사편찬위원회 사진자료.

위 〈그림 1-6〉 동산농사주식회사를
경영한 이와사키 히사야(岩崎久彌)
출전: 岩崎久彌傳編纂委員會, 『岩崎久
彌傳』, 1961.

왼쪽 아래 〈그림 1-7〉
구마모토 리헤(熊本利平)
출전: 국사편찬위원회 사진자료.

오른쪽 아래 〈그림 1-8〉
호소카와 모리타쓰(細川護立)
출전: 華族畫報社, 『華族畫報』, 1913년
경.

〈표 1-11〉 식민지 조선의 경영형태별 농가 호수(1913~1930)

(단위: 천 호, %)

연도	총호수	지주갑	지주을	자작	자소작	소작	소작겸화전	純화전	백분비(%) 지주	자작	자소작	소작
1913	2,573	81	586	834	1,072				3.1	22.8	32.4	41.7
1914	2,590	47	570	911	1,063				1.8	22.0	35.2	41.0
1915	2,629	39	570	1,074	945				1.5	21.7	40.9	35.9
1916	2,641	16	50	530	1,073	971			2.5	20.1	40.6	36.8
1917	2,642	15	58	518	1,061	989			2.8	19.6	40.2	37.4
1918	2,652	16	66	523	1,044	1,004			3.1	19.7	39.4	37.8
1919	2,665	16	74	526	1,046	1,003			3.4	19.7	39.2	37.6
1920	2,721	16	75	529	1,018	1,083			3.3	19.4	37.4	39.8
1921	2,717	17	80	533	995	1,092			3.6	19.6	36.6	40.2
1922	2,712	17	82	535	972	1,107			3.7	19.7	35.8	40.8
1923	2,703	18	82	527	952	1,123			3.7	19.5	35.2	41.5
1924	2,704	19	84	526	934	1,142			3.8	19.5	34.5	42.2
1925	2,743	20	84	545	910	1,184			3.8	19.9	33.2	43.1
1926	2,753	21	84	526	896	1,193	50	34	3.8	19.1	32.5	43.3
1927	2,781	21	84	519	910	1,218	91	29	3.8	18.7	32.7	43.8
1928	2,799	21	84	511	894	1,256	94	33	3.8	18.3	31.9	44.9
1929	2,815	21	83	507	886	1,283	93	34	3.7	18.0	31.5	45.6
1930	2,870	21	83	504	890	1,334	97	38	3.6	17.6	31.0	46.5

* 출전: 朝鮮總督府, 『朝鮮總督府統計年報』, 1931, 1941; 朝鮮總督府, 『農業統計表』, 1941; 朝鮮農會, 앞의 책, 1944b, 附錄 第3表(박섭, 「식민지 조선에 있어서 1930년대의 농업정책에 관한 연구」, 장시원 외, 『한국 근대 농촌사회와 농민운동』, 열음사, 1988, 185쪽; 裵民植, 「植民地期朝鮮における農業政策の展開過程」, 東京大學 大學院 博士論文, 1994, 29쪽에서 재인용).
* '지주 갑'은 농지 전부를 소작으로 경영하는 지주, '지주 을'은 농지 대부분을 소작으로 경영하고 일부를 자작하는 지주를 가리킨다.
* 총호수는 표에서 생략된 피용자 수까지 포함한 것이며, 백분비는 총호수에 대한 것으로 100%가 안 되는 경우도 있다.

다음으로 식민지 조선의 경영 형태별 농가 호수를 〈표 1-11〉과 그 추이를 나타 낸 〈그림 1-9〉를 통해 보자. 식민지기에 지주는 계속 증가·유지되고, 자작농 및 자소작농은 지속적으로 감소했으며, 소작농과 빈농은 계속 증가하여 농민층

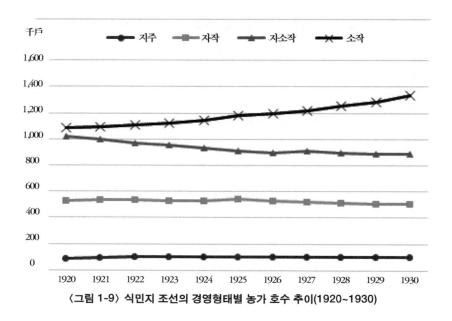

〈그림 1-9〉 식민지 조선의 경영형태별 농가 호수 추이(1920~1930)

분해가 심각했다. 식민지 조선은 일본 본국보다 지주의 토지겸병이 심각했고, 농민의 토지상실과 궁핍화도 더 격심했다. 식민지기 내내 3% 내외에 불과한 지주가 농토의 절반 이상을 차지하고, 나머지 농토를 자작농 및 자소작농 등이 나누어 가지는 형편이었다.

먼저 지주 일반의 추이를 보면, 지주 갑은 1917~1929년의 불과 14년 동안 1만 5,485호에서 2만 1,400호로 138% 증가했다. 또한 지주 을은 1917~1927년의 10년간 5만 7,713명에서 8만 4,359명으로 146% 늘어났다.

자작농은 1917년에 이미 전체 농가의 20%도 되지 않았으며, 1920년대를 거치며 더 감소했다. 자소작농은 1917년에 전 농가 호수의 40%를 차지했고, 이후 계속 감소하여 1929년에는 32% 정도였다. 자작농과 자소작농의 감축은 결국 그들이 토지소유자 대열에서 배제되어 소작농민 등으로 전락했음을 의미한다. 자작농이 자소작농 단계를 거치지 않고 곧바로 소작농으로 전락한 경우도 많았는데, 이는 부채를 상환하며 몰락했기 때문이었다. 1913년 조선 농가의 총 호수를 100으로 볼 때, 자작농이 22.8%, 자작 겸 소작농이 32.4%, 순소작농이 41.7%였다. 그런데 1929년에는 자작농이 18.0%, 자소작농이 31.5%, 소작농이 45.6%로, 자작농과 자소작농은 감소하고 소작농은 늘어났다.

소작농의 비율은 1910년대에 비교적 안정되어 있었으나, 1920년대 들어서 급격히 증가했다. 1913~1919년에 38%였다가 1920~1924년에는 41%, 1925~1929년에는 44%로 증가한 것이다.[41]

이렇게 소작농이 계속 증가하는 한편, 소작농이 소작지조차 상실하고 농촌 사회의 최하층인 농업노동자로 전락하는 경우도 많아졌다. 심지어 소작농이 농촌에서 이탈하여 화전민으로 전락하기도 했는데, 순화전민은 1926년에 3만 4,316호에서 1930년에는 3만 7,514호로 109% 증가했다. 그 밖에 소작농이 도시 변두리에 거주하는 토막민(土幕民)[42]으로 몰락하는 경우도 많았다.[43]

식민지 조선의 소작지 비율이 증가·유지되었다는 점을 통해서도 식민지지주제의 확대·유지 상황을 확인할 수 있다. 해마다 소작지는 계속 증가하는 추세였다. 한국이 식민지가 되는 시점에 경지의 소작지 비율은 이미 50%를 넘었고, 논으로 한정하면 60%를 넘었다. 〈표 1-12〉를 통해 논밭의 자작지와 소작지 비율을 보면, 1918년에는 자작지가 49.6%, 소작지가 50.4%였으나, 1930년에는 자

---

41 李如星·金世鎔, 『數字朝鮮研究』 1, 世光社, 1931, 22~23쪽; 김용섭, 앞의 논문, 1991, 264쪽; 지수걸, 앞의 책, 1993, 39~40쪽; 裵民植, 앞의 논문, 1994, 28쪽; 김용섭, 『한국근현대농업사연구』, 지식산업사, 2000, 392·396~398쪽; 김용달, 『농민운동』, 독립기념관 한국독립운동사연구소, 2009, 170쪽.

42 식민지기에 몰락한 농민들이 도시로 유입되면서 형성된 대규모 빈민층으로, 이들은 주로 토막(土幕)을 짓고 생활했기 때문에 토막민으로 불렸다.

43 서승갑, 「소작조정령·자작농창정 이후의 농촌 실태 연구」, 『국사관논총』 58, 국사편찬위원회, 1994, 81·84쪽; 정연태, 『식민권력과 한국 농업』, 서울대학교출판문화원, 2014, 387쪽.

〈표 1-12〉 식민지 조선의 경지 중 자작지와 소작지 비율(1918~1930)

(단위: %)

연도	자작지	소작지
1918	49.6	50.4
1922	49.4	50.6
1926	49.3	50.7
1930	44.4	55.6

* 출전: 『朝鮮總督府統計年報』, 매년판; 姫野實 編, 『朝鮮經濟圖表』, 朝鮮統計協會, 1940, 163쪽(엄기섭, 「일제하 소작·노동쟁의의 전개 과정에 관한 연구」, 동국대 대학원 박사논문, 1981, 67쪽; 박섭, 앞의 논문, 1988, 148쪽에서 재인용).
* 토지대장에 등록된 경지만을 계산했다.

작지가 감소하여 44.4%, 소작지가 증가하여 55.6%가 되었다.[44]

44　엄기섭, 앞의 논문, 1981, 66쪽; 김선미, 앞의 논문, 1988, 45쪽; 정연태, 앞의 논문, 1990, 260쪽; 신기욱, 「1930년대 농촌사회 변화와 갈등」, 『동방학지』 82, 연세대 국학연구원, 1993, 196쪽; 김용달, 앞의 논문, 2007, 269쪽; 나카무라 사토루, 앞의 논문, 2007, 93쪽; 조선총독부 편, 박찬승·김민석·최은진·양지혜 공역, 『국역 조선총독부 30년사』 상, 민속원, 2018, 381쪽.

2장
식민지기 조선-일본의 소작 문제

1. 일본과 식민지 조선의 소작쟁의의 추이

1) 일본의 소작쟁의와 소작 문제

(1) 소작쟁의는 어떻게 일어났는가?

일본에서는 러일전쟁 이후 지주에 대한 과세가 강화되고 쌀값은 하락하여 토지 투자의 채산성이 낮아졌다. 그러자 지주들은 이런 부담을 소작인에게 전가하려 했고 이에 소작인들의 강한 저항이 일어났다. 소작인들은 집단적으로 지주에게 소작료 감면이나 소작인의 검견(실수확량을 검사하는 것) 참여를 요구했다. 요구가 실현되지 않으면 소작인들은 소작미(小作米) 납입을 늦추거나, 자치 촌락의 관습과 도덕을 무시하는 '비정상적인 지주'에 대해서 촌락들이 연대하여 공동으로 토지를 반납하고 소작을 거부하는 등의 전술을 구사했다.[45]

제1차 세계대전은 농촌 문제를 전면에 부각시켰다. 1차 대전 이후 독점자본주의 특유의 만성화된 공황으로 상품경제도 위기에 봉착했다. 이것이 농민

---

[45] 데루오카 슈조 편, 전운성 역, 앞의 책, 2004, 85쪽.

에게 중압이 되면서 농민의 궁핍도 심화되었다. 이에 전국적인 규모로 소작쟁의가 전개되었다. 일본 자본주의가 독점단계로까지 발전함에 따라 후진적 자본주의 체내에 가지고 있던 자본제 생산과 비자본제 생산 사이의 모순이 필연적으로 농촌에서는 소작쟁의로 나타난 것이었다. 또한 이는 이전에 산업자본주의 단계에서 유지되고 있던 자본가·지주·농민 간의 상대적 안정성이 무너져, 삼자 간에 쉽게 해결할 수 없는 기본적인 대립이 성립·전개된 것을 의미한다.

1차 세계대전 이후 쌀값이 상승하자 쌀값이 더 오를 때까지 팔지 않고 창고에 쌓아둘 수 있는 지주들은 크게 이익을 챙겼지만, 소작료를 내고 먹을 것을 제외한 나머지 곡물을 시세와 상관없이 내다 팔아야 했던 소작인들은 그렇지 못했다. 1918년에 일어난 '쌀소동'[46]은 일본 서해안 연안의 어촌에서 시작되어 급속히 다른 지방으로 확산되었다.[47]

소작쟁의는 1920년 공황 후에 광범위하게 전개되었다. 이 시기 제1차 세계대전의 호경기(好景氣)를 계기로 농촌에서 도시로 인구 유출이 계속되었다. 동시에 농촌에 상품화폐경제가 깊숙이 침투하여 농민의 상품생산자화가 진행되었으며, 그 과정에서 농민의 각성도 촉진되었다.

---

46 1918년에 자연재해와 경제난이 겹쳐 '쌀소동[米騷動]'이 일어나 일본 정부는 궁지에 몰렸다. 그해 7월 도야마현(富山縣)의 한 어촌에 살고 있던 여성들이 쌀값 폭등과 미곡상들의 매점매석 행위에 격분하여 오사카(大阪)시장으로 운반하기 위해 쌀을 선적하던 선착장에서 시위를 벌였다. 여기서 촉발된 쌀소동은 일본 동부의 거대한 공업 도시들로 퍼져 나갔고, 부호(富豪)와 경찰을 겨냥한 시위·폭동이 전국적으로 이어졌다. 쌀소동으로 인한 사회적 동란은 하라 다카시(原敬) 정당내각을 탄생시킨 중요한 요인이었다. 마리우스 B. 잰슨 저, 김우영 외 역, 앞의 책, 2006b, 771쪽.

47 菅野正, 앞의 논문, 1966, 65~66쪽; 田中學, 앞의 논문, 1968a, 127쪽; 마리우스 B. 잰슨 저, 김우영 외 역, 앞의 책, 2006b, 855~856쪽.

〈표 1-13〉 일본의 소작쟁의 현황(1917~1940)

(단위: 건, 명, 정보)

연도	쟁의 건수	참여 인원		관계 경지 (논밭 계)	1건당 규모		
		지주	소작인		지주	소작인	관계 토지면적
1917	85	-	-	-	-	-	-
1918	256	-	-	-	-	-	-
1919	326	-	-	-	-	-	-
1920	408	5,236	34,605	27,390	12.8	84.8	67.1
1921	1,680	33,985	145,898	88,681	20.2	86.8	52.6
1922	1,578	29,077	125,750	90,253	18.4	79.7	57.2
1923	1,917	31,712	134,503	89,080	16.5	70.2	46.5
1924	1,532	27,223	110,920	70,387	17.8	72.4	45.9
1925	2,206	33,001	+134,646	95,940	15.0	61.0	43.5
1926	+2,751	+39,705	151,061	95,652	14.4	54.9	34.8
1927	2,052	24,136	91,336	59,168	11.8	44.5	28.8
1928	-1,866	19,474	75,136	48,694	10.4	40.3	26.1
1929	2,434	23,505	81,998	56,831	9.7	33.7	23.3
1930	2,478	-14,159	58,565	39,799	5.7	23.6	16.1
1931	3,419	23,768	81,135	60,365	7.0	23.7	17.7
1932	3,414	16,706	61,499	39,028	4.9	18.0	11.4
1933	4,000	14,312	-48,073	30,596	3.6	12.0	7.6
1934	5,828	+34,035	+121,031	85,838	5.8	20.8	14.7
1935	+6,824	28,574	113,164	70,745	4.2	16.6	10.4
1936	6,804	23,293	77,187	46,420	3.3	11.3	6.8
1937	6,170	20,236	63,246	39,582	3.3	10.3	6.4
1938	4,615	15,422	52,817	34,359	3.3	11.4	7.4
1939	3,576	9,065	25,904	16,623	2.5	7.2	4.6
1940	3,165	-	38,614	-	-	12.2	8.7

* 출전: 法律新聞社, 『小作調停法原義』, 1924, 2~3쪽; 末弘嚴太郎, 『農村法律問題』, 改造社, 1924, 291~292쪽; 加用信文 監修, 앞의 책, 1958, 107쪽(田中學, 앞의 논문, 1968a, 143쪽; 大石嘉一郎, 앞의 책, 2005, 134쪽에서 재인용); 農林省 農務局, 『小作調停年報: 第1次』, 1926, 60쪽; 農林省 農務局, 『小作調停年報: 第2次』, 1927, 2~4쪽; 農林省 農務局, 『小作年報: 昭和4年』, 1931, 6쪽; 農林省 農務局, 『小作年報: 昭和6年』, 1933a, 2~6쪽; 위의 책, 「附錄」; 農林省 農務局, 「諸表」, 『小作爭議·調停及地主小作人組合の概要』, 1937; 農林省 農務局, 『小作爭議·調停及地主小作人組合の概要』, 1938a, 2쪽; 農林省 農務局, 『小作年報: 昭和14年』, 1940, 2~3·7쪽; 위의 책, 「附表」.
* +는 절정, -는 급락의 표시이다.

그리하여 1920년대 들어 소작쟁의 발생 건수가 가파르게 증가했다. 〈표 1-13〉에서 보듯이 소작쟁의는 제1차 세계대전 후부터 본격화되어 1920년대 들어 급격히 증가했고 계속 증가하는 추세를 보였다. 1920년대 상반기에 소작쟁의 수는 4배 이상 늘어났다. 소작쟁의 건수는 1920년 공황 이후 급격히 증가하여, 1926년에 최초로 절정에 달했다. 1차 대전 전에는 얼마 안 되던 소작쟁의 건수가 1921년에는 1,600건을 넘었고 1926년에는 무려 2,700건을 넘은 것이다. 그 후 1928년까지는 감소하다가, 1929년 공황을 계기로 소작쟁의가 개별화하면서 다시 증가하는 추이를 보였다.

소작쟁의 참여 소작인 수를 보면, 1920년 3.5만 명에서 1921년에는 14.6만 명으로 급격히 증대했다. 그 후 1926년까지는 11~15만 명 정도를 유지하다가, 1927년 이후 점차 감소했다. 대공황을 맞은 1929년경을 전환기로 소작쟁의가 거의 각 부(府)·현(縣)에서 일률적으로 소규모화했기 때문이다. 관계 지주 수, 관계 경지면적도 거의 비슷한 추이를 보였다.[48]

(2) 소작쟁의는 어디에서 일어났는가?

1920년대에 급증한 소작쟁의는 다음과 같은 특징을 보였다. 첫째, 소작쟁의는 자본주의의 침투가 눈에 띄던 긴키형(近畿型)의 농촌을 중심으로 한 서일본에서 집중적으로 발생했다. 즉 농민의 상품생산이 발달한 지역에서 많이 전개되었다. 이 지역의 소작쟁의는 다이쇼 말기인 1920년대 초에 폭발적으로 고

---

48 「小作爭議の頻發」, 『東京朝日新聞』 1921년 11월 26일; 「小作問題の成行 (1~7)」, 『時事新報』 1923년 6월 24일~7월 7일; 法律新聞社, 앞의 책, 1924, 3~6쪽; 水谷長三郎, 『法廷に於ける小作爭議』, 同人社書店, 1926, 99쪽; 田中學, 앞의 논문, 1968a, 142쪽; 田中學, 「1920年代の小作爭議と土地政策 (II)」, 『經濟學季報』 18-2, 立正大學經濟學會, 1968b, 105쪽; 庄司俊作, 「昭和恐慌期の小作爭議狀況」, 『社會科學』 30, 同志社大學人文科學研究所, 1982, 270·277쪽.

양되었고, 쇼와기인 1920년대 중반에 급속히 가라앉았다. 둘째, 소작쟁의의 규모가 크고 1개 촌(村) 전체 또는 여러 촌에 걸친 대쟁의도 드물지 않았으며, 계층도 자소작·소작농민 각 계층이 통일하는 양상이 나타났다. 셋째, 소작쟁의의 내용은 소작료 감액을 요구하는 것이 태반이었다. 이는 비용가격[불변자본가치(C) + 가변자본가치(V)][49]을 고려하며 자가노동(自家勞動)의 인정을 요구하는 고액 소작료의 감액 운동으로 소작인들의 적극적·공격적 쟁의였다. 넷째, 소작쟁의의 대부분이 소작인 측의 승리로 끝나 쟁의 결과 소작료가 떨어졌다.[50]

요컨대 1920년대 소작쟁의의 특징은 ① 농업 촌락을 기초적 범위로 한 집단적인 소작쟁의가 주류였고, ② 소작료 감면이 중심적인 요구 내용이었으며, ③ 긴키 지방을 중심으로 서일본에서 전개되었다는 것이다. 1920년대의 집단적 소작쟁의에서는 소작인의 쟁의 요구가 어느 정도 실현되는 경우가 많았고, 이 집단적인 소작쟁의에 의해 소작료는 확실히 저하되었다.[51]

(3) 소작쟁의는 누가 주도했는가?

특히 1920년대에 소작쟁의는 소작인조합의 주도로 더욱 확산되었다. 앞서 러일전쟁을 전환기로 하여 1907년경부터 소작인조합과 지주조합이 점차 각지에 설립되었다. 또한 제1차 세계대전 이후에 상공업과 농업 등 경제·사상의 커다란 변동을 겪으면서 각지에서 소작쟁의가 발생함과 동시에, 여러 곳에서 소작인조합과 지주조합이 더 많이 설립되었다.[52]

---

49 불변자본과 가변자본은 생산에 투입되는 총자본 중에서 각각 생산수단과 노동력으로 전환되는 부분을 의미한다.

50 데루오카 슈조 편, 전운성 역, 앞의 책, 2004, 109쪽; 大石嘉一郎, 앞의 책, 2005, 133~134쪽.

51 木村茂光 編, 앞의 책, 2010, 304~309쪽.

52 農林省 農務局, 앞의 책, 1938a, 26쪽.

대다수의 소작쟁의는 일본 농촌에 새로 등장한 조직인 소작인조합이 주
도했다. 총괄적으로 소작인조합, 지주조합, 협동조합(협조조합)의 조합원 수를
보면 〈표 1-14〉와 같다. 소작인조합 결성의 움직임이 이미 제1차 세계대전 말
기부터 두드러져,[53] 1920년대 전반에 급속히 증가한 것을 알 수 있다. 1917년
173개에 불과하던 소작인조합 수는 1차 대전 전시(戰時) 호경기가 끝나고 경
기 침체가 시작되며 늘어났다. 1920년 230개 조합 중 2/3에 해당하는 152개가
1917~1920년 사이에 조직되었는데, 그중 63개는 지주에 대항하여 소작조건의
유지·개선을 도모하기 위해 조직된 것이었다. 그러다가 1920년 이래 농업불황
과 도시 노동운동에 자극받아 1921년부터 소작인조합은 비약적으로 증가했
다. 1921년 조합 수를 보면, 소작인조합 681개, 지주조합 192개, 협동조합 85개였
다. 그리고 1927년에 최초의 절정에 달할 때까지 소작인조합 및 지주조합의 조
합 수 및 조합원 수는 모두 격증했다. 1927년 소작인조합 수는 4,582개, 조합원
수는 36만 5,332명에 달했다. 1920년대 중반에 전체 소작농가의 10%가 소작인
조합에 가입해 있었다. 이후 소작인조합 수는 일시 감소했으나, 1930년 이후 다
시 증가하는 경향을 나타냈다. 한편 소작인조합원 수는 1927년에 최고에 달하
고 이후에는 대체로 점차 감소했다. 지주조합의 경우 조합 수, 조합원 수 모두
1927년까지 증대한 후 서서히 감소했다.

　　한편 대조적으로 협동조합(협조조합)의 경우에는 소작인조합 및 지주조합

53　다이쇼기 농민운동의 조직체로서 소작조합은 데루오카 슈조(暉峻衆三)의 연구에서 밝힌 것
　　　처럼, '고액 현물 소작료를 착취하는 지주와 첨예하게 대립하는 계급투쟁 조직으로서의 성
　　　격'과 '천황제 국가체제의 근저를 지탱하기에 적절한 소작농의 상호공제·친목·수양(도덕적
　　　의미에 그치지 않는 기술 수양으로서 생산력의 의미) 조직으로서의 성격'이라는 모순된 두
　　　가지 성격을 모두 가지고 있었다. 이후 소작조합은 다이쇼 말년부터 쇼와 초기에 걸쳐 주로
　　　제1의 성격에서 제2의 성격으로 전환해갔다. 林宥一, 「初期小作爭議の展開と大正期農村政
　　　治狀況の一考察」, 『歷史學硏究』 442, 歷史學硏究會, 1977, 15쪽.

〈표 1-14〉 일본의 소작인·지주·협동조합(1921~1940)

(단위: 개, 명)

연도	소작인조합		지주조합		협동조합(협조조합)	
	조합 수	조합원 수	조합 수	조합원 수	조합 수	조합원 수
1921	681	-	192	-	85	-
1922	1,114	-	247	-	176	-
1923	1,530	163,931	290	23,561	347	47,580
1924	2,337	232,125	414	31,850	542	70,446
1925	3,496	307,106	532	34,559	1,371	142,429
1926	3,926	346,693	605	41,425	1,491	164,585
1927	4,582	365,332	734	57,052	1,703	174,206
1928	4,353	330,406	695	55,695	1,909	190,358
1929	4,156	315,771	655	55,138	1,986	224,943
1930	4,208	301,426	640	53,278	1,980	247,880
1931	4,414	306,301	645	50,556	2,047	255,088
1932	4,650	296,839	662	50,454	2,098	258,613
1933	4,810	302,736	686	49,645	2,309	279,431
1934	4,390	276,246	633	48,836	2,219	271,434
1935	4,011	242,422	531	38,172	1,748	202,785
1936	3,915	229,209	513	35,703	2,878	254,907
1937	3,879	226,919	497	35,054	2,849	251,056
1938	3,643	217,883	473	31,902	3,158	263,071
1939	3,509	210,208	474	32,595	3,152	251,313
1940	1,029	75,930	304	22,555	4,025	247,782

* 출전: 農林省 農務局, 「附錄」, 앞의 책, 1933a; 農林省 農務局, 앞의 책, 1938a, 29~30쪽; 農林省 農務局, 앞의 책, 1940, 54~60쪽; 위의 책, 「附表」; 田中學, 앞의 논문, 1968a, 145쪽; 農地制度資料集成編纂委員會, 『農地制度資料集成 3: 地主及び小作人團體·小作調停法に關する資料』, 御茶の水書房, 1969b, 68~69쪽.
* 1921년은 일본 내무성 경보국(警保局), 1922~1924년은 내무성 사회국, 1925년 이후는 농림성 농무국이 조사한 것이다.

과는 취지를 달리하여 지주 및 소작인이 조직한 것이었다. 협동조합은 1918년 까지 설립된 것이 75개에 불과했으나, 1921년 이래 조합 수, 조합원 수 모두 증 가 경향을 보여 1926년에는 조합이 1,491개의 다수에 달하고 1도(道) 2부(府) 35현

(縣)에 분포해 있었다. 이후 어느 정도 소작인조합에서 협동조합으로의 이행이 진행된 것으로 보인다. 협동조합은 1920년대 중반 소작쟁의가 격렬히 일어남에 따라, 지주와 소작인이 서로 협력하여 상호 친선·융화와 농업 개량·발달 등을 도모하여 쟁의를 사전에 방지하기 위해 지방당국 및 지주의 노력 등에 따라 설립된 것이었다.

이러한 가운데 소작인조합의 일부 지방조직이 합쳐져 지역연합 또는 전국 연합을 구성하기도 했다. 그중에서도 1921년 이후 소작쟁의 건수가 비약적으로 늘어난 것을 배경으로, 1922년 4월 9일 고베(神戶)에서 가가와 도요히코(賀川豊彦), 스기야마 모토지로(杉山元治郞) 등이 일본 최초·최대의 전국적 농민조합인 '일본농민조합'을 창립했다. 일본농민조합은 오사카부(大阪府) 야마다촌(山田村) 쟁의, 오카야마현(岡山縣) 후지타농장(藤田農場) 쟁의, 구마모토현(熊本縣) 군치쿠촌(郡筑村) 쟁의 등 대쟁의를 지도하며 소작쟁의에 대한 영향력을 급속히 강화해갔다. 일본농민조합은 처음에는 14개 지부, 회원 수 253명에 불과했으나, 경지의 사회화, 소작입법의 확립, 보통선거 요구, 치안경찰법 개정 등을 내걸고 무산정당(無産政黨)의 결성을 목표로 '농촌의 민주화'에 나서기 시작했다. 일본 농민조합은 각 촌락에 만들어진 소작인조합의 연합체로 발전하여, 1926년에는 957개 지부, 7만 2,794명의 회원을 거느릴 정도로 크게 확대되었다. 불과 몇 년 만에 소작농가 대부분을 조합원으로 확보할 만큼 큰 성과를 거둔 것이다. 또한 일본농민조합이 소작농의 정치 진출을 적극적으로 지원하면서, 1925년 정촌의회(町村議會) 선거에서는 3,000여 정·촌에서 소작농이 당선되어 전국 1/3의 정촌의회에 소작농이 진출했다.[54]

---

54 1928년 현재 일본농민조합 중앙집행위원장은 야마가미 다케오(山上武雄)이고, 오사카시(大阪市)에 사무소를 두었으며, 1도 3부 32현에 분포해 있었다. 農林省 農務局, 『小作年報: 第3

한편 일본농민조합은 제1차 분열로 1925년 12월 농민노동당 결성(치안경찰
법에 따라 결성 3시간 만에 해산), 1926년 3월 노동농민당 결성을 추진했다. 일본농민
조합 조직이 급격히 확대되고 정치투쟁으로 진출함에 따라 조직 내부의 모순
이 확대되어, 1926년 4월에는 우파가 분열하여 '전일본농민조합동맹'[55]을 결성
했고 이들은 같은 해 10월 일본농민당을 결성했다. 또 일본농민조합 중 일부
우파 세력은 탈당하여 1926년 12월 사회민중당을 결성했다. 그리고 같은 달 일
본노동총동맹과 일본농민조합의 중간파가 일본노농당을 결성했다. 이에 일본
농민조합 내부에 일본노농당을 지지하는 분파가 조직되고 이들이 후에 제명
되어 1927년 3월 '전일본농민조합'[56]을 결성했다. 이것이 일본농민조합의 제2차

次』, 1928, 27쪽.

55 전일본농민조합동맹은 일본농민조합 야마나시현(山梨縣)연합회 간부가 노동농민당 조직
시 일본농민조합 총본부 간부와 의견을 달리하면서, 1926년 3월 탈퇴를 성명하고 별도로 온
건한 무산정당을 설립하고자 하여 결성되었다. 1926년 4월 11일 종래 니가타(新潟)를 제패하
고 있던 북일본농민조합, 야마토농민조합(大和農民組合)[기후(岐阜)], 일본농민조합 후쿠
오카현(福岡縣)연합회, 야마나시현연합회의 일부 등과 합병하여 설립되었다. 그 후 전일본
농민조합동맹은 일본농민당을 조직하여 활동했다. 1928년 현재 회장은 다카하시 가메키치
(高橋龜吉)이고, 도쿄시(東京市)에 사무소를 두었으며, 1도 1부 10현에 분포해 있었다. 위의
책, 32~33쪽; 小倉武一, 『土地立法の史的考察』, 農業評論社, 1951, 493쪽.

56 전일본농민조합은 1926년 10월 노동농민당에서 그 지지단체인 일본노동총동맹 등이 탈퇴
한 후 일본농민조합이 더 좌익화하자 이에 불만을 품은 일부 간부 조합원이 1927년 3월 1일
탈퇴하여 별도로 조직을 설립한 것이다. 1928년 현재 조합장은 스기야마 모토지로(杉山元
治郎)이고, 오사카시(大阪市)에 사무소를 두었으며, 2부 17현에 분포해 있었다. 農林省 農務
局, 앞의 책, 1928, 30~31쪽. 이후 1928년 7월 5일 전일본농민조합은 구(舊) 전일본농민조합동
맹, 기타칸바라군(北蒲原)농민조합[니가타(新潟)], 구 전일본농민조합 가가와현(香川縣)연
합회, 쇼나이(庄內)경작연맹[야마가타(山形)] 등의 우익 농민조합의 합동에 의해 다시 성립
되었다. 이는 전일본농민조합동맹의 연장선상에 있었다. 協調會, 『最近の社會運動』, 1930,
445~446쪽.

분열이었다. 이와 동시에 같은 달 사회민중당에 의해 '일본농민조합총동맹'[57]
이 결성되었다. 그리하여 무산정당은 노동농민당, 일본농민당, 사회민중당, 일
본노농당의 4당이 대립했고, 여기에 일본농민조합, 전일본농민조합동맹, 일본
농민조합총동맹, 전일본농민조합이 각각 대응되었다. 그 후 부분적으로는 재
통합이 이루어져도 전체적으로는 분열 상태가 계속되었다. 그러다가 1920년대
후반부터는 국가권력에 의한 탄압이 한층 격렬해져 조직적 운동은 점차 정체
되었다.[58]

(4) 1930년대 소작쟁의의 변화

그러다가 대공황이 일본 전국의 농업에 영향을 미치자 소작쟁의의 발생
양상이 달라졌다. 대공황을 겪은 후 소작쟁의는 이제 비교적 낙후된 일본의 주
변부에서 증가하고 중심부에서는 서서히 퇴조했다. 대공황을 겪으면서 농민
운동은 농촌의 광범위한 계층으로 확대되었다.[59]

1930년대에 들어 소작쟁의는 상황이 상당히 바뀌었다. 소작쟁의의 전체 건

---

57 일본노동총동맹을 지지단체로 하여 사회민중당이 설립되었으나 당원이 공업노동자 중심
이었으므로, 별도로 농민들의 조직으로 1927년 3월 6일 일본농민조합총동맹이 설립되었다.
1928년 현재 회장은 스즈키 분지(鈴木文治)이고, 도쿄시에 사무소를 두었으며, 1부 5현에 분
포해 있었다. 農林省 農務局, 앞의 책, 1928, 34쪽.

58 農林省 農務局, 앞의 책, 1926, 62~69쪽; 農林省 農務局, 앞의 책, 1927, 79~80쪽; 農林省 農務
局, 앞의 책, 1938a, 26~29쪽; 田中學, 앞의 논문, 1968a, 144~146·156~158쪽; 農地制度資料集
成編纂委員會, 앞의 책, 1969b, 40·44쪽; 김용덕, 「大正期 소작조정법의 제정과 그 성격」, 『아
세아연구』 76, 고려대 아세아문제연구소, 1986, 133쪽; 데루오카 슈조 편, 전운성 역, 앞의 책,
2004, 110·131쪽; 앤드루 고든 저, 김우영 역, 앞의 책, 2005, 276~277쪽; 大石嘉一郎, 앞의 책,
2005, 134쪽.

59 法律新聞社, 앞의 책, 1924, 8쪽; 데루오카 슈조 편, 전운성 역, 앞의 책, 2004, 131쪽; 마리우스 B.
잰슨 저, 김우영 외 역, 앞의 책, 2006b, 856~858쪽.

〈표 1-15〉 일본의 소작쟁의 결말(1920~1937)

(단위: 건)

연도	타협	요구 관철	요구 철회	토지반환	자연소멸	미해결	계
1920	255	53	5	3	13	79	408
1921	1,340	109	13	13	14	191	1,680
1922	815	86	84	-	-	593	1,578
1923	1,451	89	32	13	13	319	1,917
1924	1,148	75	32	10	14	253	1,532
1925	1,625	93	26	12	16	434	2,206
1926	2,025	101	20	14	9	582	2,751
1927	1,371	56	18	5	9	593	2,052
1928	1,261	60	29	1	2	513	1,866
1929	1,615	127	63	-	15	614	2,434
1930	1,235	410	106	-	25	702	2,478
1931	2,078	417	83	-	26	815	3,419
1932	2,101	481	61	-	53	718	3,414
1933	2,568	523	92	-	56	761	4,000
1934	3,764	922	157	-	76	909	5,828
1935	5,131	381	160	-	82	1,070	6,824
1936	5,162	294	167	-	72	1,109	6,804
1937	4,045	158	72	-	60	1,029	5,364

* 출전: 農林省 農務局, 앞의 책, 1938a 참고.

수는 1930년대 중엽까지 절정을 향해 증가해갔고, 그 후 전시체제에 들어 감소했다. 〈표 1-15〉를 보면, 절정을 이룬 1935년에는 6,824건을 기록했다. 쟁의 내용도 1920년대와 크게 달라졌다. 1930년대 소작쟁의의 특징은 ① 토지쟁의를 중심으로 한 개별적인 소작쟁의가 주류가 되었고, ② 토지 회수에 대해 소작 계속을 요구하는 쟁의가 중심이 되었으며, ③ 도호쿠 지방을 중심으로 동일본으로 주요 무대를 옮겨간 점이었다. 즉 개별적 소작쟁의가 주류가 되어 쟁의당 평균 참여 소작인 수는 20명 이하로 감소했고, 관계 토지면적도 20정보 이하로 축소되었다. 이는 평균치이므로 소작인 수나 관계 토지면적이 크지만, 실제로 개별적인 소작쟁의는 지주 1인 대 소작인 1인, 관계 면적 1정보 정도가 많았다. 개별적 토지쟁의는 지주의 토지 회수에 대한 소작인의 방어적 쟁의였는데, 소작인의 요구는 실현되기 쉽지 않았다.[60]

소작쟁의의 주체를 보면, 다이쇼 말기부터 공황기를 거치며 쟁의 주체의 계층성이 하강한 것을 볼 수 있다. 공황기의 소작쟁의는 중농 하층, 빈농, 반(半)프롤레타리아층의 부득이한 쟁의의 성격을 강하게 띠었다. 이들은 경제적으로 쇠약해진 재촌 소지주에게도 적대하지 않을 수 없었다.[61]

(5) 소작조정법과 소작쟁의

그런데 소작조정법이 시행되면서 소작쟁의의 과반수는 소작조정제도 내로 흡수되어 통제·관리되었다고 할 수 있다. 소작조정법이 실시된 1925년부터 1929년까지 5년간 소작조정을 신청하여 수리된 소작쟁의 건수는 이 기간에 발생한 소작쟁의 총수의 57%에 해당했다. 소작조정 신청자를 보면, 소작조정법 시행 첫해부터 소작인이 지주보다 소작조정제도를 많이 이용했고, 1920년대 말에 이르면 소작인의 신청이 지주가 신청한 것의 2배 가까이 되었다. 소작조정의 성립 내용에서도 소작인 측에 유리한 조정 성립이 지주 측에 비해 압도적이었다. 예컨대, 1926년 소작조정 성립 건수별 조정 내용을 보면, 소작인 측에 유리한 것이 62.5%, 지주 측에 유리한 것이 11.3%, 중립적인 것이 26.2%였다. 1931년의 경우에도 소작인 측에 유리한 것이 47%, 지주 측에 유리한 것이 26%,

---

60　木村茂光 編, 앞의 책, 2010, 304~309쪽.

61　庄司俊作, 앞의 논문, 1982, 289쪽.

중립 27%였다.[62]

일본의 소작조정제도가 비교적 소작인 측에 유리한 결과를 가져온 것은 조정위원회의 구성원으로 농민들이 다수 참여한 데 기인했다고 할 수 있다. 조정위원회는 모두 농업 종사자로 구성되었는데, 그중 농민들이 거의 절반을 차지했으며 그중에서도 자소작·소작 농민들이 1/5 정도를 차지했다. 1934년 조정위원회는 지주 36.2%, 지주 겸 자작농민과 지주 겸 소작농민 9.4%, 자작농민 25.1%, 자소작농민과 소작농민 19.6%, 기타 9.7%로 구성되어 있었다.[63]

소작조정법이 시행된 후 실제 소작쟁의에 영향을 미친 실적에서 눈에 띄는 점은 〈표 1-16〉과 같이 소작인 측의 신청이 훨씬 많았다는 것이다. 그 이유는 첫째, 소작조정법이 어느 정도 운용상의 융통성이 있었기 때문이었다. 소작조정 신청이 있으면 경작지 출입[立入] 금지, 입모[立毛, 이앙이 고르고 정상적인 성묘(成苗)가 들어서 있는 상태]·동산(動産) 차압 등의 민사소송이 정지되었다. 그에 따라 소작인은 시간적 여유를 가질 수 있었고, 지주는 그만큼 소작료 확보가 늦어졌다. 둘째, 1926년경부터 지주의 반격이 점차 거세져 소작쟁의의 내용에서 지주 측의 공격적인 성격이 강화되었기 때문이었다. 그 구체적인 지표로 토지 회수 요구가 늘어났고, 출입금지, 입모·동산 차압 등을 둘러싼 민사소송이 증가했다. 이 경우 소작인은 민법 규정으로 대항할 수 없었다. 그럴 때 소작조정법이

---

62 김용덕, 앞의 논문, 1986, 150~152쪽. 소작인 측에 유리한 것으로 추출한 소작조정 조항에는 소작료 지불 연기 및 감면, 소작권의 확인, 토지반환 연기, 대지(代地) 교부(交付), 소작지 선매권(先買權), 장려금 및 토지개량비 지불, 소송 취하, 과납미(過納米) 및 소작보증금 반환 등이 있다. 지주 측에 유리한 조항은 소작료 지불, 토지반환, 소작지 전대(轉貸) 금지 등이었다. 중립적인 내용은 소작료 지불기일 결정, 소작미의 품질·포장[俵裝] 통일, 소송 및 조정 비용 부담, 소작기간 확정 등이었다. 農地制度資料集成編纂委員會, 『農地制度資料集成 2: 小作爭議に関する資料』, 御茶の水書房, 1969a, 448~451쪽.

63 大內力, 『農業史』, 東洋經濟新報社, 1960, 236쪽(정연태, 앞의 책, 2014, 359쪽에서 재인용).

(단위: 건)

연도	수리 총 건수	쟁의 단위 총 건수	수리별 건수					
			지주 신청	소작인 신청	합의 신청	쌍방 신청	소작관 신청	재판소 직권
1924	31	27	11	16	-	-	-	-
1925	1,826	654	308	327	3	16	-	-
1926	2,610	954	315	554	40	45	-	-
1927	3,653	1,551	495	970	72	14	-	-
1928	2,912	1,686	533	954	182	17	-	-
1929	3,657	1,583	556	937	80	10	-	-
1930	2,838	1,638	543	1,016	63	16	-	-
1931	3,361	1,703	660	942	93	8	-	-
1932	3,212	2,020	721	1,168	119	12	-	-
1933	4,888	2,853	993	1,750	88	22	-	-
1934	5,013	3,323	1,074	2,125	94	30	-	-
1935	6,777	4,274	1,441	2,658	124	51	-	-
1936	7,472	4,249	1,452	2,670	91	36	-	-
1937	5,717	3,750	1,225	2,394	110	21	-	-
1938	4,686	2,777	948	1,726	76	25	-	2
1939	3,466	2,592	851	1,641	61	17	1	21

* 출전: 農林省 農務局, 「諸表」, 앞의 책, 1937; 農林省 農務局, 앞의 책, 1938a, 15쪽; 農林省 農務局, 「附表」, 앞의 책, 1940.

다소라도 이를 저지하는 역할을 했다. 소작조정법 자체는 한계를 가지고 있었지만, 그럼에도 소작농민이 소작조정법에 의지하지 않을 수 없었던 것은 소작쟁의에서 점차 수세적인 입장에 놓였기 때문이다. 소작조정법은 궁지에 몰린 소작농민에게 의지처가 되면서, 〈표 1-17〉처럼 소작쟁의를 어느 정도 조정의 틀 속에 가두는 효과를 얻었다.[64]

소작조정의 결말을 보면, 소작쟁의가 비교적 경미한 건은 당사자 쌍방의

---

64 田中學, 앞의 논문, 1968b, 112~114·125~126쪽; 김용덕, 앞의 논문, 1986, 151쪽.

〈표 1-17〉 일본의 소작조정 결말(1924~1939)

(단위: 건)

연도	기완료 건수					미해결 건수
	성립	불성립	취하	각하	계	
1924	15	3	7	-	25	2
1925	439	19	163	3	624	30
1926	597	31	264	-	892	62
1927	952	45	413	20	1,430	121
1928	1,085	42	407	18	1,552	134
1929	989	90	351	25	1,455	128
1930	1,109	62	350	14	1,535	103
1931	1,206	44	331	13	1,594	109
1932	1,430	38	474	19	1,961	59
1933	2,182	46	531	20	2,779	74
1934	2,609	29	587	19	3,244	79
1935	3,351	48	802	15	4,216	58
1936	3,143	21	749	14	3,927	322
1937	2,812	35	676	8	3,531	219
1938	1,715	5	359	5	2,084	693
1939	1,902	16	471	5	2,394	198

* 출전: 農林省 農務局, 「諸表」, 앞의 책, 1937, 1938a; 農林省 農務局, 앞의 책, 1938a, 15쪽; 農林省 農務局, 「附表」, 앞의 책, 1940.

직접 교섭이나 위원 대표자 등의 절충으로 원만히 해결되었고, 점점 분규로 이어진 사건도 소작조정이 이루어지는 경우가 많아졌다. 분규화한 소작쟁의는 1924년 소작조정법 시행 이후에는 당사자가 직접 조정 신청을 하거나 소작관이 조정 신청을 하고, 또는 기타 중개 조정자[지방 유력자, 정(町)·촌장(村長), 구장(區長), 촌회의원(村會議員), 농회(農會) 임직원 등]에 의해 조정되어 타협이 성립되는 것이 보통이었다. 소작쟁의는 대부분 당사자 쌍방의 타협에 따라 해결되었다. 다음으로 소작인의 요구가 관철되는 경우가 많았으며, 소작인이 당초 요구를 철회한 경우는 비교적 적었다. 소작쟁의는 조정자의 노력으로, 또 시일이 지나면서 대부분 해결되었지만, 미해결된 상태로 여러 해 쟁의가 계속되거나 소송·조정으로 계속(繫屬)되는 것도 적지 않았다.[65]

또한 일본에서는 소작조정법을 통한 소작조정 이외에 법외(法外) 조정에서 소작관(보)[小作官(補)]이 큰 역할을 했다.[66] 일본의 소작쟁의 조정자별 건수를 살펴보면 〈표 1-18〉과 같다. 여기서도 소작관(보)은 거의 조정법에 의한 조정 다음으로 소작조정제도의 운영에서 중요한 존재였음을 알 수 있다. 그리고 구장, 부락 총대(總代) 및 지방 유력자에 의한 조정도 큰 비중을 차지했다. 경찰서장에 의한 조정은 1930년대 중반부터 급증한 것이 눈에 띈다. 그에 비해 정·촌장, 정·촌사무소 공무원[役場吏員] 등에 의한 조정은 상대적으로 적었다.[67]

소작조정법은 소작쟁의를 근본적으로 해결하지는 못했으나, 소작쟁의를 진정시키고 소작쟁의가 소작질서를 변화시키던 와중에 나름대로의 역할을 했다고 할 수 있다. 예를 들어 1920년대에 집단적인 소작료 감면 쟁의가 많았던 긴키 지방에서는 소작조정에 의해 소작료 감면을 규정하는 집단적인 조정 계약이 체결된 경우가 많았다. 또한 1930년대에 도호쿠 지방에서 많이 발생한 개별적 토지쟁의에서는 소작관이 지주와 소작 쌍방의 경제상황을 조사하여 적극적으로 조정에 나섰다. 이러한 집단적인 소작조정에 따라 협조주의적인 소작질서가 광범위하게 형성되어갔다.[68]

---

65 農林省 農務局, 『小作爭議·調停及地主小作人組合の槪要』, 1936, 13~14쪽.

66 소작관의 법외 조정은 도(道)·부(府)·현(縣)에 있는 소작관이 조정법에 의하지 않고 조정을 하는 것으로 이러한 경우가 다수 있었다. 소작관의 법외 조정 건수를 보면, 1924~1925년 371건, 1926년 285건, 1927년 257건, 1928년 229건, 1929년 220건, 1930년 244건, 1931년 232건, 1932년 282건, 1933년 216건, 1934년 268건, 1935년 382건, 1936년 273건이었다. 農林省 農務局, 앞의 책, 1938a, 23~24쪽.

67 위의 책, 15쪽; 裵民植, 앞의 논문, 1994, 182쪽.

68 齋藤仁, 「戰前日本の土地政策」, 『アジア土地政策論序說』, アジア經濟研究所, 1976; 安達三

〈표 1-18〉 일본의 소작쟁의 조정자별 건수(1929~1937)

(단위: 건, %)

	1929	1930	1931	1932	1933	1934	1935	1936	1937
조정법에 의한 조정	415 (31.5)	514 (35.3)	812 (42.0)	981 (47.3)	1,558 (61.9)	2,037 (56.3)	2,632 (56.4)	2,463 (50.2)	2,046 (45.1)
재판소 화해	8 (0.7)	22 (1.5)	22 (1.1)	39 (1.9)	24 (1.0)	30 (0.8)	18 (0.4)	18 (0.4)	19 (0.4)
소작관(보)	222 (16.8)	271 (18.6)	264 (13.7)	294 (14.2)	253 (10.1)	362 (10.0)	416 (9.3)	286 (5.8)	251 (5.5)
소작조정위원	27 (2.1)	13 (0.9)	44 (2.3)	25 (1.2)	23 (0.9)	18 (0.5)	29 (0.7)	55 (1.1)	31 (0.7)
경찰서장	41 (3.1)	78(5.4)	78 (4.0)	88 (4.2)	120 (4.8)	215 (5.9)	532 (11.9)	1,246 (25.4)	1,591 (25.1)
정·촌장, 정·촌 사무소 공무원	128 (9.7)	114 (7.8)	127 (6.6)	120 (5.8)	93 (3.7)	163 (4.5)	155 (3.5)	122 (2.5)	98 (2.2)
구장·부락 총대	137 (10.4)	98 (6.7)	127 (6.6)	99 (4.8)	68 (2.7)	205 (5.7)	166 (3.7)	100 (2.0)	95 (2.1)
농회·산업조합 임원	60 (4.6)	29 (2.0)	54 (2.8)	46 (2.2)	35 (1.4)	86 (2.4)	43 (1.0)	34 (0.7)	21 (0.5)
지방 유력자	175 (13.3)	209 (14.3)	258 (13.4)	242 (11.7)	235 (9.3)	302 (8.3)	352 (7.8)	278 (5.7)	186 (4.1)
기타	102 (7.7)	110 (7.5)	146 (7.6)	142 (6.8)	108 (4.3)	202 (5.6)	246 (5.5)	302 (6.2)	200 (4.4)
합계	1,318 (100)	1,458 (100)	1,932 (100)	2,076 (100)	2,517 (100)	3,620 (100)	4,489 (100)	4,904 (100)	4,538 (100)

* 출전: 農林省 農務局, 『小作年報』, 각년도(裵民植, 앞의 논문, 1994, 183쪽에서 재인용-).

(6) 소작쟁의는 왜 일어났는가?

그렇다면 일본에서 소작쟁의는 과연 왜 일어났을까? 소작쟁의의 근본 원인은 독점자본주의의 확립에 따라 필연화된 만성 불황과, 자본주의 경제의 본격적인 침투에 따라 압박을 받은 농민의 일반적인 궁핍화가 지주와 소작인의

季, 「小作調停法」, 『講座日本近代法發達史』 7, 勁草書房, 1979; 坂根嘉弘, 『戰間期農地政策史研究』, 九州大學出版會, 1990(平賀明彦, 「1920年代後半の農業政策」, 『白梅學園短期大學紀要』 39, 白梅學園短期大學, 2003, 140쪽에서 재인용-); 木村茂光 編, 앞의 책, 2010, 310~311쪽.

경제적 대항관계를 격화시킨 것이었다. 또 소작쟁의의 발생을 촉진시킨 조건의 한편에는 촌락구조의 내적 변화, 특히 자본주의 경제에 대한 대응 속에서 심화된 농민층 분해와 지주제의 변모, 다른 한편에는 노동쟁의로 대표되는 도시 정치상황의 영향이 있었다.[69]

즉 1920년대에 일본 농촌에서 일어난 소작쟁의는 기본적으로 '근대화'된 농촌사회의 산물이었다. 이 시기 지주·소작인 간의 분쟁은 생산성이 떨어지고 상업화가 덜 진행된 일본 북동부에 비해, 상업화가 많이 진전된 중부 및 서부 지역에서 2배가량 많이 발생했다. 소작쟁의를 주도한 농민들은 가난한 소작농이 아니라, 환금작물(換金作物)을 시장에 내다 팔아 수익을 올릴 가능성이 있는 농민들이었다. 소작쟁의는 근대화되고 도시에 거주하는 부재지주가 많은 지역에서 주로 일어났다.[70]

또한 도시의 학생이나 중류 이상 계층을 중심으로 수용되던 신문화(新文化)가 제1차 세계대전 이후 농촌 청년 등 상당히 광범위한 계층으로 확산되어 소작쟁의 발발에 영향을 주었다. 신문·잡지의 발달과 고등교육의 확충으로 다수의 농촌 청년이 도시의 대학·전문학교로 진학하게 되었다. 또한 도시에 상공업이 발달하고 취업 기회가 증가하여 농촌 청년들이 일자리를 찾거나 도시 분위기를 접하려고 도시로 나왔다가 돌아가는 일이 잦아졌다. 신문·잡지에 게재된 새로운 사상과 생활양식이 농촌에 전파되고, 보통선거운동 등 다이쇼데모크라시운동(다이쇼기를 중심으로 일본에서 일어난 민주주의적 개혁을 요구하는 운동)을 추진하는 배경이 되었다. 그런 가운데 소작인들 사이에서도 의식의 혁명이 일어

---

69 暉野正, 앞의 논문, 1966, 80쪽.

70 앤드루 고든 저, 김우영 역, 앞의 책, 2005, 276~277쪽.

(단위: 건)

연도	소작료 관계				토지 관계		경제 관계		기타	
	소작료 인상·개정 만기(A)	흉년	소작료 고율·불통일	소작료 체납	소작지 회수	경지 정리	농산물 가격 하락	收支 不償·생활 곤란	모방	기타
1920	81	102	133	–	–	–	34	–	–	58
1921	59	1,319	69	–	–	22	56	–	48	107
1922	36	488	354	–	–	8	179	–	196	317
1923	38	1,232	205	–	14	7	108	131	125	57
1924	20	1,021	153	–	25	4	8	73	107	121
1925	44	1,380	278	35	172	13	1	61	127	95
1926	34	1,957	186	49	316	12	5	47	90	55
1927	51	1,038	207	49	432	7	21	43	96	108
1928	61	882	122	61	461	9	11	47	87	125
1929	97	1,232	115	97	704	9	3	25	57	95
1930	127	567	124	135	1,002	8	285	43	80	107
1931	131	1,171	98	174	1,307	24	240	58	96	120
1932	111	1,057	76	313	1,520	21	50	14	30	222
1933	162	646	103	485	2,275	20	18	22	48	221
1934	208	1,940	85	505	2,704	16	31	19	25	295
1935	143	2,451	66	734	3,031	14	12	18	–	355
1936	311	1,373	155	871	3,644	11	4	23	–	412
1937	273	1,116	139	621	3,575	3	1	10	–	432
1938	164	896	96	553	2,562	4	2	5	–	333
1939	160	563	135	554	1,752	9	–	47	–	358

* 출전: 農林省 農務局, 『小作年報』, 각년도(田中學, 앞의 논문, 1968a, 144쪽에서 재인용); 農林省 農務局, 「附錄」, 앞의 책, 1933a.
* (A)는 산미검사 관계를 포함한다.

나 소작료 감면 등을 요구하며 쟁의를 일으키게 된 것이다.[71]

소작쟁의의 원인을 보면, 〈표 1-19〉에서처럼 1920년대에는 소작인의 소작

---

71 아사오 나오히로 외 편, 이계황 외 역, 앞의 책, 2003, 491·510쪽.

료 인하 요구에 지주가 응하지 않아서 일어난 분쟁이 대부분이었다. 소작인들이 소작료 인하를 요구했던 것은 대체로 ① 흉년, ② 고율의 소작료, ③ 소작인의 생활 향상, ④ 소작지 경영에 많은 경비 필요, ⑤ 산미검사(産米檢査) 시행으로 건조(乾燥)·조정(調整)에 많은 비용 필요 등의 이유 때문이었다.

1920년대 소작쟁의의 수단·방법을 보면, ① 이전까지 소작인은 단독으로 지주에게 요구하는 것이 보통이었는데, 이 무렵부터는 조합을 조직하거나 일시적으로 단결하여 쟁의를 일으켰다. ② 지주가 소작인의 요구에 응하지 않을 때는 함께 소작료를 감액하여 납입하거나 전부 체납했다. ③ 소작인의 요구가 통하지 않을 때는 소작지를 반환하거나 합의하여 소작지를 경작하지 않았다. ④ 지주가 소작료를 인상할 때는 합의하여 경작하지 않았다. ⑤ 지주가 자작으로 바꿀 경우에는 이를 방해했다.[72]

다이쇼기 소작쟁의는 확실히 지주적 토지소유를 후퇴시키며 농민해방을 진전시켰다. 다이쇼 말기부터 쇼와기에 걸친 소작쟁의는 '경작권 확립'에서 한 걸음 나아가 주로 '토지를 농민에게'라고 요구하며, 하층 소작인을 중심으로 하는 운동으로 나아갔다. 이전의 소작료 감면 운동 틀 내의 소작쟁의를 넘어 지주적 토지소유의 전면적인 부정을 주장하기에 이른 것이다. 이는 농민운동에 질적으로 새로운 변화를 가져왔다.[73]

특히 1930년대 소작쟁의는 쟁의 참가 소작인의 계층적 하강 양상을 띠었다. 공황 전의 소작쟁의는 소작농 중에서도 상대적으로 상층 농민을 중심으로 소작료 감면을 요구한 것으로, 상품화할 수 있는 쌀을 수중에 확보하여 경제적으로 상승하려는 욕구를 중심으로 전개되었다. 그러나 공황기의 소작쟁의는

---

72 「近來擡頭して來た小作爭議解決の要諦(上·下)」, 『東京日日新聞』 1921년 1월 5일~1월 7일.
73 林宥一, 앞의 논문, 1977, 16쪽.

하층의 소작인이 경영 곤란으로 소작료를 체납하고, 지주의 납입 독촉에 대해 소작농이 소작료 감면을 원하면 지주가 토지반환을 강하게 요구하여 일어났다. 소작인으로서는 당장 먹을 쌀의 확보를 위해서라도 최후의 생존 조건인 토지의 경작권을 지키기 위해 쟁의를 일으킨 것이다.

　종합적으로 소작쟁의의 유형을 발생 원인별로 정리하면 다음과 같이 양분할 수 있다. 첫째, 제1차 세계대전 후 농외(農外) 노동시장의 확대에 따라 집단적인 소작료 감면 쟁의가 있었다. 이는 '기회비용 쟁의'로 농외 임금이 상승하여 농가가 농업을 대신하는 취업 기회를 얻게 되면서, 농가의 농업 노동력에 대한 기회비용이 높아짐에 따라 발생했다. 이 유형은 특히 1920년대에 노동시장이 열린 지역에서 주로 전개되었다. 1920년대에는 농외 임금이 농업 조수익(粗收益)[74]에 비해 높았기 때문에 이러한 유형의 쟁의가 빈번하게 발생했다. 즉 농외 임금의 상승에 따라 소작농은 농외 부문으로 계속 노동력을 이동하는 것이 유리했다.

　그런데 상황은 그리 단순하지 않았다. 일본에는 특유의 '이에(家)'제도가 있었기 때문에 소작농은 가업(家業)으로서 농업에 대한 강한 집착을 가지고 있어, 기회비용대로 농업 노동력을 농외로 이동시키지만은 않았다. 이러한 딜레마 속에서 발생한 것이 기회비용 쟁의였다. 즉 소작농은 노동력을 농외 부문으로 이동할 것을 각오하면서, 소작지의 반환 의도를 비치며 지주와 소작료 감면 교섭을 했다. 소작농의 요구는 농외 임금(기회비용)에 알맞게 소작료를 인하해달라는 것이었다(소작료 인하 → 농업소득의 증대 → 농외 임금과의 균형). 단, 소작인은 '이에' 관념에 따라 스스로 농외로의 노동력 이동에 대해 저항감을 가지면서, 기회비용에 알맞게 소작료가 책정되지 않고 실제 소작료가 어느 정도 더 높을 경

74　농가에서 1년간 농업 경영의 성과로 얻은 농산물과 부산물의 전체 가액.

우에도 이를 허용했다. 하지만 지주가 기회비용보다 상당히 높은 소작료를 요구하고 그 인하를 허락하지 않을 때는 교섭이 결렬되어 소작쟁의가 발생했다. 이것이 1920년대에 집단적인 소작료 감면 쟁의로 나타난 것이다. 요컨대 일본 고유의 '이에'나 '촌락'이 존재했기 때문에 소작농이 농업을 계속하려는 강한 의지로 인해 소작료 인하를 둘러싼 쟁의가 발생한 것이다. 바꿔 말하면 지주와 소작인 쌍방이 납득하는 촌락마다의 소작료 시세가 형성되어 있었는데, 소작료 감면 쟁의는 이를 수정하려는 것으로 촌락 단위의 소작료 감면 교섭이 필요했다. 집단적인 소작료 감면 쟁의는 일본적 '이에'나 '촌락'을 전제로 한 일본의 독특한 농민운동이었다. 이는 비교적 '질서정연'하게 집단적인 소작료 감면 쟁의로 전개되었는데, 아시아의 다른 여러 나라에서 농민운동이 대부분 '농민폭동'으로 표현될 만큼 과격했던 것과 대조적이었다.

둘째, 지주의 토지 회수에 저항하여 소작 계속을 요구하거나, 지주에게 토지반환 시 조건 등을 둘러싸고 다투는 소작 방위(防衛)의 개별적 토지쟁의가 있었다. 또한 미가 하락이나 흉작, 수확 감소로 생활이 곤란해짐에 따라 일으키는 생활 방위의 개별적 토지쟁의도 있었다. 토지쟁의는 1920년대에는 주로 상업적 농업이 발전하고 대도시에 근접하여 자본주의적 노동시장의 영향이 강한 서일본에서 발생했다. 그러다가 공황기인 1930년대에는 자본주의적 관계에서 상대적으로 후진적이며 아직까지 지주의 지배력이 강해 쟁의 발생이 적던 동일본에서 많이 발생하게 되었다. 소작지로부터의 퇴거 조건 등을 둘러싼 분쟁은 1920년대 초에는 5%에 지나지 않았으나, 대공황기에는 거의 50%로 증가했다.

대공황기에는 도시에서 기업이 망하거나 해고를 진행하여 실직한 노동자가 귀향(귀농)하는 경우가 많았다. 또한 공황기에는 농업 일용직[日雇] 임금보다도 농업소득이 급격히 낮아져, 일고 노동력을 고용하면 경제적으로 수지가 맞지 않는 상황이 발생했다. 즉 많은 사람이 귀향하는데 정작 농가경영에서는 노동력을 몰아내는 경향이 강해져, 그 결과 농촌에 노동력이 체류(滯留)하게 되었다. 지역적으로 보면, 긴키 지방 등 서일본에는 노동시장이 일찍이 열려 있던 데 비해, 도호쿠 지방 등 동일본에는 농촌 노동력의 도시로의 유동성이 낮아 농촌이 방대한 인구를 포용하고 있었다. 이런 상황에서 대공황이 발생하자 인구 압력이 한층 강해졌다. 중소지주가 가능한 한 농업경영에 유리한 자작지를 확대하려고 하여 소작지의 자작지화가 진행되자, 소작인으로부터 토지를 회수하는 움직임이 강해졌다. 또한 농외 노동시장이 좁아져서, 자작농이나 소작 농도 가급적 경작지·소작지를 넓혀 안정적인 취업의 장을 확보하려 했다. 지주는 더 많은 소작료를 지불하는 소작인에게 소작지를 빌려주려고 했기 때문에, 이전의 소작인으로부터 소작지를 회수하여 새로운 소작인으로 변경하는 움직임이 늘어났다. 이에 대공황기에는 각지에서 토지 회수 경향이 많아져 토지 회수 쟁의가 빈발하게 되었다. 도호쿠 등 동일본에서는 인구 압력이 보다 강하게 나타났기 때문에 토지쟁의의 주요 무대가 되었다.[75]

한편 소작조정의 내용을 보면, 중심을 이룬 것은 소작료 문제였고 소작계약 계속 요구나 토지반환의 문제 등도 일부 있었다. 구체적으로 첫째, 소작료 조정은 소작료의 지불 또는 지불 연기 요청, 소작료의 일시적 감액이나 체납된 소작료의 감액 요구, 소작료의 개정 및 소작료의 영구적 감액, 소작료 인상 또는 인상 반대, 흉작 시 소작료 감면율 또는 감면방법 결정(검견 시기, 검견 입회자, 검견 방법 등), 소작료 납부기 확정, 소작미의 품질 및 가마니 포장의 개정·통일 등

---

75 田中學, 앞의 논문, 1968a, 143~144쪽; 데루오카 슈조 편, 전운성 역, 앞의 책, 2004, 132~133쪽; 앤드루 고든 저, 김우영 역, 앞의 책, 2005, 337쪽; 木村茂光 編, 앞의 책, 2010, 304~309·318~321쪽.

에 관련한 것이었다. 둘째, 소작계약 계속 요구나 토지반환 조정은 소작계약 계속 또는 소작지 반환, 장래 토지반환 서약, 계약 위반의 경우 토지반환 약정, 채무 불이행의 경우 해약 등에 관련한 것이었다. 셋째, 영소작권(永小作權) 및 소작권의 확인과 배상 청구, 영소작지 분할 또는 매도(賣渡) 요구 등에 관련한 것이 있었다. 넷째, 소작지 매각 또는 소작지 선매권(先買權, 다른 사람보다 먼저 토지를 살 수 있는 권리)의 부여 요구와 관련한 것이 있었다. 다섯째, 경지정리지(耕地整理地)의 환지(換地, 대신하는 토지) 교부, 작리료(作離料, 지주가 소작지 회수 시 소작인에게 지불하는 보상료)·경작비·토지개량비와 작물 등의 배상 청구 등에 관련한 조정이 있었다. 그 밖에 토지 출입금지 가처분, 입모 가차압 등의 해제를 요구하는 경우도 증가했다.[76]

소작쟁의와 조정에서 주요한 변화는 쟁의가 장기화하고, 지주가 입모 차압, 출입금지 등 법적 수단을 활용하는 경우가 증가하면서 소송, 이른바 '법정전(法廷戰)'이 격증한 것이었다. 〈표 1-20〉에서처럼 소작관계 민사소송 건수는 1926~1927년에 걸쳐 비약적으로 증가했다. 그 대부분은 지주가 소작료 지불을 청구한 것이었고, 토지반환 청구도 급격히 증가했다. 이러한 사실은 당초에는 쟁의에 쫓기던 지주가 이제 대항책으로 법적 수단을 이용하게 되었음을 의미한다.[77]

특히 일제시기 일본에서 주요 소작 문제는 고율의 소작료 문제였다. 이는 지주제를 비판하는 주된 이유로 거론되었다. 그런데 통계로 나타나는 양상은 다소 차이가 있다. 메이지기부터 소작료율의 추이를 제국농회 조사부의 통계

---

76 農林省 農務局, 앞의 책, 1927, 53~61쪽; 農林省 農務局, 앞의 책, 1928, 61·68·80~94쪽; 農林省 農務局, 앞의 책, 1931, 43~48·58~94쪽; 農林省 農務局, 『小作年報: 昭和5年』, 1932, 48~55쪽.

77 田中學, 앞의 논문, 1968a, 161~162쪽.

(단위: 건, 명)

연도	건수	내역				당사자 수	
		소작료 지불	토지반환	토지반환 및 소작료 지불	기타	지주	소작인
1923	1,853	1,696	118		39	2,060	3,825
1924	2,252	1,984	125		144	2,601	5,853
1925	2,329	1,882	367		80	2,804	5,024
1926	4,184	2,582	1,346		256	5,755	13,181
1927	4,849	2,470	2,312		67	6,898	13,890
1928	2,488	1,819	555		114	3,436	6,160
1929	3,050	2,135	451	260	204	4,349	6,313
1930	2,855	2,046	378	257	174	3,245	5,184
1931	2,325	1,590	269	229	237	2,599	3,870
1932	2,454	1,514	372	302	266	2,950	3,903
1933	2,450	1,670	375	209	196	2,910	4,283
1934	2,313	1,719	266	222	106	2,568	4,103
1935	2,574	1,939	342	201	92	2,916	4,318
1936	2,580	1,881	363	203	123	2,940	4,386
1937	2,175	1,511	219	221	-	-	-
1938	1,643	1,138	210	151	-	-	-
1939	1,352	1,023	85	64	-	-	-

* 출전: 農民組合史刊行會, 『農民組合運動史』, 日刊農業新聞社, 1960(田中學, 앞의 논문, 1968a, 162쪽에서 재인용); 農林省 農務局, 앞의 책, 1940, 18~19쪽.

로 보면, 1867년, 1887년, 1926년의 세 시기 소작료율을 확인할 수 있다. 이를 보면 메이지 초년 이후 실제 납부하는 소작료율이 점차 낮아진 것을 알 수 있다. 실납(實納) 소작료율이 60% 이상인 경우의 비율을 보면, 1867년에는 40%였으나 1887년에는 30%, 1926년에는 6%로 줄어들었다. 실납 소작료율이 50% 이하인 경우는 1867년 30%, 1887년 32%, 1926년 67%로 늘어났다. 메이지기에는 소작료율이 60% 이상인 경우가 많았으나, 다이쇼 말기가 되면 50% 이하가 2/3를 차지하고 60% 이상은 극히 적어진 것이다. 소작료율은 메이지 초기에는 상당히 높았으나 그 후 급속히 낮아지고 있었다.[78]

시기를 나누어 보면 우선 1920년 농림성 조사 당시 일모작 논에서 전국 평균 실납 소작료는 수확고의 51%로 고리(高利)를 나타냈다. 그에 따라 1920년대 소작쟁의의 70~80%가 소작료의 감면·개정 요구로 인해 일어났다. 당시 일본의 소작료를 구미 여러 나라에 비교하면, 소작제도와 관습이 달라 일률적으로 비교하기는 어렵지만 대체로 일본의 소작료가 구미의 2~3배에 해당했다. 일본의 소작료가 고리인 원인에는 여러 가지가 있었다. ① 도쿠가와 정부 말기의 5공(公) 5민(民), 6공(公) 4민(民) 등의 수확 분배제도가 메이지유신 때 그대로 소작료 제로 대체된 점, ② 소작료로 쌀을 납부했기 때문에 소작료가 쌀값 등귀에 따라 등귀한 점, ③ 경지면적에 비해 소작인 수가 많기 때문에 소작지 쟁탈이 행해져 소작료가 경쟁적으로 오른 점, ④ 토지소유가 세분화되고 단위당 수확률이 높았다는 점, ⑤ 소작권이 박약하고 지주의 지위가 강고했기 때문에 소작료 인상이 행해진 점 등이 그 원인이었다. 당시 소작료는 거의 소작인 지불 능력의 최고한도에 달해 있는 상태였다.[79]

그런데 1920년대 중반부터 소작료율은 점차 낮아지기 시작했다. 이는 지주적 토지소유의 해체 경향을 실질적으로 보여주는 지표이기도 하다. 〈표 1-21〉에서처럼 논의 소작료는 1922년 이후, 밭의 소작료는 1925년 이후 낮아지는 경향을 보였다. 이는 소작쟁의의 성과이기도 하지만, 기본적으로는 농민의 소작료 지불 능력이 저하했기 때문이었다. 소작농민의 농업 지출은 빠르게 늘어난 한편 농업 소득은 줄어드는 경향을 보였고, 이에 적자 농가가 급격히 증가하여

---

78 木村茂光 編, 앞의 책, 2010, 299~300쪽.

79 「現內閣の經濟策總棚おろし」, 『時事新報』 1928년 11월 24일~12월 23일.

〈표 1-21〉 일본의 반보당 소작료(1913~1934)

(단위: 석, 엔)

연도	논	밭	연도	논	밭
1913	1.12	9.22	1925	1.07	19.16
1919	1.12	17.57	1926	1.07	18.99
1921	1.17	18.75	1928	1.03	18.47
1922	1.14	19.56	1930	1.03	15.94
1923	1.12	19.96	1932	1.01	11.21
1924	1.09	19.96	1934	1.04	11.20

* 출전: 日本勸業銀行, 「田畑賣買價格及賃貸料調」; 大內力, 앞의 책 1960, 209쪽(菅野正, 앞의 논문, 1966, 76쪽에서 재인용).
* 전국 평균이다. 단, 1913년과 1919년 평균에서 홋카이도는 제외했다.

소작료 저하 경향이 나타난 것이다. 거꾸로 말하면 농민의 소작료 지불 능력이 저하되고 그에 따라 소작쟁의가 일어나면서 소작료율이 점차 낮아져 지주적 토지소유의 종언에 영향을 미쳤다고 할 수 있다.[80]

소작료율이 점차 낮아진 또 하나의 요인으로, 기본적으로 도시의 상공업이 발전하여 소작지의 수요가 줄어들었다는 점이 있다.

또 다른 요인은 애초에 지주가 소작지의 수확고를 정확히 파악하지 못한 경우가 많았다는 것이었다. 수확고가 실제보다 적게 파악되었던 반면 징수하는 소작료는 정확히 파악되어 겉으로 보기엔 소작료율이 높은 것처럼 나타났을 가능성이 있다. 당시 지주의 소작료 징수부를 봐도 각 소작지의 토지 등급이나 계약 소작료액, 실납 소작료액은 기재되어 있지만 개별 소작지의 수확고는 기재되지 않은 경우가 많다. 그러다 경지정리사업에 의해 수확이 증가하면서, 이때까지 지주가 파악하지 못하고 있던 실제 수확고를 정확하게 파악하고 소작료를 재조정하는 경우가 생겨났다. 이에 소작료율은 경지정리사업을 통

80　菅野正, 앞의 논문, 1966, 75~76쪽.

(단위: 석, %)

구분		일모작 논			이모작 논		
		1921년 조사	1936년 조사	등락 상황	1921년 조사	1936년 조사	등락 상황
계약 소작료	보통	1.029	1.000	2.8 하락	1.251	1.200	4.1 하락
	고	1.314	1.243	5.4 하락	1.584	1.501	5.2 하락
	저	0.704	0.699	0.7 하락	0.922	0.925	0.3 등귀
실납 소작료	보통	0.972	0.920	5.1 하락	1.195	1.116	6.6 하락
	고	1.243	1.158	6.8 하락	1.509	1.402	7.1 하락
	저	0.648	0.645	0.5 하락	0.870	0.849	2.4 하락

* 출전: 農林省 農務局, 『小作事情調査』, 1938b, 20쪽.

해서도 일반적으로 낮아졌다.[81]

　1921년 소작관행조사에 따른 소작료와 1936년 소작사정조사에 따른 소작료를 비교해보면, 소작료는 하락 추세를 나타냈다. 〈표 1-22〉와 같이 보통 일모작 논의 계약 소작료는 2.8%, 실납 소작료는 5.1%, 이모작 논의 계약 소작료는 4.1%, 실납 소작료는 6.6% 정도의 하락 추이를 보였다. 그리하여 1936년 보통 일모작 논의 계약 소작료는 수확고의 50% 정도, 실납 소작료는 46% 정도였고, 이모작 논의 계약 소작료는 수확고의 54% 정도, 실납 소작료는 50% 정도였다.[82]

　또한 1936년 소작사정조사에 따른 밭과 과수원의 반보(反步, 1반보는 300평)당 평균 계약 소작료, 실납 소작료를 1921년 소작관행조사에 따른 소작료와 비교하면 모두 하락하는 경향을 보였다. 〈표 1-23〉에서 1921년 계약 소작료는 배밭[梨園], 감귤밭[柑橘園], 뽕나무밭[桑園], 복숭아밭[桃園], 차밭[茶園], 일반 밭의 순으로 많았다. 이를 1936년 소작관행조사 결과와 비교하면 모두 하락했는데, 뽕나

81　木村茂光 編, 앞의 책, 2010, 300~301쪽.

82　農林省 農務局, 앞의 책, 1938b, 20~21쪽.

<h3>〈표 1-23〉 일본 밭의 현물납 소작료(1921, 1936)</h3>

(단위: 승升, %)

소작료 종류		계약 소작료			실납 소작료		
		1921년 조사	1936년 조사	등락 상황	1921년 조사	1936년 조사	등락 상황
밭	쌀	64	57	10.9 하락	54	61	11.7 하락
	콩	62	58	6.5 하락	57	61	6.6 하락
	쌀보리	94	81	13.4 하락	78	90	13.3 하락
	밀	-	73	-	72	-	-
	보리 &	82	68	-	64	78	-
	콩	94	41	-	39	52	-
	밀 &	-	44	-	43	-	-
	콩	-	37	-	36	-	-
뽕나무밭 [桑園]	쌀	78	60	22.8 하락	59	76	22.6 하락
	콩	74	69	6.9 하락	68	73	6.5 하락
배밭 [梨園]	쌀	91	91	없음	88	86	2.3 등귀
감귤밭 [柑橘園]	쌀	83	74	11.7 하락	73	82	11.4 하락
복숭아밭 [桃園]	쌀	69	66	4.8 하락	65	68	4.4 하락
감나무밭 [柿園]	쌀	-	51	-	49	-	-
포도원 (葡萄園)	쌀	-	100	-	97	-	-
차밭(茶園)	쌀	67	52	20.9 하락	52	66	21.2 하락

* 출전: 農林省 農務局, 앞의 책, 1938b, 39~40쪽.
* '&' 표시는 두 작물을 함께 소작료로 낸다는 뜻이다.

무밭의 소작료율 하락률이 23%로 가장 컸고, 차밭, 밭, 감귤밭, 복숭아밭 순으로 하락률이 높았다. 또한 1921년 실납 소작료는 배밭이 가장 많고 감귤밭, 복숭아밭, 뽕나무밭, 밭, 차밭, 감나무밭의 순서로 많았다. 이를 1936년 소작관행조사와 비교하면 배밭에서 조금 등귀한 것 외에 모두 하락하는 경향을 보였다. 하락률이 가장 큰 것은 뽕나무밭으로 23% 하락했고, 차밭, 밭, 감귤밭, 복숭아밭

순으로 하락률이 높았다.[83]

2) 식민지 조선의 소작쟁의와 소작 문제

앞 항에서 1930년대 중후반까지를 범위로 하여 일본의 소작쟁의 추이를 개괄적으로 살펴보았다. 하지만 식민지 조선의 소작쟁의 추이에 대해서는 이 항에서 1920년대 말까지 내용을 보다 자세히 살펴보고, 1930년대부터는 3부에서 다시 이어서 상세히 보도록 하겠다.

(1) 농민단체와 소작쟁의의 발달

일제하 농민들은 처음에는 농민과 도시 노동자를 함께 조직화하여 정치적 목표를 달성하고자 했다. 즉 민족주의 또는 사회주의 계열의 조직 내에서 새로운 소속감과 연대감을 찾고자 했다. 한말과 식민지기 초기에도 소작회·소작인회 등의 단체가 있었으나, 주체적인 농민조직은 3·1운동 이후 계급의식이 성장하여 농민운동이 대두하면서 본격적으로 생겨났다. 1920년대에 농민들은 리(里)·면(面) 단위의 소작인조합, 소작조합, 농민공제회, 작인동맹 등의 농민단체를 결성했다. 특히 사회주의 이념이 노농계급의 세계관이자 반제국주의 이론으로 널리 전파·수용되면서, 사회주의 계열 조직이 농민들을 보다 적극적·효과적으로 조직화했다.

먼저 1920년에 조직된 '조선노동공제회'는 민족주의와 사회주의 계열의 인사가 함께 노동자와 소작농민 등 무산계급의 권익을 옹호하기 위해 설립한 단체였다. 조선노동공제회는 그 목적 달성을 위해 전국에 지회를 조직하고 노농운동을 전개했다. 특히 소작농민을 위해서는 산하에 농민부(소작부)를 조직하

---

83 위의 책, 39~40쪽.

고, 1922년 4월 소작인운동을 전개할 것을 선언하고 소작인들의 단결과 궐기를 호소하는 '조선공제회의 선언'을 발표하는 등 소작운동·농민운동의 지침을 제시했다. 1920년대 초 전국의 농민운동은 직간접적으로 조선노동공제회의 지침에 따라 그 회원들의 지도 아래 전개된 것이 많았다.[84] 그리고 1924년 사회주의자들에 의해 '조선노농총동맹'이 결성되고, 이듬해에 조선공산당이 창당되었으며, 조선노농총동맹이 1927년 '조선농민총동맹'과 '조선노동총동맹'으로 발전적으로 분리되어 조선농민총동맹이 소작농과 자작농을 포함하는 보다 포괄적인 조직으로 성장했다. 하지만 조선농민총동맹은 일제의 탄압으로 제 역할을 하지 못하고, 농민운동은 각지 농민조합을 중심으로 신간회 지방지회 등과 연계하여 전개되었다.

농민단체의 증감 상황을 〈표 1-24〉를 통해 보면, 1926~1928년간 전체 농민조직의 수는 119개에서 307개로 증가했고 1930년에는 그 수가 943개에 달했다. 농민조직의 증가로 1920년대 농민운동은 개별 농민들의 운동보다는 여러 농민조직들에 의한 반제민족해방운동으로 발전해 나갔다. 1930년대 초까지 지속된 이런 경향은 그 후 급진적인 조직들이 혁명적 농민조합운동으로 관심을 돌리는 한편, 조선소작조정령과 조선농지령 등 조선총독부의 새로운 소작정책

---

84 1920년 4월에 창립된 조선노동공제회는 우리나라 최초의 전국적 규모의 근대 노동단체였다. 조선노동공제회는 당시 민족 문제와 노동 문제에 대처하기 위해 민족주의자 및 사회주의자 지식인들과 노동자 대표들이 합작하여 결성했다. 서울 본회 외에도 전국에 46개 지회를 설립하고 6만 2,000여 명의 노동자들을 회원으로 조직했다. 조선노동공제회는 1924년 4월 20일 '조선노농총동맹'에 통합되어 발전적으로 해체될 때까지 노동운동과 농민운동에서 큰 업적을 일궈냈다. 지회별로 소작인조합, 소작인회, 소작인연합회 등을 조직하고, 소작노동자대회, 농민대회 등을 개최하여 소작인운동을 전개했다. 신용하, 「조선노동공제회의 창립과 노동운동」, 『사회와 역사』 3, 한국사회사학회, 1986, 71·196~198쪽.

(단위: 개)

연도	농민단체 수
1926	119
1927	160
1928	307
1929	564
1930	943

* 출전: 金正明 編, 『朝鮮獨立運動』 V, 原書房, 1967, 410쪽(지수걸, 앞의 논문, 1984, 121쪽에서 재인용).

내에서 일부 농민들이 지주들과 개별 투쟁을 전개해 나가면서 변화했다.[85]

식민지기의 농민운동은 주로 지주에 대한 소작쟁의로 전개되면서 계급투쟁의 형태를 띠었다. 특히 집단적인 소작쟁의가 다수 발생한 시기는 1920년대부터 1930년대 초까지였다. 이 시기 소작쟁의의 전개 양상은 소작료 인하와 소작권 이동 반대 등 경제권익 투쟁에서 정치투쟁으로, 시위에서 폭동 형태로 점차 변해갔다.[86]

식민지기 소작쟁의는 발생 빈도와 참여자 수의 증가로 볼 때 주된 농민운

---

85 김용섭, 앞의 논문, 1991, 279~283쪽; 김용섭, 앞의 책, 2000, 411~413쪽; 김용달, 「不二西鮮農場 소작쟁의 조사보고」, 『한국근현대사연구』 25, 한국근현대사학회, 2003, 653쪽; 김용달, 앞의 논문, 2007, 275~276쪽; 김동노, 「일제시대 식민지 근대화와 농민운동의 전환」, 『한국사회학』 41-1, 한국사회학회, 2007a, 211~215쪽; 이윤갑, 『일제강점기 조선총독부의 소작정책 연구』, 지식산업사, 2013, 111~137쪽; 정연태, 앞의 책, 2014, 216·238·282쪽. 한편 지주들도 경제적 이익을 극대화하기 위해 조직을 결성했다. 1910년대 초에 조선총독부는 일정 규모의 토지를 소유한 지주들이 참여할 수 있는 준정부 농업조직들을 만들었다. 이후 지주의 조직화가 강화되면서 1910년대 말에는 각지에 100개 이상의 지주조직이 존재하게 된다. 산미증식계획이 농업정책의 주요 목표가 된 1920년대에 총독부는 지주조직과 강력한 결합을 이루었고, 1926년 조선농회가 관제 조직으로서 각종 농업단체를 흡수·병합하여 설립되었다.

86 김용달, 앞의 논문, 2003, 653쪽; 김동노, 앞의 논문, 2007a, 194·200~202쪽.

〈표 1-25〉 식민지 조선의 소작쟁의 발생 건수 및 참가 인원(1920~1930)

(단위: 건, 명)

연도	쟁의 건수	참가 인원	참가 인원 내역			쟁의 건당 평균 인원
			지주	관리자	소작인	
1920	(15)	(4,040)				(269)
1921	(27)	(2,967)				(109.9)
1922	(24)	(2,539)				(105.8)
1923	(176)	(9,063)				(51.5)
1924	(164)	(6,929)				(42.3)
1925	204(11)	4,002(2,646)				19.6(240.5)
1926	198(17)	2,745(2,118)				13.9(124.6)
1927	275(22)	3,973(3,285)	209(5.3)		3,764(94.7)	14.4(149.3)
1928	1,590(30)	4,863(3,572)	672(13.8)		4,191(86.2)	3.1(119.1)
1929	423(36)	5,419(2,620)	382(7.0)		5,037(93.0)	12.8(72.8)
1930	726(93)	13,012(10,037)	860(6.6)		12,152(93.4)	17.9(107.9)

* 출전: 朝鮮總督府 警務局, 『最近に於ける朝鮮治安状況』, 1934, 156~158·190~192쪽; 滿洲國 軍事部, 『滿洲共産匪研究』, 1937, 540~541쪽; 朝鮮總督府 農林局, 『朝鮮小作年報』 1~2, 1937~1938, 11~12·34~35쪽(淺田喬二, 「항일농민운동의 일반적 전개 과정」, 淺田喬二 외, 『항일농민운동연구』, 동녘, 1984, 31쪽; 김선미, 앞의 논문, 1988, 48쪽; 이우재, 『한국농민운동사연구』, 한울, 1991, 38쪽; 이경희, 「1930년대 소작쟁의 연구」, 충남대 대학원 석사논문, 1991, 41~42쪽에서 재인용); 李如星·金世鎔, 『數字朝鮮研究』 4, 世光社, 1933, 86~87쪽; 朝鮮總督府 農林局, 「朝鮮小作令制定ヲ必要トスル理由」, 앞의 책, 1936; 朝鮮總督府 農林局, 『朝鮮農地年報』 1, 1940, 26~28쪽.
* 쟁의 건수와 참가 인원의 괄호 밖 수치는 조선총독부 농림국(이전의 식산국), 괄호 안 수치는 경무국 통계에 의거했다. 농림국 통계는 소작조정 사건 등 개별 쟁의를 포함한 것이며, 경무국 통계는 대규모의 경찰이 동원되어 단속 대상이 된 사건만을 포함한 것이다.
* 1925년 이전은 식산국의 별도 조사가 없었으므로 경무국 조사에 의거했다.

동으로서 그 중요성을 더해가고 있었다. 〈표 1-25〉와 같이 소작쟁의의 발생 횟수는 1920년대부터 대체로 증가했다. 대규모 소작쟁의로서 경무국의 단속 대상이 된 사례들만 통계로 보면, 1920년에는 건수 15건, 참가 인원 4,040명이었으나, 1924년에는 쟁의 건수 164건, 참가 인원 6,929명으로 확대되었다. 탄압으로 인해 1925년에 쟁의 건수 11건, 참가 인원 2,646명으로 줄어들고, 1926년에는 17건, 2,118명으로 더욱 줄어들었다. 그러다 1927년부터 쟁의 건수와 참가 인원이 점차 증가하여, 1930년에는 쟁의 건수 93건, 참가 인원 1만 37명에 달했다. 전례

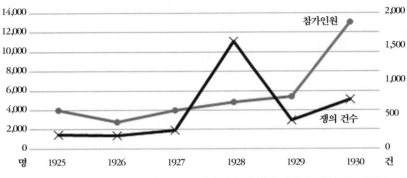

〈그림 1-10〉 식민지 조선의 소작쟁의 발생 건수 및 참가 인원 추이(1925~1930)

없는 최다수 인원이 참여한 것이다. 한편 농림국(이전의 식산국) 조사 수치는 비교적 작은 쟁의까지 모두 합친 것이므로 실제에 더 가깝다고 할 수 있다. 농림국 통계의 추이를 나타낸 〈그림 1-10〉과 함께 보면, 소작쟁의는 1920년대 중반에 증가하다가 특히 1928년에 1,590건으로 절정을 이루었으며,[87] 1920년대 말에도 증가 경향을 보였다. 쟁의 참가 인원은 1920년대 중반부터 말까지 대체로 증가하는 추세였고, 1929년 대공황 이후 급증했다.[88]

(2) 소작쟁의는 왜 일어났는가?

식민지기 농민들은 소작쟁의를 통해 정치적·경제적인 요구를 표출했는데, 그 요구란 주로 소작권 보장, 소작료 인하, 지세(地稅) 및 수세(水稅, 농업용수의 사용

---

87 1928년 식산국의 소작쟁의 발생 건수 통계는 전후에 비해 너무 급증한 숫자여서, 이 통계 수치를 신뢰하기 어렵다는 학계 분석도 있다.

88 朝鮮總督府 官房文書課, 『朝鮮の群衆』, 1926, 15·17·45쪽; 李如星·金世鎔, 앞의 책, 1933, 88~89쪽; 朝鮮農會, 앞의 책, 1944a, 525~526쪽; 김동노, 「반농반노」, 『현상과 인식』 103, 한국인문사회과학회, 2007b, 15~16쪽.

요금) 등 부담의 전가 금지 등이었다.

1920년대 전반기의 농민운동은 ① 합법적 단체인 소작인조합 지도하의 소작쟁의를 중심으로 전개되었다. ② 소작쟁의는 대지주 밀집 지역, 그중에서도 일본인 지주가 많은 삼남 지역에서 격렬하게 일어났다. ③ 1923년을 분기점으로 소작료 관계 투쟁에서 소작권 관계 투쟁, 곧 토지 투쟁으로 질적 전환을 이루었다. ④ 낮은 수준이나마 농민운동과 노동운동의 연계가 이루어졌다. ⑤ 단순한 경제투쟁이 아니라 정치투쟁적인 성격을 띠고 전개되었다.

이후 1920년대 후반기가 되면 ① 소작인조합은 농민 대중조직인 농민조합으로 확대되었다. ② 소작쟁의 발생 지역도 전국으로 확산되었다. ③ 소작권 관계 투쟁이 중심이 되었다. ④ 노동운동과 연대가 강화되었다. ⑤ 농민운동의 정치적 성격, 곧 민족해방운동적 성격이 고조되었다.

특히 식민지 조선에서 소작쟁의의 주된 원인은 일찍이 1920년대 초반부터 소작료에서 소작권으로 변화하는 양상을 띠었는데, 이는 농민들의 경제조건이 급격히 악화되었음을 의미한다. 소작쟁의의 원인별 건수를 통해 쟁의의 동기가 어느 점에 치중되어 있었는지를 살펴보면 〈표 1-26〉과 같다. 1920년대 초반에는 자연재해로 인한 흉작으로 인해 생계유지를 위한 소작료 관련 쟁의가 상대적으로 많이 일어났다.[89] 그러나 이와 달리 1920년대 중반부터는 빈번한 소작농 교체로 농민들의 생존 자체가 위협받으면서 소작료 쟁의가 확연히 줄고 소작권 관련 쟁의가 늘어났다. 사실 소작권 문제는 1920년대 초반의 몇

---

[89] 1920년대 초에 일어난 대표적인 소작쟁의 사례인 암태도 소작쟁의처럼, 조선의 식민지화 이후 점점 더 가혹해진 지주의 소작료 수취에서 비롯된 소작쟁의가 많았다. 당시 지주들은 일반적으로 수확의 5할 정도의 소작료를 수취했는데, 암태도 지역 지주의 소작료 수취는 6할에서 8할 정도로 가혹했다. 박찬승, 「1924년 암태도 소작쟁의의 전개 과정」, 『한국근현대사연구』 54, 한국근현대사학회, 2010, 166~167쪽.

<표 1-26> 식민지 조선의 소작쟁의 원인별 건수(1920~1926)

(단위: 건)

	1920	1921	1922	1923	1924	1925	1926	계
소작권 이동 반대	1	4	8	117	126	1	4	261
소작료 인하 요구	6	9	5	30	22	5	4	81
지세·공과 지주 부담 요구	3	2	2	11	5	-	1	24
소작권 반환 소송	-	-	1	-	-	-	-	1
부당 소작료 반환 요구	1	1	-	1	2	-	-	5
소작료 운반 관계	1	-	-	2	-	-	-	3
지주와의 악감	1	2	1	-	-	1	-	5
사정(査定)에 대한 불평	1	6	1	6	2	-	6	22
지세 반환 요구	-	-	-	2	-	-	-	2
기타	2	3	6	7	7	4	2	31
계	16	27	24	176	164	11	17	435

* 출전: 朝鮮總督府 官房文書課, 앞의 책, 1926, 18~19쪽; 李如星·金世鎔, 앞의 책, 1933, 93~94쪽.
* 조선총독부 경무국 통계에 의거했다.

해와 1930년대 초를 제외하고는 전 시기에 걸쳐 소작쟁의의 주된 원인이었다. 1920~1926년간 소작권 이동에 반대하는 소작쟁의가 261건으로 가장 많았고, 다음으로 소작료 인하 요구가 81건으로 많았다. 규모별로 보면, 대규모의 집단적 소작쟁의는 주로 소작료 문제를 둘러싼 쟁의였으며, 소작권 문제를 둘러싼 쟁의는 대개 소규모의 개별적인 쟁의 형태로 전개되었다.[90]

---

90 朝鮮總督府 官房文書課, 앞의 책, 1926, 20쪽; 李如星·金世鎔, 앞의 책, 1933, 93~94쪽; 淺田喬二, 『日本帝國主義下の民族革命運動』, 未來社, 1973; 김동노, 앞의 논문, 2007a, 204~206쪽; 김동노, 앞의 논문, 2007b, 16쪽.

2. 일본과 식민지 조선의 소작관행과 소작 문제[91]

1) 소작 개념과 민법 및 관행

일본에서 '소작(小作)'이라는 개념은 전통사회의 중층적인 토지에 대한 권리들이 근대적인 토지의 사적 소유권을 위주로 위계적으로 재편되면서 탄생했다. 일본의 『대한화사전(大漢和辭典)』에 따르면, '소작'은 차지료(借地料)를 지불하고 타인의 논밭을 경작하는 것으로, 예전에는 부작(不作), 청작(請作), 입작(入作), 사작(卸作), 정작(掟作) 등으로 불리던 것이었다. 일본의 소작 개념은 서구 자본주의사회에서 통용되던 개념의 등가물을 자기 사회에서 찾아 대응시키면서 창출되었다.[92]

근대적 소유권 개념이 성립되기 이전에 일본에서는 현실적인 토지지배와 관련된 '소지(所持)'가 중요한 개념이었다. 그중에서도 타인의 소유지에 대한 '영소작(永小作)'은 개간, 토지개량, 장기(長期)소작 등을 통해 영구적인 경작권을 승인받은 경우로, 이러한 사례가 전국적으로 많았다. 영소작권은 소작인이 매매할 수도 있는 토지소유에 가까운 강력한 권리였다.

그런데 메이지 정부는 재정기반을 강화하기 위해 지조개정을 실시하면서 납세의무자인 토지소유권자를 확보하고자 1875년 종전의 영소작관계를 모두 해소하기로 했다. 그에 따라 영소작인이 지주와 협의하여 소유권을 매입하는 등의 방법으로 토지소유자가 되는 경우 외에는 영소작인을 모두 보통소작인으로 취급하게 되었다. 즉 영소작인이 토지를 영구적으로 경작해온 권리는 인

---

91 이 절의 내용 일부는 필자가 「일본과 식민지 조선의 지주제와 소작 문제 비교」, 『한국근현대사연구』 99, 한국근현대사학회, 2021, 131~143쪽에 발표한 것이다.

92 김인수, 「식민지 조선에서의 '소작' 개념의 정치」, 『석당논총』 67, 동아대 석당학술원, 2017, 266~268쪽.

정되지 않고, 소유권을 취득할 수 있는 경우 외에 소유권과도 유사했던 영소작권은 보통소작 또는 연기(年期)소작(기한이 정해진 소작) 등 채권적인 토지이용의 지위만을 인정받았다. 대체로 토지의 각 필지에 단일 소유권자를 확정하는 '일지일주(一地一主)'의 원칙을 취한 것으로, 중층적인 토지지배를 해소하고 근대적인 소유권을 확립하기 위한 것이었다. 이러한 방침은 지조 수입의 확보라는 측면에서는 효율적인 방법이었지만, 영소작권을 둘러싼 분쟁이 각지에서 발생하는 결과를 낳았다.[93]

한편 식민당국은 식민지 조선에도 메이지시대 일본에서 만들어진 '소작' 개념을 이식하고, 이 개념 범주에 따라 기존의 토지관습을 조사·분류·기입했다. 이 과정에서 전통사회의 이질적인 여러 토지 임차에 대한 권리들이 소작이라는 개념으로 균질화되었다. 그리고 지주적 토지소유권을 위주로 소작관계를 법제화한 '메이지민법'에서 설정한 영소작권 및 채권적 임대차 규정이 식민지 조선의 사회 속에서 전통적인 관행을 밀어내고 새로운 관행으로 구축되어 갔다.[94]

1898년 일본에서 시행된 메이지민법의 토지법제는 자본주의의 육성을 위한 것이었다. 그 특징은 일본 자본주의가 형성되면서 성립된 지주적 토지소유를 공인하고, 이것을 자본주의체제의 구조적 일환으로 위치시키는 것이었다. 메이지민법은 자본주의적 재생산을 확보하기 위한 법제였기 때문에, 근대적인 형태를 취했다. 그 결과 지주소작관계는 권리·의무의 형태로 표현되었고, 소작인의 토지지배권은 토지소유권과는 다른 범주의 용익권(用益權)으로 규정

---

93 農商務省 農務局, 『永小作に關する調査』 1, 帝國農會, 1924, 38~39·95~96·176쪽; 農商務省 農務局, 『永小作に關する調査』 2, 帝國農會, 1924, 7·28·43쪽; 김병선, 「일본 메이지민법의 입법이유」, 『민사법학』 60, 한국민사법학회, 2012, 469~471쪽.

94 김인수, 앞의 논문, 2017, 273~274쪽.

되었다. 일본 민법하에 물권, 채권, 소작 해제, 임차료 등의 근대법적 권리·의무와 관련된 개념들이 지주의 우위하에 동원되었다.

그러나 이러한 근대적인 법 형태가 적용될 현실관계에는 비자본주의적인 인격적 지배종속관계가 포함되어 있었으므로, 이로부터 일본 민법은 형태와 내용의 괴리를 필연적으로 내포하고 있었다. 이런 경우 지주 지위의 우월성을 인정한다는 정책 의도가 관철되어, 관행상 이익 범위가 애매할 때는 대체로 지주에게 유리하고 소작인에게 가혹하게 민법이 작동되었다. 예를 들어 당시에는 일반적으로 소작기간을 정하지 않는 것이 사회통념이었는데, 이러한 부정기(不定期) 계약에서 임대인의 해약의 자유나 소작료에 관련된 규정이 지주에게 유리한 성격을 띠고 있었다. 또한 일본 민법은 기본사항을 법외적 질서에 맡기기도 했다. 예를 들어, 민법의 소작료 감면 규정(제609조에서 불가항력으로 인해 소작료보다 적은 수익을 얻었을 때 그 수익에 이르기까지 소작료의 감액을 청구할 수 있도록 함) 은 지주의 '도덕'에 의한 소작료 감면을 기대했고, 그것이 실현되지 못할 경우 소작인에게는 부득이한 내용으로 되어 있었다. 일본 정부의 토지법제는 지주의 소작인에 대한 지배를 강화하고 지주의 소작료 수취를 보장하는 방향으로 제정·시행되었다.[95]

그렇다면 식민지 조선에 의용(依用, 다른 나라의 법령을 그대로 적용)되었던 일본 민법[96]의 소작 관련 규정을 그 이전의 소작관행 규범과 대비하여, 일본 민법이 어떻게 적용되어 소작조건을 악화시켰는지 살펴보도록 하자.[97]

---

95 川口由彦, 앞의 책, 1990, 4~6·9~15쪽; 川口由彦, 「小作調停法の法イデオロギー」, 『法社會學』 44, 日本法社會學會, 1992, 228~230쪽.

96 '조선민사령' 제1조에 의해 1912년부터 1959년까지 한국에 적용된 일본 민법이다.

97 이하 朝鮮總督府, 「小作令案(第1稿)」, 1929; 野村調太郎, 「朝鮮に於ける小作の法律關係」, 『司法協會雜誌』 8-5~9·11, 1929; 朝鮮農會, 『朝鮮の小作慣行』, 1930; 朝鮮總督府, 『朝鮮法令

① 소작 성질 및 기간: 의용민법은 보통소작에 대해 임대차 관계법을 적용했다. 여기서 소작의 존속 기간은 20년을 초과할 수 없도록 하고, 이를 초과할 때는 20년으로 단축하도록 했다(제604조). 그러나 소작의 최소 기간에 대해서는 아무런 제한을 두지 않고 당사자의 자유에 맡겼다. 또한 소작농민은 지주의 허가 없이는 자유로이 소작권을 전대(轉貸, 빌린 것을 다시 다른 사람에게 빌려줌)·양도(讓渡)·저당(抵當)할 수 없고(제612조), 지주가 교체되는 경우 새 지주에게 소작권을 주장할 수 없었다. 단, 임대차 등기가 된 경우 소작권은 제3자에 대한 대항력을 가졌다(제605조). 그러나 지주의 협력 없이 등기는 불가능했고, 특별한 사유가 없는 한 지주는 등기를 허용하지 않았기 때문에 소작농민은 사실상 소작권을 제3자에게 주장하기 어려웠다.

이와 관련하여 소작관행 규범에서도 소작권이 물권으로 성립되어 있던 것은 아니었다. 소작권은 지주의 소유권에 종속된 채권에 불과했다. 소작권은 지주의 허락 없이는 자유로이 전대·양도·처분될 수 없었다. 또 소작권은 그대로는 제3자에게 대항할 수 없었다. 소작의 성질에서는 의용민법과 관행 규범이 기본적으로 일치했다고 할 수 있다. 그러나 관행 규범상으로는 '소작료 태납(怠納)'이나 '과실(過失)'이 없다는 전제조건만 충족하면 계속 소작할 수 있었는데, 소작기간의 측면에서 의용민법은 관행에 비해 소작권의 안정성을 오히려 떨어뜨렸다.

② 소작계약의 갱신과 해제(계약의 소급 소멸)·해지(장래 계약의 소멸): 의용민법에서는 소작농민이 소작기간 완료 후에도 계속 경작하는데 지주가 이를 알고

___

輯覽 第15輯: 民事·刑事·監獄』, 1940; 久間健一, 「農地令第16條と民法第609條」, 「小作料減免制度の展開」 『朝鮮農政の課題』, 成美堂書店, 1943 등 참고(정연태, 앞의 책, 2014, 154~163쪽에서 재인용).

도 이의를 제기하지 않으면 종전과 동일한 조건으로 계약하는 것으로 추정하도록 했다(제619조). 하지만 계속 경작하는 도중에 지주가 일방적으로 소작계약을 취소하거나 그 조건을 변경할 경우, 소작농민이 지주의 이런 처사에 대항하기란 쉽지 않았다. 또한 의용민법에 따르면, 부정기 소작에서는 수확 이후 다음 경작 착수 이전에 소작계약의 해지를 신청해야 했다(제617조). 그러나 소작농민이 계약이나 소작지의 성질에 따라 정해진 용법을 어기면서 소작지를 사용한 경우(제594조), 지주의 승인 없이 소작지를 전대하거나 소작권을 양도한 경우(제612조), 소작농민이 파산한 경우(제621조)에는 지주가 언제라도 소작계약을 해제할 수 있었다. 소작농민도 소작지의 일부가 자신의 과실이 아닌 사유로 멸실(滅失)된 경우(제611조 2항), 불가항력으로 인해 2년 이상 소작료보다 적은 수익을 거둔 경우(제610조)에는 소작 해제를 신청할 수 있었다. 이러한 조항은 지주의 소작 해제·해지 권리를 제도적으로 보장하는 것이었다.

이와 관련하여 소작관행 규범에서도 원칙적으로는 소작계약 해지가 지주의 '의지'로 가능했다. 특히 수확기가 아닌 동지(冬至)에서 춘분(春分) 사이에는 언제든지 소작 해지가 허용되었다. 이렇게만 보면 소작계약 해지 관행이 의용민법의 관련 규정과 유사한 것처럼 보이나, 실제 관행상으로는 소작농민이 소작료를 태납하거나 특별한 과실을 범하지 않는 한 소작계약이 해지되는 경우는 드물었다. 반면에 의용민법에서는 지주가 법적 근거를 토대로 소작농민에게 각종 의무 조항을 강요하고, 이를 이행하지 않으면 심지어 수확기에라도 계약을 해지할 수 있었다. 따라서 소작의 안정성은 관행보다 의용민법하에서 사실상 더 취약했다.

③ 소작료 감면 청구권과 선취특권(先取特權)[98]: 의용민법은 소작농민에게 감

---

98 법률이 정한 특수 채권을 가진 자가 다른 채권자보다 먼저 채무자의 재산에서 채권을 변제

면 청구권을 형성권(形成權)[99]의 일종으로 인정했다. 그리하여 소작농민은 지주의 의사와 관계없이 소작료 감면을 청구할 수 있었다. 하지만 이때의 감면 청구권은 "불가항력으로 인해 소작료보다 적은 수익을 얻었을 때 그 수익에 이르기까지 소작료의 감액을 청구할 수"(제609조) 있는 것에 지나지 않았다. 여기서 '수익' 규정에 대한 법률 해석은 1934년에 조선농지령이 시행되고 1936년에 고등법원의 새로운 판례가 나오기 이전까지 '순수익'이 아닌 '조수익(粗收益, 총생산액)'이었다. 이처럼 소작료 감면 청구권은 지주의 토지 투하 자본에 대한 이윤을 우선적으로 보장하는 것을 전제로 하고, 소작농민의 노동에 대한 보수는 무시한 지주 본위의 감면제도였다. 더욱이 지주에게는 소작농민의 동산·수확물에 대한 선취특권이 부여되었다. 이는 소작농민이 부채로 수확물을 압류당하는 경우 지주가 소작료를 우선 변제받을 수 있도록 한 권리로, 소작료의 안정적 확보를 제도적으로 보장한 것이었다. 의용민법에서 선취특권을 설정한 것은 상품화폐경제의 발전과 금융기관의 발달로 수확물마저 저당 잡히는 경우가 늘어날 것에 대비하여, 지주의 소작료 확보를 보장하기 위한 것이었다.

그러나 소작관행 규범에서는 흉년 시 소작인이 소작료 감면 요청을 하면 지주가 '덕의상(德義上)' 또는 '정의상(情義上)' 그 정도를 결정하여 감면해주는 것이 보통이었다. 한편 선취특권은 조세·공과와 횡령의 추징과 관련해서는 관행상 인정되고 있었지만, 소작료 수취에 대해서는 선취특권에서 후순위에 해당하는 특별 선취특권만 인정된 듯하다.

④ 소작지 경작방식과 소작료의 품질: 의용민법은 소작농민이 소작계약 또

(辨濟)받을 수 있던 권리.

99 일방의 행위로 다른 일방의 의사와 관계없이 권리의 창설, 변경, 소멸, 기타 법률상의 효력을 발생할 수 있는 권리.

는 토지의 성질에 따라 정해진 방식으로 경작하도록 했다(제616조, 제594조 1항). 아울러 지주에게 소작계약을 통하거나 소작농민의 동의를 얻어 현물 소작료의 품질을 지정할 수 있는 권한을 부여했다(제401조). 이를 통해 지주는 작물의 종류·품종은 물론 경운(耕耘)·시비(施肥)·제초(除草)와 소작료 품질·조제(調製)·포장까지 개입·간섭할 수 있었다.

반면 소작관행 규범에서는 소작농민의 생산방식과 소작료 품질에 대해 간섭하는 지주는 별로 없었다. 의용민법과 같은 지주의 개입과 간섭은 러일전쟁 후 일제의 농업 식민화가 본격화되고 식민지지주제가 형성됨에 따라 나타나기 시작했다. 이는 조선쌀의 대일 수이출을 촉진하고, 쌀의 상품성을 높이기 위해 일본 본국의 메이지농법을 이식·보급하며 조선쌀의 품종을 일본 품종으로 바꾸려던 식민지 일본인 지주들의 이해와 맞아떨어졌다. 동양척식주식회사 등 일본인 대지주들은 앞장서서 지주의 개입을 강화하는 내용을 소작계약에 명시하기 시작했다. 결국 의용민법은 이처럼 이식된 새로운 관행을 제도적으로 뒷받침했다.

⑤ 소작료 운반: 의용민법에 따르면 특별한 의사 표시가 없는 경우 소작지에서 소작료를 납입할 수 있고 아니면 지주가 거주하고 있는 곳까지 운반해서 납입해야 했다(제484조). 소작료 납입 장소까지의 운반 부담은 결국 소작농민에게 전가되는 셈이었다.

그러나 소작관행 규범에서 소작료 운반 부담은 소작료 납입 장소로부터 소작지까지의 거리에 따라 달랐다. 소작료 납입 장소는 일반적으로 지주나 마름[舍音]의 집이거나 지정된 창고였다. 소작지로부터 그 장소까지의 거리가 대략 10리(약 4km) 이내일 때는 소작농민이 책임지고 소작료를 운반해야 했다. 반면에 그 이상의 거리를 운반하게 될 때는 지주가 소작농민에게 운반비 명목으로 별도 보상을 했다. 따라서 소작료 납입 장소까지의 운반 부담을 일방적으로 소작농민에게 전가할 수 있게 한 의용민법은 관행보다도 지주의 이해를 일방적으로 대변하는 것이었다.

⑥ 필요비(必要費)[100]와 유익비(有益費)[101]의 부담: 의용민법에서는 소작농민이 지주의 부담에 속하는 필요비, 곧 소작지의 유지와 보수에 필요한 비용[조세·공과와 수선비(修繕費) 등]을 지출했을 때 지주에게 그 상환을 청구할 수 있었다(제608조 1항). 또 지주는 소작지의 사용과 수익에 필요한 수선을 할 의무가 있었다(제606조 1항). 그리고 소작농민은 직접 비용을 지출하여 소작지를 개량해서 소작지 가격의 증가 효과를 발생시킬 경우, 소작지 반환 시 소작지 개량에 소요된 비용, 곧 유익비의 상환을 청구할 수 있었다(제608조 2항). 그러나 유익비의 경우에는 다소 애매한 측면이 있어, 구체적으로 무엇이 유익비인지 또 토지개량으로 인해 발생한 소작지 가격의 증가액이 과연 어느 정도인지 등을 판단·산출하기가 매우 어려웠다. 다른 한편으로는 소작농민에게 소작지를 원상복구시킬 의무를 지우기도 했다. 즉 소작농민은 소작지를 반환할 때 이를 원 상태로 복구하고, 여기에 부속한 작물이나 공작물을 수거해야 했다(제598조). 의용민법에서는 소작농민의 소작지 매수(買收) 청구권을 인정하지 않았기 때문에 결국 소작농민은 유익비를 상환받기 힘들었다. 의용민법에 소작농민이 소작기간 중 농사개량을 위해 투자한 비용을 회수할 수 있는 법적 장치는 없었다.

이와 관련하여 소작관행 규범을 보면, 소작료의 징수 방법에 따라 지세 등 필요비 부담 의무가 달랐다. 주로 북부 지방의 관행이던 타조법(打租法)[102]에서는 일반적으로 수확량을 반분하는 대신 지주가 지세·수세·종자 등을 부담했

---

100 물건을 보존하고 관리하기 위해 필요한 비용.

101 물건의 가치를 증가시키는 데 지출하는 비용.

102 수확량의 비율을 정해놓고 소작료를 거두어들이던 소작제도.

다. 반면 경상도 일부 지역과 전라도의 관행이던 집조법(執租法)[103]에서는 보통 소작농민이 예상 수확고의 2/3 내지 3/4을 취하는 대신 지세·종자·비료 등을 부담했다. 따라서 조세·공과의 지주 부담 원칙을 취한 의용민법은 남부 지방의 관행과는 충돌했다. 또한 수선비 부담 관행은 수선 규모에 따라 달랐다. 큰 규모의 수선은 지주가 부담하지만, 작은 규모의 수선은 소작농민이 부담하는 것이 일반적이었다. 그러나 타인의 노동력을 고용하거나 금전을 지출해서 재료를 구입하는 경우는 모두 지주 부담으로 했다. 한편 유익비나 소작지 매수 청구권과 관련된 관행은 없었던 것으로 보인다.

이상과 같이 볼 때, 의용민법은 물론 소작관행 규범의 기조도 토지소유권을 위주로 하고 있었다고 할 수 있다. 그러나 의용민법과 관행 규범에는 커다란 간극이 있었다. 첫째, 관행 규범에서는 소작권이 지주의 소유권에 종속되어 있음에도 어느 정도 안정성을 유지하고 있었다. 하지만 의용민법에서는 소유권은 법적으로 보호되고 절대적으로 강화된 반면 소작권은 별로 보호되지 않았다. 둘째, 관행 규범에서는 흉작 정도에 따라 소작료가 감면되고, 일정 거리 이상의 소작료 운반비는 지주와 소작농민이 분담하며, 소작농민은 농사경영을 자율적으로 수행할 수 있었다. 그리하여 소작농민 경영의 안정성과 자립성이 어느 정도 보장되었다. 하지만 의용민법에서는 지주 본위로 소작료를 감면해주고, 소작료 운반비는 사실상 소작농민에게 부담시키며, 농사 과정에서 지주의 개입과 간섭을 제도적으로 보장하는 등 지주의 이해를 주로 반영하여 소작권은 더욱 취약해졌다. 셋째, 관행 규범에서는 조세·공과의 부담과 연동하여 소작료가 결정된 반면, 의용민법은 일률적으로 지주에게 조세·공과의 부담을 지워 식민지 재정기반을 안정적으로 확보하려 했다. 이에 실제 지주들은 조

---

103 지주가 소작인을 입회시키고 벼의 수확 예상량을 협정하여 정하는 도조(賭租).

세·공과의 부담을 소작농민에게 전가하려 했고, 그에 따라 조세·공과의 부담이나 소작료 결정 방식을 둘러싼 지주와 소작농민의 갈등은 피할 수 없었다.

2) 소작계약 방식

일본에서 소작계약은 주로 구두로 이루어졌다. 1921년, 1938년 당시 소작계약은 구두계약이 전체의 7할로 대부분을 차지했고, 증서계약은 전체의 3할 정도에 불과했다. 관습적으로 구두로도 상호 간 권리가 보장될 수 있다고 생각하여 법적 보장을 위한 계약서를 작성할 필요를 느끼지 않은 것이다.[104]

식민지 조선에서도 소작계약은 대개 구두로 이루어지고 증서계약은 일부 있었을 뿐이다. 1930년 조선총독부 조사에 따르면, 소작계약 전체의 73%가 구두계약 방식이고, 증서계약은 27% 정도였다. 구두계약은 주로 북부 및 중부 지방에서 널리 행해졌고, 증서계약은 주로 남부 지방의 일본인 농장 및 지주가 주도하여 규제가 강한 계약서를 사용하면서 점차 확산했다. 증서계약은 주로 논에서 사용했다.[105]

추가로 식민지 조선에서는 특히 지주가 소작농에게 신분적·계급적인 지배를 강요하여 소작 문제가 되었다. 심지어 지주는 일반적인 소작조건 외에도 인격적인 지배 관련 조항을 소작계약 규정에 삽입하여 소작농 지배를 강화했다. 예를 들면, 소작인이 ① '배신행위'를 할 때, ② '태만'하거나 '불량'하다고 인정될 때 혹은 지주의 지시를 거부할 때, ③ 직접 또는 간접적으로 '불온'한 언동을 하거나 지주소작관계의 선량한 풍습을 파괴하는 언동을 할 때, ④ '불온'한 단

104　農林省 農務局, 앞의 책, 1938b, 1쪽; 김용덕, 앞의 논문, 1986, 135쪽; 마리우스 B. 잰슨 저, 김우영 외 역, 앞의 책, 2006b, 855쪽.

105　朝鮮總督府, 『朝鮮ノ小作慣行』 上, 1932a, 14쪽; 「貸借權確立は地主階級へ痛手」, 『大阪每日新聞』 1934년 1월 30일~2월 3일; 정연태, 앞의 책, 2014, 200쪽.

체에 가입할 때, ⑤ 지주, 관공서 등의 지도에 복종하지 않거나 '방해'하는 행위가 있을 때 등의 경우에 처벌한다는 것이었다.[106]

3) 소작권 문제

전통적으로 일본에서는 '기간'이라는 관념을 기축으로 한 '정기(定期) 임대차'와 '부정기(不定期) 임대차'의 구별이 없었고, 소작인의 토지지배 영속성을 인정하는 것이 지주와 소작인 간의 암묵적인 이해 사항이었다. 오히려 기간을 설정하는 것은 지주가 소작인에게 불신감을 갖는 경우에 한정되었다. 그런데 메이지민법은 근대법적인 '기간' 관념을 사용하여 이러한 관행을 '부정기 임대차'로 규정하고, 1년 전의 통지로 소작계약을 해약할 수 있도록 했다.[107]

일본에서는 1890년대 후반부터 민법 시행과 인구 증가에 따라 일부 소작기간을 정하기 시작했다. 양잠업 및 특용작물 재배의 보급·발달로 인해 경지가 부족해지거나, 소작쟁의로 지주와 소작인 사이의 관계가 변화하여 소작계약을 체결할 때 소작기간을 정하는 경우가 생겨났다. 이후 점점 소작기간을 정하는 경우가 증가하게 되었다.

하지만 1912년 농림성의 소작관행조사를 보면, 아직까지 일반적으로는 소작기간을 정하지 않고 소작인의 부당한 행위가 없는 한 계속 소작하게 하는 것이 보통의 관행이었다. 기간을 정하면 논밭에서는 3~5년 정도로 하는 경우가 많았고, 과수원·뽕나무밭·차밭 등 영년포(永年圃)[108]에서는 10~15년(1921년 소작관행조사에 따르면, 5~10년으로 단축됨. 단, 차밭은 10~15년) 정도로 하는 것이 보통이었다.

---

106 朝鮮總督府, 『朝鮮ノ小作慣行』下, 1932b, 91~92쪽.

107 川口由彦, 앞의 책, 1990, 12쪽.

108 영년작물 곧 몇십 년에 걸쳐 오랫동안 생육이 계속되는 작물을 재배하는 밭.

이후 소작기간은 대체로 점차 단축되는 경향을 보였다. 한편 소작기한 전에 쌍방이 아무런 통지가 없으면 소작은 이전 계약과 같이 일기간(一期間) 다시 계속된다고 보았다. 기한 만료에 따른 해약 통지는 기한 2개월 정도 전에 해서 다음 농사 준비에 지장이 없게 했다.[109]

이후 1938년 농림성의 소작사정조사를 보면, 소작계약은 논에서는 부정기 계약이 많고 정기계약이 적은 지역이 대부분이었다. 정기계약의 소작기간은 논밭에서는 3~5년, 뽕나무밭에서는 5~10년, 과수원·차밭에서는 20년으로 하는 곳이 많았다. 소작기간은 논밭과 뽕나무밭·과수원 등 영년포를 통틀어 단축되는 경향의 지역이 많았다.[110]

한편 식민지 조선에서도 부정기 소작이 많았는데, 일본과 달리 소작인이 부당한 행위를 하지 않더라도 소작계약이 해약되는 경우가 많았다. 즉 지주가 일방적으로 언제든지 해약할 수 있는 상태였다.

소작기간을 정하면 1년으로 하는 것이 통례로, 정기 소작의 70%를 넘었다. 지주는 소작인을 구하기에 별로 어려움이 없으므로, 단기간 정기 소작으로 계약하여 소작인의 변경, 소작료 인상 등 소작계약 변경을 쉽게 한 것이다. 부정기 소작에 대해서는 일본 민법(제617조)이 적용되어 "수확 계절에 있는 토지의 임대차는 그 계절 후 다음 경작에 착수하기 전에 해약을 신청해야" 했으므로, 지주는 1년 또는 2년의 단기간 정기 소작으로 계약하여 매년 또는 격년마다 계약을 갱신하는 경우가 많았다. 때문에 소작인의 지위는 매우 불안정했고, 농업 경영이 면밀히 이루어지기 어려웠다. 이에 소작권 문제를 원인으로 소작쟁의

---

109   農林省 農務局, 「大正元年小作慣行ニ關スル調査資料」, 『本邦小作慣行』, 大日本農會, 1933b, 39쪽; 農林省 農務局, 「大正10年小作慣行調査」, 앞의 책, 1933b, 34·43쪽.

110   農林省 農務局, 앞의 책, 1938b, 13·16쪽.

가 많이 발생하여 매년 쟁의의 대부분을 차지할 정도였다.

그래서 조선농지령에서는 특히 소작기간을 제한하는 규정(보통소작 3년 이상, 영년작물 재배 시 5년 이상)을 두어 부정기·단기간 소작을 통제하려 했다. 그러나 1930년대 중반의 소작권 문제를 둘러싼 소작쟁의 사례 연구 결과를 보면, 조선농지령의 소작기간 보장 규정을 준수하지 않는 지주들이 많았다. 지주가 임의로 소작권을 박탈·이동하는 사례가 조선농지령 시행 후에도 상당히 많았다.[111]

4) 소작료 문제

우선 일본에서 소작료 납부 방법은 일부는 실물로, 일부는 화폐로 납부하도록 계약을 체결하는 경우가 많았다. 화폐 소작료의 경우 연 2회 또는 4회로 분납하는 계약도 꽤 행해지고 있었다. 소작료를 분납하면 소작인은 일시에 소작료 전부를 조달할 필요가 없으므로, 수확물을 수확기에 급히 다량으로 시장에 내다 팔아 출회기[出盛期][112]에 시장의 공급 과다로 생산물 가격이 하락하는 것을 피할 수 있었다.[113]

소작료 징수 방식은 일률적이지 않고 차이가 있었으나, 정조법(定租法)[114]의 소작계약 방법이 보통 행해졌다. 일본에서 협소하게 시행되었지만 분익소작제(分益小作制)를 도입했을 때는 타조법[刈分小作] 등으로 지주와 소작인이 총수익을 절반으로 나누는 경우가 가장 많았다. 이는 일반적으로 토지생산력이 열

---

111 최은진, 「1930년대 중반 조선농지령 시행 이후의 소작쟁의」, 『한국사연구』 189, 한국사연구회, 2020, 274~277쪽.

112 물품이 시장에 나와 도는 시기.

113 河田嗣郎, 「小作制と小作法 (5)」, 『經濟論叢』 14-6, 京都帝國大學經濟學會, 1922, 994~995·1000~1005쪽.

114 소작계약 때 소작료로 미리 일정한 수량을 정하고 추수 후 분배하는 소작관행의 한 형태.

악하거나 수해(水害)·한해(旱害) 등의 재해가 잦아 사전에 수확량을 측정하기 어려운 지역에서 행해졌다. 분익소작의 경우, 지주는 소작인의 농업경영을 지휘·감독하는 한편 소작인과 함께 경영자본을 분담하는 것이 보통이었다.[115]

그리고 소작료 감액 또는 면제가 널리 행해졌는데, 계약상으로 명시되어 있지 않아도 일반 관습상 거의 당연한 일이었다. 소작료의 감면 상황을 보면, 흉작의 경우 계약상 소작료 경감을 약속하지 않았더라도 다소 경감해주는 것이 보통이었다. 부작(不作, 작황이 나쁨) 정도에 따른 소작료 감면 비율을 보면, 대체로 1~2할 수확 감소의 경우부터 소작료를 감면했다. 감수(減收, 수확 감소) 비율이 7~8할에 미치면 소작료를 면제해주는 경우가 많았다.

주목할 것은 소작료 감면을 지주 개개인이 결정하는 경우는 드물었고, 대개 정(町)·촌(村) 또는 부락(部落) 내 주요 지주들이 협의한 후에 결정했다는 것이다. 정·촌 또는 부락 내 주요 지주들이 참석한 가운데 여러 곳의 평균 수확량을 조사하여 소작료의 경감 비율을 결정하는 방식이 각지에서 행해졌다.[116]

소작료의 감면에 대해서는 일본 민법에도 규정이 있었다. 일본 민법에서 차임(借賃)의 감액 청구권은 소작과 같이 수익을 목적으로 하는 토지 임대차의 경우에 한해 이를 인정하고, 임차인이 불가항력에 의해 차임보다 적은 수익을 얻었을 때 그 수익 액수에 이르기까지 차임 감액을 청구할 수 있었다(제609조). 이 조항은 강제력은 없었으나, 임차인에게 과실(過失)이 없는 경우 그 수익상의 결손(缺損)으로부터 임차인을 보호하려는 취지에서 마련된 것이었다.[117]

---

115 河田嗣郎, 앞의 논문, 1922, 989~999쪽; 澤村康, 『小作法と自作農創定法』, 弘造社, 1927, 521~523·527~543·551쪽; 마리우스 B. 잰슨 저, 김우영 외 역, 앞의 책, 2006b, 854쪽.

116 農商務省 農務局, 「明治18年小作慣行調査抄」, 『(大正元年及明治18年)小作慣行ニ關スル調査資料』, 1924, 137쪽; 農林省 農務局, 앞의 책, 1938b, 83쪽.

117 河田嗣郎, 앞의 논문, 1922, 1006~1010쪽.

실제 소작료율의 변화를 보자. 1912년 소작관행조사에 따르면 일모작 논은 54%, 이모작 논은 57%[이작(裏作)은 전부 소작인의 소득으로 하여 비율에 더하지 않음]로 평균 56% 정도였다. 이후 1921년 소작관행조사에 따르면, 1916~1920년간 소작료율은 일모작 논 51%, 이모작 논 55%, 평균 53%로 하락했다. 1920년대 초중반부터 소작료율은 더욱 낮아지는 추이를 보였는데, 이는 지주적 토지소유의 해체 경향을 실질적으로 보여주는 지표이기도 하다. 1938년 소작사정조사에 따르면, 소작료율은 더욱 하락하여 일모작 논 46%, 이모작 논 50%, 평균 48%였다.[118]

식민지 조선에서는 현물납, 금전납, 대물납(代物納) 소작료가 있었다. 소작료 징수 방식은 정액(定額) 소작과 부정액(不定額) 소작으로 구별되었다. 대개 정액 소작은 정조, 부정액 소작은 타조와 집조로 나뉘었다.

정조는 풍흉과 관계없이 사전에 일정한 소작료액을 정하여 소작하고 그 약정 소작료를 납입하는 것이다. 정조에는 일정한 소작료를 장기간 정한 '장도지(長賭地)'와 단기간 정한 '임시정조'가 있었고, 정액 소작료가 저율인 '정면성(定免性) 정조'가 있었다. 정조는 보통 도조(賭租)·도지(賭只)·정도(定賭)·지정(支定)·정도지(定賭只) 등으로 불렸다. 소작료는 토지의 면적과 비옥도, 지금까지의 생산량과 예상 수확량으로 산정되었다. 합의를 보지 못한 경우에는 지주 측의 주장대로 결정되는 예가 흔했다. 따라서 비교적 수확량의 변화가 적고 재해가 없는 비옥한 논과 밭에서 주로 행해졌다. 논의 경우, 관개·배수가 완비된 좋은 논이 아니면 보통 이 방법을 채택하지 않았다. 소작료율은 40~60%가 지배적이었

118　帝國農會, 『小作料の減免に關する慣行調査』, 1927, 40~41쪽; 農林省 農務局, 「大正元年小作慣行ニ關スル調査資料」, 앞의 책, 1933b, 10~15·29~41·47쪽; 위의 책, 61·192·214·226~227·231쪽; 農林省 農務局, 앞의 책, 1938b, 20~21쪽; 菅野正, 앞의 논문, 1966, 75~76쪽.

고, 다른 소작료 징수 방식에 비해 더 고율인 경향을 보였다. 소작인은 종자·비료·농기구를 부담해야 했고, 세금은 지주 또는 소작인이 단독으로 내거나 함께 부담했다. 타조에 비해 소작료를 체납하게 될 가능성이 컸기 때문에 그 점에 대비하여 지주는 양도와 담보 금지, 차압 등 엄격한 계약조건을 제시했다. 하지만 지주는 생산비용, 위험과 손실을 고려할 필요가 없고 관리비도 절약할 수 있으므로 소작인의 경작에 대해 간섭하지 않았다. 이에 약간의 자산을 가진 소작농은 정조법으로 자유롭게 농업경영을 할 수 있었다. 하지만 흉년 시 소작료 감면은 쉽지 않았다. 1930년 현재 정조는 소작 형태 중 19.2%를 차지했다.

타조는 수확량을 지주와 소작인이 관습상 또는 계약상 미리 정한 비율로 나누는 것이다. 소작료의 액수를 정하지 않고 분배율만 정했다가, 소작지의 작물 수확·조제 시에 지주가 입회한 가운데 확인된 실수확량을 정해진 비율에 따라 분배했다. 타조는 보통 타작(打作)·병작(竝作)·반작(半作)·반조(半租)·반분(半分) 등으로 불렸다. 미리 정하는 소작료율은 풍흉 등에 대응하여 해마다 변동했다. 수리시설이 미비하여 생산이 불안정한 논에서는 타조법이 합리적인 관행으로 여겨졌는데, 사실상 타조는 전국 각지에서 보편적이었다. 소작료율은 보통 50%가 지배적이었으나 상승하는 경향을 보였다. 일반적으로 소작인이 종자·비료·농기구를 전담하고, 세금은 지주와 소작인이 반분하거나 지주가 전담했다. 분배율이 미리 결정되므로 소작인이 나태해질까 우려하여 지주가 종자 선택, 경작, 토지개량, 수확, 운반 등에 간섭하려고 하면서 지주의 소작인에 대한 경제외적 강제도 심해졌다. 1930년 현재 타조는 소작관행 중 가장 많은 44.4%를 차지했다.

집조는 수확 직전에 소작지 작물의 작황을 지주·소작인·소작지 관리자 등이 함께, 또는 지주 단독으로 입회·조사하여 소작료 분배율을 결정하는 것이다. 집조는 18세기 말경 타조법의 보완책으로 나온 것으로 보인다. 집조는 보통 검견(檢見)·집수(執穗)·집도(執賭)·간수(看穗)·간평(看坪) 등으로 불렸다. 집조법의 경우, 소작료율은 풍흉에 따라 변동했으며 비교적 지미(地味, 어떤 식물에 맞고 안 맞는 땅의 성질)가 양호하고 재해가 적은 지역에서 행해졌다. 검견 방법은 눈대중 [目測] 검견과 평뜨기[坪刈]**[119]** 검견이 있었는데, 농장·회사는 대개 평뜨기로 사정 (査定, 조사·심사하여 결정)했다. 집조법은 간평(看坪)**[120]**에 따라 소작료율이 결정되기 때문에 지주와 소작인 사이에 분쟁이 잦았다. 간평을 하는 주체·장소·시기 등에 따라 소작료율이 달라질 수 있고, 눈으로 대중하는 경우에는 더 부정확했기 때문이다. 소작료율은 타조와 마찬가지로 반분(半分)하는 것이 보통이었으나, 주로 지주 측이 검견하기 때문에 실납 소작료율은 수확고의 60% 이상에 달하는 경우가 많았다. 더욱이 종자·비료·농기구·세금 등을 대부분 소작인이 부담했다. 지주가 소작인의 경작에 간섭하는 정도도 정조법과 타조법의 중간 정도로 심했다. 1930년 현재 집조는 소작관행 중 28.2%를 차지했다.

논밭·원(園)별로 정조·타조·집조가 행해진 비율을 보면, 논에서는 타조 52%, 정조 32%, 집조 16% 순이었다. 밭에서는 정조 66%, 타조 38%, 집조 14% 순이었다. 원에서는 거의 정조로 했고, 타조는 드물게 있었으며, 집조는 강원도 정도에서만 행해졌다.

또한 지역별로 보면, 논의 경우 충청북도는 예로부터 정조가 많았고, 경상남북도·전라남북도는 집조가, 그 밖의 지방은 타조가 많았다. 밭의 경우 남부 지방에는 정조가 많았지만, 서북부 지방에서는 대개 타조로 소작료를 수취했다.**[121]**

---

119 한 평의 곡식을 거두어보고 전체의 수확량을 산출하는 일.

120 추수 전에 농작물의 잘되고 못됨을 현장 조사로 살펴보던 일.

121 朝鮮總督府, 『朝鮮の小作慣習』, 1929, 197·213~214쪽; 朝鮮總督府, 앞의 책, 1932a,

그 밖에 영소작이면서 동시에 분익소작(分益小作)의 성질을 가지는 것도 있었다. 예컨대 원도지(原賭地) 및 중도지(中賭地)를 들 수 있다. 원도지는 주로 평안북도 의주군(義州郡) 및 용천군(龍川郡) 일대에서 행해지던 소작으로, 그 방법은 보통의 타조법과 동일하지만 지주는 종자를 부담하고 소작인은 지세를 부담하여 그 총수익을 양자가 절반으로 나누는 것이었다. 이 경우 보통소작과 달리 소작인은 지주의 승낙을 얻지 않고 자유롭게 그 소작권을 매각하거나 담보로 하고 또는 소작지를 다른 곳에 전대할 수 있었다. 지주는 상당한 배상을 하지 않으면 소작인의 소작권을 소멸시킬 수 없었다. 또한 중도지는 주로 황해도 봉산군(鳳山郡) 및 재령군(載寧郡) 일대에서 행해지던 소작으로, 그 소작인을 '중답주(中畓主)'라고 칭하여 원도지의 경우와 같이 강력한 권리를 갖게 했다. 대부분 소작지의 총수익을 절반으로 나누는 조건으로 소작지를 제3자에게 전대할 수 있었다.[122]

조선총독부가 조사한 소작료율의 추이를 살펴보면, 1920년대에 걸쳐 소작료율은 계속 고율화했다. 1920년경의 논 소작료율은 정조법에서 49~80%, 타조법에서 50~70%, 집조법에서 47~80%까지 달하여 상당히 고율이었다. 밭 소작료율은 논 소작료율보다는 약간 저율이었으나 변동 폭이 논보다 컸다. 이후 1930년경의 논 소작료율은 정조법 58~90%, 타조법 50~79%, 집조법 50~80%에 달하며 더욱 고율이 되었다. 대개의 경우 소작료를 수확고의 50% 내외로 징수한 것

116~117·123~126·133~134쪽; 「貸借權確立は地主階級へ痛手」, 『大阪每日新聞』 1934년 1월 30일~2월 3일; 李勳求, 『朝鮮農業論』, 漢城圖書株式會社, 1935, 307쪽; 許洽, 『小作精解』, 農政研究會, 1938, 39~40·45~47쪽; 朝鮮總督府 農林局, 『朝鮮の農業』, 1942, 215쪽; 강훈덕, 「일제하 농민운동의 一研究」, 경희대 대학원 박사논문, 1989, 62쪽; 최은진, 앞의 논문, 2020, 267~280쪽; 조선총독부 편, 박찬승·김민석·최은진·양지혜 공역, 앞의 책, 2018, 381~382쪽.

122 澤村康, 앞의 책, 1927, 521~523쪽.

150 종속과 차별—식민지기 조선과 일본의 지주제 비교사

으로 되어 있어도, 조세·공과, 수세, 마름 등 소작지 관리자의 보수, 가사 노역 제공 등을 포함하면 실제는 60~70%를 넘는 것과 마찬가지였다.[123]

1930년대 이후에도 소작농이 계속 증가하여 한정된 토지에 소작농이 다수 존재하며 경쟁 상태를 이루면서, 지주가 소작인에게 고율의 소작료를 계속 강요할 수 있었다. 조선농지령이 시행되었어도 소작료를 규제하지 않았으므로, 이러한 추세는 대체로 계속된 것으로 보인다.[124]

그런데 조선총독부 조사에 따르면, 논의 소작료율은 1933년 48.6%에서 1938년 47.8%로 떨어졌고, 밭의 소작료율은 1933년 38.9%에서 1938년 37.2%로 떨어진 것으로 나타난다. 조선식산은행과 전국경제조사기관연합회 조선지부에서 조사한 소작료율의 추이는 총독부 통계보다는 고율로 나타나는데, 그런데도 1930년대 중후반에 논 소작료율이 하락한 것으로 나타난다. 이 통계를 보면, 논 소작료율은 1933년 53%, 1934년 59%에서, 조선농지령이 시행된 후 1935년 53%, 1936년 47%, 1937년 37%, 1938년 42%로 안정세를 보인 것으로 나온다. 이에 일부 선행연구는 1930년대 중후반의 소작료율 하향세가 조선농지령에 기인한 것이라고 평가하기도 했다. 나아가 이 통계를 통해 1930년대 중반부터 지주제가 정체·약화되었다고 해석하기도 했다.[125]

그러나 이러한 통계는 재고의 여지가 있다. 뒤에서 살펴보겠지만 1930년대

123 朝鮮農會, 앞의 책, 1930, 411쪽; 朝鮮總督府, 앞의 책, 1932a, 172·238~239쪽; 정연태, 앞의 논문, 1990, 259쪽; 이경희, 앞의 논문, 1991, 35~37쪽.

124 조선총독부 편, 박찬승·김민석·최은진·양지혜 공역, 앞의 책, 2018, 381쪽.

125 朝鮮殖産銀行, 『全鮮田畓賣買價格及收益調』, 1939; 全國經濟調査機關聯合會 朝鮮支部, 『朝鮮經濟年報』, 1939, 1940; 朝鮮總督府 農林局, 앞의 책, 1940, 8~9쪽; 朝鮮總督府 農林局 農村振興課, 『朝鮮經濟概況調査: 小作農家(1933~1938年)』, 1940, 20쪽; 장시원 외, 앞의 책, 1988, 146~147쪽; 신기욱, 앞의 논문, 1993, 208~209쪽; 박섭, 『한국 근대의 농업변동』, 일조각, 1997, 216~217쪽.

중반의 소작쟁의 사례 연구 결과, 조선농지령 시행을 전후해서 대지주를 비롯하여 지주가 소작료를 인상한 사례가 상당히 많았음을 확인할 수 있다. 또한 지주가 소작료 감면을 기피하고 각종 부담을 소작인에게 더 전가하여 이를 합치면 소작료는 여전히 고율인 상태였다.[126] 한편 1938년 논 소작료율을 보면, 일본은 48%, 식민지 조선은 조선총독부 통계상 47.8%, 조선식산은행 등 통계상 42%로 조선이 오히려 더 저율인 것으로 나타나는데 과연 그러했을지 의문이 든다.

이처럼 기존에 정리된 1930년대 중반 이후의 소작료율 통계는 실제 소작료 관계 쟁의 사례에서 나타난 고율의 소작료 실정과 괴리가 있고, 일본의 소작료율 추이와 비교해서도 저율로 나타나 이해되지 않는 부분이 있다. 이에 당시 소작료율에 대한 각종 통계를 보완하여 재정리하는 연구를 추후 추가로 진행할 필요가 있다. 중앙에서 집계한 몇 가지 통계에만 의존할 것이 아니라, 중앙과 지방의 여러 통계를 조사하고 대지주의 농장경영 자료 및 각지의 소작계약서 등을 분석하여 지역의 소작료율의 추이를 종합해볼 수 있다. 또한 식민당국이 전시체제기 '소작료통제령'(1939년 공포·시행) 등을 마련하며 소작료를 통제하려 하면서, 소작료율이 다소 하락한 것처럼 의도적으로 집계한 측면도 있을 수 있으므로 통계 작성 주체에 유의해야 한다. 한편 소작료율이 낮아졌다고 해서 곧바로 식민지지주제가 정체·약화되었다고 해석할 수 있는지에 대해서도 다시 생각해볼 필요가 있다. 특히 지주제의 변화와 관련하여 대지주 및 소작농가 호수, 소작지 규모 등 다른 대부분의 통계는 증가하여 소작료율의 추이와 반대의 결과로 나타난다는 점에 주목해야 한다.

---

126 최은진, 앞의 논문, 2020, 280~293쪽.

5) 소작지 관리자 문제

일본에서도 지주가 소작지와 관련된 사무를 직접 처리하지 않고 다른 이에게 위탁하여 대리하게 하는 관행이 널리 행해졌다. 일반적으로 대지주, 부재지주, 상업 및 기타 농업 외 산업을 영위하는 지주나 신사와 절 소유지에서 소작지 관리자를 두는 경우가 많았다.

소작지 관리자의 명칭은 지방별로 다양하여 보통 한 부·현에서도 그 명칭이 여러 가지가 있었다. 보통의 명칭으로는 간사[世話人], 지배인, 관리인 등이 있었고, 특수한 명칭으로는 창고 관리인[倉元], 교대[番代], 중작(中作), 담당인, 징수인[取立人], 대리인[名代人], 회계 관리인[帳元], 간수[見守] 등이 있었다.

보통 소작지 관리자의 업무는 소작증서의 작성, 소작기간의 결정, 소작료의 징수 및 검사, 소작료 감면에 대한 조사, 소작료 체납 시 처치, 소작지 순찰, 소작인 및 보증인의 선정, 지주가 부담하는 소작지 수선·개량의 감독, 소작지의 대부 또는 회수 시 입모·건물 및 기타 소작지 부수물(附隨物) 등의 평가, 조세·공과의 대납(代納) 등이었다. 또한 소작지 관리자가 지주의 가사(家事)나 재정을 돌봐주는 관행도 전국적으로 퍼져 있었다. 지방에 따라서는 소작미의 보관·판매를 알선하고 소작지 매매에 참여하는 사례도 있었다.

그러나 소작지 관리자는 다음과 같은 폐해가 있었다. 첫째, 소작지 관리자가 관리하는 토지의 소작료가 그렇지 않은 곳보다도 고율인 경우가 드물게 있었다. 그 차액은 간혹 1할에 달하기도 했으나 보통 5분 내외였다. 둘째, 소작지 관리자가 자기 지위를 이용하여 소작료 체납, 소작료 인상, 소작지 회수 등의 여러 구실로 사욕을 채우는 경우가 드물게 있었다. 셋째, 소작지 관리자가 부수입으로 소작인으로부터 금품 증여를 받는 일도 드물게 있었다. 넷째, 소작지 관리자가 소작인이 납부하는 소작료와 지주에게 납부하는 소작료 사이에서 1분 내지 5분의 차액을 두어 이를 이득으로 챙기는 경우가 간혹 있었다. 다섯째,

소작지 관리자가 고의로 지주와 소작인 사이의 소통을 방해하여 양자의 친선을 해치는 일이 예외적으로 있었다. 소작지 관리자가 이러한 과실을 범하는 사례는 각지에서 드물지만 찾아볼 수 있었다.[127]

식민지 조선에서는 마름 등 소작지 관리자 수가 계속 증가했고, 소작지 관리자 한 명이 관리하는 소작지 면적은 줄어들었다. 1930년대 중후반의 조선총독부 조사에 따르면, 신고된 전국의 소작지 관리자 수는 조선농지령이 시행된 1934년에 6만 292명(100%)이었는데, 중일전쟁 발발 전인 1936년에는 6만 8,664명(114%), 이후 1939년에도 7만 1,584명(119%)으로 증가했다.

지역별 분포를 보면, 소작지 관리자는 경기도(1939년 기준 전국 소작지 관리자 수의 24.0%), 충청남도(13.4%), 전라남도(11.3%), 전라북도(10.2%), 경상남도(10.0%), 경상북도(9.3%), 황해도(8.1%), 충청북도(6.3%) 순으로 집중되어 있었다. 특히 북부 지방(강원·황해·평남·평북·함남·함북)에는 소작지 관리자가 1934년에 전국 소작지 관리자 수의 16.5%, 1939년에는 15.5% 있어, 남부 지방(경기·충북·충남·전북·전남·경북·경남)의 1/5 이하였다. 경지면적이 넓고 대지주·부재지주 비율이 높은 남부 지방은 많은 소작지 관리자가 필요했지만, 북부 지방은 상대적으로 자작농이 많아 소작지 관리자 수가 적었다.

소작지 관리자 1인당 관리면적을 보면, 1934년 남부 지방의 소작지 관리자 수는 5만 343명, 소작지 관리면적은 93만 7,003정보로 1인당 소작지 관리면적은 평균 18.6정보였다. 북부 지방은 9,949명이 44만 2,141정보를 관리하여 소작지 관리자 1인당 평균 44.4정보를 관리했다. 합하면 1934년에는 전국의 소작지 관리자 수 6만 292명, 소작지 관리면적 137만 9,144정보로 1인당 22.9정보를 관리하고 있었다. 그런데 1939년에는 전국의 소작지 관리자 수가 7만 1,584명으로

---

127 農林省 農務局, 「大正10年小作慣行調査」, 앞의 책, 1933b, 275~276·281~283쪽.

늘어난 반면 소작지 관리면적은 113만 6,973정보로 줄어들어, 소작지 관리자 1인당 15.9정보를 관리하게 되었다.[128]

중간관리자인 마름은 보통 소작료 징수·보관·매각·인상, 조세·공과의 대납, 소작권 이동, 소작계약 대리 체결 등의 역할을 담당했다. 그런데 마름은 본연의 임무를 넘어 소작인에게 소작료를 부당하게 부과하거나, 금품 및 주식(酒食)의 증여, 무상노동의 제공, 조세·공과의 부담, 금품 및 농비(農費)의 고리대부 등을 강요하면서 중간착취자로 기능했다. 서면계약보다도 구두계약이 주를 이루면서 마름의 자의적인 중간 개입이 더 쉽게 이루어졌다.[129]

조선총독부는 식민지 조선의 마름 등 소작지 관리자의 폐해를 여러 차례 거론하며 농사개발에 지장을 주기 때문에 이들을 단속해야 한다고 했다. 총독부가 보기에 식민지 조선의 마름은 중간업자로서 끼어 있으면서 지주와 소작인 간의 의사소통을 방해하거나, 부정하게 사리사욕을 취하며, 소작권·소작료 문제 등을 부추겨 소작쟁의를 초래할 소지가 다분한 뒤떨어진 관리 방식이었다. 소작료를 중간착취하여 소작농의 사기를 저하하고, 소작지의 생산성을 증진하거나 소작료의 품질을 개선하는 데도 부적합하다고 여겨졌다.[130]

마름의 폐해는 구체적으로 다음과 같이 지적되었다. 마름이 ① 소작인을 마음대로 변경하고 자기의 친족·지인 등에게 편의를 주기 위해 소작인의 생활을 위협했다. ② 지주와 계약된 내용 외에 소작료 징수 시 고의로 소작료를 인상했다. ③ 소작료를 징수한 곳에서 매각하는데도 소작료 운임을 받았다. ④ 소

---

128 許浛, 앞의 책, 1938, 13·28~29쪽; 朝鮮總督府 農林局, 앞의 책, 1940, 89~92쪽; 강훈덕, 앞의 논문, 1989, 72~74쪽.

129 소순열, 앞의 논문, 2005, 74쪽.

130 朝鮮總督府, 『朝鮮に於ける小作制度』, 1925, 30쪽; 朝鮮總督府, 앞의 책, 1929, 248쪽; 朝鮮總督府, 앞의 책, 1932b, 157쪽; 이윤갑, 앞의 책, 2013, 170쪽.

작료로 자기가 징수한 것을 바꿔치기하여 질 나쁜 수확물을 지주에게 납부했다. ⑤ 여러 명의로 소작인으로부터 금품을 징수했다.

이러한 마름의 폐해는 식민당국의 소작관행조사에서도 누누이 언급되었다. 무엇보다도 마름이 농가를 궁핍하게 했다. 특히 소작인들은 마름의 보수인 말세[斗稅]·색조(色租) 등을 납부해야만 해서, 마름이 있는 논의 경우 소작료율이 보통 5분에서 1할 정도 상승했다. '말세'는 원래 소작인이 소작료를 납부할 때 소작료를 계량해주는 대가로 징수하던 계량 사용료[貰料]였다. 그러나 뒤에 소작인이 계량하게 되어도 말세는 그대로 남아서 소작인의 부담이 되고, 마름의 수입이 되었다. 그리고 '색조'는 원래 부재지주에게 내는 소작료의 견본(見本)이었다. 그런데 이것이 점차 마름의 보수가 되어갔다.

이 외에 마름은 일반적으로 지주에게서 많은 토지를 임대받아서 그것을 소작인에게 전대하기도 했다. 이때 그 소작지가 정조지(定租地)이면 일단 소작료를 타조법에 따라 수취하여 그 차액을 전대료(轉貸料)로서 수취하거나, 소작지가 타조지 또는 집조지인 경우에는 대개 5푼 내지 2할에 해당하는 전대료를 징수했다. 이런 소작지의 경우 소작료율이 높으면 심지어 8할에까지 이르렀다. 또한 마름은 자신의 이해관계에 따라 소작권을 이동시키기도 했다. 이로 말미암아 소작쟁의가 발생하고, 소작농이 농지를 약탈적으로 경작하게 되며 토지 생산성도 떨어지게 되었다.[131]

그리하여 조선총독부가 조선농지령을 통해 마름 등 소작지 관리자의 권한을 축소하는 방침을 취했는데도, 지주의 필요에 따라 소작지 관리자 수는 계속 증가했고 그 관리면적은 줄어들었다.

---

131 「소작령 입안의 난관, 舍 흡과 執租」, 『매일신보』 1932년 7월 17일; 박섭, 「식민지 조선에 있어서 1930년대의 농업정책에 관한 연구」, 장시원 외, 앞의 책, 1988, 139쪽.

2부

소작입법 과정과 법안 특성 비교

1장
일본의 소작입법[01]

1. 일본 정부의 소작법 입안 과정

1) 소작제도조사위원회와 소작법 입안 논의

일본 정부는 일찍이 소작 문제의 심각성을 인식하고 소작입법에 관심을 가졌다. 먼저 1884년 일본 농상무성[02]에서 권업자문회(勸業諮問會)를 개최하여 제1회 '흥업(興業) 의견'을 결정했는데, 그중에서 '소작조령(小作條令)'을 제정할 필요성을 인정했다. 이에 따라 참고자료로 전국의 소작관행, 구번(舊藩)의 소작 제도 등을 조사하게 되었다. 메이지 정부는 1885년 최초로 일본 전국의 소작관 행조사를 실시했다. 1885년의 소작관행조사는 메이지 정부가 외국과의 불평등

---

01 이 장의 일부는 필자가 「1920~1930년대 초 일본 정부의 소작입법 과정」, 『동북아역사논총』 69, 동북아역사재단, 2020a을 통해 발표한 내용이다.

02 일본 농상무성은 1881년에 설립되어 농업·임업·수산업·상공업 등을 소관하다가 1925년 농림성과 상공성으로 분할되었다. 그리고 제2차 세계대전 중인 1943년에 농상성이 설치되었다. 이는 상공성의 군수(軍需)생산 관계 부문이 군수성으로 이동했기 때문에, 상공성의 잔존 부문을 농림성으로 통합하여 농상성으로 한 것이었다. 小學館, 「農商務省」, 『日本大百科全書』.

조약을 개정하기 위해 민법과 상법·형법을 시급히 제정해야 하는 상황 속에서 실시한 조사였다. 이후 1887년 농상무성 농무국에서 '소작조례(小作條例) 초안'을 기초(起草)했으나, 이 초안은 1890년 구(舊)민법의 공포와 함께 좌절되어 결국 초안으로 끝나고 말았다. 1896년 법률 제89호로 민법이 제정되어 1898년부터 시행되나, 이는 지주적 토지소유권의 확립을 목적으로 했다.[03]

메이지민법은 기생지주적 토지소유를 법제도적으로 확정한 것이었다. 민법을 제정하면서 소작 관련 조항을 두었으나 관습에 맡긴 측면이 컸다. 이로써 그간 소작입법의 움직임은 결국 흐지부지되어버리고, 이후 소작관계는 사실상 각지의 관행에 맡겨졌다.

그러다가 1900년 농무국은 「소작법제의 정비에 관하여 심의해야 할 사항에 관한 각 방면의 의견」을 정리했다. 그 내용은 주로 농무국의 「소작법 초안에 대한 의견의 개요」 1·2(발행년도 미상)로부터 발췌한 것이었다.[04] 그리고 러일전쟁 후에 소작쟁의가 조금씩 증가하기 시작하자 농상무성에서는 재차 소작입법 논의를 제기했다. 하지만 이때도 각지의 소작관행을 조사하는 것으로 끝이 났다. 1912년에도 전국적인 소작관행조사가 있었다. 이는 러일전쟁 후 일본 자본주의가 본격적으로 발달함과 동시에 그로 인해 농업위기가 시작되던 국면에서 이루어진 조사로, 1885년 조사에 비해 조사항목이 세분화되었다.[05]

---

03 農地制度資料集成編纂委員會,「解說 小作立法史」,『農地制度資料集成 4: 小作立法に關する資料 (上)』, 御茶の水書房, 1968a, 16~19·30쪽; 위의 책, 4~ 32쪽.

04 農林省 農務局,『小作法制ノ整備ニ關シ審議スベキ事項ニ關スル各方面ノ意見』, 1900; 川口由彦,「小作調停法の法イデオロギー」,『法社會學』44, 日本法社會學會, 1992, 228쪽; 김인수,「범주와 정치」,『일본역사연구』38, 일본사학회, 2013a, 155쪽.

05 農林省 農務局,『小作年報: 昭和5年』, 1932, 151~153쪽; 增田福太郎,『農業法律講義』, 養賢堂, 1938, 172쪽; 野間海造,『現代農政論考』, 東晃社, 1941, 19~20쪽; 田中學,「1920年代の小作爭議と土地政策 (II)」,『經濟學季報』18-2, 立正大學經濟學會, 1968b, 98쪽; 김인수, 앞의 논문,

1915년경에는 미가(米價) 조절 문제가 현안으로 떠올라, 농업 및 소작정책에 대한 일본 정부의 고민이 본격화되었다. 미가의 이해관계는 비단 생산자의 문제에 그치지 않고 일본 국민 전체의 생활에 영향을 주며 재정경제에도 심대한 영향을 미치는 것이었다. 당시 일본 정부는 미가 인상안을 가지고 있었는데, 미가 인상은 중농 이상의 대농과 대지주에게만 이득이 되고, 쌀을 사 먹을 필요가 있는 소농 또는 소작농(일본 인구의 6/10 이상)에게는 부담을 가중시키는 것이었다. 이에 미가 인상을 목적으로 하는 정부의 미가 조절안은 부적절하다는 이의가 제기되었다. 그러면서 대안으로 소작법을 제정하여 소농 및 소작농을 보호해야 한다는 논의가 있었다.[06]

1918년 '쌀소동[米騷動]'[07]이 있은 후에는 높은 농산물 가격이 더욱 큰 문제가 되었다. 농상무성에서도 높은 미가의 중요 원인을 지주제에서 찾기 시작했다. 그러면서 1919년 5월경 식료 공급을 위한 근본 대책이 논의되었는데, 국민경제조사회에서 결정된 '식료 부족 응급책'에 경지 확장, 경지 이용 증가, 농가경

2013a, 157쪽.

[06] 「米價調節問題に關し政府の反省を促す(上·下)」, 『時事新報』 1915년 1월 14~15일.

[07] 제1차 세계대전 중 데라우치(寺內) 내각은 대외정책으로 1915년 '대중국 21개조 요구'로 중국 침략정책을 강화하고 나아가 1918년에는 시베리아 출병을 단행했다. 1차 대전 말기의 경제호황으로 물가가 등귀하면서 일본 국민의 불만이 높아지던 가운데, 특히 시베리아 출병을 계기로 상인들이 전쟁 특수(特需)에 의한 물가 앙등을 노리고 쌀을 매점매석하면서 미가가 폭등하여 1918년에 일본 근대사상 최대의 민중 소요인 '쌀소동'이 일어났다. 1918년 7월 도야마현(富山縣)의 한 어촌에 살고 있던 사람들이 쌀값 폭등과 미곡상들의 매점매석 행위에 격분하여 오사카(大阪)시장으로 운반하기 위해 쌀을 배에 싣던 선착장에서 시위를 벌였다. 여기에서 촉발된 쌀소동은 일본 동부의 거대한 공업 도시들로 퍼져 나갔고, 부호(富豪)와 경찰을 겨냥한 시위·폭동이 전국적으로 이어졌다. 쌀소동으로 인한 사회적 동란으로 데라우치 내각은 퇴진할 수밖에 없었고, 하라 다카시(原敬) 정당 내각이 성립되었다. 大石嘉一郎, 『日本資本主義百年の步み』, 東京大學出版會, 2005, 144쪽; 마리우스 B. 잰슨 저, 김우영 외 역, 『현대일본을 찾아서』 2, 이산, 2006b, 771쪽.

제 조사 등의 방책과 함께 소작법 제정 방안이 포함되었다. 즉 농가 유지와 생산 증가를 위해서는 자작농의 보호 및 창설을 강구하고, 동시에 소작인의 토지 점유권 확보를 이루어 그 사회적 지위를 향상시킬 필요가 있다는 것이었다. 이를 위해 자작농 유지 및 창설에 관한 법률과 소작법의 제정이 필요하다고 보았다.[08]

그러다가 1920년 공황 후에 소작쟁의가 광범하게 전개되었다. 일본은 제1차 세계대전 이후 독점자본주의의 확립에 따라 만성 불황을 겪게 되고, 농민들은 자본주의적 경제의 본격적 침투로 압박을 받아 일반적으로 궁핍해졌다. 그러면서 지주와 소작인의 경제적 대항관계가 격화된 것이다.

소작쟁의는 1차 대전 후부터 본격화되어 1920년대에 들어 한꺼번에 증가했고 계속 증가하는 추세를 보였다. 소작쟁의 건수는 1차 대전 후 1918년에 256건, 1919년에 326건에서 1920년 공황 때 408건으로 증가했고, 이후 급격히 증가하여 1921년에 1,680건을 기록하고 1926년에는 2,751건으로 절정에 달했다. 그후 1928년까지는 감소하다가, 1929년 공황을 계기로 하여 1929년 2,434건, 1930년 2,478건, 1931년 3,419건으로 다시 증가했다.[09]

---

08 「食料供給根本策」, 『大阪朝日新聞』 1919년 5월 15일; 「地主と小作人 (1~12)」, 『大阪朝日新聞』 1919년 5월 24일~6월 4일; 「農村振興策: 大阪府の計劃」, 『大阪朝日新聞』 1919년 9월 1일; 「自作農保護調査」, 『中外商業新報』 1919년 8월 10일; 「勞動運動の火の手愈よ農園に移る: 小農者の苦境を訴え高知農民會起つ」, 『大阪時事新報』 1920년 2월 18일.

09 「小作爭議の頻發」, 『東京朝日新聞』 1921년 11월 26일; 「小作問題の成行 (1~7)」, 『時事新報』 1923년 6월 24일~7월 7일; 法律新聞社, 『小作調停法原義』, 1924, 3~6쪽; 水谷長三郞, 『法廷に於ける小作爭議』, 同人社書店, 1926, 99쪽; 菅野正, 「小作爭議の硏究 (上)」, 『福島大學教育學部論集』 18-1, 福島大學教育學部, 1966, 65~66·80쪽; 田中學, 「1920年代の小作爭議と土地政策 (I)」, 『經濟學季報』 18-1, 立正大學經濟學會, 1968a, 127·142쪽; 田中學, 앞의 논문, 1968b, 105쪽; 庄司俊作, 「昭和恐慌期の小作爭議狀況」, 『社會科學』 30, 同志社大學人文科學硏究所, 1982, 270·277쪽; 마리우스 B. 잰슨 저, 김우영 외 역, 앞의 책, 2006b, 855~856쪽.

1920년대에 소작쟁의가 본격적으로 전개되고 증가하면서, 일본의 농업정책에서는 소작 문제, 토지 문제 등이 현안이 되었다.[10]

소작쟁의의 확대를 계기로 소작 관련 법제의 결함이 폭로되었고 식자들은 그 대책을 강구했다. 민법 및 민사소송법은 자본주의적 입법으로서 토지소유권에 중점을 둔 지주 본위의 법률이었다. 현행법 아래 불리한 지위에 놓여 있던 소작농 측은 소작법규를 요망했다. 아울러 이 시기 또 하나의 중요 과제는 '쌀소동'으로 가시화된 식량 문제를 해결하는 것이었다. 그리하여 농업생산력의 직접 담당자인 소농의 지위 안정이 소작법 구상에서 핵심 과제가 되었다.

소작법 제정을 바라는 사회적 요구 등을 배경으로, 소작쟁의 확대로 인한 폐해를 방지하기 위해 소작관계 특별법으로서 소작입법이 정책 현안으로 등장했다. 지주제와 자본주의의 모순을 완화하기 위해 지주소작관계를 조정하여 지주에게 일정한 양보를 요구하고 소작인을 보호하며, 중농층을 농촌 지배에 참가시켜 계급적 모순을 완화하려는 새로운 움직임이 농상무성의 신진 관료들 사이에서 나타났다. 쌀소동 후 들어선 하라 다카시(原敬) 정당 내각(1918. 9. 29~1921. 11. 13)[11]의 재계(財界) 출신 농상무대신 야마모토 다쓰오(山本達雄), 농상무

---

10 데루오카 슈조 편, 전운성 역, 『일본농업 150년사(1850~2000)』, 한울아카데미, 2004, 134쪽.

11 1918년 일본 '쌀소동'으로 데라우치(寺內正毅) 내각(1916. 10. 9~1918. 9. 29)이 무너지자 중의원(衆議院) 제1당인 입헌정우회(立憲政友會) 총재 하라 다카시(原敬)가 조각(組閣)을 맡았다. 하라 내각은 외상·육군상·해군상은 관례대로 정당원이 아니었으나, 총리 자신을 포함하여 6명의 각료가 정당원으로서 입각한 최초의 본격적 정당 내각이었다. 하라 내각은 보통선거의 즉시 실행은 반대하면서, 정우회 지지자가 많은 농촌의 유권자를 증대시키는 동시에 다수당인 정우회에 유리한 소선구제를 채용해서 중의원 의석을 확대하려 했다. 이에 하라 내각은 농촌의 소규모 토지소유자들의 위상 강화에 신경을 썼다. 한편 하라 내각은 1920년 내무성 산하에 사회국을 신설하여 소작쟁의·실업·노동쟁의 등 쟁점 사안을 처리하도록 했다. 아사오 나오히로 외 편, 이계황 외 역, 『새로 쓴 일본사』, 창비, 2003, 484~485·492쪽; 앤드루 고든 저, 김우영 역, 『현대일본의 역사』, 이산, 2005, 316~317쪽.

성 농정과장 이시구로 다다아쓰(石黑忠篤)[12] 등이 대표적이었다.[13]

비록 보수성을 띤 입헌정우회 내각이기는 했으나, 혁신적인 최초의 정당 내각으로서 하라 다카시 정당 내각하의 이들 농상무성 내 개혁 성향 관료들은 지주적 토지소유의 폐해를 인식하고, 국가가 강력히 개입해 지주소작관계를 대폭 재편해서 소작권을 강화하여 농업생산의 확대를 도모하려 했다.[14] 이처럼 1920년대에 자본주의와 지주제의 모순에 정책적으로 대응하여 농업·농촌의 구조 변화를 도모하고자 실시된 일련의 농업 개혁정책은 '이시구로 농정'이라 불렀다.[15]

---

12 이시구로 다다아쓰(1884~1960)는 1919년 농무국 농정과장, 1924년 소작과장, 이후 농무국장을 역임하면서 소작관행조사, 소작입법, 자작농 창설·유지 정책 등을 계획·추진했다. 1931년 농림차관, 1940년 농림대신을 지냈다. 1920년대 농본주의(農本主義)에 의한 '이시구로 농정(石黑農政)'이라고 불리는 농업개혁 노선의 정책을 추진하고, 1930년대 농촌후생협회 회장, 산업조합중앙금고 이사장, 농업보국연맹 이사장, 만주이주협회 이사장 등 농업단체의 요직을 역임하며 전시하 농정을 추진하여 '농정의 신[神樣]'이라 불렀다. 1943년 귀족원 의원, 1945년 농상무대신, 1952년 참의원 의원(당선 2회)을 지냈다. 石黑忠篤先生追憶集刊行會 編, 『石黑忠篤先生追憶集』, 石黑忠篤先生追憶集刊行會, 1962; 日外アソシエーツ, 「石黑忠篤」, 『新訂 政治家人名事典(明治~昭和)』, 2003; 日外アソシエーツ, 「石黑忠篤」, 『20世紀日本人名事典』, 2004; 講談社, 「石黑忠篤」, 『日本人名大辭典』, 2015.

13 田中學, 앞의 논문, 1968b, 98쪽; 데루오카 슈조 편, 전운성 역, 앞의 책, 2004, 114·134쪽; 大石嘉一郎, 앞의 책, 2005, 139쪽.

14 川口由彦, 앞의 논문, 1992, 231쪽; 김석연, 「Japan's Farm Tenancy Conciliation Law of 1924」, 『일본연구논총』 32, 현대일본학회, 2010, 63쪽.

15 那須皓, 「小作法制定の是非」, 農林省 農務局, 『著書雜誌ニ表ハレタル小作法ニ對スル意見』, 1929, 1~2쪽; 野間海造, 앞의 책, 1941, 1~2쪽; 平賀明彦, 「1920年代農政官僚の政策構想」, 『白梅學園短期大學紀要』 38, 白梅學園短期大學, 2002, 11~13쪽; 平賀明彦, 『戰前日本農業政策史の研究(1920~1945)』, 日本經濟評論社, 2003, 11~14·37~38쪽. '이시구로 농정'을 다이쇼기를 통해 성장한 농민층을 체제적 지주(支柱)로 하여 이들을 생산력의 담당자로서 농업생산력의 향상을 도모하려고 하는 협조주의에 의거한 생산력주의라고 평가하는 견해도 있다. 林宥一, 『近代日本農民運動史論』, 日本經濟評論社, 2000, 42쪽.

왼쪽 위 〈그림 2-1〉 하라 다카시(原敬)
출전: 近世名士寫眞頒布會, 『近世名士寫眞』 1, 1935.

오른쪽 위 〈그림 2-2〉 야마모토 다쓰오(山本達雄)
출전: 山本達雄先生傳記編纂會, 『山本達雄』, 1951.

아래 〈그림 2-3〉 이시구로 다다아쓰(石黑忠篤)
출전: 石黑忠篤, 『農政落葉籠』, 岡書院, 1956.

일본 농상무성 관료들은 1920년 11월 27일 소작관계법을 심의하고 소작 문제 해결 방안을 모색하기 위해 농상무성 내에 '소작제도조사위원회'를 설치했다.[16] 이에 앞서 1920년 11월 12, 13일에 소작조사위원이 임명되었다. 소작제도조사위원회는 소작법을 비롯하여 일본의 농가경제 상태, 지주 대 소작농의 관계, 지주와 자본가 및 노동자의 관계와 기타 소작 조직 전반에 대해 조사하기로 했다.

특히 소작법 및 자작농 조성(助成), 실업 구제 등을 위한 소농지법(小農地法) 제정에 대해 연구하기로 하여, 소작제도조사위원회 제1회 총회가 그해 11월 27일 나가노현(長野縣) 후지미정(富士見町) 농상무대신 관저(官邸)에서 개최되었다.[17]

소작제도조사위원회는 관민 합동의 조사기관을 지향했다. 위원회에는 위원장 농상무성 차관 다나카 류조(田中隆三)를 비롯하여 위원으로 농상무성·내

---

16 소작제도조사위원회는 관제에 의하지 않은 농상무성의 내규적(內規的) 기관으로 대신의 자문기관이었다. 1923년 5월 7일 관제에 의거하여 소작제도조사회가 설치되었다. 소작제도조사회는 약 1년간 존속하다가 1924년 4월 2일 기요우라(淸浦奎吾) 초연내각(超然內閣, 1924. 1.7~6. 11) 당시 제국경제회의(帝國經濟會議) 농업부에 흡수되어 그해 4월 17일 폐지되었다. 그 후 소작제도 개선에 관한 문제는 제국경제회의 농업부에서 심의되었으나, 같은 해 11월 25일 가토(加藤高明) 내각(1924. 6. 11~1926. 1. 30) 때 제국경제회의가 폐지되었다. 農林省 農務局, 「例言」, 『小作制度ニ關スル各調査會ノ經過概要』, 1926(김인수, 「일제하 조선의 농정입법과 통계에 대한 지식국가론적 해석」, 서울대 대학원 박사논문, 2013b, 111~112쪽에서 재인용); 小野武夫, 『農民運動の現在及將來』, 日本學術普及會, 1925, 156쪽; 農地制度資料集成編纂委員會, 「解說 小作立法史」, 앞의 책, 1968a, 60~61쪽. 그리고 1926년 5월에는 소작조사회가 만들어졌다. 즉 소작제도조사위원회의 기본 성격은 변하지 않았으나 그 명칭과 조직은 이후 몇 차례 바뀌었다. 김용덕, 「大正期 소작조정법의 제정과 그 성격」, 『아세아연구』 76, 고려대 아세아문제연구소, 1986, 136쪽.

17 「小作調査委員任命」, 『大阪朝日新聞』 1920년 11월 14일; 「山本農相演說: 小作制度調査會に於ける」, 『大阪朝日新聞』 1920년 11월 28일; 「小作制度調査會: 第1回 總會」, 『大阪每日新聞』 1920년 11월 28일; 農地制度資料集成編纂委員會, 앞의 책, 1968a, 177~180쪽.

무성·사법성·대장성 등 관리, 중의원·귀족원 의원, 교수, 농촌문제 전문 학자 등 총 29명이 참여했다. 소작제도조사위원회 설립 시 소작제도조사위원 명단은 아래와 같다.

위원장   농상무성 차관 田中隆三

위원

농상무성 기사 伊藤悌藏   변호사 법학박사 岩田宙造

귀족원 의원 후작 細川護立   귀족원 의원 星島謹一郎

중의원 의원 土井權大   농무국장 岡本英太郎

교토대 교수 법학박사 河田嗣郎 도쿄대 교수 농학박사 橫井時敬

홋카이도대학 교수 법학·농학박사 高岡熊雄

내무성 지방국장 塚本淸治   중의원 의원 中倉萬次郎

법학박사 桑田熊藏   도쿄대학 교수 법학박사 矢作榮藏

귀족원 의원 矢口長右衛門   귀족원 의원 山田劍

사법성 민사국장 山內確三郎   아이치현 기사 山崎延吉

중의원 의원 松田三德   대장성 주계국장 松本重威

가고시마고등농림학교 교수 小出滿二

중의원 의원 小鹽八郎右衛門   농사시험장장 농학박사 安藤廣太郎

중의원 의원 齋藤宇一郎   귀족원 의원 佐藤友右衛門

모리오카고등농림학교 교수 木村修三

일본권업은행 총재 志村源太郎 귀족원 의원 남작 平野長祥

농상무성 참사관 望月圭介

간사

농상무성 서기관 石黑忠篤   농상무성 참사관 小平權一

그런데 중의원과 귀족원 의원의 상당수는 대지주였다. 그리하여 위원으로 소작인의 이익을 대변할 만한 인물을 더 추가하기를 바라는 여론도 있었다.

위원회 설립과 동시에 농무국에서는 소작제도의 기초적 연구를 위해 농정과 내에 분실(分室)을 만들어 위원회 활동을 지원하게 했다. 농정과장 서기관 이시구로 다다아쓰와 분실장(分室長) 농상무성 참사관(参事官) 고다이라 곤이치(小平權一)[18]가 위원회의 간사(幹事)를 맡았다.[19]

소작제도조사위원회는 농상무성으로부터 연구자료를 받아 특별위원회에서 논의를 진행했다. 위원회의 심의, 정책 입안은 ① 소작제도 개선을 위한 소작입법, ② 자작농의 창설·유지, ③ 소작분쟁의 중재·조정의 세 가지를 중심으로 전개되었다. 우선 위원회는 소작제도의 개선 건부터 심의하기로 했다.[20]

먼저 기존에 설립된 소작조합을 법률로 인정하는 '소작조합법'의 입법 여

---

18 고다이라 곤이치(1884~1976)는 1914년 농상무성에 들어가 농정과 소작분실장으로서 이시구로 다다아쓰 농정과장과 함께 소작입법을 추진했다. 1922년 농무과장, 1932년 경제갱생부장 등을 거쳐 1938년 농림차관을 역임했다. 소작입법을 비롯하여 산업조합의 보호·육성, 농업보험제도, 농업금융의 개선, 농산물의 가격 안정 등 농정의 주요 과제를 기획·입안했다. 1939년 만주로 건너가 1941년 만주국 참의를 지내고, 1942년 귀국하여 중의원 의원에 당선되었다. 人事興信所 編, 『人事興信錄 第13版』 上, 人事興信所, 1941; 日外アソシエーツ, 「小平權一」, 『新訂 政治家人名事典(明治~昭和)』, 2003; 日外アソシエーツ, 「小平權一」, 『20世紀日本人名事典』, 2004.

19 「小作制度調査會に望む」, 『大阪朝日新聞』 1920년 11월 22일; 「小作制度の改善」, 『東京朝日新聞』 1920년 12월 21일. 이처럼 일본에서 소작제도 조사와 소작법 제정을 위한 본격적 움직임에 착수한 것은 세계적인 추세에 따른 것이었다. 당시 유럽 각국은 1차 대전 후 각종 산업의 발전을 계획하며, 농업정책에 대해서도 전에 없던 큰 개선을 도모하고 있었다. 자작농 및 소농 보호를 위해 대표적으로 독일은 1920년 '토지공급조합법'을 발포했고, 루마니아에서는 1921년 '경지소유 제한에 관한 법률'을 실시했다. 「耕地所有制限急務: 農商務某當局談」, 『東京朝日新聞』 1921년 10월 1일.

20 田中學, 앞의 논문, 1968b, 98~99·104쪽.

〈그림 2-4〉 고다이라 곤이치(小平權一)
출전: 衆議院事務局, 『衆議院要覧 昭和17年
11月(乙)』, 1942.

부가 논의되었다. 소작조합법 제정 문제는 소작제도조사위원회에서 소작
법 입안과 함께 부수적으로 연구되었다. 때마침 국제노동기구(International Labour
Organization, ILO)와 관계하여 1921년 5월 26~27일 소작제도조사위원회 제3회 특별
위원회에서 '소작조합법 제정 여부'가 심의되었다.

국제노동기구(ILO)는 제3회 국제노동회의를 1921년 스위스에서 개최할 예
정이었다. 여기서 농업노동과 관련한 문제가 중요 의제가 되면서, 일본에서 농
업노동 문제는 곧 소작제도 문제로서 주목되었다. 일본 농상무성과 내무성은
국제노동회의에 제안하기 위한 준비로 농업노동 문제에 대한 자료조사에 착
수했다. 농상무성에서는 각국의 사정을 알기 위해 영국·프랑스·독일·루마니
아·러시아·아일랜드·덴마크 등지의 소농지법(小農地法), 지대농지법(地代農地法),
토지매수법(土地買收法) 등 농업노동법안과 소작법에 대해 조사·번역을 진행했
다. 내무성은 각 지방장관에게 도(道)·부(府)·현(縣)의 지주 대 소작인의 관계 상
태를 조사·보고하게 했다. 농상무성에서도 각 부·현에 직원을 파견하여 유사

한 조사를 추진했는데, 대체로 지주 대 소작인 융화의 일반 상황, 소작 장려 방법, 흉년 시 지주의 조치, 지주조합·소작조합의 유무(有無) 등에 대한 조사였다. 농상무성과 내무성 당국은 본격적으로 소작 조직 및 농촌경제 상태를 조사하여 이에 상당하는 정책을 마련할 필요성을 느꼈다.[21]

이에 소작제도조사위원회의 이시구로 간사 등은 소작조합법에 대한 심의를 제기하여, 소작조합 설립의 목적과 단체교섭권의 법인, 조합원 자격, 조합의 지도·감독 등에 대해 실질적인 논의를 진전시키려고 했다. 그런데 특별위원의 의견은 세 가지로 나뉘었다. 첫째, 소작조합법에 대해 완전히 반대하는 의견, 둘째, 소작법을 심의·결정하고 그 후에 소작조합법의 제정 여부를 결정해야 한다는 의견, 셋째, 소작조합법 제정에 찬성하는 의견(적극적 찬성론과 소작조합 단속 관점에서의 찬성론)이었다. 지주 측은 소작조합을 인정하는 자체가 농촌에 계급 대립을 야기하는 것이라며 강하게 반대했다. 이와 달리 소작법 제정 후 소작조합법을 제정해야 한다는 견해는 소작조합법이 소작관계의 권리·의무에 관한 실체법, 즉 소작법 규정과 밀접한 관계를 가지므로 먼저 소작법 규정을 검토할 필요가 있다는 것이었다. 결국 특별위원회는 소작조합법에 대한 논의를 중단하고 소작법 심의에 착수하기로 했다.[22]

---

21 「地主對小作人の農業勞動問題」, 『新愛知』 1920년 3월 26일; 「農業勞動問題と小作法制定の是非」, 『大正日日新聞』 1920년 5월 7일; 「小作法案 (上 2~5)」, 『讀賣新聞』 1920년 6월 1~6일; 「當面の農業問題: 帝國農會總會の諸案件」, 『大阪每日新聞』 1920년 9월 16일; 川口由彦, 앞의 논문, 1992, 228쪽; 林宥一, 앞의 책, 2000, 196~197·206·237쪽.

22 土井權大·水本信夫, 『小作調停法原理』, 良書普及會, 1924, 5쪽; 小野武夫, 앞의 책, 1925, 156~157쪽; 田中學, 앞의 논문, 1968b, 100~101쪽; 農地制度資料集成編纂委員會, 『農地制度資料集成 3: 地主及び小作人團體·小作調停法に關する資料』, 御茶の水書房, 1969, 72쪽; 김용덕, 앞의 논문, 1986, 136~138쪽; 平賀明彦, 앞의 논문, 2002, 16쪽; 平賀明彦, 앞의 책, 2003, 43~44쪽; 데루오카 슈조 편, 전운성 역, 앞의 책, 2004, 114쪽; 大石嘉一郎, 앞의 책, 2005, 139쪽.

1921년 6월 17일 소작제도조사위원회 제4회 특별위원회에서 이시구로 다다아쓰, 고다이라 곤이치 간사 측은 「소작법안 연구자료」를 제출했다. 특별위원회에서 일본 전국의 소작관행 및 지주·소작 간의 분쟁에 대해 실지(實地) 조사를 실시한 동시에 수십 회에 걸쳐 조사회를 개최하여 심의한 결과, 드디어 제1차 소작법안을 마련하게 된 것이었다. 이것이 이후의 소작법안 '간사 사안(私案)'의 원형이 되는데, 소작권 보호와 소작분쟁에 대한 관(官)의 중재로서 소작조정에 대해 일괄하여 전문 71조로 구성되었다. 그 주요 내용은 소작권의 범위, 소작권의 기간, 소작권의 양도(讓渡)·전대(轉貸), 소작료의 제한·감면 등 소작권 중심 조항과, 중재, 소작심판소(小作審判所), 소작감독관 등 소작조정 조항으로 되어 있었다. 이는 소작권을 현저하게 강화하는 법안이었다. 이 소작법안은 위원회의 심의 경과에 따라 두 차례에 걸쳐 수정·제출되었으나 기본 내용은 크게 변하지 않았다. 하지만 경작권의 강화라는 점에서는 제1차 소작법안 연구자료가 가장 명확했고, 이후의 수정안은 그 내용이 조금 애매해지고 후퇴했다.[23]

제1차 소작법안 연구자료(전문 71조)에서 소작권은 민법의 영소작권(永小作權, 물권)과 토지 임차권(채권) 개념을 통일하여, 영소작뿐 아니라 보통소작도 물권에 상당하는 효력이 있는 소작권으로서 인정했다(제1조).[24] 소작권 보호 기간

---

23 「小作法案: 小作制度調査會成案」, 『大阪朝日新聞』 1921년 10월 21일; 小倉武一, 『土地立法 の史的考察』, 農業評論社, 1951, 330쪽; 農地制度資料集成編纂委員會, 「解說 小作立法史」, 앞의 책, 1968a, 34~35쪽; 위의 책, 183~213쪽; 田中學, 앞의 논문, 1968b, 101~103쪽.

24 물론 민법 제605조 규정에 따르면 "부동산의 임대차는 이를 등기한 때에는 이후 그 부동산의 물권을 취득한 자에 대해서도 그 효력이 발생한다"고 하여, 보통의 채권에 불과한 소작권이라도 이를 등기하면 물권적 효과가 생기는 것처럼 되어 있었다. 그러나 소작권 등기를 위해서는 지주의 동의가 필요했고, 지주의 동의를 얻는 사실상 거의 불가능했다. 水谷長三郎, 앞의 책, 1926, 108쪽. 임차소작 등기에 지주가 동의할지 여부는 완전히 지주의 자유에 맡겨

은 보통소작은 15년 이상, 영년작물(永年作物) 재배의 경우 20년 이상 50년 이하로 정했다(제4~5조). 이 기간 중에 소작권을 자유롭게 양도 가능(전대는 불허)하도록 했으며(제10~11조),[25] 소작권이 등기 없이도 제3자에게 대항력을 가질 수 있도록 했다(제9조).[26] 소작기간이 만료된 후 지주가 이의제기를 하지 않으면 소작인은 동일한 조건으로 재계약을 하는 것으로 간주했다(제7~8조). 소작지 반환 시에 잔존하는 토지개량 공작물, 기타 설비는 소작인이 부담하여 만든 것으로 판단하여 지주가 배상해야 했다(제39조). 소작지를 직접 지주가 경작하게 되거나 공익 목적으로 이용하려고 할 때도 적절한 가격으로 소작권을 평가하여 소작인에게 지불하도록 했다(제17, 21조).

소작료는 소작인이 해당 소작지의 보통생산물로 수확 후 3개월 이내에 현물 소작료를 지불하도록 했으나, 필요한 경우 수확 후 6개월 이내에 또는 무이자 분할로 현금 지불하는 것이 가능했다(제25~26, 28~29조). 지주는 소작인이 소작료를 3년분 체납하는 경우 등에 한해 소작권을 소멸시킬 수 있었다(제16조). 소

져 있었다. 따라서 소작권이 공고해지기를 바라지 않는 지주가 쉽게 이러한 동의를 할 리 없었다. 실제 임차소작의 거의 전부가 미등기된 상태였다. 增田福太郎, 앞의 책, 1938, 185쪽.

25 소작권의 매매·양도는 민법 규정에서는 지주의 승낙이 있는 것으로 제한되었다. 민법 제612조에 "임차인은 임대인의 승낙이 있지 않으면 그 권리를 양도하거나 또는 임차물을 전대할 수 없다. 임차인이 전항의 규정에 반하여 제3자에게 임차물을 사용하게 하거나 또는 수익을 얻게 할 경우 임차인은 계약 해제를 할 수 있다"고 되어 있었다. 이는 일반적으로 통용되던 소작권의 교환재로서의 가치를 지주가 근본적으로 부인하는 법제였다. 末弘嚴太郎, 『農村法律問題』, 改造社, 1924a, 168~171쪽.

26 민법상 보통소작권은 임대차에 의거한 단순 채권으로, 지주의 동의를 얻어 등기하지 않으면 제3자에게 대항할 수 없었다. 반면에 영소작권은 물권으로, 지주가 누구인가에 관계없이 직접적으로 토지를 지배하고 경작·목축 등을 할 수 있는 권리였다. 따라서 지주의 교체는 영소작권에 조금도 영향을 미치지 않았다. 영소작인은 특별히 권리 설정 계약으로 금지되지 않은 한 자유롭게 영소작권을 타인에게 양도하거나 전대할 수 있었다. 위의 책, 113~114·116~117쪽.

작지의 수익이 불가항력으로 소작료 액수에 미치지 못할 때는 소작인이 그 다음 해의 생계와 소작 계속에 필요한 만큼을 확보하는 수준까지 소작료 감면을 청구할 수 있었다(제34조). 이 조항에서는 일본 민법 제609조 규정에서처럼 소작료 액수에 이르기까지라는 소작료 감액의 한도를 두지 않았다. 즉 민법 제609조에서 차임 감액 청구권은 임차인이 불가항력으로 인해 차임보다도 적은 수익을 얻었을 때, 그 감액은 차임 액수에 이르기까지로 한정되어 있었다.[27]

한편 소작분쟁을 중재할 소작심판소를 설치[구재판소(區裁判所)가 담당]하며(제47조), 지주와 소작농 측과 기타로부터 각각 동일한 수의 참여원을 뽑아 사실 판단 및 의견 진술을 하게 하고, 소작심판소의 결정은 제1심 재판소의 판결과 같은 효과를 갖도록 했다(제51~52조). 소작심판소는 상당한 소작료의 판정 및 소작쟁의를 판정하기 위한 재판권을 가지며(제49조), 상당한 소작료로 판정되면 5년간 이를 바꿀 수 없었다(제32조). 이처럼 소작제도조사위원회 간사 측이 제출한 제1차 소작법안은 소유권을 절대 보장하는 민법 체계가 소작관계에는 해당되

---

27 민법상 소작인은 불가항력[천재지변, 전란(戰亂) 등]에 의해 소작료보다 적은 수익을 얻을 때는 그 수익 액수에 이르기까지 소작료를 감액할 수 있었다(민법 제609조). 이 청구는 소작인의 일방적 행위만으로 충족되고, 지주의 승낙을 필요로 하지 않는 것으로 해석되었다. 하지만 이 규정과 반대의 관습이 있는 경우에는 그에 따라야 했다. 그러나 영소작인은 불가항력으로 인해 그 수확에 손실이 있는 경우라도 지주에게 소작료의 감액이나 면제를 청구할 수 없었다. 단, 이와 다른 관습이 있을 때는 관습에 따랐다(민법 제277조). 그런데 흉작으로 인한 소작료 감면 관행은 일본에서 전국적으로 널리 행해지고 있었다. 따라서 당사자가 특별히 관행에 따르지 않겠다는 특약을 하지 않는 한 이를 행할 의사가 있다고 인정되어, 소작인은 법률상 흉작을 원인으로 하여 소작료 감면을 청구할 수 있는 것으로 해석되었다(민법 제92조). 또한 일단 소작료를 결정한 이상 당사자 모두 소작기간 중도에 그 변경을 청구할 수 없는 것이 원칙이었으나, 소작료 결정의 기초를 이루는 일반경제에 현저한 변화가 있어 그것으로 인해 약정 소작료를 그대로 유지하기 매우 어렵다고 인정될 경우에는 '사정 변경의 원칙'에 따라 변경 청구 권리가 발생하는 것으로 해석했다(민법 제274조). 增田福太郎, 앞의 책, 1938, 197~200쪽.

지 않도록 하는 혁신적인 내용이었다.[28]

이후 1921년 7월에 열린 소작제도조사위원회 제5회 특별위원회에서 약간의 수정을 거쳐 「제2차 소작법안 연구자료」가 제출되었다. 이는 소작권 기간(제1차 최소 15년 → 제2차 7년), 소작권 양도 절차(제1차 소작인의 통지만 필요 → 제2차 지주의 승낙 필요), 소작료 지불 의무(제1차 지불하지 않은 소작료 액수가 3년분 이상일 경우 소작권 소멸 → 제2차 계속해서 3년간 소작료를 체납하거나, 그 체납액이 2년분 이상일 경우 소작권 소멸) 등의 점에서 지주의 의향을 배려한 것이었으나 기본적인 변화는 없었다. 이에 지주적 입장을 대변하는 위원들의 반격은 더 강력해졌다.

이후 수정되어 각 위원에게 배포된 「제3차 소작법안 연구자료」가 어떠한 경로를 통해서인지 예상치 못하게 1921년 10월 21일자 도쿄(東京)·오사카(大阪) 아사히신문(朝日新聞)에 소작제도조사위원회의 법안으로서 게재·발표되었다.[29] 그러자 위원회 측은 즉시 이 법안이 단순한 '간사 사안'에 불과하다고 정정하고, 동시에 각 위원 및 지방장관에게도 그 뜻을 통첩했다. 그러나 각지의 지주회들이 강하게 반발하며 소작법 반대운동을 전개하여 소작법 연구는 일시 중

---

28 「小作法案說明」, 『東京朝日新聞』 1921년 10월 23일; 河田嗣郎, 「小作制と小作法 (5)」, 『經濟論叢』 14-6, 京都帝國大學經濟學會, 1922, 997·1002·1010쪽; 小倉武一, 앞의 책, 1951, 325~329쪽; 김용덕, 앞의 논문, 1986, 138~139쪽.

29 해당 신문에서는 탈고된 소작법안 전문의 내용을 상세히 소개한 후, 다음과 같이 논평했다. 첫째, 각 지방의 여러 관행에 저촉되는 점이 매우 많아 그 실시가 우려되나, 대체로 시행할 만한 법안이다. 둘째, 예상보다도 소작인 보호에 노력한 점이 주목된다. 셋째, 이는 다른 한편으로 보면 지주 측의 불이익으로 돌아가는 것이므로 이 방면의 반대를 불러일으켜, 지주 세력이 의회의 통과를 어렵게 할 우려가 있다는 것이었다. 그러나 불완전하더라도 소작법이 있어야 한다며, 자작·소농 보호에 치중된 조항의 수정만 주장했다. 「小作法案(東京電話): 小作制度調査會成案」, 『大阪朝日新聞』 1921년 10월 21일; 「脫稿したる小作法案」, 『大阪朝日新聞』 1921년 10월 23일.

지되었다.[30]

일본 정부는 소작제도조사위원회 본회의에 소작법안을 상정하고, 의회에 제출하기에 앞서 여론 조사도 했다. 그러나 소작법안에 대한 위원회 내부의 대립된 견해와 지주·소작농 양측의 찬반 여론으로 심의는 난항을 겪었다. 특히 이 소작법안이 소작인의 권리를 상당히 보호하는 성격을 가지고 있었기에 지주 측의 거센 반발을 낳았다.

1920년대부터 소작쟁의가 급증하고, 1922년 일본농민조합 결성의 움직임이 본격화되던 가운데 그해 2월 6~10일 소작제도조사위원회 제6회 특별위원회가 개최되었다. 우선 간사가 소작쟁의 상황을 보고하고 그에 대한 토론이 있었다. 그리고 국제노동회의(1921. 10. 25~11. 29)에서 소작조합이 농업노동자의 조합과 관련하여 의논의 초점이 된 것에 대해 중간보고가 있은 후, 소작조합법과 관련하여 도이 곤다이(土井權大)[31] 위원[입헌정우회(立憲政友會) 중의원 의원]의 안이 제안되었다. 이 소작조합법안은 조합의 법률적 보호를 위한 것이었고 그 감독에 편중되어 있었지만, 특별위원회에서는 이 정도의 소작조합법안에 대해서도 아무런 심의가 이루어지지 않았다. 계속해서 제6회 특별위원회에서는 스에

30　「小作爭議防止策: 農商務省農政課長 石黑忠篤氏談」, 『大阪新報』 1921년 11월 29일; 末弘嚴太郎, 『小作調停法大意』, 科學思想普及會, 1924b, 11쪽; 小野武夫, 앞의 책, 1925, 157·216쪽; 松村勝治郎, 『小作權に關する硏究』, 勞動公論社, 1931, 102~103쪽; 野間海造, 앞의 책, 1941, 6쪽; 小倉武一, 앞의 책, 1951, 334~335쪽; 農地制度資料集成編纂委員會, 「解說 小作立法史」, 앞의 책, 1968a, 35~36쪽; 위의 책, 156~174·213~262쪽; 田中學, 앞의 논문, 1968b, 103~105쪽.

31　도이 곤다이(1879~1938)는 효고현회(兵庫縣會) 의원을 거쳐 1917년부터 중의원 의원에 6회 당선되었고 입헌정우회 총무를 역임했다. 잡지 『농정연구(農政硏究)』의 주간을 맡았다. 日外アソシエーツ, 「土井權大」, 『新訂 政治家人名事典(明治~昭和)』, 2003; 講談社, 「土井權大」, 『日本人名大辭典』, 2015.

히로 이즈타로(末弘嚴太郎)[32] 위원(도쿄제국대학 법학부 교수)이 '소작조합 및 소작협약을 이용하여 소작관계를 처리하는 법률 사안(私案) 요령'을 제시했다. 하지만 이에 대해서도 별다른 논의는 없었다.

이 회의에서는 우선 소작조정법을 결정하고 그 후에 소작법 및 소작조합법을 의결하는 것이 좋겠다는 의견이 지배적이었다. 소작법과 관련해서는 제3차 소작법안 연구자료보다도, 오히려 야마다 겐(山田劍) 위원(귀족원 의원)이 제출한 수정안을 중심으로 논의가 전개되었다. 야마다 겐이 제출한 소작법안의 기본 구상은 민법 규정에 의거하여 경작권에 대한 소유권의 우월을 재확인하는 내용으로 명확하게 지주적 입장을 대변하는 것이었다. 그는 소작쟁의에 지주가 보다 효과적으로 대처할 수 있도록 소작관행상 애매한 부분을 민법을 기준으로 보다 명확한 법적관계로 규정하고자 했다. 제6회 특별위원회에서는 이와 더불어 소작분쟁의 조정과 자작농 창설·유지에 대해 논의가 이루어졌다.

여기서 스에히로 이즈타로 위원, 야마다 겐 위원은 유럽과 같이 절차법인 소작심판소에 대한 규정을 실체법인 소작법 규정과 분리·입안하여 먼저 시행하는 것이 어떻겠냐고 제안했다. 이에 대해 이시구로 간사는 강하게 반대했다. 그러나 당시 소송 증가에 대한 대응책으로 각종 조정법 도입을 주장하던 사법성 관료의 제안으로 위원회의 대세는 형식법인 소작조정법을 우선 입법하는 쪽으로 기울었다.[33] 이후 위원회는 우선 소작조정법을 제정하는 방향으로 논의

---

32 스에히로 이즈타로(1888~1951)는 법학자로, 민법·노동법·법사회학을 연구했다. 이시구로 다다아쓰 농림대신 밑에서 소작입법을 위한 조사를 했다. 전시하에서는 중국 농촌관행조사에서 핵심적인 역할을 했다. 도쿄대학 명예교수를 역임하고, 퇴직 후에는 연합국최고사령부 (GHQ) 밑에서 노동3법 제정에 관여했다. 年森銑三 編, 「末弘嚴太郎」, 『大正人物逸話辭典』, 東京堂出版, 1966; 秦郁彦 編, 「末弘嚴太郎」, 『日本近現代人物履歷事典』, 東京大學出版會, 2002; 六本佳平·吉田勇 編, 『末弘嚴太郎と日本の法社會學』, 東京大學出版會, 2007.

33 특히 소작입법에서 별도의 방향을 제시한 이들은 사법성 민사국(民事局) 관료들이었다. 이

를 옮겨갔다. 소작법 제정이 지주 측의 거센 반대에 부딪히면서 소작관계를 조정·통제하는 소작조정법의 입법을 먼저 추진한 것이다.

그리하여 1922년 6월 28~30일 제8회 특별위원회에 '간사 사안'으로 「소작조정법안 연구자료」가 제출되어 심의가 개시되었다. 여기에서 이시구로 간사에 의해 조정기관을 행정기관이 아닌 사법기관으로 하는 이유 등이 설명되었다. 이후 그해 9월 18일 제9회 특별위원회, 9월 19~21일 제2회 총회를 거쳐 3개월간 위원회에서 소작조정법안을 심의·수정하여 농상무대신에게 제출해서 답신을 받았다.

일본 정부는 이 소작조정법안을 약간 수정하여 1923년 3월 8일 제46회 제국의회(1922. 12. 27~1923. 3. 26) 중의원 본회의에 상정했다. 앞서 소작조정법 제1안을 두고 각 관계 관청 등의 의견을 참고한 결과, 관할 규정, 조정기관, 위원의 선임 방법, 기타 참가인·보좌인 등에 대한 점을 보완하여 제2안으로 수정했다. 제2안은 제국의회가 개최되자 정부 안으로 제출되었다. 당시 중의원의 다수를 차지하고 있던 입헌정우회는 이를 반대했으나, 당내 농정파 의원을 중심으로 찬성론자가 늘어나고 정무조사회에서도 의논이 비등하여 결국 특별위원장에게 일임하기로 결정했다. 하지만 중의원이 회기(會期) 만료에 가까웠고, 정파 간 대립이 계속되어 심의가 중단되고 말았다.[34]

들의 입장은 분쟁을 당사자인 이익주체의 공존공영을 위하는 양심, 도덕의 힘에 맡기자는 것이었다. 1차 대전 후 일본 사법당국은 소송의 증가·지연에 고민하며 그 대응책으로서 각종 조정법의 도입을 주장했다. 이때는 사법성이 조정법정책을 최초로 구체화한 '차지차가조정법(借地借家調停法)'이 성립되기 직전으로, 사법성 관료는 농상무성 관료에게 조언하는 형태로 소작입법심의회 장에서 조정법 노선을 제안했다. 농상무성의 개혁 성향 관료들은 실체법이 없는 상태에서 조정법만 제정하는 데 난색을 보였으나, 심의회 대세에 눌려 소작조정법 입안에 착수하지 않을 수 없었다. 川口由彦, 앞의 논문, 1992, 231~232쪽.

34 당시의 가토 도모사부로(加藤友三郞) 내각(1922. 6. 12~1923. 9. 2)은 주로 귀족원 의원들과 관

소작조정법안은 1923년 5월 7일 소작제도조사위원회를 계승하여 칙령 제218호 관제에 따라 내각 직속으로 설치된 '소작제도조사회'에서 수차례 심의되었다. 그러나 사실상 거의 같은 내용으로 11월 15일 조사회 안이 총회에서 가결되어 제출되었다. 1924년 4월 2일 칙령 제70호로 설치된 '제국경제회의 농업부'에서 계속해서 '소작제도 개선에 관한 방책 여하'에 대해 논의했으나, 소작법안에 대해서는 아무런 안이 도출되지 않았다. 그해 6월 11일 제국경제회의 농업부에서 소작조정법안 및 자작농 유지·창정에 대한 소작제도조사회의 답신 취지가 속히 실행되기를 바란다고 결의하고 내각총리대신에게 답신했을 뿐이다.

마침내 소작조정법안이 가토 다카아키(加藤高明) 내각(1924. 6~1926. 1)[35]하에서 1924년 7월 4일 제49회 제국의회(1924. 6. 28~7. 18) 중의원에 상정되어 7월 9일 다수결로 가결되고, 7월 11일 귀족원에서도 원안대로 가결되었다. 소작조정법안은 12월 1일부터 실시되었는데, 이는 최초의 법안 답신에서 2년여가 소요된 것이었다.[36]

료들로 이루어진 초연내각(超然內閣)이었고, 중의원의 다수당인 정우회가 정치적으로 강력하지도 못했으며 소작쟁의를 의회에서 그만큼 심각하게 생각하지 않았기 때문에 입법에 실패했다고 할 수 있다. 小倉武一, 앞의 책, 1951, 400쪽; 김용덕, 앞의 논문, 1986, 143쪽; 앤드루 고든 저, 김우영 역, 앞의 책, 2005, 304쪽.

35 자유주의적 개혁 노선의 헌정회(憲政會)를 비롯하여 입헌정우회, 혁신구락부(革新俱樂部)의 호헌 3파 내각인 가토 다카아키 내각에서 조정법 등의 사회복지정책은 대세를 이루었다. 조정제도는 차지차가조정법, 소작조정법 시행 이래 점차 확대되었다. 水本信夫,『(實例手續)借地借家商事小作勞動調停法總攬』, 大同書院, 1929, 1·12~13쪽; 小野木常,『調停法概說』, 有斐閣, 1942, 1쪽.

36 「小作調停法を先にするに決定: 小作法調查會で」,『大阪朝日新聞』1922년 5월 16일;「小作調停案: 委員會可決」,『大阪朝日新聞』1924년 7월 10일;「兩院各委員會(11日): 小作調停法案, 貴院委員會可決」,『大阪朝日新聞』1924년 7월 12일;「小作法の制定困難: 先ず急ぎ爭議

〈그림 2-5〉가토 다카아키(加藤高明)
출전: 近世名士寫眞頒布會,『近世名士寫眞』1, 1935.

調停案作成」,『國民新聞』1922년 6월 17일;「小作法制定は至難: 差當り爭議調停案作成」,
『神戸又新日報』1922년 6월 20일;「小作爭議調停法立案事情: 刻下の應急策」,『大阪時事新報』1922년 7월 21일;「小作調停法案の制定: 更に根本法の制定に努力すべし」,『中外商業新報』1922년 9월 23일;「제46차 제국의회: 중의원 예산총회, 농촌진흥 질의, 소작쟁의조정법안 제출」,『매일신보』1923년 2월 2일;「제46차 제국의회: 소작조정법안 정부 제출」,『매일신보』1923년 3월 10일;「제46차 제국의회: 소작조정법 문제, 중의원 본회의」,『매일신보』1923년 3월 11일;「소작조정법안과 정우회」,『매일신보』1923년 3월 18일;「소작조정법, 來 의회 제안」,『매일신보』1923년 11월 7일;「제49회 제국의회: 소작법안 가결, 기타 법안 순조 진행, 귀족원 본회의」,『매일신보』1924년 7월 16일; 農商務省 農務局,「小作制度調査委員會第二回總會議事錄」, 1923;「小作制度調査總會で自作農創定決定」,『東京朝日新聞』1924년 4월 7일;「帝國經濟會議諮問事項說明書(1~4)」,『中外商業新報』1924년 4월 17~20일;「小作調停法案: 衆議院委員會の審議」,『大阪每日新聞』1924년 7월 8일;「小作調停案可決: 貴族院委員會」,『時事新報』1924년 7월 12일;「小作法案は握潰か」,『朝鮮新聞』1924년 7월 12일; 土井權大·水本信夫, 앞의 책, 1924, 7~8쪽; 松村勝治郎, 앞의 책, 1931, 103쪽; 農地制度資料集成編纂委員會,「解說 小作立法史」앞의 책, 1968a, 36~39쪽; 위의 책, 262~269쪽; 田中學, 앞의 논문, 1968b, 98·105~112쪽; 農地制度資料集成編纂委員會, 앞의 책, 1969, 76~81·84~106·706·751·760쪽; 김용덕, 앞의 논문, 1986, 141~143쪽; 데루오카 슈조 편, 전운성 역, 앞의 책, 2004, 114~115쪽; 大石嘉一郎, 앞의 책, 2005, 139쪽.

이렇게 의회를 통과한 소작조정법의 성격을 단적으로 파악할 수 있는 내용으로 당시 중의원 특별위원회에서 오간 질의응답이 주목된다. 여기서 나카무라(中村) 위원은 소작조정법안의 근본정신이 지주권 보호주의인지 또는 소작권 보호주의인지, 지주권과 소작권의 경중은 어느 정도 고려했는지 질문했다. 이에 나가미쓰(長滿) 정부위원은 제일의 근본주의는 지주와 소작인의 '공존공영(共存共榮)'에 있다고 답했다. 마지막으로 「각 위원의 희망에 대한 정부의 성명」을 통해 미쓰치(三土) 정부위원은 농촌의 현 상황으로 소작쟁의는 끊이지 않을 것이니, 근본 문제로서 농촌의 개선과 생산력 증진을 위해 적극적으로 모든 수단을 동원하는 것이 속히 필요하다고 말했다. 즉 일본 정부는 소작조정법을 통해 소작 문제를 조정하여 소작쟁의를 진정시켜서 농촌 생산력을 증진하는 것을 우선시한 것이다.[37]

한편으로 소작입법을 위한 구체적인 준비로서 1921년 일본 전역에 걸쳐 소작관행에 대한 정보를 수집하는 소작관행조사가 행해졌다. 일본의 소작관행조사는 이 조사가 가장 본격적인 것으로, 보고서에 풍부하고 포괄적인 정보가 담겼다. 이 소작관행조사 취지와 조사 항목 및 방법 등에 관련한 사항을 소작제도조사위원회에서 심의·결정하여, 조사의 실질적 주체인 각 정(町)·촌(村)에 통보했다.[38]

---

37 「第49回帝國議會衆議院 小作調停法案(政府提出)委員會議錄 第1~3回」, 1924년 7월 7~9일, 帝國議會會議錄檢索システム(http://teikokugikai-i.ndl.go.jp); 興農會, 「衆議院本法案特別委員會に於ける質疑應答」, 『小作調停法註解: 附 農會法註解』, 周文書院, 1924, 13~15·37~38쪽; 林增之亟, 「衆議院本法案特別委員會に於ける質疑應答」, 『小作爭議調停法註釋及理由』, 深谷中央社, 1924, 1~37쪽. 한편 이시구로 등 농정 관료는 소작조정법의 운용에 의해 소작법 취지의 실질화를 도모하고, 그러한 조정 실적을 축적하는 것에 의해 실정법의 성립을 기하려고 했다. 平賀明彦, 앞의 논문, 2002, 20쪽; 平賀明彦, 앞의 책, 2003, 66쪽.

38 農林省 農務局, 「例言」, 앞의 책, 1926(김인수, 앞의 논문, 2013b, 111쪽에서 재인용); 김인수, 앞

1920년 11월 27, 29일 소작제도조사위원회 제1회 총회에서 소작관행조사 사항이 결정되었다. 지주 경영 및 자작·소작의 장단점, 소작관행, 지주와 소작인의 관계, 소작농의 경제·생활·사회 상태, 다른 나라의 소작 관계 법령과 제도, 소작제도의 개선에 관한 방책 등에 대해서였다. 그 가운데 '소작관행'의 세부 조사 항목에는 ① 보통소작, 영소작, 기타 특수소작의 계약 체결 방법, 계약의 목적물과 기간의 설정, ② 소작료의 종류·품질·수량·비율, 그 증감과 납부 시기·방법, ③ 소작권의 제한·해제·배상, ④ 토지개량과 비용 부담, ⑤ 계약의 종료 등에 대한 당시 관행의 적합성 등이 포함되었다. 조사는 1921년 9월 22일 '농상무차관 통첩'으로 의뢰되었고, 조사서는 군(郡)·정·촌(1923년 간토대진재로 소실), 도(道)·부(府)·현(縣)별로 구분·작성되었다. 이 조사는 소작제도에 관련한 단순한 정보 수집에 그친 것이 아니라, 소작 관련 법률 제정을 위해 소작 문제에 대한 정책적 관심을 조사계획 수립 단계에서부터 적극적으로 반영한 것이었다.[39] 이 점에서 1921년의 소작관행조사는 과거 일본의 1885년, 1912년의 소작관행조사와 현격한 차이를 보였다.[40]

의 논문, 2013a, 158쪽.

39 1921년 소작관행조사 기초자료가 간토대진재로 소실되어 소작관행조사를 통한 즉각적이고 충분한 논리적 뒷받침이 어려웠던 점은 이후 소작법 제정이 지연되는 데 영향을 미쳤을 것이다. 소작관행조사 후 1922년 여름부터 1923년 봄까지 대부분의 지방청에서 보고서를 제출하여, 농림성은 이 가운데 도·부·현의 조사서를 정리하고 특수관행에 대해서는 군·정·촌의 조사서를 참고하여 1923년 8월까지 대체적인 정리작업을 마쳤다. 그런데 1923년 9월 간토대진재가 일어나는 바람에, 집필원고 일체와 조사서 모두를 소실하게 되었다. 이후 지방청에 조회하여 도·부·현 조사서의 사본을 송부받아 이를 다시 정리했으나, 특수관행 등에 대한 군·정·촌의 조사서는 참고할 수 없게 되었다. 김인수, 앞의 논문, 2013b, 116쪽.

40 農林省 農務局, 앞의 책, 1926, 1~3·7~9쪽; 農林省 農務局, 「凡例」, 『大正10年小作慣行調査』, 大日本農會, 1926; 農地制度資料集成編纂委員會, 『農地制度資料集成 1: 小作慣行に關する資料』, 御茶の水書房, 1970, 34쪽(김인수, 앞의 논문, 2013b, 112~114·116~117쪽에서 재인용).

이와 같이 일본 정부는 소작제도조사위원회를 중심으로 경작권 보장을 통해 지주제를 개혁하는 소작법 입안을 중점 논의하다가, 지주 측의 거센 반대에 부딪혀 소작관계를 조정·통제하는 소작조정법의 입안을 먼저 추진했다.

2) 소작조정법의 제정과 시행

일본의 소작조정법은 1924년 7월 22일 법률 제18호로 제정·공포되어, 그해 9월 26일 칙령 제228호 '소작조정법의 시행 기일 및 시행 외 지구(地區) 지정의 건'에 따라 12월 1일부터 1도 3부 34현의 일부 지역에서 시행되었다.[41] 처음에 소작조정법 시행 지역은 소작분쟁이 빈발하는 지역에만 국한되었는데,[42] 전국적으로 실시하면 오히려 소작쟁의가 심각하지 않은 지역에까지 분쟁을 확대·심화시킬 가능성이 있다는 우려에서였다. 이와 동시에 농림성(농상무성이 1925년 농림성·상공성으로 분할) 및 사법성에 관계 직원을 두고, 각 지방청에 소작관(小作

1921년의 소작관행조사 이후 일본 정부는 대대적인 소작관행조사를 벌이지 않았다. 소작입법을 위한 기초 통계자료를 이 조사를 통해 대부분 확보했다고 판단한 것으로 보인다. 특히 소작료 정보와 소작기간 정보가 현 단위로 계수화되고 평균치가 구해졌으므로, 소작법안 제정과 심의에 들어가기에 조사가 충분한 상황이었다. 김인수, 앞의 논문, 2013b, 122쪽.

41 소작조정법은 1924년 시행되어 1951년 '민사조정법(民事調停法)'에 흡수되기까지 28년간 운용되었다. 坂根嘉弘, 「小作調停法運用過程の分析」, 『農業經濟硏究』 55-4, 日本農業經濟學會, 1984, 204쪽.

42 처음에 소작조정법 시행 지역에서 나가사키(長崎)·미야기(宮城)·후쿠시마(福島)·이와테(岩手)·아오모리(青森)·야마가타(山形)·아키타(秋田)·가고시마(鹿兒島)·오키나와(沖繩)의 9현은 제외되었다. 하지만 1926년 6월 1일부터 나가사키·후쿠시마·아키타·야마가타·가고시마 5현, 1929년 7월 1일부터는 미야기·이와테·아오모리 3현, 1938년 8월 1일부터는 오키나와현에까지 완전히 소작조정법이 시행되었다. 「소작조정법 실시」, 『시대일보』 1924년 9월 27일; 法律新聞社, 앞의 책, 1924, 310쪽; 農林省 農務局, 『小作調停年報: 第2次(昭和2年3月)』, 1927, 19쪽; 農林省 農務局, 『小作年報: 第3次』, 1928a, 43쪽; 農林省 農務局, 『小作年報: 昭和4年』, 1931, 21~22쪽; 김용덕, 앞의 논문, 1986, 143~146쪽.

官) 20명, 소작관보(小作官補) 28명, 각 지방재판소에는 판사 30명, 재판소서기 30명을 두어 소작조정 사무를 관장하게 했다.[43]

소작조정법은 소작제도에 대한 최초의 특별법으로, 소작제도조사위원회의 첫 번째 수확이라고 할 수 있다.[44] 하지만 사실 소작조정법은 당시 실시된 지 얼마 되지 않은 '차지차가조정법(借地借家調停法)'을 모방하여, 실체법인 소작법이 제정되지 않은 상태에서 응급적으로 입법된 것이었다. 그런데 소작쟁의는 단체쟁의로서 전개되고 단체협약을 통해 소작규범이 설정되는데도, 소작조정법은 차지·차가의 조정 절차를 모방하여 전적으로 '당사자주의'로 개인 간 계약의 해석 및 이행에 관련한 분쟁에 대한 대책에 그쳐 근본적으로 결함이 있었다.[45]

소작조정법이 쟁의를 합리적으로 인도하고 신속하고 간이하게 문제를 해결하는 것을 취지로 한 것은 다른 조정법의 정신과 동일했다. 소작조정법상의 절차와 효과는 민사소송법에서의 화해와 중재제도를 혼용·조화시킨 것이었다. 제3자인 거중조정자(居中調整者)[46]가 개입하여 알선하고, 쟁의의 당사자인 지주와 소작인의 협조에 의해 그 사이에서 타협의 일치점을 도출하여 화해하는 것이다. 거중조정은 재판소(원칙적으로 지방재판소, 당사자 합의 시 구재판소) 또는 조정위원회가 담당하며, 조정위원회의 구성은 판사를 조정주임으로 하고 여기

---

43 農林省 農務局, 앞의 책, 1927, 19쪽; 小野木常, 앞의 책, 1942, 54쪽. 소작조정법 시행 지역이 확대됨에 따라 1926년 소작관 5명 및 소작관보 5명, 판사 5명과 재판소서기 5명을 증원했다. 1927년에는 소작관 12명 및 소작관보 5명, 판사 5명과 재판소서기 5명, 1929년에는 소작관 1명 및 소작관보 2명, 판사 2명과 재판소서기 2명을 증원했다.

44 增田福太郎, 앞의 책, 1938, 172쪽. 1926년 5월 농림성령으로 '자작농 창설 유지 보조규칙(自作農創設維持補助規則)'이 공포되는데, 이 또한 소작제도조사회의 별도의 수확이었다.

45 野間海造, 앞의 책, 1941, 2~3쪽.

46 '거중조정'이란, 제3자의 권고로 평화적으로 해결하는 것을 가리킨다.

에 관선(官選) 중립위원을 배치했다. 조정은 당사자의 신청에 의해 행해지는 것으로 강제조정제도는 인정하지 않았다. 조정이 성립되면 재판소의 인가 결정을 받아, 민사소송 절차상의 화해와 동일한 효력을 부여받았다.[47] 즉 당사자 간에 성립된 협정은 채무 명의[48]로 되어 불이행하면 즉시 강제집행을 받을 수 있었다. 소작관은 관제에 의해 설치되고 소작조정법에 의한 조정자로서의 지위는 없으나, 쟁의를 미연에 방지하거나 발생한 쟁의를 사실상 조정 처리하기 위해 활동했다. 이와 동시에 소작관행 또는 소작 실정을 조사하는 임무를 겸했다. 그리고 쟁의가 소작조정법에 의해 조정 절차에 들어가면 소작관은 보조기관으로서 자료 제공, 의견 진술을 하고 분쟁 사실 조사를 담당했다.[49]

일본에서 소작조정법이 시행되는 것은 '자력구제(自力救濟) 시대'에서 '국권보호(國權保護) 시대'를 거쳐 '사법자치(司法自治) 시대'로 나아가는 것을 의미한다고도 여겨졌다.[50]

---

47 소작조정법 제정을 위한 논의 당시 지주 측 위원은 당초 명망가적(名望家的)·법외적(法外的) 질서의 연장선상에서 행정관에 의한 조정을 요구했는데, 사법 관료와 농상무 관료는 정·촌장, 군장 등의 행정관도 한편의 이익 담당자라고 지적하며 행정조정을 하지 않고 사법조정을 하는 방향으로 추진했다. 川口由彦, 앞의 논문, 1992, 232쪽.

48 일정한 사법상의 이행 의무의 존재를 증명하고, 법률에 따른 강제 집행력이 부여된 공증.

49 法律新聞社, 앞의 책, 1924, 26~27쪽; 林增之亟, 앞의 책, 1924, 2~14쪽; 興農會, 「本法制定の理由: 高橋農商務大臣説明(大正13年7月臨時帝國議會に於て)」, 앞의 책, 1924, 1~3쪽; 江口春圃, 『小作爭議調停解說』, 博法社, 1926, 29쪽; 田中博隆, 『小作問題と法律の實際』, 二松堂書店, 1928, 291쪽; 水本信夫, 앞의 책, 1929, 77쪽.

50 末弘嚴太郎, 앞의 책, 1924a, 320~336쪽; 土井權大·水本信夫, 「自序」, 「緒論」, 앞의 책, 1924, 1~2·12·15·20~26·73~75·101쪽; 앤드루 고든 저, 김우영 역, 앞의 책, 2005, 303·317~318쪽; 마리우스 B. 잰슨 저, 김우영 외 역, 앞의 책, 2006b, 772쪽. 일본 조정법의 유래를 살필 때 '권해(勸解, 화해권고) 시대'에서 '소송주의 시대', '조정주의 시대'로 나아가고 있다고 해석되었다. 차지차가조정법과 소작조정법에 이어, 노동쟁의조정법(勞動爭議調停法), 상사조정법(商事調停法) 등 조정법 제정이 모색되고 있었다. 조정제도는 점차 확대되어, 1940년대 초 무

소작조정법을 시행하며 다카하시(高橋) 농상무대신이 그 '정신 천명'을 위해 보낸 「지방장관에 대한 내훈(內訓)」을 보면 다음과 같다.[51]

소작 문제는 현재 중요한 문제로 그 대책으로 근본적인 해결 및 개선 방책을 확립하여 분의(紛議)의 근원을 끊고 농촌의 진흥을 도모하는 것이 긴요하다. 그러나 이는 자못 곤란한 사업으로 매우 신중하고 주도면밀하게 이를 도모하지 않으면 안 된다. 그런데 근래의 소작사정을 보면, 쟁의가 각지에서 빈발하여 하루도 방치할 수 없어 속히 그 응급책을 강구하는 것이 긴급한 상황이다. 소작쟁의는 본래 각종 원인에서 일어나는 것으로, 당사자 간의 경제상의 주장에서 나아가 사상의 배치(背馳), 감정의 충돌을 초래하여 농촌의 불안을 야기하는 것이다. 그 대부분은 소작료 문제를 중심으로 하는 것으로, 필경 경제상의 어려움에서 일어나는 것이다. 농업의 이익을 유지·증진하기 위해 각종 제도·방법을 행하는 데 한층 힘쓰고, 동시에 한편으로 공정한 조정 아래 당사자로 하여금 많지 않은 농업 수익의 분배를 시의 적절하게 협정(協定)하게 할 방도를 강구해야 한다. 이것이 이번에 특별의회에 소작조정법안을 제출하여 협찬(協贊)을 얻은 이유이다. (밑줄―인용자)

즉 소작조정법은 소작관계의 근대화로의 방향성을 가지기보다, 관행적인 소작관계를 시인하며 그 모순이 발현된 소작쟁의를 법적 강제에 의해 조정·억제하려고 한 것이었다. 이에 대표적으로 당시 일본농민조합은 소작조정법 절대 반대를 제창했을 뿐만 아니라 지주소작관계의 타협적 개선을 요망하는 관

렵에는 거의 모든 민사분쟁에 적용되기에 이르렀다. 이는 실제상 민사분쟁의 해결책으로서 중요한 기능을 했다. 水本信夫, 앞의 책, 1929, 1·12~13쪽; 小野木常, 「自序」, 앞의 책, 1942, 1쪽.

51 法律新聞社, 앞의 책, 1924, 310~313쪽.

료·학자들도 일부 불만을 표시했다.[52]

소작조정법은 소작법이 제정되지 못한 상황에서 민법을 판결의 내용적 근거로 삼았다.[53] 전문 49조로 구성된 소작조정법은 먼저 소작료 및 기타 소작관계에 대한 쟁의가 발생한 경우, 당사자는 쟁의의 목적인 토지 소재지를 관할하는 지방재판소에 조정 신청할 수 있다(제1조)고 하여 소작조정제도의 범위를 규정했다. 재판소가 소작조정 신청을 수리한 경우에는 쟁의의 실정에 비추어 즉시 조정하거나, 조정위원회를 개최할 필요가 있다(제10조)고 하여 해당 기관으로서 조정위원회를 두도록 했다. 하지만 재판소의 사정에 따라 적당한 자가 있다고 인정될 경우에는 그로 하여금 권해(勸解, 화해권고)[54]를 하게 할 수 있었다(제11조). 조정위원회는 조정주임 1인 및 조정위원 2인 이상으로 조직되었다(제28조). 조정위원은 당사자의 합의에 따라 선정되거나, 쟁의의 조정에 적당한 자 중에서 조정주임이 지정하도록 했다. 조정주임은 판사 중에서 매년 지방재판소장이 지정했다(제29조).[55] 또한 재판소가 필요하다고 인정할 경우 조정위원회는 소작관, 시(市)·정(町)·촌장(村長) 또는 군장(郡長), 기타 적당하다고 인정되는 자에게 의견을 구할 수 있었다(제18조). 행정장과 소작관 감독은 조정위원회에

---

52 小倉武一, 앞의 책, 1951, 398쪽; 大石嘉一郎, 앞의 책, 2005, 140쪽.

53 이윤갑, 『일제강점기 조선총독부의 소작정책 연구』, 지식산업사, 2013, 145쪽.

54 권해는 독립된 시담(示談, 민사상의 분쟁을 재판 이외에 당사자 간에 해결하는 일. 또는 그화해 계약)의 권유로, 시담이 성립되면 그 시담은 재판 외의 화해로 독립된 존재가 되었다. 조정 개시 후에도 적당한 자로 하여금 권해를 하게 할 수 있었는데, 이 경우 권해를 할지 여부는 조정위원회의 결의에 따라 결정했다. 長島毅, 『小作調停法講話』, 淸水書店, 1925, 38~39·83쪽.

55 소작조정위원은 재판소장이 선임하나, 실제 선임 시에는 지방의 실정에 정통한 소작관과 협의했다. 1924년 소작조정법 시행 초에 농무국장은 지방장관에게 통첩하여 그 후보자 조사·선정에 특별히 신중하게 고려하도록 했고, 매년 소작관이 조정위원 후보자 명부를 작성하여 해당 지방재판소장에게 제출했다. 農林省 農務局, 앞의 책, 1927, 30~31쪽.

참석하여 의견을 진술할 수 있었고, 소작조정법의 효력은 재판상 화해와 동일한 효력을 가졌다(제27조).[56] 그리고 기일 내에 조정이 성립되지 않을 경우, 조정위원회는 적당하다고 인정되는 조정 조항을 정하여 조서 정본(正本)을 당사자에게 송부해야 했다. 당사자가 이를 받은 후 1개월 내에 조정위원회에 이의제기를 하지 않으면 조정에 동의한 것으로 간주했다(제36조). 그러나 그 결정에 아무런 구속력은 인정하지 않아 이에 복종할지 여부는 당사자의 자유 선택에 달려 있었다. 즉 이는 당사자에게 도덕적인 효력은 있어도 법률적인 강제력은 없었다.[57]

소작조정법 시행상의 특성은 다음과 같았다. 첫째, 법에 의한 조정보다도 '법외(法外) 조정'이 우선시되었다. 조정 진행 중에도 적당한 사람에 의해 '권해'가 가능하다고 한 것은 법외 조정이 불가능한 경우에만 법에 따라 조정하겠다는 방침이었다. 또한 소작조정 신청이 수리된 경우 동일 사건 소송을 조정이 끝날 때까지 중지시킨 것은 '화해'를 궁극적인 목표로 했기 때문이다. 소작조정법에 의한 조정은 촌락 공동체의 관행적인 분쟁 처리 방법이 기준이 되었다. 둘째, 소작분쟁의 법적 해결에서 민사소송보다 소작조정법에 대한 의존도를

---

56 실제 재판소에서 조정 신청을 수리하면, 즉시 소작관에게 협의하여 그 의견을 들어 조정위원회를 개최했다. 재판소가 직접 조정하기로 결정하는 경우에도, 대부분은 조정위원을 지정하여 기일을 정해 조정위원회를 열었다. 권해자를 이용하는 경우에는 조정 신청 전에 소작관·유지 등이 사실상 화해를 성립하게 한 후 조정 신청을 하여 즉시 권해에 붙였다. 또는 재판소가 직접, 혹은 조정위원회가 조정을 진행하면서, 한편으로 소작관·유지 등 조정 보조자로 하여금 권해를 하게 했다. 조정 장소는 재판소가 직접 조정을 할 경우에는 재판소 내에서 열고, 조정위원회를 개최할 경우에는 수시로 적당한 장소로 출장을 갔는데 편의에 따라 재판소, 군청, 정·촌사무소, 사원(寺院), 공회당(公會堂), 소학교, 조정주임 또는 소작관의 숙소 등을 선정했다. 農林省 農務局, 앞의 책, 1927, 48~49쪽; 農林省 農務局, 앞의 책, 1928a, 72~73쪽; 農林省 農務局, 앞의 책, 1931, 50쪽; 農林省 農務局, 『小作年報: 昭和6年』, 1933, 61~62쪽.

57 「小作問題の成行 (1~7)」, 『時事新報』 1923년 6월 24일~7월 7일.

높였다. 소작조정법에 의한 조정이 더 집행력을 갖고 있고 조정 비용이 상대적으로 저렴하며 해결 시간도 짧았기 때문에 지주와 소작인 모두 소작조정법에 먼저 의존하려 했다. 셋째, 조정위원회 구성이나 조정 의뢰 측 대표 선정에서 계급의 조화를 추구했다. 농상무성은 지방장관에게 조정위원의 구체적 선정 방침을 통첩했다. 조정위원은 조정에 적당한 사람으로서 지주·소작 어느 쪽에도 속하지 않는 중립자, 지주 측에 신망 있는 자, 소작 측에 신망 있는 자, 지주·농민 쌍방으로부터 신망 있는 자 중에서 적절히 안배했다.[58] 또한 조정 과정에서 당사자 위주의 방침을 취했는데, 소작조합의 지도자가 소작인 대표로서 조정 과정에 개입하여 소작쟁의의 계급 대립을 강조·확대하는 것을 막으려는 의도였다. 넷째, 소작관의 활동을 통해 소작분쟁의 효율적인 해소를 도모했다. 소작관을 두어 소작쟁의를 조사하고 화해를 도모하게 했다. 소작관은 또한 조정 주임을 보좌하여 조정에 필요한 자료를 모으고, 조정위원 선정을 위한 조사를 할 뿐만 아니라 조정위원회에 출석하여 의견을 제시하는 조정위원회의 간사 역이기도 했다. 소작관은 농상무성(농림성)에서 도·부·현에 파견하는 특수한 신분의 지방관이었다.[59] 이들에게는 지주·소작인과 수시로 접촉하여 소작쟁의

---

58 1925~1933년 소작조정위원의 평균 계층별 구성을 보면, 지주 37%, 지주 겸 자작 5%, 지주 겸 소작 1%, 자작 23%, 자작 겸 소작 8%, 소작 13%, 기타 13%였다. 金原左門, 「小作調停法實施狀況の政治史的分析のための覺え書」, 『法學新報』 72-9·10, 法學新報社, 1965, 15쪽(김용덕, 앞의 논문, 1986, 149쪽에서 재인용).

59 소작관은 내무성 기구 중에서 농림성의 임무를 실행하는 특이한 존재였다. 그 인사권은 농림성에 있었다. 일본은 이들의 적극적인 활동에 따라 소작조정법의 내실을 기할 수 있었다. 朴ソプ, 「植民地朝鮮における小作關係政策の展開」, 『日本史研究』 353, 日本史研究會, 1992a, 52쪽; 平賀明彦, 앞의 책, 2003, 84쪽. 소작관은 주임관(奏任官)의 고등관(高等官)으로, 도·부·현청 내에서는 내무성 고등관과 같은 높은 지위였다. 고등관(군인 포함)은 일본을 움직일 수 있는 특권적인 존재로, 그들 스스로도 이러한 의식이 강했다. 고등관으로서 소작관이 지방의 농촌에 들어가 구체적인 소작쟁의의 조정작업을 농민과 머리를 맞대고 한다는

발생을 미연에 방지하고 소작사정 조사와 농지 감정·평가, 소작쟁의 상황과 소작조정법 실시 상황 조사를 통해 향후 소작법 제정의 바탕을 마련하는 임무가 주어졌다. 이러한 지방소작관제도는 소작법 입법화를 달성하지 못한 이시구로 등 농정 관료가 소작법 취지를 소작조정법 운용 과정에서 실현하고, 그러한 조정 사례를 축적하여 소작법의 실현으로 연결시키기 위해 독자적인 시스템을 구축한 것이었다. 그 밖에 소작관은 자작농 창설사업에도 커다란 역할을 했다.[60]

그러나 소작조정법은 어디까지나 절차법이었다. 소작권의 범위와 소작료의 수준 및 단체교섭의 방식을 규정하는 실체법인 소작법과 소작조합법의 제정이 수포로 돌아간 상황에서 그 운용에 한계가 있어 소작 문제의 근본적인 해결책은 되지 못했다.[61]

소작조정법의 한계점은 다음과 같다. 첫째, 소작조정법은 개별적 분쟁을 대상으로 만들어져, '당사자주의'에 의해 개인 의지에 따르는 법률이라는 것이 가장 큰 결점이었다. 소작조합, 지주조합 등과 아무런 교섭 없이 이들 단체의 뜻을 무시하고 조정이 이루어질 수 있는 것이 소작조정법의 한계였다. 개인 분쟁이 단체 분쟁으로 번지고 계급투쟁화되면서 사회문제가 더욱 심각해질 수 있는데, 이를 충분히 염두에 두지 않은 것이 문제였다. 둘째, 당국이 사설조정

것은 당시의 관료제도로 볼 때 이례적인 일이었다. 木村茂光 編,『日本農業史』, 吉川弘文館, 2010, 310쪽.

60 農林省 農務局, 앞의 책, 1927, 69~72쪽; 農林省 農務局, 앞의 책, 1931, 103~106쪽; 農林省 農務局, 앞의 책, 1932, 122쪽; 農林省 農務局, 앞의 책, 1933, 150쪽; 김용덕, 앞의 논문, 1986, 147~150쪽; 平賀明彦,「1920年代後半の農業政策」,『白梅學園短期大學紀要』39, 白梅學園短期大學, 2003, 140~146쪽; 데루오카 슈조 편, 전운성 역, 앞의 책, 2004, 115쪽.

61 데루오카 슈조 편, 전운성 역, 앞의 책, 2004, 115·134쪽; 木村茂光 編, 앞의 책, 2010, 310쪽.

188 종속과 차별—식민지기 조선과 일본의 지주제 비교사

소(私設調停所)의 공인(公認)제도를 채용하지 않은 점이 지적되었다. 소작조정법에 따른 조정위원회는 여전히 관료적으로, 관료가 아니면 일이 되지 않는다는 전통적 관념에 의지하고 있었다. 이에 소작조정법이 과연 얼마나 자치 사상과 화해를 위해 공헌할 수 있을지 의문시되었다. '공설조정주의(公設調停主義)'의 조정법은 과도기적 시대에나 적합한 법이며, 이제 '사설조정주의'를 병용해야 더 효과적일 것이라는 비판이 있었다. 셋째, 무엇보다도 소작조정법의 약점은 당국에서 소작법보다 앞서 소작조정법을 만든 것이었다. 절차법을 실체법보다 먼저 입안하여 자칫 근본을 놓치고 지엽적인 문제에 구애되어 문제 해결이 수포로 돌아갈 수 있었다. 민법은 구래(舊來)의 소작관계를 규정하는 것으로 불충분했다. 따라서 소작 실체 관계를 규정하는 공정하고 타당한 기준으로서 소작법을 마련하는 것이 최우선적 과제가 되었다.[62]

이에 대체로 지주 측은 소작조정법을 환영했으나, 농민조합을 비롯한 소작농 측은 반대하는 모습을 보였다. 기존에 소작쟁의 소송에서 원고는 대부분 지주였는데, 지주 측은 재판소의 소송 절차가 불편했기 때문에 그 개선을 요구하고 이를 대신할 만한 간이한 쟁의 해결 방법이 마련되기를 바랐다. 그리하여 소작조정법 제정에 찬성한 것이다. 그러나 소작농 측의 입장은 달랐다. 대표적으로 일본농민조합은 소작조정법 제정은 소작인운동의 본질을 해석하지 못한 것이며 농민조합운동을 저해한다고 반대 성명을 발표했다.

일본농민조합은 제49회 제국의회에 소작조정법안이 상정되자 즉시 간부회를 열어 반대 성명을 발표하고 이 법안이 농민조합운동을 저해한다고 밝혔

---

62 土井權大·水本信夫, 앞의 책, 1924, 124~128쪽; 布施辰治, 『小作爭議の戰術と調停法の逆用』, 生活運動社, 1928, 7~10·38~39쪽; 奈良正路, 『小作法案の嚴正批判』, 叢文閣, 1928, 194쪽; 田中博隆, 앞의 책, 1928, 504쪽.

다. 또한 소작조정법의 세 가지 조정기관은 재판소, 조정위원회, 재판소가 권해에 적당하다고 인정한 사인(私人)인데, 그중 조정위원회는 원칙적으로 판사인 조정주임 1인과 조정위원 2인으로 구성되었다. 그런데 이 위원들은 부·현회 의원이나 정·촌장 등 대부분 지방의 유력자들로 곧 지주 계급이자 그들의 대변자라는 것이었다. 그리고 주임관이 법률은 알아도 농촌 문제에는 이해가 부족한 판사라는 점에서 기대할 수 없다고 했다. 행정기관도 조정에 개입하여 소작관을 비롯해 군·시·정·촌장이 조정 절차를 밟고 조정 시 사건의 경과를 보고하며 때로는 의견을 진술하는데, 이들이 과연 지주와 소작인 사이에서 공평한 태도를 취할 수 있을지 의문을 제기했다.[63]

한편 일부 지주와 정당원들도 소작조정법이 계급투쟁을 한층 조장할 수 있다며 이를 반대했다. 또한 소작조정법 입법을 반대하는 논의로 소작조정법의 효력이 없다는 견해도 있었다. 조정위원회에서 조정은 해도 재판은 할 수 없도록 되어 있어 그 결정에 아무런 구속력이 없다는 것이었다. 유럽 여러 나라의 제도를 보면, 조정으로 화해가 성립되지 않은 경우 조정위원회는 나아가 자기 소견으로 중재판결을 할 수 있었고 그 재결에 강제적인 효력을 부여하고 있어 소작조정법 개정이 필요하다고 여겨졌다.[64]

이와 관련하여 실제 소작조정법 시행 후 소작조정위원의 계급별 구성을 살펴보면, 소작조정위원은 농림성의 지령에 따라 군 또는 지청의 구역마다 약 20~30명, 시에는 약 10~20명을 선정했다. 사법성 민사국의 조사에 의하면, 제

---

63 末弘嚴太郎, 앞의 책, 1924b, 15~16쪽; 水谷長三郎, 앞의 책, 1926, 164~165쪽; 奈良正路, 『小作法案の嚴正批判』, 叢文閣, 1928, 194쪽; 田中博隆, 『小作問題と法律の實際』, 二松堂書店, 1928, 504쪽; 데루오카 슈조 편, 전운성 역, 앞의 책, 2004, 115·134쪽; 木村茂光 編, 앞의 책, 2010, 310쪽.

64 「小作問題の成行 (1~7)」, 『時事新報』 1923년 6월 24일~7월 7일.

(단위: 명, %)

연도	지주	지주 겸 자작	지주 겸 소작	자작	자작 겸 소작	소작	기타	계
1925	128(39)	15(5)	2(1)	77(24)	21(6)	45(14)	37(11)	325(100)
1926	122(38)	13(4)	2(1)	73(23)	21(6)	44(14)	44(14)	319(100)
1927	113(34)	22(7)	2(1)	83(25)	25(8)	42(12)	45(13)	332(100)
1928	117(36)	14(4)	3(1)	86(27)	23(7)	40(12)	41(13)	324(100)
1929	118(36)	14(4)	3(1)	81(25)	25(8)	46(14)	39(12)	326(100)
1930	116(38)	15(5)	3(1)	68(22)	27(9)	42(13)	38(12)	309(100)
1931	116(38)	15(5)	3(1)	68(22)	27(9)	42(13)	38(12)	309(100)
1932	109(38)	13(5)	2(1)	63(22)	25(9)	34(12)	38(13)	284(100)
1933	111(38)	16(5)	3(1)	65(22)	24(8)	35(12)	42(14)	296(100)
평균	117(37)	15(5)	3(1)	74(23)	24(8)	41(13)	40(13)	314(100)

* 출전: 農林省 農務局, 『小作調停年報』, 각 연도판; 農林省 農務局, 『小作年報』, 각 연도판(小林巳智次, 『農業法研究: 農地法の根本問題』, 有斐閣, 1937, 367~368쪽에서 재인용).
* 1930년분은 1931년 9월 말 현재 조사이다.

1회(1925년)에는 총 1만 2,359명에 달했다. 이후 소작조정법 시행 구역의 확대에 따라 그 수는 약간 증가했으나 대체로 1만 3,000~4,000명 사이에 달했다. 이러한 소작조정위원의 부·현당 평균 인원수 및 그 백분율을 살펴보면 〈표 2-1〉과 같다. 표에 따르면 지주 계급은 37%를 차지하고, 지주 겸 자작농을 더하면 42%에 달했다. 그에 비해 소작계급은 13%에 지나지 않았고, 자작 겸 소작농을 더해도 21%로 지주 측의 반수에 해당했다. 하지만 자작농 전부를 더하면 44%로 지주 계급의 총수에 필적할 만한 상태였다. 그 밖에 이 표 가운데 '기타'는 정·촌장, 소학교원, 대학 교수, 농회 기사(技師), 우편국장, 변호사, 의사, 신관(神官), 승려, 신문기자, 상인 등으로, 농촌에서 지식·사회·경제적으로 지도적 지위에 있는 자를 포괄하고 있었다. 이러한 농촌의 상층계급이 경우에 따라 '캐스팅보트(casting vote)'를 행사했는데, 일반적으로 이들은 지주 계급에게 유리한 발언을 하

는 경향이 높았다.[65]

그런데도 소작조정법은 단기간 내에 소작쟁의를 조정할 수 있는 유효한 법률로서 자리 잡아갔다. 조정위원회는 쟁의를 원만하게 해결하기 위해 신청 당사자 외에도 촌(村)내 다른 지주와 소작인의 참여를 구했다.[66] 조정 사건의 당사자가 유력한 소작조합에 관계하는 경우에는 조합 간부의 의향을 반영하지 않으면 해결이 어려웠으므로 조합 간부를 보좌인(輔佐人)으로 하여 그 의견을 청취했다. 이와 같이 조정위원회에 농민들의 참여가 가능했던 구도는 소작조정법의 본래의 취지에 따라 만들어질 수 있었다. 소작조정법을 입안한 사법 관료의 구상에 의하면, 조정의 장은 당사자의 일방적인 이익 주장을 배제하고 양자의 양보를 이끌어내기 위한 것이었다. 따라서 여기에서는 어느 한편의 주장이 다른 편을 배제하고 관철되는 것을 지양하고, 반드시 상호 양보가 존재해야 했다. 이 양보의 범위는 추상적·이론적으로 확정되는 것이 아니라, 이해관계 당사자들의 사회적 접촉을 통해 역사적·구체적으로 축적·형성되어갈 것이었다. 소작조정법을 구성한 사법 관료는 조정의 장에서 이러한 '공존공영'적 관계를 구축하는 것이 곧 '사법의 민중화'를 실현하는 길이라고 표방했다. 실제 조정의 과정에서 이러한 협조주의적인 방향은 기본적으로 실현되어갔다고 할 수 있다. 조정 시 지주도, 소작인도 자기 이해를 완전히 관철하기는 어려웠고, 어느 정도 양보할 것이 강제되었다. 이를 소작인의 성장과 지주 지배의 후퇴라는 소작조정법이 성립되는 역사적 계기로부터 파악하면, 소작 측의 최소한의

---

65 小林巳智次, 앞의 책, 1937, 367~368쪽.

66 1925~1933년 소작조정위원의 계층별 구성을 보면, 지주 37%, 지주 겸 자작 5%, 지주 겸 소작 1%, 자작 23%, 자작 겸 소작 8%, 소작 13%, 기타(정·촌장, 소학교원, 대학 교수, 농회 기사 등) 13%였다(위의 책, 1937, 367~368쪽).

요구가 인정되어갔다고 할 수 있다.[67] 또한 구장(區長), 부락(部落) 총대(總代) 및 지방 유력자에 의한 조정도 큰 비중을 차지했다.[68]

그리고 소작관이 소작조정법을 통한 소작쟁의의 조정 이외에 법외 조정에서 커다란 역할을 했다. 즉 도·부·현에 있는 소작관이 소작조정법에 의하지 않고 조정한 사건이 다수 있었다. 지방소작관 중에는 사실상의 조정을 통해 법에 의한 조정 이상의 평가를 받고 있는 자들도 상당수 있었다. 이처럼 소작관의 역할이 커진 것은 소작관이 소작조정법상 본래 조정위원회에 기대되었던 일을 실제 수행하면서 당사자의 양보를 이끌어낼 수 있었기 때문이다.[69]

그에 따라 소작조정법은 소작쟁의를 근본적으로 해결하지는 못해도, 실제 소작쟁의를 진정시키는 데 나름의 역할을 했다. 1920년대에는 상업적 농업의 발전으로 농민의 상품생산이 진전되고 대도시에 근접하여 자본주의적 노동시장의 영향력이 강했던 긴키형(近畿型) 농촌을 중심으로 서일본(西日本)에서 소작쟁의가 집중적으로 발생했다. 그런데 이 시기에 긴키 지방에서는 농업 취락을 기초적 범위로 하여 집단적인 소작료 감면 쟁의가 많았는데, 소작조정에 의해 소작료 감면을 규정하는 내용의 집단적 계약이 체결된 경우가 많았다. 또한 대공황기인 1930년대에는 소작쟁의가 자본주의적 관계에서 상대적으로 후진적이며 이제까지 지주의 지배력이 강해 쟁의 발생이 적었던 동일본(東日本)에서 많이 발생하게 되었다. 1930년대에 도호쿠(東北) 지방에서 많이 발생한 개별적

---

67 大內力, 『農業史』, 東洋經濟新報社, 1960, 236쪽(정연태, 『식민권력과 한국 농업』, 서울대학교 출판문화원, 2014, 359쪽에서 재인용). 農林省 農務局, 앞의 책, 1928a, 73쪽; 川口由彦, 『近代日本の土地法觀念』, 東京大學出版會, 1990, 319쪽.

68 農林省 農務局, 『小作爭議·調停及地主小作人組合の槪要』, 1938, 15쪽; 裵民植, 「植民地期朝鮮における農業政策の展開過程」, 東京大學 大學院 博士論文, 1994, 182쪽.

69 農林省 農務局, 앞의 책, 1938, 23~24쪽; 川口由彦, 앞의 책, 1990, 319~320쪽.

토지쟁의(지주의 토지 회수에 대해 소작 계속을 요구하는 쟁의 및 토지 반환 시 조건을 둘러싼 쟁의 등)에 대해서도 소작관은 지주와 소작 쌍방의 경제상황을 조사하여 적극적으로 조정을 했다. 이렇게 소작조정이 이루어지면서 일본에서는 협조주의적인 소작질서가 광범위하게 형성되어갔다.[70]

이것이 가능했던 배경으로 일본에서는 '이에(家)'와 '촌(村)'이 소작 문제의 계급모순을 완화하는 역할을 했다. 급격한 산업화에도 불구하고 일본에서는 많은 인구가 농업 지역에 잔류하여 농가 호수가 유지되고 경지 면적이 증가했는데, 이는 전통사회질서에서 벗어나지 않으려 했던 이에·촌락 등의 경향성 때문이기도 했다.[71] 사적 토지소유를 자치촌락이 자치적·공동체적으로 규율하여 경작이 어느 정도 보전될 수 있었고, 이를 전제로 하여 촌락 내 소작조정 시스템이 형성될 수 있었던 것이다.[72]

특히 일본 고유의 '이에'제도가 있었기 때문에 소작농은 가업(家業)으로서 농업에 대한 강한 집착을 갖고, 기회비용대로 농업 노동력을 농외로 이동시키지만은 않았다. 하지만 때때로 소작농은 노동력을 농외 부문으로 이동시킬 것을 각오하면서, 소작지의 반환 의도를 비치며 지주와 소작료 감면 교섭을 행했다. 이러한 딜레마 속에서 발생한 것이 소작료를 둘러싼 '기회비용 쟁의'였다. 소작농의 요구는 농외 임금(기회비용)에 알맞게 소작료를 인하하는 것이었다(소

---

70 齋藤仁, 「戰前日本の土地政策」, 『アジア土地政策論序說』, アジア經濟研究所, 1976; 安達三季, 「小作調停法」, 『講座日本近代法發達史』 7, 勁草書房, 1979; 坂根嘉弘, 『戰間期農地政策史研究』, 九州大學出版會, 1990(平賀明彥, 앞의 논문, 2003, 140쪽에서 재인용); 田中學, 앞의 논문, 1968a, 143~144쪽; 데루오카 슈조 편, 전운성 역, 앞의 책, 2004, 109·132~133쪽; 大石嘉一郎, 앞의 책, 2005, 133~134쪽; 앤드루 고든 저, 김우영 역, 앞의 책, 2005, 337쪽; 木村茂光 編, 앞의 책, 2010, 304~311·318~321쪽.

71 木村茂光 編, 앞의 책, 2010, 266~268·272~273쪽.

72 데루오카 슈조 편, 전운성 역, 앞의 책, 2004, 81쪽.

작료 인하 → 농업소득의 증대 → 농외 임금과의 균형). 단, 소작인은 '이에'관념에 따른 농외로의 노동력 이동에 대한 저항감에서, 시장의 기회비용에 알맞게 소작료가 책정되지 않고 실제 소작료가 어느 정도 높게 책정되어도 이를 허용했다. 하지만 지주가 기회비용보다 상당히 높은 소작료를 고수하며 소작료 인하를 허락하지 않을 때는 교섭이 결렬되어 소작쟁의가 발생했다. 이것이 1920년대에 집단적 소작료 감면 쟁의로 나타난 것이다.

요컨대 일본적 '이에'나 '촌락'이 존재했기 때문에 소작농이 농업을 지속하려는 강한 의지로 인해 소작료 인하를 둘러싼 쟁의가 발생한 것이다. 바꿔 말하면 지주와 소작인 쌍방이 납득하는 촌락마다의 소작료 시세가 형성되어 있었고, 소작료 감면 쟁의는 이를 수정하려는 것으로 촌락 단위에서 소작료 감면 교섭이 필요했다. 집단적 소작료 감면 쟁의는 일본적 이에나 촌락을 전제로 한 일본의 독특한 농민운동이었다. 이는 비교적 '질서 정연한 집단적 소작료 감면 쟁의'로 전개되었고, 다른 아시아의 여러 나라에서 농민운동이 대부분 '농민폭동'으로 표현될 만큼 과격했던 것과는 대조적이었다.[73]

3) 소작조사회의 소작법안 심의 및 공표

그런데 1920년대 중후반에 들어 금융공황과 대공황의 영향과 함께 소작쟁의가 지역적으로 확산되고 쟁의 내용도 악화하면서, 실체법으로서 소작법을 제정하려는 움직임이 다시 활발해졌다. 소작조정법의 운용이나 자작농 창설·유지 사업만으로는 소작 문제에 근본적으로 대처할 수 없었기 때문이다. 소작법 제정은 현행 민법의 결함 보충과 경작권 보호를 근본 정신으로 하며, 공정

---

73 木村茂光 編, 앞의 책, 2010, 307~309쪽.

한 소작료를 책정하는 제도를 수립하기 위한 것이었다.[74]

이에 일본 정부는 제국경제회의 농업부(1924년 4월 설립, 11월 폐지)의 전신인 소작제도조사회(1923년 5월 소작제도조사위원회 해소 및 설립)를 부활한다는 방침을 취하여, 1926년도 예산에 그 경비 8만 엔을 요구하는 안을 대장성에 회부했다. 1926년 3월 새로운 회계연도에 접어듦과 동시에 농림성은 소작입법에 관련한 조사를 위해 소작조사회 설치를 추진했다. 1926년 5월 24일 헌정회(憲政會)의 제1차 와카쓰키 레지로(若槻禮次郎) 내각(1926. 1. 30~1927. 4. 20)은 사회입법으로서 소작법 제정의 급무를 인정하여 칙령 제135호 관제로 '소작조사회'를 설립했다.[75] 그리하여 '소작 문제에 대한 방책 여하'를 자문하고 그 기본 방향의 확립을 구하여 소작 관련 사항에 대해 조사·심의를 계속하기로 했다. 조사회는 소작법안과 소작조합법안 두 법안을 차기 의회에 제안하기 위해 심의하는 역할을 맡아, 기초자료 수집과 부의할 초안의 탈고를 서둘렀다. 소작조사회 조직은 회장 1인, 위원 20인, 간사 2인으로 구성되고, 이 밖에 필요에 따라 임시위원을 임명하고 또 특수조사를 위해 촉탁 2인과 간사 보조를 위해 서기 3인을 둘 수 있었다.[76]

---

74 「小作立法根本方針」, 『神戸又新日報』 1925년 11월 2일; 田中學, 앞의 논문, 1968b, 123~124쪽; 平賀明彦, 앞의 논문, 2003, 147쪽; 大石嘉一郎, 앞의 책, 2005, 141쪽. 당시 농촌의 노동자라고 할 만한 소작인계급에게는 '공장법'에 해당하는 법률이 없으므로, 사회정책이 도시에만 편중되지 않도록 소작법이 공장법, 차지법·차가법과 같이 시행되어 소작인을 보호하는 사회정책적 법률이 되어야 한다는 여론이 있었다. 澤村康, 『小作法と自作農創定法』, 弘造社, 1927, 661~664쪽.

75 1926년 6월 25일 개최된 헌정회 지부장회의에서 와카쓰키 레지로 총재는 정부의 새로운 정책과 관련하여 소작법, 노동조합법의 사회입법 등에 대한 정부의 의지를 밝혔다. 그러면서 귀족원의 협조가 필요하다고 말했다. 「헌정지부장회 來 25일 개최」, 『매일신보』 1926년 6월 22일.

76 「調査機關新設か: 小作法及び小作組合法, 農林省當局の意向」, 『國民新聞』 1925년 9월 23일;

소작조사회는 회장 농림대신 하야미 세지(早速整爾) 이하 두 명의 내무차관 다와라 마고이치(俵孫一), 가와사키 다쿠키치(川崎卓吉), 사회국장관 나가오카 류이치로(長岡隆一郞), 대장성 주세국장 구로다 히데오(黑田英雄), 사법성 민사국장 이케다 도라지로(池田寅二郞), 두 명의 농림차관 고야마 쇼주(小山松壽), 아베 히사노리(阿部壽準), 농림참여관 다카다 고헤(高田耕平), 농림성 농무국장 이시구로 다다아쓰 및 기타 학계·정계의 위원으로 구성되었다.[77]

소작조사회는 소작제도조사위원회의 소위원회, 특별위원회, 총회 체제를 계승했다. 1926년 6월 30일 소작조사회 제1회 총회가 개최되어, 소작제도 개선을 위한 조사·심의 방향성에 대해 논의가 이루어졌다. 이때 소작조합법 제정 문제를 조사·심의할 것이 다시 의제로 떠올랐으나, 결국 소작법 제정을 중심 의제로 설정하기로 결정했다. 이 논의에서 스에히로 이즈타로(末弘嚴太郞) 위원은 소작쟁의 상황의 변화와 이에 대처하는 데 소작조정법의 한계에 대해 언급했다. 이후 특별위원회 및 소위원회 회의를 거듭하여 소작제도 개혁에 대한 방책의 안을 결정했다.[78]

다음 날 7월 1일에는 자문사항인 '소작 문제의 대책'에 대해서 논의하고자

「小作立法調査會委員の顔觸れ大體決定す」, 『國民新聞』 1926년 3월 23일; 「小作法の制定: 小作權を物權とする, 小作制度調査會設置費を農林省豫算に計上」, 『大阪每日新聞』 1925년 10월 31일; 「小作立法根本方針: 耕作權の確認を主眼に, 先ず制度調査會設置」, 『神戶又新日報』 1925년 11월 2일; 「인구·이민 二問題 現閣은 善處를 考究中」, 『매일신보』 1926년 4월 6일.

77 「小作制度委員調査會設置乎」, 『매일신보』 1926년 3월 23일.

78 「小作問題に對する根本策樹立の急務: 小作調査會に於ける町田農林大臣の挨拶」, 『時事新報』 1926년 7월 1일; 澤村康, 앞의 책, 1927, 659쪽; 松村勝治郎, 앞의 책, 1931, 103쪽; 農地制度資料集成編纂委員會, 「解說 小作立法史」, 앞의 책, 1968a, 62~70쪽; 위의 책, 423~426쪽; 農地制度資料集成編纂委員會, 앞의 책, 1969, 82쪽; 平賀明彦, 앞의 논문, 2003, 147쪽.

소작조사회 제1회 특별위원회가 농림대신 관저에서 열렸다. 그러나 이 주제가 너무 막연하다고 하여 보다 구체적인 것을 심의하기로 했다. 그리하여 소작, 영소작, 지주 및 소작인단체 등에 관한 법제를 정하고, 또 자작농 창설·유지를 더욱 유효하게 하기 위해 입법의 필요가 있으면 어떠한 점을 조사·연구해야 할지 당국의 의견을 듣고 싶다는 위원들의 주문이 있었다. 이에 이시구로 농무국장은 소작법, 소작조합법, 자작농 창설에 관한 법규와 관련하여 연구가 필요한 점에 대해 설명했다.[79]

이처럼 농림성이 소작조사회를 통해 소작법안을 입안하려는 것에 대해 지주 측은 우려를 표명했다. 1926년 7월 22일 니가타현(新潟縣)의 지주 대표 등은 도쿄(東京)에 올라와 이시구로 농무국장을 방문했다. 이해 7월 27일에는 오사카에 본부를 둔 대일본지주협회(1925년 10월 6일 설립)의 대표 등이 농림대신 관저에 출두하여 소작법 제정에 항의하는 진정(陳情)을 하며 지주 측이 요망하는 소작법안 요강을 제출했다.[80] 이에 일본 정부는 소작입법을 지주에게도 공평하게

---

[79] 「小作立法の範囲をどの程度に決めるか」, 『大阪毎日新聞』 1926년 7월 2일; 「小作法規制定に關する調査要項: 特別委員會の論点」, 『大阪時事新報』 1926년 7월 2일; 農地制度資料集成編纂委員會, 앞의 책, 1969, 82~83쪽.

[80] 1920년대에 당시 지주층의 계급 이해를 총괄하는 조직이던 제국농회(帝國農會)는 소작입법에는 적극적으로 관계하지 않았다. 이러한 농회에 불만을 가진 지주들이 지주의 이해를 보다 직접적·적극적으로 주장하기 위해 전국 단위의 지주단체를 결성했다. 川口由彦, 앞의 논문, 1992, 230쪽. 특히 대일본지주협회(大日本地主協會)가 일본 유일의 전국적 지주조합으로 1925년 10월 6일 창립되었다. 일찍이 소작쟁의가 발생한 오사카부 기타카와치군(北河內郡)의 지주·유지들이 그 대책으로 1925년 6월 대일본흥농회(大日本興農會)를 조직했다. 그리고 같은 해 10월 그 규모를 확대하여 전국적인 조직으로 하고 이를 대일본지주협회라고 개칭하여 소작 문제에 대해 여러 가지 획책을 한 것이다. 1928년 현재 회장은 기타다(北田騰造)이고 사무소를 오사카시(大阪市)에 두었으며, 2부 8현에 분포해 있었다. 農林省 農務局, 앞의 책, 1928a, 38쪽; 協調會, 『最近の社會運動』, 1930, 467쪽. 대일본지주협회는 소작제도의 유지를 목적으로 하면서, 쇼와 초기에는 조합원 수 약 6만 명에 달하는 농정의 압력단체로서

적용하겠다고 강조했다.[81]

소작조사회는 소작법 제정 방침을 결정하고 앞서 '간사 사안'을 둘러싼 논의를 계승하는 형태로 심의를 계속했다. 1926년 9월 6일 고다이라 농정과장은 시무라(志村) 특별위원장을 방문하여, 간담회를 통해 ① 각 지방의 소작관행, ② 지주와 소작인 간의 관계, ③ 소작법 각 규정(소작권의 성질·내용·효력·기간, 소작료 관련 비용 상환 및 손해배상, 특별기관 설치 등)에 관련한 요구에 대해 청취하기로 했다. 그리고 9월 8일 소작조사회 특별위원회는 지주와 소작인 측 대표 11명을 농림대신 관저에 초청하여 소작사정에 대해 청취했다. 지주 측의 의견은 대체로 농촌의 중견계급인 중소지주가 몰락하고 있으므로 정부가 중소지주 구제책을 강구해야 한다는 것이었다. 반면에 일본농민조합, 북일본농민조합동맹(北日本農民組合同盟) 등 소작인 측에서는 소작법 제정을 서두르자며 농업경영에서 소작인의 권리를 강화할 것, 자작농 창설을 장려할 것 등을 요구했다.

앞서 이날 오전 전일본농민조합동맹(1926년 4월 11일 설립) 회장 스가이 가이텐(須貝快天) 외 수 명의 대표진이 와카쓰키 총리를 방문하여, 소작법 제정을 촉구하는 성명서 및 소작법 요강을 제시하고 총리의 의향을 물었다. 이에 대해 총리는 소작법 제정은 농촌 현장을 감안할 때 급무 중의 급무이므로 시비가 있더라도 이를 제정하겠다는 의사를 밝혔다. 그러나 농촌 개발을 위해서는 지주와 소작인의 융화가 이루어져야 한다며, 정부는 편중되지 않고 엄정한 태도로 그

활동했다. 「大日本地主協會」, 『브리태니커백과사전』. 이후에 대일본농정협회(大日本農政協會)로 개칭했고, 1930년 11월 간토(關東) 6현 농촌진흥회, 도호쿠(東北) 10현 농정단체 및 월요회(月曜會)[귀족원의 원내(院內) 회파(會派)]와 함께 농정단체연합회를 조직하여 활동했다. 1933년 12월 해산되었다. 農林省 農務局, 앞의 책, 1938, 29쪽.

81 「소작법 제정, 지주 진정」, 『시대일보』 1926년 7월 25일; 「地主側の希望する小作法案要綱: 代表者農相に陳情す」, 『大阪朝日新聞』 1926년 7월 28일.

해결을 기하겠다고 말했다.[82]

　소작법 입안을 서두르기 위해 이틀 후인 9월 10일 소작조사회 소위원회가 열려 특별위원회에서 위탁한 조항을 심의했다. 즉 특별위원회에서 결정한 ① 소작권의 효력은 상당히 강하게 하고, 소유주가 바뀌어도 소작권은 바로 소멸하지 않도록 할 것, ② 소작지의 전대는 원칙적으로 금지하고, 특별한 경우에 한해 예외를 인정할 것, ③ 소작지의 매각 시에는 소작인에게 선매권(先買權)을 부여할 것의 세 항목에 대해 세목(細目)을 정하여 임시 의결했다. 또한 추가로 소작권을 소멸시킬 경우 그 집행 방법, 배상 규정 등에 대한 세목도 임시 의결했다. 하지만 소작료에 관련해서는 이론(異論)이 많아 임시 의결에 이르지 못하고, 농림성 간사에게 그 입안을 일임했다. 이로써 '간사 사안'으로 조항을 작성하여 소위원들에게 회송했다. 이날 소위원회에서는 우선 '간사 사안'에 대해 의견이 일치한 부분을 임시 의결하고, 소작 관련 특별기관에 대해 심의하여 소작법안의 골자를 입안했다. 그중 소작료와 관련해서 소작쟁의가 있을 경우 특별기관에 그 판정을 신청할 수 있도록 했다. 그리고 상당한 소작료의 판정이 있는 경우 지주는 보증금을 받을 수 없고, 소작인이 미리 지불한 소작료 수수료 및 기타 직간접 명의의 소작료 이외의 이익을 받을 수 없으며, 설비 사용료 혹은 그 대가로 소작료의 근본 취지에 반하는 부당한 가격은 받을 수 없게 했다.[83]

　소작입법 과정에서 소작조사회는 소작권 강화의 방향을 전제로 했으나, 문

---

82 「如何なる場合に小作權が消滅するか: 大體意見一致せる小委員會案」, 『中外商業新報』 1926년 9월 8일; 「'滅び行く小地主を救え', '小作人を自作農に'」, 『大阪朝日新聞』 1926년 9월 9일; 池內顯吉(德島縣), 「小作法案管見」, 農林省 農務局, 앞의 책, 1929, 87~88쪽.

83 「小作料に關する農林側幹事私案: 小作調査小委員會に付議」, 『大阪每日新聞』 1926년 9월 7일.

제는 이를 어떠한 형태로 어느 정도까지 강화하는가 하는 점에 있었다. 결국 과거 임차권의 물권화를 지향한 소작권의 포괄적 개념은 방기(放棄)되고, 문제는 임차권을 어디까지 보호하는가 하는 것으로 전화(轉化)했다. 소작권의 효력에 대해서는 등기가 없어도 제3자에게 대항할 수 있도록 하는 것이 비교적 문제없이 결정되었다. 소작인에게 소작지 선매권을 부여하는 것에 대해서도 특별히 반대는 없었다. 그러나 논쟁의 초점이 된 것은 소작권의 계속 및 소멸과 이때의 배상 문제, 소작료의 일시적 감면 등이었다. 조사회 간사의 소작권 강화 구상은 '소작권 강화 → 지가(地價)의 하락 → 기생지주제의 후퇴 → 자작농 증대'를 통해 자작농주의에 도달하는 것이었다. 그런데 문제는 중소지주의 몰락과 자작화 경향이었다. 중소지주가 자작농으로서 직접 경작을 시작한다면 굳이 이를 저해하면서까지 소작농을 보호할 필요가 있는가 하는 것이었다. 이에 소위원회는 중소지주의 구제를 중시한다며 '간사 사안'을 수정하여 12개 항목의 결의사항을 1926년 9월 30일 제4회 특별위원회에 제출했다.

그런데 경작권의 확립과 고액 소작료의 실질적 인하를 주장하는 입장에서 보면, 이 소작법안은 미온적인 것이었다. 특히 소작료와 관련해서는 소작료가 적정한지 여부를 판정하기 위한 제3자 기관으로서 소작심판소의 규정도 삭제된 상태였다. 소작료의 감면에 대해서도 소작법 초안은 소작인에게 소작료 감면 신청 시기 및 검견(檢見)의 수락에 대해 엄중한 의무를 부과했을 뿐, 소작료 감면 청구권을 현행 민법대로 실제 부여하고 또 그 감면액을 공평하게 결정할 길을 마련하지 않았다. 즉 소작료 감면에 대한 소작인의 권리 보장이나 현실적인 고액 소작료 인하의 길이 이 초안에서는 봉쇄되어 있었다. 이에 대해 농정과 농림사무관 다나카 나가시게(田中長茂) 등의 입장은 지방 사정에 따라 다른 소작료를 일정한 기준으로 통일하기 어렵고, 생산력 등의 측면에서 조사가 완비되지 않는 한 사실상 그 기준을 설정하기 곤란하다는 것이었다.

농림성 내부에서도 종래의 소작법 노선을 유지할 것을 요구하는 비판의 목소리가 있었다. 이들의 주장은 소작법이 다음의 내용을 골자로 해야 한다는 것이었다. ① 지방별 소작료를 공정하게 한다. ② 작황(作況)에 따라 소작료를 사정(査定)하는 기관을 두고, 그 사정에 필요한 비용은 중앙정부 또는 지방청이 부담한다. ③ 소작료를 납부할 때 미곡의 가격 변동에 따라 소작료를 사정하는 것이 물납을 주로 하는 일본에서는 절대적으로 필요하다. ④ 지주와 소작인의 교섭은 한 명의 소작인이 소작하는 토지가 한 사람의 지주 소유가 아니라 여러 명의 지주에 걸쳐 있는 경우가 많아 단체교섭을 하는 것이 자연스러우므로, 소작법 일부로 그 교섭 방법과 절차에 관련한 규정을 두는 것이 실상에 맞다는 것이었다.

그러나 소작조사회 특별위원회에서는 대지주옹호론이 일부 전개되었다. 우선 소작인의 소작권과 소작지 선매권에 대한 공격이 있었다. 또한 이미 소위원회에서 상당히 단축시킨 소작권의 소멸 근거가 되는 소작료 체납기간과 체납량(연속 2년 이상 체납하고, 그 체납량이 1년분에 달한 경우)에 대해서도 이를 '체납공인론(滯納公認論)'이라며, 조금이라도 소작료를 체납하면 즉시 소작계약을 해소할 수 있도록 하자는 주장을 되풀이했다. 결국 특별위원회가 결정한 「요강」에서 소작권은 소위원회에서보다 약화되었다. 총회는 특별위원회의 요강을 약간 수정한 후 이를 「소작법 요강」으로서 정부에 답신했다. 소작조사회는 1926년 10월 28일 제2회 총회를 개최하여 소작법 요항 안건을 부의해서 자문하고 농림대신에게 답신했다.[84]

---

84 「小作法の骨子案成る: 小作權, 小作料, 調停法改正, 調査小委回決定」, 『東京朝日新聞』 1926년 9월 16일; 「小作審判所は設けぬ: 裁判所に小作部をおく, 小委員會で決定した小作法」, 『大阪朝日新聞』 1926년 9월 22일; 「小作法骨子と各方面の意見: 小作側は反對: 地主側は大體承認」, 『大阪毎日新聞』 1926년 9월 23일; 「小作調査特別委員會で決つ

그리고 소작조사회는 1926년 10월 30일 「소작법 제정상 규정해야 하는 사항에 관한 요강」, 1927년 1월 13일 「구관(舊慣) 영대(永代)소작 정리 요강 및 소작법 중 영소작 관계에 관하여 규정해야 하는 사항 요강」을 농림대신에게 답신했다. 소작법안의 골자가 비로소 정식으로 결정된 것이다. 그중에서 「소작법 제정상 규정해야 하는 사항에 관한 요강」은 전문 12항으로 이루어졌다. 즉 ① 소작계약의 제3자에 대한 효력, ② 소작지 임차권의 양도, ③ 소작지의 전대차(轉貸借), ④ 소작지 매각의 통지, ⑤ 소작계약의 계속 및 소멸, ⑥ 소작계약 소멸 시의 배상, ⑦ 소작료의 일시적 감액·면제, ⑧ 소작료의 공탁(供託) 및 일부 변제, ⑨ 소작조정의 효력, ⑩ 조정이 곤란한 경우의 임시 처분, ⑪ 소작위원회, ⑫ 소송 및 조정의 촉진 등에 대해서였다. 이 답신에 기초하여 농림성 농무국은 이른바 「소작법 초안」을 작성하고 이를 사법성과 심의했다. 소작조사회는 소작법안 요강을 결정한 것으로 1차 임무를 다하고, 다시 2·3차 임무인 영소작 해제, 소작조합법안 등의 심의에 들어갔다.[85]

농림성은 마침내 1926년 11월 17일 소작법안을 완성하여 농림성 내 법령심

た 小作法案內容: これを骨子に法案を作製して來議會に提出する」, 『大阪每日新聞』 10월 24일; 「소작법 요항 農林大臣에 답신」, 『동아일보』 1926년 10월 26일; 水谷長三郎, 앞의 책, 1926, 132~133쪽; 澤村康, 앞의 책, 1927, 659쪽; 農地制度資料集成編纂委員會, 앞의 책, 1968a, 365~377·382~394쪽; 田中學, 앞의 논문, 1968b, 124~127쪽; 平賀明彦, 앞의 논문, 2003, 148~149쪽.

85 「小作法要項大多數で可決: 多少の修正だけで, きのうの調査會總會」, 『大阪朝日新聞』 1926년 10월 31일~11월 5일; 「永小作權處理の方法: 可決したる二つの答申案, 小作調査委員總會」, 『中外商業新報』 1927년 1월 15일; 澤村康, 앞의 책, 1927, 659쪽; 農林省 農務局, 「小作法制定上規定スヘキ事項二關スル要綱」, 「舊慣永代小作整理要綱及小作法中永小作關係二關シ規定スヘキ事項要綱」, 앞의 책, 1929, 1~17쪽; 增田福太郎, 앞의 책, 1938, 172쪽; 農地制度資料集成編纂委員會, 앞의 책, 1968a, 395~403쪽; 田中學, 앞의 논문, 1968b, 124쪽; 平賀明彦, 앞의 논문, 2003, 147쪽.

사위원회에 부의했다.[86] 그리고 그해 12월 28일 소작법안에 대한 농림성 회의를 농림대신 관저에서 열어, 소작조사회의 답신 요강을 골자로 소작법안을 심의했다. 그런데 농림성이 법안을 제정하여 의회에 제안하는 이상 충분히 책임질 수 있는 확신 있는 법안을 제정해야 한다는 의논이 비등했다. 그러면서 소작지의 선매권, 소작권의 배상, 소작료의 일부 공탁 등의 사항에 대하여 이론(異論)이 많아 결정하지 못하고 산회할 수밖에 없었다.[87]

1927년 1월 27일 야마카와(山川) 법제국장관도 정례회의에서 현재 법제국에서 심의 중인 소작법은 여러 의문점이 있으므로 당장 의회에 제출하기는 곤란할 것 같다고 보고했다.[88] 이날 중의원 예산총회도 개최되었는데, 여기서 일본 정부가 자작농 창설제도는 잘 마련하고 있으나 소작정책의 근본 방침은 구체적이지 않다는 질의가 있었다.[89]

이윽고 1927년 3월 농림대신·사법대신의 이름으로 소작법안이 내각에 제출되었다. 그러나 법제국의 심의를 거치지 못하여, 결국 일본 정부는 소작법안을 제52회 제국의회(1926. 12. 26~1927. 3. 25)에는 제출하지 않기로 했다. 소작법안을 농림성이 사법성에 보내 심의 중이었는데, 단속 규정에 대해서 이론(異論)이 있고 의회 회기도 종료 시간에 달해 이번 회기 중에 심의를 마치기가 어렵다는 이유에서였다.[90]

---

86 「소작법안 입안」, 『동아일보』 1926년 11월 20일.

87 「小作法案は根本的改造か: 責任を持てる案を作れと, 農林省議で議論百出」, 『大阪毎日新聞』 1926년 12월 29일; 「소작법안은 근본적 개조?: 농림성 독자의 견해로」, 『동아일보』 1927년 1월 1일.

88 「소작법안 今 의회 제출 곤란」, 『매일신보』 1927년 1월 28일.

89 「衆議院豫算總會(27日)」, 『大阪朝日新聞』 1927년 1월 28일.

90 「소작법안 不提出: 異論이 많아서」, 『동아일보』 1927년 3월 4일; 農地制度資料集成編纂委員

그러다가 3월 29일 소작법안의 법제국 심사가 종료되어, 농림성 농무국은 「소작법 제정상 규정해야 하는 사항에 관한 요강」을 기초로 하고 그중 소작조정의 효력, 조정이 곤란한 경우의 임시 처리 등에 대한 내용을 수정하여 「소작법 초안」으로서 공표했다.[91] 이 초안은 8장 및 부칙(전문 76조)으로 구성되었는데, 주된 내용은 다음과 같다.[92] 이 내용은 훗날 제59회 제국의회에 제출된 소작법안의 내용과 크게 다르지 않다.

① 소작지 임대차의 효력(소작권)

등기가 없어도 제3자에게 대항할 수 있는 것으로 한다. 소작지의 임차권은 원칙적으로 지주의 승낙이 없으면 양도할 수 없다. 지주가 소작지를 매각하는 경우에는 일정 기간을 정하여 소작인에게 선매권을 인정한다.

② 소작계약

특별히 기간을 정하지 않은 경우 양 당사자는 언제라도 해약을 신청할 수 있다. 단, 지주는 소작인에게 '배신행위'가 없는 한 고의로 해약을 신청할 수 없다. 소작인이 고의로 소작료를 체납하거나, 소작료 전액을 1년 이상 체납한 경우에는 계

會,「解說 小作立法史」, 앞의 책, 1968a, 72쪽.

91 일본 정부는 몇 년 전까지만 해도 모든 입법안에 대해 비밀주의의 입장을 취하여, 의회 제안에 이르기까지 그 법안을 전혀 공표하지 않았다. 그런데 소작법안은 구래의 행태를 깨고 정부가 자발적으로 발표했다는 특색이 있었다. 이는 분명히 사회 일반에게 소작법안에 대해 환기시키는 효과가 있었다. 中澤辨次郎,『濱口內閣の小作立法批判』, 帝日通信社出版部, 1930, 16~17쪽.

92 「小作法案內容(1~4·終): 來議會に提出する, 小作調査會總會で發表」,『大阪每日新聞』 1927년 3월 30일~4월 4일; 朝鮮總督府 農林局 農務課,『內地に於ける小作法草案と其の解說』, 1927, 1쪽; 農林省 農務局,「小作法草案」, 앞의 책, 1929, 17~29쪽; 農地制度資料集成編纂委員會, 앞의 책, 1968a, 897~905쪽; 田中學, 앞의 논문, 1968b, 127~128쪽; 平賀明彥, 앞의 논문, 2003, 147~148쪽.

약을 해제할 수 있다. 계약기간을 정한 경우는 5년 이상으로 한다.

③소작조건의 변경

불가항력에 의한 감수(減收) 시 소작료 감면을 청구하는 경우에는 수확 착수 15일 이전에 신청하지 않으면 안 된다. 검견의 방법에 대해 합의가 성립되지 않은 경우에는 소작관이 정한다. 행정관청이 필요하다고 인정한 때는 감수 조사를 하게 할 수 있다.

④소작료의 공탁

재판소는 상당액의 소작료가 공탁된 경우에는 가처분 집행을 정지할 수 있다. 또한 소작료에 대하여 쟁의가 발생할 우려가 있는 경우에는 당사자의 신청에 의해 소작인에게 공탁을 명할 수 있다.

이는 제1차 소작법안 연구자료에 비교하면 경작권의 강화를 통한 소작인 보호라는 의도가 후퇴해 있었다. 그리고 중소지주와 소작인 간 쟁의에서는 중소지주에 우위를 두는, 소농보호정책의 부르주아적 한계를 보였다.

더욱이 입헌정우회(立憲政友會)의 '자작주의(自作主義)', 입헌민정당(立憲民政黨)의 '소작주의(小作主義)'의 대립으로 소작법 입법은 지연되는 경향을 보였다.[93] 1927년 4월 20일 들어선 다나카 기이치(田中義一) 내각(1927. 4. 20~1929. 7. 2)[94]과 여당인 입헌정우회는 자작농창정안(自作農創定案) 및 지조위양법안(地租委讓法案)을

---

93 野間海造, 앞의 책, 1941, 11쪽.

94 입헌정우회의 다나카 기이치 내각은 보통선거 실시 후 정당들이 중간층 이하 민중을 장악하기 위해 주목하기 시작한 사회정책에도 소극적이어서 성과가 거의 없었다. 다나카 내각은 농민·노동운동과 사회주의운동을 엄중히 탄압하여, 1928년 3월 15일 공산당 관계자 등 천 수백 명을 일제 검거한 '3·15사건'이 일어나기도 했다. 아사오 나오히로 외 편, 이계황 외 역, 앞의 책, 2003, 499·501쪽.

앞세웠다.[95] 이에 대해 입헌민정당은 소작입법을 하지 않고서는 농촌 문제를 해결하기 어렵다는 입장을 고수했다.[96] 물론 이전 내각에서도 헌정회(憲政會, 입헌민정당의 전신)의 와카쓰키 수상이 자작농 창설·유지라는 근본 방침을 더 강조하며, 제52회 제국의회에서 시정방침 연설 중 이를 점차 확충·발전시켜 나가겠다고 성명한 적이 있었다. 그런데 입헌민정당은 다나카 내각이 자작농창정법(自作農創定法) 제정 계획에만 편중하여 소작입법의 의사를 전혀 보이지 않는다고 비판했다. 입헌민정당은 자작농 창설·유지를 도모하는 한편으로 필연적으로 소작법을 통해 소작관계의 해결을 위해 힘쓰지 않으면 안 되며, 만약 정부가 소작입법을 회피하고 자작농창정법 제정에 의해서만 농촌사회 문제를 해결하려고 한다면 이는 완전히 불가능할 것이라는 입장이었다.[97]

이에 입헌정우회의 다나카 내각도 소작입법에 완전히 무관심할 수만은 없었다. 1928년 4월 26일 중의원 본회의 중 소작입법에 대한 다나카 내각의 생각을 묻는 질문에, 야마모토 농림대신은 소작입법에 대해 연구 중이며 가급적 속히 의회에 제안하겠다고 답했다.[98]

---

95 지주가 많았던 입헌정우회에서는 소작법안을 두고 갖가지 의견이 난무하여, 결국 소작법안이 불성립·무산되는 운명에 처했다. 「小作問題の成行 (1~7)」, 『時事新報』 1923년 6월 24일~7월 7일.

96 입헌정우회는 농촌 지역에서 우위를 보이며 공공사업 유치를 통해 유권자를 관리했는데, 농촌에서는 지주 계급의 이익을 대표하고 도시에서는 공업자본과 금융자본을 지지 기반으로 했다. 이에 비해 헌정회(이후 입헌민정당)는 주로 상업이 발달한 도시 지역의 지지를 받으며 정책도 도시에 역점을 두었다. 입헌민정당은 도시에서는 경공업과 중소상공계급 편에 서고, 농촌에서는 영세 소농층에 중점을 두었다. 中澤辨次郞, 앞의 책, 1930, 1~11·20쪽; 마리우스 B. 잰슨 저, 김우영 외 역, 앞의 책, 2006b, 850~851쪽.

97 「農地案問題重大化す」, 『大阪朝日新聞』 1927년 11월 7일; 松村勝治郞, 앞의 책, 1931, 103~104쪽.

98 「各政黨の經濟政策比較」, 『國民新聞』 1928년 1월 30일; 「田中 反動 內閣의 대중 탄압은 何故

4) 소작입법에 대한 지주와 소작농 측의 반응

그렇다면 소작입법에 대한 지주와 소작농 측의 반응은 어떠했는지 살펴보자. 먼저 소작농 측은 1920년대 초반부터 일본농민조합이 주도하여 소작입법을 주장했다. 1922년 4월 9일 일본농민조합 창립대회가 개최되어 각 지부 대표자 약 150명이 모였다. 여기서 나온 21개 주장에는 소작입법의 제정을 비롯하여 농업쟁의중재법의 실시, 경지의 사회화, 경작권의 확립, 농업 일용직[日雇] 노동자의 최저임금 보장, 전국적 농민조합의 설립 등의 내용이 포함되었다. 각 조항의 주장들은 하나씩 심의되어 전부 이의 없이 가결되었고, 소작입법에 대한 건도 부의되어 토론되었다.[99]

그러나 일본농민조합은 소작조정법 제정에는 반대 의사를 펼쳤다. 1924년 7월 8일 일본농민조합 간부회가 오사카시에서 조합장 스기야마 모토지로(杉山元治郎) 외 각 부 위원 11명이 출석한 가운데 열렸다. 여기서 소작조정법안에 대한 일본농민조합의 반대 성명서가 발표되었다. 당시 임시의회에 소작조정법안 전문 75조가 제출되어 축조(逐條, 한 조목 한 조목씩 차례로 좇음) 심의하고 있었는데, 일본농민조합은 소작조정법안에 반대한다는 성명서를 중의원·귀족원에 송부하기로 결의했다. 일본농민조합이 소작조정법안에 반대한 이유는 첫째, 현재 농업경제제도상 지주와 소작인 간 분배의 공정을 기하는 것을 전제로 경작권 확립의 과제를 안고 있는데, 이 문제를 해결하지 않고 양자 간의 쟁

냐고」, 『중외일보』 1928년 4월 28일; 「白熱的 연설: 勞組法, 소작법 제정을 요구」, 『동아일보』 1929년 1월 28일. 그 밖에 혁신당(革新黨)은 소작법 제정, 경작권 확립의 강령을 가지고 있었다. 또한 사회민중당(社會民衆黨)은 노동입법의 완성과 함께 농업정책에 대한 철저한 방책 수립, 비료·농구(農具)의 국영화(國營化), 농업보험의 설정, 최고 소작료의 설정, 경작자 계급의 금융 충실화 등 구체적인 대책을 제시했다.

99 「日本の農民よ團結せよ!」, 『大阪朝日新聞』 1922년 4월 10일; 小倉武一, 앞의 책, 1951, 303·350쪽.

의를 조정하려고 하는 것은 대등하지 않은 지위에서 소작인을 고의로 압제하려 하는 것이거나 미봉적(彌縫的)인 호도책(糊塗策)에 지나지 않는다는 것이었다.

둘째, 정부가 소작인조합을 공인(公認)하지 않고, 소작조정법안을 통해 일본농민조합 등의 운동을 저지하거나 소작인조합·조직을 압박하려 한다는 것이었다.[100]

하지만 결국 1924년 7월 소작조정법이 공포되자, 그해 7월 27, 28일 오사카시에서 조합장 스기야마 모토지로 외 각 부 위원 등 18명이 모인 가운데 일본농민조합 중앙위원회가 열려 소작조정법 실시 후의 대책의 건에 대해 논의했다. 여기서 소작관 및 조정위원에게 반성을 촉구하고, 생산비 및 생활비를 조사하여 이를 공표할 것, 소작조정법 내용을 연설회, 선전물, 기관 신문을 통해 선전할 것 등의 사항을 가결했다.[101]

일본농민조합은 소작조정법 제정 후에는 소작법안에 대한 의견 제안에 집중했다. 1925년 2월 27일부터 3월 1일까지 도쿄시에서 대의원 416명이 모인 가운데 일본농민조합 제4회 전국대회가 열렸는데, 여기서 소작법안에 대한 위원회 보고가 있었다. 앞서 1924년 2월 29일 오사카시에서 대의원 470명이 참석한 가운데 열린 일본농민조합 제3회 전국대회에서 소작법에 대한 제안이 있었고, 10명의 특별위원에게 부탁(附託)하여 해당 위원회에서 심의한 결과안을 마련하여 그 내용의 대개를 보고한 것이었다. "우리는 현금(現今)의 소작관계를 민법에서 불과 두세 개 조로 규율하는 것이 불합리하다고 인정하고, 복잡한 소작관계에 상응하는 소작법을 제정하고자 하는 희망을 갖고 있다. 정부는 소작조정법을 내면서 소작법에는 아무런 손을 쓰고 있지 않다. 그러므로 우리는 이 안

---

100 協調會 農村課, 『農村事情に關する調査』 3, 1925, 1~3쪽.

101 위의 책, 6쪽.

을 제출하여 정부에 요구하고자 한다"며, 소작권을 확립할 것, 최고 소작료를 정할 것 등을 제창했다.[102]

일본농민조합은 1926년 7월 25일 연합회 정치부장 회의에서 「소작법의 골자」를 결정했다. 이때는 소작조사회에서 소작법 요강의 심의가 개시된 지 얼마 되지 않은 때였다. 일본농민조합은 소작조사회에 대항하여 경작권 확립의 슬로건을 실현하기 위한 대책을 결정한 것이다. 이 「소작법의 골자」는 일본농민조합의 소작법위원회에서 이미 연구되고 있던 것으로, 소작법위원회의 이름으로 그해 3월 10~12일의 제5회 전국대회에 보고되었다.

그 내용은 경작권의 확립을 위한 경작권의 물권화, 소작권의 존속 기간 보장(7년 이상 50년 이하), 등기 없는 제3자에 대한 대항력, 소작지의 양도, 경작 및 생산물의 강제처분 제한, 최고 소작료액 설정, 소작료 감면 청구, 경지 반환과 배상, 재해 보장 등에 대해 규정하고, 단체협약권, 쟁의권에 대해 포괄적으로 제시한 것이었다. 여기서 주목할 만한 특징은 토지소유 면적을 제한하여, 1인당 경지를 50정보 이상 소유할 수 없다고 규정한 점이다. 그리고 경지를 2년 이상 방임할 때는 국고 소유로 한다고 하여, 경지의 사회화와 관련된 내용을 담고 있었다.

이 「소작법의 골자」를 기초로, 그해 8월 31일 오사카에서 전일본농민조합동맹을 제외한 일본농민조합, 중부일본농민조합(中部日本農民組合), 간다농민조합(神田農民組合), 시마네현소작연합회(島根縣小作聯合會) 대표가 참여하여 '소작입법대책전국농민단체협의회'를 조직했다. 여기서 농민 측이 원하는 내용의 입법을 추진하기 위하여 정부의 소작법, 소작조합법 입법에 대해 반대운동을 제

---

102 協調會 農村課, 『農村事情に關する調査』 1, 1924, 71·87·89쪽; 協調會 農村課, 앞의 책, 1925, 52·60~61쪽.

기하기로 결정했는데, 일본농민조합의 「소작법의 골자」가 그 근거가 되었다.[103]

한편 일본 정부의 소작법 제정에 대해 지주단체들도 조직적으로 대항했다. 대일본지주협회 주최 전국지주대회 제1일차 대회가 1926년 4월 22일 오사카 중앙공회당에서 열렸다. 1926년 3월 소작인들이 노동자와 연계해 노동농민당을 만들고 일본농민조합이 이를 지지하자, '잠자는 지주들이여 깨어나자'는 슬로건 아래 1925년 10월 2만 명의 회원을 포용하는 '대일본지주협회'가 창립되었다. 그리고 일본 최초의 전국지주대회까지 개최하여 각 방면의 주의를 모았다. 각 부·현의 대·소지주가 모여 그 수는 약 1,000명에 달했다. 여기서 오사카 도요노군(豊野郡)의 지주 나카무라 몬사쿠(中村紋作)가 의장으로 선출되었으며, 의사(議事)에 들어가 55명의 위원을 선출하여 의안(議案)을 위원부탁(委員附託, 토의할 안건의 심사를 전문위원에게 부탁하는 일)으로 했고 이어서 유지 간담회에 들어갔다. 제2일차인 4월 23일에는 위원이 의안을 심의하고 위원장의 보고가 이루어졌다. 이때 제출된 의안에 「소작법 및 소작조합법 반대 성명에 관련한 건」, 「소작조정법 운용에 관련한 건」 등이 포함되었다. 그런데 소작법 및 소작조합법 반대 성명에 관련한 건에 대해서, 현재의 불완전한 소작제도로 인해 소작법 및 소작조합법이 긴요해진 것이므로 반대만 할 것이 아니라 신중히 심의하지 않으면 안 된다는 의견으로 원안이 철회되었다. 소작조정법 운용에 관련한 건에 대해서는 소작조정법 그 자체의 정신은 나쁘지 않지만 조금 더 농촌의 실정을 살펴 철저히 해결하기를 바란다는 안으로 가결했다.[104]

---

103 小倉武一, 앞의 책, 1951, 488~491쪽; 農地制度資料集成編纂委員會, 「解說 小作立法史」, 앞의 책, 1968a, 56~59쪽; 위의 책, 346~348쪽.

104 「農村の平和と振興を叫ぶ地主大會: 12府·縣の地主千名集る, 全國最初の地主大會(第1日), 小作料が入らねば公課は延納する, 撤回說も出たが可決, 全國地主大會(第2日)」, 『大阪朝日新聞』 1926년 4월 23~24일; 小倉武一, 앞의 책, 1951, 485쪽; 農地制度資料集成編纂委

앞에서 살펴본 것처럼 1926년 9월 8일 소작조사회 특별위원회가 개최되어 지주와 소작인 쌍방의 소작사정에 대해 청취했는데, 소작조사회의 소작법안 심의에 대해서는 지주와 소작인 측 모두 깊이 주의를 기울이고 있었다. 이에 앞서 일본농민조합에서는 대표자가 출두하여 농림성에 소작법 요강을 제출했다. 대일본지주협회도 농림성에 소작법 요강을 제시하여 그 뜻을 진정했다. 그리고 전일본농민조합동맹도 소작법안을 입안하여, 히라노 리키조(平野力三), 아베 오토키치(阿部乙吉), 스가이 가이텐, 우스이 지로(臼井治郎), 기리하라 준페(桐原準平) 외 수 명이 그해 9월 7일 농림성에 출두하여 고야마 정무차관, 고다이라 농정과장, 다나베(田邊)·고바야시(小林) 소작관과 면회했다. 그리하여 소작법을 제정하면서 소작인의 이익을 옹호하는 데 특히 주의할 것을 당부하며 소작법 요강을 제시했다. 이에 대해 농림성은 위 요강을 소작조사회에 참고하도록 제출하겠으며, 가급적 공정한 소작법을 제정하겠다고 답했다.[105]

헌정회의 와카쓰키 내각은 1927년 3월 소작법 초안을 공표한 후 지주단체, 소작조합을 비롯하여 관계자, 지방소작관 및 소작관보, 재판소 판사 등으로부터 의견을 청취하여 이를 집약해서 책자로 정리했다.[106] 이듬해 1928년 9월 농

員會, 앞의 책, 1969, 38쪽.

105 「如何なる場合に小作權が消滅するか: 大體意見一致せる小委員會案, 立法を急ぐ小作調査會」, 『中外商業新報』 1926년 9월 8일; 「小委員會發表の小作法案骨子の修正要綱を決定: 近く地主協會を大阪で」, 『大阪朝日新聞』 1926년 10월 7일; 「小作法案の骨子に修正地主側の一大事と小作法案の骨子に修正: 全國十府縣の地主大阪に會し緊急對策を凝議す」, 『東京朝日新聞』 1926년 10월 8일; 「地主は變っても小作權は變らぬ; 農民組合同盟大會で決定の小作法案要項」, 『東京朝日新聞』 1926년 10월 19일. 이 밖에도 소작법 초안에 대해 각지의 지주회와 농민조합들이 별도로 수정안을 발표했다. 대체로 지주회는 소유권을 한층 강화할 것을 요구했고(예: 계약 시 등기의 필요, 소작인의 소작지 선매권 부정 등), 농민조합 측은 경작권의 강화, 단결권·쟁의권의 확인 등을 요구했다. 田中學, 앞의 논문, 1968b, 131쪽.

106 「地主·小作人·中立の見た小作法草案の批評: これを基礎に新法を立案」, 『大阪每日新聞』

림성 농무국은 『소작법 초안에 대한 의견의 개요』를 발간했다. 여기에 1927년 12월 각 도·부·현 소작관에게 조회하여 1928년 2월부터 6월까지 회답이 있던 「소작법 초안에 대한 의견」을 지주 측, 소작인 측, 기타 경험자와 식자(識者, 농회장, 정·촌장, 소작관, 소작조정위원 등)의 세 부류로 나누어 지역별로 개요를 정리했다. 경험자와 식자 중에는 지주 측 인물이 조금 더 많이 포함되는 경향을 나타냈다.[107]

그중 지주 측과 소작인 측의 의견을 중심으로 지역별 총괄 의견에서 소작법 초안 찬성, 수정 후 찬성, 반대 의견을 정리하여 보면 〈표 2-2〉와 같다. 지주들은 소작법안이 소작인 보호에 편중된 경향이 있다며 많은 조항을 삭제·수정하자고 하는 등 법안 수정 후 찬성 의견을 가진 이들이 많았고, 다음은 소작법 원안대로 찬성, 소작법 제정 반대의 순이었다. 대체로 소작쟁의가 많은 지역에서 쟁의 시 근거 기준으로 삼기 위해 지주들이 소작법 초안에 찬성한 반면, 소작쟁의가 적은 지역의 지주들은 농촌의 '평화'와 '온정주의'를 해치고 도리어 쟁의를 조장할 수 있다며 소작법에 반대하거나 무관심한 태도를 보였다.

한편 소작인들 사이에서는 소작법안 각 조항의 불철저함에 대한 비판이 속출하여 법안 수정 후 찬성 의견이 지주보다 더 많았고, 다음은 소작법 제정 반대, 소작법 원안대로 찬성 순이었다. 소작법 제정을 반대하는 의견은 주로 농민조합을 중심으로 소작법 초안이 경작권 확립에 미비하고 농민의 단결권을 부인하는 등 지주 옹호의 안으로 효용이 없다며 그 입법을 반대한 것이었

1928년 8월 11일; 平賀明彦, 앞의 논문, 2003, 150쪽.

107 農林省 農務局, 「凡例」, 『小作法草案二對スル意見ノ概要: 其ノ一』, 1928b, 1쪽; 農地制度資料集成編纂委員會, 앞의 책, 1968a, 1102~1138쪽.

〈표 2-2〉 일본의 소작법 초안에 대한 지역별 의견(1928)

지역별	지주			소작인		
	찬성	수정 후 찬성	반대	찬성	수정 후 찬성	반대
大阪府		○			○	
三重縣	○	△		△	○	○
奈良縣	○	○	○		○	
埼玉縣		○		△	○	△
山梨縣	○	○	○			
香川縣	○				○	△
長野縣	○			○		
宮崎縣		○	△	△	△	△
島根縣	-	-	-		○	
山形縣	-	-	-		○	
福島縣	-	-	-		○	
愛媛縣		○		-	-	-
山口縣		○		○		
和歌山縣	○	△	△		○	
福岡縣					△	○
群馬縣	○	△			-	-
兵庫縣		○	○			○
靜岡縣	○	○	△	○	△	△
神奈川縣		○		○		
岡山縣		○	△			○
秋田縣		○			○	
栃木縣		○			○	
福井縣	-	-	-		○	
岐阜縣	-	-	-		○	
廣島縣	○			○		○
新潟縣		○			○	
계	9	14.5	6	6.5	16.5	7

*출전: 農林省 農務局, 앞의 책, 1928b, 19~55쪽.

*출전의 자료 내용을 표로 가공하여 필자가 임의로 점수로 나타냈다. ○는 총괄 의견 또는 다수 의견으로 1점, △는 일부 의견으로 0.5점으로 계산했다.

다.[108]

그렇다면 지주와 소작농 측의 소작법안에 대한 수정 요구는 구체적으로
어떠했는지 살펴보도록 하자. 먼저 소작농 측의 일본농민조합이 1926년 3월 제
5회 전국대회에서 소작법위원회를 통해 경작권의 물권화를 주안점으로 하여
구체화한 「소작법의 골자」가 뒷날 일본농민조합 연합회 정치부장 회의에서
아래처럼 정정되었다.[109]

> 1. 경작권의 물권화
>
>   1) 토지소유자가 변경되어도 경작권을 잃는 일이 없을 것
>
>   2) 소유권에 대해 대립적 지위를 인정할 것
>
>   3) 모든 제3자에 대해 직접적으로 경작권을 주장할 수 있을 것
>
>   4) 소작인의 이익상 장기 경작권을 확립할 것
>
> 2. 경작 및 생산물의 강제처분 제한
>
>   1) 출입금지 가처분 및 누에고치[繭], 입모(立毛) 가차압 엄금
>
>   2) 논밭의 생산물 중 소작인 및 그의 가족 1개년의 생활을 유지하는 데 필요
>   한 분의 가차압 금지
>
> 3. 경지의 반환과 배상
>
>   1) 어떠한 이유로 인해 반환하든지 지주는 배상의 의무를 가질 것
>
> 4. 재해 보장
>
>   1) 천재(天災) 또는 불가항력에 의해 경작물의 감소가 초래된 경우, 그 수확
>   이 소작인 및 그의 가족의 생활을 유지하기에 충분하지 않을 때에는 소

---

108 農林省 農務局, 앞의 책, 1928b, 19~55쪽; 平賀明彦, 앞의 책, 2003, 101~102쪽.

109 水谷長三郎, 앞의 책, 1926, 101~106쪽.

작료 지불을 요구할 수 없음

2) 전항의 경우에 그 수확이 소작인 및 그의 가족의 생활을 유지하기에 충

분하지 않을 때에는 그 부족액을 국가가 보전(補塡)할 것

5. 단체협약권

1) 농민조합은 자기 조합에 속하는 소작인에 관련하여 지주 또는 제3자와

자유로 협약 및 기타 교섭을 할 수 있음

6. 쟁의권

1) 쟁의 중에는 소작료를 소작인 측에서 보관할 수 있음

2) 소작료에 관하여 협의할 것을 제의한 때에 상대방은 이를 거부할 수 없

음

또한 1926년 10월 17일 전일본농민조합동맹은 일본농민당을 결성하고,[110] 소작법 제정에 힘썼다. 결당식을 앞두고 9월 6일부터 소작법통과실행위원회를 개최하고, 9월 8일까지 3일간 계속 각 정당과 농림성·사법성·내무성 등을 방문하여 농촌 문제의 근본적인 해결책으로서 공정한 소작법 제정 실현을 이루어야 한다고 역설했다. 결당 다음 날인 10월 18일에는 도쿄에서 제1회 대회를 개최하여 소작법 및 기타 대책을 협의하고 구체적인 실행 운동의 대방침을 세웠다. 일본농민당에서 세운 소작법 요항은 ① 소작권의 확립, ② 소작료, ③ 소

---

110 이 무렵부터 농민조합이 분열되는 양상을 띠었다. 이후 일본 농민운동 전선은 이른바 우익
계열의 일본농민당을 지지하는 전일본농민조합동맹, 사회민중당을 지지하는 일본농민조
합총동맹, 중간파로 일본노동당을 지지하는 전일본농민조합, 소위 좌익 계열로 노동농민
당을 지지하는 일본농민조합의 4개 단체로 나뉘었다. 警保局 保安課, 「日本農民組合內部
動搖ノ顚末」, 1926; 警保局 保安課, 「農民運動戰線ノ分裂」, 1927(荻野富士夫 編, 『特高警察
關係資料集成』 10~11, 不二出版, 1992, 65~66·103~105쪽에서 재인용); 大石嘉一郎, 앞의 책,
2005, 141~142쪽.

작권의 발생·계속·소멸, ④ 민법에 의한 강제처분의 제한, ⑤ 소작지의 매매, ⑥ 비용의 상환과 손해배상, ⑦ 소작쟁의 심판 관련 기관 설치, ⑧ 단체교섭권의 8 개 부문으로 나뉘었다. 그중 주요한 세 조건은 다음과 같다.

1. 소작권의 확립

  1) 소작권의 물권적 효과를 확보할 것

   (1) 소작권은 토지소유권자가 변경되어도 효력을 가질 것

   (2) 민법에 규정이 있는 등기 수속을 이행하지 않은 소작인도 이를 이행한

    소작인과 동일한 소작권을 얻을 것

  2) 소작권의 양여는 임의로 할 수 없음

  3) 소작권의 전대 또는 임대는 특수사정을 제외한 외에는 금지할 것

  4) 소작권의 성질에 대하여 영소작 혹은 임대차 등으로 분쟁이 있는 경우에

   는 우선 영소작인 소작권으로 추정할 것

2. 소작료

  1) 소작료는 장래 금납제를 채용할 것. 그 전제로 우선 그 실현 방법을 조사·

   연구할 기관을 설치할 것

  2) 소작료는 촌 또는 부락마다 소작인과 지주 간에 상당한 소작료를 협의할

   임시 기관을 설치하여 결정하도록 함. 그 유효기한을 5개년으로 정함. 단,

   기간 내에도 소작인이나 지주 중 누구든지 적정 소작료 개정을 제의할

   경우 상대편은 이를 거절할 수 없음

  3) 위 상당한 소작료의 협조가 성립되지 않은 경우에는 소작쟁의 심판기관

   에서 판결을 받도록 함

  4) 천재 또는 불가항력에 의하여 소작지의 수확이 감소한 때는 감소 비례에

   응하여 소작료를 감액할 것

3. 소작지의 매매

  1) 현재 소작 중인 경지에 대해서는 해당 소작인에게 선매권이 있음. 지주는
    경지 매각에 당하여 매매 조건을 결정하여 소작인에게 제시하지 않으면
    안 됨

  2) 위 경우에 소작인이 매수할 의사를 표시한 때는 일정 기간 내에 다른 곳
    에 매각할 수 없음

  3) 소작인으로부터 정당한 이의 신청이 있는 경우에도 매각할 수 없음

    소작법 초안과 비교할 때, 소작권의 물권적 효과를 확보할 것, 지주와 소작
인 간에 상당한 소작료를 협의할 임시 기관을 마을마다 설치할 것 등을 추가로
주장했음을 알 수 있다. 우파의 일본농민당조차 소작법안이 지주 옹호의 법안
이라며 반대의 태도로 나온 것이다.[111]

    그러나 소작법안의 심의·입안 과정에서 소작조사회 안팎의 지주세력의 반
대는 매우 강경했다. 특히 대일본지주협회 등 지주단체의 소작법안 반대·수정
의견은 소작법안의 골자를 부정할 뿐만 아니라 어떤 면에서는 민법의 임대차
규정보다도 더 지주적 이익을 도모하려는 것이었다.[112]

    1927년 4월 23일 대일본지주협회 제3회 대회가 오사카 나카노시마(中之島)
중앙공회당에서 개최되었다. 아오모리(靑森), 후쿠시마(福島), 아키타(秋田) 3현

---

111 「不遠에 결당할 일본농민당: 완전한 소작법 제정을 운동」, 『동아일보』 1926년 9월 11일; 「일
    본농민당 수립: 純 농민정당의 효시」, 『매일신보』 1926년 10월 8일; 「地主は變つても小作權
    は變らぬ: 農民組合同盟大會で決定の小作法案要項」, 『東京朝日新聞』 1926년 10월 19일;
    「小作法案の成立を極力阻止する: 實行方法もきめた, 日本農民黨の總務委員會」, 『大阪朝
    日新聞』 1926년 11월 6일; 小倉武一, 앞의 책, 1951, 493~495쪽; 農地制度資料集成編纂委員
    會, 「解說 小作立法史」, 앞의 책, 1968a, 85쪽; 위의 책, 343~344쪽.

112 大石嘉一郎, 앞의 책, 2005, 141쪽.

을 제외한 전국 각지의 지주 대표 약 1,000명이 출석하여, 나카무라 몬사쿠 부회장을 의장으로 추대하고 선언·결의를 하고 의사(議事)에 들어갔다. 결의 내용은 첫째, 본회는 계급 협조 이상의 실현을 기한다. 둘째, 본회는 좌경·과격 사상을 배제한다. 셋째, 본회는 '공정·타당'한 소작법의 제정을 기한다는 것이었다. 여기서 소작법안에 관한 건을 비롯하여 자작농 보호정책에 관한 건, 자작농 창설·유지자금 증액의 건, 자작농 부담 범위 확장에 관한 건을 일괄하여 위원회 부탁으로 결의했다. 그리고 소작조정법 폐지의 건, 소작조정법 중 개정의 건 등에 대해서는 의장이 지명한 50명의 위원에게 일임했다. 이튿날 4월 24일 대일본지주협회 위원회가 같은 곳에서 열렸다. 나카무라 의장 외 50명의 위원이 출석하여 전날 대회에서 채택한 21개 의안에 대한 심의를 진행했다. 그중 소작법에 대해서는 정부가 발표한 법안을 골자로 하기로 하고, 소작조정법에 대해서는 당시 소작인 측에서 소작쟁의를 장기화하려고 하므로 그 개정을 연구하여 8월 31일까지 본부에 보고하기로 했다.[113]

또한 대일본지주협회는 1927년 10월 23일부터 오사카 중앙공회당에서 소작법위원회를 개최하여 소작법에 대해 심의했다. 1927년 3월 일본 정부가 소작법안을 입안·공표한 후 여론에 묻고 있던 중으로, 지주로서 중대한 문제이므로 심의하여 여러 항목을 수정하고 산회했다.[114] 소작법 초안에 대한 대일본지주협회 수정 의견의 핵심은 다음과 같다. ① 등기하지 않은 소작지 임대차의 제3자에 대한 대항력을 인정하지 말 것, ② 소작지 매각 시 소작인의 선매권을 보장하기 위해 일정 기간을 정하여 임차인에게 통지하는 등의 세부 규정을 삭제할 것, ③ 보통소작의 최소 소작기간을 3년으로 줄일 것, ④ 영소작권의 존속 기

---

113 「地主大會: 第3回 開かる」, 『大阪朝日新聞』 1927년 4월 24일.

114 「일본지주협회, 소작법위원회 개회」, 『동아일보』 1927년 10월 25일.

간을 줄여 20~50년으로 할 것, ⑤ 소작인의 소작료 체납에 대한 규제를 강화하여 1개월 동안 지불을 최고(催告, 상대편에게 일정한 행위를 하도록 독촉하는 통지를 하는 일)하고 지불하지 않으면 소작계약을 해제할 것, ⑥ 소작지 전대차는 법인에 한정하여 허가하고 농민조합에는 허용하지 말 것 등이었다.[115]

대체로 지주들의 소작법안 반대·수정 의견을 보면, 첫째, 소작권의 효력 및 소작지의 매매와 관련하여 토지소유권을 제한하는 데 반대했다. 이는 지주뿐 아니라 자작농의 이익을 해칠 우려가 있다며, 소작지에 대해 너무 강력한 물권적 효력을 부여하는 것은 소작농이 자작농이 되고자 농지를 구입하는 것까지 주저하게 만드는 결과를 가져올 수 있다고 했다. 자작농 장려사업을 방해할 뿐만 아니라 토지소유욕도 일반적으로 감퇴시켜 이촌(離村) 현상을 낳을 수 있다는 것이었다. 또한 작리료(作離料)·작주(作株) 등의 규정을 두는 것은 새로 농경하려는 자에게 문호를 폐쇄하는 것으로 농업의 발달을 저해한다고 했다. 둘째, 소작료와 관련해서는 계약을 자유 교섭에 맡기는 것이 오히려 당사자에게 의무 수행 관념을 강화시키기 때문에 적당한 처치라고 주장했다. 소작료의 지불 및 기타에 관해 소작법 초안은 다만 일시적 감액·면제 및 분쟁 시 또는 분쟁이 예상될 때의 공탁에 대해 언급했을 뿐이었다. 당시 소작쟁의의 도화선이 된 소작료의 감면, 수량 및 품질, 지불 장소 및 시기 등에 대해서는 아무런 규정이 없이 당사자의 자유 교섭에 일임하고 있었다. 셋째, 소작위원회로 하여금 소작료의 액수 및 지불 시기, 기타 소작조건에 관한 규정을 판정하게 한 것을 지주들은 대체로 만족스러워했다. 소작법 초안에서는 소작분쟁 방지 또는 해결을 위해 특별기관으로서 감정위원회(鑑定委員會) 또는 소작위원회를 조직할 것을 제안했다. 감정위원회는 재판소의 자문기관과 같고, 소작위원회는 당사자로 조

---

115 新潟縣農政協會, 『大日本地主協會小作法運動報告書』, 1930, 1~9쪽.

직된 자치적 위원회로 예상되었다. 그중 소작위원회의 위원 수는 각 계급 동수 (同數)로 하더라도, 그 의결은 단순히 다수결에 의하기보다 각 계급 출신 대표 2/3 이상의 동의가 필요하도록 하는 등 의결 방법을 조절하여 부당한 판정이 내려지지 않도록 주의할 것을 당부했다.[116]

2. 소작법안의 의회 상정과 그 내용

1) 소작법의 제정 방침 결정

대일본지주협회 등 지주 측의 강경한 소작법 반대 운동과, 일본농민조합·전일본농민조합동맹 등 소작농 측의 소작입법 주장 및 소작법안 수정 요구의 영향으로, 소작법 초안은 법제국의 심의를 통과하지 못하고 제52회 제국의회에 제출되지 못했다. 더욱이 당시 금융공황에 따른 정치·경제적 혼란으로 1927년 4월 헌정회 제1차 와카쓰키 내각이 총사직하여 소작법안이 이후 바로 의회에 상정되지 못했다.[117]

그 후 헌정회가 재편된 입헌민정당은 그해 6월 20일 열린 정책기초위원회 (政策起草委員會)에서 소위원회를 구성하여 하마구치 오사치(濱口雄幸)[118] 총재 이

116　北蒲原郡協和會, 『小作法草案二對スル地主·小作人·其ノ他ノ意見』, 1928, 3~6·9~10쪽.

117　田中學, 앞의 논문, 1968b, 128~129쪽; 大石嘉一郎, 앞의 책, 2005, 141~142쪽.

118　하마구치 오사치(1870~1931)는 1895년 대장성에 들어갔으며, 1917년 고토 신페(後藤新平)의 추천으로 입헌동지회(立憲同志會)에 입당했다. 1915년 고치현(高知縣)에서 처음 출마하여 당선되었고, 오쿠마(大隈) 내각에서 대장성 부대신을 맡았다. 1924년 가토(加藤) 내각에서 대장대신이 되었고, 이어서 와카쓰키(若槻) 내각에서는 내무대신을 지냈다. 1927년 헌정회가 입헌정우회에서 탈당한 이들의 정우본당(政友本黨)을 흡수하여 입헌민정당으로 재편될 때 총재로 추대되었다. 이후 자유민권운동의 발상지인 고치현 출신으로는 최초로

<그림 2-6> 하마구치 오사치(濱口雄幸)
출전: 近世名士寫眞頒布會,『近世名士寫
眞』1, 1935.

하가 심의한 의안(議案) 중에서 중요 조항을 선정했는데, 대체로 의견이 일치한 항목 중에 소작입법과 자작농 유지·창정이 포함되었다.[119]

그런데 이후 들어선 입헌정우회 다나카 내각은 자작농 창설에 주력했기 때문에, 소작법 제정 노력은 각의(閣議) 결정에 이르지 못하고 거의 중단되었다. 그러다가 이것이 1929년 7월 2일 바뀐 입헌민정당의 하마구치 내각(1929. 7. 2~1931. 4. 14)에 의해 계승되었다. 하마구치 내각은 제1차 와카쓰키 내각 시절보다 소작법 제정에 더 적극적이었다. 하마구치 내각은 소작 문제 대책으로 대규모의 자작농 창정보다도 소작법 제정을 선결 문제로 했다. 마치다 주지(町田忠

총리가 되었다. 앤드루 고든 저, 김우영 역, 앞의 책, 2005, 303~304쪽; 마리우스 B. 잰슨 저, 김우영 외 역, 앞의 책, 2006b, 782~783쪽.

119 「民政黨が掲げる新看板の題目」,『大阪朝日新聞』1927년 6월 19일; 「民政黨の政策: 起草委員會決定項目」,『大阪朝日新聞』1927년 6월 21일; 小倉武一, 앞의 책, 1951, 485~495쪽.

〈그림 2-7〉 마치다 주지(町田忠治)
출전: 松村謙三, 『町田忠治翁傳』, 町田忠治
翁傳記刊行會, 1950.

治) 농림대신은 와카쓰키 내각 시절보다 소작법 제정에 열심이었다.

하마구치 내각은 대공황이 사회 전면에 영향을 미치는 상황에서 '사회정
책의 확충'을 10대 정강(政綱)의 하나로 내세웠다. 이러한 시정(施政) 방침에 따
라 이른바 3대 심의회를 설치했는데, 그중 하나로 1929년 7월 19일 칙령 제238
호로 '사회정책심의회'라는 자문기관을 설치하여 소작권의 보장과 소작료 감
면 청구권의 제도화 등을 중심으로 소작법 심의를 계속했다.

그해 8월 9일 사회정책심의회 제1회 총회에서는 '소작 문제의 대책으로서
속히 실시할 필요가 있다고 인정되는 사항 여하'에 대해 자문했다. 이후 마치
다 주지 농림대신 외 6명의 특별위원이 여러 차례에 걸쳐 소작 관련 문제들을
논의했는데, 그 주안점은 소작법제의 정리에 대한 것이었다. 특별위원회는 소
작입법에 관련하여 ① 소작인의 경작 관련 권리 확립, ② 소작계약 종료 시 처
치, ③ 소작료의 일시적 감면 및 소작조건의 개정(改訂), ④ 소작쟁의의 완화 방

법 등 네 항목을 심의했다.[120] 여기서 청부경작(請負耕作) 및 토지회사에 대한 취급[121] 외에 새로운 논점은 거의 토의되지 않았다. 그해 10월 1일 사회정책심의회는 소작법 요강에 따라 속히 소작법을 제정·실시하기를 바란다는 답신안을 가결했다. 이날 제5회 특별위원회에서는 "1926년 와카쓰키 내각 시절에 소작조사회가 작성한 소작법을 제정하여 속히 실시하기를 바란다"는 안을 하마구치 총리에게 답신하기로 결정했다.

그러나 시대의 변화와 사회적 변동을 반영하지 않고 1926년 소작조사회의 작성안 그대로 소작법을 제정하는 것에 대해 소작인들은 항의했다. 앞서 1926년 소작조사회의 안은 ① 소작권의 확립으로 지주가 변경되어도 새로운 소유자는 당연히 종래의 소작관계를 계승한다. ② 소작계약의 기간이 너무 짧으면 소작인의 지위 안정 및 농사개량이 불가하므로 소작계약의 법정(法定) 최단기간을 5년 이상으로 한다. ③ 청초(青草)의 매수, 유익비(有益費)의 상환 등 소작계약 소멸 시 지주의 배상 규정을 마련한다 등과 같이 당시 일본의 민법 및 소작관습에 비하면 한 단계 진보한 점이 없지 않았다. 하지만 이는 소작인들의 요구보다는 뒤처진 것이었다.

대체로 소작농민들은 다음과 같은 소작법을 요구했다. ① 경작권의 물권화를 요구했다. 즉 토지소유자가 변경되어도 경작권을 잃지 않고, 소작권이 소유

---

120 松村勝治郎, 앞의 책, 1931, 104~118쪽; 農地制度資料集成編纂委員會, 『農地制度資料集成 5: 小作立法に關する資料 (下)』, 御茶の水書房, 1968b, 3~7쪽; 平賀明彥, 앞의 논문, 2003, 153쪽; 데루오카 슈조 편, 전운성 역, 앞의 책, 2004, 134쪽.

121 청부경작 및 토지회사는 소작쟁의의 발생을 방지하기 위해, 또는 소작법이 실시된 경우에 그 적용을 회피하기 위해 지주가 사용하는 수단이었다. 특히 청부경작은 소작인(고용자)이 수확까지 일체의 노동을 떠맡고 그 보수(임금)로 수확의 일부(보통 약 30% 정도)를 받는 구조였다. 실제로는 통상적인 소작관계와 마찬가지이나, 입모도 지주의 소유물이었으며 법적으로 임대차관계가 성립하지 않는 편법이었다. 田中學, 앞의 논문, 1968b, 128~129쪽.

권에 대하여 대립적 지위를 가지며, 제3자에 대해서 직접적으로 소작권을 주장할 수 있고, 소작인의 이익을 위하여 장기적으로 경작권을 확립하는 것이다. ② 소작인과 그의 가족들이 1년간 생계를 유지하는 데 필요한 수확 분량에 대해서는 가차압을 금지할 것을 요구했다. ③ 어떠한 이유로 인한 토지반환인지 불문하고 지주에게 그 배상의 의무를 지울 것을 요구했다. ④ 천재 또는 불가항력으로 경작물의 수확이 감소한 경우, 그 수확이 소작인과 그의 가족의 생활을 유지하기에 부족할 경우에는 소작료를 완전 면제하고 그 부족액은 국가에서 보전(補塡)해줄 것을 요구했다. ⑤ 지주에 대항하여 이익을 옹호하기 위해 단체 협약권과 쟁의권을 요청했다.[122]

그러나 1929년 11월 25일 사회정책심의회는 내각총리대신 관저에서 제3회 총회를 열고 하마구치 총리 이하 각 위원이 출석한 가운데 소작법제의 준비에 대한 특별위원회 답신안을 만장일치로 승인했다. 이 답신을 하마구치 총리에게 제출하고 산회했는데, 답신의 요지는 소작조사회가 1926년에 답신한 소작법안의 요항은 대체로 타당하므로 정부는 그 취지에 따라 소작법을 제정·실시해야 한다는 것이었다.[123]

오히려 1929년 12월 15일 일본 정부는 대일본지주협회에 소작법 제정 시 와카쓰키 내각 때 공표한 소작법 초안을 채용하는 것에 대해 답신을 구했다.[124]

---

122 「소작법 제정 문제」, 『동아일보』 1929년 10월 7일; 農地制度資料集成編纂委員會, 앞의 책, 1968b, 21~24쪽; 大石嘉一郎, 앞의 책, 2005, 142쪽.

123 「조사회에서 답신한 소작법안 요항 타당」, 『중외일보』 1929년 11월 27일; 農地制度資料集成編纂委員會, 앞의 책, 1968b, 21~27쪽. 이에 1927년 3월 와카쓰키 내각의 소작법 초안 공표 당시 비난의 여론이 있었는데도, 3년 후에 시대의 동향과 사회적 변동을 반영하여 결점을 보완하지 않고 이를 그대로 답습한 법안이 되었다는 비판이 있었다. 中澤辨次郎, 앞의 책, 1930, 1~11·20쪽.

124 이에 앞서 1929년 10월 25일 대일본지주협회에서는 '소작법안 수정의견'을 제의하며, 대일

이때 대일본지주협회는 농림성 회의와 소작조사회 개최 시기에 맞춰 12월 15~17일간 각 부·현에 통첩하여 대대적인 운동을 벌였다. 전국 부·현 간부회에서 소작법안 수정 의견을 발표하여 이를 소작조사회 위원들에게 전달했다. 또한 회원들이 내각총리대신 관저, 농림성·내무성·사법성, 입헌민정당 본부 등에 출두하여 소작법안 수정 의견을 진정했다. 대일본지주협회는 소작법 초안이 대지주만 겨냥하고 중소지주와 자작농을 등한시하고 있다며, 중소지주를 고려하면 이러한 소작농 보호에 편중된 법안은 있을 수 없다고 주장했다. 이에 소작법 제정 시 중소지주와 자작 겸 지주의 입장을 더 깊이 고려할 것을 요구했다.[125]

하지만 1930년 1월 하마구치 총리는 시정 연설을 통해 일본 정부는 소작조사회에서 답신한 소작법 요강에 기초하여 소작 문제에 대해 연구를 진행하고, 동시에 사회정책심의회는 이 요강에 따라 소작법제를 정비할 것이라고 입장을 밝혔다. 그리고 정부는 소작법안을 완성하는 대로 의회에 제출하겠다고 했다.[126] 그러나 하마구치 총리가 농림성 시정으로 역설한 소작법 제정을 비롯하여 미곡법 개정, 비료 개선책 시행의 3안은 의회 해산으로 실현될 수 없었다. 이에 농림성은 소작법 등을 다음 의회에 제출하기로 했다.[127]

다만 일본 정부는 소작법을 의회에 상정하기 전에 그 제정 방침과 계획을

본지주협회장 나카무라가 사회정책심의회장 하마구치에게 진정하기도 했다. 農地制度資料集成編纂委員會,「解說 小作立法史」, 앞의 책, 1968a, 103쪽.

125 新潟縣農政協會, 앞의 책, 1930, 9~13·17~22쪽; 農地制度資料集成編纂委員會, 앞의 책, 1968b, 31~90·799~808쪽. 대일본지주협회는 이후 1930년 11월에 중심이 되어 농정단체연합회를 조직해서 소작법안에 대해 수정 의견을 발표하고 소작조정법에 대해서도 개정을 요구했다. 農地制度資料集成編纂委員會, 앞의 책, 1969, 38쪽.

126 「內政 외교 전후 10항에 亘한 濱口 수상의 施政 연설」,『중외일보』, 1930년 1월 22일.

127 「농업정책 歸於水泡」,『중외일보』, 1930년 1월 26일.

지방장관회의 등을 통해 일반에게 주지시켰다. 1930년 5월 24일 지방장관회의에서 마치다 농림대신은 '농촌 시설(施設)에 만전을 기하자'는 훈시(訓示) 연설을 하면서, 먼저 "농촌 문제의 핵심인 소작 문제의 대책으로 소작조정법의 운용, 자작농 창설·유지사업의 실행, 기타 각종 시설을 통해 그 해결·완화에 힘써 순조롭게 실효를 거두고 있다"고 말했다. 그런데 "근래 경제 불황의 영향을 받아 종종 심각한 소작쟁의가 발생하는 정세(情勢)가 있으므로, 조정 관계 관료 및 경찰관과 연락을 긴밀히 하여 그 원만한 해결에 힘쓰기를 바란다"고 했다. "또한 정부에서는 소작에 관련한 제도의 정비가 긴요한 것을 고려하여 소작법을 제정하기 위해 현재 열심히 조사·연구 중으로, 오는 통상의회까지는 그 안을 마련하려 하고 있다"고 했다. 결국 소작법안은 그해 12월 법제국에서 심사되었고, 1931년 1월 말 각의에서 결정되었다.[128]

2) 소작법의 의회 상정과 귀족원 통과 실패

마침내 1931년 2월 일본 정부는 소작법안을 제59회 제국의회(1930. 12. 26~1931. 3. 27)에 제출했다. 소작법은 그해 2월 9일 중의원에 제출되었다. 1920년 소작제도조사위원회 설치 후 10여 년 만에 드디어 소작법이 의회에 상정된 것이다.

당시 일본 농촌에는 쇼와(昭和)공황이 한창이었고 소작쟁의는 극도로 심각하게 빈발하여 지주적 토지소유에 대한 완화책으로서 소작법을 확실히 제정할 필요가 있었다. 1920년대에 이어 소작쟁의가 제2차 고양기를 맞이한 이때에 소작법안이 비로소 의회에 제출된 것이다. 또한 지주·소작 간의 권리·의무를

---

128 「地方長官會議(第5日): 農林省所管事項協議」, 『時事新報』 1930년 5월 25일; 「小作法案の起草を急げ」, 『大阪每日新聞』 1930년 5월 31일; 「소작법안 成案 今 의회에 제출」, 『매일신보』 1931년 1월 29일.

규정하는 민법이 갖추어져 있지 않고 애매하여 도리어 소작쟁의를 부추기는 경향이 있었으므로, 유럽 각국처럼 소작법이 상세하고 명확하게 제정될 필요성이 제기되었다.[129] 한편 입헌민정당의 하마구치 내각의 출현에 의해 소작법, 노동조합법 등 사회입법이 실시될 것이 기대되었다.[130]

즉 1930년대 들어 일본의 농림행정 문제는 더욱 중대해져 소작법을 비롯하여 소작인조합, 농업재해보험, 잠사(蠶絲)의 통제 등이 중요 문제로 인식되었다. 이에 1930년 8월경 마치다 주지 농림대신은 이러한 여러 문제를 심의할 농림심의회를 설치하기로 결의하고, 1931년도 예산에 그 경비 4만 엔을 편성하기로 했다. 이 조직은 농림대신을 회장으로 하고 관민에서 농림행정에 정통한 인사 40~50명을 위원으로 위촉했다.[131] 1930년 10월경 그 예산 편성 시 입헌민정당은 정무조사회(政務調査會) 특별위원회에서 협의한 내용을 정부에 전달했는데, 사회정책심의회에서 견해가 일치된 소작법 제정이 소작인 보호를 위해 필요하므로 농림성을 독려하여 다음 제59회 제국의회에 제안하게 했다. 그리고 그해 10월 22일 농림성으로부터 소작법안을 청취했다.[132]

처음에 입헌민정당의 하마구치 내각은 1930년 말 의회에 소작법뿐만 아니라 '노동조합법', '선거법 개정안', '전화 민영안(民營案)', '제철업합동법' 등의 중요 법안을 제출하여 한 번에 통과시키려고 했다.[133] 그러나 야당은 소작법 제정

---

129 横尾惣三郎, 『小作法案に就て』, 農村研究會, 1931, 1~2·12쪽; 布施辰治, 「はしがき」, 『小作 爭議にたいする法律戰術』, 淺野書店, 1931, 2~4쪽; 田中學, 앞의 논문, 1968b, 129~131쪽.

130 「社會立法全滅か: 覺束ない議會成績」, 『大阪朝日新聞』 1931년 3월 21일; 立憲民政黨本部, 『第59議會報告書』, 1931, 1~4쪽.

131 「農林審議會, 町田 農相이 주창」, 『중외일보』 1930년 8월 24일.

132 「위원회에서 일치된 民政黨의 주장」, 『매일신보』 1930년 10월 19일.

133 「首相 출석을 기초로 對議·對策을 확립」, 『매일신보』 1930년 11월 26일.

에 대해 서로 다른 태도를 보였다. 일본 무산당(無産黨)은 앞서 1930년 4월 19일 의회대책협동위원회합(議會對策協同委員會合)의 결과, 이번 의회에 소작법안, 소작조합법안, 노동조합법안 등을 제출하기로 결정하여 대체로 호의적인 태도를 보였다.[134] 그러나 입헌정우회는 1931년 1월 당시 입원 치료 중이던 하마구치 총리의 대리 문제와 관련하여, 의회 벽두부터 정부의 소신이 무엇인지 몰아치는 등 모든 수단을 다하여 소작법 제정을 막겠다는 입장이었다. 그에 따라 의회에서 큰 파란이 예상되었다.[135]

한편 농민조합 측은 '완전한 소작법' 제정을 촉구하며 대안적인 소작법안을 제시했다. 전국농민조합(본부 오사카)[136]은 1929년 대회에서 '완전한 소작법 제정 요구에 관한 건'을 결의하고 소작법대책위원회를 설치했다. 전일본농민조합(본부 도쿄)도 최우선적 주장으로 '완전한 소작법 제정'을 제창했다. 일본농민조합총동맹(본부 도쿄)도 '완전한 소작법 제정'을 주장하며 수정안을 제안했다. 기타 각 농민조합에서도 소작법안 요강을 작성·발표했다.[137] 심지어 입헌민정당 내각의 소작법안은 '자유주의적 급진개량주의정책'으로 소작의 이름만 빌린 지주법안이라는 농민 측의 비판도 있었다. 예컨대 1928년 전일본농민조합 회장을 역임한 나카자와 벤지로(中澤辨次郎)[138]는 입헌민정당이 토지소유자와

---

134 「無産黨 제출의 諸 법률안 내용」, 『중외일보』 1930년 4월 20일.

135 「재개 의회는 벽두부터 대파란: 수상 문제로 施政 연설 전에 政友는 期於一戰」, 『매일신보』 1931년 1월 18일; 「소작법안 下院에 제출」, 『동아일보』 1931년 2월 11일; 二松堂編輯所 編, 『帝國議會議事錄: 第59回』 1, 二松堂, 1931a, 215쪽.

136 1928년 5월 27일 구 일본농민조합과 구 전일본농민조합의 합동에 의해 성립된 조합이다. 일본농민조합은 신당(新黨)을 수립하려 했고, 구 전일본농민조합은 일본노농당을 지지하고 있던 중이었다. 協調會, 앞의 책, 1930, 442~443쪽.

137 「地主と小作人の團結의 對立現狀」, 『中外商業新報』 1930년 5월 8~18일.

138 나카자와 벤지로(1891~1946)는 1914년 잡지 기자, 『요미우리(讀賣)신문』 기자를 거쳐, 1916

자본가의 협력을 구해 '사회정책'이라는 미명(美名)으로 포장한 소작법안을 입안했다고 비판했다.[139] 하지만 정부의 농림관료는 토지 불매동맹(不買同盟), 자작농 창설 절대 반대나 쟁의권 확립을 고창하는 전국농민조합이나 일본노농당의 태도가 정당하지 않다고 비판했다.[140]

1930년 12월 말 현재 농림성 총회에서 마련한 중요 법안 중 소작법의 의회 제출은 확정적이었다. 소작법 실시에 필요한 경비는 약 40만 엔으로 예상되었고, 필요 시 추가 예산을 요구하기로 농림성 회의에서 결정했다.[141] 결국 1931년 1월 초 농림성은 의회 제출 대상 법안 중 시급하지 않다고 판단한 법률안은 중지하고, '소작법', '미곡법 개정안', '수출 생사(生絲) 검사법 개정안'의 세 법안을 의회에 제출하기로 했다.[142]

소작법안은 1930년 12월 법제국에서 심사된 이래, 1931년 1월 말 각의에 부의·결정된 후 의회에 제안되는 절차를 거쳤다.[143] 소작법안은 마침내 1931년 2월 9일 중의원에 제출되었다.[144]

년 『식량평론(食糧評論)』 편집장을 역임했다. 1924년 정치연구회 중앙위원, 1926년 중부일본농민조합장 및 노농민중당 위원장, 1928년 전일본농민조합 회장을 지내며 우파 농민운동을 추진했다. 日外アソシエーツ, 「中澤辨次郎」, 『20世紀日本人名事典』, 2004; 講談社, 「中澤辨次郎」, 『日本人名大辭典』, 2015.

139 中澤辨次郎, 「序文」, 앞의 책, 1930, 1쪽.

140 橫尾惣三郎, 앞의 책, 1931, 15쪽.

141 「小作法實施は昭和7年か: 追加豫算に10萬円計上」, 『大阪每日新聞』 1930년 12월 28일; 「소작법의 의회 제출」, 『매일신보』 1930년 12월 29일.

142 「농림성 제출안」, 『매일신보』 1931년 1월 9일; 「小作法案: 要旨=農林省發表」, 『東京日日新聞』 1931년 2월 4일.

143 「소작법안 成案 수 의회에 제출」, 『매일신보』 1931년 1월 29일.

144 「소작법안 下院에 제출」, 『동아일보』 1931년 2월 11일; 二松堂編輯所 編, 앞의 책, 1931a, 215쪽.

1931년 2월 14일 중의원 제59회 제국의회 본회의가 개회될 때 일본 정부는 소작법안을 상정했다.[145] 그런데 하마구치 총리가 병으로 출석하지 못한 것을 빌미로, 입헌정우회의 아키타 기요시(秋田淸) 의원 등은 총리가 예산 각 분과의 심사도 종료되었는데 출석하지 않은 것은 의회정치상 유감스러운 일이라고 지탄하며 기선제압을 하려 했다.

이날 우선 마치다 농림대신의 소작법 제안 이유 설명이 있었다. 농림성과 사법성이 소작조사회의 요강에 의거하여 소작법 초안을 입안했고 제52회 제국의회에 제출하려고 했으나 이행하지 못했으며, 대신에 여론을 묻기 위해 1927년 이를 공표하여 비평을 구하면서 조사·연구를 속행했다고 했다. 이후 1929년 7월 내각에 설치된 사회정책심의회에서 소작 문제의 대책으로 소작법을 속히 실시해야 한다고 인정했고, 앞서 소작조사회에서 답신한 법안이 타당하여 이에 기초해서 소작법을 제정·실시해야 한다고 답신했다고 했다. 이에 소작조사회를 다시 열어 지금까지의 경과 및 소작사정의 변천 등에 대해 협의를 거듭하고, 소작법 초안이 공표된 이래 나온 의견 등을 참작하여 본 법안을 제출하게 되었다는 것이었다.

이 설명 뒤에 입헌정우회의 도이 곤다이 중의원 의원과 농림대신 간에 질의응답이 있었다. 도이 의원은 ① 토지제도에 대한 정부의 근본 관념은 '토지국유주의'인가 또는 '자작주의'인가 힐문하며, ② 토지국유에 대한 정부의 소견, ③ 자작농 창설·유지에 대한 방침, ④ 쇠퇴하고 있는 중소지주에 대한 보호책,

---

145 「大雪로 遲刻 續出, 14일의 衆院」, 『매일신보』 1931년 2월 15일; 「第59回帝國議會衆議院 小作法案委員會議錄 第1~17回」, 1931년 2월 16·18·21·24~27일, 3월 2·4·6·9~10·13~14·16~18일, 帝國議會會議錄檢索システム(http://teikokugikai-i.ndl.go.jp); 二松堂編輯所 編, 앞의 책, 1931a, 261·263~266쪽; 二松堂編輯所 編, 『帝國議會議事錄: 第59回』 2, 二松堂, 1931b, 105·233·301쪽.

⑤ 소작법의 실시 시기, ⑥ 소작법을 통한 지주의 이익과 소작농의 이익에 대해 질문했다. 이에 대해 마치다 농림대신은 소작법안은 일시적인 정책이 아니라 농촌 전체의 근본 문제로 중대한 법안이기 때문에, 소작인·자작농 양자의 이익과 조화를 도모했다고 답했다. 그리고 이번에 소작법안이 통과되면 그 준비를 1931년도 추가 예산으로 하고, 1932년부터 소작법을 실시할 방침이라고 말했다. 또한 자작농 창정·유지는 재정이 허락하는 한도에서 추진할 방침이라고 했다. 중소지주 보호를 위해서는 부채 정리 문제 등을 고려하고 있고, 의회 후 조사회를 설치하여 다시 대책을 연구하겠다고 했다.

다음으로 입헌정우회의 가타노 시게나가(片野重脩) 의원이 계속해서 질의했다. ① 소작법안이 '쟁의빈발법'이 되지 않겠는지, 조문이 애매하여 해석상 논쟁을 발생시키지 않겠는지, ② 공정한 소작료액 결정 기준을 법정할 의사는 없는지, 소작쟁의 해결상 이를 법정하는 것이 실용적이지 않은지, ③ 소작쟁의가 단체쟁의화하는 추세인데 정부 당국의 해석은 어떠한지, ④ 소작법을 실시할 때 쟁의 해결 촉진을 위해 판사 등을 증원하고 또 장래 소작심판소 등을 개설할 의사는 없는지에 대해서였다. 이에 마치다 농림대신은 소작법이 소작쟁의를 빈발시킬 우려는 없다며, 여러 사정에 기초하여 입법한 것이므로 조문이 다소 복잡해졌다고 답했다. 또한 소작료는 경제사정에 따라 당사자 간의 계약에 일임하여 법정하지 않았고, 수확이 크게 감소했을 경우 소작료를 감면하는 규정 등을 마련했으며, 소작료로 인해 분쟁이 발생할 때는 타협할 방도를 정했다고 했다. 소작쟁의가 단체쟁의화하는 문제에 대해서는 소작법 자체에는 관계가 없고, 별도로 소작조정법을 통해 소작위원회 등에서 이러한 쟁의를 조정하는 데 힘쓸 것이라고 강조했다. 이에 더해 와타나베 지후유(渡邊千冬) 사법대신은 소작법을 제정하면 당사자 쌍방의 권익이 명확해지므로 소작쟁의에 관련한 민사소송 해결이 더욱 신속해질 것이라 했다. 판사의 증원 또한 바라는 바이며, 현재는 특별히 소작쟁의를 심판하는 재판소로서 소작심판소와 같은 특별기관을 설치할 계획이 없다고 밝혔다.

이어서 입헌정우회의 다케다 도쿠사부로(武田德三郞) 의원은 소작법안이 소작권 확립, 소작료 감면 규정 등에 불비(不備)한 점이 많아 "농촌을 파괴로 인도할 뿐이니", 이를 철회하고 연구를 다시 할 의사는 없는지 질문했다. 또한 소작법 제정은 소작권에 일종의 교환가치가 생기도록 하는 일인데, 그에 따라 소유권의 가치가 저하하여 농지 가격이 하락하지 않겠는지 우려했다. 이에 마치다 농림대신은 소작조정법이 절차법인 데 비해 소작법은 소작쟁의 방지를 위한 권리·의무에 관련한 실체법, 곧 근본 법률로서 입법한 것이므로 "농촌을 파괴로 인도하는" 등의 일은 없을 것이니 철회하지 않겠다고 응수했다. 그러면서 소작법은 대체로 종래의 지주·소작인 간의 관습을 기초로 하며, 오히려 관습을 유지하기 위한 법률이라고 했다. 소작인의 권리가 증가함에 따라 소작지의 교환가격이 증가하고 오히려 자작지의 가격이 내려가 장래 자작농의 쇠퇴를 야기하지 않겠는가 하는 걱정도 있지만, 소작법안을 보면 민법이 규정하고 있는 이상으로 지주의 권리를 옹호하는 점도 상당히 많아 소작인의 소작지 전대 금지, 1년 이상 소작료 체납 시 소작계약 해제 규정 등이 마련되어 있다고 밝혔다.[146]

그러자 일본노농당(전일본농민조합 지지정당)의 오야마 이쿠오(大山郁夫) 의원은 지금까지 질문자는 모두 지주 측을 대표하는 입장에서 질문했다며 이제 소작인의 입장에서 질문하겠다고 선언했다. 오야마 의원은 소작법안은 지주를 보호하기 위함이고 소작인에게 큰 불이익을 줄 것이며 농민운동을 방해하는 것

---

[146] 「14일 衆議院 본회의 소작법안을 상정」, 『매일신보』 1931년 2월 16일; 二松堂編輯所 編, 앞의 책, 1931a, 261~278쪽; 農地制度資料集成編纂委員會, 앞의 책, 1968b, 179~208쪽.

이라고 주장했다. 오야마 의원은 현재의 경제공황, 농업공황에 대하여 마르크스주의 이론을 들어 설명하고, 하마구치 내각의 '무위무책(無爲無策)'을 힐난했다. 계속해서 오늘날의 농민은 쌀을 만들어 손해를 보고 생활이 빈곤하여 지주에게 당하는 수밖에 없고, 단결된 힘으로 생활의 안정을 도모할 수 없다고 말했다. 이런 상황에서 과연 소작법안이 소작농민의 이익을 보호하는 것인가 하면 그렇지 않다는 것이었다.

소작법에서 소작지 임대인은 임차인이 '배신행위'를 하지 않으면 부당한 이유로 소작 해약 신청을 하거나 소작계약 갱신을 거절할 수 없다고 했으나, '배신행위' 등의 애매한 문구가 소작인에게 불리하게 해석될 수 있다고 지적했다. 그리고 소작지 임대인이 임대차 갱신을 거절하거나 해약 신청을 한 경우, 임대인이 임차인에게 소작료의 1년분에 상당하는 작리료만 지불하면 마음대로 소작지 반환을 요구할 수 있도록 되어 있어 소작농민은 조상 대대로 농작하던 토지에서 쫓겨날 수 있다는 것이었다. 이에 소작인은 순연한 '농업프롤레타리아'가 되고 말 것이라 했다. 또한 오야마 의원은 소작료의 공탁 문제와 관련하여 농민조합이 종래 지주의 입모 차압 신청, 출입금지 가처분에 대해 반대투쟁을 해왔는데,[147] 소작법안은 이를 허용하고 담보를 요구하는 등 불편한 절차

---

147 농민 측에서 경작지 및 생산물에 대한 지주의 강제처분을 제한해야 한다는 목소리가 높았다. 특히 토지 출입금지 가처분은 지주 측이 공세로 나올 때 즐겨 사용하는 수단이었다. 지주가 출입금지 가처분을 하는 것은 채무 불이행을 사유로 한 임대차 계약 해제 요구가 가장 주된 원인이었다. 즉 소작쟁의로 인한 소작료 불납(不納) 시 채무 불이행을 이유로 재판소가 가처분 명령을 발할 수 있었다. 또한 입모 차압과 관련하여, 지주는 소작쟁의의 소작료 청구 사건에서 승소 판결을 얻기 전에 입모를 가차압하여 훗날 있을 수 있는 강제집행 보전에 대비하려 했다. 그리하여 농민들은 소작법에서 출입금지 가처분, 입모 차압 등을 엄금해야 한다고 요구했다. 앞서 소작조사회에 참고로 제안하기 위해 농림성에서 작성한 소작법안 요항에는 이 점에 대해 아무런 규정이 없었으나, 소작조사회 소작법소위원회가 결정한 소작법 요항과 골자에 따르면 소유권의 효력으로 출입금지 가처분과 입모 차압 신청을 할

와 벌칙을 마련하고 있어 지주의 지위를 강화하고 농민운동을 궁극적으로 저지하는 것이라고 했다. 농민조합이 지금까지 투쟁으로 얻은 것을 소작법안이 모두 법률로 빼앗는 형국이니, 그런 의미에서 이 법안은 '농민탄압법'이라고까지 말했다. 소작지 전대를 금지한 규정도 소작인의 권리를 제한하는 것이라고 했다. 산업조합 및 비영리 법인 또는 단체가 임차한 소작지를 다시 그 단체원에게 경작하게 하는 경우에는 소작지 전대 금지 규정을 적용하지 않는다고 한 조항에서, 산업조합에 토지관리의 임무를 부여하고 있는 점 등에 반대하며 그렇다면 농민조합은 과연 어디에 포함되는지 농림대신의 소견을 물었다. 이에 농림대신은 오야마 의원은 '소작법'과 '농촌 구제'를 혼동하고 있다며, 소작법에서 소작인의 권익을 충분히 옹호했으니 잘 보아주기를 바란다고 일갈했다.

이에 오야마 의원과 일본대중당의 아사하라 겐조(淺原健三) 의원이 재차 질문하기를 요구했으나 의장은 듣지 않고 질의를 끝냈다. 이어서 의장이 입헌민정당의 사쿠타 다카타로(作田高太郎) 의원의 의견에 따라 위원부탁으로 결정하겠다고 선고하자, 아사하라 의원이 격노하여 의장의 조치를 비난했다. 그러나 의장과 여당인 입헌민정당은 이를 묵살하고 의사를 진행했다.[148]

수 있도록 되어 있었다. 그런데 당시 민사소송법 제570조에 따르면, 채무자 및 그의 가족에게 필요한 1개월간의 식료는 채무자의 승낙이 없어도 이를 차압할 수 없도록 되어 있었다. 이에 농민들은 논밭의 생산물에 대해 소작인 및 그의 가족이 1개년간 생활을 유지하는 데 필요한 분의 가차압 금지를 주장했다. 水谷長三郎, 앞의 책, 1926, 113~118쪽.

148 「소작법안 상정코 大山氏 又復熱論」, 『동아일보』 1931년 2월 16일; 二松堂編輯所 編, 앞의 책, 1931a, 278~284쪽; 農地制度資料集成編纂委員會, 「解說 小作立法史」, 앞의 책, 1968a, 100~101쪽; 農地制度資料集成編纂委員會, 앞의 책, 1968b, 208~221쪽. 東洋拓殖株式會社, 「小作法二關スル第59議會本會議經過議事錄拔萃」, 『昭和9年度朝鮮農地令米穀統制法關係』 [친일반민족행위진상규명위원회 사무처 조사3팀, 『朝鮮農地令·米穀統制法 關係 2(1934): 일본 국립공문서관 츠쿠바 분관 소장 자료』, 친일반민족행위진상규명위원회, 2010b, 25~31쪽].

이 무렵 귀족원은 공업구락부(工業俱樂部)에서 1931년 2월 17일부터 실업 관계 의원으로 조직된 쇼와간담회 예회(例會)를 개최했는데, 총 51명이 출석해 정부의 소작법안에 대해 일치된 행동으로 반대할 것을 결의했다. 노동조합법 수정안에 대해서도 협의한 결과 만장일치로 배격할 것을 결정했다. 소작법, 노동조합법 등의 법안이 귀족원에 제출될 경우 반대하겠다고 결의한 것이다.[149] 제59회 제국의회의 회기는 겨우 1개월 남은 상황이었고, 소작법안뿐만 아니라 미곡법 개정안, 감세(減稅) 법안 등이 아직 귀족원에서 심의를 거듭하고 있었다. 입헌정우회는 소작법안과 이들 법안의 심의 지체를 도모하여 이를 귀족원에서 심의 미료(未了)로 사장시키려 했다.[150] 귀족원의 중요 법안에 대한 태도를 보면, 소작법은 통과되기 매우 어려울 것으로 관측되었다.[151]

당시 중의원에는 농촌 관계 중요 법안으로 소작법안, 미곡법 중 개정 법률안, 미곡수급특별회계법 중 개정 법률안의 3건이 모두 각 위원에게 부탁되어 심의 중이었다. 중의원의 형세로 보아 세 가지 안 중 미곡 관계 2건은 양원을 통과하리라 예상되었다. 그러나 소작법안에 대해서는 정부 자신의 태도도 소극적인 편이어서 위원회를 개회했다가 개회하지 않았다가 하는 형편이었다. 더욱이 귀족원 내에 소작법안에 대한 상당한 반대 의견이 있었으므로, 중의원을 절대 다수로 통과하더라도 귀족원을 통과하는 것은 거의 절망적으로 여겨

---

149 「勞組·小作 兩案 일치 반대: 實業家 출신 의원으로 조직된 貴院 昭和俱樂部 태도 결정」, 『동아일보』 1931년 2월 19일.

150 「重要案이 山積하여 首相 登院을 요망」, 『매일신보』 1931년 2월 24일. 중요 법안의 심사가 이같이 제대로 진행되지 못한 데는 하마구치 수상의 병으로 인한 결석으로 양원(兩院)에서 내각의 위신을 발휘하지 못한 까닭도 있었다.

151 「旋風을 胚胎한 귀족원 공기: 중요 법안에 대하여 反정부 氣分 농후」, 『매일신보』 1931년 2월 25일.

졌다.[152]

이러한 가운데 1931년 3월 14일 중의원에서 제14회 소작법안위원회가 열렸다. 이날에는 ① 소작법안에 소작료의 전국적 기준에 대한 규정은 없는지, ② 1921년 소작제도조사위원회의 입안에 비해 본안은 퇴보하지 않았는지에 대한 질문이 있었다. 이에 대해 와타나베 사법대신과 이시구로 농림차관은 다음과 같이 대답했다. ① 상당한 소작료를 법률로 규정한 사례는 외국에도 없고 또 그 표준을 규정한 경우도 없다. 정부는 각지의 소작사정, 소작관행에 따르는 것이 타당하다고 보고 각지 소작위원회의 의견을 존중하고자 했다. 쟁의가 된 경우에는 조정위원회의 결정에 따르고, 결정되지 못할 때는 재판소의 재판에 따르는 것으로 했다. ② 소작권에 대해서 해석상 여러 의견이 있어 일치하지 않았다. 따라서 이 용어를 법에 게재하기에는 어려움이 있기 때문에, 소작의 임차권 및 영소작권에 대해서만 조문을 작성한 것이다. 또한 1921년 소작제도조사위원회의 입안은 사실상 '간사 사안'으로, 예컨대 소작료에 관련한 조항을 넣은 것은 소작법 입안 시 조사해야 할 사항으로 거론한 것이다. 그리하여 이 '간사 사안'은 이번 입안에서는 고려되지 않았다고 했다.[153]

그리하여 일단 소작법안은 1931년 3월 21일 중의원 본회의에서 수정·가결되었다. 소작법안은 약간의 수정(청부경작 규제 조항 추가 등)을 거쳐 중의원을 통과

---

152 「소작법안의 貴院 통과 絶望」, 『동아일보』, 1931년 2월 26일; 「減稅案을 중심으로 정부 倒壞의 운동」, 『매일신보』, 1931년 3월 17일; 「일호도 가차 없이 적극적 규탄」, 『매일신보』, 1931년 3월 17일; 「노동·소작법안 필경 流産은 확실」, 『매일신보』, 1931년 3월 25일.

153 「小作料の基準を規定してはどうか: これは小作法委員會」, 『大阪朝日新聞』, 1931년 3월 3일; 「明日の兩院」, 『매일신보』, 1931년 3월 16일; 農地制度資料集成編纂委員會, 앞의 책, 1968b, 588~603쪽.

했다(찬성 166, 반대 60).[154]

하지만 귀족원에서 소작법안 통과는 노동조합법안, 노동쟁의조정법 중 개정 법률안 등과 함께 미료에 그칠 것으로 계속 예측되었다.[155] 그리하여 정부도 어느 정도 이들 법안의 통과를 단념하는 태도를 보였다.[156]

이후 1931년 3월 24일 귀족원에서 소작법안, 노동조합법안 등의 위원회를 개최했다. 그러나 이날 귀족원 제1회 소작법안 특별위원회가 개최된 것을 끝으로, 회기가 끝나가던 시점에서 결국 소작법안은 심의 미료 상태로 유산(流産)되고 말았다. 귀족원의 소작법안에 대한 수정 의견은 대체로 다음과 같았다.

1. 소작법규의 강행법규성 부정

소작법안(제3조)은 해약의 신청, 계약의 갱신, 계약의 해제, 작물의 매입, 작리료, 작주 배상 등의 규정에 대해서는 특약으로 변경을 허용하지 않는 것으로 하고 있는데, 이를 삭제할 것.

2. 소작지의 임대차의 대항력

소작법안(제5조)은 소작지의 인도로 제3자에 대한 대항력이 있는 것으로 하고 있

---

154 「今期 의회 연장 不要: 정부 측의 관측」, 『매일신보』 1931년 3월 22일; 小倉武一, 앞의 책, 1951, 587쪽; 田中學, 앞의 논문, 1968b, 129~131쪽. 그러나 이 소작법안은 앞서 초안을 수정하여 제4조에 청부경작 규제 조항을 추가하고, 중의원에서 지주의 권한을 강화하도록 일부 수정하면서 경작권 보장 조항은 상당히 약해져 있었다. 이에 일본노농당의 오야마 이쿠오 의원, 사회민중당의 가타야마 데쓰(片山哲) 의원 등은 경작권을 더욱 강화할 것을 요구하며 이 법안에 반대했다. 한편으로 취체법(取締法)의 제정을 바라는 지주 측 의원에게도 이 법안은 어중간한 것이었다. 田中學, 앞의 논문, 1968b, 129~131쪽.

155 앞서 1928년에도 자작농지법안(自作農地法案)이 제국의회에 제출되어 중의원을 통과했으나, 귀족원에서 심의 미료로 끝났다. 增田福太郎, 앞의 책, 1938, 172~173쪽.

156 「노동·소작법안 필경 流産은 확실」, 『매일신보』 1931년 3월 25일.

는데, 소작대장의 등록을 대항 요건으로 함.

3. 소작지의 임차권 양도

소작법안(제6조)은 단서에서 관습이 있는 경우에는 임대인의 승낙 없이 임차권

을 양도하는 것을 인정하고 있는데, 이 단서를 삭제할 것.

4. 소작지 매각의 통지

임대인이 소작지를 매각하는 경우 임차인에 대한 통지 의무(제7조)에 대해, 임차

인의 매입 신청 기한을 1개월 이내로 정하고, 소작지의 일괄 매각의 경우에는 소

작인 전부에 대한 일괄 통지로 충분한 것으로 하고, 임차인이 법인 또는 단체인

경우에는 직접 협의에 관한 조항에서 단체를 제외하는데 이는 농민조합을 제외

한다는 의미임.

5. 소작계약의 갱신

소작지의 임대차 기간을 정한 경우에 계약의 법정 갱신(제13조)에 대해 소작법안

은 그 기간에 대해서도 구 계약이 갱신된 것으로 간주하고 있는데, 여기에 단서

를 붙여 기간을 정하지 않은 소작계약처럼 언제라도 해약 신청을 할 수 있는 것

으로 함.

6. 조정 신청의 경우 임대차의 계속

해약 신청의 경우에 조정 신청이 있을 때는 조정이 종료하기까지 계약이 여전

히 존속하는 것으로 하는 소작법안 제14조에 대해, 조정 신청 수리로부터 종료

하기까지의 기간을 법정하는 것으로 함.

7. 소작료의 체납에 의한 계약의 해제

이에 대해서는 중의원의 수정과 같이 수정함.

8. 소작료 감면 신청

소작료의 감면 신청은 수확 착수 전 15일 전에 해야 하는데, 사유가 있는 때에는

이 제한을 두지 않는다는 단서를 삭제함.

9. 출입금지 가처분, 입모 가차압의 경우 소작인의 소작지 사용, 수익, 수확의 명령 또는 처치(제56, 58조)

이러한 명령 또는 처치를 하기 위해서는 반드시 상당한 담보를 제공하게 하는 것으로 함.

10. 기간을 정하지 않은 전대차의 효력에 관한 경과 규정

소작법안(제70조)에서는 법률 시행 후 20년을 한도로 하여 효력을 가지는 것으로 하고 있는데, 5년으로 변경함.

11. 작주 배상

작주 배상을 할 때는 유익비(제20조) 및 작리료(제24조)의 지불을 필요로 하지 않는 것으로 함.

이를 보면 귀족원에 얼마나 지주적 이해가 반영되어 있었는지 알 수 있다. 이는 대체로 대일본지주협회의 소작법 요강이나 소작법 초안에 대한 의견과 유사했다.[157]

결국 소작법안은 귀족원에서 묵살되었다.[158] 보수적인 색채가 강한 귀족원은 소작법이 소작쟁의의 방지나 사상 단속의 관점에서 효과가 없다는 명목상의 이유를 들어, 특별위원회에서 소작법안을 한 차례 심의한 것으로 심의 미료

---

157 「第59回帝國議會貴族院 小作法案特別委員會議事速記錄 第1號」, 1931년 3월 24일, 帝國議會會議錄檢索システム(http://teikokugikai-i.ndl.go.jp);「금일의 兩院」, 『매일신보』 1931년 3월 25일; 小倉武一, 앞의 책, 1951, 576·587~589쪽; 農地制度資料集成編纂委員會, 「解說 小作立法史」, 앞의 책, 1968a, 101쪽; 農地制度資料集成編纂委員會, 앞의 책, 1968b, 772~790쪽.

158 衆議院事務局, 「政府提出法律案」, 『衆議院議案件名錄: 自第1回議會至第60回議會』, 1932, 168쪽.

로 끝냈다.[159] 지주의 입장에서 소작법안은 여전히 양해·납득할 수 없을 정도로 진보적·적극적인 내용을 담고 있었기 때문이다.[160] 또한 소작법 제정이 귀족원에서 무산된 이유는 여당인 입헌민정당과 야당인 입헌정우회의 당파적 대립에서도 찾을 수 있다. 입헌정우회는 정책상 소작입법 자체를 부정하고 있지는 않았으나, 농촌 대책의 중심을 자작농 창설·유지정책에 두고 있었고 긴급하게 소작법을 제정할 필요는 없다고 생각하고 있었다. 더욱이 이러한 정책적 입장 외에 당파적 대립이 근저에 깔려 있었으므로, 입헌정우회 의원들은 소작법안의 제출 상황이나 대신의 태도를 문제 삼아 입헌민정당을 당략적으로 비판했다. 이러한 상황에서 일본 정부도, 입헌민정당도 소작법 제정에 대한 열의를 점차 상실했던 것으로 보인다. 입헌민정당 내에서도 소작법안이 잘 정리되지 않아 그 제출 시기가 회기 말에 다다르게 된 측면이 있었다. 입헌정우회뿐만 아니라 입헌민정당 내부에서도 소작법안에 대한 불안감이 드러나 그 결과 법안의 수정·심의가 지연된 것이다. 입헌민정당 측에서도 법안의 처리를 결정하기 위한 회합이 계속해서 무산되는 등 소작법 제정에 아주 적극적이지만은 않았다. 그리하여 귀족원의 심의는 사실상 처음부터 불성립을 예견하고 있었다고 할 수 있다.[161]

그러나 비록 일본 정부의 소작법 제정을 위한 움직임은 중단되었으나, 소작법안의 본래 목적이던 '경작권 강화'의 방침은 앞서 살펴본 것처럼 소작조정법의 시행 이후 일정 부분 구현되고, 1930년대 초중반에도 사회적으로 이어져 나갔다. 소작쟁의가 고양되면서 소작료는 전반적으로 인하되는 경향을 보였

---

159 田中學, 앞의 논문, 1968b, 129~131쪽.

160 野間海造, 앞의 책, 1941, 13쪽.

161 川口由彦, 앞의 책, 1990, 372~373쪽.

다. 또한 '소작조정법체제'가 성립되고 각 촌락에서 지주·자작농·소작농 3자가 소작료를 결정하는 이른바 '협조체제'가 구축되면서 농촌은 변화해갔다. 실제로는 소작법안의 내용이 소작조정법 시행 과정에서 지도적으로 작용하여, 현실적으로 소작법안의 취지가 소작쟁의 조정에서 어느 정도 실현되었다고 할 수 있다.[162]

3) 소작법안의 내용

1931년 일본의 소작법안(전문 74조)은 영소작에까지 적용되었고 소작기간(최단기간 5년) 보장을 비롯하여 소작권 해제 제한, 소작계약의 제3자에 대한 효력 보장, 소작료 감면 등에 대한 규정들이 담겨, 민법상 지주의 권익을 제한하고 소작농의 안정을 돕는 내용으로 되어 있었다. 이를 통해 농업생산력을 실질적으로 담당하고 있는 자·소작농층을 사회적 지주(支柱)로 만들어 농촌 지배체제의 근대화를 달성하려고 했다. 일본에서 소작입법은 지주제를 위로부터 부르주아적으로 개혁하고자 기획된 것이었다.[163]

이 소작법안의 내용은 대체로 다음 두 가지로 구분해볼 수 있다. 하나는 소작권의 실체에 관련한 규정이고, 다른 하나는 소작쟁의 완화를 위한 절차 규정이다.

소작권의 실체에 관련한 규정은 다음과 같다. 첫째, 소작권을 어느 정도 물권화하여, 등기하지 않고도 소작지의 인도로 제3자에게 대항할 수 있는 효력을 부여했다(제5조). 또한 지주가 소작지를 매각하려고 할 때는 소작인에게 선

---

162 田中學, 앞의 논문, 1968b, 130쪽; 平賀明彦, 앞의 논문, 2003, 154쪽; 大石嘉一郎, 앞의 책, 2005, 151쪽; 島袋善弘, 『近代日本の農村社會と農地問題』, 御茶の水書房, 2013, 82~83·110쪽.

163 農地制度資料集成編纂委員會, 앞의 책, 1968b, 91~100쪽; 林宥一, 앞의 책, 2000, 42쪽; 이윤갑, 앞의 책, 2013, 91·148~150쪽.

매권을 부여하는 등 미약하나마 소작권의 계속 효력을 확보했다(제7조). 하지만 지주가 승낙하더라도 소작권의 전대는 금지했다(제32조).

둘째, 소작권의 존속 기간에 대해서는 정기(定期)소작의 경우 최단기간을 5년으로 했다(제12조). 또한 지주는 소작인이 '배신행위'를 하지 않으면 부당하게 악의적으로 소작계약을 해약하거나 그 갱신을 거부할 수 없었다(제16조). 지주가 기간 만료로 계약을 종료시키려고 하면, 미리 기간 만료 전 6개월 내지 1년 내에 갱신 거절의 통지를 하거나 조건을 변경하지 않으면 계약을 갱신하지 않겠다는 통지를 해야 했다. 그러지 않는 한 이전의 임대차와 같은 조건으로 계약이 갱신된다고 간주했다(제13조). 부정기(不定期)소작은 고지기간을 1년으로 하여 해약 신청을 할 수 있었는데, 그 고지기간이 경과하면 계약이 종료되는 것이었다(제9조). 그리고 정기·부정기소작 모두 지주가 권력을 남용하여 해약 신청을 하거나 계약 갱신 거절을 할 수 없었다. 단, 소작인이 소작료를 1년 이상 체납한 경우 등에 지주는 해약권을 가졌다(제17조).

셋째, 계약 해제의 결과 소작지를 반환할 때 소작인은 지주에 대해 모상(毛上, 지반 위에 있는 소산물)의 매입청구권을 가졌다(제19조). 아울러 지주의 승낙을 얻어서 행한 토지개량공사 등의 유익비 상환청구권도 가졌다(제20조).[164] 이 밖에 지주 측에서 소작을 해약하거나 계약 갱신을 거절할 때는 소작료의 1년분에 상당하는 금액 범위 안에서 작리료를 지불해야 했다(제24조).[165]

---

164 그런데 유익비에 대해 지주의 승낙을 얻어서 행한 경우에만 해당된다고 조건을 단 것은 민법보다도 퇴화한 것이었다. 野間海造, 앞의 책, 1941, 24쪽.

165 작리료와 관련하여 재판소는 감정위원회의 의견을 듣고 다음의 사항을 참작하여 소작료 1년분 이하에 상당하는 액수의 범위 내에서 배상액을 결정하도록 했다. ① 소작인이 입은 실질적 손해, ② 지주가 소작 소멸 청구를 하기에 이른 사정, ③ 소작지의 평년 수확고, ④ 소작료 액수, ⑤ 소작관계를 계속한 연수, ⑥ 작주 배상의 유무 및 많고 적음 등이다. 增田福太郎, 앞의 책, 1938, 207~208쪽.

넷째, 소작료에 대한 것으로, 불가항력으로 수확이 감소한 경우 소작료를 감면받으려고 할 때는 적어도 수확 착수 15일 전에 그 신청을 해야 했다(제43~44조). 또한 소작료 등의 소작조건을 개정하려면 소재지의 소작위원회에 청구할 수 있었다(제47조). 그리고 실납(實納) 소작료액을 정하지 않은 동안에 소작인이 소작료의 일부를 변제(辨濟)하면 지주는 이를 수령할 의무가 있었다(제18조).

다섯째, 지주의 승낙 없는 소작권 매매는 원칙적으로 그 효력을 인정하지 않았다. 단, 소작권 매매의 관행이 있는 지방에서는 이 제한이 없었다. 이러한 소작권에 대해서는 소작지를 반환할 경우에 상당한 보상을 하지 않으면 안 되었다(제74조).

여섯째, 영소작권에 대한 명문(明文)도 일부 포함했다(제1, 3, 7~8, 38~42, 63조 등). 하지만 수십 년간 계속된 무기한적 소작관행에 대해서는 별달리 규정하지 않았다.

그리고 소작쟁의의 완화를 위한 절차 규정은 다음과 같다. 첫째, 지주의 해약 신청에 대해 소작인이 2개월 내에 소작권 계속을 위해 조정을 신청하여 이것이 수리되면, 조정 종료 시까지 소작권은 존속되는 것으로 간주했다(제14조). 둘째, 모상의 매입가액, 유익비의 상환액, 작리료 액수와 관련하여 당사자 간에 협의가 이루어지지 않을 때, 재판소는 감정위원회에 의견을 구하여 이를 결정하거나 또는 조정에 부칠 수 있었다(제21조). 셋째, 소작료 감면 신청에 대해서는 소작관이 지정한 방법에 따라 검견을 하거나 또는 감수(減收) 조사원에게 작황 조사를 하게 했다(제44~46조). 넷째, 소작조건의 개정에 대해 소작위원회 또는 감정위원회에서 판정할 수 있었다(제47조). 다섯째, 소작료 청구 또는 소작지 반환 청구 소송에 따라 강제집행 보전(保全)을 위해 행해진 입모 및 기타 동산(動産)의 가차압 또는 경지 출입금지 가처분에 대해, 재판소는 소작인에게 보증금을 공탁하게 하거나 집행을 정지 또는 취소하고 소작지의 사용을 허가하거나 수확하게 할 수 있었다(제53~63조). 여섯째, 소작위원회의 구성과 관련하여, 지주와 소작인 각 당사자의 이해(利害)에 부응하는 구성원을 공동으로 선정해서 소작위원회를 구성하게 했다(제48조).[166]

구체적으로 1931년에 유산된 소작법안(전문 74조)의 주요 내용은 다음과 같다. ① 적용 범위: "경작을 목적으로 하는 토지의 임대차와 영소작에 적용"(제1조)한다고 규정되어 있다. 즉 전답 소작의 거의 대부분인 임대차 및 영소작에 적용되었다. 또한 예외적으로 청부경작도 포함되었다. 그러나 민법과 같이 토지의 소작관계를 임대차와 영소작의 두 종류로 나누어, 민법상의 임대차를 소작권으로 인정함으로써 새로운 의미는 포함되지 않았다.[167] 그런데 일본의 실제 소작관습상 소작관계는 영소작관계가 많아 법안은 실상과 어느 정도 차이가 있었다. 아울러 '경작을 목적으로 하는' 토지에만 적용되는 협의(狹義)의 안이었으므로, 염전소작(鹽田小作), 산림소작(山林小作), 가축소작(家畜小作) 등과 목축용 토지의 소작에 대해서는 취급하지 않는 한계가 있었다.

② 소작기간의 보장: "소작지의 임대차 기간을 정할 때는 그 기간을 5년 이하로 할 수 없다"(제12조)고 되어 있다.[168] 소작기간이 단기간으로 정해지면 소작

---

166 中澤辨次郎, 앞의 책, 1930, 27~36·44~48·55~59·79~83쪽; 協調會 農村課, 『小作立法に關する重要問題』, 1931, 1·138~139쪽; 野間海造, 앞의 책, 1941, 6~8쪽; 農地制度資料集成編纂委員會, 앞의 책, 1968b, 125쪽.

167 민법이 규정하는 바에 따르면, 영소작권 이외의 소작권은 모두 임차권으로 순연한 채권이었다(제601조).

168 민법에서 소작권의 최장기에 대한 제한은 있었으나, 최단기에 대해서는 아무런 제한도 두지 않았다(제602조). "당사자가 임대차 기간을 정하지 않으면 각 당사자는 언제라도 해약 신청을 할 수 있었다"(제617조). 그리고 이러한 해약 신청은 "수확 계절 중의 토지 임대차에 대해서는 그 계절 후 다음 경작에 착수하기 전에" 해야 했고, 그 효력은 신청 후 1개년이 경과함에 따라 발생하는 것이었다. 즉 1년간의 유예기간이 지나면 다년간 경작해 온 소작지여도 지주가 쉽게 이를 회수할 수 있었다. 末弘嚴太郎, 앞의 책, 1924a, 182쪽. 이런 상황을 소

인의 안정에 적절하지 않을 뿐만 아니라 약탈적 경영 등의 우려가 있어서 농사 개량상 적당하지 않다는 취지에서였다. 최단기 소작기간을 5개년으로 결정한 것은 소작인에 대한 상당한 양보를 의미했다. 당시 소작계약 기간은 소작증서 상으로도 대부분 1년 한도로 되어 있었다. 이에 비교할 때 소작법안은 소작인 에게 표면적으로 기한의 약 5배의 양보를 한 것이었다. 그러나 그간 실제로는 소작증서에 형식적으로 1년 등 연한(年限)이 있어도, 쌍방의 합의에 의해 그 소 작증서로도 몇십 년간 오랜 세대에 걸쳐 계속 소작관계를 유지하는 것이 관행 이었다. 그런데 소작기간을 5개년으로 한정함으로써, 5개년 이상의 계속관계 에 있던 소작기간도 도리어 모두 5개년이라는 최단기한으로 단축될 우려가 있 었다. 한편 최단기를 결정하면서 최장기에 대해서는 규정하지 않았기 때문에, 민법 제604조 규정에 따라 최장기 "20개년을 초과할 수 없다"는 제약을 받을 수 밖에 없었다. 또한 "소작지의 임대인은 임차인이 '배신행위'를 하지 않는 한 부 당한 이유로 악의적인 해약 신청을 하거나 갱신을 거부할 수 없다"(제16조)고 되 어 있다. 소작인의 '배신행위'가 없는 한, 또 지주에게 정당한 이유가 없는 한 지주는 소작계약 갱신을 거절할 수 없었다.[169]

작법에서 최단기간 5년 보장으로 개선한 것이었다.

169 민법에서 소작인의 채무 불이행이 있는 경우에는 지주가 상당한 기간을 정하여 그 이행을 최고(催告)하고, 만약 그 기간 내에 이행하지 않을 때는 즉시 해약을 할 수 있었다(제541조). 그런데 소작법에서 소작권의 소멸은 ① 소작인이 소작료의 전액 1년분을 1년간 체납했을 때, 또는 2년에 걸쳐 소작료 체납 총액이 1년분에 달했을 때, 또는 계속 3년에 걸쳐 각 해의 소작료를 일부씩 체납했을 때, ② 소작인이 소작지를 현저히 황무하게 하여 그 소작지에 영 구한 손해를 입히는 행위를 했을 때, ③ 소작인이 그 소작지를 경작 또는 목축 이외의 목적 으로 계속 사용했을 때 청구가 있은 후 1년을 경과하여 소멸되었다. 만약 소작권 소멸의 시 기가 수확 후 작부(作付, 작물을 심음) 전, 관습에 따라 정해진 시기, 기타 소작인의 손해가 가장 적은 시기가 아닌 때에 해당할 경우에는, 수확이 끝난 때, 관습에 의해 정해진 시기, 또 는 이후 1년 내에 손해가 가장 적은 시기까지 소작권이 존속하는 것으로 간주했다. 橫尾惣

③ 소작계약의 효력: "소작지의 임대차는 등기가 없어도 소작지의 인도가 있을 때에는 이후 그 소작지의 물권을 취득한 자에 대하여 그 효력을 갖는다"(제5조)고 되어 있었다. 소작지의 임대차가 등기의 유무에 관계없이 소유권에 대해 소위 물권적 대항력을 갖도록 하여 소작권의 안정화를 도모하려고 했다.[170]

④ 소작권의 전대 행위 금지: "임차인은 임대인의 승낙이 있을 때라도 소작지를 전대할 수 없다"(제32조)고 규정했다. 지주가 승낙하더라도 절대 소작인은 소작지를 전대할 수 없었다. 단, 소작인 또는 동거하는 친척으로서 경작하는 자가 질병·병역 등에 처한 부득이한 경우에는 전대를 인정했다. 소작지의 전대차를 금지한 것에 대해서는 소작농민 측도 원칙적으로 동의했다. 종래 소작지 전대의 폐해는 주로 중간소작인에 의한 소작 브로커 행위가 있어 고율의 소작료가 더 오르고, 지주·소작관계가 직접관계 아닌 간접관계로 되어 쟁의가 발생하는 경향이 현저해지는 것이었다. 즉 중간소작인의 소작인 착취 행태가 심각한 것으로 나타났다. 그런데 소작지 전대를 금지해도 탈법 행위가 예상되었는데, 소작관리의 형식을 빙자하여 사실상 전대 행위를 할 수 있었다. 따라서 이런 경우를 함께 금지하는 특별 제재 규정이 필요했다. 하지만 "산업조합 및 기타 영리를 목적으로 하지 않는 법인 또는 단체가 임차한 소작지"에 대해 특별히 전대할 수 있는 규정(제33~36조)을 마련한 것은 환영을 받았다. 이 규정에

三郞, 앞의 책, 1931, 39~40쪽.

170 민법(제605조)에 따르면, 원래 부동산에 관한 물권의 득상(得喪) 및 변경은 이를 등기하지 않으면 제3자에게 대항할 수 없었다. 그런데 종래 소작계약은 일반적으로 등기를 하지 않는 실정이었다. 임차권의 등기는 지주의 동의를 필요로 했는데, 그 동의를 할지 여부가 지주의 자유에 맡겨져 있었기 때문이다. 따라서 등기하지 않고서 소작지의 소유권이 이동하는 경우에 소작인은 새로운 소유자에게 토지를 반환해야 할 수도 있어 소작인의 지위가 매우 불안정했다. 末弘嚴太郞, 앞의 책, 1924a, 151~152쪽; 橫尾惣三郞, 앞의 책, 1931, 29~30쪽.

해당하는 농민조합 등 단체가 지주와 일종의 단체적 협약에 따라 소작권을 취득하고 그 단체원에게 사용하고 수익을 얻게 하는 경우는 법에 금지하는 전대로 보지 않은 것이다. 이에 단체소작식 개별 경작으로 집합계약제를 확립하고, 나아가 단체협약제 협동경영의 소작 형태를 완성하여 농업 형태의 새로운 국면을 맞으면 농민의 사회적 지위를 향상시킬 수 있을 것으로 기대되었다.

⑤ 소작료 감면: 불가항력에 의해 수확이 감소한 경우, 소작료의 감면을 청구할 수 있도록(제43조) 되어 있다. 수확 감소를 이유로 하는 소작료의 감면 요구는 수확 전 15일 기한으로 신청하게 했고, 상대방이 검견 신청을 할 때는 이를 채용했다(제44조). 여기에 필요한 비용은 각 당사자가 부담하도록 규정하고(제45조), 검견 방법에 대해 쟁의가 있으면 소작관이 정하도록(제44조) 했다. 행정관청이 필요하다고 인정한 경우에는 그 명령으로 정한 바에 따라 경작 상황을 조사하게 했다(제46조). 그러나 지주가 흉년의 경우 어떠한 기준에 의해 소작료를 감면할지가 문제였다. 또한 소작인이 생활상의 이유로 소작료 감면을 요구하고, 그 요구 관철 수단으로 일시적으로 소작료를 연체하는 행위 등은 악의의 체납으로 취급될 수 있었다.

⑥ 소작위원회의 구성: "일정 구역 안의 토지 임대인과 그에 준하는 자, 아울러 임차인과 이에 준하는 자가 각각 또는 공동으로 선정하는 자로 조직"(제48조)하도록 되어 있다. 즉 지주와 소작인 각 당사자의 이해(利害)에 부응하는 구성원으로 소작위원회를 구성하게 한 것이다. 그리고 당사자의 합의로 관계 소재지를 구역으로 하는 소작위원회에 쟁점에 대한 판정을 청구할 수 있었다(제47조). 이에 특히 계급별 단체와의 관계가 중요시되었다. 소작위원회 제도에 따라 자치적으로 소작조건을 결정·변경하게 된다면, 소작위원회는 당연히 그 구역 내 소작인조합의 대표자와 지주조합의 대표자로 조직해야 한다는 것이었다. 그런데 소작법의 소작위원회가 양 계급별 단체의 대표자로 조직되도록 칙

령 등으로 규정한다면, 당시 법규로는 아직 인정되지 않은 소작조합을 공인하는 형식이 되므로 문제였다.

⑦ 소작조정: 분쟁이 일어난 경우 조정에 대한 규정이 있었다(제47조). 한편 소작위원회의 결정이 '현저히 부당하다고 인정될 때'는 감정위원회에 맡기고, 재판소는 이 감정위원회의 의견에 비추어 소작위원회의 판정을 취소할 수 있었고 이 판정에는 불복 신청을 허용하지 않았다. 소작위원회의 판정에 불복한 경우에는 2주 내에 한하여 이의 신청을 허용했는데(제49조), 그 후나 신청 각하 재판이 있은 경우에는 그때부터 당사자 간에 그 판정의 효력이 발생했다(제50조). 또한 당사자의 합의로 1인 혹은 여러 명의 중재자를 선정하여 판정하게 하는 길도 열어 두었다(제52조).[171]

기존에 소작농 측은 대체로 소작법을 통해 생활권 확보를 위한 소작권의 확립·강화, 최고 소작료의 제한, 기타 소작조건의 개선과 소작계약 내실화의 세 가지 점이 정비되어야 한다고 요구했다. 그런데 위 소작법안을 보면 소작 입법의 최대 주안점이라 할 수 있는 경작권의 옹호가 충분히 드러나지는 않았다.[172]

그리고 무엇보다도 소작료를 중심으로 한 소작쟁의를 해결하기 위해서는

---

171 中澤辨次郎, 앞의 책, 1930, 27~30·35~36·44~48·55~59·79~83쪽; 協調會 農村課, 앞의 책, 1931, 1·138~139쪽; 農地制度資料集成編纂委員會, 앞의 책, 1968b, 125쪽.

172 松村勝治郎, 앞의 책, 1931, 5~7쪽. 외국의 소작법안 선례와 비교할 때, 일본 소작법안의 한계는 자명했다. 대표적으로 핀란드의 경우, 사유지에 대한 소작권제도가 잘 정비되어 있었다. 핀란드는 이미 1870~1880년대에 소작법이 제정되었는데, 그 내용은 대체로 세 가지 요소로 구성되어 있었다. ① 소작인은 소작권을 자유롭게 매매할 수 있다. ② 소작인은 소작권을 확실하게 보유하고 있는 것을 인정한다. ③ 적정 소작료(토지재판소에서 15년마다 적정 소작료를 결정)를 정한다는 것이 그 핵심 내용이었다. 핀란드의 사례에 비하면 일본의 소작법안은 무엇보다도 소작료 책정의 결여, 제한된 소작권 인정 등의 측면에서 크게 한계가 있었다. 小野武夫, 앞의 책, 1925, 214~215쪽; 野間海造, 앞의 책, 1941, 8~9쪽.

소작법에 먼저 소작료의 합리적 결정 방법을 규정해야 했다. 이 기준을 결정하지 않고서 아무리 소작료 감면 신청제도나 검견제를 확립해도 소작료 문제로 인한 분쟁을 제대로 해결할 수 없을 것이었다. 이에 소작농들은 소작료의 최고한도와 최저한도를 설정할 것, 재해 연도의 감면율을 특정할 것 등을 요구했는데 이것이 수용되지 않았다. 이처럼 대강을 결정하고 세목에 걸쳐 지질(地質)의 차등(差等), 교통의 편리 여부, 수확고, 경영자본의 다과(多寡), 공조(公租)·공과(公課)의 부담액, 노동력 및 토지자본 가격, 일반 곡물과 미가의 균형 등 일체의 조사 기준을 정하여 소작조사를 해서, 해당 토지마다 소작료를 실제에 맞게 공정하게 결정했어야 했다.[173]

1931년의 소작법안을 앞서 1921년 소작제도조사위원회에서 고안한 제1차 소작법안 연구자료와 비교해봐도 내용상 크게 후퇴되어 있었다. 앞에서 살펴본 것처럼 제1차 소작법안 연구자료는 전체적으로 소작권, 소작료, 소작심판소의 세 가지 내용으로 구성되어 있었다. ① 먼저 소작인에게 물권에 상당하는 소작권을 인정하여, 보통소작은 15년, 영소작은 50년 이하의 소작기간을 보장하고, 이 기간 중에 소작인의 통지만으로 소작권 양도가 가능하며, 소작권의 등기 없이도 제3자에 대한 대항력을 가질 수 있었다. ② 소작료는 소작지의 수익이 불가항력으로 소작료 액수에 미치지 못할 때, 소작인이 그 다음 해의 생계와 소작의 계속에 필요한 만큼을 확보하는 수준까지 그 감면을 청구할 수 있었다. ③ 그리고 만약 소작료의 결정에 대해 불복하면 소작심판소에 재판을 요구할 수 있고, 여기서 한 번 정해진 소작료는 5년간 바꿀 수 없다는 것 등이 주요 내용이었다. 그러나 1931년의 소작법안에서는 그 내용이 후퇴했다. 예컨대 보통소작의 최단 존속 기한을 5년으로 줄였다. 또한 소작권은 지주의 승낙이 없

---

173 中澤辨次郞, 앞의 책, 1930, 72~73·91~95쪽.

으면 양도할 수 없게 바꾸었다. 그리고 소작료 감면은 불가항력에 따른 수확량 감소의 경우에 검견하여 그 감면 액수를 정한다고만 하고 어떠한 기준으로 소작료를 감면할지는 정하지 않았다.[174]

4) 이후의 소작법 제정을 위한 움직임

소작법의 폐안(廢案) 후 일본 정부는 소작 문제와 토지 문제는 직접 다루지 않는 형태로 농촌불황 대책을 폈다. 농촌경제 갱생운동, 농가부채 정리사업, 구농(救農) 토목사업, 쌀값 통제사업, 만주 농업이민계획 등의 정책이 주를 이루었다.[175]

소작법은 1931년 의회에 제출되었다가 귀족원에서 미결되어 유산된 이래로 좀처럼 다루어지지 않았고, 이후 몇 년에 한 번씩 소작입법 심의만 반복되었다. 그러다가 1935년 2월 전국농민조합을 배경으로 하는 사회대중당[176]의 스

---

174 小野武夫, 앞의 책, 1925, 216~217쪽.

175 데루오카 슈조 편, 전운성 역, 앞의 책, 2004, 134쪽.

176 1925년 12월 일본에서 소작인·노동자 등의 대중을 배경으로 전국적 무산정당(無産政黨)으로서 처음으로 결성된 정당은 '농민노동당'이었으나, 이날 곧바로 해산 명령을 받았다. 그 일파는 1926년 3월 '노동농민당'을 결성했다. 그런데 이를 지지하던 일본노동총동맹이 일본농민조합과 알력이 있다가 그 지지를 철회하면서, 독립한 노동협회와 제휴하여 그해 12월 '사회민중당'을 결성했다. 이를 전후하여 별도로 일본노동총동맹 내의 일파는 일본농민조합 내부의 일파와 도모하여 '일본노동당'을 조직하기에 이른다. 또한 같은 해 10월에는 '일본농민당'이 결성되었다. 그 후 노동농민당은 1928년 공산당사건에 연루되어 해산 명령을 받고, 그 일부가 1929년 '노농당'을 조직했다. 일본농민당 및 일본노농당은 지방 무산정당과 합동하여 1928년 12월 '일본대중당'을 결성했다. 그 후 일본대중당은 사회민중당의 일부가 탈퇴·조직한 '전국민중당' 및 기타 지방 무산정당과 합동하여 1930년 7월 '전국대중당'을 조직하고, 다시 1931년 7월 전국대중당은 노농당과 합동하여 '전국노농대중당'을 조직하기에 이른다. 그런데 1931년 9월 만주사변을 계기로 국가사회주의를 제창하는 정당이 생겨 사회민중당 내 일파가 탈퇴하여 1932년 5월 '일본국가사당'을 결성하게 된다. 그리

기야마 모토지로, 아베 이소(安部磯雄) 중의원 의원 2명에 의해 제국의회에 소작법안이 제출되었다. 이는 이후 '농민조합안'이라고 칭해지는데, 관행 소작의 명문화를 주장하며 민법의 보완을 요구하는 데 중점을 둔 것이었다. 내용이 다소 거칠기는 했으나 앞서 간사 사안에 가까웠다.[177]

이후 1936년 일본 정부에 의해 다시 소작관행조사가 이루어졌는데, 이때 '농업차지법(農業借地法)'의 심의도 개시되었다. 히로타 고키(廣田弘毅) 내각(1936. 3. 9~1937. 2. 2)하에서는 이것이 '농지법(農地法)'으로 정비되어 그 제정의 필요성이 대두되었다.

1936년 8월경 당시 시마다(島田) 농림대신은 자작농 창설·유지사업을 강화함과 동시에, 소작관계를 적정하게 하기 위해 경작권의 안정을 도모하려면 새로이 농지법을 제정해야 한다며 1937년도 예산 7,930만여 엔을 청구했다. 농지법은 25개년 계획으로 15억 엔의 저리 자금을 융통해서 소작농가 약 160만 호, 곧 당시 소작농가의 1/3(소작지 72만 정보, 곧 당시 소작지의 1/4)을 자작농으로 만든다는 안이었다. 농지법은 당시 '자작농 창설·유지규칙'을 법제화하여 지주의 소유권 남용을 어느 정도 방지하는 강제력을 가지는 것을 주안점으로 했다.

그러나 농지법의 시행이 과연 토지 문제의 해결에 얼마만큼 도움이 될지는 여러 각도에서 비관시되었다. 예컨대 연 6,000만 엔의 토지구입자금이 살포되면 경지가격이 인상되어 경지를 소유하고 있는 지주 측에만 이익이 된다는

고 잔류한 사회민중당은 전국노농대중당과 합동하여, 1932년 7월 24일 '사회대중당'을 창립했다. 農林省 農務局, 『小作年報: 昭和14年』, 1940, 96쪽. 사회대중당은 의회에서 소작법규, 노동법규 등을 발의하며 농민과 노동자, 중소 상공업 소시민의 이익 옹호를 위한 정책 실현에 앞장서서 매진한 합법적 무산정당이었다. 「三旬餘의 苦鬪 현실화, 悲喜 交錯의 肅選相: 無産黨에 一大 轉機」, 『매일신보』 1936년 2월 22일.

177 野間海造, 앞의 책, 1941, 20쪽.

것이었다. 그리고 창설·유지되는 자작지의 구입 가격은 미가에서 산정한 소작료를 기준으로 하여 결정되었다. 그런데 당시 소작료는 경지 부족으로 인한 소작인 간 경쟁에 따라 부담 능력 이상으로 등귀해 있었으므로, 이를 기준으로 구입 가격을 결정할 경우 지주 측의 이익이 증대한다는 것이었다. 그리하여 당국이 의도하는 것처럼 소작농에서 자작농으로 경작이 옮겨지지 않고 지주 구제책에 그칠 수 있다고 비판되었다. 그러나 이마저도 신규 예산 편성에서 말살되고, 농지법 제정의 필요성을 일부 인정하는 데 그쳤다.[178]

이후 히로타 내각하 농림당국의 '서정일신(庶政一新)'에 대한 열의는 점차 희박해져, 도리어 입헌정우회 전통의 지주적 입법을 실시하려는 것이 아니냐고 비난받았다. 당국의 미진한 계획 추진으로, 오히려 제국농회와 산업조합에서 소작법을 요망한다는 입장을 보이기도 했다.[179]

그러다가 다음에 들어선 하야시 센주로(林銑十郞) 내각(1937. 2. 2~6. 4)에 의해 1937년 3월 제70회 제국의회(1936. 12. 26~1937. 3. 31)에 농지법안이 제안되었다. 농림성에서 토지제도에 관련한 입법인 농지법안과, 농촌의 부채 정리 문제 해결을

---

178 「農地法は不徹底: 小作問題の根本に触れず, 農村團體では不滿」, 『大阪朝日新聞』 1936년 8월 19일; 「農地法制定の效果頗る疑問」, 『大阪每日新聞』 1936년 8월 19일; 「島田農相の就任約束の履行: 農地法·小作法の制定」, 『大阪每日新聞』 1936년 12월 16일; 「土地問題の解決に農地法の效果疑問: 早くも農林省案に非難」, 『中外商業新報』 1936년 8월 20일; 「議會提出法律案百數十件に上る: 劈頭提出を目標として法制局審議大車輪」, 『大阪時事新報』 1936년 12월 7일; 小倉武一, 앞의 책, 1951, 639쪽.

179 「庶政一新の彼方政治を地方に見る(29): 耕す大地は搖らぐ, 不安に戰く小作人小作法の制定を鶴首」, 『東京朝日新聞』 1936년 8월 16일; 「帝農の小作法要望」, 『東京朝日新聞』 1936년 10월 25일; 「土地問題の解決に農地法の效果疑問」, 『中外商業新報』 1936년 8월 20일; 「小作立法の必要帝農から答申」, 『大阪朝日新聞』 1936년 10월 24일; 「庶政一新からみた豫算の解剖」, 『大阪朝日新聞』 1936년 11월 25일; 「島田農相の就任約束の履行: 農地法·小作法の制定」, 『大阪每日新聞』 1936년 12월 16일.

위한 '농촌부채정리자금특별융통 및 손실보상법(農村負債整理資金特別融通及損失補償法)'안의 2대 중요 법안을 제안하기로 결정한 것이다. 농지법안에 대해 지주적 색채가 농후한 제국농회 등이 먼저 자작농 창설·유지의 확대·강화와 함께 소작관계 조정을 도모한 타당한 입법이고, 농지위원회의 구성·운용에 따라 소작권 보호도 수행될 것이라며 찬성했다. 그러나 소작농 측에서는 미온적·기만적 입법이라며 이를 반대했다. 농지법안은 오히려 경지 독점 계급의 현상 유지와 그 지위 확대·강화를 조장하는 시대에 역행하는 정책이라는 비판을 받았다. 자작농 창설·유지정책의 결과를 봐도, 대부분의 자작농이 실질적으로는 은행과 고리대 내지 신용조합에 예속되어 소작농화하고 있다는 것이었다.

1937년 3월 1일 중의원 본회의가 개회하여 정부에서 제출한 농지법안이 상정되었다. 야마자키(山崎) 농림대신이 농지법안 제안 이유를 설명한 후 질의가 있었다.

입헌민정당의 오카다 기쿠지(岡田喜久治) 의원은 이 법안이 혁신정책처럼 보일 수 있으나, 사실은 과거 10년에 걸쳐 행해진 자작농 창설·유지사업의 확대와 1931년 하마구치 내각하에 입안된 소작법안의 개정에 지나지 않는다고 말했다. 그러면서 오카다 의원은 ① 정부는 어떠한 이상으로 본 법안을 입안했고, 또 어떠한 농촌사회 및 경제조직 실현을 위해 본안을 제출했는지, 농지 분배의 이상이 본안의 실시에 의해 실현될 수 있다고 생각하는지, 아일랜드와 같이 전 농지의 자작농화를 종국(終局)의 목적으로 하는 것인지 물었다.[180] ② 정부

---

180 아일랜드의 소작입법은 세계의 모범적 소작입법으로서 일본에 소개되었다. 1922년경 농정 연구자인 요코다 히데오(横田英夫)는 『소작료는 얼마가 적당한가』라는 소책자를 발간하여, 여기서 적당한 소작료는 토지의 생산수확에서 생산비 일체를 제하고 나머지 순익(純益)을 최고 한도로 하여 이를 기준으로 결정해야 한다고 했다. 아일랜드의 법률은 이러한 평균 순수익 산출이 가능한 소작기간을 15년으로 하고 있었다. 「相當小作料の算出」, 『東京

는 본 사업 이외에 소작지의 매매, 소작료의 공정 가격 등에 대해서도 국가적으로 제한할 예정인지 질문했다. ③ 자작농지의 면세(免稅) 정도를 높일 필요는 없는지 질의했다. ④ 본 사업의 수행으로 중·대지주 계급에 미치는 영향과 앞으로의 소작 문제의 전망은 어떻게 보는지 물었다. ⑤ 본법에서 예정된 계획대로 실행해도 자작지 획득자가 전부 상환금을 지불하는 데 지장이 없을지 질문했다. ⑥ 본 법안은 사회입법으로서도 중대한 의미를 가지는데 일관된 지도정신이 결여되어 있는 것은 아닌지, 노자(勞資) 양측 사이에서 어떻게 할지 망설이는 경향이 너무 강하며, 농지위원회가 일체의 사건을 재판소에 넘길 수 있기에 본안이 도리어 좋지 않은 결과를 초래하게 되지는 않을지 우려했다. ⑦ 본법에는 칙령 명령에 맡기는 사항이 너무 많은데, 정부는 이것으로 소기의 목적을 달성했다고 확신을 가지는지 질의했다. 요컨대 농지법안 중 소작에 관한 사항은 오히려 역전적·반동적이라고 하지 않을 수 없다며 정부의 소견을 물은 것이었다. 정부는 앞서 중의원을 통과한 소작법안에서 이렇게 후퇴한 것은 농지·소작사업의 변화에 따른 것이라고만 말했다.[181]

농지법안은 전문 32조로 구성되어, 자작농 창설과 소작관계에 대한 약간의 조정을 의도한 일종의 미온적 소작법이자 일석이조적 법안이었다. 농지법안은 시·정·촌 단위의 농지위원회 설치를 규정하고, 여기서 자작지의 창설·유지에 관한 구입·알선 및 소작관계에서 소작료 및 기타 소작조건의 개정(改訂)을 담당하도록 했다. 훗날 '농지조정법'안은 그 기능을 확대하여 도·부·현에도 농지위원회를 두기로 한다. 또한 명령에 의해 도·부·현 또는 시·정·촌의 자작농

朝日新聞』 1922년 4월 19일.

181 「地方財政交付金と農地法への批判 (上·下)」, 『賣讀新聞』 1937년 2월 27~28일; 「農地法案は小作法案燒直」, 『釜山日報』 1937년 3월 2일; 「農地法案議會に提出さる」, 『法律時報』 9-4, 日本評論社, 1937, 59~60쪽.

창설·유지사업을 허가하여, 이 사업에 매년 약 4,000만 엔, 총 10억 엔의 토지구입자금을 대부해서 25개년 연부상환(年賦償還)하게 하는 방법에 따라 농민의 토지 구입에 도움이 되도록 한다는 것이었다. 그러나 농지법안은 소작입법으로서 고율의 소작료 인하, 작황이 좋지 않을 때 소작료 감면 등의 소작 문제의 근간에 대해서는 조금도 언급하고 있지 않아 농촌의 실정에 적합하지 않은 정책으로 여겨졌다.

이와 같이 하야시 내각은 히로타 내각을 계승하여 약간의 수정을 거쳐 농지법을 제출했다. 하지만 결국 농지법은 제70회 제국의회에서 중의원 위원회를 수정 통과했어도, 1937년 3월 31일 중의원 해산에 의해 본회의에는 상정되지 못하고 심의 미료로 끝나고 말았다.[182]

그 후 1938년 1월 전시체제하에서 차기 제1차 고노에 후미마로(近衛文麿) 내각(1937. 6. 4~1939. 1. 5)에 의해 농지조정법안이 제73회 제국의회(1937. 12. 26~1938. 3. 26) 중의원에 제출되었다. 그러나 농지조정법안은 소작법안과 대비하여 현저히 다른 것은 물론, 농지법안에 비해서도 더 미온적인 법안이었다. 이에 정우회나 민정당의 근본적인 반대론도 없어졌다. 정우회는 이 법안이 시마다(島田) 대행위원이 농림대신이던 시절의 안에 근접해 있으므로 대체로 지지한다는 입장이었다. 민정당은 제70회 제국의회에서 농지법안의 수정안이 성립되었으므로 의회 의결을 존중한다는 입장을 밝히고, 다만 마치다 총재가 농림대신이던 시절 이후 소작법안의 제정을 주장해온 관계도 있어 원안에 반대하고 소작법의 주요 취지를 일부 가미하여 수정하자고 주장했다. 정우회도 이 수정 의견에 대

---

182 小山幸伸, 「'大正 10年 小作慣行調査'の 實態分析 (1)」, 『敬愛大學研究論集』 55, 敬愛大學經濟學會, 1998, 121쪽(김인수, 앞의 논문, 2013b, 121쪽에서 재인용); 「政局 '赤信號'の 中に 林內閣獨自の 革新政策」, 『大阪每日新聞』 1937년 5월 31일; 增田福太郎, 앞의 책, 1938, 178쪽; 小倉武一, 앞의 책, 1951, 664쪽.

해서는 크게 반대하지 않았다. 귀족원에서 의원들의 반대가 있었으나 그리 크지 않아, 법안을 다소 수정하면 농지조정법의 의회 통과는 가능할 것으로 보였다.

농지조정법안은 전문 22조로 구성되었는데, 구체적으로 아래와 같은 요지였다.

1. 경작자의 지위 안정 및 농업생산력의 유지·증진을 도모하여, 농촌경제 갱생 및 농촌 평화의 유지[保持]를 기하기 위해 농지관계를 조정(調整)할 것을 목적으로 한다(제1조).

2. 시·정·촌 및 기타 명령으로 정한 단체는 농지의 소유자 또는 경작자가 병역 및 기타 명령으로 정한 사유로 인해 직접 경작 또는 관리를 할 수 없을 때, 농지의 관리 또는 매입을 신청한 경우에는 명령이 정한 바에 따라 농지의 관리 또는 매입을 할 수 있다(제3조).

3. 도·부·현, 시·정·촌 및 기타 명령으로 정한 단체가 농촌의 경제 갱생을 위해 명령이 정한 바에 따라 자작농의 창설·유지 또는 농지의 대부 사업을 할 경우, 여기에 필요한 토지를 취득하거나 또는 사용할 필요가 있을 때는 행정관청의 인가를 받아 토지소유자 및 기타 이와 관련하여 권리를 가지는 자 또는 사용 수익의 권리의 설정자에게는 토지 양도에 관한 협의를 요구할 수 있다(제4조).

4. 농지의 임대차는 그 등기가 없어도 농지의 인도가 있을 때는 이후 그 농지에 대해 물권을 취득한 자에 대해 그 효력이 발생한다(제8조).

5. 농지의 임대인은 임차인에게 신의에 반하는 행위가 없는 한 임대차를 해약하거나 또는 갱신을 거절할 수 없다. 단, 토지 사용의 목적 변경 또는 자작에 상당할 경우 및 기타 정당한 사유가 있을 경우에는 제외한다(제9조).

6. 소작관계의 쟁의에 대해 공익상 필요하다고 인정될 때 소작관은 소작조정법에

의한 조정 신청을 할 수 있다. 소작관계의 쟁의에 대해 소송이 계속(繫屬)될 때 수소재판소(受訴裁判所)[183]는 직권으로 소작관의 의견을 듣고 사건을 소작조정법에 의한 조정에 부칠 수 있다(제10조).

7. 소작조정법에 의한 조정을 위해 필요하다고 인정될 때 재판소는 직권으로 소작관의 의견을 듣고 조정 전의 조치로 필요한 명령을 할 수 있다(제11조 1항).

8. 소작조정법에 의한 위원회의 조정이 성립되지 않을 경우, 재판소가 상당하다고 인정할 때는 직권으로 소작관 및 조정위원의 의견을 듣고 당사자 쌍방의 이익을 형평하게 고려하여 일체의 사정을 참작해서 조정을 대신하여 소작관계의 존속, 소작조건의 변경 및 기타 쟁의의 해결상 필요한 재판을 할 수 있다. 이 재판에서는 소작료의 지불, 소작지의 인도 등을 명할 수 있다. 재판이 확정될 때는 재판상의 화해와 동일한 효력을 가진다(제12조).

9. 자작농 창설·유지, 소작관계의 조정, 농지의 교환·분합(分合) 및 기타 농지에 관한 사항을 처리하기 위해 시·정·촌에 시·정·촌 농지위원회를, 도·부·현에 도·부·현 농지위원회를 둘 수 있다. 농지위원회에 관한 규정은 칙령으로 이를 정할 수 있다(제15조).

여기서 소작관계 규정은 소작관계가 등기되지 않아도 제3자에 대한 대항력을 가진다는 조항과, 소작인에게 신의에 반하는 행위가 없는 한 소작을 해약할 수 없다고 제한한 조항뿐이었다.[184]

---

[183] 특정 사건의 판결 절차가 현재 계속되고 있거나 과거에 계속되었거나 향후 계속될 법원으로, 판결 절차 이외에 증거 보전, 가압류, 가처분 등에 관련한 직무를 행한다.

[184] 衆議院事務局,「政府提出法律案: 農地調整法案」,『第73回帝國議會 衆議院議事摘要』中, 1938, 358~490쪽;「第73回帝國議會衆議院 農地調整法案委員會議錄 第1~18回」, 1938년 1월 31일, 2월 1~4·7~8·12·14~16·18~19·21~22, 3월 3~5일,「第73回帝國議會貴族院 農地調整法

결국 1938년 일본에서 '조선농지령'에 비견되는 소작법으로서 '농지조정법'이 제정·시행되었다. 농지조정법은 1931년에 유산된 소작법안을 원형으로 했다.[185] 그러나 전시하에서 일본 정부는 농업생산력의 유지·증진과 농지에 관한 분쟁 방지를 통한 농촌의 평화 확보를 2대 주안점으로 하여, 농업생산력의 담당자인 농민에게 집중하여 새로운 농지정책을 입안한 것이었다. 농지조정법은 전시 식량 문제의 요청으로 농민에 대한 국가 통제를 강화할 뿐 아니라 지주에 대해서도 엄격히 규제하는 정책으로서 실시되었다. 이는 전시하 농지관계의 제 사항에 대한 긴급 조치를 도모하는 응급시설법이었다. 그리하여 소작법안의 당초의 의향에 반해 소작관계 조정에 관한 조항은 거의 없고, 전쟁에 편승하여 소작입법의 정신을 왜곡한 것이라는 비판을 받았다. 하지만 일본 정부는 농지조정법이 시·정·촌 농지위원회의 임의 설치로 소작권의 보호를 도모한 것이라며, 일본 본국에서 이제까지 실현하지 못한 소작법의 내용을 포함한 최초의 소작법이라고 자평했다.[186]

농지조정법은 1938년 4월 2일 법률 제67호로 제정되었고, 그해 7월 29일 칙령 제526호 '농지조정법시행령'에 의해 8월 1일부터 시행되었다. 농지조정법

案特別委員會議事速記錄 第1~13號」, 3월 10~12·14~20·22~24일, 帝國議會會議錄檢索システ ム(http://teikokugikai-i.ndl.go.jp);「電力案, 總動員法案一部修正して通過か」,『大阪朝日新聞』1938년 2월 7일; 增田福太郞, 앞의 책, 1938, 173~174·185~186쪽;「農地調整法案要綱成る」,『法律時報』10-1, 日本評論社, 1938, 70쪽; 小倉武一, 앞의 책, 1951, 668쪽.

185 大內力, 앞의 책, 1960, 270~271쪽(정연태, 앞의 책, 2014, 347쪽에서 재인용); 한상인,「식민지하 '조선농지령'에 있어서 제문제」,『영남경상논총』10, 영남경상학회, 1992a, 40쪽.

186「農地調整法案要綱成る」,『法律時報』10-1, 日本評論社, 1938, 70쪽; 小林已智次,「農地調整法案要綱を讀みて」,『法律時報』10-2, 日本評論社, 1938, 24~26쪽; 田邊勝正,「農地問題の本質と農地調整法」,『法律時報』10-5, 日本評論社, 1938, 29쪽; 데루오카 슈조 편, 전운성 역, 앞의 책, 2004, 139쪽.

제10조부터 제14조의 내용은 소작조정법을 보충하는 것이었으므로, 농지조정 법과 소작조정법은 일체를 이루는 것이었다. 해당 규정은 농지조정법의 경과 규정으로서, 법 시행 시 현재 계속(繫屬)된 소작관계, 기타 농지의 이용관계에 대한 소송 및 조정 사건에 적용되므로 주의를 요했다.[187]

그리고 전시농지입법(戰時農地立法)으로서 '소작료통제령(小作料統制令)', '전 시농지가격통제령(臨時農地價格統制令)', '임시농지 등 관리령(臨時農地等管理令)'이 제정되었다. 이것들은 모두 국가총동원법(1938년 4월 1일 공포)에 의거한 칙령이었 다. 모두 직접적으로 농지관계 조정을 목적으로 했고, 동시에 전시 물가 통제 나 전시 농업생산 유지를 목적으로 했다.[188]

먼저 1939년 12월 6일에 '소작료통제령'(칙령 제823호)이 공포되었다. 1939년 9 월 18일 물가와 임금을 당시 수준으로 동결한다는 소위 '9·18통제령'을 소작료 에도 적용하여 소작료 인상을 금지한 것이다. 현 상태의 소작료가 너무 높다 고 인식될 경우에는 소작료를 변경할 수 있는 권한을 시·정·촌장 또는 지방장 관에게 주었다. 그러나 이것은 현물 소작료를 전제로 한 것이었기 때문에, 소 작료 인상을 규제하여 현상 유지가 되더라도 쌀값 상승으로 인해 소작료가 실 질적으로 상승하는 것을 방지할 수는 없었다. 또한 실제 행정에서 소작료 인하 권한을 발동한 예는 매우 적었다.

이어서 1941년 1월 30일에는 '임시농지가격통제령'(칙령 제109호)이 공포되어 농지매매 가격을 인상하지 못하도록 금지했다.[189] 그리고 1941년부터는 쌀 배 급제가 실시되어 성인 1인당 1일 2.3합(330g)으로 배급량이 정해졌다. 동시에 농

---

187 小野木常, 앞의 책, 1942, 55쪽.

188 小倉武一, 앞의 책, 1951, 716~717쪽.

189 데루오카 슈조 편, 전운성 역, 앞의 책, 2004, 139쪽.

민과 노동자에 대한 통제도 강화되어, 농민조합과 노동조합이 정부의 압력으로 강제해산되고 각종 사회운동은 극심한 탄압에 시달렸다.[190]

태평양전쟁기에 이르면 지주 규제와 식량 관리제도가 함께 움직이게 된다. 미곡 공출제도 아래 소작미(小作米)와 재촌지주의 보유미(부재지주는 불인정)를 제외하고서 쌀이 정부에 공출되었다. 그리고 전시통제가 진전되면서 지주의 소작료 수취는 크게 후퇴하지만, 전시통제에는 한계가 있었다. 전시 농지정책은 지주적 토지소유 그 자체를 정면에서 부정하는 성격은 아니었기 때문이다. 패전 직전에 이르러 농림 관료가 소작료의 정액 금납화를 시도하기도 했으나 이조차 실현되지 못했다. 지주의 경제적·정치적 역량은 확실히 쇠퇴했으나 완전히 무력화된 것은 아니었다. 특히 재촌지주의 경우 촌내에서 여전히 뿌리 깊은 정치적·사회적 영향력을 행사했으며 유력한 경작농가인 경우도 적지 않았다. 전시통제는 부재지주·불경작지주에게는 엄격하게, 재촌지주·경작지주에게는 완만하게 적용되는 등 지주 성격에 따라 다른 방책을 취했다.[191]

1940년대에도 소작법 제정은 여전히 일본 농업입법에서 중요한 현안이었다. 소작조정법, 농지조정법, 소작료통제령 등 절차법 또는 부분적 실체법만으로 결코 일본의 소작 문제는 해결될 수 없었기 때문이다.[192]

---

190 아사오 나오히로 외 편, 이계황 외 역, 앞의 책, 2003, 521~522쪽.

191 데루오카 슈조 편, 전운성 역, 앞의 책, 2004, 139~140쪽.

192 小林巳智次, 「二つの北海道小作法草按竝に理由書」, 『法經會論叢』 8, 北海道帝國大學法經會, 1940, 250쪽.

2장
조선농지령의 제정 과정과 내용

1. 조선총독부의 소작입법을 위한 논의 과정

1) 1920년대 조선총독부의 소작입법 관련 논의

1912년 1월 데라우치 마사타케(寺內正毅) 총독은 훈시를 통해 소작 문제에 대응하기 위한 정부의 조정 및 소작에 관한 법령의 필요성, 소작관행조사 등을 지시한 바 있었다.[193] 소작입법의 필요성은 1914년 도(道)농업기술관회의에서도 제기되었으나, 별로 주목받지 못했다.[194]

그러다가 1920년대 초부터 소작쟁의가 본격화되면서 조선총독부는 1921년 경부터 '조선소작인법(朝鮮小作人法)' 제정에 대해 논의하기 시작했다. 조선총독

---

[193] 鹽田正洪, 「朝鮮農地令とその制定に至る諸問題」, 友邦協會, 『朝鮮近代史料研究: 友邦シリーズ』7, クレス出版, 1971; 정연태, 「일제의 한국 농지정책(1905~1945년)」, 서울대 대학원 박사논문, 1994; 朴ソプ, 『1930年代朝鮮における農業と農村社會』, 未來社, 1995; 한국농촌경제연구원, 『한국 농업·농촌 100년사』 상, 농림부, 2003.

[194] 朝鮮農會, 『朝鮮農業發達史: 政策篇』, 1944, 308쪽; 정연태, 「1930년대 '조선농지령'과 일제의 농촌통제」, 『역사와 현실』 4, 한국역사연구회, 1990, 308쪽.

부는 1921년 5월부터 6개월간 지방관청에 명령하여 도별로 소작관행을 조사하게 하는 한편, 총독부 내무국과 식산국에 소작법을 조사하게 하여 소작제도를 법령으로 제정하는 문제를 고려했다. 1921년 9월경에는 조선소작인법 제정 문제를 두고 총독부 식산국과 법무국이 함께 연구를 거듭하고 있는 것으로 알려졌다. 또한 그해 9월 15일부터 개회되는 조선산업조사회에 총독부가 '소농 보호에 관한 건'을 제출·부의하여 소작인 문제가 의제로 논의될 예정이었다. 그 결과는 조선소작인법안의 기초(起草)에 중요한 참고자료가 될 것이고 소작인법 발포를 촉진하리라 기대되었다.[195]

소작쟁의 발발 초기에 조선총독부당국은 오히려 소작법 제정에 우호적이었다. 총독부 기관지 『매일신보』 논설에서도, 세계의 노동계급이 분배의 공평을 기하려는 것과 같이, 당국에서도 조선소작인법 제정 등을 통해 식민지 조선의 소작제도를 개선해야 한다고 주장했다. 이때 일본에서는 제44회 제국의회(1920. 12. 27~1921. 3. 26)에서 '차지차가법'이 통과되었으나 소작법은 제출되지 못한 상태였다. 하지만 총독부는 일본은 토지겸병이 식민지 조선처럼 심각하지 않고 소작관행도 조선과 같이 가혹하지 않다고 보았다. 하지만 소작농계급이 농업 호수의 최대 다수를 차지하는 식민지 조선에서는 농가를 보호하는 '사회정책'을 통해 소작인을 구제하는 것을 목표로 해야 한다고 보았다.[196]

1922년 10월경에는 '조선소작법(朝鮮小作法)'안 발포를 위해 총독부에서 조만간 소작제도조사위원을 두어 전국적으로 소작제도조사를 실시하겠다고 발

---

195 「소작법안, 討議決定乎」, 『매일신보』, 1921년 9월 12일; 이윤갑, 「일제강점 전반기(1910~1931년)의 조선총독부의 소작정책」, 『계명사학』, 15, 계명사학회, 2004, 239~240쪽; 이윤갑, 앞의 책, 2013, 112쪽.

196 「사설: 조선 소작법의 개선 문제」, 『매일신보』, 1921년 9월 19일.

표했다.[197] 이때에 총독부 경무국은 조선소작법을 현재 기초 중이라고 밝혔다. 이와 동시에 그해 10월 24일 경무국은 각 도지사에게 소작쟁의의 발생원인 및 그에 대한 각 관계자의 의견 등을 조사·보고하라고 통첩했다.[198]

조선총독부는 1923, 1924년 연이어 비밀훈령의 형식으로 소작관행 개선 방안을 발표하며 소작 문제에 관심을 보였다. 이 비밀훈령의 명칭은 '지주 및 소작인의 관계에서 지주 또는 소작인에게 실행하게 할 사항'이었다. 그 내용으로는 ① 서면계약 장려, ② 자의적인 소작권 이동 억제, ③ 소작기간 보통 3년 설정, ④ 소작인의 지세·공과·노역 부담 금지, ⑤ 2리(현 20리) 이상의 소작료 운반 시 지주의 경비 부담, ⑥ 5할 소작료 등이 제시되었다. 그리고 소작쟁의 발생 시에 이러한 사항에 근거하여 조정할 것을 시달했다. 그러나 이 훈령은 시행되지는 않았다.[199]

그런데 소작쟁의가 격화될수록 오히려 식민당국은 소작법 제정에서 한 걸음 유보적인 태도를 보였다. 1923년 중반 남부 지역에서 소작쟁의가 빈발하면서 소작 문제가 사회 현안으로 대두되었다. 하지만 이 무렵 총독부 측 의견을 보면 소작법규를 제정하여 소작료 및 소작기한, 기타 소작에 관한 규정을 정하거나, 일본 본국의 예에 준하여 소작조정안을 발포하겠다는 등의 의향은 없는 것으로 알려졌다. 다만 지주의 '반성'과 소작인의 '각성'을 촉구하여 점차 온건하게 소작 문제의 해결을 이루자고 할 뿐이고, 그 후에야 소작법규가 마련될 수 있을 것이라는 입장이었다. 아울러 조선농회 조직을 군(郡) 단위로 바꿔 실제 농촌의 문제를 알선해서 해결 방편을 찾도록 관련 법규를 개정하고자 했

197 「조선소작법안, 近히 발포」, 『매일신보』 1922년 10월 14일.

198 「소작법 起草 중, 사회문제 조사」, 『동아일보』 1922년 10월 26일.

199 朝鮮農會, 『朝鮮農務提要』, 1929, 696~701쪽(정연태, 앞의 논문, 1990, 239쪽에서 재인용).

다.[200]

조선총독부는 식민지 조선에서 소작법을 시행하는 것은 각성되지 않은 소작인의 이익을 보호할 뿐이므로 시기상조라는 입장이었다. 1924년 5월 총독부는 각도 농무과장 회의를 개최하여, 지주 대 소작인 간 문제의 현황 및 장래 주의가 필요한 사항을 자문하여 각도 현황에 대한 답신을 받았다. 여기서 총독부 당국자는 식민지 조선의 소작 문제는 경제·사상 문제뿐 아니라 정치 문제를 포함하나, 우선 식산국에서는 정치 문제는 제외하고 경제 및 사상의 두 방면에서 소작 문제를 연구하려 한다고 밝혔다. 그리고 소작법은 일반 소작인의 지식계발이 이루어져 지주의 횡포를 면할 수 있는 상태에 도달하지 않으면 쉽게 시행할 것이 아니라고 했다.[201]

조선총독부는 1924년경부터 더 이상 소작제도 개선에 무게를 두지 않는 대신에, 지주들을 적극적으로 비호하면서 소작쟁의를 탄압하는 태도로 나왔다. 농민운동에 대한 당국의 탄압은 지주회나 농회와 같은 지주 중심 단체의 활동과 유기적으로 결합되어 이루어졌다.

그러다가 농민의 빈궁화와 농업생산력의 위기가 심각해지자 이를 타개하고 계급적·민족적 저항에 대처하기 위해, 조선총독부는 1928년 7월 26일 정무총감 명의로 「소작관행 개선에 관한 건」이라는 통첩을 발표했다. 이 통첩은 총독부가 소작제도 개선 방침을 공식화한 최초의 문건으로, 정무총감이 각 도지사 앞으로 보내는 공문의 형태를 띠었다.[202] 이 통첩은 1923년의 소작제도 개선

200　「소작 문제와 당국의 의향: 소작법규 발포 여하」, 『매일신보』 1923년 6월 6일.

201　「조선소작법 문제는 시기가 상조: 三井 총독부 技師 談」, 『매일신보』 1924년 5월 15일.

202　「소작관행 개선에 관한 건」 통첩은 총독부가 소작관행 개선에 대해 처음으로 전국적 차원에서 시달한 행정 지침이었다. 이 통첩의 주요 내용은 다음과 같았다. ① 소작계약의 요식(要式): 서면(書面)으로 할 것. ② 소작지의 소유권 이동에 따른 소작권의 이동 또는 소작료의 인

방안을 대체로 계승했는데, 일부 주목할 만한 변화가 있었다. 즉 소작제도 개선안이 여러 항목으로 구체화되었고, 전체 15개 항목 중 5개 항목에 걸쳐 소작권의 이동을 최소화하고 소작계약을 장기로 하도록 강조했으며, 소작쟁의를 관청의 조정제도로 해결하도록 권장했다. 정무총감은 이 통첩을 발표하며 식민당국의 소작관행 개선의 목표는 소작지의 생산력 증진과 소작농의 생활 증진에 있다고 밝혔다. 즉 이 통첩은 지주제를 보호·육성한다는 농정 기조를 유지하면서도, 지주의 횡포로 인한 소작지의 생산력 퇴화를 완화하고자 소작권 이동을 억제하는 데 중점을 두고 마련한 소작제도 개선 방안이었다.[203] 그래도

상: 하지 말 것. ③ 소작지의 전대: 부득이한 사유 이외에는 하지 말 것. ④ 소작권의 존속 기간: 보통작물은 3년 미만, 뽕나무밭[桑園]은 10년 미만으로 하지 말 것. '배신행위'가 없으면 소작권을 이동하지 말 것. ⑤ 소작권의 상속: 상속인에게 소작권을 승계하게 할 것. ⑥ 소작계약의 해제: 소작료의 일부 체납을 이유로 하여 소작계약 해제를 하지 말 것. ⑦ 소작료의 정조(定租): 밭 및 수리 관개 편이 있는 논의 소작료는 가능한 한 정조로 할 것. ⑧ 소작료액의 공정: 고율로 타당하지 않은 소작료는 점차 상당액을 인하할 것. ⑨ 소작료의 양정(量定): 도량형의 법규에 따를 것. ⑩ 소작료의 운반비: 2리(조선 리로는 20리)를 넘을 경우에는 초과 부분에 대한 운반임을 지주가 부담할 것. ⑪ 소작료 외 소작인의 부담: 소작지의 공과(公課)는 지주가 부담하고, 노역(勞役)의 제공은 소작지의 작은 수선(修繕)에 관한 것 외에는 소작인에게 강요하지 말 것. ⑫ 소작지 반환 시 소작지에 있는 작물의 매입: 뽕나무밭 및 기타 특수작물이 있는 소작지 반환 시 가급적 지주가 작물을 매입할 것. ⑬ 소작인에 대한 지주의 장려: 지주는 소작지의 농사개량 시설에 유의하고, 우량한 소작인에 대해서는 금품 증여, 기타 방법으로 표창할 것. ⑭ 마름[舍音]의 폐해 광정(匡正): 지주는 가급적 소작지의 관리를 직접 하고, 마름 설치 시에는 인선(人選)에 주의하고 서면 계약을 하며 각 소작인에게 마름의 성명 및 권한을 통지할 것. 마름에게 위임하는 사항은 대체로 토지의 관리, 소작료의 징수, 검견 입회, 소작인의 지도 등으로 한정하고, 소작계약의 체결·변경·해제 등에는 가급적 관여하게 하지 말 것. ⑮ 소작쟁의의 해결: 소송보다 행정관청의 조정에 의할 것. 朝鮮總督府 農林局, 『(前編)朝鮮ニ於ケル小作ニ關スル法令』, 1933, 82~86쪽.

203 여기서 중요한 것은 총독부가 소작관행 개선의 필요성을 농업생산의 장려에서 찾고 있는 점이다. 식민당국자는 농업생산을 증가시키기 위해 소작농의 생활안정을 기하고 소작관행을 개선할 필요가 있다고 생각하고 있었다. 정문종, 「1930년대 조선에서의 농업정책에 관한

지주 계급은 반발했다.

하지만 이 통첩은 행정명령에 지나지 않아 법령과 같은 구속력이나 강제권이 없었다.[204] 그리하여 소작권 이동의 폐해 등으로 소작쟁의가 계속 심각해지자, 총독부는 그 대책을 이 통첩에 담았던 핵심 항목의 법제화에서 찾게 되었다. 총독부가 소작법령을 제정하기로 정하고 본격적인 준비에 착수하게 된 시기는 1929년 소작관(小作官)을 설치하면서부터였다.[205]

조선총독부 식산국 농무과는 1929년 칙령으로 소작관 관제를 신설하여 소작쟁의가 거센 각도에 소작관을 배치했다. 지주와 소작인 사이의 중재역으로 소작관을 두어 격증하는 소작쟁의를 미연에 방지하고자 한 것이다. 총독부는 1928년 10월부터 소작관 배치를 위한 행정절차에 들어가, 1929년 4월에 칙령으로 소작관 관제를 신설했다.[206] 그리고 그해 12월 소작관 설치가 진행되어 각도에서 각각 인선(人選)이 이루어졌다. 소작관 임명은 인선을 마친 후 내각에 상신(上申)하여 임명되는 절차를 밟았다. 소작관보(小作官補)는 도지사의 임명권 내에

연구」, 서울대 대학원 박사논문, 1993, 242쪽.

204 이 통첩에 대한 지주들의 적극적인 반대가 보이지 않는 것도 전혀 강제력이 없었기 때문이라고 생각된다. 위의 논문, 241~242쪽.

205 朝鮮農會, 앞의 책, 1929, 5~8쪽; 朝鮮總督府 農林局, 앞의 책, 1933, 82~86쪽; 久間健一, 『朝鮮農業の近代的樣相』, 西ケ原刊行會, 1935, 39~40쪽; 朴ソプ, 앞의 논문, 1992a, 41·44~45쪽; 이송순, 「전시기 조선의 지주권 약화와 지주경제의 실태」, 『한국사학보』 14, 고려사학회, 2003, 354쪽; 이윤갑, 앞의 논문, 2004, 240~246·251~258쪽; 이윤갑, 앞의 책, 2013, 113~114·117~119·129~135쪽; 조선총독부 편, 박찬승·김민석·최은진·양지혜 공역, 『국역 조선총독부 30년사』 중, 민속원, 2018b, 518~519쪽.

206 소작관 관제는 1929년 9월 24일 칙령 '조선총독부 지방관 관제 개정'에 의거했다. 이에 따르면 소작관은 주임관(奏任官), 소작관보는 판임관(判任官)이었다. 주임관은 조선총독이 상주하여 내각이 임명했고, 원칙적으로 고등문관시험에 합격한 관리였다. 소작관의 관위(官位)는 대체로 군수, 도의 과장과 같은 수준이었다. 朴ソプ, 앞의 논문, 1992a, 46쪽; 이윤갑, 앞의 책, 2013, 135쪽.

속했다. 처음에 소작관이 설치된 도는 황해·전남·전북·경남·경북 5도였고, 소작관보가 설치된 도는 경기·충남 2도였다.[207] 소작관은 각 도청 농무과에 소속되었고 각 1명의 고원(雇員)을 두어 보조원으로서 집무를 돕게 했다. 소작관과 소작관보는 소작쟁의 조정에 관련한 전임사무를 취급하게 되었다. 또한 총독부는 소작관에게 소작법령의 제정에 필요한 법률적 검토와 준비 및 그 기초자료로서 소작관행을 조사하게 했다. 1930년 2월에는 총독부에서 '제1회 도 소작관 및 소작사무 취급자 타합회(打合會)'를 개최하여, 소작관행의 조사, 정무총감 통첩 「소작관행 개선에 관한 건」의 실행, 농민단체의 선도방법 등에 대해 협의했다. 여기에 소작관 또는 소작관보를 두지 않은 6개 도에서는 해당 계(係) 주임이 출석했다.[208] 그러나 소작관은 소작쟁의 조사와 조정을 돕기 위해 설치되었지만, 이후 식민지 조선에서 농촌 내 계급 간 사회조정기구로서 안착하지는 못했다.[209]

한편 소작법 제정 방침과 함께 그 기초조사로 전국적인 소작관행조사를 진행하던 1930년 중반에도, 총독부 관계자는 소작법이나 소작조정법을 조선에서 시행하기는 아직 시기상조라고 말했다. 1930년 6월 5일부터 11일까지 일본

---

207 1931년에 재정정리 결과 이 가운데 1명이 감원되었다. 이후 소작쟁의 증가에 따라 1932년에 도 소작관 2명 및 도 소작관보 4명을, 1935년에 도 소작관 1명 및 도 소작관보 2명을 증원·배치했다. 이 밖에 1933년 2월 조선소작조정령 시행 후에는 각도의 소작 사무 상황에 따라 겸임 도 소작관 및 겸임 도 소작관보를 설치했다. 朝鮮總督府 農林局, 『朝鮮小作年報』 1, 1937a, 2쪽; 조선총독부 편, 박찬승·김민석·최은진·양지혜 공역, 앞의 책, 2018a, 717쪽.

208 「小作官任命年內に實現か: 小作法の實施期近し」, 『西鮮日報』 1929년 12월 8일; 「소작쟁의 점차 감소: 지주와 소작인 사이에 원만한 협조로」, 『매일신보』 1930년 8월 1일; 農林省 農務局, 『朝鮮及臺灣ニ於ケル小作事情』, 1937, 33~34쪽; 조선총독부 편, 박찬승·김민석·최은진·양지혜 공역, 앞의 책, 2018a, 585쪽.

209 김인수, 「식민지 지식국가론」, 『한국사회학회 2012 후기 사회학대회 논문집』, 한국사회학회, 2012, 290쪽.

농림성에서 전국 소작관 회의가 개최되었는데, 식민지 조선의 소작관 5명과 함께 출석한 총독부 농림국 농무과의 시오다 마사히로(鹽田正洪)[210] 사무관은 귀임(歸任)하면서 이렇게 말했다. 이번 회의에서 소작법 및 소작조정법 제정이 논의의 중심이 되었지만, 일본의 소작법은 와카쓰키 내각 시절 소작조사회에서 작성되어 사회정책심의회의 심의를 거친 소작법 요강을 기초로 입안되었고, 이를 차기 의회에 일본 정부가 제출할지 여부는 분명하지 않다는 것이었다. 소작조정법에 대해서는 종래 소작조정에 임한 조선농회의 간부는 대부분 지주였기 때문에 공평한 조정을 기대하기 어려워, 민간에서 조정위원을 선정하여 소작조정을 담당하게 하려는 계획이라고 설명했다. 그는 일본 본국에서는 소작법과 소작조정법의 필요성이 인정되고 있으나, 식민지 조선은 본국과 사정이 달라 그 실시가 지금 문제되고 있지 않다고 밝혔다.[211]

조선총독부 자문기관인 중추원에서도 소작제도의 폐해를 교정하기 위해 소작법규를 제정하는 것은 어느 정도의 효과가 없지 않겠지만 그 목적을 달성

---

210 시오다 마사히로(1899~1972)는 1924년 도쿄제국대학 법학부를 졸업하고 바로 조선으로 건너와 조선총독부 직원이 되었다. 충청북도 내무부 지방과장 등을 거쳐 1928년 8월 식산국 농무과 농정담당 사무관으로 임명되어, 당시 와타나베 도요히코(渡邊豊日子) 농무과장으로부터 소작입법을 명령받아 소작관행조사를 비롯해 소작법 연구를 진행했다. 1933년 1월 농림국 임정과장으로 전임한 후에도 농정과 사무관을 겸임하면서 조선농지령 공포일인 1934년 4월 11일까지 조선농지령 입안에 종사했다. 鹽田正洪, 『朝鮮農地令について』, 1959, 251쪽; 鹽田正洪, 앞의 논문, 1971, 1~4쪽; 宮田節子 監修, 辻弘範 解說, 「未公開資料 朝鮮總督府關係者 錄音記錄(6): 朝鮮總督府時代の農政」, 『東洋文化研究』 7, 學習院大學 東洋文化研究所, 2005, 375쪽; 김인수, 앞의 논문, 2013a, 150쪽.

211 「小作法も調停法も朝鮮では尙早」, 『木浦新報』 1930년 6월 21일. 총독부는 1930년 6월까지만 해도 소작법이나 소작조정법을 식민지 조선에서 당장 시행할 필요는 없다고 보았다. 기존 조선농회의 기능으로 소작 문제를 진정시킬 수 있다고 본 것이다. 그러나 그해 가을 곡가 폭락으로 소작쟁의가 급증하자 소작입법을 서두르지 않을 수 없었다. 이윤갑, 앞의 책, 2013, 137쪽.

하기에 충분하지 않다고 보았다. 중추원에서는 '소작법규 제정의 가부'에 대해 논의하면서, 당국이 소작에 관한 법규를 제정하여 지주의 전횡으로부터 소작인을 보호하려 하고 있는데, 우선 소작인의 지위를 높이고 실력을 충실하게 만들 필요가 있다고 했다. 소작인의 실력을 키우고 세력을 융성하게 하면 굳이 소작에 관한 법규를 제정하지 않더라도 지주의 전횡에 대항하기에 어려움이 없다는 것이었다. 그러나 현재처럼 소작인이 미약해서는 설령 소작법규를 제정하더라도 그 목적을 달성할 수 없다는 것이 중추원의 입장이었다. '몽매한 소작인'이 다수인 현 상태에서 '악질 지주'는 오히려 소작법규를 악용하여 소작인을 괴롭힐 우려가 있으므로, 소작법규의 제정은 상당한 연구를 필요로 한다고 보았다.[212]

2) 조선총독부의 소작관행조사와 소작입법을 둘러싼 상황

한편 통감부기와 식민지기 초기부터 총독부는 구관(舊慣)조사의 한 부분으로 소작관행조사를 해왔다. 부동산법조사회(1906년 설치)가 토지소유와 관련된 전통적 관습의 형태를 조사하면서 소작에 대한 부분적인 조사가 진행되었다. 또한 구관심사위원회의 1918~1919년간의 의안 및 심의 내용을 보면 소작 관련 사항이 일부 논의되었다. 조선총독부가 소작관행 연구에 착수한 것은 젠쇼 에스케(善生永助)[213]를 촉탁으로 소작관습조사를 수행하면서였다. 젠쇼 에스케는

---

212 「小作制度調査: 慶尙南北道·全羅南道, 小作法規制定ノ可否」, 『중추원조사자료』, 연대미상 (국사편찬위원회 한국사데이터베이스).

213 젠쇼 에스케(1885~1971)는 1923년 조선총독부 관방조사과 촉탁으로 와서 조선 사회경제에 대한 조사를 담당했으며, 1935년까지 13년간 조선총독부에 근무했다. 이후 만철경제조사회 (滿鐵經濟調査會), 산업부 자료실, 일본척식협회, 만주국 국무원 총무청 기획처 등에서 조선 관계 조사 업무를 맡았다. 1942년 도쿄로 귀국한 후 중앙협화회, 우방협회 등에서 조선 사회경제 강의를 하면서 저술 활동을 계속했다. 홍양희, 「'同姓同本' = '同族'이라는 상상:

이 조사를 통해 보고서 『조선의 소작관습』(1929)을 제출했는데, 경지면적, 농가 호수, 소작쟁의, 소작종류, 소작계약, 소작료, 소작지 관리자 등을 전반적으로 조사한 것이었으나 지역별로 상세함의 정도에서 편차가 있었다. 이는 지방행 정기관을 활용하여 종합한 조사는 아니었으므로, 대체로 사례 보고에 머물거 나 도 단위 계수화에 그치는 한계를 보였다.[214]

이에 조선총독부는 1927년부터 본격적으로 소작관행조사에 착수하여 1928 년 총독부 내에 '임시소작조사위원회'를 설치하고, 입법 또는 행정적 소작 문 제 대책에 대하여 18회에 걸쳐 회의를 열어 논의했다. 임시소작조사위원회는 총독부 식산국장을 위원장으로, 총독부 각 국의 과장급 19명을 위원으로 하여 구성되었다.[215] 이 회의를 통해 '소작 문제 조사 항목' 및 '소작 문제 조사 요강' 을 도출했다. 그리고 앞에서 살펴본 것처럼 그해 정무총감은 각 도지사에게 「소작관행 개선에 관한 건」을 통첩하여 지방의 실정에 따라 그 개선책을 강구 하도록 했다.[216]

1920년대 말부터 1930년대 초까지 총독부는 소작제도의 확립 내지 소작입 법을 전제로 내걸면서 식민지 조선 전국에서 소작관행조사를 대대적으로 실

젠쇼 에이스케(善生永助)의 '同族部落'의 발명과 식민지 정치학」, 『한일관계사연구』 58, 한 일관계사학회, 2017, 372·379쪽.

214 김인수, 앞의 논문, 2012, 291쪽; 김인수, 앞의 논문, 2013a, 166쪽.

215 임시소작조사위원회의 위원은 농무·문서·세무·토지개량·보안·사회과 각 과장 및 심의실 사무관 7명을 간사로 했다. 그리고 농무기사(農務技師) 및 농무과 사무관에게 소작 문제 대 책을 연구·협의하게 했다. 農林省 農務局, 앞의 책, 1937, 19쪽.

216 朝鮮總督府 農林局, 앞의 책, 1933, 64~82쪽; 朝鮮總督府 農林局, 『朝鮮小作年報』 2, 1938, 2~7쪽; 정연태, 앞의 논문, 1990, 240쪽. 이후 각도(道)·부·군·도(島) 등은 해마다 지주간담회 를 개최하여 소작관행 개선을 도모하는 양상을 보였다. 또한 소작 관련 분쟁에 대해서는 주 로 부윤(府尹)·군수(郡守)·도사(島司)·농회장·경찰관 등이 그 해결을 담당했다. 朝鮮農會, 앞의 책, 1944, 537쪽.

시했다. 1927년 총독부는 식산국 농무과에 소작제도관행조사 주임관을 배치하고 5년 계획으로 소작관행조사에 착수한다고 발표했다. 이어서 1928년 2월 총독부는 임시소작조사위원회를 설치하여 소작 문제 대책에 대하여 답신을 하도록 하고, 그해 5월 대체의 의견을 정리하여 이를 입법사항과 장려사항으로 구분하여 조선총독에게 상신했다. 이를 토대로 소작관행 중 신속히 개선할 필요가 있는 문제로 15개 항목을 결정하고, 같은 해 7월 26일 정무총감이 각 도지사에게 「소작관행 개선에 관한 건」을 통첩했다. 총독부는 소작쟁의 조정의 책임을 도지사가 지게 하고, 조정은 군수와 경찰서장, 농회장 등의 기관이 담당하게 했다.

총독부가 본격적으로 소작관행조사 작업을 시작한 것은 1930년 2월경 최초의 소작관 회의에서 면(面) 단위의 실지(實地)조사 방식을 채택하고 난 후였다. 그리고 그해 4월에 총독부는 19개 항목의 '소작관행조사 요항'을 시달했다.[217] 총독부는 그해 5월 1일부터 1931년 5월 말까지 약 1년 1개월간 조선 전국의 소작관행을 대규모로 정밀히 조사하기로 했다. 그 완료 후에 소작법도 제정·발포할 계획이었다.[218]

그리고 1930년 3월 25일, 5월 28일, 8월 9일에 각각 '소작관행조사에 관한 건'에 대한 식산국장 통첩이 있었다. 소작 문제의 근본 대책을 수립하는 데 가장 유력한 자료를 얻어 소작관행을 개선하고 소작 분의(紛議)를 해결하기 위해 전 조선에 걸쳐 통일적으로 소작관행을 조사할 필요가 있다는 등의 내용이었다. 그에 따라 군(郡)·도(島)에서는 면(面)의 조사서에 의거하고, 도(道)에서는 부(府)·

---

217 정연태, 앞의 논문, 1990, 241쪽.

218 「소작제도의 연원은 멀리 新羅朝부터: 全道 관행 大調査를 앞서서 현행 소작제도 전망 (1)」,
『매일신보』 1930년 2월 25일; 「조선 소작관행조사 1일부터 일제 착수」, 『매일신보』 1930년 5월 1일.

군(郡)·도(島)의 조사서에 의거하여 소작관행을 조사·정리하게 되었다. 부 및 면에서는 지역 내 사정에 정통한 지주, 소작인, 정농가(精農家), 고택(古宅), 구장(區長), 협의회 등에 조사한 자료를 정리하게 하고, 다시 부 및 면 직원과 기타 이에 대해 잘 아는 사람들에게 재조사·심의하게 하여 조사서를 작성했다.

소작관행조사 항목은 ① 소작에 관한 재래 용어, ② 소작계약의 체결(방법 및 사항 등), ③ 소작계약기간, ④ 소작료(징수 양식의 종류, 소작료액 및 비율 등), ⑤ 소작료의 감면·증징, ⑥ 소작료의 납입(납입 시기, 납입 장소까지의 운반 부담 등), ⑦ 소작료의 체납, ⑧ 소작지에 대한 제한(소작지의 전대, 소작권의 매매, 입모의 매매, 소작지 출입금지 및 입모 차압 등), ⑨ 지주 또는 소작인의 배상(지주의 소작지 회수 시 또는 소작인이 토지를 황폐하게 한 경우 등의 손해배상), ⑩ 소작지에 대한 제 부담(소작지의 수선·개량 부담, 공조·공과 등 부담), ⑪ 기타 소작인의 특수 부담[소작인의 무상 노무, 금품·주식(酒食) 제공 등], ⑫ 소작계약 당사자의 변경(소작계약 당사자 사망, 토지의 매매·증여·교환 등의 경우), ⑬ 소작계약의 해제 및 소멸, ⑭ 소작지의 관리[지주가 소작지 관리자를 두는 경우 관리자의 임무, 관리의 계약 형식, 관리자의 이폐(利弊) 등], ⑮ 토지개량사업이 소작관행에 미치는 영향, ⑯ 곡물검사가 소작관행에 미치는 영향, ⑰ 이 외에 소작에 관한 중요 사항(계약 또는 관습상 특수 사항, 부재지주, 대지주, 소작지 경영에 관한 특례, 소작경영의 폐해와 효과 등), ⑱ 영소작, ⑲ 소작관행의 개선이 필요한 점과 이유 및 그 방책으로 설정했다. 아울러 소작 문제(소작권, 소작료, 기타 소작관계, 소작쟁의 등) 청취 조사도 진행하여 조사서를 함께 첨부하도록 했다.[219]

이처럼 총독부에서 소작관행조사에 착수한 것은 불완전한 소작관습을 타파하기 위해 소작법을 제정하기로 방침을 결정했기 때문이다. 총독부는 농무과에서 진행한 소작관행조사를 기초로 소작법안 및 소작조정법안을 정리하여

219　朝鮮總督府, 「凡例」, 『朝鮮ノ小作慣行』 上, 1932, 1쪽; 위의 책, 「附錄」, 1~25·150~163쪽.

제령(制令)으로 발포할 계획이었다.[220] 이 무렵 일본 본국에서 소작법안이 의회에 상정되면서 식민지 조선에서도 소작법 제정에 박차를 가하는 모습을 보인 것이다. 일본에서는 소작법안이 1931년 2월 마침내 의회에 제출되었다. 이에 식민지 조선에서도 각도의 소작관행조사 보고를 참고하여 소작법안을 완성하여 이른 시일 내에 이를 제정할 예정이었다.[221]

소작관행조사는 실제로는 1930년 12월에 전부 종료되었다. 이제 1931년 6월 경까지 각도에서 소작관행조사 서류를 전부 총독부 농무과로 제출하면 총독부에서 이를 수집·종합할 예정이었다. 과거에도 지방별로 소작관행조사가 이루어진 적이 있었지만, 이처럼 전국적 규모로 소작관행을 체계적으로 자세하게 조사·정리한 것은 처음이었다. 총독부는 조선 전국 14부 2,464면을 대상으로 소작관행조사를 실시했다.[222]

그런데 소작관행조사서 취합은 당초 계획보다 몇 개월 지연되었다. 총독부 식산국은 1931년 8월경 소작관행조사를 완료했다. 총독부 농림국 농무과 시오다 마사히로 사무관이 주임이 되어, 원래 그해 5월까지 소작관행조사를 종료·보고할 계획이었다. 그런데 조사항목이 광범위하고 소작법의 기초가 될 중요한 조사이므로 신중을 기하면서 시간이 소요되어 조사 수합이 지연되었다.[223]

---

220 「小作慣行の二ツの新法令: 小作法と小作調停法, 年中に作り明後年に發布」, 『大阪朝日新聞附錄 朝鮮朝日』 1930년 12월 18일.

221 「小作法令, 早ければ今年中にいよいよ發令か」, 『大阪每日新聞 朝鮮版』 1931년 1월 10일.

222 「惡慣行 일소코자 소작법 입안: 총독부 농무과에서 계획 중」, 『매일신보』 1931년 2월 22일; 「대규모 소작관행조사 소작법 작성 전제로」, 『동아일보』 1931년 2월 22일; 「慶北では地主萬歲, 小作人は浮ばれぬ: 朝鮮小作法の制定が急要」, 『大邱日報』 1931년 3월 11일.

223 「소작관행조사 각지가 거의 완료: 식산국 농무과에서 目下 소작법 제정을 爲急」, 『매일신보』 1931년 8월 22일. 1932년에 발간된 『조선의 소작관행』 상·하권(총 약 2,100쪽)은 소작관행조사 결과를 집대성한 것이다. 이는 식민지 조선에서 소작관행을 조직적·계통적으로 조

이 소작관행조사는 1921년 일본 본국의 소작관행조사 방식을 식민지 조선의 특수한 '부재지주'와 '소작지 관리자' 문제 조사 외에는 거의 그대로 '이식'하여 실시된 것이었다. 이는 소작기간 및 소작료 등 지주소작관계에 대한 군단위 계수화와 평균치의 확보 등 조사 자체의 양적·질적 역량에서 이전의 조사를 압도했다. 자료 정리와 보고서 작성은 총독부 농정담당 사무관 시오다 마사히로와 농무과 속(屬) 요시다 마사히로(吉田正廣)에 의해 이루어졌다. 소작관행조사는 소작조정법과 소작법의 입안을 위한 기초자료를 구비할 목적으로 추진했다고 표방했다. 소작관행조사와 소작입법을 통해 총독부는 이제 '적대의 대상'에서 경제 및 사회 영역의 '조정자적 지위'로 이동해가게 된 것이다. 각종 농정입법을 통해 식민지사회의 약자를 '구제'하고 이해관계를 '조정'하며 문제를 '해결'해가는 '중립적 기구'로서, '조정자로서의 식민국가' 표상의 정치적 입지를 확보하려 했다고 할 수 있다.[224]

또 하나 주목되는 것은 각도의 소작관행조사서에서 소작관행 개선 방안을 적극적으로 제안한 점이다. 각도 조사서 말미에는 '소작관행의 개선을 필요로 하는 제 점(諸點) 및 그 방책'이 수록되어 있었다. 여기서 대체로 소작기간을 보통작물은 5년 이상, 특수작물은 10년 이상으로 하여 소작권을 물권화하고, 소작료율을 4할 정도로 적정화하며, 마름의 폐단을 시정해야 한다는 등의 소작관행 전반에 걸친 개선 방안을 제시했다. 또한 1928년 정무총감의 통첩에 의한 권장 방식은 효과가 거의 없었다면서, 소작관계에 법적 통제를 가할 수 있는 소작입법을 시급한 과제로 제시했다. 이로써 행정적 지도에 의존하던 소작정책의 기조가 1930년대 초에 이르러 사법적 조정·규제 방향으로 전환하게 되었

사한 최초의 결과물이었다. 朝鮮農會, 앞의 책, 1944, 537쪽.

224 김인수, 앞의 논문, 2012, 291쪽; 김인수, 앞의 논문, 2013a, 149~150·163·166~167·177쪽.

다.[225]

그런데 소작법 제정을 위해서는 어느 정도 정치적 해결이 필요할 것으로 보였다. 지주 대 소작인의 관계를 공평하게 하여 실정에 부응하게 입법하려면 상당한 어려움이 있을 것이었다. 하지만 일본 본국처럼 정당 관계 운동으로 인해 어려움을 겪을 우려는 없었고, 지주 측의 반대가 다소 있어도 큰 분규가 일어나지는 않을 것으로 예상되었다. 결국 소작법 제정은 조선총독과 정무총감의 정치적 결단에 달려 있는 것처럼 보였다.

2. 조선소작조정령의 제정 과정과 문제점[226]

1) 조선소작조정령의 제정과 문제

1931년경 조선총독부는 식민지 조선의 소작법으로 '조선소작령'(이후 '조선농지령'으로 개칭·제정) 법안을 마련하고 있었으나 이때까지 그 내용이 어떤 것인지는 알려지지 않은 상태였고 본격적으로 심의에 착수한 상태도 아니었다.[227] 대신에 총독부는 우선 '조선소작쟁의조정법(朝鮮小作爭議調停法)' 제정을 추진했다. 일본 본국에서 1924년 당면한 소작쟁의에 대한 긴급 조치로 먼저 절차법인 '소작조정법'을 제정·시행하고, 실체법인 '소작법'은 이후 그 제정을 준비한 것과 같은 수순을 밟은 것이다. 총독부는 법무국에 식산국의 의사를 존중하여 조선

---

225 정연태, 앞의 논문, 1990, 242쪽.

226 이 절의 대부분은 필자가 「1930년대 조선소작조정령의 제정과 시행의 한계」, 『역사문제연구』 45, 역사문제연구소, 2021, 321~362쪽에 발표한 내용이다.

227 「소작쟁의의 격증: 소작입법이 급무」, 『동아일보』 1931년 11월 2일.

소작쟁의조정법을 제정하도록 했다. 법무국은 여러 방면으로 연구하여 1931년 11월경 그 안을 만들었는데, 이것이 제령으로 공포되려면 아직 여러 단계를 거쳐야 하므로 1932년쯤 공포되리라고 관측되었다.[228]

총독부는 조선소작쟁의조정법의 대체적인 내용은 일본의 소작조정법과 비슷하나 조선의 특수사정을 고려할 것이라고 밝혔다. 소작료를 대개 5할, 즉 절반 분배로 하는 원칙 아래 조선소작쟁의조정법안을 고안했다고도 했다. 조선소작쟁의조정법을 운용하는 데는 1929년부터 설치된 각도 소작관이 소작쟁의를 이 법에 기준하여 조정하게 하고, 소작관이 조정하지 않고 재판소로 사건을 가져갈 경우 재판관이 소작관의 의사를 들어 법에 따라 조정하기로 했다. 총독부는 보통 소송에는 거액의 비용이 필요하나, 이 법에 따른 소작조정 신청 비용은 적게 들 것이므로 가난한 소작인에게 유용할 것이라고 그 의의를 밝혔다.[229]

그러나 이를 반박하는 농민 측 여론도 많았는데, 조선소작쟁의조정법이 소송비용이 적게 들도록 한다고 하나 지주는 비용에 구속받지 않고 얼마든지 불복하거나 공소(控訴)·상고(上告)할 것이므로 결국 소작인에게 불리하다는 것이었다. 또한 무엇보다도 소작법이 없어 표준으로 삼을 소작권 및 소작료 등에 관련된 규정이 전혀 없는 점이 근본적인 결함으로 지적되었다. 조선소작쟁의조정법만으로는 소작 문제 해결에 만전을 기할 수 없으니, 소작법을 시급히 제정해야 한다는 것이었다.[230] 소작 문제를 근본적으로 해결하려면 소작조정법보

---

228 「분쟁 빈발을 중대시: 소작쟁의조정법, 도덕적 조정에서 한 걸음 나아가 필경은 법률을 만들어 제재키로」, 『동아일보』 1931년 11월 12일; 최은진, 앞의 논문, 2020a, 156쪽.

229 「분배의 기준은 쌍방의 5할: 소송에도 비용 안 들게, 기초된 법안은 대강」, 『동아일보』 1931년 11월 12일.

230 「사설: 소작쟁의조정법」, 『동아일보』 1931년 11월 16일.

〈그림 2-8〉 조선총독부, 『조선의 소작관행』
출전: 朝鮮總督府, 앞의 책, 1932.

朝鮮ノ小作慣行 (上卷)

朝鮮總督府

다 소작법을 우선 세워야 하는데, 일본과 같이 소작조정법이 먼저 생기는 주객전도의 현상을 보게 되었다는 지적이었다.

이에 총독부는 소작조정법보다 소작법이 늦어지게 된 이유는 소작법 제정을 위해서는 전 조선 소작관행조사(1927~1931) 정리가 완전히 끝나야 하는데 이에 상당한 시일이 소요되고 있기 때문이라고 설명했다. 그러므로 우선 급박한 소작쟁의조정법 제정부터 추진하게 되었다는 것이다. 한편 일본 본국에서는 소작법 및 소작조정법의 2대 법령을 식민지 조선에서 드디어 발포하게 되었다며 농업경제상 중대한 지침이 될 것이라고 환영했다.[231]

1931년 12월 현재 조선소작령은 총독부 농무국에서, 조선소작쟁의조정법

---

231 「조사 완료 후엔 소작법 제정」, 『동아일보』 1931년 11월 12일; 「小作法と爭議調停令: 小農に福音, 實情に卽した立令」, 『大阪每日新聞附錄 西部每日』 1931년 12월 20일.

은 법무국에서 각각 기안하고 있는 것으로 전해졌다. 두 법의 기안이 농무국과 법무국으로 나뉘어 있으나, 양국(兩局)은 서로 긴밀한 관계에 있으므로 대체로 각 안건이 심의에 회부되면 양국의 입회하에 각 조항이 차례차례로 심의될 것으로 예상되었다.[232]

이후 '조선소작쟁의조정법'은 '조선소작조정령'으로 개칭되어 입법된다. 왜 그 명칭이 바뀌었는지는 정황이 명확히 확인되지 않는다. 다만 나중에 일본 척무성과 법제국이 '조선소작령'의 명칭을 지주·소작인의 대립을 연상시킨다는 이유로 '조선농지령'이라 변경했던 것처럼,[233] '조선소작쟁의조정법'이라는 명칭이 소작쟁의를 조장할까 우려하여 조선소작조정령으로 개칭한 것이 아닐까 추측된다.

이윽고 1932년 8월 16일 조선총독 우가키 가즈시게(宇垣一成)[234]는 당시 내각총리대신이자 제3·5대 조선총독을 지낸 사이토 마코토(齋藤實)에게 '조선소작조정령 제정의 건'을 올렸다. 그 이유는 "조선에서 소작료 및 기타 소작관계

232　「소작법과 쟁의조정법, 방금 逐條 심의 중」, 『중앙일보』 1931년 12월 22일.

233　최은진, 「1930년대 조선총독부의 조선농지령 입안과 일본 정부의 심의·의결 과정」, 『한국근현대사연구』 88, 한국근현대사학회, 2019, 131쪽.

234　우가키 가즈시게(1868~1957)는 1924, 1929년에 육군대신을 지냈다. 1931년 젊은 장교들이 우가키를 총리로 세우기 위해 쿠데타를 시도했는데, 우가키는 이에 동조하지 않았지만 쿠데타 시도에 책임을 지고 육군대신을 사임했다. 이후 조선총독으로 부임하여 1936년까지 조선총독을 역임하며 조선의 군수공업 육성과 농촌진흥운동에 주력했다. 그 후 총리로 지명되었지만 군부의 반대로 내각을 조직하지 못했다. 1938년에 고노에 내각에서 외무대신 겸 척무대신이 되었다가, 당시 중국과의 협상 과정에서 군부의 반대로 사임했다. 일본 패전 이후 다시 정계에 들어가 1953년 참의원 선거에서 전국에서 가장 높은 득표율로 당선되었다. 이윤갑, 앞의 책, 2013, 214~215쪽; 조선총독부 편, 박찬승·김민석·최은진·양지혜 역, 『국역 조선총독부 30년사』 하, 민속원, 2018c, 1402~1403쪽; 小學館, 「宇垣一成」, 『日本大百科全書』.

에 대한 분쟁이 빈발하는 실정에 비추어 그 신속하고도 원만한 해결을 도모하기 위해 필요"하다는 것이었다. 조선소작조정령 제정 이유에 대한 조선총독의 「설명」은 다음과 같다. 여기서 소작쟁의 발생 시 행정기관이 개입하여 알선함으로써 재판에 의한 해결을 가급적 피하고, 지주와 소작인이 호양(互讓, 서로 양보함)·타협하여 화해하는 '평화적 해결'을 기도해야 한다고 말하고 있다.[235]

근래 조선에서 일반 권리사상의 보급·발달은 현저한 현상으로, 지난날 평온했던 농촌에서도 각종 소송사건이 속출하고 있다. 그중 소작관계에서 비롯된 민사소송 사건은 최근 5년간 통계상 약 3,300건의 다수에 달하고 있다. 그런데 이러한 사건은 소송 이외에 소작쟁의로서 곳곳에서 발생하여, 해마다 그 질과 양이 증가하고 악화되는 경향을 보이고 있다. 최근 5년간 3,681건에 달하여 단순한 시대의 소산으로 가볍게 볼 수 없는 사회문제가 되었다. 이뿐만 아니라 이러한 소작쟁의는 해마다 관계 토지면적 및 당사자 수가 증대하고 있고 점차 심각해지는 경향을 보이고 있다. 그리고 한번 쟁의가 발발하면 소작인 대 지주가 각각 연합하여, 집단 등으로 조직화하여 가업을 내팽개치고 항쟁을 계속하기 때문에 농촌생활의 평화를 파괴하고 있다. 나아가 사회안정을 해치는 실례가 적지 않다. 소작농이 많은 조선에서 이러한 악풍이 퍼지는 것은 가장 우려할 만한 것이다. 더욱이 장래 쟁의와 분규의 양태가 더욱 복잡해질 것은 예측하기 어렵지 않다.

따라서 소작 문제의 해결은 당면한 초미의 급무이다. 그 근본적 대책으로 이러한 쟁의를 미연에 방지할 방안의 실시, 즉 소작법령의 제정, 자작농의 창성(創成), 내지 제반 사회시설의 확장·충실이 필요한 것은 물론이다. 그러나 한편으로 소작쟁의 발생 시에는 당사자의 의향에 배치되는 등의 결과를 낳을 우려가 있는 사법

235   內閣, 「朝鮮小作調停令制令案」, 『公文類聚』 第56編 第34卷, 1932년 11월 29일.

재판에 의한 해결방법을 가급적 피하고 소작인과 지주의 자유의사를 존중하여 그 호양·타협을 주된 내용으로 하는 평화적 해결을 기도하는 것이 가장 필요하다. 즉 소작쟁의 발발 시 국가기관이 개입하여 알선에 의해 분의를 해결할 계기를 발견하여 당사자를 화해시키지 않으면 재판에 의하는 등 감정이 나빠지고 유감스러운 점이 많다. 사후 문제의 근원을 일소하여 민풍(民風)을 작흥(作興)하고 사상 선도에 이바지하는 효과도 매우 중대하다. 이것이 조선에 조선소작조정령을 제정하려고 하는 이유이다. (밑줄―인용자)

조선총독은 조선소작조정령안은 일본 본국의 소작조정법에서 그 모범을 구한 것이지만,[236] 조선의 특수사정에 비추어 취사선택한 것도 적지 않다고 밝혔다. 그 주요 내용으로 설명한 것은 다음과 같다. 즉 일본 본국과 달리 첫째, 조정위원회제도를 두지 않고 사법기관만을 조정기관으로 했다.[237] 둘째, 재판소

---

236 조선소작조정령은 입법에 착수한 지 약 1년 6개월 만에 모든 절차를 완료하고 공포되었다. 이에 비해 일본의 소작조정법은 입법을 완료하기까지 약 5년이 걸렸다. 총독부가 단기간에 조선소작조정령을 제정할 수 있었던 것은 일본의 소작조정법을 많은 부분 그대로 도입하여 실무 작업이 줄어들었기 때문이기도 했고, 우가키 총독의 입법 의지도 강력했다. 이윤갑, 「농촌진흥운동기(1932~1940)의 조선총독부의 소작정책」, 『대구사학』 91, 대구사학회, 2008, 228쪽.

237 조선소작조정령에 따라 조정기관은 사실상 세 종류로 설정되었다. 첫째, 재판소가 조정 신청을 수리했을 때 수소재판소가 직권으로 사건을 조정에 부칠 수 있었다. 일본의 소작조정법에서는 조정위원회를 개최하는 것이 원칙이었으나, 조선소작조정령은 조정위원회제도를 두지 않고 재판소가 조정을 담당하는 것을 원칙으로 했다. 둘째, 재판소가 사정에 의하여 적당한 자가 있다고 인정할 때는 사인(私人)이 권해(화해권고)를 할 수 있었다. 이 권해자는 재판소의 보조자가 아니라 그 자신이 독립된 조정기관이 되었다. 이 방법은 재판소가 조정을 맡기보다 군수, 경찰서장 및 기타 토지의 소작사정을 잘 아는 자가 권해를 하는 것이 원만한 해결에 도움이 될 때 취해졌다. 셋째, 재판소가 조정을 하는 데 적당한 보조기관으로서 소작관계 및 기타 쟁의의 실정에 능통한 행정기관을 이용할 수 있었다. 그리하여 소작관을

가 조정 시 경찰서장에게 사건의 경과보고나 의견 진술을 요구할 수 있었다. 셋째, 재판소의 의제적(擬制的)[238] 조정을 인정하여 조정이 성립되지 않을 경우 재판소가 조정의 의제(擬制)를 인정하고, 이의를 제기하지 않으면 그 조정에 동의한 것으로 간주하기로 했다. 넷째, 조선소작조정령 시행 지구(地區)를 일본처럼 소작쟁의 빈발 지역으로 한정하지 않고 전 조선을 범위로 했다.

조선소작조정령 제정의 건은 조선총독에 의해 일본 내각에 보내졌고, 사법대신이 내각총리대신에게 허가를 구한 뒤 천황의 재가를 얻는 절차를 거쳤다. 1932년 9월 19일 척무대신 나가이 류타로(永井柳太郎)[239]가 내각총리대신 사이토 마코토에게 조선소작조정령 제정의 건을 진달(進達)했다. 그해 11월 24일 조선소작조정령 제령안은 일본 내각의 심사 결과 상당하다고 판단되어, 내각총리대신을 비롯하여 외무·대장·사법·농림·척무·문부·상공·체신·철도대신의 서명을 받았다. 이제 내각총리대신은 천황에게 조선소작조정령 제령안의 재가를 청했다.

1932년 11월 29일 각의에서 결정된 조선소작조정령은 천황의 재가를 거친 후 그해 12월 10일 제령 제5호로 제정되었다. 12월 20일에는 '조선소작조정령

이용하는 동시에 부윤·군수·도사 또는 경찰서장에게 재판소와 연락하여 의견 진술, 사실 조사 등을 하게 해서 조정상 편의를 도모했다. 厚泰嶽, 「조선소작조정령 해설 (其二)」, 『農民』 4-10, 1933, 33~34쪽.

238 본질은 같지 않지만 법률에서 다룰 때는 동일한 것으로 처리하여 동일한 효과를 주는 일.

239 나가이 류타로(1881~1944)는 1909년 모교인 와세다대학(早稻田大學)의 교수가 되어 식민정책·사회정책에 대해 강의하고, 오쿠마 시게노부(大隈重信)의 잡지 『신일본(新日本)』의 주필을 겸직했다. 1920년 중의원 의원(헌정회)에 당선된 이래 8회 당선되었다. 1931년 입헌민정당 간사장, 1932년 척무대신, 1937년 체신대신, 1939년 체신대신 겸 철도대신 등을 역임했다. 1940년에는 민정당의 즉시 해산을 주장하며 대정익찬회(大正翼贊會)에서 '동아신질서'론을 제창했다. 講談社, 「永井柳太郎」, 『日本人名大辭典』, 2015; 平凡社, 「永井柳太郎」, 『世界大百科事典』; 小學館, 「永井柳太郎」, 『日本大百科全書』.

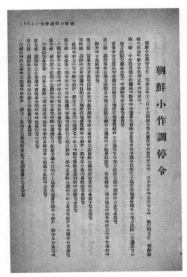

<그림 2-9> '조선소작조정령'

출전: 朝鮮總督府,「朝鮮小作調停令」,『朝鮮』
17-1, 1933, 93쪽.

시행 준비에 관한 건 내첩(內牒)'이라는 법무국장 통첩이 각 지방법원장 앞으로
보내져, 재판소의 조정을 신뢰할 만한 기풍을 만들 것을 주문했다.[240] 그리고 총
독부는 조선소작조정령의 원활한 운용을 위해 1933년부터 소작계(小作係) 전속
판사를 핵심 지역에 두기로 했다. 경성·평양복심법원 관내에 각 1명, 대구복심
법원 관내에는 대구·전주·광주·부산의 4개 지방법원에 각 1명씩 둘 예정이었
다.[241]

　　1933년 1월 19일에는 '조선소작조정령의 실시에 관한 건 통첩'과 함께 '소작
조정사건 취급 준칙(準則)'이라는 법무국장 통첩이 각 지방법원장 앞으로 보내

240　司法協會,『朝鮮農地令·朝鮮小作調停令 解說: 附 關係法令』, 1936, 397~398쪽.

241　「慶尙北道: 地主に對抗する小作爭議は漸次過激化」,『朝鮮新聞』1932년 2월 4일; 최은진,
　　　　앞의 논문, 2020a, 169쪽.

졌다. 그해 1월 31일에는 또 법무국장 통첩으로 '소작조정사건의 권해에 관한 통첩'이 각 지방법원장 앞으로 전달되었다. 특별히 조선소작조정령에 따라 부(府)·군(郡)·도(島) 소작위원회 또는 부득이한 경우 위원회 외의 지정된 자가 권해를 담당하게 될 경우의 유의사항에 대해 알린 것이다.

조선소작조정령은 그 시행 세칙(細則)이 공포된 1933년 2월 1일부터 실시되었다. 조선소작조정령은 전문 33조로 이루어졌는데 일본의 소작조정법 내용을 대체로 따랐다. 일본의 소작조정법과 크게 다른 점은 일본에는 조정위원회가 상설로 있던 데 반해, 조선의 실정에 맞춘다는 명목으로 조선에는 쟁의 시마다 조정관이 군수·면장·경찰서장 등의 관공리를 위원에 임명하여 그 해결을 담당하게 한 것이었다.[242] 조정관은 지방법원과 법원 지청 부속 판사가 수시로 쟁의 재판을 담당하게 되었다.[243]

조선소작조정령의 주요 내용은 다음과 같았다. ① 지주와 소작인 간에 소작에 관련하여 일어난 쟁의의 조정은 당사자의 신청에 따라 쟁의의 목적인 토

---

242 조선소작조정령은 전문 33조, 일본의 소작조정법은 49조로 이루어졌다. 양자의 조문 수가 다른 것은 일본의 소작조정법은 소작분쟁을 조정하는 조정위원회를 법에 포함시켰지만, 조선소작조정령은 조정위원회를 두지 않고 별도로 소작위원회를 두어 이를 '부·군·도 소작위원회 관제'와 '부·군·도 소작위원회 규정'으로 분리했기 때문이다. 조정위원회의 구성과 운영에 관한 것을 빼면 조선소작조정령의 조문은 소작조정법과 거의 같다. 다만 다른 것은 일본과 조선의 행정조직 차이로 시(市)·정(町)·촌(村)·군장(郡長)을 부윤·군수·도사로 고쳐 표기한 정도이다. 이윤갑, 앞의 책, 2013, 140~141쪽.

243 「조선 사정에 即한 소작조정령 공포: 明年 1월부터 실시, 소작법도 추후 발포」,『매일신보』 1932년 12월 1일; 司法協會,『朝鮮小作調停法令集』, 1933, 30~38·84~87쪽; 司法協會, 앞의 책, 1936, 401쪽; 朝鮮總督府 農林局,「朝鮮小作調停令」,『朝鮮小作關係文書: 朝鮮小作關係 法規集』, 1936, 24~31쪽; 朝鮮農會, 앞의 책, 1944, 651쪽. 뒤에서 살펴보는 것처럼 조선소작조 정령은 이후 1934년 5월 31일 제령 제16호로 1차 개정, 1936년 2월 12일 제령 제2호로 2차 개정, 1944년 2월 15일 제령 제6호로 3차 개정되었다.

지의 소재지를 관할하는 지방법원의 합의부(3인의 판사, 합의지청을 포함)에서 취급한다. 단, 당사자 쌍방의 합의가 있을 때는 합의부가 없는 지방법원 지청에서도 이를 취급한다. ② 조정사건이 재판소에 계속(繫屬)되었을 때는 사건의 난이도에 따라 부·군·도 소작위원회[244] 및 기타 적당하다고 인정되는 자에게 권해하게 하여 조정 절차에 들어가지 않고 타협하여 종료시킨다. 또는 본래의 조정 절차에 들어가 비공개 장소에서 각자의 주장을 듣고 도(道) 소작관 등의 의견이나 진술을 종합적으로 참작하여 이해(利害)관계를 파악하여, 쌍방의 융화를 도모하면서 그 사이에서 알선하여 조정이 성립되도록 유도한다. ③ 당사자 간에 타협점을 발견했을 때 재판소는 이에 기초하여 조정 조항을 기재한 조서를 작성한다. 조정 불성립의 경우에는 재판소에서 조정 조항을 정하여, 1개월의 고려 기간을 부쳐 이를 당사자에게 송부할 수 있다. 해당 기간 내에 이의 제기가 없으면 여기에 동의한 것으로 보아 조정이 성립되었다고 간주한다. ④ 이상과 같이 하여 조정이 성립되거나 또는 성립되었다고 간주될 때 그 조정은 민사소송법의 소송상 화해와 같은 효력이 부여되어 이에 기초하여 강제집행을 할 수 있다.[245]

그런데 총독부는 과연 조선소작조정령으로 소작쟁의의 공정하고 원만한 해결을 기할 수 있었을까. 조선소작조정령이 가지고 있던 몇 가지 문제점을 통해 그 본질을 파악해보면 다음과 같다.

---

244 조선소작조정령 시행 후 약 1개월 만인 1933년 3월 5일 농림국장 통첩으로 '부·군·도 소작위원회 설치에 관한 건'이 발표되었다. 朝鮮農會, 『朝鮮農務提要』, 1936, 42~44쪽. 이후 1933년 말까지 전 조선에는 150개의 소작위원회가 설치되었다. 朝鮮農會, 앞의 책, 1944, 651쪽.

245 辛泰嶽, 「조선소작조정령 해설 (3)」, 『農民』 4-11, 1933, 43쪽; 豊島正己, 「小作調停令に付いて」, 『司法協會雜誌』 13-7, 1934, 21쪽; 조선총독부 편, 박찬승·김민석·최은진·양지혜 옮김, 앞의 책, 민속원, 2018a, 830~832쪽.

〈표 2-3〉 식민지 조선의 부·군·도 소작위원회 구성(1933~1939)

(단위: 명)

연도	위원회 수	위원	예비 위원	서기	위원 구성					
					부·군·도 관리	경찰관	公吏	교원	금융조합 임원	기타
1933	150	984		–	226	365	205	86	11	98	219

연도	위원 회수	위원	예비 위원	서기	위원 구성						예비위원 구성				
					내무 과장	경찰 서장	금융 조합 임원	농업	상업	기타	부· 군· 도屬	同技 술원	경찰 관	농업	기타
1934	234	962	981	448	234	260	64	214	55	135	196	57	262	228	238
1935	237	970	974	460	236	263	66	202	58	145	192	43	264	216	259
1936	237	969	967	454	235	263	62	202	65	142	185	55	263	228	236
1937	237	974	967	460	237	262	62	233	72	108	165		262	242	298
1938		980	959	449	239	262	56	231	65	127	169		243	228	319
1939		978	953	453	235	265	44	211	85	138	171		236	227	319

*출전: 朝鮮總督府 農林局, 『朝鮮農地年報』 1, 1940, 78쪽(裵民植, 앞의 논문, 1994, 181쪽에서 재인용).

첫째, 부·군·도 소작위원회 조직의 관료성을 들 수 있다. 식민지 조선의 소작위원회는 농민들도 다수 참여했던 일본의 조정위원회와 달리 대개 관료들로 구성된 문제점을 안고 있었다. 소작위원회의 구성을 〈표 2-3〉을 통해 보면, 위원장을 부윤(府尹)·군수(郡守)·도사(島司)가 담당한 것을 비롯하여 위원과 예비위원에 다수의 부·군·도 관리가 포함되어 있었다. 소작위원회의 50% 이상은 부·군·도 관리나 경찰서장으로 구성되었다. 아울러 사실상 소작조정에서도 부·군·도·읍·면의 관리가 주요한 역할을 했기 때문에, 1933년 이후 일관되게 행정기구가 소작쟁의의 주된 조정자였다고 할 수 있다. 또 하나 주목할 것은 조선소작조정령의 제정으로 소작위원회에 경찰당국이 중요한 소작쟁의의 조정자로서 등장한 점이다. 1933년에는 소작위원회 위원에 부·군·도 관리가 약 37%로 가장 많았고, 경찰관이 약 21%로 그 다음을 차지했다. 1934년에는 소작위원회

위원·예비위원에 경찰서장·경찰관이 각각 약 27%로 최대의 비율을 차지했다. 더욱이 경찰서장·경찰관은 법외 조정에도 적극적으로 개입했다. 반면 소작농의 입장을 대변할 수 있는 소작인단체의 대표는 소작위원회의 소작조정에 참여할 수 없었다. 기타는 읍·면장 및 기타 공직자 등 부·군·도 관리 일부, 수리조합 임원 등 준관공리 및 중추원 의원, 도·부회 의원 등 관제 자치·자문기구 의원 등이었다. 또한 소작조정 신청은 행정기관(부윤·군수·도사)을 경유해야 했으며, 행정기관장이나 경찰서장이 사건 경위를 설명하고 소작관이 재판소에 의견을 개진하는 등 지방 관료의 개입이 공공연하게 이루어졌다. 더욱이 권해를 위해 도지사가 임명·촉탁하는 자는 주로 지방의 유력자(3인 이하)로, 대개 지주 측의 대변자가 중재에 나섰다. 이에 지주와 타협할 소지가 많았기 때문에 소작인들의 이익을 보장할 수 없었다.[246]

둘째, 법령상의 불비함을 들 수 있다. 부당한 목적으로 조정을 신청했을 때 재판소는 신청을 각하할 수 있었는데, 여기서 '부당한 목적'이 무엇인지에 대한 아무런 규정이 없었으므로 법령을 자의적으로 악용할 수 있었다. 또한 조정 신청을 받은 재판소는 직권으로 민사소송 절차를 정지시킬 수 있었기 때문에, 소작인이 소송을 제기했더라도 지주 측이 조정을 신청하면 소작인의 소송 제기는 자동적으로 중지되었다. 그리고 조선소작조정령은 당사자 간의 합의 조정 신청이 있을 때만 효력을 발휘하고, 어느 한쪽이 거부할 때는 조정 신청 자체가 이루어질 수 없었다. 따라서 지주가 불리한 경우 조정 신청에 동의하지 않으면 조선소작조정령은 무력화될 수 있었다. 소작위원회가 열려도 지주가 호출에 응하지 않는 경우가 종종 있었기 때문에, 일본의 조정위원회와 같이 호

---

246   朴ソプ, 「1930年代朝鮮における農業と農村社會」, 京都大學 博士學位論文, 1992b, 104쪽; 裵民植, 앞의 논문, 1994, 178·182쪽; 최은진, 앞의 논문, 2020a, 170쪽.

출에 응하지 않는 자에게 제재를 가해야 한다는 목소리도 있었다.[247]

셋째, 절차가 복잡했다. 지방법원의 합의부와 지방법원 지청의 합의부는 전국에 14개, 1도에 1개씩 있어, 소작농에게는 거기까지 가는 여비와 시간상 문제가 발생했고 소송비용의 부담도 상당했다. 이 문제는 1936년 조선소작조정령 2차 개정에 의해 어느 정도 해결된다. 이때에 합의부가 없는 지방법원과 그 지청에서도 판사 단독으로 조정할 수 있게 바뀌었다.

넷째, 조선소작조정령은 소작쟁의에 대한 농민단체의 조직적 개입을 원천적으로 부정하여, 소작쟁의를 개별화·분산화·체제내화하려는 의도를 가지고 있었다. 집단적 소작쟁의의 경우, 조정 신청의 대표자를 쟁의 당사자로 한정시킴으로써 제3자의 개입 곧 농민단체의 개입을 차단하려 했다. 당시 소작쟁의가 농민조합 등을 매개로 집단적·정치적 성격을 띠는 것을 막으려 한 것이다.

다섯째, 가장 중요한 문제는 조선소작조정령은 쟁의 처리를 위한 절차법으로, 조정 시 기준이 되는 소작법이 없었다는 점이다. 1928년의 「소작관행 개선에 관한 건」 정무총감 통첩이 비교적 소작인에게 유리한 기준이 될 수 있었으나, 이는 권장사항에 불과했다. 소작조정의 기준이 될 수 있는 실체법인 소작법은 제정하지 않고 조선소작조정령만 제정했기 때문에 대체로 당시 관습을 기준으로 해서 조정하게 되었는데, 당시 관습은 소작인에게 불리한 측면이 많았다. 이처럼 조선소작조정령을 통해 소작쟁의에 대한 통제를 강화하면서도 지주의 이해를 반영할 수 있는 장치를 마련한 셈이었다. 실제로 소작위원회는 상대적으로 지주 측 입장에서 여러 압력을 가해 소작인에게 타협을 종용하면

---

247 소작조정 시 상대방이 소작위원회 또는 동 위원장의 호출에 응하지 않고 출두하지 않을 경우에도 행정집행령 또는 경찰범처벌규칙의 적용을 받지 않았다. 소작위원회는 관공서가 아니므로 그 출두를 강제로 규제할 수 없었다. 「質疑應答: 小作委員會ニ出頭セサル場合ト 警察犯處罰規則ノ適否」, 『司法協會雜誌』 14-1, 1935, 99쪽.

서 '관청과 지주의 기관'이라는 비난을 받고 있었다.[248]

이러한 결함이 지적되면서 조선소작령 제정은 더욱 급무가 되었다. 이에 임시로 부·군·도 소작위원회의 소작위원이 참여하여 도 단위로 권해 기준을 마련하기 위한 타합회가 열리기도 했다. 여기서 1928년 「소작관행 개선에 관한 건」 통첩에 따라 1929년 도별로 제출한 소작관행 개선안을 도의 권해 기준으로 채택하기도 했다. 그러나 이러한 기준 마련은 임시적 성격이 강했고 통일되지 않았으며 법적 구속력도 없었다. 그리하여 조선 농촌의 특수사정을 가미한 소작법 제정이 초미의 급무가 되었다.[249]

2) 조선소작조정령의 개정

조선농지령 제정 후에 조선소작조정령은 세 차례 개정되었다. 이러한 조치는 조선농지령의 제정과 함께 조선소작조정령을 통한 소작쟁의 조정의 구속력을 높이고 그 기능을 확대하기 위해서였다.[250]

먼저 1차로 조선농지령이 제정된 지 얼마 되지 않은 1934년 5월 31일 조선소작조정령이 제령 제16호로 개정되어, 같은 해 10월 20일부터 시행되었다. 그해 5월 4일 조선총독 우가키 가즈시게가 내각총리대신 사이토 마코토에게 '조

---

248 朝鮮總督府 農林局, 앞의 책, 1937a, 81쪽; 박섭, 「식민지조선에 있어서 1930년대의 농업정책에 관한 연구」, 장시원 외, 『한국 근대 농촌사회와 농민운동』, 열음사, 1988, 136쪽; 정연태, 앞의 논문, 1990, 244~245쪽; 이우재, 『한국농민운동사연구』, 한울, 1991, 39쪽; 이경희, 「1930년대 소작쟁의 연구」, 충남대 대학원 석사논문, 1991, 27쪽; 朴ソプ, 앞의 논문, 1992a, 49쪽; 朴ソプ, 앞의 논문, 1992b, 49쪽; 한상인, 앞의 논문, 1992a, 34쪽.

249 「사설: 소작법 제정은 긴급」, 『동아일보』 1932년 11월 3일, 「사설: 舍音臺帳 작성, 소작법 제정의 급무」, 『동아일보』 1933년 4월 12일; 「調停令運用の鍵: 小作法急施を要望」, 『大阪朝日新聞 朝鮮版』 1933년 6월 7일; 이윤갑, 앞의 책, 2013, 147쪽.

250 이윤갑, 앞의 책, 2013, 179쪽.

선소작조정령 중 개정의 건' 재가를 요청하여, 5월 15일 이를 척무대신 나가이 류타로가 내각총리대신에게 진달했다. 그 개정 이유는 "소작관계 쟁의에 대해 통상 부·군·도 소작위원회로 하여금 권해를 하게 하는 것이 적당하다고 인정하기 때문"이었다. 그리하여 재판소가 사정에 의해 적당하다고 인정되는 자에게 권해를 하게 했던 것을, 부·군·도 소작위원회도 권해를 할 수 있게 명문화했다(제12조). 5월 19일 법제국장관이 내각총리대신을 비롯하여 척무·농림·사법·외무·내무·대장·문부·상공·체신·철도·육군·해군 각 대신에게 '조선소작조정령 중 개정 제령안'의 허가를 청의(請議)하여 5월 22일 서명을 받았다. 그리고 천황의 재가를 받아 5월 31일 제령 제16호로 조선소작조정령 중 개정의 건이 공포되었다. 1차 조선소작조정령 중 개정의 건은 조선농지령 및 부·군·도 소작위원회 관제 시행일과 같은 날인 그해 10월 20일부터 시행되었다.[251]

　　총독부는 2차로 1936년 2월 12일 제령 제2호로 조선소작조정령을 개정·공포했다. 조선의 특수사정에 적합하지 않은 점을 고쳐 조선소작조정령의 효과를 강화한다는 목적으로, 권해 및 조정에 이전보다 강제력을 부여한 것이었다. 1935년 10월 29일 조선총독 우가키 가즈시게는 내각총리대신 오카다 게스케(岡田啓介)에게 '조선소작조정령 중 개정의 건'을 올렸다. 그해 12월 21일 척무대신 고다마 히데오(兒玉秀雄)는 내각총리대신에게 이 조선소작조정령 2차 개정의 건을 진달했다. 그리고 1936년 1월 29일 조선총독이 상주(上奏)한 조선소작조정령 2차 개정안은 심사 결과 상당하다고 판단되어, 내각총리대신을 비롯하여 척무·농림·사법·외무·내무·대장·문부·상공·체신·육군·해군대신의 서명을 받았다. 1월 31일에는 조선소작조정령 2차 개정에 대하여 내각총리대신이 천황

251　內閣,「朝鮮小作調停令中ヲ改正ス」,『公文類聚』第58編 第46卷, 1934년 5월 22일;「制令 第16號」,『朝鮮總督府官報』1934년 5월 31일.

재가를 청했다.[252]

　　조선소작조정령 2차 개정의 요지는 다음과 같았다. ① 종래 조정사건은 지방법원이나 지방법원 지청의 합의부가 취급했다. 그런데 소작인이 멀리 떨어져 있는 지방법원 또는 지청 합의부에 출두하는 것은 비용·시간상 상당한 부담이 되었다. 게다가 사건의 성격이 비교적 단순해서 굳이 합의부가 취급할 필요가 없는 것이 많았다. 이에 이를 판사 단독으로 취급하는 것으로 고쳐, 합의부가 없는 지방법원 또는 지청에서도 조정하게 했다(제1, 2조). ② 조정사건은 부·군·도 소작위원회의 권해에 따라 해결하는 것이 대부분이었는데, 종래 이 권해는 사법(私法)상 계약의 효력밖에 없어 후일 분쟁이 생기면 다시 확인소송(確認訴訟) 또는 급부소송(給付訴訟)을 제기해야만 했다. 이에 그 효력을 강화하기 위해 소작위원회에서의 권해는 재판소의 인가를 받은 경우 소송상의 화해와 같은 효력을 가진다고 인정하여 채무명의(사법상 이행 의무의 존재를 증명하고, 법률에 따른 강제집행력이 부여된 공증)를 얻을 수 있게 바꾸었다(제29조). ③ 종래에는 조정 불성립의 경우 재판소에서 공평하고 지당하다고 인정하는 조정 조항을 정해서 1개월의 고려 기간을 부여해 당사자에게 이를 송부할 수 있었다. 그리고 이 기간에 이의 신청이 없으면 이에 동의하여 조정이 성립된 것으로 간주되었다. 하지만 당사자가 타협의 의사 없이 끝까지 자기 주장을 관철하려 하면 모처럼의 조정도 효력을 잃게 될 수 있었다. 따라서 이번 개정에 의해 당사자가 완고하게 조정에 응하지 않을 때, 재판소는 직권으로 소작위원회 또는 소작관의 의견을 듣고 쟁의의 실정과 기타 일체의 사정을 고려하여 조정을 대신함으로써

252　內閣, 「朝鮮小作調停令中ヲ改正ス」, 『公文類聚』第60編 第60卷, 1936년 1월 31일; 「朝鮮小作調停令の改正に就て: 增永法務局長談」, 『朝鮮總督府官報』1936년 2월 12일 부록; 「半島小農に福音」, 『京城日報』1936년 2월 13일.

소작관계의 유지 또는 변경 재판을 할 수 있도록 했다(제28조).[253]

　3차로는 1944년 2월 15일 조선소작조정령이 제령 제6호로 개정되었다. 1943년 11월 17일 조선총독 고이소 구니아키(小磯國昭)는 내각총리대신 도조 히데키(東條英機)에게 '조선소작조정령 중 개정의 건'을 올렸다. 그해 11월 22일 내무대신 안도 기사부로(安藤紀三郎)가 내각총리대신에게 조선소작조정령 3차 개정의 건을 진달했다. 그해 12월 16일 조선총독이 상주한 조선소작조정령 3차 개정안은 내각총리대신을 비롯하여 대동아·국무·농상·사법·후생·외무·내무·대장·문부·운수통신·군수·육군·해군대신 등의 서명을 받았다. 그리고 12월 29일 조선소작조정령 3차 개정에 대한 내각총리대신의 천황 재가 요청이 있었다. 조선소작조정령 3차 개정의 이유는 "소작조정제도를 정비하여 재판소의 권한을 강화할 필요"가 있다는 것이었다. 그리하여 재판소가 직권으로 조정 전 조치로 필요한 명령을 할 수 있거나(제26조), 소작관계의 존속, 소작조건의 변경, 기타 쟁의의 해결상 필요한 재판을 하여 소작료의 지불, 소작지의 인도 및 기타 재산상의 급부를 명할 수 있는(제28조) 등 재판의 범위가 확대되었다.[254]

　그러나 위와 같이 조선소작조정령의 개정이 세 차례 있었음에도 그 본질적인 성격은 유지되면서 기본적인 문제점은 해결되지 않았다. 앞에서 말한 것처럼 조선소작조정령의 개정 방향은 소작쟁의의 신속하고도 원만한 해결을 위해 소작조정의 강제력을 높이고 조정기관의 권한을 확장하는 것이었다. 이를 위해 1934년 5월 1차 개정을 통해 부·군·도 소작위원회에도 권해를 할 수 있게 하고, 1936년 2차 개정을 통해 조정사건을 판사 단독으로 취급할 수 있게 하

253　朴ソプ, 앞의 논문, 1992a, 53쪽; 이윤갑, 앞의 책, 2013, 178쪽; 조선총독부 편, 박찬승·김민석·최은진·양지혜 옮김, 앞의 책, 2018a, 743～744쪽.

254　內閣,「朝鮮小作調停令中ヲ改正ス」,『公文類聚』第67編 第126卷, 1943년 12월 16일.

고, 권해의 소송상 화해와 같은 효력을 인정했으며, 당사자가 조정에 응하지 않아도 재판소 직권으로 조정을 대신할 수 있게 했다. 1944년 3차 개정을 통해서는 재판소가 직권으로 명령을 할 수 있게 하고 재판의 범위를 확대했다. 그 결과 복잡했던 절차가 조금 간단해져 합의부가 없는 법원에서도 소작조정을 할 수 있게 되고, 법령의 불비함을 일부 보충하여 당사자 어느 한쪽이 소작조정에 응하지 않아도 재판소 직권으로 조정이 가능해졌다. 하지만 조선소작조정령의 기본적인 문제는 여전히 남았다. 무엇보다도 소작위원회의 관료성이 유지·강화되었고, 소작쟁의에 대한 농민단체의 조직적 개입을 원천적으로 부정하는 기조가 유지되었다. 특히 뒤에서도 살펴보겠지만 소작조정을 행정기관이 독점하는 문제는 세 차례의 개정을 통해 더욱 심화되었다. 더욱이 실체법인 조선농지령이 제정되어 소작조정의 기준으로 삼을 수 있게 되었으나 실체법이 태생적 한계를 갖고 있었기에 절차법으로 소작 문제를 해결하기에는 역부족이었다.

3. 소작법 입법 절차 및 여론

1) 조선총독부의 조선소작령 입안·심의 과정[255]

한편 조선총독부 식산국 농무과는 소작입법에 착수한 이래, 1932년 4월경 '조선소작령 제1초안'의 작성을 마치고[256] 축조 검토에 들어갔다. 시오다 마사

---

[255] 이하 1, 2항은 필자의 논문 「1930년대 조선총독부의 조선농지령 입안과 일본 정부의 심의·의결 과정」, 『한국근현대사연구』 88, 한국근현대사학회, 2019를 일부 수정·축약한 것이다.

[256] 조선소작령을 처음 입안한 곳은 임시소작조사위원회로, 1929년 6월에 '소작령안(제1고)'를 만들었다(朝鮮總督府, 「小作令案(第1稿)」, 1929). 그런데 이 조선소작령안 제1고는 대공

히로(鹽田正洪) 농무과 사무관이 작성한 초안이었다. 총독부는 조선소작령안의 가장 중요한 부분이라고 여겨지던 소작권, 소작료 문제 등에 대해서는 이미 연구되었으나, 그 결정 사항이 장래 농촌 문제에 중요한 영향을 미칠 것이므로 관련 조항을 '신중히' 확정하겠다고 밝혔다. 또한 일본의 소작법이 지주의 반대와 소작인의 비난에 처했던 점에 대해 조사하고, 조선의 특이성도 고려하겠다고 했다.[257] 해를 넘겨 1933년 2월 1일부터 절차법인 '조선소작조정령'은 실시되었으나, 실체법인 조선소작령안은 아직 작성 중이었다.[258]

그러다가 총독부 농림국(1932년 7월 신설, 농무과 이속)과 관계 국(局)·과(課)에서 본격적으로 조선소작령 심의에 착수한 것은 초안 작성으로부터 1년여 후인 1933년 6월부터였다. 이때 총독부 농무과의 초안을 토대로 조선소작령 대체의 안을 마련했고, 6월 6일부터 각 관계 직원이 열석(列席)하여 안을 심의하기 시작했다.[259] 농림국이 안을 결정하면, 일단 심의실을 거쳐 관계 국·과에 회부했다가 다시 심의실로 넘어갈 예정이었다.[260]

황으로 논의조차 되지 못했다. 그리고 1931년 9월에서 1932년 4월 사이에 식산국 농무과가 이 안을 보완해 조선소작령안 제2초안을 마련했다(朝鮮總督府 農林局, 「朝鮮小作令案(第2稿)」, 연도미상). 이것이 언론에는 '소작령 제1초안(원안)'으로 보도된다. 宮田節子, 「朝鮮農地令: その虛像と實像」, 『季刊現代史』 5, 現代史の會, 1974, 55쪽; 宮田節子 監修, 辻弘範 解說, 앞의 논문, 2005, 390~393쪽; 정연태, 앞의 책, 2014, 331쪽.

257 「조선소작령 제1초안 작성」, 『동아일보』, 1932년 4월 3일; 「소작령 금년 내로 발표 無望」, 『동아일보』, 1932년 4월 20일.

258 「소작령 제정 3월경 발표」, 『동아일보』, 1933년 1월 28일; 「소작령 제정의 위원회 설치?」, 『중앙일보』, 1933년 2월 5일.

259 「조선의 소작령 제정 심의 진행」, 『동아일보』, 1933년 6월 7일; 「내지에 솔선하여 단연 소작령 실시」, 『매일신보』, 1933년 6월 21일.

260 「현안의 소작령, 완성까지 前途 遼遠」, 『동아일보』, 1933년 6월 11일; 「層節 많은 소작령, 幾多의 난관으로 완성 遲遲」, 『동아일보』, 1933년 7월 24일; 「소작권을 물권화 심의 중에 조선소

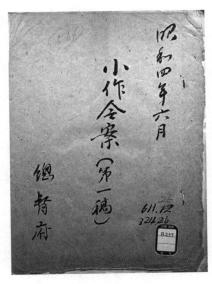

　　당시 농림국안 조선소작령은 소작권 보호, 마름제도 개선, 소작위원회 강화에 초점이 맞추어졌다. ① 소작권은 물권의 효력을 가질 것, ② 소작은 유기(有期)로 할 것, ③ 권리의 존속을 인정할 것 ④ 조선 재래의 마름제도를 어느 정도로 경정(更正)하여 인정할 것, ⑤ 소작위원회를 설치하여 학자, 대지주, 농민 대표, 기타 지방 유력자를 망라하여 조직하고 상설화할 것 등이었다. 이상의 각 사항에 대해 농림·재무·내무 3국 각 관계 과에서 조사를 실시하고 검토·심의한 후 심의실을 거쳐 법제국으로 회부하기로 했다.[261]

　　농림국 및 관계 국·과의 심의 착수 후 2개월 만인 1933년 8월경 총독부는 조

　　　작령 주안」,『조선일보』 1933년 6월 12일.

261　「조선의 소작령, 농림국안이 완성」,『동아일보』 1933년 6월 18일;「숨흡제도 개정 등 조선소작령 제정」,『조선중앙일보』 1933년 6월 18일;「농림국 초안의 소작령, 그 내용은 어떤 것인가」,『조선일보』 1933년 6월 20일.

선소작령을 탈고하여 유무라 다쓰지로(湯村辰二郞) 농산과장이 이를 일차적으로 정무총감에게 제출했다. 총독부는 전 조선 소작관행조사 등 조선소작령 제정을 위한 기본조사에 착수한 지 벌써 7년이 되었으며, 5개년간 국비 예산 5만 5,000원의 경비로 입법에 착수하여 3년 만에 국안(局案)을 완성한 것이라고 홍보했다. 이제 정무총감의 결재가 나는 대로 정식으로 심의실에 회부하기로 했다. 그해 8월 28일 이마이다 기요노리(今井田淸德)[262] 정무총감은 도쿄에 가서 중앙정부와 최초 교섭할 기본자료를 정리하기 위해 조선소작령 관계 관료들을 집합시켜 내용 설명을 청취했다.

이때 조선소작령안은 전문 40조로 이루어졌는데,[263] 그 요점은 다음과 같았다. ① 소작권을 물권으로서 인정할 것, ② 소작 적폐의 최대 원인이라 할 만한 마름의 권한을 제한하여 그 횡포 방지에 노력할 것, ③ 소작위원회를 설치하여 소작쟁의의 방지기관, 소작에 관한 제 문제의 판정기관이 되게 할 것 등이었다. 특히 일본 본국의 소작법에 비해 조선의 특수사정을 참작하여, 행정수단에

---

262 이마이다 기요노리(1884~1940)는 체신성 간이보험국장, 저금국장 등을 역임하고 1927년에 퇴임했다가 1929년 체신차관에 취임했다. 1931년에는 우가키 조선총독의 요청으로 조선총독부 정무총감으로 취임하여, 조선 북부의 수력전기 개발과 조선의 병참공업기지화를 추진했다. 1936년 우가키 총독의 사임에 따라 정무총감 자리에서 물러났다. 그해 귀족원 칙선(勅選) 의원에 선임되어 1940년 사망할 때까지 재임했다. 日外アソシエーツ, 「今井田淸德」, 『20世紀日本人名事典』, 2004; 조선총독부 편, 박찬승·김민석·최은진·양지혜 역, 앞의 책, 2018b, 1405쪽.

263 조선소작령안은 1929년 6월 전문 21조(제1초안)→1932년 4월 36조(제2안)→12월 46조(제3안)→1933년 6월 48조(제4안)→7월 46조(제5안)→8월 40조(제6안)→10월 45조(제7안)로 바뀌었다. 결국 조선농지령은 전문 40조로 구성된다. 조선소작령안의 내용상 주요 변화를 보면, 먼저 소작권 보호 기간에 변화가 있었다. 제1초안에서는 보통소작 3년, 특수소작 10년이던 것이, 제3·5안에서는 보통소작 5년, 특수소작 10년으로 바뀌었다. 또한 마름 규제 조항은 설치와 삭제가 반복(제1초안 설치, 제3안 삭제, 제4안 복설, 제5안 삭제, 제6안 복설)되었다. 정연태, 앞의 책, 2014, 331~332쪽.

서 나아가 입법수단에 의해 중간착취계급인 마름의 단속을 엄중히 했다는 점을 강조했다.[264]

하지만 1933년 10월 초에도 조선소작령안은 농림국에 계속 계류(繫留)되어 있었다. 당시 도쿄에 가 있던 와타나베 시노부(渡邊忍) 농림국장의 귀임을 기다려 종합적으로 재심의한 후, 농림국안으로 관계 각 국의 합의를 청하고 정식으로 심의실에 회부하기로 했기 때문이다. 심의실에서는 심의의 전제로 입안자인 시오다 임정과장에게 상세한 설명을 요구했다.[265]

이후 조선소작령안을 심의실에 회부한 상태에서 총독부는 1933년 10월 하순에 조선소작령심의회, 일명 '조선 소작에 관한 타합회'를 개최했다. 조선소작령심의회는 총독, 정무총감을 비롯하여 총독부 농림국·법무국·내무국·경무국·심의실과 일본 척무성·법제국·농림성의 관계 관료 및 소작관, 도지사, 중추원 참의, 지주, 금융업자, 학자 등 약 30명으로 구성되었다. 총독부의 조선소작령안에 대한 의견을 청취하려는 것이었는데, 회의는 총독과 정무총감 임석하에 진행되었다.[266] 협의회를 개최하여 세부 사항을 협의·결정한 후 소작법안 내용을 수정하려 한 것이다. 그런데 민간 대표는 지주 측에만 한정되었고, 소작

---

264 「조선소작령 최종적 심의」, 『조선중앙일보』 1933년 8월 10일; 「조선소작령 심의실에 회부」, 『조선중앙일보』 1933년 8월 27일; 「현안이던 소작령, 원안 起草 완료」, 「전문 40개조로 된 조선소작령, 目下 최종 심의 중」, 『동아일보』 1933년 8월 10일; 「무리한 지주에게는 법적 수단으로 제재」, 「조선소작령 심의실에 회송」, 『동아일보』 1933년 8월 27일; 「최종 심의의 소작령, 숨 쓸 단속이 주안」, 『조선일보』 1933년 8월 10일; 「문제의 소작령 원안 기초 완료」, 『조선일보』 1933년 8월 11일; 「年來 待望의 소작령 12월 실시할 예정」, 『조선일보』 1933년 8월 27일.

265 「초안 조사 완료되어 조선소작령 성안」, 『조선일보』 1933년 10월 12일; 「조선소작령, 明秋에나 실현?」, 『동아일보』 1933년 10월 12일; 「심의 중의 소작령」, 『조선중앙일보』 1933년 10월 13일.

266 久間健一, 앞의 책, 1935, 41쪽.

〈그림 2-11〉 '조선 소작에 관한 타합회' 개최
출전: 「금일 본부(本府)에 개최된 조선소작타합회」, 『매일신보』 1933년 10월 25일.

인 측의 의사는 총독부 관계 관료와 각도 소작관 등이 대표하는 한계가 있었다.[267]

1933년 10월 24~25일 원래 이틀간 예정으로 조선 소작에 관한 타합회가 총독부에서 열렸다. 10월 24일 제1일 회의에서 먼저 이마이다 정무총감이 회의 소집 이유를 설명했다. 그리고 조선소작령 시안(試案)을 작성한 시오다 임정과

---

[267] 이후에도 총독부는 조선소작령에 대한 의견 수렴과 관련하여 소작인 측과 교섭하는 데 소극적이었다. 농림국 관원을 각도에 파견하여 이들의 지휘 아래 소작관·농무과원이 일부 소작농가를 찾아 조선소작령을 선전했을 뿐이다. 그리고 도에서 조선소작령 찬성 관제 소작인대회를 개최하게 했다. 한편 사회주의운동 진영에서도 혁명적 농민조합운동과 공산당 재건운동 등에 치중하여 조선소작령 제정에 별 관심을 기울이지 않았다. 이윤갑, 앞의 책, 2013, 161~163쪽; 정연태, 앞의 책, 2014, 340쪽.

장이 소작관행조사와 임시소작조사위원회의 경과 등을 보고하고, 소작입법에 의해 소작관계와 농업 개선을 도모하겠다고 설명했다. 이 회의에 출석한 인원은 다음과 같다.

(조선총독 宇垣一成)	법제국 참사관 入江俊郎
정무총감 今井田淸德	충청남도 소작관 久間健一
법무국장 笠井健太郎	경기도 지사 松本誠
내무국장 牛島省三	경상남도 소작과장 中津川源吉
경무국장 池田淸	중추원 참의 韓圭復
농산과장 湯村辰二郎	중추원 참의 元惠常
농정과장 古庄逸夫	(중추원 참의 朴相駿)
임정과장 鹽田正洪	조선농회 이사 三井榮長
법무과장 渡邊純	동양척식주식회사 이사 田淵勳
농산과 사무관 張潤植	조선신탁주식회사 취체역 韓相龍
농정과 사무관 三木義之	조선금융조합연합회장 矢鍋永三郎
심의실 사무관 安井誠一郎	조선상업은행 두취 朴榮喆
농산과 기사 山本尋己	경성제국대학 교수 大內武次
척무성 농림과장 植場鐵三	규슈제국대학 교수 澤村康
농림성 산업조합과장 田中長茂	※ 괄호 안은 2일차 회의부터 출석

다음으로 다부치 이사오(田淵勳) 동척 이사, 한상룡(韓相龍) 조선신탁 취체역(取締役), 야나베 에자부로(矢鍋永三郎) 금융조합연합회장, 다나카 나가시게(田中長

茂)[268] 농림성 산업조합과장 등이 소작입법이 필요한 이유를 진술했다. 소작입법으로 첫째, 조선의 사정에 맞게 지주와 소작인의 '공존공영'의 길을 열어 농산업의 개발에 공헌할 것, 둘째, 복잡하고 번거로운 규정을 두지 말고 될 수 있는 대로 간단하게 할 것 등의 희망 의견도 있었다. 이어서 협의사항으로 넘어갔는데 모두 10가지였다. 먼저 제1항인 소작지 임대차의 효력에 대하여, 히사마 겐이치(久間健一)[269] 충청남도 소작관, 와타나베 준(渡邊純) 법무과장, 미쓰이 에초(三井榮長) 조선농회 이사, 다부치 동척 이사, 한상룡 조선신탁 취체역 등이 의견을 개진한 후 산회했다.

조선 소작에 관한 타합회 제2일 회의는 다음 날 10월 25일 총독부에서 계속되었다. 이날은 우가키 총독도 회의에 참석했다. 바로 협의사항 논의에 들어가 제2항인 소작지 임대차의 존속 기간에 대해 토의했는데, 다나카 농림성 서기관, 미쓰이 조선농회 이사, 이리에 도시오(入江俊郎) 법제국 참사관, 한상룡 조선신탁 취체역, 박상준(朴相駿) 중추원 참의 등의 의견 진술이 있었다. 그중 다나카는 첫째, 소작계약의 성질상 영구적 연한으로 하는 것이 당연한 일이고 함부로 개정할 것이 아니므로 이를 원칙으로 하고 해약 조건을 엄중히 하자고 말했다. 이는 소작권에 물권적 효력을 부여하지 않을 경우에 한해서 제시한 의견이었다. 둘째, 소작료 개정 기간을 규정하는 것이 필요한데, 이는 소작인뿐만 아니라 지주에게 이익을 주는 것이고 나아가 농업개량 및 국가경제상 그 관계가 심

---

268 다나카 나가시게(1891~1969)는 일본의 소작법 입안자였다. 1921년 농상무성에 들어가 농무국 부업과장(副業課長), 경제갱생부 총무과장, 농무국 농정과장 등을 거치고, 농업보국회(農業報國會) 이사장 등을 역임했다. 1951년 미야자키현(宮崎縣) 지사에 당선되었다. 鹽田正洪, 앞의 책, 1959, 269쪽; 日外アソシエーツ, 「田中長茂」, 『新訂 政治家人名事典(明治~昭和)』, 2003.

269 히사마 겐이치(1902~1970)는 충청남도·황해도의 소작관으로 조선농지령의 입안과 실시 과정에 관여했다. 久間健一, 「序」, 앞의 책, 1935, 1쪽; 한상인, 앞의 논문, 1992a, 29쪽.

대한 것이라고 했다. 원덕상(元惠常) 중추원 참의도 이에 찬성하는 의견을 낸 후 오전 토의를 마쳤다. 오후에는 제3~7항의 소작지 임차권의 양도, 소작지의 전대, 소작지 임차권의 상속, 소작료의 체납에 따른 소작지 임대차의 해제, 소작지의 모상 수거 등에 대해 심의했다.[270]

타합회는 하루 연장되어 그 다음 날 10월 26일 제3일 회의가 총독부에서 개최되었다. 제8항의 위탁경작(委託耕作)[271]과 관련해서 야나베 금융조합연합회장, 다부치 동척 이사, 히사마 소작관으로부터 각각 의견 진술이 있었는데, 불합리한 제도이지만 현재의 지주 입장을 고려하여 완전히 폐지할 수 없다는 데 의견이 일치되었다. 다음으로 제9항의 마름제도에 대해서는 마쓰모토 마코토(松本

---

270 「소작령 실시에 관한 연합협의회 개최」, 『조선일보』 1933년 10월 21일; 「중요 인사가 匝坐, 소작령을 심의」, 『동아일보』 1933년 10월 21일; 「민간 대표 지주에 限 소작 측만은 제외」, 『동아일보』 1933년 10월 24일; 「作地 貸借 효력 존속, 소작 문제를 협의」, 「사설: 소작령의 완성을 기하라」, 『동아일보』 1933년 10월 25일; 「소작료 개정 기한제」, 『동아일보』 1933년 10월 26일; 「소작령 제정 준비」, 『조선중앙일보』 1933년 10월 21일; 「소작령 준비 협의」, 『조선중앙일보』 1933년 10월 24일; 「조선소작령 제정 준비 협의회를 개최」, 『조선중앙일보』 1933년 10월 25일; 「악덕 지주 제재책, 소작권 改變 불허」, 『조선중앙일보』 1933년 10월 26일; 「엄중한 해약조건하에 영년소작이 당연」, 『매일신보』 1933년 10월 26일; 「小作期間を長く解約は嚴重條件附」, 『大阪每日新聞 朝鮮版』 1933년 10월 26일; 朝鮮農會, 앞의 책, 1944, 658쪽.

271 소작쟁의에 대한 대책 수단으로서 '위탁경작(委託耕作)'제도 또는 '계약경작(契約耕作)'제도라고 불리는 계약관계가 전라북도 및 충청남도 일부 지주 사이에서 주로 논에서 행해졌다. 지주는 토지 및 기타 경영자본을 부담하고, 경작자는 전적으로 노동력을 제공하여 경작 노동에 종사하고서 생산물의 일정량을 노무에 대한 보수로서 받는 제도였다. 위탁경작제도는 토지 경작자가 외용(外容)은 종래 소작인과 다르지 않으나 실제로는 수확물에 대해 권리를 일절 가지지 않고 일종의 임노동자(賃勞動者)의 지위를 가지는 것이었다. 소작인들의 빈곤을 이용하여 지주 등이 교묘하게 실시한 쟁의 방지 방법이었다. 이 제도가 처음 등장한 것은 1914년경이었으나, 전북·전남·경남·충남 등 여러 지역으로 확산된 것은 1930년대 공황을 맞으면서부터였다. 朝鮮農會, 앞의 책, 1944, 648~649쪽; 정연태, 앞의 논문, 1990, 235쪽.

誠) 경기도지사, 히사마 소작관, 박상준 중추원 참의 등이 마름의 폐해로 당연히 폐지하는 것이 옳으나, 지주와 소작인의 '공존공영'을 고려하여 적당한 방법으로 개선하여 각도에서 조사한 마름명부대장에 기입하여 단속하자는 의견을 냈다. 제10항의 부·군·도 소작위원회에 대해서는 쟁의를 신속하게 해결할 필요가 있으므로 각 부·군·도에 위원회를 설치하자는 데 의견의 일치를 보았다. 마지막으로 농촌개발, 농사개량을 위해 조선소작령을 실행해도 지주와 소작인의 '공존공영'에 어그러짐이 없기를 요망한다는 종합의견으로 타합회는 끝났다. 이처럼 협의회를 거쳤으나 조선소작령은 거의 농림국의 원안대로 결정되었다.[272]

이에 더해 총독부는 '조선소작령제정위원회'를 개최하여 조선소작령 제정에 참고한다며 주로 대지주 측의 의견을 청취했다. 1933년 10월 31일 총독부에 총독 이하 관계 직원이 출석한 가운데 지주 측의 박영철(朴榮喆), 불이흥업주식회사(不二興業株式會社) 대표 미쓰이(三井), 구마모토 리헤(熊本利平), 동척 다부치(田淵) 이사, 금융조합연합회의 우에노(植野) 등 5명이 출석하여 조선소작령에 대한 의견을 개진했다. 또한 조선소작령안에 대한 '민간의 답신안'을 다부치(동척), 미쓰이(불이흥업주식회사), 도쓰(戶津)[성업사(成業社)] 등 3명에게 제출하게 했다. 다음 날 11월 1일 위 3명과 구마모토 리헤, 박영철까지 5명을 총독부에 다시 초청하여 이마이다 정무총감이 직접 해당 안에 대한 '민의(民意)'를 청취했다. 총독

---

272 「위탁경작 철폐 불능, 舍音제도를 개선」, 『동아일보』 1933년 10월 27일; 「舍音制 적폐를 인정, 조선의 실정을 고려」, 『조선일보』 1933년 10월 27일; 「小作令打合せの收穫 (上·中·下)」, 『京城日報』 1933년 10월 27~29일; 「소작법령 회의 종료」, 『조선중앙일보』 1933년 10월 29일; 「지주 만능시대는 경과, 舍音 엔 대철퇴」, 『매일신보』 1933년 11월 3일; 鹽田正洪, 앞의 책, 1959, 269쪽; 「打合要綱」, 『昭和9年度朝鮮農地令米穀統制法關係』(친일반민족행위진상규명위원회 사무처 조사3팀, 앞의 책, 2010b, 22~24·36~42쪽).

부는 소작인 대표들의 의견도 청취하겠다고 밝혔으나, 이후 그런 자리를 마련하지는 않았다. 조선소작령제정위원회를 통해 우가키 총독은 ① 소작기간은 5년 미만으로 하지 않을 것, ② 영년(永年)소작(뽕나무·과수 등)은 장기로 할 것, ③ 중간소작을 단속할 것, ④ 마름을 엄중하게 단속할 것 등의 의향을 밝혔다.[273] 그러나 실제 이러한 내용은 조선농지령에는 훨씬 퇴보한 상태로 담긴다.

그리고 같은 해 11월 16일 총독부 내에서 조선소작령 제정에 관한 관계 국·과장 회의가 개최되어, 농림국안과 심의실안에 대해 논의했다. 이후 최후의 초안을 완성하여 법제국에 회부할 예정이었다.[274]

그런데 총독부 내에서도 농림국이나 심의실에서 입안한 조선소작령이 철저하지 못하다며 반대하는 일부 사람들이 있었다. 이들의 주장은 '선량한 소작인'을 보호하고 '선량하지 않은 소작인'을 배제하기 위하여 소작권에 물권적 효력을 부여하지 않는 대신, 소작계약기간을 원안의 5년에서 10년쯤으로 늘리고, 소작 토지를 황폐하게 하거나 토지 관리를 하지 않는 등 '불량 소작인'은 언제라도 지주가 임의로 해약할 길을 강구하자는 것이었다. 또한 지주의 권한을 확대하여 지주·소작인 양자를 동시에 철저히 보호하자고 강조했다. 그리고 소작료를 정조(正租)로 하자고 주장했는데, 풍년·흉년에 상관없이 일정한 소작료를 납부하게 하면 선량한 주의로 경작을 담당하게 되며 증수(增收)분을 소작인의 소득으로 할 수 있다는 것이었다.[275] 이러한 견해는 1933년 11월 21일 이른바

---

273 「소작령 제정 참고로 대지주·소작인 대표 의견 청취」, 「신 소작령안의 공평을 기코자 총감 직접 民意 청취」, 『조선일보』 1933년 11월 2일; 「소작합동회의」, 『조선중앙일보』 1933년 11월 10일; 宮田節子 監修, 辻弘範 解說, 앞의 논문, 2005, 394쪽.

274 「소작령 최후안, 금일 본격적으로 심의」, 『동아일보』 1933년 11월 17일.

275 「문제 중의 소작령 농림국안은 불철저」, 『조선일보』 1933년 11월 21일; 「풍파 많은 소작령」, 『동아일보』 1933년 11월 21일.

'전선농업자대회(全鮮農業者大會)'를 통해 지주들의 조선소작령 반대 결의가 발표되면서 부상한 것으로 보인다. 이후 같은 해 12월 12일 와타나베 시노부 농림국장은 전선농업자대회 대표를 총독부로 불러 조선소작령에 대한 간담회를 열고 장시간 협의했는데, 총독부도 전선농업자대회의 결의를 어느 정도 수용하여 조선소작령 조항을 일부 완화하겠다는 조건으로 타협을 봤다.[276]

하지만 실제로는 1933년 11월 말경 조선소작령은 시오다의 시안을 기초로 한 농림국안을 중심으로 심의실에서 야스이 세이치로(安井誠一郞) 수석사무관 등 관계자가 집합하여 잠정 확정되었다. 이에 심의실 원안을 총독부 수뇌부 회의에 부의하고 토의한 결과, 11월 30일 조선소작령안을 탈고했다. 탈고한 안을 정무총감실에서 이마이다 정무총감 이하 심의실 및 농림국·내무국·경무국·식산국 등 관계 국·과장이 모여 조항별로 검토하고 종합 심의했다. 여기서 "소작관계를 지배하는 관습은 (…) 소작농의 생활안정 및 소작지의 생산력 증진을 저해하는 것이 적지 않다. (…) 조선소작조정령을 제정·실시하여 소작쟁의의 해결에 이바지했으나, 조정령에 의해서는 쟁의의 발생을 미연에 방지할 수 없을 뿐만 아니라 관행의 폐해를 교정하여 소작인의 지위 안고(安固)를 기할 수 없다. (…) [조선소작령으로] 소작인으로 하여금 농지에 안주(安住)하여 농사에 정려(精勵)하게 함으로써 농사개량·진전을 기할 수 있다"고 밝혔다.

총독부는 심의를 마친 조선소작령안을 이제 법제국에 회부하기로 했다. 조선소작령은 일본의 소작법안보다 완화한 것이므로 총독부당국은 법제국의 심의에서 암초에 부딪히지 않고 반드시 통과하리라 확신했다.[277]

---

276 「반대 결의 묵살하고 소작령 심의 진행」, 「농업자 반대 결의로 소작령 다소 완화?」, 『조선중앙일보』 1933년 11월 30일.

277 「현안의 소작령은 年內로 成案될 예정」, 『동아일보』 1933년 11월 29일; 「입법을 앞둔 소작령」, 『동아일보』 1933년 12월 2일; 「조선의 소작령은 明年 秋頃에 실시」, 『동아일보』 1933년

2) 일본 정부의 조선소작령 심의·의결 과정과 조선농지령으로의 개칭

1933년 12월 14일 조선총독부는 일본 내각에 '조선소작령 제정의 건' 제령 안을 올렸다.[278] 그리고 12월 중순부터 조선소작령 제정을 위해 총독부와 척무 성[279]·법제국[280] 등 간에 구체적인 교섭이 시작되었다. 12월 16일 총독부 심의실 의 야스이 세이치로, 기시 유이치(岸 勇一) 사무관은 조선소작령 제정에 대해 일 본 정부와 구체적으로 교섭하기 위해 도쿄로 갔다. 당시 도쿄에는 이마이다 정 무총감이 체류 중이었다. 두 사무관은 조선소작령에 대한 법제국과 척무성과 의 절충 경과를 청취하고 향후 교섭 방침에 대해 세부 협의했다.[281]

총독부는 조선소작령안을 심의 후 척무성을 경유하여 법제국에 회부했 다.[282] 척무성은 총독부로부터 제출된 조선소작령안을 검토하기 위해 1933년 12월 23일 척무성에서 총독부 측과 연합협의회를 개최했다. 여기에 야스이·기 시 사무관과 시오다 임정과장 등이 참석하여 조선소작령안 내용에 대해 상세

12월 14일; 「소작령 원안 탈고」, 『조선일보』 1933년 12월 14일; 朝鮮總督府 農林局, 「(秘)朝鮮 小作令案」, 「(秘)朝鮮小作令制定ヲ必要トスル理由」, 앞의 책, 1936.

278 內閣, 「朝鮮農地令ヲ定ム」 『公文類聚』 第58編 第46卷, 1934년 4월 6일.

279 1929년 척식성 관제 개정으로, 종래 척식국에 빠져 있던 식민지 조선 행정을 척식(무)성 조 선부 관할로 포함시키고, 내각총리대신만 경유하면 천황에게 상주할 수 있던 총독의 권한 을 척무대신을 경유해야 하는 것으로 바꾸었다. 척무성 설치의 목적은 산업제일주의에 입 각하여 대륙팽창정책을 염두에 두고 재무·내무·농림의 유관기구를 흡수하여 통일적·적극 적인 식민지 개발정책을 추진하는 것이었다. 이태훈, 「일제하 친일정치운동 연구」, 연세대 대학원 박사논문, 2010, 181·216쪽.

280 일본의 법령 공포에서 중요한 절차가 법제국의 심의였는데, 법제국은 법안을 수정하여 내 각에 올릴 수 있었다. 식민지 조선의 제령이 제정되기 위해서도 법제국의 심사가 필요했다. 이승일, 「조선총독부 공문서를 통해 본 식민지배의 양상」, 『사회와 역사』 71, 한국사회사학 회, 2006, 95쪽.

281 「安井, 岸 兩 사무관, 총감을 歷訪」, 『동아일보』 1933년 12월 17일.

282 「최종 심의 마친 소작령에 尙 일부 지주 책동」, 『동아일보』 1933년 12월 21일.

히 설명하여 대체로 척무성의 양해를 얻었고, 계속해서 조목에 따라 검토하여 의견이 대체로 일치되었다. 또한 12월 27일 척무대신 관저에서 조선소작령 제령에 관한 척무성과 총독부의 연합회가 개최되었다. 이 자리에 척무성 측에서 쓰스미(堤)·가와다(河田) 차관과 기타지마(北島) 식산국장, 우에바(植場) 농림과장, 총독부 측에서 야스이·기시 사무관이 참석한 가운데, 앞서 연합회에서 의견 일치를 본 조선소작령 원안에 대해 두 사무관이 한 조목씩 자세히 설명한 다음 조선의 특수사정에 대해 의견을 교환했다. 이후 척무성은 조선소작령안의 승인을 결정하여, 법제국으로 원안이 회부되었다. 다만 조선소작령안에 대해 지주들을 중심으로 반대운동이 지속되고 있었고, '거국일치내각(擧國一致內閣)'인 사이토 내각에서도 일부 반대의 움직임이 있었으므로 원안을 상당히 수정해야 하는 것은 아닐까 우려가 있었다.[283]

1934년 1월 총독부는 조선소작령에 대해 척무성과 법제국에 합의 심사를 구하고 각각 개별적으로 절충·심의에 들어갔고, 각의에서도 논의가 시작되었다. 그해 1월 16일 정례각의가 내각총리대신 관저에서 개회되어 사이토 총리대신 이하 각 각료가 출석하여 좌담 형태로 조선소작령에 대해 논의했다. 나가이 류타로 척무대신은 조선소작령에 대해 현재 척무성과 법제국 간에 심의하고 있는데, 심의가 종료되는 대로 총독부와 협의한 후 각의에 자문하겠다고 말했다.[284] 이후 시오다 임정과장, 야스이 사무관, 이케다 기요시(池田淸) 경무국장 등

---

283 「조선소작령 원안 제일 난관을 무사 통과」, 『동아일보』 1933년 12월 24일; 「법제국에 회부된 소작령 심의는 지연」, 『동아일보』 1933년 12월 27일; 「문제 많던 소작령 척무성에서 심의코 今明日 중에 법제국으로 회부」, 『조선중앙일보』 1933년 12월 25일; 「조선소작령 원안, 척무성 측과 의견 일치」, 『조선일보』 1933년 12월 25일; 「소작령에 대한 척무성 양해 성립」, 『조선일보』 1933년 12월 27일; 「소작령에 대하여 拓省서 협의 계속」, 『조선일보』 1933년 12월 29일.

284 「조선소작령 심의 종료 후 閣議에 상정」, 『동아일보』 1934년 1월 17일; 「조선소작령 심의 후 閣議에」, 「定例閣議」, 『조선일보』 1934년 1월 17일; 「조선소작령 입안의 경위와 요령 발표」,

〈그림 2-12〉 나가이 류타로(永井柳太郎)
출전: 濱口內閣編纂所, 『濱口內閣』, 1929.

이 법제국장관 등에게 조선의 소작관행을 설명하면서 치안상의 이유 등에서 양해를 구하는 작업에 들어갔다. 한편 법제국 심의는 모리야마(森山) 참사관(參事官)과 앞서 '조선 소작에 관한 타합회'에 참석했던 이리에(入江) 참사관이 주사로서 담당하게 되었다.[285]

총독부는 조선소작령의 취지를 설명하면서, 일본 정부가 앞서 본국에서 제정하려 했던 소작법안을 골자로 했으며 여기에 조선 특유의 관습을 고려하여 입안했다고 밝혔다. 척무성은 조선소작령이 조선의 산업 개발과 농촌 진흥에 불가결한 법령이라며 그 제정에 대체로 찬성했다. 특히 조선 농촌과 농민의 수준을 일본 본국 수준만큼 끌어올릴 수 있다며 획기적인 대사업으로 평가했

『조선중앙일보』 1934년 1월 20일.

285 鹽田正洪, 앞의 책, 1959, 273~274쪽; 鹽田正洪, 앞의 논문, 1971, 7쪽.

다.[286] 총독부의 조선소작령 제정 방침이 확고하고, 척무성과 법제국도 총독부안을 지지하여 삼자 간의 절충은 거의 의견의 일치를 보고 있었다. 이후 척무성이나 법제국은 기본적으로 총독부와 협조관계를 유지하며 몇 가지 이견(異見) 외에는 별다른 마찰이 없었다.[287]

다만 소작기간에 관련한 조항을 총독부당국의 5년 안과 척무·법제당국의 3년 안 중 어느 것으로 할지에 대해서는 이견이 있었다. 여기에는 소작지의 토지소유권 변경 시에도 소작인의 소작권을 그대로 인정하는 물권적 효력을 부여할지 여부가 영향을 미칠 것으로 보였다. 이러한 물권적 효력이 부여되지 않는다면 소작기간을 5년으로 하는 것에 굳이 반대가 없으나, 물권적 효력이 발생한다면 그 기간을 3년으로 해야 한다는 의견의 차이였다. 그런데 총독부에서 소작지의 소유권 이동 시에도 소작권을 인정하는 것으로 조선소작령 내용을 마련하여, 결국 소작기간은 3년으로 낙착될 것으로 보였다.[288]

총독부는 조선소작령 제정의 취지를 밝히는 성명을 도쿄에서 발표하기도 했다. 1934년 1월 18일 총독부는 도쿄 총독부출장소에서 조선소작령이 입안된 경위와 조선소작령 요강을 발표했고, 이는 언론에 대대적으로 보도되었다. 여

---

286 「農奴解放を唱えつつ何故彈壓を加う?」, 『時事新報』 1934년 1월 18일.

287 기존 연구에서는 식민지 조선의 대지주 등 반대운동 세력의 진정(陳情)이 있었기 때문에, 법제국에서 조선소작령안이 심의될 때 강한 반대가 있었다고 했다. 일본 소작법도 보류되었으므로 식민지 조선에서 먼저 조선소작령을 시행하는 데 호의적이지 않았다는 것이다. 내각 실력자인 하토야마 이치로(鳩山一郎) 문부대신이 반대의 선두에 서고, 나가이 류타로 척무대신도 조선 편에 서 있지만은 않았다고 했다. 鹽田正洪, 앞의 논문, 1971, 7·90쪽(정연태, 앞의 책, 2014, 345쪽에서 재인용). 그러나 이는 일시적인 마찰에 불과했던 것으로 보인다. 시오다 임정과장도 1934년 2월경 나가이 척무대신이 조선소작령 입법을 승낙했다고 회고했다. 鹽田正洪, 앞의 논문, 1971, 7쪽.

288 「結局小作期間は3年となるか」, 『釜山日報』 1934년 1월 21일; 「소작령 심의 지연으로 4대 법령 좌초 형세」, 『조선일보』 1934년 1월 25일.

기서 소작입법을 통한 농사개량과 생산 증가 및 경제 갱생, 농촌의 '공존공영'이라는 목표를 내세웠다. 조선소작령 요강 내용은 다음과 같다.[289]

이번의 조선소작령 제정도 (…) 현재 조선 농촌의 농사 관계와 같이 불건전한 조직을 개선하여 농민으로 하여금 농지에 안주시키고 그 경제 갱생, 생산 증가를 기하여 이익을 증대시켜 농촌의 공영을 도모하려는 것이다. 어디까지나 조선 농촌 현상(現狀)에 직면한 농사개량을 목표로 하는 것이다. (…)

제1. 법령의 적용 범위를 정함과 동시에 특히 다른 계약 형식을 써서 탈법하려고 하는 것을 방지함.

제2. 조선의 소작관행 중 가장 큰 폐해라고 인정되는 마름[舍音] 및 기타 소작지 관리자에 대하여 필요한 규정을 마련함.

제3. 소작지 임차권의 이동을 적게 하기 위하여 소작지 소유권의 이동이 있을 경우라도 일단 종전의 소작인이 계속하여 경작할 수 있는 규정을 마련함.

제4. 부정기(不定期) 소작의 폐해를 교정하기 위하여 임차권의 존속 기간(3년 또는 5년)을 부여하여 소작인으로 하여금 소작지에 안정시키는 동시에 농사의 개량·발달을 기함.

제5. 소작지의 전대는 중간소작의 폐해를 낳을 염려가 있으므로 이를 금지함.

제6. 소작지의 임대권 상속에 대하여 조선의 현행 관습은 이를 인정하지 않는

---

289 「급속 成案된 소작령」, 『동아일보』 1934년 1월 19일; 「소작농 구제」, 「成案된 소작령 今秋부터는 실시?」, 『동아일보』 1934년 1월 20일; 「소작령 요강 발표」, 『조선일보』 1934년 1월 20일; 「조선소작령 입안의 경위와 요령 발표」, 『조선중앙일보』 1934년 1월 20일; 「소작령 제정은 중앙정부도 양해」, 「作人의 생활안정과 농사개량이 목적」, 『매일신보』 1934년 1월 20일; 「朝鮮の小作法令近く法制局に回附」, 『朝鮮民報』 1934년 1월 21일; 「舍音取締と小作權の安定」, 「內地小作法との相違點」, 『釜山日報』 1934년 1월 21일; 「貸借權確立は地主階級へ痛手」, 『大阪每日新聞』 1934년 1월 30일~2월 3일.

실정이어서 소작인의 지위가 불안정하므로 그 상속을 인정하기로 함.

　제7. 검견에 대해서는 종래 지주만 단독 검견을 하는 폐해가 있으므로 이를 교정하는 규정을 마련함.

　제8. 현재 각지에 있는 부·군·도 소작위원회 제도를 공인하고, 이를 활용하여 소작료 및 기타 소작관계에 관련하여 당사자가 간단히 사실에 입각한 판단을 받을 수 있는 방도를 강구함. (밑줄—인용자)

　그런데 조선소작령 요강은 지주뿐만 아니라 소작인 측에서도 비판의 여지가 많았다. 소작기간 규정은 3년 또는 5년이 될 것으로 예상되었는데, 이 소작권 확립 문제는 지주층을 가장 자극했던 조항으로 지주들의 요구대로 3년이 될 가능성이 높았다. 그리고 일본의 소작법안에는 포함되어 있었던 소작료 체납 인정, 작리료 지불, 지주의 출입금지권 제한, 소작인의 소작지 선매권 규정 등이 누락되어 있었다. 이에 지주들의 반대운동을 감안한, 일본의 소작법안보다 보수적인 조선소작령안이라고 비판받았다.[290]

　한편 이즈음 '조선소작령'이라는 명칭을 변경하는 문제가 본격적으로 논의되었다. 1934년 1월 척무성과 법제국은 '조선소작령'이라는 명칭이 아무래도 지주와 소작인의 대립을 연상시키며, 소작법이 일본에서 제정되지 않은 상태에서 일본의 소작입법 여론을 자극시킨다며, 명칭을 완화하여 다른 적당한 명칭으로 변경하자고 의견을 제기했고 총독부도 이의가 없었다. '[농업]토지령', '농업차지령(農業借地令)', '농사개량령', '농사통치령', '농치령(農治令)' 등 여러 명칭이 거론되었고, 결국 척무성과 법제국의 견해를 수용하여 "'조선소작령'이라

---

290 「급속 成案된 소작령」, 『동아일보』 1934년 1월 19일; 「내지와 相違點」, 『매일신보』 1934년 1월 20일; 「貸借權確立は地主階級へ痛手」, 『大阪每日新聞』 1934년 1월 30일~2월 3일.

고 칭하면 소작인 보호에만 편중된 규정이라는 오해를 살 우려가 있으므로 '조선농지령'이라고" 명칭을 변경하기로 결정했다. 1934년 3월 '조선소작령'은 '조선농지령'으로 개칭·발표되었다.[291]

1934년 1월 하순경이 되면 현안인 소작기간, 마름 문제 등만 남기고 일본 정부의 조선소작령 심의는 거의 끝나가고 있었다. 도쿄에 건너가 있던 시오다 임정과장이 1934년 1월 29일 귀임했다. 이때 시오다의 보고에 의하면, 조선소작령은 법제국 제1독회(讀會)를 통과하고 이제 자구 수정과 조문 정리를 하고 있는 상태였고 그 밖의 절차도 별 문제 없이 완료될 것으로 보였다. 일본 정부의 조선소작령 심의 과정에서 가장 중요시되던 소작기간의 문제는 아직 결정되지 못하고 현안으로 남아 있었으나, 머지않아 총독부, 척무성, 법제국에서 의견 일치를 볼 것으로 예상되었다. 다만 법제국은 소작인이 부득이한 사정으로 소작료를 체납하는 경우에도 소작계약 기한 전에는 소작권을 이동하지 못하도록 한 조항은 지주에게 불리하다고 문제시하여, 이 조항은 결국 수정되었다.[292]

1934년 2월 초 총독부는 일본 정부 측 의견을 용인하여 소작기간 3년제를 채용하기로 결정하는 등 조선소작령 원안을 수정하여 도쿄에 송부했다. 법제국에서는 심의 중이던 조선소작령의 문구 수정 등에 대해 총독부에 조회를 보

---

291 「급속 成案된 소작령」, 『동아일보』 1934년 1월 19일; 「소작령을 개칭, '농지령'으로 내정」, 『동아일보』 1934년 1월 25일; 「사회정책적 견지에서 농지령 실시는 타당」, 『동아일보』 1934년 3월 9일; 「'농지령'으로 명칭 변경설」, 『매일신보』 1934년 1월 20일; 「소작령의 명칭, 農治令으로」, 『조선일보』 1934년 1월 25일; 「조선소작령을 농지령으로 개칭」, 『조선일보』 1934년 3월 2일; 朝鮮總督府 法務局 法務課 民事係, 「朝鮮農地令ノ主要條項二關スル立案理由說明」, 『昭和9年他局課主管事項合議關係書類(議會議關係書類)』, 1934; 朝鮮農會, 앞의 책, 1944, 661쪽; 鹽田正洪, 앞의 논문, 1971, 7쪽.

292 「小作期는 결국 3년?」, 『동아일보』 1934년 1월 30일; 「소작령, 예정보다 速해 來月 중순에 出世」, 『동아일보』 1934년 1월 31일; 「소작료 체납자는 지주가 이작도 무방」, 『조선일보』 1934년 1월 31일.

내, 2월 12일 정무총감실에 각 국장이 모여 최후로 심의하여 몇 개의 문구만을 수정하기로 했다. 이로써 총독부와 일본 정부 측의 몇 가지 의견 차이가 일치를 보아, 조선소작령은 3월이나 4월경 공포되고 가을 무렵부터 실시될 것으로 예측되었다. 조선소작령의 이상적인 실시기는 관습에 의한 소작계약 개정 시기인 추수기부터 정초(正初) 전으로 여겨졌다. 그 실시에 앞서 조선소작령을 공포하여 그 정신을 널리 이해시키기로 했다.[293]

결국 총독부와 척무성 및 법제국은 조선소작령 합의 심사를 통해 지주들이 요구한 중요 내용을 수용했다. 소작기간을 3년으로 결정하고, 소작계약 해제 조항에서 소작인이 소작료나 채무를 체납하는 등의 '배신행위'를 하면 즉시 소작을 해제할 수 있도록 한 것이 대표적인 예이다. 총독부는 그것이 지주들의 요구에 따른 것이 아니라 일본 정부의 요구를 수용한 것처럼 보이도록 했으나, 농민들과 지식인들의 비판을 피할 수는 없었다.[294] 1934년 2월 26일 척무성은 내각에 조선농지령 제령안을 올렸다.[295]

일본의 '외지(外地)'로서 '이법 지역(異法地域)'이던 식민지 조선의 법령은 일본의 법령과 달리 의회에 상정되어 협찬(協贊, 의회가 법률안 또는 예산안을 성립시키

---

293 「문제의 소작기간은 필경 3년으로 확정」, 「부당 해약을 엄중히 취체」, 『동아일보』 1934년 2월 2일; 「최후로 문구 수정하고 소작령 원안대로 결정」, 『동아일보』 1934년 2월 13일; 「문제의 소작기간 3개년으로 낙착」, 『조선일보』 1934년 2월 4일; 「조선소작령 수정안 결정」, 『조선일보』 1934년 2월 6일; 「조선소작령은 가급적 속히 실시」, 『조선일보』 1934년 2월 9일; 「법제국 심의 맞춘 소작령안 도착」, 『조선일보』 1934년 2월 13일.

294 「點睛 못한 龍畵, 소작령 불구화」, 「일반 기대도 수포」, 『조선일보』 1934년 1월 27일; 「雜錄: 朝鮮農地令公布せらる」, 『朝鮮司法協會雜誌』 13-5, 1934, 109쪽; 「조선농지령 특집」, 『振興』 5, 1934, 1쪽; 久間健一, 앞의 책, 1935, 39~41쪽; 宮田節子 監修, 辻弘範 解說, 앞의 논문, 2005, 395쪽.

295 內閣, 「朝鮮農地令ヲ定ム」.

기 위한 의사표시를 함)을 거칠 필요가 없었고, 각의 통과 후 천황의 재가를 얻으면 공포되어 효력이 발생했다. 제령은 조선총독의 명령으로 규정한 후 칙재(勅裁, 천황 재가)를 받는 것으로 '위임입법권'처럼 취급되었으며, 조선총독 고유의 권한으로 발하는 부령(府令)과는 달랐다. 이는 조선총독이 행정권뿐만 아니라 입법권까지 행사할 수 있음을 의미했고, 내각총리대신을 경유하여 칙재를 받아야 하지만 형식상으로는 조선총독의 명령으로 표시되었다. 제령권이 의회의 협찬을 거치지 않는 문제 등으로, 일본 의원들을 중심으로 당시 제령권의 위헌성이 지적되기도 했다. 제령은 조선 지역에 관련한 입법사항을 규정하는 근본법의 역할을 하며 총독부의 통치방침을 가장 잘 드러내는 법령이었으나, '동화(同化)'를 위해 일본 법률 및 칙령에 위배되지 않아야 한다는 기본원칙이 있었다. 동시에 일본의 법령이 조선에서 그대로 시행되지 않았다는 것은 식민지를 식민본국과 차별하여 규율하겠다는 '이역화(異域化)'의 모순된 경향이 공존하고 있었음을 보여준다.[296]

제령으로 조선소작령을 성립시키기 위해 일본 의회의 협찬을 받을 필요는 없었으나, 1934년 2월 초부터 3월 초까지 조선총독부 정무총감과 척무대신은 직접 제65회 제국의회(1933. 12~1934. 3)에 출석하여 조선소작령안에 대해 설명하고 의원들의 질문을 받는 과정을 거쳤다.[297] 조선소작령 제정에 대해 귀족원에

---

296 이승일, 「조선총독부의 법제정책에 대한 연구」, 한양대 대학원 박사논문, 2003, 58~63쪽; 이승일, 『조선총독부 법제정책』, 역사비평사, 2008, 18·35~36·98쪽; 한승연, 「제령을 통해 본 총독정치의 목표와 조선총독의 행정적 권한 연구」, 『정부학연구』 15-2, 나남출판, 2009, 167쪽; 김종식, 「1910년대 식민지 조선 관련 일본 국내 정치 논의의 한 양상」, 『한일관계사연구』 38, 한일관계사학회, 2011, 303~330쪽; 전영욱, 「한국병합 직후 일본 육군 및 제국의회의 '제국통합' 인식과 그 충돌의 의미」, 『아세아연구』 57-2, 고려대 아세아문제연구소, 2014, 146·169쪽.

297 제28회 의회(1911. 12~1912. 3)부터 중의원 의원들은 조선총독 또는 정무총감이 의회에 출석

서는 그 추이를 중대시하여 찬반 의견이 대립되고 있었으나, 대세는 '즉행론(卽行論)'으로 기울어지고 있었다. 일본에서 소작법이 실시되지 않은 사정과는 별개로 생각해야 한다는 것이었다.[298] 그리하여 실제 의회가 열렸을 때 조선소작령에 찬성하는 의원들은 거의 발언하지 않았고, 이른바 '조선통(朝鮮通)'[299]이라고 할 만한 입헌정우회 등의 보수적인 의원들을 중심으로 조선소작령 제정에 반대하는 의견이 일부 제기되었다.[300]

1934년 2월 2일 중의원 예산위원회의에 이마이다 정무총감이 정부위원으로 참석하여, 입헌정우회의 마쓰야마 쓰네지로(松山常次郎)[301] 위원의 질문에 답하여 조선에서 소작법을 제정해야 하는 필요성을 설명했다. 마쓰야마 의원은 정우회의 대표적인 '조선통'으로 1910년대 중반부터 조선에서 개간·간척·수리

하여 시정 전반에 대해 설명하도록 요구했고, 제38회 의회(1916. 12~1917. 1)부터 관례적으로 의회에 정무총감이 정부위원으로 출석해서 의원 질문에 답변했다. 이형식, 「조선총독의 권한과 지위에 대한 시론」, 『사총』 72, 고려대 역사연구소, 2011, 216쪽; 이형식, 「1910년대 일본 제국의회 중의원과 조선통치」, 『사총』 82, 고려대 역사연구소, 2014, 218~219쪽.

298 「朝鮮小作令發布は4月頃の見込み實施は今秋九月頃か: 小作令卽行論に傾く」, 『府邑面雜誌』 4-1, 1933, 50~51쪽; 「귀족원의 의향, 소작령 卽行論」, 『조선일보』 1934년 1월 21일.

299 당시 용어인 '조선통(朝鮮通)'은 재조일본인사회와 중의원을 매개하는 연결점으로서 역할을 했다. 이들은 주로 총독부 관료, 국책회사·은행 임원, 기업가, 언론인, 학자, 지주 등으로, 조선 통치에 관여했다. 이들은 재조일본인의 이권을 위해 의회에 조선에 대해 적극적으로 청원했고, 조선 개발을 위해 총독부를 후원했다. 1920년대부터 정우회에서는 마쓰야마 쓰네지로(松山常次郎), 다키 구메지로(多木久米次郎)가 대표적인 '조선통'이었다. 이형식, 앞의 논문, 2014, 216·237~241쪽.

300 「昭和水利組合は今更解消出來ぬ: 今井田政務總監語る」, 『報知新聞』 1934년 1월 27일.

301 마쓰야마 쓰네지로(1884~1961)는 1914년부터 조선에서 황해사(黃海社), 남해척식주식회사(南海拓殖株式會社), 선만척식주식회사(鮮滿拓殖株式會社) 등을 설립하고 수전개척사업(水田開拓事業)에 종사했다. 1920년 입헌정우회 중의원 의원으로 당선된 이래 7회 당선되었고, 보통선거운동 등을 벌였다. 1936년 외무참여관, 1940년 해군정무차관을 역임했다. 講談社, 「松山常次郎」, 『日本人名大辭典』, 2015.

〈그림 2-13〉 이마이다 기요노리(今井田淸德)
출전: 今井田淸德傳記編纂會,『今井田淸德』,
武田泰郎, 1943.

사업을 대규모로 추진하면서, 1920년대부터 의회에서 조선 문제에 대해 적극
적으로 건의하고 재조일본인들의 청원을 알선하는 등 두각을 드러냈다.[302]

이번에도 미쓰비시(三菱)의 동산농장(東山農場), 동양척식주식회사, 조선식산
은행의 성업사 등 일본인 대지주가 식민지 조선의 토지개량과 농사경영에 기
여한 사례 등을 거론하며 이들을 대변했다. 마쓰야마는 '외지 조선'은 아직 '지
주 중심의 시대'이고, "보통선거라는 것을 하나의 구획으로 하여, 농촌은 '소작
인 중심의 시대'로 옮겨가고" 있는 '일본 내지'와는 전혀 상황이 다르다고 했다.
조선의 "소작인이 아직 진보하지 않은 현재의 사정에서 소작인에게 너무 많은
권력을 주는 것은 농업의 발달을 저해하는 것"이라며, 조선소작령 제정은 시기
상조이고 소작 문제를 법령이 아니라 소작관의 행정력으로 처리하라는 것이

---

302   이형식, 앞의 논문, 2014, 241쪽.

었다. 조선소작령 시행을 강행하면 조선의 토지에 대한 투자가 줄어 지가(地價)가 내려가 조선의 토지경영에 부정적인 영향을 미칠 것이라고도 했다. 아울러 민족운동도 부추길 것이라고 보았다. 이에 대해 정무총감은 특히 일본인 지주들이 조선의 산업개발에 커다란 공헌을 해온 데 동의한다며, 조선소작령을 통해 지주와 소작인의 이익을 함께 고려하여 토지·농사개량, 생산 증진을 도모하려 한다는 점을 강조했다.[303]

다음으로 1934년 2월 8일 중의원 예산위원 분과회의에서는 정우회의 다키 구메지로(多木久米次郎)[304] 위원이 질문했는데, 이번에는 나가이 척무대신이 이마이다 정무총감과 함께 답했다. 다키 의원 역시 정우회의 대표적인 '조선통'으로, 1917년부터 전북에서 다키농장(多木農場)을 경영하고 1918년 주식회사 다키제비소(多木製肥所)를 설립하여 비료를 대량 수이출하면서 스스로 조선의 농업개발을 주도하고 있다고 과시할 정도였다. 그는 일본인 지주의 토지개량·수리사업과 비료 공급 등 농사개량을 위해 동척과 식산은행 등의 자금이 원활히 제공될 수 있도록 우선적으로 권장해야 한다며 일본인 지주와 자본가를 대표

---

303 「第65回 帝國議會 衆議院 豫算委員會議錄(速記) 第8回」, 1934년 2월 2일, 15~21쪽; 中央情報社, 「小作令問題質疑: 小作令の施行は時期尙早ならずや, 松山常次郎君質問」, 『第65帝國議會 拓務議事詳錄』, 1934, 朝15~21쪽.

304 다키 구메지로(1859~1942)는 1890년 과인산비료(過燐酸肥料, 인조비료) 제조를 시작하여 1918년 주식회사로 개조하고 다키제비소[多木製肥所, 현 다키화학(多木化學)] 사장을 역임하며 다종(多種)의 비료를 만들어 해외에 수출해서 '비료왕(肥料王)'으로 불렸다. 1908년 입헌정우회 중의원 의원이 된 이래 6회 당선되었고, 1939년 귀족원 의원이 되었다. 조선에서 4,000정보의 농장을 경영했다. 朝日新聞社, 「多木久米次郎」, 『朝日日本歷史人物事典』, 1994; 日外アソシエーツ, 「多木久米次郎」, 『新訂 政治家人名事典(明治~昭和)』, 2003; 日外アソシエーツ, 「多木久米次郎」, 『20世紀日本人名事典』, 2004; 講談社, 「多木久米次郎」, 『日本人名大辭典』, 2015; 이동학, 「일본인 지주 다키 구메지로의 조선 농장 경영」, 전주대 대학원 석사논문, 2017, 4~18쪽.

했다. 다키는 소작 문제를 조선소작령 대신 행정처분으로 해결해야 된다는 입장을 밝히며, 일본인 지주들의 조선 토지경영을 더욱 보호·장려해주기를 요구했다.[305] 이에 대해 척무대신과 정무총감은 다키 의원과 같은 일본인 지주들이 개간사업 등 조선의 농업개발에 큰 공헌을 했다고 치하하며, 조선소작령의 취지는 소작인의 지위 안정을 통한 토지·농사개량과 생산 증진과 함께 지주의 이익 보호를 통한 지주와 소작인의 '공존공영'에 있다고 했다. 특히 척무대신은 일본 본국과 달리 식민지 조선에서는 소작법을 통한 농민의 통제가 필요하다고도 말했다.[306]

1934년 3월 3일과 5일에는 귀족원 예산위원 분과회의에서 '조선농지령 발포에 한층 주의하자'는 취지로 남작 이나다 마사타네(稲田昌植)[307] 의원과 나가

---

305 이로부터 약 2개월 전인 1933년 12월 12일 다키 의원은 척무대신 앞으로 「다키 대의사(代議士)가 조선소작법령에 관해 나가이 척무대신에게 드리는 글」을 보냈다. 여기서 다키는 "소작법을 실시하면 소작인에게 일종의 특권을 주어 지주의 소유권을 거의 무시하고 지주가 대부한 농자(農資)를 반환하지 않거나, 소작료를 납부하지 않거나, 토지를 회수할 수 없을 뿐만 아니라 그 소작권을 매매하듯이 하는 등 완전히 헌법이 부여한 소유권을 위험하게 하는 것으로 (…) 토지는 더욱 하락하여 무대가(無代價)가 되고, 토지를 저당으로 하여 일어난 은행은 결국 도산하지 않을 수 없다"고 했다. 多木代議士, 「多木代議士の朝鮮小作法令に關し永井拓務大臣に與ふるの書」, 1933년 12월 12일, 『昭和9年度朝鮮農地令米穀統制法關係』(친일반민족행위진상규명위원회 사무처 조사3팀, 앞의 책, 2010b, 82~87쪽).

306 「第65回 帝國議會 衆議院 豫算委員 第1分科(外務省, 司法省及拓務省所管) 會議錄(速記) 第3回」, 1934년 2월 8일, 15~24쪽; 「현재의 조선인은 全然 不食 상태!」, 『조선중앙일보』 1934년 2월 9일; 中央情報社, 「小作人安定に他の方法なきや, 多木久米次郎君質問」, 앞의 책, 1934, 朝22~31쪽. 앞서 다키 의원은 조선에 조선농림박물관 건설비로 36만 엔을 기부하겠다는 의향을 밝혀 설계와 부지 정지(整地)까지 마친 상태였다. 그런데 1934년 3월경 조선농지령 제정이 확정시되자 조선농지령 반대의 선봉으로서 농림박물관 기부를 취소했다. 「36萬円の寄附を多木氏取消す」, 『神戸新聞』 1934년 3월 17일; 「소작령 발포를 반대, 農林館 건축 기부를 취소」, 『동아일보』 1934년 3월 17일.

307 이나다 마사타네(1890~1968)는 1920년 남작을 습작(襲爵)하고, 1925년 귀족원 남작 의원에

이 국무대신, 이마이다 정부위원 간에 질문과 응답이 있었다. 이나다 의원은 조선농지령이 일본의 소작법안과 같이 제3자에게 대항하여 소작권을 보호하려는 점을 지적하며, 조선의 소작인은 일본에 비해 지주에게 예속되어 있어 강력한 물권적 효력을 부여하는 것은 시기상조이고 지가 하락, 금융투자 감소 등에 크게 영향을 미칠 것이라고 우려했다. 이에 척무대신은 "조선농지령은 일본의 소작법과는 상당히 취지를 달리하고 있는 것"이라고 강조하며, "양자(지주·소작인)의 원만한 관계를 가급적 촉진하는 방법으로 조선농지령 제정에 힘쓰고 있다"고 말했다. 정무총감은 덧붙여 "오늘날의 민법에 의해도 등기를 한 경우에는 대항할 수 있게 되어 있다. 우리의 조선농지령에서는 등기를 하지 않은 경우라도 일단은 제3자에게 대항할 수" 있으나, "이는 정확한 의미에서 '물권적 효력'이라고까지는 생각하고 있지 않다"고 답했다. 또한 조선농지령은 일본의 소작법안과 소작계약 해제나 소작기간 등에서 그 내용을 달리한다며, 소작인이 목적을 달성하지 못한 경우에는 계약을 해제하거나 손해배상을 청구하도록 하는 등 소유권자 보호도 상당히 고려했다고 강조했다. 그리고 "이 조항이 있는 것이 현저히 지가에 영향을 주고, 일반 금융계에도 영향을 미칠 것이라고는 생각하지 않는다"고 했다.[308]

선출되어, 공정회(公正會)에 속해 귀족원 폐지 때까지 재임했다. 1936년 척무정무차관을 지냈다. 전국양잠연합회장(全國養蠶聯合會長), 전국제분배급사장(全國製粉配給社長), 중앙식량영단(中央食糧營團) 총재, 농사연구소장 등 농림 관계 외곽단체의 요직에서 식민사업을 벌였다. 日外アソシエーツ,「稻田昌植」,『新訂 政治家人名事典(明治~昭和)』, 2003; 日外アソシエーツ,「稻田昌植」,『20世紀日本人名事典』, 2004; 講談社,「稻田昌植」,『日本人名大辭典』, 2015.

308 「第65回 帝國議會 貴族院 豫算委員 第6分科會(鐵道省·拓務省)議事速記錄 第2號」, 1934년 3월 3일, 11~14쪽; 「第65回 帝國議會 貴族院 豫算委員 第6分科會(鐵道省·拓務省)議事速記錄 第3號」, 1934년 3월 5일, 1~2쪽; 中央情報社,「農地令發布には一段の注意せよ, 男爵稻田昌植君質問」, 앞의 책, 1934, 朝31~37쪽; 『昭和9年度朝鮮農地令米穀統制法關係』(친일반민

이같이 의회에서 정우회 및 귀족원의 보수적인 의원들의 반대 의견이 일부 있었지만, 1934년 3월 중순경 척무성, 법제국, 총독부는 조선소작령안에 대한 의견의 일치를 보았고 제령의 명칭을 '조선농지령'으로 바꾸기로 하여 제령안을 결정했다. 현안이 되었던 소작권 설정 기간은 원안의 5년에서 2년 단축하여 3년으로 하기로 결정되었다.[309]

1934년 3월 29일 법제국장관은 내각총리대신을 비롯하여 외무·내무·대장·육군·해군·사법·문부·농림·상공·체신·철도·척무 각 대신 앞으로 조선농지령 제령안의 승인을 청의했다.[310] 하지만 조선농지령의 각의 승인은 다소 늦어졌는데, 농림성에서 식민지 조선의 조선농지령 제정과 일본 본국 농업의 관계 등을 내세우며 제동을 걸어 농림성과 척무성·법제국 간에 협의가 더 이어졌기 때문이다. 1930년대 초부터 이즈음까지 일본 농림성·의회 대 척무성은 식민지 (외지) 농업개발 문제를 두고 견해 차로 인해 정책 대결 구도를 보였는데 이와도 무관하지 않았을 것이다. 농업공황 발발로 일본 본국의 미가가 폭락하여, 그 대책으로 일본 농업 보호와 일본 농민의 이해관계를 위해 1933년 일본에서 '미곡통제법'(미가의 변동을 규제하기 위해 정부에 의한 미가 기준의 설정, 수출입 제한 등을 정한 법률)이 제정되면서 조선쌀 이입이 통제되었다. 농림성 주도와 입헌정우회 협조로 이루어진 조선쌀 포함 '외지미 이입통제(外地米移入統制)' 시책은 당시 중

족행위진상규명위원회 사무처 조사3팀, 앞의 책, 2010b, 123~126쪽).

309 「농지령 주요 골자는 舍音 取締, 작권 문제 등」, 『조선중앙일보』 1934년 3월 13일; 「만신창이의 심의 마친 소작령」, 『조선일보』 1934년 3월 13일; 「농지령은 30일 閣議 상정, 결정될 듯」, 『조선일보』 1934년 3월 28일; 「조선농지령 4월 초 발령」, 『조선일보』 1934년 3월 30일; 「조선농지령 今秋부터 실시」, 『동아일보』 1934년 3월 17일; 「조선농지령 來 4일에 발표」, 『동아일보』 1934년 3월 28일; 「조선농지령 來月 4일경 발표」, 『동아일보』 1934년 3월 30일; 「朝鮮農地令の制定」, 『釜山日報』 1934년 3월 31일.

310 內閣, 「朝鮮農地令ヲ定ム」.

산정책을 추진하던 조선총독부와 척무성의 반발을 불러일으켰다.

1934년 3월 30일 정례 각의에서 나가이 척무대신은 조선농지령 제정에 대해 자세히 보고했으나, 일본 본국과의 관계 등에 대한 논의가 있어 결국 이날 각의에서는 결정이 되지 못했다. 특히 고토 후미오(後藤文夫) 농림대신은 이 문제는 본국의 사정도 있으니 사무당국에서 충분히 법률적으로 연구할 필요가 있다며, 다음 회 각의까지 연기하고 싶다는 의견을 개진했다. 따라서 농림성과 법제국이 조선농지령을 다시 검토한 후에 다음 4월 6일 정례 각의에 상정하기로 했다.[311]

결국 1934년 4월 6일 조선농지령이 일본 각의를 통과하여 결정되었다.[312] 총독부는 조선농지령이 일본 본국의 소작법보다 먼저 실시되는 '최초의 소작입법'으로서 획기적이고 진보적인 '사회입법'이라고 대대적으로 선전했다. 각의를 통과함과 동시에 조선농지령의 내용 전문이 발표되었다. 총독부는 조선농지령의 내용이 일본의 소작법안과는 다른 내용이라고 홍보했는데, 조선 농민의 지위 향상과 생활개선, 복리 증진뿐만 아니라 농사진흥을 통한 지주의 이익도 고려하여 지주·소작인의 협조·융화의 정신 아래 농촌의 개량·발달, 농가경

---

311 「농지령 결정, 農相 연기 요구」, 「조선농지령은 閣議에서 미결」, 『동아일보』 1934년 3월 31일; 「조선농지령 閣議 미결정」, 『조선일보』 1934년 3월 31일; 「농지령 승인을 農相이 유예」, 『조선일보』 1934년 4월 1일; 「농지령 내용의 비판 (4)」, 『조선일보』 1934년 4월 11일; 조동걸, 『식민지 조선의 농민운동』, 역사공간, 2010, 282·333·349쪽; 기유정, 「일본인 식민사회의 정치활동과 '조선주의'에 관한 연구」, 서울대 대학원 박사논문, 2011, 159~171쪽; 이윤갑, 앞의 책, 2013, 125~127쪽.

312 「농지령 閣議 통과」, 『조선일보』 1934년 4월 7일; 「6日の閣議で決定せる朝鮮農地令の全文」, 『京城日報』 1934년 4월 7일; 「朝鮮農地令きのうの閣議で可決」, 『大阪時事新報』 1934년 4월 7일; 內閣, 「朝鮮農地令ヲ定ム」, 1934.

제의 진전을 도모하고자 했다는 것이었다.[313]

그러나 여론은 조선농지령이 여러 문제를 안고 있음을 지적했다. 조선농지령의 가장 큰 결함은 소작료 비율에 대한 조항이 없는 것이었다. 그간 조선소작령에 필요한 골자로 공통적으로 제기되어온 것이 소작료 비율에 관한 규정이었는데 해당 규정이 포함되지 않은 것이다. 이와 관련하여 지세·공과의 전가(轉嫁) 규제, 작리료에 대한 규정이 없는 것도 문제였다. 또한 소작권의 법률적 성질과 소작기간도 문제시되었다. 소작권에 민법상의 물권적 효력을 부여해야 사실상 소작지 임차권이 법률적으로 보호받게 될 것이었으나, 관련 규정이 상당히 약화되어 있었다. 소작권이 물권적 효력을 보장받지 못함에도 보통 소작기간은 5~10년이 되지 못하고 3년으로 짧아졌다. 소작계약 해제 조건으로 소작인의 '배신행위'를 규정한 것도 지주가 악의적으로 활용할 수 있었다. 한편 마름 등 소작지 관리자에 대한 규정은 조선농지령의 특색으로 꼽혔으나, 소작지 관리자 신고 등의 원칙적 규정에 불과하고 이들의 폐해를 처벌하는 규정이 없었다. 그 밖에 소작위원회가 지주 및 소작인 대표의 참여를 허용하지 않고 관료적으로 조직된 점 등도 문제였다.[314]

---

313 「朝鮮農地令公布に就て: 宇垣總督談」, 『朝鮮總督府官報』 1934년 4월 11일 부록; 「농지령은 中庸을 취한 것: 11일 宇垣 총독 談」, 『동아일보』 1934년 4월 12일; 「全く相濟まぬ: 定例會見で總督語る」, 『朝鮮新聞』 1934년 4월 12일; 「朝鮮農地令」, 「朝鮮農地令公布に就て」, 『京城日報』 1934년 4월 15일; 「半島農業政策の一大轉機期: 今井田總監の訓示」, 「一段と緊張す未だ嘗つて見ざる程の半島重大政策協議」, 『京城日報』 1934년 4월 18일; 「道知事に對する總督の指示要領(上)」, 『京城日報』 1934년 4월 18~19일; 「朝鮮の將來(1)」, 『京城日報』 1934년 9월 12~16일; 「水銀燈」, 『大阪朝日新聞』 1934년 10월 21일; 宇垣總督, 「朝鮮農地令公布に就て」, 朝鮮總督府 農林局, 앞의 책, 1936, 1~4쪽; 朝鮮總督府 農林局, 앞의 책, 1938, 9~10쪽; 조선총독부 편, 박찬승·김민석·최은진·양지혜 공역, 앞의 책, 2018a, 717~718쪽.

314 「農地令と民間意向」, 『京城日報』 1934년 4월 6일; 「六日の閣議で決定せる朝鮮農地令の全文」, 『京城日報』 1934년 4월 7일; 「朝鮮農地令閣議で正式決定」, 『東京日日新聞』 1934년 4

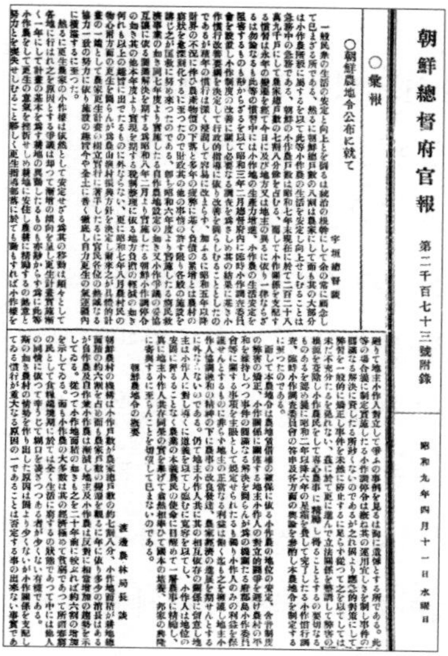
朝鮮總督府官報 第二千百七十三號附錄 昭和九年四月十一日 水曜日

○彙報

○朝鮮農地令公布に就て 宇垣總督談

朝鮮農地令の趣旨 渡邊農林局長談

〈그림 2-14〉 '조선농지령' 공포 관보
출전: 「彙報」, 『朝鮮總督府官報』 1934년 4월 11일.

그런데도 조선농지령은 1934년 4월 10일 천황 재가의 절차를 밟아, 4월 11일 제령 제5호로 제정·공포되었다. 그 시행 기일은 조선총독에게 일임되었는데, 시행 준비를 거쳐 가을쯤에 실시할 것으로 예상되었다(이후 10월 20일 시행).[315]

월 7일; 「窮乏小作民の福利增進を計り地主の利益をも考慮」, 『大阪朝日新聞 朝鮮版』 1934년 4월 7일; 「閣議에서 내정된 조선농지령 내용」, 『조선일보』 1934년 4월 7일; 「사설: 조선농지령」, 『조선일보』 1934년 4월 8일; 「농지령 내용의 비판 (1~4)」, 『조선일보』 1934년 4월 8~11일; 「조선농지령 내용」, 「조선농지령 전문」, 『동아일보』 1934년 4월 7일; 「조선농지령 해설 (1~5)」, 『동아일보』 1934년 4월 8~12일; 「지주 이익도 보장코 소작의 복리 증진」, 『매일신보』 1934년 4월 8일; 「사설: 조선농지령 내용, 또렷한 효과는 의문」, 『조선중앙일보』 1934년 4월 8일; 「朝鮮農地令」, 『朝鮮新聞』 1934년 4월 8일; 京城 東大門警察署長 → 京城地方法院 檢事正, 「朝鮮共産黨再建ヲ目的トスルコミンタン朝鮮レポート會議事件檢擧ニ關する件: 批判 朝鮮農地令ハ如何ニ成立して居るか」, 『思想에 關한 情報』 7, 京城地方法院 檢事局, 1934년 6월 6일.

315 「조선농지령 해설 (5)」, 『동아일보』 1934년 4월 12일; 「制令」, 『官報』(大藏省 印刷局) 1934년 4월 28일.

3) 소작입법에 대한 지주와 소작농 측의 반응[316]

(1) 소작입법에 지주 측은 어떻게 대응했을까?

그렇다면 소작법 제정에 대한 당시 지주와 소작농 측의 여론 동향은 어떠했을까. 1920년대 초부터 조선총독부가 소작법 제정에 대한 논의를 시작한 가운데, 각지의 지주들 중에는 이에 찬성하는 이들도 있었다. 이들의 논리는 소작쟁의가 거세어짐에 따라 소작인들을 잠재우기 위한 수단으로 소작법이 필요하다는 것이었다. 예를 들어 1921년 6월 3일 전라남도 지주대의원총회가 개최되었는데, '지주·소작인 간 융화·친선상 채용할 만한 적절한 방안'이란 주제로 각 군에 자문한 결과 곡성군·장성군 등지에서 소작법을 제정하자는 의견이 나왔다고 보고되었다. 소작법을 제정하여 소작권의 이동, 소작료의 증징(增徵), 공조의 전가 등을 방지해야 소작쟁의를 줄일 수 있다는 것이었다.[317]

1920년대 초중반이 되어 소작쟁의가 증가할수록 지주와 소작인들은 소작법을 속히 제정할 것을 촉구하고 나섰다. 당시 각지의 소작단체나 지주회는 소작료의 비율 문제나 소작권의 보장과 관련하여 여러 가지 결의사항을 계속 내놓으면서 소작제도의 결함을 보완할 법령이 없는 점을 지적하고 있었다. 따라서 소작제도에 대한 법령을 시급히 고안해야 한다는 것이었다.[318]

그런데 정작 조선총독부가 1928년 7월 26일 정무총감 명의로 「소작관행 개선에 관한 건」 통첩을 일방적으로 발표하자 지주들은 반발했다. 앞서 살펴본 이 통첩은 조선총독부가 소작제도 개선 방침을 공식화한 최초의 공문으로, 정

---

316 이 항의 대부분은 필자가 「1920~1930년대 중반 소작입법을 둘러싼 식민지 조선과 일본 사회의 대응과 인식」, 『한국근현대사연구』 96, 한국근현대사학회, 2021, 107~125쪽에 발표한 내용이다.

317 「地主와 作人의 융화책: 전남 各郡의 의견」, 『매일신보』 1921년 6월 10일.

318 「소작법령을 제정하라」, 『동아일보』 1923년 10월 12일.

무총감이 각 도지사 앞으로 시달한 행정 지침이었다. 그해 9월 조선농회 주최로 열린 '소작관행 개선 간담회'에 조선총독부 관리, 각도 지주, 조선농회 및 수리조합 대표 등 95명이 참석했다. 여기서 먼저 조선총독부가 지주들의 대표기관인 조선농회와 사전에 상의도 없이 일방적으로 이 소작관행 개선 요강을 결정·발표한 데 대해 불만이 쏟아져 나왔다. 또한 지주들은 이 같은 개선안이 농촌의 사상을 악화하고 소작쟁의를 유발할 것이라며, 개선안 조항 중 소작계약의 해제 요건 등의 내용을 수정하고 소작쟁의 방지책을 수립할 것을 건의했다. 소작관 설치는 파란을 일으킬 염려가 있다는 이유로 반대했다. 그러나 이 통첩은 조선총독부의 권장사항에 지나지 않았으므로 더 이상의 반대는 없었다.[319]

1930년대에 들어 소작쟁의가 격화되고 혁명적 농민조합운동까지 발전하던 상황에서, 소작관계법 제정이 급무임을 식민당국이든 지주와 소작인이든 모두 인정하지 않을 수 없었다. 이 무렵 각처에서 소작권 이동으로 인한 소작쟁의가 빈발했는데, 마름에 의해 소작권이 이동되어 쟁의가 일어나는 경우도 많았다. 이에 비단 소작인만을 위해서가 아니라 지주를 위해서도 마름제도를 어떠한 식으로든 개선해야 한다는 목소리가 나왔다. 그리고 이 같은 폐해를 방지하기 위해서는 일본 본국의 소작조정법 제정·시행(1924)과 소작법 제정 추진과 같이 식민지 조선에서도 소작 관련 법령을 제정해야 한다는 것이었다.[320]

하지만 막상 각 지역에서 소작법 제정 문제를 구체적으로 논의하기 시작하자 지주들은 한발 물러서 소극적인 입장을 보였다. 예컨대 1930년 6월 경상북도 지주들은 일본 본국에서 소작조정법이 시행되어 큰 효과를 얻고 있으나, 식민지 조선의 소작관행이나 제반 사정은 일본과 다르므로 소작관행 개선을

---

319   정연태, 앞의 논문, 1990, 241쪽.

320   「사설: 臨農奪耕을 보고 소작법 제정의 急을 말함」, 『중외일보』 1930년 4월 1일.

주안점으로 한 소작법 제정은 어려울 것 같다고 말했다. 지주들이 장래 소작쟁의가 야기되지 않도록 온정주의로 소작인들을 대하면 충분히 소작관행을 개선할 수 있다는 입장이었다.[321]

그러다가 식민당국에 의해 조선소작령 제정이 임박해지자, 지주들은 소작법 제정에 거세게 반대하기 시작했다. 특히 앞에서 살펴본 것처럼 조선총독부는 1933년 10월 하순에 '조선 소작에 관한 타합회'를 개최하여 소작인들의 참석을 배제한 채 조선총독부와 일본 정부의 관계관과 지주 및 금융업자·학자 등의 참석만 허용하여 조선소작령에 대해 심의했다. 이때 소작권에 물권적 효력을 부여하는 문제 등 소작지 임대차의 효력, 소작지 임대차의 존속기간 등에 대한 논쟁이 있었다. 이 조선소작령심의회 이후 지주들은 조선총독부의 소작입법에 대한 의지가 의외로 강경한 것을 알고 반발하며 그 대책을 강구할 필요를 느낀 것으로 보인다. 지주들은 조선소작령심의회를 통해 조선소작령의 구체적 내용을 알고 서둘러 조선소작령 제정 반대운동을 벌였다. 그러면서 일본의 소작법안이 소작인의 경작권을 보호하고 지주의 소유권을 크게 제한하는 내용이었다며, 이와 유사한 조선소작령에 대해서도 일단 반대하는 태도를 취했다. 이에 조선총독부는 조선소작령이 지주들의 정당한 권익을 보장하고, 지주제의 안정·발전을 위해 개선이 꼭 필요한 부분에 한해서만 최소한의 제재를 하는 법령이 될 것이라고 설명했다.[322]

이후 1933년 11월 20일부터 21일까지 경성부 사회관에서 조선농회(회장 정무총감) 주최로 '전선농업자대회'가 개최되었는데, 여기서 조선소작령에 대한 지주들의 반대 의견이 모아졌다. 전선농업자대회에 출석한 각도 대표 '농업자'는

---

321 「刻下의 급무」, 『매일신보』 1930년 6월 29일.

322 이윤갑, 앞의 책, 2013, 156~158쪽.

실제 경작자가 아닌 토지소유자, 소작료 징수자 등으로 실질적으로는 지주대회였다. 대회의 제1의제는 조선소작령 제정에 대한 희망, 제2의제는 농업진흥을 위해 새로 시행할 사업, 제3의제는 금비(金肥, 돈을 주고 사서 쓰는 거름) 시가(市價)의 안정책에 대한 건이었다. 그중 조선소작령 제정 문제의 토의가 중심이 되었는데, 지주 대표들로부터 반대 의견이 맹렬하게 쏟아져 나왔다. 그 결과 대회 위원회는 "조선소작령 제정은 조선의 현 상태에 비추어 시기상조라고 인정하고 절대 반대한다"고 만장일치로 반대 결의를 했다. 이들은 공식입장을 다음과 같이 발표했다.

> 농업 발달을 기하기 위해서는 과거에도 그랬던 것처럼 지주가 소작인을 지도해야 하는데, 이러한 지주·소작인의 밀접한 관계를 무시하고 조선소작령을 제정하는 것은 양자의 대립을 유발하고 농촌의 평화를 파괴하는 것이다. 조선소작령 제정의 결과 소작권의 물권화를 초래하여 소유권 행사에 일정한 제한을 가져오고, 지가는 폭락하여 경제기조를 혼란시킬 것이다. 소작관습의 적폐를 개선하여 농민의 생활을 안정시키기 위한 조선소작령 제정의 필요성은 인정하나, 조선 농민은 지식 정도가 낮고 경제력이 빈약하므로 소작법안의 제정은 시기상조이다.
>
> (밑줄─인용자)

여기서 소작법을 통해 소작권의 물권화가 초래되어 토지소유권이 침해되고 지가가 하락하는 것을 극력 반대하는 지주적 이해관계가 드러난다. 이뿐만 아니라 대회를 주도한 일본인 지주들이 기본적으로 조선인 농민들에게 가진 민족적 우월의식과 차별의식을 엿볼 수 있다.

전선농업자대회는 주최단체인 조선농회 회장인 정무총감의 견해, 즉 "농촌의 진흥을 도모하고 농민대중의 생활을 안정시켜야 하는 현 시점에서 소작관습의 폐해를 개선하는 것이 가장 중요한 급무이다. (…) 총독부 당국에 민(民)의 총의(總意)를 전해 국가의 백년대계인 진보적인 소작법안의 제정에 이바지해야 할 것이다"라는 제안의 의의를 인식하고 있었다. 그런데도 지주 계급으로서는 조선소작령을 절대로 받아들일 수 없던 것이다.[323]

조선총독부는 지주들의 조선소작령 반대운동을 배격한다는 입장을 분명히 하면서도, 다른 한편으로는 이를 방치하여 정치적으로 이용했다. 우가키 총독은 "일부 지주의 조선소작령 반대운동은 도리어 조선소작령의 가치를 높여주고" 있다며, "지주 측이 도쿄로 건너가서 벌이는 조선소작령 제정 반대운동을 방임해두면, 조선소작령의 가치를 민중에게 인식시키는 반작용을 기대할 수" 있다고 말했다. 동시에 조선총독부는 지주들과의 간담회를 통해 조선소작령이 소작인의 이익만을 보호하는 것이 아니라 지주의 정당한 이익도 옹호하는 것이라는 점을 주지시키려고 했다.[324]

그러나 지주들은 각지에서 자체적으로 '농업자대회' 등 집회를 개최하며 소작법 제정에 대한 반대 의사를 계속 표출했다. 지주들은 여기에 그치지 않고

---

323 久間健一, 앞의 책, 1935, 42~44쪽; 박섭, 앞의 논문, 1988, 137쪽; 이경희, 앞의 논문, 1991, 29쪽; 한상인, 앞의 논문, 1992a, 30쪽; 東洋拓殖株式會社 朝鮮支社, 「全鮮農業者大會狀況ノ件」, 1933년 11월 29일, 『昭和9年度朝鮮農地令米穀統制法關係』[친일반민족행위진상규명위원회 사무처 조사3팀, 『朝鮮農地令·米穀統制法 關係 1(1934): 일본 국립공문서관 츠쿠바 분관 소장 자료』, 친일반민족행위진상규명위원회, 2010a, 35~40쪽].

324 『宇垣一成日記』 2, 945쪽(1934년 1월 17일), 951쪽(1934년 2월 20일), 955쪽(1934년 4월 11일) (정연태, 앞의 논문, 1990, 250쪽에서 재인용-); 「농촌 갱생의 사업 완성이 소작령 제정의 정신」, 『매일신보』 1933년 11월 24일; 「농촌 구제에는 소작입법이 급무」, 『매일신보』 1933년 11월 26일. 전선농업자대회 다음 날 우가키 총독과 농정과장은 기자회견을 열어, 지주들의 조선소작령 반대운동은 조선소작령의 입법정신을 이해하지 못한 데서 나온 것이라 강도 높게 비판했다. 그리고 총독부는 지주들의 반대가 있어도 조선소작령 입법에 박차를 가할 것이라 천명했다. 이윤갑, 앞의 책, 2013, 159쪽.

조선소작령이 일본에서 척무성·법제국과 조선총독부의 합의심사 단계에 들어가자, 서울에 상설위원회를 설치하여 조선소작령 제정 저지의 잠행운동을 벌였다.[325] 또한 지주들은 각도의 유력한 지주에게 격문을 보내 이들을 속속 상경하게 하여 운동에 동참시켰다. 그리고 수십만 원의 비용을 들여 지주 대표들을 도쿄에 파견하여 정계 요로(要路)에서 은밀히 활약하게 했다.[326] 지주들은 일본 의회에도 조선소작령 반대 의사를 진정했다. 이뿐만 아니라 단체 명의로 결의하고 반대 의견을 발표했으며 일본 곳곳에 반대 전보를 타전하는 등 맹렬하게 운동을 전개했다. 이러한 조선소작령 반대운동은 서울에 재류하는 지주들이 주도했고, 지방에서는 전라북도·황해도의 농우회(農友會), 전라남도의 농담회(農談會) 등에서 유력하게 단체운동을 벌였다.[327]

예를 들어 1933년 11월 동양척식주식회사 조선지사는 조선소작령 제정에 반대하는 입장을 표명했다. 동양척식주식회사는 조선총독부가 조선소작령 제정을 급하게 기획하면서 소작권에 물권적 효력을 부여함과 동시에 소작계약

---

[325] 선행연구에서는 전선농업자대회 후 익일 기자회견을 통한 우가키 총독의 즉각적이고도 강경한 입장표명으로 지주들의 반대운동이 빠르게 진정되어, 많은 지주들이 1933년 11월 하순부터 반대운동에서 물러나 지주의 이익을 최대한 보장할 수 있게 조선소작령을 수정하는 쪽으로 운동 방향을 바꾸었다고 보았다. 이윤갑, 앞의 책, 2013, 159~161쪽. 그러나 실제 지주들의 소작법 반대운동은 조선농지령 제정 시까지 계속되었다.

[326] 당시 척무성 관리의 말에 따르면, 조선에서 조선소작령 제정을 반대하는 일본인 지주들 중에는 일본 귀족원이나 중의원에 인맥이 있어 구체적으로 반대운동을 벌이는 이들도 있었다. 鄭寅寛, 「조선농지령의 검토」, 『개벽』 2, 1934, 40쪽.

[327] 「京畿道小作法實施に反對を表明」, 『朝鮮新聞』 1933년 12월 7일; 「今 의회를 중심으로 소작령 반대 맹운동?」, 『동아일보』 1933년 12월 17일; 「소작령 반대, 의회에 陳情」, 『동아일보』 1933년 12월 20일; 「최종 심의 마친 소작령에 尙 일부 지주 책동: 사회정책상 容許할 수 없다고 행동을 엄중 감시 중」, 『동아일보』 1933년 12월 21일; 久間健一, 앞의 책, 1935, 44~45쪽; 박섭, 앞의 논문, 1988, 138쪽; 이경희, 앞의 논문, 1991, 29쪽.

의 최단기간(5개년)을 규정하고 소작권 해제 조건과 소작료의 경정(更正) 등에 제한을 두었다고 했다. 이러한 조선총독부의 조선소작령 제정 요령은 1926년 일본 정부의 소작조사회가 농림대신에게 답신한 「소작법 제정상 규정해야 하는 사항에 관한 요강」의 내용과 거의 차이가 없고, 주요점이 일본 귀족원을 통과하지 못해 폐기된 소작법안과 동일하다는 것이었다. 그런데 여기에 식민지 조선의 농업사정을 반영하는 내용이 포함되지 않고서는 이 법령 시행 시 장래 농업 진보·발달을 현저히 저해할 것이며 토지에 대한 투자나 금융을 제약할 것이라고 예측했다. 더욱이 소작인의 안정을 중심에 두어 일본 본국과 달리 '민도(民度)가 낮은 소작인'을 경화(硬化)시켜 도리어 사회정세를 격화시킬 우려가 있다고 보았다. 동양척식주식회사는 이러한 입장을 조선총독부에 계속 전달했고, 조선식산은행, 조선농회와 불이흥업주식회사, 구마모토 리헤 등 대표적인 일본인 대지주와 함께 정무총감을 내방하여 조선소작령 입법 관계 관료들을 만났을 때도 비슷한 의견을 제시했다. 이후 전선농업자대회 동양척식주식회사 위원 등은 도쿄에 가서 척무성·귀족원 등 중앙 관계 관청을 방문하여 이들을 설득하려 했다.[328]

그 후에도 동양척식주식회사 측은 조선소작령 제정 문제를 두고 조선총독부 관료들과 활발하게 접촉했다. 1933년 12월 조선소작령 제정이 거의 기정사실화되었을 때, 동양척식주식회사는 조선소작령 내용에 대해 구체적으로 다음과 같은 요망을 전달했다. 이들 조항은 1번을 제외하고는 대체로 이후 조선농지령에 반영되었다.[329]

---

328 東洋拓殖株式會社 朝鮮支社, 「朝鮮小作令制定ニ關スル件」, 1933년 11월 25일, 『昭和9年度朝鮮農地令米穀統制法關係』(친일반민족행위진상규명위원회 사무처 조사3팀, 앞의 책, 2010a, 45~49쪽).

329 東洋拓殖株式會社 朝鮮支社, 「小作令ニ關スル件」, 1933년 12월 6일, 『昭和9年度朝鮮農

1. 소작지 임대차의 효력: 현행 민법 규정에 의할 것

2. 소작지 임대차의 존속 기간: 최단기간을 3년으로 하고 기간 만료 시에는 통지 없이 계약을 소멸시키며, 통지 예고기간이 필요하다면 소작기간 만료 후 1개월로 할 것

3. 소작지 임대차를 지주가 해제할 수 있는 경우

   1) 소작료를 체납한 때

   2) 농사경영에 대부된 금품의 반제(返濟)를 태만히 한 때

   3) 농사개량에 협력하지 않은 때

   4) 지주의 승낙 없이 소작지를 전대한 때

4. 위탁경작은 임대차로 간주

   1) 지주가 소작인에게 토지 외에 종묘(種苗)·비료 등을 공급한 때에는 그 지불 시까지 경작물 및 수확물을 임대차 계약 당사자의 공유로 할 것

   2) 소작지의 청전(青田, 벼가 푸릇푸릇하게 자란 논)의 매매(추수하기 전 성육기에 있는 논 그대로 미작을 매매하는 선약) 또는 입모의 매매는 지주의 승낙을 필요로 할 것

   3) 소작지의 입모 차압(논에 있는 벼를 지주들이 차압하는 것)은 지주가 통지할 것

불이흥업주식회사는 1933년 12월 2일 조선소작령 제정에 대한 반대 의견서를 바로 일본 정부에 제출했다. 불이흥업주식회사 감사 이이즈미 간타(飯泉幹太)가 동양척식주식회사, 조선식산은행 등의 동의를 얻어 제출한 의견서를 보면, 전선농업자대회에서 만장일치로 조선소작령은 식민지 조선의 현 상황으로 볼 때 시기상조라고 보아 절대 반대하기로 결의해서 그 목적 관철을 위해

地令米穀統制法關係」(친일반민족행위진상규명위원회 사무처 조사3팀, 앞의 책, 2010a, 106~110쪽).

실행위원을 통해 조선소작령 반대운동을 시작했다고 했다. 그러면서 조선농회에서는 지주들에게 조선소작령 저지운동을 일으키게 하고 있는데, 당국은 오히려 조선소작령을 제정하기 위해 조선농회 회장인 정무총감이 조선농회에 사직서까지 제출하고서 강고히 나온다고 규탄했다. 불이흥업주식회사는 조선소작령의 내용이 발표되었는데 일본의 소작법안과 비교할 때 지주가 작리료를 지불하지 않도록 한 것 외에는 거의 다르지 않다며, 식민지 조선과 일본 본국의 사정이 다른데 비슷한 소작법을 시행하는 것은 잘못된 것이라고 주장했다.

불이흥업주식회사의 「조선소작령 제정에 대한 의견서」를 보면, "소작령은 조선 농촌의 실상에 맞는 것이 되어야" 하는데, "조선의 농사는 본국의 그것에 비해 현저히 진보·발달의 여지가 있고, 그 실현을 위해서는 지주가 농사에 협력할 것을 절대 필요로 한다"고 했다. 그리고 "조선의 소작인은 일본 본국의 소작인에 비해 지식 및 재력이 현저히 열등하여 단순한 노동력 제공자에 지나지 않는 자가 많다"며, "지주가 소작권을 상실시키는 권능은 농사경제에 필요한 소작인의 의무 이행의 확보 수단으로서 필요"하다고 강조했다. 아울러 "조선의 농업 발달 및 기타 산업 발달을 위한 농지의 자금화에 본국 자금이 필요한데, 해당 자금의 유입을 저해"하는 취지의 규정을 두어서는 안 된다고 했다.[330]

1934년 1월에는 일본 법제국에 회부되어 있던 조선소작령이 곧 통과되어 그해 봄부터 시행되리라는 소문이 돌아, 경남 부산·마산·진주 각지의 일본인·조선인 대지주들이 조선소작령 반대운동을 하고자 부산상업회의소에서 경남

---

330 「朝鮮農地令ニ關スル件: 朝鮮小作令制定ニ關スル不二興業監査役飯泉幹太氏意見槪要, 朝鮮小作令制定ニ對スル意見書」, 1933년 12월 2일, 『昭和9年度朝鮮農地令米穀統制法關係』(친일반민족행위진상규명위원회 사무처 조사3팀, 앞의 책, 2010a, 6~34쪽).

지주대회를 열기도 했다. 지주들은 조선소작령 내용 중 소작권 이동에 대해 이제 지주 마음대로 하지 못하게 되었다고 가장 큰 불만을 나타냈다.[331]

이처럼 일본인 대지주 및 농업자본가들이 주축이 되어 조선소작령 반대운동을 전개했다. 조선소작령 반대운동이 가장 격렬했던 곳은 쌀의 주 생산지인 전라남북도였는데, 이곳은 일본인 대지주 밀집지대였다. 일본인 대지주들은 거의 '농장형 지주'(이른바 '동태적 지주')[332]들이었다. 농장형 지주들은 상품경제에 기민하게 대응하면서, 소작권을 무기로 생산과정에 대한 간섭과 개입을 강화하여 소작인을 통제했다. 그러나 조선소작령이 제정되면 이 같은 통제가 어려워질 것으로 예상하여 그 반대운동에 앞장선 것이다. 조선인 지주들도 조선소작령에 반대하는 이들이 있었지만 이들은 소수였고 지도적 위치에 있지 않았다. 앞서 전선농업자대회에서 일부 조선인 지주들은 조선소작령 제정에 찬성하는 의견을 진술하기도 했다. 조선소작령 제정에 찬성하는 조선인 지주들은 소작법이 매우 긴요한 사회입법일 뿐만 아니라 이것이 없이 식민지 조선 농민의 올바른 갱생은 어렵다는 입장이었다. 그리하여 조선인 지주 중에 조선소작령 제정을 위해 직접 관계기관에 타전하거나 다른 조선인 지주를 설득하여 조선소작령 촉진운동에 나서는 자가 상당수에 달했다. 한편 조선소작령 찬부(贊否) 어느 편에도 서지 않고 중립적인 태도를 취하는 조선인 지주들도 꽤 있었다.

---

331 「소작령 반대코자 경남 지주도 대회: 급히 제정된다는 말을 듣고, 일반은 그 태도를 냉소, 中津川 小作官 談」, 『동아일보』 1934년 1월 7일.

332 기존 연구에서는 '기업가적 농장형 지주'를 농장 측이 소작인 선발부터 생산·분배·유통의 전 과정에 '합리적인' 원칙을 강조하며 철저히 간섭하여 전체적으로 기업운영의 방식과 동일하게 기업가적 농장 경영을 한 것이라고 규정했다. 홍성찬, 「일제하 기업가적 농장형 지주제의 존재 형태」, 『경제사학』 10, 경제사학회, 1986, 167쪽; 홍성찬, 『한국 근대 농촌사회의 변동과 지주층』, 지식산업사, 1992, 178쪽.

이와 같이 식민지 조선의 농업에서 조선인 소작인 위에 군림하려는 일본인 지주의 태도와 그 민족적·계급적 성격을 엿볼 수 있다. 일본인 지주들의 주장의 이면에는 조선인 지주와 자칭 농사개량에 선도적인 일본인 지주를 동일하게 취급하는 데 대한 불만 섞인 민족적 편견이 자리하고 있었다. 이처럼 식민지 조선에서 소작입법은 지주·소작인 계급의 경제적 문제일 뿐 아니라 민족 대립적 성격도 띠고 있었다.[333]

이 밖에 지주들뿐만 아니라 금융업자들도 일부 가세하여 조선소작령 제정 반대운동을 거세게 일으켰다. 금융업자들의 조선소작령 반대 이유는 다음과 같았다. ① 식민지 조선의 논밭은 저당권을 설정해도 이를 처분할 때 여러 가지 구실로 담보권이 불안해질 수 있고, 소작법이 제정되면 이를 악용하는 자가 많이 생길 것이다. ② 지주·소작인 간에 장기간의 소작계약을 체결하게 되고 소작료를 오랫동안 변경하지 않거나 인하하는 등의 일이 일어날 수 있는데, 그러면 지가가 하락하고 부동산 투자가 감퇴할 수 있기 때문에 금융업자는 불리해진다는 것이었다.[334]

(2) 소작입법에 소작인 측은 어떻게 대응했을까?

1920년대 초부터 소작쟁의가 본격화되면서 소작인들에 앞서 조선인 사회의 주요 사회단체와 저명인사들이 먼저 소작법 제정 문제를 두고 서로 다른 목소리를 내던 가운데, 소작법 찬성 여론이 형성되기 시작했다.

대표적으로 천도교청년회 설립 후 1920년대 초중반 천도교 청년지도자로

---

333 정연태, 앞의 논문, 1990, 249쪽; 韓相仁,「1930年代植民地期朝鮮農村の再編成」, 東京大學 大學院 博士論文, 1992b, 144~145쪽; 한상인, 앞의 논문, 1992a, 30~32쪽.

334 朝鮮農會, 앞의 책, 1944, 659~660쪽.

활동하던 김기전(金起田)·박달성(朴達成) 등이 소작법 제정을 통한 소작제도의 개편을 주장했다. 하지만 천도교계 주류의 대부분은 농민의 각성, 농민교육의 진흥 등을 통한 농민의 정신개조, 즉 문화운동에 의한 농촌개량 방식을 지향했다. 그런데 이 같은 점진적·개량적인 방법은 몰락한 농민에게는 설득력이 없는 이야기였다. 그래서 천도교도의 80% 이상을 차지하던 농민들은 사회주의 계열의 주장에 공감하며 천도교에서 이탈하기도 했다. 하지만 정작 사회주의 진영에서는 이후 혁명적 농민조합운동과 조선공산당 재건운동 등에 치중하면서 소작입법에 대해 별다른 관심을 나타내지 않았다.[335]

그러다가 1925년 10월 29일 천도교청년당의 김기전·이돈화(李敦化) 등이 이성환(李晟煥, 일본 유학생)·선우전(鮮于全, 연희전문학교 강사, 동아일보 촉탁)·이창휘(李昌輝, 변호사)·박찬희(朴瓚熙, 동아일보 기자)·김준연(金俊淵, 조선일보 기자)·김현철(金顯哲, 시대일보 기자)·최두선(崔斗善, 무소속) 등과 협의하여 조선농민사를 설립했다. 천도교청년당 측은 조선농민사를 장악하여 사회주의 계열의 조선농민총동맹에 맞서 농민들을 확보하고자 했다. 조선농민사는 농촌계몽운동, 협동조합운동 등을 전개한 민족개량주의 진영의 운동단체였다.[336]

그중 조선농민사의 초대 중앙이사장을 지낸 이성환은 이전부터 식민지 조선에서 농촌의 쇠퇴를 막고 농정 문제를 해결하기 위해서는 소작법 제정이 가장 급무라고 밝힌 적이 있었다. 이성환은 외국의 소작법을 참고로 소개했다. 즉 영국은 소작연한을 최대 50년으로 하고 영구적인 소작권을 규제하여 그 연한을 법률로 규정하는 대신, 지주와 소작인 간에 계약이 성립되어도 법률상의

---

335 김용달, 『농민운동』, 독립기념관 한국독립운동사연구소, 2009, 226~227쪽; 정연태, 앞의 책, 2014, 340쪽.

336 지수걸, 「조선농민사의 단체성격에 관한 연구」, 『역사학보』 106, 역사학회, 1985, 169·205~207쪽.

최단기간보다 짧게 정한 경우에는 일절 이를 허가하지 않아 모두 법률로 정한 기간에 따르도록 하고 있었다. 또한 아일랜드의 예를 봐도 비록 지주의 편에서 설정된 조건이라는 점에서 한계는 있으나 소작권의 일정 조건을 법률로 정하여 소작권을 일부 보호하고 있었다. 이 조건을 소작인이 위반하지 않는 한 지주는 소작인으로부터 소작권을 마음대로 박탈할 수 없었다. 아일랜드가 법정한 소작권 조건에 따르면, 소작료 지불을 태만하게 한 경우, 소작인이 파산선고를 받은 경우, 경작지를 황폐하게 한 경우, 토지를 지주의 승낙 없이 타인에게 전대한 경우, 소작지를 경작 외의 목적으로 사용한 경우 등에 한해서만 지주는 소작인을 축출할 수 있었다.[337]

1930년대에 들어 조선농민사는 기관지 『농민』을 통해 소작법안에 대해 구체적으로 논의했다. 예컨대 ① 소작료는 5할제로 평균적으로 병작을 하여 지주와 소작인이 절반씩 나누고, 지세(地稅)는 지주가 부담하자는 의견이 있었다[조선일보 안재홍(安在鴻)]. 반면에 ② 소작료를 소위 '절반법(切半法)'으로 결정하는 것은 소작인에게는 매우 불리하고 지주에게만 이로운 것이어서, 그 분배 비율을 더 개정하자는 의견도 있었다[중외일보 이정섭(李晶燮)]. 이에 ③ 지세·수세(水稅)는 지주가 부담한다는 것을 전제로, 소작료는 수확의 4할이 가장 적당하다는 주장도 있었다[김세성(金世成)]. 한편 ④ 소작입법을 통해 소작인조합이 조합원을 대신하여 행동할 수 있도록 보장해야 하고, 소작법을 제정하여 지주와 소작인 각각의 권리를 보호하고 의무를 준수하게 해야 하며, 토지가 투기상품화되고 있으므로 토지가격에 일정한 표준을 세우고 소작료를 인하하게 해야 한다는 말도 있었다[중앙기독교청년회 홍병선(洪秉璇)]. 이를 보면 소작법안 중 대체로 소작

337　李晟煥, 「조선의 농정 문제」, 『개벽』 29, 1922, 15~25쪽.

료 문제에 관심이 모아졌음을 알 수 있다.[338]

이후에도 조선농민사는 소작제도 개선을 촉구하며 소작법을 어떠한 내용으로 제정해야 할지 토의를 이어갔다. 1932년 조선농민사는 첫째, 소작료는 몇 할로 하는 것이 가장 적당한가, 둘째, 소작권이 자주 이동되는 폐해가 어떻게 하면 없겠는가에 대한 토론을 벌였다. 그 토론 내용을 정리하면 〈표 2-4〉와 같았다.

이 토론의 마지막에 '일(一) 소작인'이라는 가명의 인물은 다음과 같이 말했다. 먼저 소작법이 제정된다는 소문이 있은 지 벌써 오래되었는데 이 법이 균형 있게 규정되어야 한다고 전제했다. 소작관행상 개선책을 말하면, 소작료는 비료대의 반액만 소작인이 부담하는 조건하에서 지주와 소작인의 수확 4·6제로 하는 것이 합리적일 것이라고 했다. 소작권에 대해서는 지주가 애토(愛土)사상을 갖고 선처하면서 소작권을 영구적으로 보장하는 것이 중요하며, 비배력(肥培力)의 보충을 충분히 고려하면서 지주는 토지 보존상 또 산물(産物) 증식상의 이해와 위험을 참고하여 소작권을 이동해야 한다고 했다. 그리하여 영소작권 보장이 국민 부강을 위해서도 타당하다는 것이었다.

조선농민사는 조선인들의 합법적 농촌운동단체로서 비교적 온건한 입장을 띠었는데도, 이와 같이 그간 소작쟁의를 통해 소작인들이 요구해온 소작제도 개선책을 대체로 수용하며 소작법안의 대안에 대해 계속 고민했다. 이에 소작료 4~5할제를 주장하며 지세·공과·수리조합비·비료대 등 각종 비용을 지주가 부담해야 한다고 하거나, 영소작권 보장, 소작권의 물권화, 소작인조합을 통

---

338 朴熙道·安在鴻·李晶燮·洪秉璇·金世成, 「現下 조선 농촌 구제의 3대 긴급책」, 『농민』 1-2, 1930, 12~16쪽.

〈표 2-4〉 조선농민사의 소작법안 토론 내용(1932)

발언자	소작료 문제	소작권 문제
박영철	소작료는 지세와 수리조합비를 지주 부담으로 하고, 5할로 한다.	소작권을 자주 이동하지 않게 지주가 각성하고, 소작인이 농사에 힘써 증수(增收)하고 소작료 납부를 충실히 한다.
김병로	소작료는 수확의 4할로 하고, 공과는 지주가 부담하는 것으로 한다.	소작권은 영소작권 단일제로 한다.
이극로	소작료를 4할제로 한다.	소작권은 단체계약으로 확립한다.
박창훈	중간착취자인 마름을 두지 말고 세금과 비료를 지주 측에서 부담하며, 수확을 반반으로 하거나 도조(賭租, 定租)로 한다.	소작권 계약 시 성문(成文) 작성을 견실히 하고 상호 성의 있게 이를 준수하며, 소작인이 모든 방면에서 각성하고 향상되어야 한다.
노정일	소작료를 수확의 비율로 정하기보다는 지주가 그해 토지의 시세에 대한 은행의 정기 당좌 예금의 이자로 계산해서 받고 그 나머지는 노임으로 소작인에게 지급하며, 지세·공과 등은 지주와 소작인이 공동 부담한다.	소작권은 물권과 같이 확립하여 어떠한 지주이든 마음대로 이동하지 못하게 한다.
박희도	모든 비용을 지주가 부담하고, 소작료는 5할 이상으로 정한다.	소작인들이 소작인조합을 조직하여 그 조합에서 지주로부터 소작권을 얻어서 소작을 하도록 해야 소작권의 이동 없이 안정될 것이다.

* 출전: 朴榮喆 외, 「소작제도 개선에 대한 諸氏의 의견」, 『농민』 3-3, 1932, 6~8쪽.

한 소작권 보장, 마름제도 폐지 등을 주장했다.[339]

　1932년 12월 10일 조선소작조정령이 제정되고 난 뒤 조선소작령 제정을 목전에 두고, 조선농민사는 그 조항을 어떻게 마련해야 할지 논의를 더욱 구체화했다. 예를 들어 첫째, 소작권 옹호를 위해 소작 최단기간은 적어도 10년 이상으로 해야 한다고 주장했다. 농업경영은 상공업 등과 달라서 10년 미만의 시간으로는 사업의 기초를 잡지 못하기 때문이었다. 토지를 개량하여 비옥하게 하고 목축업을 경영하며 뽕나무밭·과수원에 식재(植栽)하여 소득이 있기까지 10년 이상은 걸리는 것이 농업이라고 했다. 이렇게 되면 소작권 쟁탈이 일어나지 않고, 농민도 농지에 더욱 애착이 생기며 지주에게도 유리하고, 조선소작조정령도 실제로 필요가 적어질 것으로 보았다.

339　朴榮喆 외, 「소작제도 개선에 대한 諸氏의 의견」, 『농민』 3-3, 1932, 6~8쪽.

둘째, 소작료 표준을 정해야 한다고 주장했다. 당시 소작료 관행은 대개 타작제(打作制, 타조법), 간평제(看坪制, 집조법), 도조제(賭租制, 정조법) 등이 있었는데, 이를 지주가 직접 정하기보다 중간에서 마름, 농지 관리자, 사무원 등이 자의로 정하는 경우가 많았다. 그 폐해를 방지하기 위해 소작료 표준을 정한다면, 소작료 과목(科目) 범위로 먼저 지주 편에서 ① 현행 토지가격의 법정 이자, ② 조세, ③ 종자대, ④ 수리조합비, ⑤ 토지수리비, ⑥ 기타 비용 일부를 포함하고, 그밖에 소작료 포장구(包裝具), 선물 세찬(歲饌, 연말에 선사하는 물건), 타장(打場) 식료비 등은 소작료 과목에서 절대 폐지시켜야 한다고 했다. 소작인 측에서는 ① 농량(農糧, 농사짓는 동안 먹을 양식), ② 노동력의 최저 임금 한정, ③ 비료대, ④ 농구 소모비, ⑤ 농우(農牛) 가액 이자, ⑥ 시설비, ⑦ 과세·부역료, ⑧ 기타 잡비 등을 경영 과목으로 정해야 한다고 했다. 이에 양측의 기준 과목을 비교하여 한편의 이해에 치우치지 않게 소작료를 결정할 수 있다는 것이었다. 또한 천재 시에 손해는 지주 편에서 부담하도록 해야 한다고 했다.

셋째, 소작조건 개선에서 마름제도 개혁이나 해체가 중요하다고 밝혔다. 마름을 두면 마름에 대한 보수는 지주가 지불해야 하고 소작인은 마름에 대한 보수나 공물(供物)을 지불하지 말아야 하며, 마름의 소작권 이동, 소작료 인상이나 기타 흉행(兇行)을 절대 배격해야 한다는 것이었다.[340]

그러나 앞에서 살펴본 것처럼 지주들이 계속해서 조선소작령 제정 반대운동을 벌이며 식민당국에 소작법 제정 시 지주 측에 유리한 내용 수정을 요구함에 따라, 이후 조선농지령은 지주들의 요구를 상당히 반영하고 조선농민사 등의 주장은 거의 반영하지 않은 채 소작 문제 해결에 역부족인 내용이 된다.

---

340 許元衡, 「농민운동과 소작제도」, 『농민』 4-4, 1933, 8~10쪽; 李成弼, 「舍音제도의 질곡을 해제하라」, 『농민』 4-7, 1933, 12~13쪽.

한편으로 조선인 법조계에서도 소작인 편에서 일찍이 소작법 제정에 대체로 찬성을 표하며 그 시행을 촉구했다. 대표적인 한국인 변호사였던 장도(張燾)는 1920년대 초 『매일신보』에 기존의 여러 소작제도를 충분히 연구하여 하루라도 빨리 획일적인 소작법규를 실시해서 마름 문제 등을 해소하는 것이 바람직하다는 논설을 기고하기도 했다.[341]

1927년 6월 26, 27일에는 경성 하세가와정(長谷川町) 공회당에서 변호사 대표 300여 명이 모여 전조선변호사대회를 개최했다. 이 대회를 앞두고 경성조선인변호사회는 총회를 열고 장차 대회에 제출할 의안을 토의한 결과 19개조에 달하는 결의안을 작성했는데, 그 가운데 소작법을 제정하여 실시하자는 내용이 포함되었다. 일본에서 시행될 예정인 소작법이 식민지 조선에서 시행되지 말아야 할 이유도 없고, 소작법 제정은 소작쟁의가 한창 일어나고 있는 지금 절실하다는 것이었다. 현재의 사회제도와 모순, 불비한 법률로는 도저히 하층계급과 노농무산자(勞農無産者)의 생을 보장할 수 없을 뿐만 아니라, 사회나 국가가 결코 일부 '자본벌(資本閥)'만으로 조직되지 않은 이상 한 국가의 같은 국민이며 한 사회의 같은 구성원인 하층민을 위한 시설과 법제가 필요하지 않느냐는 통론(痛論)이었다. 반면에 일부 일본인 변호사들은 식민지 조선은 일본과 사정이 다르므로 소작법안을 채용하는 것이 시기상조라고 주장하며 위원부탁으로 하자고 건의했다. 그러나 일부를 제외하고 대부분은 소작법 제정안에 찬동하여, 결국 절대 다수의 동의를 얻어 소작법을 제정하자는 안이 전조선변호사대회에서 가결되었다.[342]

---

341 「조선과 소작 문제」, 『매일신보』 1922년 8월 6일.

342 「제령 제7호 등 철폐와 배심제도 실시 요구」, 『매일신보』 1927년 6월 7일; 「거창한 제의사항 일사천리로 결의」, 『매일신보』 1927년 6월 28일; 「소작법 제정 문제로 쌍방의 격렬한 논전」, 『중외일보』 1927년 6월 28일; 「전조선변호사대회」, 『동아일보』 1927년 6월 28일.

이듬해 1928년 10월 8일에도 경성 하세가와정 공회당에서 전조선변호사대회가 열려 소작법을 제정하자고 다시금 결의했다. 이 대회에서 소작법 제정을 포함하여 토의된 24개조의 의안은 의안정리위원회에서 실행될 가능성이 있다고 인정한 것으로 여론을 반영한 것이었다. 그중 소작법 제정에 대한 건과 관련해서는 그해 조선총독부가 「소작관행 개선에 관한 건」 통첩을 입안하여 이를 각도 지주대회에서 채용하게 하기 위해 노력했으나, 소작관행 개선안의 내용이 불확실하여 그 내용 해석에 지주와 소작인 간에 이론(異論)이 생겨서 문제 해결이 어려울 것으로 전망되었다. 무엇보다도 이 개선안은 법률이 아니라 지주와 소작인의 '양심'에 호소하는 데 불과한 것이므로 그 효과가 매우 적을 것으로 보았다. 또한 조선총독부는 소작쟁의가 많은 지방에 소작관을 두어 쟁의를 중재하기로 했으나, 소작관 제도도 소작쟁의를 미연에 방지하기 위한 선도 기관에 불과한 것으로, 자본주의가 농촌에까지 침투하여 소작인에 대한 지주의 대우가 더욱 냉혹해지는 이때 한갓 선도기관으로 소작 문제의 완전한 해결을 바라기는 어렵다고 보았다. 이에 전조선변호사대회는 소작쟁의의 원인을 철저히 조사하는 한편, 소작법을 제정하여 법적으로 해결하는 것이 현재는 물론 장래에도 효과가 있을 것이라는 결론을 내렸다.[343]

그렇다면 소작입법에 대한 소작인들의 직접적인 반응은 어떠했을까. 일본 본국의 소작법 입안 과정과 달리 식민지 조선에서는 소작법을 제정하는 과정에서 소작인 대표 등을 통해 소작인들의 의견을 직접 반영할 공식적인 통로가 없었다. 그리하여 소작입법에 대한 소작인들의 목소리를 그대로 담은 자료를 찾기가 쉽지 않다.

---

343 「변호사대회에 붙함」, 『중외일보』 1928년 10월 9일; 「전조선변호사대회 경과」, 『동아일보』 1928년 10월 10일.

소작인들은 주로 1930년대에 들어 소작입법을 본격적으로 주장하기 시작한 것으로 보인다. 소작인들은 조선총독부가 소작법 제정을 위해 수년 전부터 소작관행조사에 착수했으나 조사가 늦어지는 것을 빙자하며 소작입법을 지체하는 것은 당국의 성의가 부족한 것이라고 지적했다. 소작인들은 조선총독부가 완전을 기한다면서 소작법 제정을 계속 연기하여 시대의 폐해를 좌시하지 말고 우선 임시로라도 적당한 관련 규칙 등을 제정하여 소작에서 불상사를 방지하자고 제의했다.[344] 이후 1933년 말경 조선총독부에서는 농림국원과 각도의 소작관·농무과원 등을 동원하여 조선소작령 제정에 대한 소작인들의 의견을 일부 청취했는데, 대체로 지주의 횡포에 대항할 수 있게 조선소작령 제정을 바란다고 했다.[345]

그리고 조선소작령 제정이 거의 확정시된 1934년 초에 들어서면, 농민단체를 포함하여 각계 조선인 유명인사들이 '조선소작령제정촉진회'를 조직하여 조선총독부에 조선소작령 제정을 촉구하게 된다. 1934년 1월 서울에서 조선인 농민단체를 포함하여 천도교 간부, 조선인 변호사단, 조선인 언론인과 기타 민간 유력자 등 각 단체 대표들이 궐기하여 지주 계급의 조선소작령 제정 반대 운동에 대항했다. 그리고 조선총독부를 편달하여 소작법 제정을 촉진시키고자 했다. 그해 1월 16일 명월관(明月館) 본점에 이들 각 단체 대표자와 유지 20여 명이 회합하여 구체적 운동을 개시하기 위해 협의했다. 이 자리에 실행위원 유문환(劉文煥), 장두현(張斗鉉), 최린(崔麟), 윤치호(尹致昊), 김병로(金炳魯), 조병상(曹秉相), 신태악(辛泰嶽), 여운형(呂運亨), 이광수(李光洙), 이홍종(李弘鍾) 등 20여 명이 모여 유문환을 좌장으로 추천하고 토의했다. 여기에 조선총독부 통치에 협력해

---

344 「사설: 臨農奪耕을 보고 소작법 제정의 急을 말함」, 『중외일보』 1930년 4월 1일.

345 「일부의 반대도 一笑, 소작령 심의 급급」, 『동아일보』 1933년 12월 1일.

오던 이들이 한 축을 이루고 있음을 볼 때, 지주 측의 조선소작령 반대운동에 대응한 일종의 관변운동 성격을 띠었다고 할 수 있다. 하지만 소작인들을 위해 소작법안 마련을 주도하던 이들도 여기에 동참했다.

그 결과 실행위원을 선출하여 조선소작령제정촉진회를 조직하기로 하고, 조선소작령 제정의 촉진을 기하며 조선소작령 제정에 대한 일체의 반대운동을 배격한다는 결의문을 작성하여 각 방면의 동의를 얻어 이를 조선총독에게 제출했다. 이와 함께 1월 17일 일본의 각 성(省) 대신, 정당 총재, 정계 유력자 등 중앙 요로에도 타전했다. 실행위원 유문환, 윤치호 등은 내각총리대신을 비롯하여 각 대신과 법제국장관, 내각 서기관장, 추밀원, 귀족원 의장, 각 정당 총재 등 38개 처에 타전했다. 필요에 따라서는 도쿄에 가서 조선소작령 반대운동에 대한 대항운동을 하기로 결의하고 도쿄에 가는 위원들은 진정서를 휴대하기로 했다. 1월 18일에는 실행위원 유문환, 장두현, 조병상, 신태악 4인이 조선총독부를 방문하여 조선총독 및 정무총감을 면담하고 결의문을 제출함과 동시에 지주들의 반대론은 단호히 배격하고 조선소작령 제정 촉진을 위해 매진하겠다고 밝혔다.

1934년 1월 하순에도 당시 일본 정부에서 심의 중이던 조선소작령 제정에 대해 전국 각지에서 조선소작령 제정 촉진운동이 계속되었다. 지주 대 소작인의 이해관계가 민감했던 전라북도에서도 조선소작령 제정 촉진운동이 일어났다. 1월 19일 전주읍(全州邑)에서 전주 유지들이 회합하여 토의하고, 즉석에서 조선소작령실시촉진회를 설립하고 실행위원을 선출했다. 그리하여 조선총독부와 일본 내각에 조선소작령 실시를 촉진하도록 전보를 보냈다. 또한 이날 황해도 연백군(延白郡) 연안읍(延安邑)에서는 유지 7명이 회합하여 조선소작령제정촉진발기회를 조직하고, 발기회 결의로 조선총독과 도쿄의 내각총리대신, 척무대신, 법제국장관, 내각 서기관장 등에게 조선소작령 촉진에 대해 타전했

다.[346]

조선소작령제정촉진회는 1934년 1월 23일경 당시 척무성과 법제국이 제의하여 '조선소작령'이라는 명칭을 '조선농지령'으로 개칭하려는 것에 반대의사를 표명하는 한편, 조선소작령의 소작기간을 10년으로 규정할 것 등을 주장했다. 조선소작령제정촉진회에서 위원회를 열어 협의한 결과, ① 조선소작령 반대운동자들이 주장하는 것처럼 조선소작령을 조선농지령으로 개칭하려는 것은 부당하니 원안대로 조선소작령이라고 할 것, ② 소작기간은 10년으로 할 것, ③ 상황에 따라 도쿄 파견 위원을 선정하여 파견할 것 등을 결의했다.[347]

이어서 다음 달 2월 2일 조선소작령제정촉진회는 서울 조선호텔에서 특별위원회를 개최하고 조선소작령 촉진 대책에 대해 협의했다. 당시 조선소작령은 곧 일본 정부의 심의가 끝나 발포될 예정이라고 알려졌는데, 조선소작령제정촉진회는 이것이 조선총독부의 원안보다도 보수적으로 변경되어 사실상 사회입법적 효과가 있을지 불투명하다고 보았다. 이와 관련하여 조선소작령제정촉진회는 다음과 같이 결정했다. ① 소작기간은 장기(長期)로 하는 것이 타당하여 10년으로 하며, 만일 점진적으로 개정할 의도라면 과도기적으로 5년으로 하는 것도 무방하되 5년 미만은 절대 반대한다. ② 조선소작령의 명칭 변경은

---

346 「내각 각 대신 등 38처 打電: 成案 소작령은 불철저도 不無, 실정 보아 제정 열망」, 「각 단체 대표·유지 회합, 소작령 촉진운동: '조선소작령제정촉진회' 조직, 조선 농촌에 영향 중대, 令의 제정 촉진 등 兩個 조항을 결의, 총독부와 내각 요로에 결의 제출, 실행위원 7씨를 선정」, 『동아일보』 1934년 1월 18일; 「급속 成案된 소작령: 촉진회 위원 당국을 방문」, 『동아일보』 1934년 1월 19일; 「소작령 촉진운동 각지에서 대두: 전주 유지 회합하여 슦 실시 촉진회 설립, 총독부와 내각에 電請, 延安에서는 촉진 운동, 要路에 촉진 打電」, 『동아일보』 1934년 1월 22일; 「대전에서도 소작령 촉진운동」, 『동아일보』 1934년 1월 28일.

347 「作權은 10년으로, 소작령 개칭에는 반대: 그 외 여러 가지 사항을 들어 촉진위원회의 결의」, 『동아일보』 1934년 1월 23일.

절대 반대한다. ③ 도쿄 파견 위원 2명으로 이상의 취지 선전에 노력한다. 또한 사무소를 설치하며, 도쿄 파견 위원 파견비, 사무소비를 일반 유지로부터 모집한다. ④ 각 지방에서도 조선소작령제정촉진회를 성립하여 맹렬한 운동을 전개하고 있으므로, 지방 유지와 연락을 취해 각도에서 2, 3인씩 위원을 선정하여 조선소작령 제정 촉진운동을 일으킨다는 것이었다. 다음 날 유문환 등 4명의 대표는 조선총독부 농림국장을 방문하여 이상의 취지를 전달하고 대책을 바랐는데, 와타나베 농림국장은 이에 동의한다고 말했다. 이케다(池田) 경무국장도 동의의 뜻을 표했다. 경기도청도 방문하여 똑같이 물었는데, 마쓰모토(松本) 경기도지사도 이를 충분히 이해한다고 말했다. 그러나 결국 조선소작령제정촉진회의 의견은 조선농지령에 거의 반영되지 못했다.

하지만 조선소작령제정촉진회의 운동이 본격화된 것을 도화선으로 각지에서 차례차례로 소작인들의 조선소작령 촉진운동이 일어났다. 물론 각 지방 소작인들의 운동은 그리 적극적이지는 않았고, 부분적이고 돌발적이었으며, 조직적으로 통제되는 것도 아니었다. 이는 조선소작령 제정 문제를 두고 지주와 소작인의 대립적 운동이 격화될까 우려한 관헌이 통제를 강화했기 때문이기도 했다. 또한 자력(資力)이 없는 농민들이 지속적인 운동을 벌이기란 쉽지 않았다.[348]

이 밖에도 조선인 기자단이 조선소작령 촉진운동을 벌이기도 했다. 예를 들어 1934년 1월 24일 조선소작령 제정이 거의 확정시된 즈음, 사리원 조선인 기자단은 조선소작령을 시급히 공포·시행하여 농촌을 구제해달라는 장문의

---

348 「13道와 연락하여 촉진운동을 확대: 소작령촉진위원회에서 결의코 각 요로에 歷訪·懇談」, 『동아일보』 1934년 2월 4일; 久間健一, 앞의 책, 1935, 45~49쪽.

전보를 조선총독, 일본 척무성·의회 등 당국과 요로에 보냈다.[349]

4. 조선농지령의 제정과 그 성격

1) 조선농지령의 제정 및 실시

1934년 4월 11일 제령 제5호로 조선농지령이 제정·공포되고, 그해 10월 20일부터 시행되었다.[350] 조선농지령은 '일본 최초의 소작법'으로서 일본 본국에서 소작법이 아직 제정되지 않았을 때 공포되었다. 조선농지령은 전문 40조로 구성되었는데, 소작계약 법정 기간을 최저 3년으로 하고, 소작지 임차권의 상속을 인정하며, 부·군·도 소작위원회의 설치 등을 규정한 점이 주목되었다. 그러나 일각에서는 일제가 봉건적 지주제도 보장하고 소작쟁의도 무마하기 위해 조선농지령을 조작·발표한 것이라고 주장하기도 했다.[351]

조선농지령이 제정·공포된 날 '조선 부·군·도 소작위원회 관제'도 제정·공포되었다. 1934년 4월 10일 '조선 부·군·도 소작위원회 관제'가 내각총리대신 사이토 마코토, 척무대신 나가이 류타로의 재가를 받아, 4월 11일 칙령 제86호로 제정되었다.[352] 이후 조선 부·군·도 소작위원회 관제는 조선농지령 시행일

---

349 「소작령 촉진 의회 등에 타전」, 『동아일보』 1934년 1월 28일.

350 「制令」, 『官報』(大藏省 印刷局) 1934년 4월 28일. 조선농지령은 제정·공포되고 당년도 추수기 후 적당한 시기에 시행되기로 했다. 「道知事に對する總督の指示要領 (上)」, 『京城日報』 1934년 4월 18~19일.

351 「제령 제5호로 조선농지령 공포」, 『매일신보』 1934년 4월 15일.

352 內閣, 「朝鮮府郡島小作委員會官制」, 『勅令』 第86號, 1934년 4월 10일; 朝鮮總督府 農林局, 「朝鮮府郡島小作委員會規程」, 앞의 책, 1936, 33~40쪽. 이 관제에 따라 부·군·도 소작위원회는 회장(부윤, 군수, 도사) 및 위원 10인 이내로 조직되었다. 소작위원회에서 필요하다고 인

과 같은 날인 1934년 10월 20일부터 시행되었다. 10월 20일부터 제령 제16호 '조선소작조정령 중 개정의 건'(1차 개정)도 시행되었다.[353]

조선농지령 제정·공포에 즈음하여 우가키 총독은 다음과 같은 연설을 남겼다.

1930년 이후 재계의 불황에 따라 농산물가가 하락하고 다년간의 피폐로 인해 부채의 누적 증가라는 농촌의 궁상이 더욱 심각해졌다. 따라서 재정 및 기타 사정이 허락하는 한 제반 사업을 강구하여 그 광구(匡救)에 힘써 왔다. 즉 1931년부터 실시한 궁민구제사업, 1932년부터 실시한 자작농지 설정, 또 소작쟁의의 타협·호양에 의한 원만한 해결을 도모하기 위해 1933년 2월부터 실시한 조선소작조정령, 이밖에 본년도(1934년)부터 실현할 세제 정리에 의한 지방 부담의 경감 등이 모두 이상의 취지에서 나온 것이다. 더욱이 1932년 8월 농촌 민중의 물심양면의 갱생을 도모하기 위해 농산어촌진흥방침을 결정한 이래, 그 구체적 계획의 일단(一端)으로 농가갱생계획의 수립·실행에 착수했다. (…)

앞서 제정·실시된 조선소작조정령은 대체로 그 운용이 적절하여 사건의 원만한 해결에 이바지한 것이 적지 않았다. 하지만 본래 응급적인 대책으로, 폐습을 일반적으로 교정하고 사건을 미연에 방지하기에는 충분하지 않았다. (…) 이에 더 나아가 입법관계를 조정하여 폐해의 근원을 제거하고 소작농민들이 전력하여 농사

정할 때는 소작관 및 기타 적당하고 인정되는 자의 의견을 구할 수 있었고, 소작관은 소작위원회에 출석하여 의견을 진술할 수 있었다. 이어서 1934년 9월 14일 '조선 부·군·도 소작위원회 규정'이 부령(府令) 제94호로 제정되어, 소작위원회 구성과 운영에 관련한 세부 규정이 마련되었다. 「朝鮮府·郡·島小作委員會規程」, 『京城日報』 1934년 9월 14일; 朝鮮農會, 앞의 책, 1936, 44~48쪽. 부·군·도 소작위원회 규정은 앞서 1933년 3월 소작위원회 설치를 명한 농림국장의 통첩을 대신하는 것이었다. 朝鮮農會, 앞의 책, 1944, 651·653쪽.

353 「府令」, 『官報』(大藏省 印刷局) 1934년 10월 4일.

에 힘쓸 수 있도록 할 필요가 절실하다고 인정했다. 그리하여 앞서 1927년 이후 6

년의 세월을 소요하여 완료한 소작관행조사, 임시소작조사위원회의 답신 및 각

방면의 여론을 참작하여 본 조선농지령을 제정하기에 이르렀다.

그리하여 본 조선농지령은 농지 임차권의 확보에 의한 소작농의 지위 안정,

마름제도의 폐해 교정, 소작관계에 관련된 지주·소작인의 대립적 투쟁을 피하여

농촌의 평화를 유지하면서 사건의 원만한 해결을 도모하기 위한 기관인 부·군·도

소작위원회 등에 관련한 사항을 주안점으로 하여 규정되었다.

그러나 오직 소작인만의 이익을 보호하려고 하는 것이 아니라 지주의 정당한

이익은 어디까지나 이를 옹호하여, 지주소작인 협조·융화의 정신 아래 농사개량

발달, 농가경제의 진전을 기하려고 하는 것이다. 따라서 지주소작인이 함께 그 상

호의존적 관계에 유의하여, 지주는 소작인에 대하여 도의(道義)로 이끌고 관용으로

임하며 소작인은 지위의 안정만을 고수하지 말고 농업의 본의(本義), 농민의 사명

을 각성하여 한층 농사에 힘써, 진실로 지주소작인이 공존동영(共存同榮)의 결실을 거두어 서로를 잘 이끌어 국본(國本)의 배양, 방가(邦家)의 홍륭(興隆)에 기여할 것을 간절히 바라 마지않는다.[354] (밑줄—인용자)

우가키 총독은 우선 조선농지령 공포가 일반 민중의 생활안정과 향상을 위한 것임을 강조했다. 하지만 조선농지령을 통해 소작인만의 이익을 보호하려는 것이 아니라 지주의 정당한 이익도 옹호하여, 지주와 소작인의 협조·융화의 정신 아래 농사의 개량·발달, 농가경제의 진전을 기하고자 했다는 것이다.

우가키 총독은 1934년 4월 11일 정례회견에서 기자단과 회견하고 조선농지령은 지주와 소작인 요구의 '중용(中庸)'을 취했다고 말했다. "조선의 산업 및 재정에 획기적 진전을 가져올 조선농지령"이 마침내 구체화되었다며, "조선농지령에 대해서는 지주 측의 불만도 들리고 소작인 측의 불평도 들리나, 양자의 불평불만 중간을 목표로 진행하여 나온 것에 본령의 묘미가 있다고 생각한다"고 자평했다.[355]

---

354 「朝鮮農地令公布に就て: 宇垣總督談」,『朝鮮總督府官報』1934년 4월 11일 부록;「朝鮮農地令公布に就て: 共存同榮の實を擧げ國本の培養邦家の興隆に寄與せよ, 宇垣總督談」,『京城日報』1934년 4월 15일; 宇垣總督,「朝鮮農地令公布に就て」, 朝鮮總督府 農林局, 앞의 책, 1936, 1~4쪽.

355 「농지령은 中庸을 취한 것: 11일 宇垣 총독 談」,『동아일보』1934년 4월 12일;「全く相濟まぬ: 定例會見で總督語る」,『朝鮮新聞』1934년 4월 12일. 그런데 앞서 조선농지령 발표 방식이나 내용 보도 문제를 두고 총독부 담당 기자단과 와타나베 농림국장 간에 갈등이 있었던 것으로 확인된다. 이에 기자단은 와타나베 농림국장의 반성을 촉구하는 결의문을 1934년 4월 9일 직접 전했다. 이 사태가 쉽게 가라앉지 않자 이케다(池田) 경무국장도 우려하며 이날 이후 조정에 직접 나섰고, 10일에 이르러 농림국장의 사과로 기자단 측도 양보하며 결의문을 철회한다고 한다. 11일에 기자단과 농림국장이 경무국장의 조정으로 회견하면 문제가 원

이마이다 정무총감도 조선농지령의 공포 취지에 대하여 '반도 농업정책의 일대 전환기'라며 훈시를 남겼다. 그는 총독부가 조선농지령 제정을 통해 우선 소작지의 생산력 증진을 도모하고 소작농의 생활안정을 저해하는 소작관행을 해소하려 했다고 강조했다. 이를 위해 1928년 임시소작조사위원회를 설치하여 소작제도 개선에 관한 조사연구에 착수했고, 그 결과에 기초해 정무총감 통첩 「소작관행 개선에 관한 건」을 결정하여 행정적 지도에 따라 소작제도 개선을 도모해왔다고 했다. 그러나 여러 해에 걸친 '폐습'이 쉽게 개선되지 않고, 더욱이 농산물가가 폭락하고 농촌 피폐가 심각해져 소작쟁의가 해마다 증가하는 경향을 나타냈다. 이에 먼저 조선소작조정령을 공포하여 소작쟁의의 '타협·호양'에 의한 원만한 해결 방도를 강구했으나, 이는 본래 사후 구제책으로 소작관행을 일반적으로 시정하여 관계 쟁의를 미연에 방지하기에는 역부족이었다는 것이다. 그리하여 법령 관계를 조정하여 폐해의 근원을 제거하기 위해, 전 조선 소작관행조사를 실시하고 임시소작조사위원회의 답신 및 각 방면의 의견을 참작하여 조선농지령을 제정·공포하기에 이르렀다고 했다. 이마이다 정무총감은 조선농지령이 농지임차권에 의한 소작농의 지위 안정, 마름제도의 폐해 교정, 소작관계의 조정기관인 부·군·도 소작위원회의 구성 등에 대한 규정을 주안점으로 하고 있다고 밝혔다. 그리고 우가키 총독의 연설 내용과 마찬가지로, 조선농지령은 단순히 소작농의 권익 보호에 편중된 것이 아니

만히 해결될 것으로 보였는데, 이날 농림당국은 발표보다 먼저 4월 11일자 『조선총독부관보』에 조선농지령을, 그 부록에 총독 담화와 농림국장 담화를 등재하여 해당 내용을 공개했다. 이에 기자단 측은 농림국장 규탄을 결의했다. 우가키 총독도 이 분쟁에 대해 우려하여 11일 정례회견에서 기자단의 양해를 구했으나, 농림국장과의 항쟁에 대해서는 언급하지 않았기 때문에 농림국장 타도의 목소리가 한층 높아져 기자단 측은 조선농지령에 대한 농림국장 담화는 물론 총독 담화도 전부 묵살하기로 결정했다. 「'農地令'發表問題で渡邊農林局長糾彈さる: 池田警務は顔を潰され總督も亦手を拱ぐ」, 『朝鮮新聞』 1934년 4월 12일.

라 지주의 정당한 이익을 충분히 옹호하고 지주와 소작인의 '협조·융화' 아래 농업의 발달과 농촌 진흥을 도모하려는 것임을 역설했다. 그에 따라 지주가 소작인을 도의와 관용의 태도로 대하도록 하고, 소작인은 그 지위를 확고히 하는 데만 힘쓰지 말고 농사에 부지런히 노력하여, 진실로 양자가 '공존공영'의 결실을 거두어 조선농지령의 소기의 목적을 달성할 것을 당부했다.[356]

총독부는 총독 임석하 정무총감 주재의 도지사회의를 통해서도 향후 조선농지령의 시행에 대해 주의시켰다. 조선농지령이 공포된 지 1주일 정도 지난 1934년 4월 17일 이마이다 정무총감 주재하에 정기 도지사회의가 1934년도 예산 실행을 앞두고 소집·개회되었다. 여기서 조선농지령이 특히 일본의 '창시 입법'으로서 영향이 중대한 만큼 그 시행에 매우 유의해야 한다고 지시했다. 도지사회의에는 우가키 총독과 전 조선 13도 도지사뿐 아니라 와타나베 농림국장 등 각 국장을 비롯하여 아쓰치(厚地) 척무성 사무관 등도 참석했다.[357]

조선농지령 공포 후 그 실시를 앞두고는 1934년 7월 제2회 각도 소작관 회동이 개최되어, 조선농지령 운용에 관한 협의를 하고 각지 농촌의 실정을 청취했다. 이마이다 정무총감은 각도 소작관 회동에서도 조선농지령이 '제국의 창시 입법'에 속하는 법령이므로, 그 적절한 운용은 조선 농촌의 성쇠에 관련될 뿐만 아니라 장래 일본 본국과 식민지의 사회적 입법에 미치는 영향이 적지 않을 것이라고 강조했다.[358]

조선농지령 공포 후 5개월여가 지난 1934년 9월 14일 '조선농지령 시행규

---

356 「半島農業政策の一大轉機期, 今井田總監の訓示: 農地令公布の趣旨」, 『京城日報』 1934년 4월 18일.

357 「一段と緊張す未だ嘗つて見ざる程の半島重大政策協議: 共存共榮へ, 農地令の發布」, 『京城日報』 1934년 4월 18일.

358 「今井田總監訓示」, 『京城日報』 1934년 7월 4일.

칙'이 부령 제93호로 제정·공포되고, 이어서 10월 20일부터 조선농지령과 함께 시행되었다.[359] 또한 조선농지령 시행을 한 달여 앞두고 '조선농지령 실시에 관한 건 통첩'이 각도에 전해졌다. 이 통첩은 1934년 9월 15일 총독부 농림국장이 각 도지사 앞으로 보냈는데, '제1. 조선농지령 관계' 내용은 다음과 같았다. ① 청부 및 기타 계약, ② 소작지 관리자의 신고, ③ 소작지 관리자 및 관리계약의 변경 명령, ④ 명령서의 송달, ⑤ 조선농지령 외 특약(제6조), ⑥ 소작기간, ⑦ 소작지의 일시 임대의 남용 방지, ⑧ 소작지 전대의 남용 방지, ⑨ 법인 또는 단체의 소작지 전대, ⑩ 소작지 임대차의 갱신 거절 통지, ⑪ 소작료의 경감 또는 면제 판정 또는 조정, ⑫ 택지·건물을 소유하지 않은 소작인의 소작지 임차권 보호에 관한 건에 대해 특히 주의하도록 했다.[360] 다음으로 '제2. 부·군·도 소작위원회 관계'에 대해서도 유의하도록 했다. ① 회장의 직무 대리, ② 위원 정수(定數)의 증가 및 위원 또는 예비위원 임명, ③ 위원 또는 예비위원에 궐원(闕員)이 있는 경우의 조치, ④ 위원회 서기 임명, ⑤ 위원회의 소집 통지, ⑥ 총대(總代)의 선임, ⑦ 당사자, 총대 또는 이해관계인의 호출 등에 관한 내용이었다.

그리고 1934년 9월 28일에는 법무국장이 '조선농지령에 의한 재판사건의 취급방법에 관한 통첩'을 각 지방법원장과 진주·목포·군산 각 지청의 상석판사(上席判事) 앞으로 보냈다. 10월 20일부터 실시될 조선농지령에 의한 재판사건은 대체로 이에 따라 취급하고, 당분간 조선농지령에 의해 신청사건을 수리하거나 사건이 확정될 때는 별지의 양식대로 지체 없이 보고하라는 내용이었다. 이로써 총독부는 조선농지령 시행 준비를 마쳤다.[361]

---

359 朝鮮總督府 農林局,「朝鮮農地令施行規則」, 앞의 책, 1936, 11~14쪽.

360 林昌燮,『朝鮮小作關係諸法規解說及新稅令』, 靖菴山房, 1935, 114~127쪽.

361 「訓令回答通牒: 朝鮮農地令ニ依ル裁判事件ノ取扱方ニ關スル件」,『司法協會雜誌』13-11,

2) 조선농지령의 내용과 조선소작령안 및 일본 소작법안 비교

(1) 조선농지령의 내용 구성과 문제점

전문 40조로 된 조선농지령의 주요 내용을 분류하면, ① 적용 범위(제1~2조), ② 마름 등 소작지 관리자에 대한 규정(제3~5조, 31조), ③ 소작기간(제7~10조), ④ 소작권 승계 등 임대차 계약의 효력(제11~12조), ⑤ 소작지 전대 금지(제13~14조, 20조), ⑥ 소작료의 결정과 감면 조건(제15~17조, 23조), ⑦ 소작계약의 갱신·해제(제18~22조), ⑧ 부·군·도 소작위원회 등의 소작쟁의 조정(제24~30조), ⑨ 부칙(제32~40조) 등으로 구성되어 있다.[362] 구체적으로 조선농지령의 규정 내용을 살펴보면 다음과 같다.[363]

① 적용 범위: 조선농지령은 경작을 목적으로 하는 토지의 임대차에 적용했다(제1조). 그러나 소위 양잠소작(養蠶小作)·산림소작(山林小作)·염전소작(鹽田小作) 등은 물론 영소작(永小作)에도 적용되지 않았다.[364] 하지만 청부경작 또는 위탁경작은 조선농지령 시행일부터 임대차로 간주하기로 했다(제2조).

② 소작지 관리자: 총독부는 마름 및 기타 소작지 관리자는 부재지주가 많은 조선에서 부득이하다고 보았다. 하지만 그 소작지 관리자가 받은 권한이 적

1934, 52쪽; 司法協會, 앞의 책, 1936, 380~386쪽.

362 조동걸, 『일제하한국농민운동사』, 한길사, 1979, 249~257쪽; 박섭, 앞의 논문, 1988, 138~143쪽.

363 「朝鮮農地令の解り易い解說」, 『京城日報』 1934년 4월 17일; 이윤갑, 앞의 책, 2013, 223쪽.

364 영소작은 대체로 민법 제270조의 영소작권과 '도지권(賭地權)'과 유사한 것 두 종류가 있었는데, 전자에 속하는 것은 그 건수가 약 500~600건, 면적이 논밭 합계 약 2,000정보에 지나지 않고 이미 민법에 의해 보호되고 있었다. 따라서 식민당국은 이를 제외시켜도 문제가 없다고 판단한 것으로 보인다. 문제가 되는 것은 '도지권'을 어떻게 취급하느냐였는데, 1915, 1916년경 이래 도지권 관행은 급속히 소멸되고 있었다. 이를 조장하기 위해 도지권을 조선농지령의 적용에서 제외시키고 민법에 의거하여 해결하도록 위임한 것으로 보인다. 한상인, 앞의 논문, 1992a, 33쪽.

당하지 않거나 본래의 권한에서 일탈하는 등의 문제로 인해 소작인이 입는 불이익이 적지 않다고 인정했다. 이에 총독부는 마름 및 기타 소작지 관리자를 둔 경우에는 지주가 부윤, 군수, 도사에게 신고하도록 했다(제3조). 그리고 소작지 관리자가 부적당한 경우 부윤, 군수, 도사 등 행정관청이 부·군·도 소작위원회의 의견을 청취하여 임대인에게 소작지 관리자를 변경하도록 명할 수 있게 했다(제4조). 지주가 소작지 관리자를 신고하지 않거나 허위신고를 한 경우, 또는 소작지 관리자 변경 명령을 위반한 경우에는 300원 이하의 벌금에 처하도록 규정했다(제31조).[365]

③ 소작기간: 당시 폐해가 많은 소작관습이 부정기 소작이 많이 존재하여 지주의 일방적인 의사로 언제라도 소작계약이 해약될 수 있는 것이었다.[366] 따라서 총독부는 토지생산성 향상과 농사개량 발달의 이상을 실현하기 위해, 일정 기간 소작지에 소작인이 정착하여 의무를 이행하면 지주에게 특별한 사유가 발생하지 않는 한 그 농지관계를 지속하도록 하는 것이 중요하다고 보았다. 그에 따라 조선농지령은 보통작물의 경작을 목적으로 하는 소작기간은 3년 이상, 뽕나무·과수·모시·닥나무 등 조선총독이 지정하는 영년작물의 경작을 목적으로 하는 소작기간은 7년 이상이 되도록 정했다(제7조). 또한 소작기간을 정하지 않았거나(제7조), 그 기간이 명확하지 않을 경우(제8조), 소작지의 임대차 기간을 갱신하는 경우(제9조)에도 경작 목적에 따라 3년 또는 7년의 기간을 정한

---

365 이 조항들은 식민지 조선에서 소작지 관리자를 식민국가가 직접 파악하고 관리해야 하는 대상, 즉 식민지 소작관계를 악화시키는 '원흉'이기에 규제할 필요가 있는 핵심적인 문제대상으로서 부각한 것이었다. 식민농정의 피폐화의 일차적 책임이 소작지 관리자에게 있는 것처럼 '표상'된 것이다. 김인수, 앞의 논문, 2013a, 171~172쪽.

366 1932년경 논의 약 81%, 밭의 약 80%가 부정기 소작이었다. 朝鮮總督府, 앞의 책, 1932, 88쪽 (한상인, 앞의 논문, 1992a, 35쪽에서 재인용).

것으로 간주하도록 하여 부정기 소작을 일소하려 했다.

④ 권리·의무의 상속 및 임대차 계약의 효력: 소작관행에서는 소작관계의 인적 요소가 중시되어 임대차에 의거한 권리·의무는 당사자의 사망에 따라 상속되지 않는 것이 보통이었다. 그 결과 소작인의 사망에 따라 상속인은 농지로부터 이탈하게 되었다. 지주도 소작인의 상속인에게 임대차를 계속할 의무를 지우지 않았다. 그러나 조선농지령에서는 임대차 당사자의 상속인은 상속이 개시된 때부터 피상속인의 소작지 임대차에 의한 일체의 권리·의무를 승계하게 했다(제11조).

또한 기존에 소작계약은 채권관계이므로 지주에게 변경이 있거나 소작지가 담보로 제공된 경우, 소작인은 소작지의 새로운 소유자 또는 담보권자 등에게 자신의 권리를 주장할 수 없었다. 그러므로 새로운 소유자 또는 담보권자의 토지반환 요구가 있으면 언제라도 그 요구에 응하지 않을 수 없었다. 민법은 구제 수단으로 부동산 임대차의 등기제도를 마련하여 그 대항력을 인정해왔으나, 농촌에서는 지주가 쉽게 등기에 협력하지 않는 실정이었다.[367] 따라서 조선농지령은 소작지의 임대차는 등기가 없어도 소작지를 인도한 경우에는 이후 그 소작지의 물권을 취득한 자에 대하여 효력이 발생한다(제12조)고 규정하여, 소작지의 임대차 등기 여부와 관계없이 소유권에 대해 대항력을 가지도록 했다. 하지만 매매의 목적물이 소작지인 것을 매주(買主)가 알지 못한 경우 만약 이로 인해 계약한 목적을 달성하기 어려우면 매주는 계약을 해제할 수 있고,

---

[367] 통상 소작권의 등기는 일본 민법, 부동산등기법, 조선부동산등기령 등을 통해 법적으로 규정되어 있었지만, 임차인에게 등기의 책임을 지우고 임대인에게 공동 등기 책임을 강제하지 않았기 때문에 실질적인 실현으로 이어지기에는 많은 제한이 있었다. 일본 본국에서는 지역에 따라 소작권을 등기하는 경우가 종종 있었지만, 식민지 조선에서는 그 사례를 찾아보기 힘들었다. 김인수, 앞의 논문, 2013a, 154~155쪽; 정연태, 앞의 책, 2014, 154~155쪽.

그 밖의 경우에는 손해배상 청구만을 하도록 했다.[368]

　⑤ 소작지의 전대차: 소작지의 전대차는 일반적인 소작관행상 지주의 승낙이 필요했는데, 내밀히 전대하는 경우도 적지 않았다. 총독부는 특히 영리적으로 전대를 하는 경우에 그 폐해가 크다고 보았다.[369] 그리하여 지주가 승낙해도 소작인은 절대 소작지를 전대할 수 없는 것으로 하여 민법 규정과 다른 방침을 채용했다. 하지만 소작인 또는 동거 친족 중 주로 경작에 종사하는 자가 상이·질병 및 기타 부득이한 사유로 인해 경작을 할 수 없을 때 일시 전대하는 경우 등은 허용했다(제13조). 또한 부·읍·면, 산업조합, 농사개량조합 등 영리를 목적으로 하지 않는 법인 또는 단체가 소작지를 차입하여 그 단체원 또는 주민에게 소작하게 하는 경우 등은 농정상의 견지에서 이를 용인하는 것이 적당하다며 전대 금지 규정을 적용하지 않기로 했다(제14조).[370] 그러나 전대 금지 규정을 위반하여 임차인이 제3자에게 소작지를 사용하게 하거나 수익을 얻게 할 경우, 임대인은 임대차를 해제할 수 있었다(제20조).

　⑥ 소작료의 결정과 감면 조건: 총독부는 소작료의 액수를 제한하여 규정하기는 매우 곤란한 문제라며, 조선농지령에서 이에 대해 규정하는 것을 피했

368　특히 소작권을 등기 없이 제3자에게 대항할 수 있도록 한 규정에 대해 지주 측에서 상당한 반대가 있었다. 지주의 소유권의 자유를 제어당하고, 토지 가치와 담보력을 감쇄(減殺)시켜 금융상에도 영향을 미친다는 논리였다. 「雜錄: 朝鮮農地令公布せらる」, 『司法協會雜誌』 13-5, 1934, 109쪽.

369　소작지를 전대하면 첫째, 소작료율이 인상되었다. 이것은 전대료에 기인하는데, 이 때문에 일반 소작료율도 상승하게 되었다. 둘째, 소작기간이 짧아졌다. 전대하는 경우 원래 소작기간이 부정기적이면 역시 부정기로 했지만, 그 외의 경우에는 보통 소작기간이 1년으로 한정되었다. 이러한 사정으로 농업경영이 면밀히 이루어지지 못하고, 토지생산성이 떨어지게 된다는 것이었다. 박섭, 앞의 논문, 1988, 142쪽.

370　이는 농촌진흥운동의 부락진흥사업을 위해 중간소작을 예외적으로 허용하는 내용을 더한 것이다. 이윤갑, 앞의 책, 2013, 153~154쪽.

다. 소작료액이나 소작료율이 지역별·지주별로 다르므로 이를 일률적으로 법정하는 것은 현실적으로 어렵다는 것이었다. 특히 우가키 총독은 소작법으로 소작료를 규제하는 것은 바람직하지 않다고 주장했는데, 고율의 소작료는 문제지만 소작료를 규제하는 것은 지주의 정당한 이익과 합법적인 영리 활동을 침해하는 것이라는 입장을 밝혔다. 대신에 소작료에 대해 쟁의가 있을 경우에는 법원의 조정 및 부·군·도 소작위원회의 판정에 따라 해결하도록 했다. 한편 소작인의 소작료 채무 이행은 민법에서 정하고 있으므로, 채무의 일부 이행은 채무의 취지에 따르지 않는 것으로 보았다. 따라서 소작인이 소작료를 일부 지불할 경우에는 지주가 그 수령을 거부할 수 있었다. 그리고 만약 소작료를 지불하지 않으면 지주는 소작인에게 손해배상을 청구할 수 있었다.

한편 식민지 조선에서 농작물은 기후·풍토 문제로 또는 시설이 갖추어지지 않아 천재지변, 그중에서도 3재(災)[풍해(風害)·수해(水害)·한해(旱害)]의 재액을 겪는 일이 매우 많았다. 이에 조선농지령은 불가항력으로 인해 수확고가 현저히 감소한 경우, 임차인은 수확 착수일로부터 15일 전에 소작료 경감 또는 면제 신청을 할 수 있도록 했다(제16조). 소작료 감면 결정 방법은 쌍방이 합의한 날짜에 지주와 소작인 및 대리인의 입회하에 작황 검견 또는 평예(坪刈, 평뜨기) 검견을 하도록 했다(제17조).[371]

⑦ 소작계약의 갱신·해제: 소작기간이 만료되기 전 3개월 내지 1년 내에 상대방에게 갱신 거절을 통지하거나, 조건을 변경하지 않으면 임대차를 갱신하

---

371 조선농지령에서는 소작료의 감면·면제 신청을 인정했을 뿐 소작료 징수방법이나 소작료 외의 세금·공과 등에 대해서는 아무런 규정을 두지 않았다. 이경희, 앞의 논문, 1991, 33쪽. 결국 조선농지령은 직접분배 문제는 취급하지 않고 소작료 감면 또는 단독 검견의 폐해 제거 등만 다루는 데 그쳤다. 증산계획이 실현되려면 소작료가 증가해야 되는 모순이 잠재하고 있던 것이다. 한상인, 앞의 논문, 1992, 40쪽.

지 않겠다는 취지의 통지를 하지 않으면 이전 임대차와 동일한 조건으로 다시 임대차를 하는 것으로 보았다(제18조). 또 지주는 '정당한 사유'가 있는 경우를 제외하고 소작인에게 '배신행위'가 없는 한 소작계약의 갱신을 거부할 수 없었다(제19조).[372]

소작지 임대차의 해제 원인에 대해서는 조선농지령에 규정하기를 피하고 전적으로 민법 규정에 위임했다. 그런데 위에서 서술한 것처럼 전대차를 원칙적으로 금지하고, 예외적으로 전대차를 허용하는 경우 그 종료에 관하여 필요한 명령 사항을 정했기 때문에, 임차인이 만약 이러한 규정 및 명령에 반하여 제3자에게 소작지를 전대한 경우 임대인은 임대차를 해제할 수 있다고 규정했다. 한편 소작료의 감면 또는 소작계약 해제에 관련한 사항에 대해 부·군·도 소작위원회에 판정을 구하거나 조선소작조정령에 따라 조정 신청을 한 경우, 종종 소작료의 이행 지체를 이유로 임대차를 해제할 우려가 있었다. 이에 소작위원회의 판정이 있을 때까지, 조선소작조정령에 따라서는 조정이 끝날 때까지 임대인은 해당 소작료의 이행 지체를 이유로 임대차를 해제할 수 없다고 규정했다(제21조).

⑧ 부·군·도 소작위원회: 당시 각지에 존재하던 부·군·도 소작위원회는 조선소작조정령에 의거한 권해기관으로서 활동하고 있었을 뿐만 아니라, 당사자의 신청이 있을 경우에는 지방의 소작에 관련한 제반 사안도 처리할 수 있었다. 조선농지령은 이 제도를 공인하여, 당사자가 합의하여 관계지 소재 부·

---

372 여기서 지주 측의 '정당한 사유'란 지주가 자작을 한다거나, 경지에 집을 짓는 경우 등을 일컬었다. 소작인의 '배신행위'라는 것은 고의로 토지를 황폐하게 하거나, 소작료를 고의로 체납하는 경우, 또는 전대 행위를 감행한 경우 등 신의·성실을 배반하는 행위를 주로 일컬었으나, 자의적으로 해석될 여지가 있었다. 許洽, 『小作精解』, 農政研究會, 1938, 49~52쪽; 박섭, 앞의 논문, 1988, 141쪽.

군·도 소작위원회에 판정을 요구할 수 있도록 했다. 그 판정의 효과에 대해서는 법률상 효력을 부여했다. 즉 부·군·도 소작위원회의 판정에 대해 2주 내에 재판소에 취소 신청 없이 경과하거나 그 신청 각하 재판이 확정되면 이날부터 당사자 간의 계약으로 효력이 있는 것으로 정해졌다. 하지만 당사자가 모두 그 판정에 승복한다고 할 수 없기 때문에, 재판소는 판정 통지가 있은 날로부터 2주 내에 당사자 또는 소작관으로부터 신청이 있어 판정이 현저히 부당하다고 인정한 경우에는 이를 취소할 수 있는 것으로 하고 그 이후에는 조선민사령에 따라 재판을 진행하게 했다. 그 취소 재판에 대해서는 불복 신청을 할 수 없으나, 신청 각하 재판에 대해서는 즉시항고를 할 수 있도록 규정했다. 또한 소작위원회 판정 사건 중 종종 소송이 계속(繫屬)되거나 조선소작조정령에 의해 조정 신청을 하는 경우가 있었기 때문에, 조선농지령은 소작 문제의 성질을 감안하여 소작위원회의 판정이 있을 때까지 재판소가 결정으로 소송 또는 조정 절차를 중지할 수 있도록 규정했다.

이와 같은 조선농지령의 의의는 소작기간을 최소 3년으로 법제화하는 등 소작권을 어느 정도 보장한 점에 있었다. 하지만 이 점은 동시에 조선농지령의 한계라고도 할 수 있다. 소작인의 경작권을 보장하는 데 3년이라는 기간은 절대적으로 한계가 있었는데, 이렇게 설정한 것은 당시 지주들의 요구를 받아들인 것이었다. 또 이후 조선농지령이 목적한 대로 소작권이 안정되어갔는가 하는 점에서도 전혀 다른 결과가 나타나게 된다.

또한 조선농지령은 다음과 같은 내용상 문제점을 안고 있었다.[373] 첫째, 소

---

373 지수걸, 「1930년대 전반기 조선인 대지주층의 정치적 동향」, 『역사학보』 122, 역사학회, 1989, 54쪽; 이경희, 앞의 논문, 1991, 33~34쪽; 한상인, 앞의 논문, 1992, 34~35쪽; 이윤갑, 앞의 책, 2013, 164~172쪽.

작쟁의의 핵심 문제인 소작료에 대한 언급이 없어 종전의 고율 소작료가 그대로 인정되었다. 즉 소작료의 상한선을 정해놓지 않아 고율 소작료의 길을 터놓은 결과가 된 것이다. 실제로 조선농지령 시행 후 지세 전가 등을 위해 고율의 소작료를 강제징수하는 지주들의 악행이 성행했다. 불가항력으로 수확이 감소한 경우 소작인이 지주에게 소작료의 감면을 요청할 수 있게 한 조항도, 그 합법적인 길을 열어 두었을 뿐 그 요청을 지주가 받아들이도록 강제한 것은 아니었다. 또한 불가항력에 의한 수확 감소의 경우 감면 기준을 객관적으로 설정하여 이를 전제로 시행하는 것이 타당했는데도, 조선농지령에 소작료 감면 기준에 대한 객관적인 제시가 되어 있지 않았기 때문에 시행상의 결함을 내재하고 있었다. 조선농지령에 의한 소작료 감면을 당사자의 자율적 협정에 방임할 때, 그 취지는 관철되기 어려울 수밖에 없었다.

둘째, 마름 등 소작지 관리자에 대한 소극적인 규제로 인해 이들의 횡포가 계속 나타났다. 소작위원회의 구성원 대개가 식민당국의 관료인 상태에서, 이들 소수로 마름 전체를 감독한다는 조문이 과연 실효성이 있는지부터 의문의 여지가 있었다. 또한 당시에도 소작지 관리자의 폐해는 애초부터 지주에서 출발한다는 것을 자각하지 않으면 어떠한 법규로 관리자를 엄격히 감독해도 법의 실효성은 없을 것이라는 지적이 있었다. 이처럼 기본적으로 지주와 소작인 간의 계급관계로부터 일어나는 제 모순의 원인을 마름의 폐해로 일방적으로 귀착시켰다는 점에서 근본적인 문제가 있었다.

셋째, 지주가 정당한 사유 외의 이유로 소작인의 소작계약을 해약했을 때 지주가 소작인에게 손해배상해야 하는 책임이 없었다. 그리고 소작권 이동 시 작리료에 대한 규정이 없었다.

넷째, 소작위원회에 대한 판정 요구는 당사자의 합의로만 할 수 있었기 때문에 사실상 지주의 동의 없이는 불가능했다. 이는 소작인에 대한 지주의 억압을 합법화시켜준 것에 불과했다.

다섯째, 조선농지령에서는 소작분쟁 해결에 적용할 구체적인 기준을 소작기간·검견방식 등 일부 조항으로 최소화하고, 나머지 대부분을 부·군·도 소작위원회에 맡겼다. 부·군·도 소작위원회가 그 지역의 소작관행과 사회경제적 여건을 살펴 조정기준을 마련하게 한 것이다. 그런데 소작위원회가 당시 소작조건을 소작농에게 유리하게 개선하기는 실질적으로 힘들었다.

여섯째, 조선농지령은 지주의 소유 권리를 획일적으로 제한한 규제법이 아니라, 소작인이 억울한 사정을 일일이 제소해야 사건이 처리되는 소극적 성격의 법령이었다. 또한 판정 결과에 대해서도 법적인 강제력을 충분히 가지고 있지 못했다.

(2) 1928년 「소작관행 개선에 관한 건」과 조선농지령 비교

앞서 1928년 정무총감이 각 도지사에게 통첩했던 「소작관행 개선에 관한 건」은 조선농지령의 내용을 배태하고 있었다고 할 수 있다. 이 역시 일본의 소작법 요강과 소작법 초안을 주로 참작해서 고안한 것이었으나, 식민지 조선의 특수성에 따라 마름의 폐해를 줄이는 데 더 신경썼다.

이 통첩과 조선농지령을 비교해보면 다음과 같다. 우선 공통된 내용으로는 다음의 항목이 있다. ① 소작지의 소유권 이동에 따른 소작권의 이동 제한, ② 소작지의 전대 금지, ③ 소작권의 상속 가능, ④ 소작지 반환 시 소작지에 있는 작물의 매입 등이다.

그리고 차이가 있는 것은 다음과 같다. ① 소작권의 존속 기간: 보통경작은 3년으로 한다는 것은 같으나, 뽕나무밭 등 영년작물의 경우 통첩에서는 10년으로 했으나 조선농지령에서는 7년으로 줄었다. ② 소작계약의 해제: 통첩에서는 소작료 1년분 전액을 체납한 경우와 계속해서 2년에 걸쳐 각 연도 소작료의 일부를 체납한 때에, 2개월 내에 지주가 최고(催告)를 해도 소작료를 납부하지 않은 경우에는 계약을 해제할 수 있었다. 그러나 조선농지령에서는 소작인의 '배신행위'가 있을 때 해약할 수 있었다. 즉 소작계약의 해제 규정이 통첩에는 구체적으로 규정된 데 비해, 조선농지령에는 비교적 추상적으로 규정되었다.[374]

③ 마름의 폐해 교정: 통첩에서는 다음과 같이 비교적 자세히 규정했다. ㉮ 소작지는 지주 자신이 관리하는 것을 원칙으로 하고, 지주가 소작지로부터 먼 지방에 있거나 질병, 노유(老幼), 기타 부득이한 경우에만 마름을 둘 것, ㉯ 마름 설치 시 인선(人選)에 주의하고 계약은 서면으로 할 것, ㉰ 소작인에게 마름의 성명 및 권한을 통지할 것, ㉱ 마름의 수를 많게 하지 말고 가급적 소수의 마름이 광범위한 토지를 관할하게 할 것, ㉲ 마름의 권한은 토지 관리, 소작료 징수, 검견 입회, 소작인 지도 등으로 한정하고, 부득이한 사정이 있는 경우에만 소작계약 체결·변경·해제에 관여하게 할 것, ㉳ 마름의 부정행위는 법에 의해 처분할 것이다. 그런데 조선농지령에서는 소작지 관리자 신고, 소작지 관리자가 부적당할 경우의 변경 등의 내용을 중심으로만 규정했다. ④ 소작쟁의의 해결: 통첩에서는 가급적 재판에 부치지 말고 행정관청이 거중조정하도록 하며, 쟁의가 많이 일어나는 도(道)에서는 국비(國費) 또는 도지방비(道地方費) 관리 이원(吏員)이 소작 문제를 연구하게 하여 경찰관헌과 연락을 취하며 군수·농회장 등과 협력하여 해결하도록 했다. 조선농지령에서는 주로 부·군·도 소작위원회 관계 규정에서 관련 내용을 일부 찾아볼 수 있다.

---

374 조선총독부가 일본 척무성과 법제국 심사에 제출한 원안에는 "소작인이 부득이한 사정에 의하여 소작료를 체납한 때는 지주가 임의대로 소작권을 이동하지 못하게 한" 규정이 들어 있었다. 그런데 이 조항은 척무성과 법제국 심사 과정에서 삭제되었다. 법제국은 소작관계를 법제화하여 이전보다 소작인에게 유리해졌기 때문에, 지주의 소작 해제를 규제하지 말아야 한다는 입장에 가까웠다. 이윤갑, 앞의 책, 2013, 154·165쪽.

한편 통첩에는 있었으나 조선농지령에는 누락된 조항은 다음과 같다. ① 소작계약의 요식(要式): 통첩에서는 가급적 서면으로 하도록 규정했으나, 조선농지령에는 해당 조항이 없다. ② 소작료의 정조(定租): 통첩에서는 밭 및 수리관개 편이 있는 논의 소작료는 가능한 한 정조로 하도록 했으나, 조선농지령에는 그러한 조항이 없다. ③ 소작료액의 공정: 통첩에서는 고율의 소작료를 점차 상당액으로 인하하도록 했으나, 조선농지령에는 그런 조항이 빠졌다. ④ 소작료액의 양정(量定): 통첩에서는 도량형의 법규를 따르도록 했으나, 조선농지령에는 해당 내용이 없다. ⑤ 소작료의 운반비: 통첩에는 2리 이내는 소작인이 부담하고 2리 이상일 때 초과 부분에 대한 운반비를 지주가 부담하게 했으나, 조선농지령에는 이 조항이 없다. ⑥ 소작료 이외의 소작인의 부담: 통첩에서 소작지의 공과는 지주가 부담하고 노역은 소작지의 작은 수선(修繕)에 관한 것 외에는 소작인에게 강요하지 않도록 규정했으나, 조선농지령에는 이 내용이 없다. ⑦ 소작인에 대한 지주의 장려: 통첩에는 있으나, 조선농지령에는 특별한 규정이 없다.[375]

이상에서 보듯이 조선농지령은 「소작관행 개선에 관한 건」 통첩에 비해 소작쟁의 조정제도에서는 구체화된 내용을 담고 있었으나, 소작권 보장이나 소작료, 제반 소작조건 등에서는 도리어 후퇴한 수준이었다. 그러나 소작 문제를 보는 기본 관점이나 이를 해결하는 방법에서 조선농지령은 본질적으로 통첩

---

[375] 鄭寅寬, 앞의 논문, 43~45쪽. 이에 견주어 조선농지령에는 있으나 통첩에 없는 조항은 다음과 같다. ① 소작인이 소작료 일부를 지불하려 할 때 지주가 거부할 수 없도록 한 조항, ② 불가항력으로 수확량 감소 시 소작인이 지주에게 소작료의 경감·면제를 수확 시작 15일 전까지 요청할 수 있는 조항, ③ 검견으로 소작료를 결정할 경우 반드시 양 당사자가 합의한 날짜에 당사자 또는 대리인이 입회한 가운데 시행하도록 한 조항 등이다. 이윤갑, 앞의 책, 2013, 155쪽.

을 계승했다. 즉 조선농지령은 지주제를 유지하면서 소작쟁의를 줄이고 소작지의 생산력을 높이도록 소작제도를 부분적으로 개량하려던 통첩의 기조를 이어받았다.[376]

(3) 조선소작령안과 조선농지령 비교

또한 조선농지령은 일본 척무성에 의해 '중대 법령'으로 알려져 일본 본국에도 큰 관심을 불러일으켰던 이전의 '조선소작령안' 내용과 비교해도 차이가 있었다.[377]

구체적으로 조선농지령과 조선소작령안을 비교해보자.[378] 먼저 조선소작령안과 비교할 때 조선농지령에 추가된 사항은 다음과 같다. ① 임대차 조건(제2조)과 관련하여 "전항의 규정에 의한 재판은 즉시항고할 수 있으며 그 기간은 2주로 한다"는 내용이 추가되었다. ② 소작지 관리자(제5조)와 관련하여 "앞의 2개 조항에서 규정하는 것 이외에 마름 및 기타 소작지 관리자와 관련하여 필요한 사항은 조선총독이 정한다"는 조항을 추가하여 해당 규정을 강화했다. ③ 임대차 기간(제9조)과 관련하여 "단, 새로 영년작물 재배를 목적으로 갱신하는 경우 7년으로 하는 것을 제외하고 3년으로 한다"는 조항이 추가되었다. 영년작물 재배 외에 보통소작기간은 3년임을 명시한 것이다. ④ 소작조정(제25조)과 관련하여 "전조의 규정에 따라 판정을 요구한 사건에 대하여 소송이 계속(繫屬)되는 경우 또는 조선소작조정령에 의한 조정 신청이 수리된 경우, 판정이 있을 때까지 해당 재판소는 결정으로 소송수속 또는 조정수속을 중지할 수 있다"는

---

376 이윤갑, 앞의 책, 2013, 155~156쪽.

377 「朝鮮農地令」, 『京城日報』 1934년 4월 15일.

378 朝鮮總督府 農林局, 「朝鮮小作令案: 說明」, 「朝鮮小作令案」, 앞의 책, 1936.

조항을 두어 재판소의 소송 및 조정수속에 대한 권한을 강화했다. ⑤ 소작지 관리자 신고(제31조)와 관련하여 "임대인이 제3조의 규정을 위반하고 신고를 하지 않거나 허위신고를 했을 경우 또는 제4조의 규정에 의한 명령을 위반했을 경우에는 300원 이하의 벌금에 처한다"는 조항을 두고, 부칙 제40조 "임대인이 제33조의 규정을 위반하고도 신고를 하지 않거나 허위신고를 할 경우에는 300원 이하의 벌금에 처한다"는 조항을 두어 미신고나 허위신고에 대해 벌금형에 처하게 했다.

또한 조선소작령안이 조선농지령에서 변경된 조항은 다음과 같다. ① 조선소작령안(제5, 6조, 부칙 제30, 31, 33조)의 보통 소작지 임대차 기간 5년 이상, 영년작물 재배 시 10년 이상이라는 규정이, 조선농지령(제7, 8조, 부칙 제35, 36, 38조)에서는 각각 3년, 7년 이상으로 단축되었다. 소작권 보호 기간이 지주 등의 반대를 거치며 더 짧게 규정된 것이다. ② 조선소작령안(제4조)의 "제9조, 제13조, 제16조, 제17조 제2호, 제18조, 제2조의 규정과 다른 특약은 하지 않는 것으로 간주한다"가 조선농지령(제6조)에서는 "제15조, 제16조 제1항, 제18조, 제21조, 제22조 규정과 다른 특약으로 임차인에게 불리한 사항은 이를 행하지 아니한 것으로 간주한다"로 변경되었다.[379] 임차인을 보호하기 위한 조항이라는 인상을 더한

---

[379] 원래 소작계약은 계약 자유의 원칙에 따라 지주와 소작인 간에 자유의사대로 결정되는 것이었으나, 다음의 각항과 같이 특약에 소작인에게 불리한 것이 있을 경우에는 조선농지령(제6조) 규정에 따라 계약을 하지 않은 것과 동일하게 보도록 했다. ① 소작료는 어떠한 사유가 있더라도 일시에 전부 지불하되, 만일 부족함이 있을 때 지주는 소작료 수령을 거절할 수 있다고 계약한 것. ② 재해 즉 불가항력의 사정에 의하여 수확고가 현저하게 평년에 비해 수확이 감소한 때라도, 결코 소작료의 경감 또는 면제를 요구하지 않고 일차 결정한 소작료의 전액을 반드시 지주에게 지불하겠다고 계약한 것. ③ 소작료 액수에 대하여 지주와 소작인 간에 협정이 이루어지지 못하여 소작위원회에 판정을 청구하거나 조선소작조정령에 의하여 조정 신청을 했더라도, 소작료를 지주가 지정한 기일까지 완납하지 않으면 소작료 체납의 책임을 져서 소작계약을 해제하겠다고 계약한 것. ④ 소작지를 반환할 경우, 소작계약에

것이다. ③ 조선소작령안(제14조)의 "불가항력으로 인한 수확량의 감소를 이유로 하는 소작료의 경감 또는 면제" 조항이, 조선농지령(제16조)에서는 "불가항력으로 인해 수확량이 현저하게 감소했을 경우 임차인은 임대인에게 소작료의 경감 또는 면제를 신청할 수 있다"로 변경되었다. 즉 수확량이 현저하게 감소했을 경우에만 소작료 경감 또는 면제 신청을 할 수 있도록 그 범위가 축소되었다.

④ 조선소작령안(제16조)에서 "당사자가 소작지의 임대차 기간 만료 전 3개월부터 6개월 내에 상대방에게 갱신 거절 통지 또는 조건을 변경하지 않거나 임대차를 갱신하지 않는다는 취지의 통지를 하지 않을 경우에는 전 임대차와 동일 조건으로 다시 임대차를 한 것으로 간주한다"는 조항이, 조선농지령(제18조)에서는 "소작지의 임대차 기간 만료 전 3개월부터 1년 내"로 변경되었다. 소작지의 임대차 갱신 여부를 결정할 수 있는 기간이 최장 6개월에서 1년으로 확장된 것이다. ⑤ 소작지 임대차 해제가 가능한 경우와 관련하여 조선소작령안(제17조)의 내용이 조선농지령(제19~21조)에서는 전체적으로 변경되었다. 조선소작령안 제17조는 "다음의 각호 중 하나에 해당하는 경우 임대인은 소작지의 임대차를 해제할 수 있다. 1. 임차인이 임대인을 해롭게 할 목적으로 소작료를 체납했을 경우, 2. 임차인이 부득이한 사유로 1년분 소작료의 1/2 이상을 1년 이상 체납했을 경우, 기타 이에 준하는 것으로 조선총독이 정한 체납을 한 경우 1개월 이상 기간을 정하여 지불해야 한다는 취지를 최고(催告)했는데도 그 기간 내에 지불하지 않을 경우, 3. 임차인이 제11조 제1항 규정에 위반하거나 제11조 제3항 규정에 의한 명령에 위반하여 소작지를 전대했을 경우"였다. 이것이

의하여 식부(植付)한 작물은 소작인이 지주에게 상당한 가격으로 매수해달라고 청구할 권리를 주장하지 않겠다고 계약한 것 등이다. 許洽, 앞의 책, 1938, 31~32쪽.

조선농지령에서는 제19조 "임대인은 임차인에게 '배신행위'가 없는 한 임대차 갱신을 거절할 수 없다. 단, 임대인에게 정당한 사유가 있는 경우에는 제외한다", 제20조 "임차인이 제13조 제1항의 규정에 위반하거나 제13조 제3항의 규정에 의한 명령에 위반하여 제3자에게 소작지를 사용하게 하거나 수익을 얻게 할 경우 임대인은 임대차를 해제할 수 있다", 제21조 "제16조의 소작료 경감 또는 면제에 관련한 사항에 대하여 당사자가 부·군·도 소작위원회의 판정을 요구한 경우에는 그 판정이 있을 때까지, '조선소작조정령'에 의하여 조정 신청을 한 경우에는 조정이 종료할 때까지 임대인은 해당 소작료의 이행 지체를 이유로 임대차를 해제할 수 없다"로 변경되었다. 소작계약 해약이 가능한 경우에 대한 규정을 소작위원회의 판정이나 재판소의 조정 상황까지 고려하여 보다 구체적으로 명시한 것이다. 하지만 소작인의 '배신행위' 시에는 소작 해약이 가능하다고 추가하여 모호하게 표현했다.

⑥ 조선소작령안(제20조)의 "당사자는 관계지가 소재하는 부·군·도 소작위원회에 소작료, 기타 소작관계에 대하여 판정을 청구할 수 있다"가 조선농지령(제24조)에서는 "당사자는 합의로 관계지가 소재하는 부·군·도 소작위원회에 소작료, 기타 소작관계에 대하여 판정을 요구할 수 있다"로 변경되어, 당사자가 합의하에 부·군·도 소작위원회에 판정을 요구할 수 있도록 했다. ⑦ 조선소작령안 제29조의 "본령은 본령 시행 시 현재 존재하는 소작지의 임대차, 영소작, 토지의 경작을 목적으로 하는 청부, 기타 계약 및 소작지의 임대차에 관한 사무 위임에 대해 적용한다"는 조항이, 조선농지령에서는 제34조 "본령 시행 시 현재 존재하는 토지의 경작을 목적으로 하는 청부는 본령 시행일부터 임대차한 것으로 간주한다. 제2조 제2항과 제3항의 규정은 전항의 경우에 준용한다"로 변경되었다.

그리고 조선소작령안에 있었으나 조선농지령에서는 누락된 조항은 다음과 같다. ① 조선소작령 제3조 "소작지의 임대차에 관련한 사무의 위임에 관하여 필요한 사항은 조선총독이 정한다"는 항목이 조선농지령에서는 누락되었다. 식민당국이 관여하는 범위를 다소 줄인 것이다. ② 조선소작령안의 제21조 "부·군·도 소작위원회에 관련하여 필요한 사항은 조선총독이 정한다"는 조항이 조선농지령에서는 누락되었다. 조선농지령과 동시에 부·군·도 소작위원회 관제가 별도로 제정되었기 때문이다. ③ 조선소작령안의 제27조 "제3조, 제4조, 제9조, 제13조, 제18조, 제20조 규정은 경작을 목적으로 하는 토지의 영소작에 준용한다"는 조항이 조선농지령에서는 누락되었다. 조선농지령은 영소작에 대해 특별히 규정을 두지 않은 것이 특징이다.

(4) 일본의 소작법안과 조선농지령 비교

조선농지령을 일본의 소작법안(1931년에 유산된 소작법안)과 비교하면 그 성격이 근본적으로 달랐다. 조선농지령의 총 40개 조문 가운데 18개 조문은 일본의 소작법안과 일치했다. 이는 조선농지령안을 만들 때 조선총독부 농림국 관료들이 일본의 소작법안을 기준으로 삼았음을 보여준다. 그러나 일본의 소작법안은 전문 74조로 이루어진 데 비해 조선농지령은 전문 40조로 구성되어, 소작법안의 많은 부분이 조선농지령에 포함되지 않았다.

일본의 소작법안에 있으나 조선농지령에는 빠진 조항이 있었던 것은 미리 논란의 소지가 있는 것을 배제한 것이라고 볼 수 있다. 일본의 소작법안에 있는데 조선농지령에는 없는 조항 가운데 주요한 것으로는, 소작인이 1년분의 소작료를 1년 이상 체납한 경우에만 소작계약 해약 절차에 착수할 수 있게 하여 소작료 체납을 일정하게 인정한 조항(제17조), 지주가 소작지를 매각할 때 소작인에게 매입우선권을 부여한 조항(제7조), 소작인의 소작료 체납 등의 '배신 행위'가 있거나 소작관행상 갱신을 인정하지 않는 경우가 아니면, 지주가 소작지를 환수할 때 소작인에게 1년분 소작료에 상당하는 차리료(借離料)를 지급하게 한 조항(제24, 25조) 등이 있다. 이 조항들은 일본 농상무성의 관료들이 소작권을 어느 정도 물권의 일종처럼 보호하고자 만든 것으로, 소작농의 경작권을 확립하여 소작쟁의의 근본 원인을 해소하려 한 것이었다. 그런 까닭에 일본에서 지주 측은 이들 조항을 삭제 또는 전면수정할 것을 요구했고, 이것이 받아들여지지 않자 결국 소작법은 귀족원에서 폐기되고 말았다. 그런데 조선농지령은 경작권을 보호하기 위한 이들 조항 가운데 어느 하나도 채택하지 않고 의도적으로 이를 삭제한 것이다.[380]

일본의 소작법안과 조선총독부의 조선농지령이 이처럼 달랐던 까닭은 입법을 추진한 주체들의 문제의식과 목적이 서로 달랐기 때문이다. 일본에서 소작입법을 주도한 이들은 개혁 성향의 농림관료였다. 이들은 국가 기초를 위협하는 지주적 토지소유제도에 일정한 제한을 가해 소작권을 보호할 목적으로 소작법을 제정하려고 했다. 일본의 소작법안은 어느 정도 소작농을 보호하여, 지주의 소유권을 절대적으로 보장한 민법을 소작관계에 적용하지 못하도록 제한하려는 것이었다. 그러나 조선농지령을 제정한 총독부 관료들에게 지주제는 식민지의 사회경제적 모순을 완화하고 생산력을 높이기 위해 어느 정도 개선할 필요는 있지만, 식민지 지배·수탈에서 중추적인 지주제를 근본적으로 개혁하는 법안을 만들 이유는 없었다.[381]

조선농지령의 내용과 일본의 소작법안을 자세히 비교해보면 다음과 같다. ① 적용 범위: 조선농지령의 적용 범위는 소작계약 또는 소작관계로 불리며 경

---

380 新潟縣農政協會, 앞의 책, 1930, 4~6쪽; 「內地 소작법과의 相異點」, 『釜山日報』 1934년 1월 21일; 이윤갑, 앞의 책, 2013, 149쪽.

381 이윤갑, 앞의 책, 2013, 148~150쪽.

작을 목적으로 하는 토지의 임대차에 한정되었다(제1조). 따라서 조선농지령은 양봉소작·산림소작·염전소작과 영소작에는 적용되지 않았다. 이에 비해 일본의 소작법안은 "경작을 목적으로 하는 토지의 임대차와 영소작에 적용한다"(제1조)고 규정되었다. 그에 따라 전답소작의 거의 대부분을 포함하는 임대차 및 영소작에 적용되었다. ② 소작위원회의 구성원: 식민지 조선에서는 '조선 부·군·도 소작위원회 규정'(제1조)에 따라 소작위원회를 부윤·군수·도사 또는 경찰서장 및 관내 거주하는 적당한 자 4명으로 구성하도록 했다. 이에 비해 일본의 소작법안에는 "일정 구역 안의 토지 임대인과 그에 준하는 자, 아울러 임차인과 이에 준하는 자가 각각 또는 공동으로 선정한 자로 조직한다"(제48조)고 되어 있다. 일본이 지주와 소작인 각 당사자의 이해에 더 부응하는 구성원으로 되어 있었다고 할 수 있다.

③ 소작기간의 제한: 조선농지령에서는 "소작지의 임대차 기간은 3년 이상이어야 한다"(제7조)고 규정되었다. 이러한 소작기간의 설정에는 당시 부정기 소작이 많던 조선 농촌의 소작관행상 실효성에 대한 고려가 있었다고 할 수 있다. 이에 비해 일본의 소작법안은 "소작지의 임대차 기간을 정할 때는 그 기간을 5년 이하로 할 수 없다"(제12조)고 규정했다. 단기간으로 정해지면 소작인 지위의 안정상 적당하지 않을 뿐만 아니라 비료 관리의 불충분, 약탈적 경영 등의 우려도 있어 농사개량상 적당하지 않다는 취지였다. 또한 조선농지령과 일본의 소작법안에서 소작지의 임대인은 임차인이 '배신행위'를 하지 않는 한 부당한 이유로 악의적인 해약 신청을 하거나 갱신을 거부할 수 없다(조선농지령 제19조, 소작법안 제16조)고 되었다. 소작인의 '배신행위'가 없는 한, 또한 지주에게 '정당한 이유'가 없는 한 지주는 계약의 갱신을 거절할 수 없었다.

④ 임대차 계약의 효력: 조선농지령과 일본의 소작법안 모두 소작지의 임대차는 그 등기 없이도 소작지를 인도할 때는 이후 소작지의 물권을 취득하는

자에 대해 그 효력을 가진다(조선농지령 제12조, 소작법안 제5조)고 되어 있었다. 소작지의 임대차는 등기 여부와 관계없이 소유권에 대해 대항력을 갖도록 하여 소작권의 안정화를 도모하려고 했다. ⑤ 임대차에 기초한 권리·의무의 상속: 조선농지령에서는 "임대차 당사자의 상속인은 상속 개시의 때부터 피상속인의 소작지 임대차에 대한 일체의 권리·의무를 승계한다"(제11조)고 규정했다. 이에 소작인의 사망으로 인해 그 상속인의 소작권을 박탈할 수 없도록 했다. 그러나 일본의 소작법안에는 소작권의 상속에 대한 규정은 없었다. ⑥ 소작권의 전대 행위 금지: 조선농지령과 일본의 소작법안에서 모두 임차인은 임대인의 승낙이 있더라도 소작지를 전대할 수 없다(조선농지령 제13조, 소작법안 제32조)고 규정했다. 즉 지주가 승낙을 하더라도 소작인은 절대 소작지를 전대할 수 없었다. 단, 소작인 또는 동거하는 친척으로서, 경작하는 자가 질병·병역 등으로 부득이한 경우에 한해서는 전대를 인정했다.

⑦ 소작료율: 소작료율에 대해서는 조선농지령과 일본의 소작법안 어느 것에도 규정이 없다. 단, 불가항력에 의해 수확이 감소(조선농지령에는 '현저하게' 감소)한 경우 소작료의 면제를 청구할 수 있도록 되어 있었다(조선농지령 제16조, 소작법안 제43조). 또 소작료와 관련하여 분쟁이 일어난 경우의 조정에 대해서만 규정이 있었다(조선농지령 제24조, 소작법안 제47조).

요컨대 양자의 공통점으로 등기 없는 임대차 계약의 효력, 전대 행위 금지를 규정하고 있는 점, 소작료율 규정은 존재하지 않는 점 등을 들 수 있다. 또한 일본의 소작법안과 대조되는 조선농지령의 문제점으로는 첫째, 적용 범위가 영소작에 적용되지 않은 점, 둘째, 소작기간이 짧은 점, 셋째, 총독부 관리 위주의 소작위원회 구성 등이 있다.[382]

---

382 農地制度資料集成編纂委員會, 앞의 책, 1968b, 125쪽.

3) 조선농지령에 대한 식민지 조선과 일본 사회의 인식[383]

소작입법에 대한 논의는 1934년 4월 11일 조선농지령의 제정·공포로 귀결되었다. 그러자 소작인 측은 당장 '사회입법'의 본지(本旨)를 충분히 실현하지 못하고 민법의 보충 법규에 불과하게 되고 말았다고 비판했다. 예컨대 소작인이 계약을 이행하지 않을 경우 지주는 소작계약을 해약할 수 있고, 또 소작인이 소작지의 수확이 감소했을 경우 소작료의 감면을 청구할 수 있으나 지주가 이를 불이행할 때는 강제력이 확실하지 않은 점 등이 거론되었다. 무엇보다도 소작인이 소작지에서 수익을 충분히 얻지 못하면 생계를 유지할 수 없는데도, 소작료 규정 조항을 두지 않아 비판받았다.[384]

조선농지령은 '개량주의적 정책'이라는 비난도 있었다. 조선공산당 재건운동 세력은 조선농지령을 두고 그 본질이 자본주의 사회의 사유재산제도를 유지·보완할 목적에서 소작권의 사유적 권한을 인정하는 데 지나지 않는다며, 그 사유권 인정이 가져올 장래는 불투명하다고 보았다. 또한 마름 등 소작지 관리자를 조선총독에게 신고한다는 점에서 진보적인 의의를 발견할 수 있을지 모르나, 도리어 정부의 전제권(專制權)을 강화하는 수단으로 볼 수도 있다고 했다. 불가항력으로 수확에 현저한 감소가 있을 때 소작료를 감면하도록 한 것은 '소작쟁의를 교살(絞殺)'하기 위한 교묘한 방법이라고 지적했다. 소작위원회를 설치하도록 한 것도 농민을 위해 당국이 끝까지 최선을 다하는 것처럼 보이려 한 기만책이라고 했다. 소작위원회 위원은 회장이 지명하도록 되어 있어 농민들이 참여하기 어려운 상태이므로 소작인의 이익을 대표하기는 불가능하

---

383 이 항의 대부분은 필자가 「1920~1930년대 중반 소작입법을 둘러싼 식민지 조선과 일본 사회의 대응과 인식」, 『한국근현대사연구』 96, 한국근현대사학회, 2021, 126~133쪽에 발표한 내용이다.

384 「사회입법으로 본 소작입법」, 『조선중앙일보』 1934년 4월 17일.

고 이름만 '소작위원'이지 실은 '지주위원'과 다를 바 없어 소작위원회는 지주를 대변하는 기관이라는 것이었다. 요컨대 당국이 조선농지령을 제정한 이유는 "날로 혁명화되고 있는 농민들의 투쟁력 교살을 목표"로 한 것으로, 기존의 폭압정책만으로는 그 투쟁열을 방지하기에 충분하지 않기 때문에 정책을 전환한 것이라고 평가했다. 조선농지령이 일부 농민에 대해 양보한 측면도 없지 않으나, 대체로 지주를 옹호하고 있어 사회 모순을 근본적으로 타파할 수 없는 개량주의적 정책이라는 것이었다.[385]

한편으로 재조선 일본인 사회와 일본 본국에서는 조선농지령이 제정된 후에도 식민지 조선에서 소작법을 시행하여 소작권을 보호하는 것이 조선인 농민에게는 적합하지 않다는 조선농지령 반대의 목소리를 계속 제기했다. 그 이유는 대체로 다음과 같았다. 첫째, 소작권을 부여받는 농민의 대부분은 조선인인데, 지주가 일본인일 경우 그 대립은 지주 대 소작인의 단순한 이해관계에서 민족적 대립관계로 발전될 것이 우려된다는 것이다. 둘째, 조선총독부는 농촌의 자력갱생책으로 소작법을 제정했다고 하지만, 가난한 조선인 농민들은 소작권이 부여되어도 자력으로 갱생할 수 없음이 명백하다는 것이다. 무엇보다도 금융기관이 조선인 농민들을 적극적으로 원조할 리가 만무하다고 보았다. 셋째, 조선농지령 시행에도 소작권의 이동이 쉽게 행해질 것으로 예상했다. 넷째, 식민지 조선의 토지에 대한 투자가 감소하여 식민지 조선의 산업이 부진해지는 근원이 될 것으로 보았다. 이들은 식민지 조선의 지주와 소작인 관계는 지주가 지도적 입장에서 토지를 개발하고 다량 생산을 하기 위해 투자를 하

---

385 京城 東大門警察署長 → 京城地方法院 檢事正,「朝鮮共産黨再建ヲ目的トスルコミンタン 朝鮮レポート會議事件檢擧ニ關スル件: 批判 朝鮮農地令ハ如何ニ成立して居るか」,『思想에 關한 情報』7, 京城地方法院 檢事局, 1934년 6월 6일.

는 상황인데, 소작법이 제정되어 때마다 소작인들이 소작권을 주장하게 되면 누가 식민지 조선의 토지에 투자하려 하겠냐고 말했다. 다섯째, 소작법을 '악법(惡法)'으로 보고 이것이 실시되면 지주는 토지를 저렴하게 사서 다른 용도로 사용하는 것이 더 현명하고 안전하다고 판단하지 않겠느냐고 주장했다.[386]

식민당국은 식민지지주제를 유지하며 농업을 개발하고 생산력을 증진시키기 위해, 아울러 혁명적 농민운동으로부터의 체제안정을 위해 지주의 요구를 가급적 고려하여 조선농지령을 제정했다.[387] 이에 대해 조선농지령 반대의 주된 논리는 지주제를 유지해야 하는 식민지 조선의 농업개발과 생산력 증진, 체제안정을 위해서라도 조선농지령을 통해 혹여 지주의 권한을 축소하는 결과를 낳아서는 안 된다는 것이었다. 이러한 논리의 일례로 일본의 유명한 경제학자였던 다카하시 가메키치(高橋龜吉)[388]는 조선농지령 제정 전에 다음과 같은 견해를 남겼다.[389]

농지령의 목적은 지주의 권력을 축소하는 것보다도, 이들에게 농지개발, 농법 개선에 필요한 의무를 크게 부과하여 그 방면에서 소작인의 소득을 늘리는 데 주

---

386 「朝鮮農地令公布に就て: 宇垣總督談」, 『京城日報』 1934년 4월 15일; 朝鮮農會, 앞의 책, 1944, 661~662쪽.

387 최은진, 앞의 논문, 2019, 113쪽.

388 다카하시 가메키치(1891~1977)는 일본 민간 경제학의 창시자로 불린다. 조선에 도항하여 일본인 거류민을 상대로 무역 등에 종사했다. 1932년 다카하시경제연구소를 창립하고 경제평론가로 활발하게 활동했다. 1927년 전일본농민조합동맹 회장, 1928년 일본노농당 고문, 1937년 대만총독부 식산국 촉탁, 제1차 고노에(近衛) 내각 기획원 참여(參與) 등을 역임했다. 鳥羽欽一郎, 『生涯現役エコノミスト高橋龜吉』, 東洋經濟新報社, 1992; 谷澤永一, 『高橋龜吉エコノミストの氣槪』, 東洋經濟新報社, 2003.

389 朝鮮農會, 앞의 책, 1944, 661~662쪽.

안점을 두면 어떨까 하고 생각한다. 단순히 지주의 권리를 축소하고 소작인의 몫을 증대시키려고 한다면, 현재와 같은 소작인 아래서는 조선의 농업개발은 뒤떨어지고 결국 소작인의 수입은 그렇지 않은 경우보다도 증대하지 않을지도 모른다. 지주 대 소작인의 관계를 형식상으로 봐서 본국과 똑같이 하지 말고, (…) 생산의 증가를 도모하지 않으면, 현재의 지주 대 소작인의 몫을 경개(更改)해도 그 대국(大局)에의 영향은 비교적 미미할 것이다. 예를 들어 연공(年貢)을 1/3로 줄인다고 해도 농민의 생활은 그렇게 향상되지 않는다. 이에 반해 수확량을 배로 늘리면, 얼마만큼 소작인을 윤택하게 할 것은 명확하다. (…) 나는 현재 조선의 농업 상태 및 지주와 소작인의 기능으로 볼 때, 현 상황의 분배개선에 주력을 쏟기보다도 수확고를 늘리고 지주에게 의무를 부과하는 것이 최대 주안점이 아닐까 하고 생각한다. (…) 특히 본국의 현 상황은 지주를 필요로 하지 않아, 이들의 토지소유는 수지가 맞지 않는 지점까지 와 있다. (…) 그런데 조선은 그 농업의 개선, 진보·발달을 지주의 자본에 기대지 않으면 안 되는 현존하는 자본주의 조직을 유지해가야 하는 한, 위정자로서는 여기까지 생각하여 정책을 수립하지 않으면 안 된다. 요컨대 조선의 농업 단계는 아직 조선 농업의 개선, 진보·발달을 주로 하여 생각하지 않으면 안 되는 시대에 있다고 생각한다. (밑줄—인용자)

한편 재조선 일본인 및 금융관계자들 사이에서는 조선농지령이 제정되자 지가 하락에 대한 우려가 높아졌다. 앞에서 살펴본 것처럼 조선농지령이 논의될 때부터 금융업자들을 중심으로 소작권의 물권화를 문제 삼으며 지가가 하락하지 않겠느냐는 관측이 있었다. 금융업자 등 조선농지령 실시에 반대하는 이들은 소작계약의 해제 조건에 대한 규정이 소작료 미납 등 계약 해제가 당연한 경우 외에는 없다는 점을 지적하며, 소작권이 물권적 효력을 갖게 되는 것을 완화시켜야 한다고 주장했다. 조선농지령이 시행되면 기존의 소작지 소유권에 대한 해석이 바뀌어, 종래 지주가 경지에 대해 처분권·수익권·사용권의 세 가지를 절대적으로 소유했지만 이제 지주권과 소작권이 본격적으로 대립하게 될 것이라는 말이었다. 이렇게 소작권의 물권적 효력이 발생하면, 지가는 물론 저당권 및 기타 권리에도 상당한 영향을 미쳐 자연히 지가가 하락할 것이라고 보았다. 이들은 이것이 식민지 조선에 투자한 일본인 자본가의 토지회사 사업 발전에 방해가 되지 않을까 하는 우려를 계속 제기했다.

이와 관련하여 조선농지령 시행을 앞두고 특히 일본인 재계(財界)에서는 소작권 해제 조건과 소작료 감면 두 가지 점에 주시하는 양상을 보였다. 그 직간접적 영향이 이미 경지가격에 영향을 미치고 있다고 보았던 것이다. 이뿐만 아니라 소작쟁의의 빈발, 소작료 결정상의 분규, 소작료 태납, 지주의 관습적인 강제권 상실 등은 지주 입장에서 볼 때 소작경영에 상당한 어려움을 야기하여, 이 또한 바로 경지가격에 영향을 미치고 있다고 보았다. 이처럼 일본인 금융계에서는 조선농지령이 경지가격에 어떠한 영향을 미칠지 촉각을 세우고 조사를 진행하며 담보 가격의 하락 등에 대한 대책을 세웠다.

하지만 조선농지령 규정이 실제 지가 하락에 어느 정도의 영향을 미칠지는 조선농지령 실시 후를 지켜봐야 했다. 일부 유력한 금융업자들은 조선농지령으로 인한 경지가격의 하락은 일시적 현상일 것으로 관측했다. 일부는 오히려 조선농지령으로 소작권이 확립되어 소작인이 안심하고 능력을 발휘하게 되면 지가가 앙등할 것이라고 예상하기도 했다. 조선농지령이 시행되면 장기적으로 볼 때 과거 불안했던 토지경영이 지주제가 확립되면서 안정되어, 부재지주의 토지투자가 정당한 기초를 확립하게 되고, 소작인도 소작권 안정으로 토지에 대한 애호심(愛護心)을 키워 토지개량이 활발해져 토지 수익력도 증진

되어 경지가격은 다시 상승세를 보일 것이라는 전망이었다.[390]

1934년 10월 20일부터 조선농지령이 시행되자, 일본 민간에서는 본국에서도 아직 소작법 시행이 요원한 시점에 식민지 조선에서 소작법이 실시된 것을 진보적으로 평가하기도 했다. 여기서 유의할 것은 식민지 조선 사회 자체가 진보적이라기보다, 지금까지 식민지 조선에서 소작인의 지위가 얼마나 열악했는지를 엿볼 수 있다는 것이었다. 농가 총수의 약 80%를 자소작농 및 순소작농이 차지하고 있는 식민지 조선에서는 필연적으로 이러한 소작입법을 통해 팽배한 농민 불안을 완화하지 않을 수 없었다는 것이다. 나아가 일본 농촌 문제의 중요성 등의 측면에서도 조선농지령 실시는 일본 본국 사회의 주목을 받았다. 일본에서도 자력갱생운동과 같은 농민 구제의 차원을 넘어 다시금 소작입법에 조직적인 차원에서 접근할 필요가 있다는 여론도 있었다.[391]

그런데 조선농지령 시행 후 오히려 지가가 등귀하는 현상이 나타났다. 지주들이 소작입법을 반대했던 중요한 이유 중 하나였던 지가 하락 현상은, 지주들의 우려와는 달리 이후에도 결과적으로 나타나지 않았다. 당시의 지가 앙등은 만주사변 이후 재정 인플레이션과 저금리정책 등 다양한 요인을 배경으로 하고 있었다. 그렇기에 실제 조선농지령 실시 후에도 농지가격이나 미가, 비

---

390 「(朝鮮農地令の影響)小作の物權化: 土地も相當値下りしよう金融業者觀測, 地主の立場が考慮された, 地主關係者の觀測」, 『西鮮日報』 1934년 4월 8일; 「농지령 실시 후 地價는 자연 低落 된다: 금융업자의 관측」, 『동아일보』 1934년 4월 8일; 「地價は下落か?: 實際影響は遽に判斷出來ね, 金融業者の觀測」, 『京城日報』 1934년 4월 8일; 「凶作予想, 農地令の新試練」, 『京城日報』 1934년 8월 1일; 「農地令施行による耕地價格への影響」, 『京城日報』 1934년 8월 30일; 「農地令實施で地價は却って昂騰」, 『京城日報』 1934년 10월 28일; 「조선농지령 시행 후 토지가격에 대영향: 소작쟁의의 빈발도 예상된다, 금융 방면의 관측」, 『조선중앙일보』 1934년 8월 30일.

391 「水銀燈」, 『大阪朝日新聞』 1934년 10월 21일.

료 수요 등에는 별로 악영향이 없는 것으로 나타났다. 오히려 조선농지령 실시 직후인 1934년 11월에 미가는 오름세를 나타냈다. 1930, 1931년에 3~4전이던 벼 가격이 1934년 가을에는 8전까지 올라갔다. 그에 따라 쌀 생산을 기조로 하는 식민지 조선의 농업경영에 탄력성이 부여되고 무역의 구매력을 증진시키며, 경지가격을 등귀시키고 수리조합사업과 부동산·금융계도 호전시킬 것으로 기대되었다. 물론 이때까지 농업공황이 아직 심각하여 부동산 가격이 격락하고 있었는데, 미가가 올라가면 경지가격의 등귀를 초래할 수 있었다. 여기에 조선농지령 시행까지 고려하면 경지가격이 중부 지방 30% 등귀를 최고로 평균 20%~25% 등귀할 것으로 예상되었다.[392]

1934년 12월에는 조선농지령 시행 후 오히려 미가가 전년 대비 약 40%나 상승하여 식민지 조선 내 경제 각층에 뚜렷한 탄력성을 부여했고, 경지 등 부동산 가격의 등귀, 구매력 충실 등의 현상이 표면화되었다. 동양척식주식회사, 불이흥업주식회사, 선만개척주식회사 등 조선농지령 실시로 불안해하던 식민지 조선의 대규모 농업회사들과 중소 규모 농업회사들도 도리어 호황을 누리는 양상이 나타났다. 미가의 앙등 등으로 인해 오히려 토지투자의 배당수익 채산(採算)이 유리해진 것이다. 1934년 하반기에는 미가 상승을 계기로 농경지 구입이 현저히 증가한 상황이었다. 토지구매열이 점차 백열화되었고, 조선농지령의 실시로 염려되던 악재 등은 문제되지 않는 정세를 보였다. 또한 주목되는 것은 산금업자(産金業者)들이 미가 등귀에 자극을 받아 토지투기에 손을 대고 있는 것이었는데, 조선인 산금업자들 사이에서 이런 경향이 특히 많았다. 이는 필연적으로 지가의 폭등을 초래하여, 우량한 토지는 10할의 대폭등을 보이는

---

392 「金融基調を淨化す」, 『京城日報』 1934년 11월 2일; 「農地令施行の影響」, 『京城日報』 1934년 11월 15일.

곳도 있었고 대개 2~3할부터 4~5할의 등귀를 보였다. 이에 은행은 그 진전 상태를 주시하고 있었다. 그리고 조선소작조정령과 조선농지령 실시 후 소작쟁의 건수가 증가해도 의외로 지가는 하락하지 않아 그동안의 지가 저락 예상은 기우(杞憂)로 보였다. 한편으로 1934년 6월 13일 조선총독부는 산미증식계획의 신규사업 중지를 성명했는데, 이후 도리어 지가가 약 20~30% 앙등하고 소작쟁의 건수도 현저히 증가하는 양상이 나타나 여기에 조선농지령의 영향이 작용한 것으로도 해석되었다. 지가 상승에 대해서는 그 원인이 미가 상승 폭에 비례한 것이며 당시 저금리 추세에 좌우된 것도 있다고 보고, 지가가 올라가면 자연히 토지투자를 유도할 것으로 보였다. 소작쟁의의 증가를 우려하는 견해에 대해서는, 소작쟁의의 성질이 대부분 개인적인 것에 한정된 것이 많아진 상태이므로 표면적 건수의 증가만으로는 문제되지 않는다는 것이 대체적인 여론이었다.[393]

그러나 재조선 일본인들은 대체로 조선소작조정령이나 조선농지령을 두고 당사자 계약의 자유를 인정하지 않고 국가가 그 기준을 보여 국가의 지도적·간섭적 의사가 노골화된 강제적인 법령이라고 반발했다.[394] 식민권력이 지주소작관계에 대한 통제를 강화하려 한 측면을 지적한 것이다.

해가 바뀌어 1935년이 되자 조선총독부는 조선농지령 시행 결과에 대체로 만족한다는 입장을 표명했다. 1월 11일 우가키 총독은 임시 도지사회의에서 훈시를 통해 다년간 조야(朝野)에서 갈망하던 조선농지령을 실시하여 소작관행

---

393 「金融基調を淨化す」, 『京城日報』 1934년 11월 2일; 「反古紙同然から一轉!」, 『京城日報』 1934년 12월 7일; 「進展する南棉北羊策」, 『京城日報』 1934년 12월 16일; 「農地令是非の論爭は水掛論」, 『京城日報』 1934년 12월 23일; 「약삭빠른 産金業者, 토지투기에 열중」, 『조선중앙일보』 1934년 12월 1일.

394 豊島正己, 「小作調停令に付いて」, 『司法協會雜誌』 13-7, 1934, 17쪽.

개선에 이바지하고 있다고 밝혔다.[395] 또한 와타나베 시노부 농림국장은 조선 농지령 실시 후 2개월여가 지났을 뿐이지만 "사회정책상 새로운 기원"을 이루었고, 그 준용을 적절하게 통제하여 농촌진흥운동의 중핵을 이루는 농가갱생 계획의 수행에 크게 기여했다고 자평했다. 아울러 조선농지령으로 '관민상구(官民相俱)'의 법 정신을 잘 실현하여 관민이 상호의존적인 관계에서 협력하는 모습을 보이고 있다고 말했다.[396] 2월 14일 열린 조선은행 총회에서는 가토 게자부로(加藤敬三郎) 조선은행 총재가 조선농지령 등의 실시로 경제기구가 정비되고 충실해져 식민지 조선의 재계가 더욱 견실한 발달을 이루고 있다고 긍정적으로 평가했다.[397]

그렇다고 조선농지령에 대한 비판이 잠잠해졌을까. 식민권력은 조선농지령의 문제점을 비판하는 여론을 최대한 차단하려고 했던 것으로 보인다. 예를 들어 1935년 5월 3일 발행될 『조선일보』에 실릴 예정이던 「반신불수의 농지령」이란 제목의 기사가 그 전날 삭제 처분을 당하기도 했다.[398]

한편 1935년에도 조선농지령 실시로 우려되었던 지가 하락 현상은 나타나지 않고, 경지가격이 계속 상승하고 있었다. 좋은 논일 경우 약 40~50% 이상 지가가 앙등한 곳이 적지 않았고, 나쁜 논에서도 대체로 지가가 앙등하는 상태였다. 그 원인은 미가의 상승, 고리대 자금의 토지 구입 전향 등으로 인한 것으로 분석되었다. 하지만 미가가 현재 이상으로 앙등하는 일은 '미곡통제법'에 따른

---

395 「道知事會議に於ける宇垣總督の訓示」, 『京城日報』 1935년 1월 12일.

396 「春窮より更生輯睦: 農林局長渡邊忍, 農地令の施行」, 『京城日報』 1935년 1월 1일.

397 「內外資本の滿洲流入增加す: 鮮銀總會席上加藤總裁の演說」, 『中外商業新報』 1935년 2월 15일.

398 京城地方法院 檢事局, 「新聞紙削除注意記事 一覽表(5月分)」, 朝鮮總督府 警務局 圖書課, 『朝鮮出版警察月報』 81, 1935.

억제 등으로 없을 것이므로, 대체로 토지가격의 앙등은 포화점에 도달한 것으로 관측되었다.[399]

그런데 정작 문제는 조선농지령 시행 후 소작쟁의 건수가 격증한 것이라고 여겨졌다. 일제 측은 이것을 조선소작조정령과 조선농지령 시행의 과도기적 현상이라고 해석했다. 소작쟁의의 원인은 조선농지령 시행으로 소작권이 보호되어 영세농 중심으로 지주에 대한 권리의식이 생겨서, 불합리한 소작계약의 개정을 바라며 소작쟁의가 빈발하는 데 있는 것으로 보았다. 당사자별로 보면 조선인 지주와 조선인 소작농 간의 쟁의가 약 88%로 대부분을 차지하는 것으로 나타났다. 또한 조선총독부의 조사에 따르면, 소작쟁의 참여 평균 인원은 감소하는 경향이었다. 그리고 소작쟁의의 약 80%가 권해에 의해 해결되어 소작위원회 등이 활발하게 활동하고 있는 것으로 추계했다. 따라서 장래 조선농지령이 보편적으로 인식되고 농촌기구가 조정되면 소작쟁의 수도 감소할 것이라고 전망했다.[400] 그러나 이러한 식민당국의 낙관적 전망은 당시 식민지 조선 농촌의 실정은 제대로 들여다보지 않은 오판과 허상이었다. 조선농지령 시행 이후의 소작쟁의 사례들을 보면, 지주들의 조선농지령 결함의 악용이나 자의적인 조선농지령 미준수로 소작 문제가 지속되어 소작인들의 저항이 계속되었음을 알 수 있다.[401]

---

399 「土地價格の昂騰も飽和点に到達か?」, 『京城日報』 1935년 2월 22일.

400 「農地令施行の過渡期的現象として小作爭議件數增加」, 『京城日報』 1935년 7월 10일; 「赫赫たる成功を收め內地に比肩すべき發展を遂ぐ」, 『京城日報』 1936년 1월 4일; 「小作爭議件數增加」, 『京城日報』 1936년 4월 1일.

401 최은진, 「1930년대 중반 조선농지령 시행 이후의 소작쟁의」, 『한국사연구』 189, 한국사연구회, 2020b, 301~302쪽.

4) 그 후 소작관계법의 변화

1937년 중일전쟁 이후 전쟁 수행을 위해 생산력 증강이 요구되자, 지주소작관계에도 전시경제의 통제가 적용되었다. 전쟁으로 물자에 대한 수요 증가, 공급 감소 현상이 나타나 전반적으로 물가가 상승했다. 특히 전시하 곡물가격은 급속한 군수공업화와 도시 인구의 급증 등으로 계속 상승했다. 이와 함께 농지가격 역시 크게 상승했는데, 곡물가격 상승과 함께 저금리정책, 경제통제로 인해 마땅한 투자처가 없어지면서 토지투기가 활발해진 것 등이 그 원인이었다. 곡가와 지가 상승은 토지거래를 촉진하고 농지의 황폐화를 초래하는 한편, 소작료 인상을 부추겨 농촌의 불안정을 초래했다. 이것은 전쟁 수행을 위한 농촌사회 안정을 저해하는 요소였다.[402]

이에 대한 대책으로 일제는 1939년 12월 6일 국가총동원법 제19조에 기초해 '소작료통제령'(칙령 제823호)을 제정·공포했고, 12월 18일 '소작료통제령 시행규칙'을 발포하여 이날부터 시행했다. 소작료통제령은 "소작료를 통제하여 일반 물가 그중 농산물가격의 상승을 억제하고 농업생산력의 확충을 기함과 동시에 후방 농민생활의 안정을 기하기 위해 '가격 등 통제령'의 특별법으로 제정"되었다. 소작료통제령은 소작료액·율·종별, 감면 조건, 마름의 보수, 공조·공과 부담, 기타 계약조건 등을 1939년 9월 18일('9·18가격') 기준으로 하여 소작인에게 불리하게 변경하는 것을 금지한 조치였다. 이에 경작을 목적으로 하는 임차지(賃借地) 및 영소작권 또는 도지권(賭地權)이 설정되어 있는 농지에 대해 소작료의 종별 액수 혹은 비율 이외의 인상·감면이나 기타 조건 변경을 정지(停止)하고, 특별한 사유가 있는 경우에는 도지사의 허가를 거치도록 했다. 또한

---

402   이송순, 「일제 말기 전시 농업통제정책과 조선 농촌경제 변화」, 고려대 대학원 박사논문, 2003, 204쪽.

소작료 등에 대해 부·군·도 소작위원회에서 결정하고, 도지사 및 부·군·도 소작위원회가 변경 명령을 내릴 수 있게 해서 '부당한 소작료'의 시정을 도모했다. 소작위원회는 소작료통제령에 따라 소작쟁의 조정에서 나아가 소작관계에 대한 결정과 명령, 알선까지 할 수 있게 되어 소작관계에 대해 강한 통제력을 갖게 되었다.[403]

이어서 1941년 2월 1일 농지가격의 상승과 농지의 전용(轉用) 및 절대면적 감소를 막기 위해 '임시농지가격통제령'(칙령 제109호) 및 '임시농지 등 관리령'(칙령 제114호)이 공포·시행되었다. "농지가격의 상승은 직접·간접 제 물가 상승의 원인이 되어 정부의 저물가정책 수행상에도 지대한 영향을 미칠 뿐만 아니라, 지가 상승에 따른 토지자본의 증대, 생산비 등귀로 이어져 농가경제를 압박하기에 이르렀으며, 현재 긴급한 식량 증산을 확보한다는 국책 요청에 비추어 '국가총동원법' 제19조에 기초하여" 임시농지가격통제령이 제정되었다. 소작료통제령과 임시농지가격통제령은 서로 보완관계에 있던 법령이었다. 임시농지가격통제령은 법정지가가 있는 농지를 거래할 경우 도지사가 특별허가한 경우를 제외하고 그 매매가가 법정지가에 조선총독이 정한 배율을 곱해 산출된 금액을 넘을 수 없게 하고, 법정지가가 없는 농지 거래는 반드시 도지사의 인가를 받도록 했다. 지주들의 영리활동이 총독부의 전시 생산력 확충정책을 저해하지 않도록 규제한 것이다.

임시농지 등 관리령은 "농지의 궤폐(潰廢)를 방지함과 동시에 농지를 투기 대상으로 하여 헛되이 휴한(休閑)하는 등 시국하 농업생산력의 확충 수행을 저

---

403 「전시 소작입법의 巨彈」, 『동아일보』 1939년 12월 7일; 內閣, 「朝鮮府郡島小作委員會官制中改正」, 『勅令』 第115號, 1940년 3월 28일; 이송순, 앞의 논문, 2003, 356쪽; 조선총독부 편, 박찬승·김민석·최은진·양지혜 공역, 앞의 책, 2018b, 1082~1083쪽.

해하고 있는 많은 결함을 적극적으로 방지하고 농업생산의 증진을 도모하기 위해" 제정되었다. 이에 농지소유자가 농지를 경작 이외의 목적으로 사용하기 위해서는 도지사나 조선총독의 허가를 받아야 했고, 유휴지에 대한 경작강제 등을 실시했다. 그리고 전쟁이 장기화되고 확대되면서 식량 증산의 필요성이 더욱 절실해지자, 1944년 3월 24일 총독부는 '농업생산 증강'을 최우선의 목표로 임시농지 등 관리령을 개정(칙령 제151호)했다. 개정된 법령에서는 도지사의 허가를 통한 관리 대상 농지를 전 농지로 확대했고, 경작 목적이 아닌 농지의 소유권 및 경작권 이동에 대해서는 철저하게 통제할 수 있도록 했다.[404]

---

404 이송순, 앞의 논문, 2003, 356~359쪽; 이윤갑, 앞의 책, 2013, 192~193쪽.

3부

1930년대 초중반 소작쟁의 비교

1장
일본의 소작법 제정 중단 이후의 소작쟁의

1. 소작법 제정 중단 이후 소작쟁의의 추이와 소작 문제

1930년대 초중반 일본의 소작쟁의를 분석하기 위해서는 대공황기 고유의 농민층 분해의 특질, 즉 농민 제계층의 전반적 몰락 경향 속에서 지주와 소작인 대항의 성격을 고려할 필요가 있다. 또한 1930년대는 일본 파시즘이 농촌을 제패하는 시대이기도 했으므로, 그 속에서 농민운동의 역사적 의의를 검토해야 한다.[01]

1930년대 초중반 소작쟁의에서 가장 주목할 만한 현상은 토지반환에 관련한 쟁의가 증가한 것이었다. 토지반환 쟁의의 증가는 1925년경 이후 두드러진 현상이었으며, 수년간에 걸쳐 놀랄 만한 증가를 보였다. 토지반환에 관련한 쟁의는 1924년에는 25건에 불과했으나, 1930년에는 1,000건을 돌파하여 그해 발생한 쟁의 총 건수의 30% 정도를 차지했다. 이후 점차 증가하여 1933년 2,275건, 1936년 3,644건, 1937년에는 3,259건(1938년 1월 10일 보고 기준)으로 총 건수의 약 68%

---

01 林宥一, 『近代日本農民運動史論』, 日本經濟評論社, 2000, 119쪽.

를 차지했다.

토지반환 투쟁은 소작관계의 존속·소멸에 관한 것으로, 쟁의로서 가장 핍박받는 사정에 놓여 있는 것이었다. 1930년대에 들어 지주 측에서는 자작경영, 소작료 체납, 소작지 매각, 도로·택지·부지 및 기타 사용 목적의 변경 등을 이유로 현저히 소작인에게 소작지의 반환을 요구했다. 이에 소작인들은 소작계약의 계속, 소작권의 확인, 작리료(作離料)의 지급, 입모(立毛) 배상 등을 요구하며 쟁의를 일으키는 경우가 점차 많아졌다. 더욱이 1930년대 초중반 각지에 각종 군수공장이 설치되면서 해당 부지의 지역에서 광범위하게 토지반환 쟁의가 발생했다.

토지반환 쟁의에서 지주 측은 다음과 같은 수단을 취했다. ① 지주의 자작, 소작인의 변경, 토지 사용 목적 변경으로 인해 토지반환을 주장하는 때는 기간을 정해 이를 통고하는 경우가 많았다. ② 지주가 파산하거나 또는 재산을 정리할 경우에는 토지를 일괄매각한 후 토지반환을 청구했다. ③ 소작쟁의를 기피하여 토지를 매각하려고 할 경우에는 다음의 방법 중 하나를 취했다. ㉮ 소작지를 매각한 후 토지반환을 청구했다. 즉 소작인과 상의하지 않고 무단으로 제3자에게 소작지를 매각하고 나서 소작인에게 토지반환을 청구했다. 또는 일단 소작인에게 지주의 토지매각 시 토지매수(買收) 방법을 통지하지만, 토지매매 가격 및 기타 조건에서 타협하지 않고 다른 곳에 토지를 매각하고 소작인에게 그 명도(明渡, 토지 등을 남에게 주거나 맡김)를 요구했다. ㉯ 사전에 소작관계를 해소하고 나서 그 토지를 매각했다. ④ 지주가 토지반환 청구를 소작쟁의의 수단으로 취하는 경우에는, 소작료 체납 등을 이유로 하여 소작료 청구와 함께 토지반환 청구 소송을 제기하고 판결에 따라 그 목적을 이루려 했다. 드물게는 제3자인 토지회사 또는 신탁회사에 토지소유권을 이전하거나 또는 토지회사에 영소작권 설정 또는 임차권 계약 등기를 하고 토지회수를 하는 경우도 있었다.

지주 측의 토지반환 청구에 대해 소작인 측은 다음과 같은 이유로 소작관계의 계속을 주장했다. ① 수십 년 동안 계속 경작해온 연고가 있는 토지이다. ② 소작인이 개간에 조력하거나 또는 토지개량을 해 온 소작지이다. ③ 소작권을 구입한 토지이다. ④ 환매[還買, 買戾]02 약관을 붙여 매각한 연고가 있는 토지이다. ⑤ 다른 곳에서 소작지를 얻기 곤란하기 때문에 토지를 회수당하면 생활상 곤란을 겪게 된다. ⑥ 소작지를 떠나기가 매우 어려우므로 해당 소작지를 소작인에게 매각하기 바란다는 것 등이었다. 그리하여 영소작권 또는 소작권을 주장하고 그 확인을 요구하거나, 토지반환으로 권리가 소멸하는 것에 대한 배상을 주장하며 비료비, 경작비, 이지료(離地料) 등 작리료 지급을 요구하는 식으로 지주의 토지회수에 대항했다.03

이와 같이 1930년대 초순부터 농업공황이 심각해지면서 농민투쟁이 격화되고, 1930년대 중반까지 소작쟁의의 성질이 소작료 감면 투쟁에서 나아가 토지반환 투쟁과 같이 소작권 그 자체를 둘러싼 쟁의로 심각하게 변화하면서 그 건수가 증가했다.

소작료 감면 요구는 고율의 소작료에 대한 투쟁이었다. 이러한 소작료 관련 쟁의가 과거에는 실수(實數)나 비율상으로 많았는데, 농업공황 이후 소작료에 대한 쟁의는 해마다 감소하는 경향을 보였다. 이와 반대로 소작계약의 계속, 소작권 또는 영소작권의 확인이나 관련 배상 요구에 대한 쟁의는 해마다 늘어나 그 비율이 높아졌다. 토지반환 관련 쟁의가 증가하면서 지주들은 법률적 수단을 기다리지 않고 구두로 소작계약 해제를 통고하거나, 즉시 소작인의

---

02 일단 남에게 팔았던 물건을 도로 사들임.

03 「土地返還爭議の增加頗る顯著: 最近の小作爭議において最も注目すべき現象」, 『中外商業新報』 1930년 3월 5일; 農林省 農務局, 『小作爭議·調停及地主小作人組合の概要』, 1938, 5쪽.

점유를 침해하여 실력 투쟁으로 토지 회수에 나서는 경우도 많았다. 또는 지주가 제3자와 소작계약을 체결하여, 제3자와 이전의 소작인 사이에 소작지 점유 쟁탈이 벌어지는 경우도 많았다.

소작쟁의 참여 인원을 보면, 1930년대 초중반에도 소작쟁의의 대다수는 여전히 단체적 성질을 띠고 있었지만 소작료 관련 쟁의에 비하면 그 수가 줄어드는 경향을 보였다. 일반적으로 소작료 감면 요구나 기타 소작조건의 개정에 관련한 쟁의에서는 단체로 대응하는 것이 보통이었다. 이때 소작인들은 각 대자(大字)[04] 또는 정(町)·촌(村)을 구역으로 하여 소작인조합을 조직하거나, 전국농민조합 및 기타 계통적 농민조합에 가입하여 그 지부를 설립하고 조합의 통제 아래 결속하여 각종 수단을 강구하며 지주에 대항했다. 그런데 1930년대 초중반 소작쟁의의 평균 참여 인원은 지주와 소작인 모두 수 명 내지 십수 명이었다. 이 시기 소작쟁의의 관계 범위는 쟁의 평균 인원수에서 점차 감소하는 경향을 나타냈다. 특히 소작지 반환에 관련한 쟁의에서는 개인적인 쟁의도 많았다.[05]

한편 소작인조합 운동은 당초에는 대체로 소작쟁의를 중심으로 경제운동에 한정되어 있었는데, 1920년대 후반을 거쳐 1930년대 초 들어서는 조합의 범위가 확대되고 내용이 충실해지면서 각종 운동이 행해졌다. 당초 소작인조합의 운동 방침은 소작인의 이익 옹호에서 시작되어, 소작료 감면, 소작조건 개선 등을 목적으로 하는 경제운동에 그쳤다. 그러나 1925년 남성 보통선거의 실시를 계기로 1920년대 후반부터 정치운동 영역에 진출하고 다른 사회운동 단

---

04 일본의 말단 행정 구획의 하나. 정(町)·촌(村) 아래로 몇몇 소자(小字)를 포함하고 있다.

05 「所謂近代的の小作爭議激化の槪況: 農林省の調査した昭和6年の情勢」, 『中外商業新報』 1932년 3월 1~8일; 「小作爭議を診る: 慢性的な原因に土地問題が登場, 諸天災の蔭に踊る」, 『時事新報』 1935년 7월 17~21일; 農林省 農務局, 『小作爭議·調停及地主小作人組合の槪要』, 1936a, 3·9쪽; 農林省 農務局, 앞의 책, 1938, 3쪽.

체와도 연대하여 크게 약진하게 된 것이다. 그러나 그 기초적인 운동은 여전히 경제운동이었고, 다만 당시 농업공황의 상황과 결합하여 주목할 만한 새로운 양상을 보였다.

이와 관련하여 1931년경 농림성이 조사한 내용을 살펴보면 다음과 같다. 소작인조합에서는 ① 소작료의 감면 및 기타 소작조건의 유지·개선에 관련한 운동을 전개했다. 소작인들은 소작료의 일시적 또는 영구적 감액, 소작료 인상 반대, 소작료의 통일 또는 개정, 납부미[納米]의 격하(格下), 조세 외 납부미[込米][06]의 폐지, 장려미(獎勵米)의 증가 등을 요구했다. 지주 측은 이에 적극적으로 대응하여 자작경영, 소작료 체납, 소작지 반환, 소작계약 만료, 소작인 변경, 지목 변경 등을 이유로 소작지 회수를 요구하는 경우가 많아졌다. 이에 소작인 측은 소작인의 생존권을 압박하는 것이라며 극력 반대운동을 벌였다. 전국농민조합 및 기타 주요 소작인조합들은 경작권의 확립을 외쳤고 소작계약의 계속을 주장했다. 만약 부득이하게 소작지를 반환해야 하는 경우에는 경작권의 배상, 작리료와 기타 명목으로 상당액의 보상[代償]을 요구했다. 요구 관철 수단도 점차 격화되어 규탄 연설회 개최, 선전물 살포, 대중행진 등의 시위운동에서 나아가 입모 가차압, 토지 출입[立入] 금지 및 기타 처분을 하거나, 또는 지주 측에서 소송을 제기하는 경우에는 그 반대운동을 일으키고 고문 변호사를 두어 항변하는 방법을 강구하는 지경에 이르렀다. 특히 당시 눈에 띄는 것은 농민조합이 조직한 소년대(小年隊)의 활동이었다.

② 소작인 간 소작조건의 경쟁 방지에 대한 운동을 전개했다. 기후현(岐阜縣), 야마나시현(山梨縣) 등지의 소작인조합은 해당 규약 중에 다음과 같은 규정을 두는 경우가 상당히 많았다. 그 주된 규정 사항은 ㉮ 타인이 현재 소작하고

---

06 에도(江戶)시대 조세로 내는 쌀에 더하여 여분으로 징수하던 쌀.

있는 소작지에 대해 그 소작료보다 높은 소작료를 지불하는 등의 조건을 지주에게 말하여 소작권을 두고 쟁탈하지 말 것, ㉯ 소작지 회수 승낙 등의 사항은 조합 총회의 결의에 따라 행하고 단독으로 지주와 교섭하지 말 것, ㉰ 지주에게 소작지를 반환하려고 할 때는 우선 이를 조합에 알리고 조합원 중 소작 희망자에게 소작하게 할 것, ㉱ 조합원이 소작하고 있는 토지는 그 조합원의 승낙을 얻지 못하면 다른 조합원에게 이를 새로 소작하게 하지 말 것, ㉲ 조합원이 다른 조합원의 소작지 소유권을 취득한 경우에는 일정 연한 동안에는 해당 토지반환 청구를 하지 말 것 등이었다.

③ 단결권을 공고히 하기 위한 운동을 전개했다. 소작인조합은 1927년까지는 승승장구하는 기세로 발전했으나, 그 후 금융공황 등 각종 원인에 의해 다소 후퇴하는 추세를 나타냈다. 이전의 소작쟁의 선진 지역에서 조합이 해산하고 조합원이 탈퇴하는 경우가 적지 않았는데, 소작인 측은 이를 경찰당국의 부당한 탄압에 의한 것으로 보았다. 1929년에는 전국농민조합총동맹, 중부농민조합 등으로 조직된 전국농민단체회의가 조합이 파괴된 가가와현(香川縣) 탈환에 대한 건을 결의하는 등 여러 가지 운동을 벌였으나 소기의 목적을 달성하지 못했다. 그러나 각 소작인조합은 공고히 단결하기 위해 관련 강령 또는 주장을 내걸고 운동을 계속했다.

④ 산업조합적 운동을 전개했다. 이전에는 산업조합적인 사업은 거의 행하지 않았으나, 1930년대 초에 들어서는 소작인조합 자체적으로 또는 소작인조합원이 별도로 단체를 조직하여 구매, 판매, 이용, 신용 등의 사업을 실시하여 상당한 성적을 올렸다. 이를 조직상으로 보면, '산업조합법'에 의한 것과 임의의 합의조합이 있었다. 예를 들어 야마가타현(山形縣)농민조합의 '쇼나이(莊內) 경작판매구매이용조합', 전국농민조합 군마현(群馬縣)연합회 고도촌(强戶村) 지부의 '유한책임 고도(强戶)신용구매판매이용조합' 등은 전자에 속했다. 또한 후

쿠오카현(福岡縣)의 전국농민조합 후쿠사(福佐)연합회 '다카야나기(高柳) 지부 소비조합', 사가현(滋賀縣) 고카군(甲賀郡) 구모이촌(雲井村)의 '미야마치(官町) 소작인조합', 전국농민조합 나가노현(長野縣)연합회의 '조쇼(上小) 농민협동회' 등은 후자에 속했다. 당시 소작인조합 중 산업조합적 사업을 실시하고 있는 것은 76개에 달했고, 1도(道) 2부(府) 19현(縣)에 분포하여 있었는데 그 수가 가장 많은 지방은 사가(滋賀), 아오모리(青森), 교토(京都), 시즈오카(静岡), 후쿠오카(福岡), 미야자키(宮崎), 시마네(島根), 에히메(愛媛) 등의 지방이었다.

⑤ 농민 궁핍 타파 운동을 전개했다. 누에고치[繭], 채소, 미곡, 기타 일반 농산물 가격의 하락에 대해, 전국농민조합, 일본농민조합총동맹, 중부농민조합의 각 본부와 나가노(長野), 야마나시(山梨), 와카야마(和歌山), 도쿠시마(德島), 기후(岐阜) 및 기타 지방의 각 지부 연합회는 양잠 농민 구제, 농촌 궁핍 타파 등의 구호를 내걸고 지령을 내려 각종 운동을 실시했다. 그 주된 요구는 소작료의 감면, 비료·농구(農具)·잠종대(蠶種代)의 무이자 대여, 양잠 손실의 국고 보상 또는 부채[借金] 및 세금 지불 유예, 전등료(電燈料)의 가격 인하 등이었다.

⑥ 기타 공제금(共濟金)의 적립, 입영(入營)·출병(出兵) 등의 경우 공작(工作) 노동력 부족의 보조, 수해·화재에 대한 방비대(防備隊)의 설치, 소작지 임대차의 알선 등을 소작인조합에서 실시했다.[07]

1930년대 초중반 소작쟁의의 또 하나의 특징은 중소지주에 대한 소작쟁의가 심각해진 것이었다. 이 시기 쟁의 건수의 증가에 비해 쟁의당 참가 인원 수나 관계 토지 면적은 축소되어갔다. 수년 전까지만 해도 소작료 감면이나 소작료 인상 반대 등을 원인으로 하는 넓은 지역에 걸친 대쟁의가 많았다. 그러나

---

07 日本勸業銀行 調査課, 『小作爭議に關する調査』, 1928, 13쪽; 「複雜深刻化した小作人の經濟運動: 農業恐慌の銳化に伴って特異の新樣相を呈す」, 『中外商業新報』 1931년 5월 5일.

농업경영의 파탄을 원인으로 한 지주의 소작지 반환 요구가 증가하면서, 투쟁의 범위도 촌·부락을 단위로 하여 좁아지고 중소지주 1인 대 소작인 1인의 토지 투쟁이 증가한 것이다. 그래도 이러한 소작쟁의는 종종 폭동으로 번졌는데, 지주가 토지반환, 토지 출입금지, 입모 차압, 동산(動産) 차압 등의 강제수단으로 소작인을 압박하여 쟁의가 시작되는 것이 보통이었다. 사법성(司法省) 민사국(民事局) 조사에 따르면, 1930, 1931년의 소작에 관련한 소송의 95% 이상이 지주 측의 청구에 의한 것이었다.[08]

소작쟁의로 여건이 어려워진 중소지주들은 지주제 운영을 포기하고 해당 토지 경영을 위해 별도로 토지회사를 만드는 경우도 속속 생겨났다. 1930년대 초, 간사이(關西) 및 기타 지방에서는 지주가 공동으로 토지회사를 설립했다. 그리고 각 지주가 사원이 되어 회사에 토지소유권을 이전하거나 영소작권 설정, 임차권 등기를 하여, 회사가 지주를 대신하여 소작료 징수나 기타 소작관계 사업을 하는 경우가 많아졌다. 이러한 토지회사는 1933년 현재 일본 전국에 101개에 달했다.

그중 중소지주들이 토지회사를 설립한 예를 보면 다음과 같다. 가가와현(香川縣)의 중소지주들은 매우 치열했던 소작쟁의로 어려움에 처해 있었다. 이에 몰락 상황을 모면하려고 골몰하던 중소지주들은 사누키(讚岐)토지회사라는 새로운 토지경영회사를 설립했다. 소작쟁의에 대한 지주의 단결적인 대항책이기도 했고, 중소지주의 갱생책이기도 했다. 이 토지경영회사의 실적을 보면 궁박하던 당시 일본의 중소지주의 상황을 살필 수 있다. 이 회사는 1925년 6월 당

---

08 農林省 農務局, 『小作爭議·調停及地主小作人組合の槪要』, 1933, 6~7·10쪽; 「實相を視る: ドン底に喘ぐ農村, 冷旱風水害, 稔らぬ秋深し」 『大阪每日新聞』 1934년 11월 16일~12월 8일; 農林省 農務局, 『小作爭議·調停及地主小作人組合の槪要』, 1936a, 11쪽; 稻岡進, 『日本農民運動史』, 靑木書店, 1954, 167~170쪽.

시 전무이사 아다치(安達賢)의 제창에 의해 설립되었다. 쟁의의 해결, 농사개량, 농촌진흥을 위해서는 지주와 소작인이 함께 노력할 필요가 있다며, 그 방책으로 각 지주들이 모여 회사를 조직하고 통일된 경영을 행하여 '지주와 소작인 상호의 복리증진'을 도모함으로써 농촌의 위기를 구하자는 것이 회사 설립의 취지였다. 그 방침으로 지주가 소작미(小作米)로 놀고먹는 시대는 지났다면서 '농촌진흥'의 기치 아래 상당한 노력을 기울일 필요가 있다며 지주들을 집합시켰다. 또한 회사는 '합리적인 온정주의'에 따라 농촌의 미덕인 온화·순박함을 유지할 것을 천명했다. 이를 위해 소작인과의 합의제도를 통해 농사개량, 개량 농구의 이용, 비료의 공동구입·배합, 농업창고 이용, 사누키(讚岐)토지산업조합의 조직 및 이용 등의 사업을 실시했다. 그리고 소작미 납입방법을 개선하는 한편 자작농을 장려하는 방책도 실시했다.

이 회사는 자본금 200만 엔 금전 불입(拂入)의 일반회사 설립 형식을 취했는데, 사실상 현물(토지)출자 방식으로 설립된 것이었다. 즉 소작미 1석당 450엔으로 계산하여 지주와 전무이사 아다치 간에 매매계약이 성립되었고, 아다치는 이를 회사에 인계하고 한동안 불입금을 은행 등에 융통하는 역할을 맡았다. 따라서 10석의 소작미를 취득하는 논을 소유하는 사람은 이 회사의 주주(株主)로서 4,500엔, 곧 50엔 불입 주식 90주의 주주가 되었다.[09]

그렇다면 이 회사의 주주인 지주들은 어떠한 이익이 있었을까. 이들 지주는 재해 등으로 인한 수확의 풍흉이나 소작미 판매 가격의 고저(高低)에 큰 영향을 받지 않았다. 그리고 각 지주 간에 상호부조관계가 성립되었다. 토지가 주권화(株券化)되었기 때문에 금융매매에 편리함도 있었다. 소작미의 저장·판매, 소작인과의 교섭 등을 일체 회사가 담당했기 때문에, 지주는 주주로서 회

09 이후 소작미 1석당 550엔으로 계산하게 된다.

사 총회에 출석하거나 배당금 수령 등의 일만 하면 되고 달리 신경쓸 필요가 없었다. 회사는 대규모 경영에 의하므로, 개개의 지주가 부담하던 각종 경비를 절감할 수 있었다. 또한 곡물의 공동판매나 대상인과의 직접 매매에 따른 이익, 회사 사무원이 짬을 이용하여 겸영사업을 해서 창고업·운송업에서 얻는 이익, 타인의 토지나 가옥을 관리하여 얻는 상당한 수입 등의 여지가 있었다.

이에 창립 당시에는 47명의 출자자가 있었는데, 이후 확장하여 1932년 상반기 영업 보고서에 따르면 출자자가 68명으로 증가했다. 이 보고서에서 기말(期末) 토지소유 상태를 보면, 논 153정보 정도, 택지 2만 3,000여 평, 밭 2정보 6반보(反步) 정도, 저수지·용수지[溜池] 등을 합산하여 약 160정보의 토지를 관리·경영하고 있었다. 같은 시기의 수지(收支) 계산서를 보면, 이월금을 가산한 1만 3,000여 엔의 당기(當期) 총 수익금에서 법정 적립금, 창업비, 상각(償却) 금품을 공제하고 1주에 30전(연 6리)을 배당하고, 약 6,000엔을 후기(後期)로 이월하여 건실하게 이익금을 처분하고 있었다. 연 6리의 배당률을 거꾸로 계산하면 1반보당 1석의 소작료를 3엔 30전의 현금으로 지불하는 것이었다. 1석의 소작미에 대해 3엔 30전이라는 수익은 소액에 불과하나, 소득세 부과는 있어도 지조(地租)나 기타 부담은 지지 않는 순수입임을 감안하면 적지 않은 금액이었다. 100석의 소작미를 받는 토지를 소유하는 대지주의 그해 수금액은 330엔에 달했다. 이는 물론 이전에 비해서는 격감한 수입이기는 했다. 당시 이 회사의 최고 배당은 3분 2리였고 전기(前期)에는 1분 2리의 배당을 했는데, 불황에 따라 배당이 삭감된 것이었다. 이 회사의 창립 당시의 소작료는 900호의 소작에 대해 평균 1석 6두였는데, 현재는 9두 6승여가 되어 있었다. 하지만 회사 창립 이래 7년간의 미수(未收) 소작료는 1만 엔 전후에 그쳐 좋은 성적을 보이고 있는 편이었다.[10]

10　「讚岐土地會社中小地主の參考資料: 香川縣の農村對策」, 『大阪每日新聞』 1932년 7월 31일;

요컨대 1930년대 초중반에는 장기에 걸친 농업공황으로 소작농뿐만 아니라 자작농을 포함한 전 농민층의 경영이 파탄에 직면해 있었다. 농업 문제는 단순히 소작 문제에 그치지 않고 전 농민층의 문제로 확대되었다. 소작 문제는 여전히 일본 농업의 중심 문제였고, 소작쟁의는 농민운동의 중심을 이루었다. 지주적 토지소유가 후퇴 국면이었다 해도, 소작농가가 공황으로 소작료를 지불하기 어려워져 공황 후 소작쟁의는 이전에는 볼 수 없던 복잡하고 심각한 양상을 띠고 전개되었다. 그러나 1931년에 소작법안이 귀족원에서 유산된 후, 실질적인 토지정책의 전개는 전혀 보이지 않았다. 더욱이 소작조정법의 운용과 소작관의 지도에 따라 소작법적 질서의 정착을 지향해야 할 소작조정제도도 격화된 토지쟁의에 직면하여 쟁의의 해결에 난항을 겪었다.

다시 정리하면 1930년대 전반 공황기의 소작쟁의는 공황 전의 쟁의에 비교해서 다른 양상을 보였다. 첫째, 소작쟁의의 원인이 소작료 관련 쟁의에서 소작권 관련 쟁의로 바뀌었다. 소작료 감액에 대한 요구의 비중이 감소하고, 상대적으로 소작을 안정적으로 계속 유지하게 해달라는 소작권 관련 요구가 증가했다. 이는 지주의 소작지 회수, 곧 토지반환 요구에 대응하는 것으로, 쟁의의 이러한 경향은 지주 공세에 소작인이 수세적인 입장이었음을 보여준다. 토지쟁의는 소작인의 경작권을 둘러싸고 첨예하게 대립하는 경우가 많았다. 농산물 가격이 폭락하고 겸업 기회도 상실해가던 어려운 상황에서, 지주로부터 빌린 토지는 비록 작다고 해도 소작인으로서는 생활의 보루였다. 따라서 경작할 수 있는 토지를 빼앗기느냐 마느냐 하는 문제는 소작인의 생활 유지 기반과 깊은 관련이 있었다. 그런 의미에서 공황기의 소작쟁의는 농촌의 사회적 긴장

農林省 農務局, 앞의 책, 1933, 10~11쪽; 農林省 農務局, 앞의 책, 1936a, 11쪽.

과 불안을 한층 심각하게 만들었다.[11]

그 배경으로 쌀·견가(繭價)를 비롯한 농산물 가격이 1925년부터 하락하기 시작했고, 1930년부터는 세계대공황의 영향을 받아 폭락하며 장기 농업공황이 농촌을 뒤덮었다. 또한 일본농민조합은 1928년의 '3·15사건'으로 총본부 간부들이 검거됨에 따라 큰 타격을 받았다. 동시에 일본농민조합의 최대 거점이던 가가와현(香川縣)의 조직이 탄압을 받아 파괴되는 등 이후 농민조합운동은 커다란 제약을 받게 되었다. 이러한 상황변화 속에서 소작쟁의의 방식도 크게 변화했다. 소작료 감액 요구를 기본으로 하던 공세적인 소작료 관계 쟁의가 1927년 이후 급속히 그 비율이 줄고, 대신 지주의 토지반환 요구에서 기인한 방어적인 소작권 관계 쟁의의 비율이 증가하여 1933년에는 약 58%로 총 쟁의 건수의 과반을 차지하게 되었다.

둘째, 이처럼 소작쟁의가 격증하는 한편 쟁의 규모는 영세화되었다. 이 시기의 소작쟁의는 건수로 보면 격증했으나, 그 규모가 1920년대에 비해 작아졌다. 특정 지역에서 지주가 소작인으로부터 거두어들이는 소작료 수준은 그 지역 내 복수의 소작인 사이에서 비슷하여, 많은 경우 소작료 관련 쟁의는 연대하여 규모 있게 일어나는 것이 보통이었다. 하지만 지주와 소작인 간의 토지임대 관계 자체는 각각 개별적인 것이었기 때문에, 소작권 관련 쟁의는 지주와

---

11 금융공황과 대공황의 시기에 들어 소작쟁의의 중심이 토지를 둘러싼 쟁의로 이행한 것은 공황의 영향을 받아 몰락의 위기에 직면한 중소지주의 토지 회수, 자작화의 움직임을 기축으로 하는 것으로 매우 심각한 양상을 띠었다. 쟁의 내용의 주요한 변화로는 ① 쟁의의 장기화 경향, ② 지주에 의한 입모 차압, 출입금지 등 법적 수단의 증대, ③ 소송, 이른바 '법정전(法廷戰)'의 격증 등의 양상이 나타났다. 비약적으로 증가한 민사소송의 태반은 지주가 소작료 지불을 청구하는 것이었고, 동시에 토지반환 청구와 출입금지, 입모 및 동산 차압 건수도 급증했다. 田中學, 「1920年代の小作爭議と土地政策 (I)」, 『經濟學季報』 18-1, 立正大學經濟學會, 1968, 161~162쪽.

소작인 간의 개별적인 분쟁으로 건당 쟁의 규모가 작아지는 것이 당연했다. 더욱이 이 시기 토지분쟁에서 지주 측의 주축은 재촌 영세 중소지주였다. 이들은 소작인들이 소작료를 체납하면 직접 경작하겠다는 이유를 들어 토지반환을 요구하면서 쟁의에 이르는 경우가 많았다. 토지반환 쟁의가 격증하면서 쟁의 규모 평균이 1932년의 경우 지주 1.4명, 소작인 2.5명으로 적어졌다.

셋째, 쟁의에 참여하는 소작인의 계층적 하강 현상이 나타났다. 공황 전의 소작쟁의는 소작농 가운데서도 상대적으로 상층 농민을 중심으로 소작료 감면을 요구하는 경우가 많았다. 이 시기 소작쟁의는 가급적 상품화할 수 있는 쌀을 수중에 확보하여 농업경영상 상승하려고 하는 상층 농민의 요구를 중심으로 전개된 것이었다. 그러나 공황 후에는 하층 소작인들의 경영이 곤란해지면서 소작료를 체납하여, 지주의 납입 독촉에 대해 소작농이 소작료 감면을 바라면 지주가 토지반환을 강력하게 요구하며 쟁의가 발생하는 경우가 많았다. 소작인으로서는 생존을 위한 쌀을 확보하기 위해서, 또 최후의 생존 조건인 토지의 경작권을 지키기 위해서 쟁의에 나서지 않을 수 없었다.

넷째, 소작쟁의의 지역별 전개 방식도 대공황을 계기로 변화했다. 공황 전에 쟁의는 상업적 농업이 일찍이 발달하고 대도시에 근접하여 자본주의적 노동시장의 영향이 강한 긴키(近畿) 지방을 중심으로 많이 발생했다. 이에 비해 공황기에는 자본주의적 관계상 상대적으로 후진적이고, 이제까지 지주의 지배력이 강해 소작쟁의 발생이 적었던 동부 지방과 홋카이도(北海道) 지방 및 양잠을 하는 여러 현[야마나시현(山梨縣), 나가노현(長野縣), 군마현(群馬縣)]이 소작쟁의가 많은 지역으로 추가되었다.

예컨대 대공황 이전인 1926년 쟁의 발생 건수가 많은 부·현은 효고(兵庫)·오사카(大阪)·니가타(新潟)·나라(奈良)·기후(岐阜)·교토(京都)·후쿠오카(福岡)·사이타마(埼玉)·돗토리(鳥取)·시마네(島根) 순으로 서일본(西日本)이 중심을 이루었다. 도시 주변부로 농민적 소상품 생산이 진전되어 있던 지역에 소작쟁의가 집중된 것이다. 그러나 공황 후 1932년이 되면 소작쟁의의 발생 순위는 아키타(秋田)·홋카이도(北海道)·야마가타(山形)·후쿠오카(福岡)·니가타(新潟)·미에(三重)·야마나시(山梨)·도쿠시마(德島)·후쿠시마(福島)·군마(群馬) 순으로 크게 바뀐다. 발생 건수로 볼 때 이전에는 쟁의가 적었던 동일본(東日本) 지역으로 소작쟁의의 중심지가 옮겨간 것이다. 그리고 이들 지역에서 소규모의 방어적인 토지반환 쟁의가 격증하게 되었다. 같은 해 토지반환 쟁의의 발생 순위는 야마가타(山形)·아키타(秋田)·홋카이도(北海道)·후쿠오카(福岡)·야마나시(山梨)·후쿠시마(福島)·군마(群馬)·이바라키(茨城)·도쿠시마(德島)·아오모리(青森) 순이었다는 사실로부터 이를 확인할 수 있다.

그러나 소작쟁의 발생 건수가 아닌 실제 소작쟁의에 참가한 세력, 곧 참가 인원으로 볼 때는 1920년대와 똑같이 서일본이 중심이 되었다. 오사카(大阪)·효고(兵庫)·나라(奈良)·아이치(愛知)·기후(岐阜)·니가타(新潟)·오카야마(岡山) 등 1920년대에 쟁의 선진지로 불리던 지역에서 1930년대에도 쟁의 참가자가 많았고, 동일본은 그 상위(上位)를 차지하지는 않았다. 이 사실은 단순히 쟁의의 중심이 동일본으로 옮겨간 것이 아니라, 공세적인 소작료 감액 쟁의가 그 규모는 약간 작아졌으나 서일본 등 농민적 소상품 생산이 일찍이 전개되었던 도시 주변부에서 여전히 뿌리 깊게 진행되었음을 보여준다. 이와 동시에 농촌불황 아래 지주층에 대응하는 소규모이지만 심각한 토지반환 쟁의가 동일본의 많은 지역에서 전개되었다. 이처럼 대공황 이후 일본의 소작쟁의는 서일본과 동일본에서 분화되어 나타났다. 대공황기에 발생한 일본의 대규모 소작쟁의의 위치관계를 〈표 3-1〉을 통해 보면, 1920년대에도 소작료 감액 쟁의가 대규모 소작쟁의에서는 압도적으로 많았고 도시 근교나 철도 연선상 등 교통이 편리한 지역에서 발생했다는 것이 확인된다.

소작쟁의 발생지	위치관계	참가인원		소작인 요구	출전
		지주	소작		
北海道 雨龍郡 雨龍村 蜂須賀農場	函館本線 深川町을 중심으로 하는 지역	1	35	소작료 영구 감소	昭和6年 小作年報
山形縣 北村山郡 小田島村	谷地町·東根町에 인접	17	105	소작료 감액	〃
栃木縣 鹽谷郡 阿久津村	東北本線 寶積寺驛 부근 宇都宮으로 10km	6	36	〃	小作爭議及調停事例(昭和7年)
新潟縣 三島郡 王寺川村	信濃川을 끼고 長岡市의 對岸	8	39	〃	小作爭議及調停事例(昭和5年)
新潟縣 中頸城郡 和田村	高田市에 인접	58	272	〃	昭和6年 小作年報
新潟縣 中蒲原郡 大蒲原村	村松町에 인접, 蒲原鐵道 沿線	17	150	〃	新潟縣農地改革史 資料(2)
新潟縣 南蒲原郡 大面村 帶織	三條市에 인접, 上越線 帶織驛 부근	21	115	〃	小作爭議及調停事例(昭和5年)
山梨縣 東山梨郡 奧野田村	鹽山町 인접	1	1	소작계약 계속	〃
長野縣 埴科郡 五加村	戶倉町·屋代町에 인접, 信越線 沿線	24	67	소작료 감액	〃
奈良縣 北葛城郡 磐城村	大和高田市에 인접	13	82	〃	昭和6年 小作年報
和歌山縣 日高郡 御坊平	御坊町 일대	93	312	〃	農地制度資料集成 第2卷
鳥取縣 西伯郡 箕蚊屋	米子市에 인접, 山陰本線 沿線	67	385	〃	小作爭議及調停事例(昭和7年)

* 출전: 農民組合史刊行會, 『農民組合運動史』, 年表 등(西田美昭, 『近代日本農民運動史研究』, 東京大學出版會, 1997, 130쪽에서 재인용-).

이처럼 공황기에는 소작쟁의의 지역 분화와 함께 전체적으로 쟁의 참가 인원이 감소했으며, 또 방어적인 소작권 관계 쟁의가 격증했다. 1920년대에서 1930년대로 가면서 소작쟁의의 성격은 변화했지만, 소작쟁의 자체가 지주적 토지소유 후퇴에 미친 역할은 결정적이었다. 그리하여 이후 전시(戰時) 농지정 책을 거쳐 농지개혁의 실시에 이르는 역사적 전제를 형성했다고 평가된다.[12]

---

12   庄司俊作, 「昭和恐慌期の小作爭議狀況」, 『社會科學』 30, 同志社大學人文科學研究所, 1982,

이하에서는 일본에서 1930년대 초중반 소작입법이 중단된 후에 있었던 소작쟁의 사례들을 소작권 관련 쟁의와 소작료 관련 쟁의로 유형별로 구분하여 분석하도록 한다. 지주의 토지반환 요구에 의한 소작권 관련 토지쟁의와 소작료 지불을 둘러싼 소작료 관계 쟁의는, 예컨대 소작인이 소작료를 체납한 것을 빌미로 지주가 토지반환을 요구하여 쟁의가 발생한 경우처럼 밀접하게 관련되어 있는 경우가 많았다.

그러나 구체적인 사례의 심화 연구에서는 이를 구별해서 볼 필요가 있다. 공황에 의해 소작쟁의가 격화되었다고 해도, 소작권 관련 토지쟁의와 소작료 관계 쟁의가 의미하는 바는 다르다. 대공황 이후 소작쟁의 발생에서 기본적인 특징은 토지쟁의의 급증이었다. 토지를 둘러싼 대립이 한층 격렬해진 시기가 공황기였으므로, 소작권 관련 토지쟁의를 주목하면서 한편 소작료 관계 쟁의의 경향을 살피도록 한다.[13]

여기서는 1930년대 초중반 소작쟁의 및 소작조정 사례 분석에서 소작인 다수가 연루된 비교적 대규모의 쟁의 사례, 소작인의 피해와 관련하여 문제적 현상이 계속된 사례들을 중점적으로 연구한다. 이를 통해 일본에서 소작입법 중단 후 실제로는 소작조건이 얼마나 개선되었는지 확인할 수 있을 것이다. 소작권 관련 쟁의와 소작료 관련 쟁의의 각 유형으로 사례를 묶어 소작 문제 현상의 구체적인 경향을 살펴보겠다.

224쪽; 西田美昭, 앞의 책, 1997, 129~131쪽; 데루오카 슈조 편, 전운성 역, 『일본농업 150년사(1850~2000)』, 한울아카데미, 2004, 131~133쪽.

13 庄司俊作, 앞의 논문, 1982, 240쪽.

2. 소작권 관련 쟁의―토지반환 요구

위에서 살펴본 것처럼 대공황 후에는 농촌의 불황과 흉작 속에 토지반환을 요구하는 지주의 공세로 토지쟁의가 점차 증가하는 특징적인 움직임이 나타났다. 토지 문제를 둘러싼 대립이 첨예해진 것인데, 이는 한편으로 도시화, 농지의 농외(農外) 전용(轉用)의 유리함을 고려한 지주의 토지반환 요구에 의한 쟁의였다. 토지 문제 중심 쟁의는 1927년에 약 9%에 불과하던 것이 1933년에는 약 45%의 다수에 이르게 되었다. 지역별로는 도호쿠(東北) 6현[아오모리현(靑森縣), 이와테현(岩手縣), 미야기현(宮城縣), 아키타현(秋田縣), 야마가타현(山形縣), 후쿠시마현(福島縣)]과 도치기현(栃木縣), 군마현(群馬縣), 이바라키현(茨城縣)을 비롯하여 효고현(兵庫縣)과 아이치현(愛知縣) 등지에서도 토지쟁의가 점점 증가했다. 지주의 토지반환 요구는 공황기에 가장 격렬했고, 1935, 1936년에는 토지쟁의가 절정을 이루었다. 토지쟁의에서 소작농민의 조정 신청률도 공황기에 비약적으로 증가했다.[14]

소작권을 보장받기 위한 쟁의에서 소작인은 소작권을 비롯하여 소작계약의 내용, 실체 등을 소작계약 증서로 명확히 증명해야 이를 인정받을 수 있었다.[15] 예를 들어, 1935년 후쿠시마현(福島縣) 고리야마시(郡山市) 근교의 농촌에서 소작조정 사건이 있었는데, 지주가 소작인에게 영소작을 조건으로 하여 원야(原野)를 개간하게 한 후 소작인이 1년여 걸려서 개간을 마치자 지주가 그 토지를 자작 희망자에게 전매(轉賣)한 것이었다. 자작 희망자는 당연히 소작인의 퇴

---

14 內務省 警保局 保安課, 「最近の農村情勢と警察活動の槪況」, 1936, 15쪽, 荻野富士夫 編, 『特高警察關係資料集成 第10~11卷: 農民運動』, 不二出版, 1992, 340쪽; 庄司俊作, 앞의 논문, 1982, 248·252쪽.

15 布施辰治, 「はしがき」, 『小作爭議にたいする法律戰術』, 淺野書店, 1931, 71쪽.

거를 요구했고, 망연자실한 소작인은 그 해결을 위해 소작조정을 신청했다. 법률적으로 보면 이러한 소유권 이전은 정당한 것이었다. 새로운 토지소유권자에게 토지 대여 의사가 없는 이상 결국 소작인은 어쩔 수 없었다. 이 사건에서 소작인의 중대한 과실(過失)은 개간하기 전에 지주로부터 소작계약서를 받아두지 않은 것이었다. 그러나 실제로 당시 지주에게 그러한 소작계약서를 교환하자고 당당하게 주장할 수 있는 소작인은 거의 없었다.

이처럼 소작권과 관련하여 소작인이 불안정했던 이유는 당시 일본 민법의 결함에 따른 것이었다. 민법 제605조에 따르면, 소작인은 소작계약의 등기가 없는 한 물권을 취득한 자에게 대항할 수 없었다. 그러나 현실적으로 지주는 소작계약 등기를 거의 승낙하지 않았다. 지주가 승낙하지 않는 이상 소작인은 소작지를 얻을 수 없으므로, 이 규정은 완전히 공문(空文)이라 할 수 있었다. 그리하여 지주가 소작지를 매각하고 새로운 지주가 구 소작인의 소작권을 인정하지 않을 경우, 구 소작인은 소작권을 상실할 수밖에 없었다. 또한 민법 제617조에 따르면, "당사자가 임대차 기간을 정하지 않았을 때 각 당사자는 언제라도 해약 신청을 할 수 있다"고 했다. 이에 지주는 소작기간을 정하지 않았을 때 1개년의 예고기간으로 언제라도 토지반환을 요구할 수 있었다. 가령 소작기간을 정했다고 해도, 그 기한이 도래하면 지주는 아무런 사유 없이도 소작인의 소작권 설정 갱신 신청을 거절하고 소작인으로부터 소작지를 돌려받을 수 있었다. 소작기간을 정한 경우 민법 제618조 "당사자가 임대차 기간을 정해도 한편 또는 각자가 그 기간 내에 해약할 권리를 유보(留保)한 경우에는 전조(前條)의 규정을 준용한다"는 규정에 따라, 지주는 소작증서상 그 해약권을 '유보'한다고 보는 것이 통상적이었다. 이에 소작인은 안심하고 경작을 계속하거나 토지

개량과 생산 증진에 노력할 수 없는 구조였다.[16]

이에 대공황 후 1930년대 초반부터 소작권 문제를 둘러싼 토지반환 투쟁이 증가했는데, 그 사례들을 살펴보면 다음과 같다. 예컨대 1931년 아이치현(愛知縣)에서 소작 계속을 요구하는 소작쟁의가 일어났다. 1931년 5월 25일 아이치현 히가시카스가이군(東春日井郡) 고마키정(小牧町) 대자(大字) 후나쓰(舟津)에서 지주 17명, 소작인 45명, 논 1정(町) 8반(反) 8묘(畝) 8보(步), 밭 7반 1묘 14보가 관계된 쟁의였다.

이 계쟁(係爭)[17]은 각각 경우를 달리하는 지주(자작지 확대 목적, 소학교장)와 소작인(자작농에 가까운 소작인, 적지 않은 소작지가 있는 자) 간에 일어난 것이었다. 쟁의의 발단은 경지 정리 후 관습 개정에 불만을 갖고 소작료 인하를 요구한 것이었는데, 단순히 이에 그치지 않고 쟁의는 다음과 같은 복잡한 사정 아래 발생했다. 첫째, 대자작농이 되지 않으면 생활비의 향상을 기대할 수 없고, 또 가족 증가로 분가(分家) 등을 할 수밖에 없다고 주장하는 자들을 중심으로 하여 지주들이 연쇄적으로 자작을 하려는 경향을 보였다. 이들은 자작을 장려하는 현(縣)의 지도 방침을 준수하는 것이라고 강조했다. 둘째, 자작 경영에 난색을 표하던 지주들도 경지부족 상태에서 대자작농주의자에 영합하고 있었다. 셋째, 소작료 감액 문제가 예전처럼 지주의 명령대로 결정되지 않는 경향이 있어, 지주들은 자기 명령에 승복하지 않을 경우에는 즉시 점유 인도 계약을 할 것을 주장했다. 넷째, 지주들은 변호사에게 감정하게 하여 소작료 문제에 접근하지 않고 토지반환 예고를 하게 하고, 조정 및 기타 중재를 배제한 후 자기 사정에 좋

---

16 「庶政一新の彼方政治を地方に見る (29): 耕す大地は搖らぐ, 不安に戰く小作人小作法の制定を鶴首」, 『東京朝日新聞』 1936년 8월 16일.

17 문제를 해결하거나 목적물에 대한 권리를 얻기 위하여 당사자끼리 법적인 방법으로 다툼.

은 방책을 취했다.

　지주 측은 이러한 저의로 1931년 3월 토지반환, 소작료 결정에 대해 지주의 절대적인 권리를 확보하려는 내용의 지주 본위 소작증서를 소작인 측의 주요 인사에게 보냈다. 그리고 이를 받아들일 것을 관계 소작인 45명에게 통고했다. 이에 소작인들은 경지 정리 후 소작료 영구 감액을 요구하려고 협의하면서 그 시기를 고려하고 있던 상태였으므로 의외의 요구에 놀라 이를 거절했다. 그 후 지주 측에서는 소작인 전원 45명에게 내용증명우편에 의한 토지반환 예고를 발송했다. 이 통고는 예고였기 때문에 소작인들은 속히 대책을 협의하지 않았다.

　그러다가 1931년 납미기(納米期)가 되어 소작인 측에서 지주에게 흉년을 이유로 논 3할, 밭 1할 5분의 소작료 인하를 요구했다. 이 요구에는 계쟁지(係爭地)의 경지 정리 후 소작료 영구 인하를 이유로 1할의 인하를 부가한 의미가 함축되어 있었다. 그러나 지주 측은 토지반환 예고 중이라며 아무런 회답을 하지 않았다. 그 사이 구장(區長)이 나서서 앞서 요구한 소작증서를 받아들인다면 논 2할, 밭 1할의 소작료 인하를 수락하겠다고 대답했다. 소작인 측은 소작증서 문제에 접근하는 것을 피하고 소작료 영구 인하를 요구했다. 이에 구장은 중개 사퇴를 표하여 사태가 점차 복잡해졌다.

　그러자 부구장(副區長)이 구장, 의원 10명, 촌년행사(村年行事)[18] 10명의 합의체를 구성하여 장래에 관계된 일종의 협정안을 작성하고 여기에 일임하자는 안을 제출했다. 이 합의체에서 작성한 안의 골자는 첫째, 소작료 영구 감액에 관한 것(5승 정도), 둘째, 흉작의 경우 소작료 감면 한계점을 두는 것, 셋째, 소작의 성질을 임대차로 하는 것을 명확히 하는 것, 넷째, 토지 명도 예고기를 3년 전

18　연중 교대로 조합 등의 사무를 보는 직무.

으로 하는 것, 다섯째, 예고 없는 토지반환의 경우에는 금 몇 엔을 지출하는 것 등이었다. 그러나 쌍방은 이 합의체에 문제를 일임하는 것을 허락하지 않았다. 특히 지주 중 다수가 간섭하여 일이 결정되는 것을 바라지 않는 이가 있어 교섭이 순조롭게 진전되지 않았다.

그러다가 우연히 소작인 중 13명의 정의단원(正義團員)이 있는 것을 알게 되자, 지주 중의 일원인 이토(伊藤)는 정의단에 가입하지 않은 소작인과 비밀리에 내통하여 소작증서를 요구하지 않고 논 1할 3분 5리, 밭 6분으로 소작료를 인하하는 것으로 문제를 일단락지었다. 소작인들의 요구의 절반에도 미치지 않는 소작료 감액 결정이었다. 그리고 남은 정의단원에게는 아무런 교섭을 하지 않고, 1932년 6월 20일 토지 명도 예고 만기에 이르러 토지반환 소송을 제기했다. 소작인 측은 1, 2회 응소(應訴)한 후, 1932년 11월 21일에 소작인 10명이 지주 15명, 논 2정 6묘 12보, 밭 7반 2묘에 대해 소작 계속에 관한 조정 신청을 했다.

소작조정 경과는 다음과 같았다. 이 쟁의는 대지주 대 소작인의 문제가 아니라 중소지주에 관련한 문제로, 당시 농촌사회의 현실 사회상을 보여주는 것이었다. 이에 조정위원회는 그 취급에 신중을 기하여 사태를 해결하겠다고 나섰다. 조정 회수 26회를 거듭하고 2년 4개월의 세월이 흘렀다. 이후에도 지주와 소작인들은 집요하게 조정위원회의 말을 받아들이지 않아 다시 1년여의 시간이 경과했다. 조정위원회는 실상(實狀)에 따라 조정하여, 실제 자작을 하려는 지주에게는 토지를 반환하게 하고 그렇지 않은 경우에는 소작을 계속하게 하고자 했다. 위원회는 소작인 측이 토지를 매입하는 점에 대해서도 수회에 걸쳐 조정을 시도하여, 대체로 소작인들은 적당한 가격에 토지를 매입하려는 기색을 보였다. 그러나 지주들은 나지(裸地) 가격[소작 이지(離地)의 가격]을 고수하며 미동도 하지 않았다. 이에 이 점은 양자의 관계가 화해되는 시기에 양해를 구하기로 하고, 양자에게 권고를 하는 정도로 그치고 종료할 수밖에 없었다. 그리고 계속 소작하게 된 토지에 대해 소작조건이 불일치하는 점과 관련해서는 유기(有期) 소작으로 하는 것이 좋을지 부정기(不定期)로 하는 것이 좋을지 협의했다. 또 특수한 경우 토지반환 조건 등에 대한 점은 조정 조항에 나타난 것처럼 신의를 중심으로 하여 취사·판단하는 것이 좋겠다고 협의를 추진했다. 위원회는 가급적 실정에 입각하여 조정을 추진하고, 각 인물별 사정에 따라 설득하는 데 힘쓰는 한편 권해인(勸解人)을 개입시켜 마침내 1935년 3월 18일 다음과 같은 조항으로 4개년에 걸친 위원회의 조정을 성립하기에 이르렀다.

첫째, 일부 피신청인 지주들은 각각 신청인 소작인 일부에 대해 본건 토지 명도 청구를 철회하고, 본건 토지를 종전에 이어 임대하여 소작인들이 이를 임차하는 것으로 한다. ① 임대차 기간은 1934년 6월 11일부터 1938년 6월 10일까지 만 4년으로 한다. 단, 지주는 소작인에게 배신행위가 없는 한 계약 갱신을 거절하지 않는 것으로 한다. ② 임대차 기간 중이라도 지주가 자작, 분가 및 기타 필요로 부득이한 사유가 생긴 때에는 해약을 신청하고 토지반환을 청구할 수 있다. ③ 소작미는 검사 합격미로 매년 음력 12월 25일까지 지불하는 것으로 한다. ④ 소작인은 지주의 승낙 없이 임차권을 양도하거나 또는 소작지의 전대(轉貸), 지목 및 형상(形狀)의 변경, 토양의 채취 등을 할 수 없다. ⑤ 소작인이 만약 ③, ④항을 위배한 때에는 즉시 임대차계약을 해제하고 토지반환을 청구해도 이의 없는 것으로 한다. 둘째, 다른 신청인 소작인 일부는 각각 피신청인 지주 일부에게 본건 토지를 모두 1935년 6월 27일까지 명도하는 것으로 한다. 단, 일부 밭은 뽕나무를 식재(植栽)한 채로 명도한다. 셋째, 본건 토지에 대해 소작료를 연체한 신청인 소작인들은 각각 피신청인 지주들에 대해 연체한 소작료를 1935년 6월 30일까지 지불한다. 넷째, 당사자 간의 나고야(名古屋)지방재판소의 1932년 토지 명도 등 청구 소송 사건[1932년(ソ) 제622호]은 쌍방이 연서(連署)하여 속히 취하하고 그 소송비용은 각자 지불한다.

이처럼 공황 후 중소지주들이 자작 등을 이유로 토지반환을 요구하여 쟁의가 되고, 여기에 소작료 감액 문제가 연관되어 있는 경우가 많이 있었다.[19]

1933년 야마나시현(山梨縣)에서도 토지반환 투쟁이 일어났다. 1933년 1월 21일 야마나시현 히가시야쓰시로군(東八代郡) 도요토미촌(豊富村) 다카베(高部)에서 지주 1명, 소작인 46명, 논 6정 6반 2묘 21보, 밭 1정 3반 1보, 산림 원야 2반 2묘 2보가 관계된 쟁의가 발생했다. 쟁의의 원인은 해당 토지의 대부분이 1932년 지주가 새로 구입한 것이었는데, 그 소작인들이 이전부터 전 지주와 교섭하여 자작농화할 계획이다가 이를 방해받게 된 것이었고, 새 지주는 자작을 이유로 토지반환을 청구하여 쟁의가 된 것이었다.

이 쟁의의 경과를 살펴보면 다음과 같다. 지주는 소유권을 새로 취득하자 전 지주의 소작인들이 미납한 소작료까지 채권 양도를 받아 이를 소작인들에게 청구했다. 이에 소작인들은 새 지주가 이전부터 소유하던 토지의 소작인까지 함께 규합하여 지주에 대항하기에 이르렀다. 원래 이 촌락은 이전에는 각 부락에서 쟁의가 격심했는데, 이 무렵 각 부락에 지주와 소작인의 협조조합이 설립되어 촌 연합회를 설립하려고 준비 중이었다. 그런데 이 지주로 인해 이를 실행하는 데 지장이 생겼기 때문에, 촌 당국도 이를 유감으로 여기고 그 해결에 노력했다. 그러나 지주가 이에 따르지 않고 그 태도가 강경하여, 결국 사건은 법정에서 다투게 되었다.

지주는 이전부터 자기 토지이던 곳의 소작인 4명, 새로 매입한 토지의 소작인 10명에 대해 토지 명도 청구 소송을 제기했다. 이에 소작인 측은 1933년 3월 7일, 14일, 4월 3일 3회에 걸쳐 소작조정 신청을 했다. 그리하여 4월 7일 이전부터 자기 토지이던 곳의 소작인들 관련하여 조정이 있었는데, 그 조정 신청은

19   農林省 農務局, 『小作爭議及調停事例: 昭和9年』, 1936b, 321~328쪽.

부당한 것이라고 각하되었다. 그런데 조정 각하 후 10일이 채 지나지 않아 판결이 이루어져, 지주가 승소하여 즉시 가집행을 행하게 되었다. 이에 소작인들은 5월 25일 공소(控訴)를 했다. 한편 새로 매입한 토지의 소작인들과의 조정은 5월 18일에 행해졌으나, 쌍방의 주장이 강경함에 따라 조정이 이루어지지 않았다. 이에 조정위원회는 권해위원 2명을 지정하여 다시 조정에 힘썼고, 그 결과 6월 26일 다음과 같은 조건으로 해결되었다.

① 지주는 소작인에게 해당 토지를 조정된 대로 임료(賃料)를 매년 12월 25일까지 지불하는 조건으로 임대한다. 단, 천재(天災) 및 기타 불가항력에 의해 벼농사[稻作]의 수확이 감소하고 전체 수확량이 소작료의 배액(倍額)에 미치지 못할 때에는 그 전체 수확량을 소작인 6분, 지주 4분의 비율로 분배하고, 또 반보당 수확량 2표(俵)에 미치지 못할 때에는 전체 면제한다.

② 소작료 벼[籾] 1표는 6두 6승입(繩入) 정미(正味)[20] 16관(貫) 500문(匁) 이상으로 한다. 단, 병충해 등에 따라 수확이 감소한 경우의 중량은 이 제한을 두지 않는다.

③ 소작인은 지주에 대해 1925년부터 1930년까지의 미납 소작료를 벼 1표당 5엔 45전으로 환산하여, 1935년부터 1939년 동안 각 6월 말일까지 5회에 걸쳐 분할 지불한다.

④ 지주는 소작인에게 본건 토지에 대한 1931년 소작료[전 지주 미쓰이(三井)로부터 양도받은 것]를 계약된 소작료에서 2할 5분을 감액해주고, 소작인은 지주에게 위 감액 후 납입액을 벼 1표당 6엔 30전의 비율로 환산하여 1935년부터 1939년 동안 각 6월 말일까지 지불한다.

---

20 겉포장을 제외한 알맹이.

⑤ 지주는 소작인에게 본건 토지에 대한 1932년 소작료를 벼 1표당 1통(桶)[21]을 감액해준다. 소작인은 지주에게 소작료를 감액받아 납입하는 액수를 벼 1표당 5엔 45전으로 환산하여 1933, 1934년 각 6월 말일까지 지불한다.

⑥ 소작인이 위 각 항의 의무 중 하나라도 위배한 때에는 즉시 무조건 토지를 명도한다.

지주는 이렇게 해결된 것에 만족하고 이어서 미해결분에 대해서도 화해할 의사를 보였다. 그런데 마침 촌회의원(村會議員) 선거가 임박하여 이 지주가 입후보했는데 낙선하게 되자 지주는 이를 소작인조합의 책동에 의한 것이라고 주장했다. 또한 선거운동 시 지주의 운동원에 대한 폭행 사건이 발생하여 촌민 다수가 수감되는 등 사태가 더욱 심각해졌다.

이 사건은 새로운 지주가 소작지 반환을 요구하자 이전의 소작인들이 쟁의를 일으킨 것으로, 가까스로 소작조정을 통해 소작관계를 이어가게 되었으나 소작농들의 자작농 창설 계획은 결국 무산되었다. 이 토지반환 투쟁 역시 소작료 감면 문제와 연관되어 있었다.[22]

1933년 기후현(岐阜縣)에서도 지주들의 토지반환 요구에 소작인들이 소작 계속을 요구하면서 쟁의를 일으켰다. 1933년 2월 20일 기후현 야마가타군(山縣郡) 이와노다촌(岩野田村) 대자(大字) 아와노(粟野)에서 지주 9명, 소작인 41명, 논 8정 1반 7묘 9보, 밭 1반 7보가 관계된 쟁의가 있었다.

쟁의의 대개는 다음과 같다. 이 사건은 소작계약기간이 만료하면서 소작 갱신에 당하여 소작료 협정이 곤란해짐에 따라 발생한 쟁의였다. 소작인들은

---

21 1통(桶)은 벼 1두 1승입(繩入), 1할 6분 내지 2할 4분에 해당한다.

22 農林省 農務局, 『小作爭議及調停事例: 昭和8年』, 1934, 85~89쪽.

이전 협약대로 소작료를 중년정[中年捉, 정조법 중 소작료가 저율의 한도에서 정해지는 '정면(定免)'의 뜻]에서 1할 8분 인하한 정면정(定免捉)으로 할 것과, 소작지를 계속해서 경작할 것을 요구했다. 지주들은 이전 협정 기한은 1930년으로 만료되었다며, 해당 협약을 체결할 당시는 농민운동의 최고조기였기 때문에 소작인이 주장한 감액을 용인했으나 1931년부터는 중년정(中年捉)으로 다시 복귀하겠다고 했다. 또한 자작을 하려는 지주들은 즉시 토지를 반환할 것을 요구했다. 나머지 지주들도 소작기간을 정하여 기한이 만료하면 일단 토지를 반환하고 다시 대부할 것을 요구했다.

쟁의지는 다른 부락에 비해 지미(地味)가 좋지 않고 용수도 부족하여 노동력이 크게 필요한 상태였다. 그래서 수확이 적었는데도 소작료는 인접 부락과 비교해서, 또 수확량의 분배관계로 볼 때도 고율인 편이었다. 그에 따라 1919년 이래 여러 차례 쟁의가 일어나 보통정(普通捉)에서 중년정으로 고쳐 분쟁이 끝나는가 했으나 문제는 충분히 해결되지 않았다. 다시 1926년부터 5년간 중년정에서 1할 8분 인하하여 정면정으로 개정하면서 점차 쟁의는 해소되어가는 듯했다. 그리하여 1931년 소작기간 만료 시 소작인 측은 같은 조건으로 소작계약을 갱신하기를 바랐으나, 지주 측은 중년정으로의 복귀를 요구한 것이다.

이에 갈등이 있는 채로 1932년 벼농사 수확기까지 시간이 지났다. 소작인 측은 1932년 벼농사는 병충해로 인해 수확이 감소했으므로, 소작료를 중년정에서 1할 5분 감액해줄 것을 요구했다. 그런데 지주 측은 그 피해를 인정하지 않고 소작인의 태도가 너무 도전적이라고 분노하며 해약을 통지했다. 1933년 3월 8일 이 사건으로 지주 측은 토지반환 조정 신청을 했다. 하지만 지주의 주장이 사실이 아닌 것으로 판명되어 조정 신청은 취하되었다. 이에 지주 측은 기후지방재판소로 토지반환 청구 소송을 다시 제기했다. 이에 1933년 11월 14일 소작인 측도 경작 계속을 요구하는 조정 신청을 했다.

그 후 조정의 경과는 다음과 같다. 이전의 조정에서는 여러 차례 조정위원회를 개최하여 소작료를 1할 3분 인하하여 정면정으로 하는 조정안으로 설득에 힘썼으나, 지주 측은 8분 인하, 소작인 측은 1할 5분 인하를 각각 고집하여 타협에 이르지 못했다. 그리고 결국 지주 측이 소송을 제기함으로써 소작인 측의 감정을 자극하고 한층 소작인들의 결속을 공고하게 하여 쌍방이 더욱 대치하게 되었다. 소작인 측은 사건의 유리한 전개를 위해 부락 문제는 물론 개인 교제와 관련해서까지 지주와의 연계를 일절 끊고 배척하는 태도를 보였다.

이런 상황에서 조정이 다시 개시되어 조정위원이 합의를 종용하자, 지주 측은 어디까지나 소송으로 철저하게 응징하겠다며 조정을 거절했다. 그리고 이전의 조정 경위로 비추어볼 때 조정안을 새로 수립할 필요가 있었으므로 다음과 같은 방침을 채택했다. 즉 진실로 자작을 할 필요가 있는 지주에게는 약간의 토지를 반환하고, 그 밖의 토지에 대해서는 소작기간을 정하지 않고 소작료를 중년정에서 1할 인하하는 것으로 하여 전회의 조정안에 비해 소작료의 감액률을 낮추자는 것이었다. 대신 소작인 측이 산림의 낙엽을 채취하게 하거나, 새[萱, 억새 등 볏과 식물]의 매각을 부락이 하게 해서 그 매각 대금의 일부를 부락에 기부하게 하자고 했다. 이러한 방침으로 조정에 힘썼으나, 지주와 소작인 측은 각자의 주장을 고수하며 서로 반박하고 양보하지 않았다. 먼저 지주 측은 소작인 측의 산림 낙엽 채취와 새의 매각 대금의 부락 기부에는 응하기 어렵다고 주장했다. 이에 대해 소작인들은 소작료에 대해서 이전의 조정안에 따라 1할 3분 인하하는 것으로 하자고 주장했고, 소작지의 반환에는 응하기 어려우며, 또 1931년부터 1933년에 이르는 경과 기간의 소작료는 1할 8분 인하해달라고 했다. 이처럼 쌍방의 주장에는 큰 차이가 있었을 뿐만 아니라 1934년 폭풍 피해에 따른 소작료 감액 문제도 개재되어 있어 타협은 쉽지 않았다.

이러한 국면을 타개하기 위해 조정위원회가 촌장 및 기타 촌내 유력자의 조력을 촉구하여, 이들이 와서 조정을 진행하게 되었다. 그리하여 12월 21일 촌 사무소에서 조정위원회를 개최하여, 촌장 및 촌회의원 3명과 함께 설득에 힘 썼다. 그 결과 장래 지주와 소작인 간의 원만한 관계를 도모하고 부락을 개선 할 협조회(協調會)를 조직하여 일체의 소작 문제를 협조회에서 처리하는 것을 전제로, 1934년 12월 27일 다음과 같은 조항으로 조정이 성립했다.

① 지주는 해당 토지를 제8항의 예외 토지를 제외하고 소작인에게 각각 1939년까
   지 임대한다. 위 기간의 갱신은 대자(大字) 아와노(粟野) 니시구(西區) 주민으로 조
   직된 자문기관 곧 지주, 소작인, 중립 각 동수(同數) 위원의 합의체에 자문하여 갱
   신하는 것으로 한다.

② 해당 계쟁 토지의 1932, 1933년분 소작미는 중년정에서 각각 1할 8분 인하하여
   소작인이 위 연도분을 각각 납부한다. 소작미를 공동매각한 분에 대해서는 금
   전으로 환산하여 지불한다.

③ 위 1932, 1933년 소작미를 환산금으로 지불하는 것은 지체하지 않고 소작인이
   지주에게 지불한다.

④ 1934년 소작미는 중년정에서 1할 5분 인하하여 1935년 1월 말일까지 소작인이
   지주에게 지불한다.

⑤ 1935년부터 1939년분까지 5년간의 소작미는 이를 정면으로 바꾸어 중년정의 1
   할 1분 5리를 인하한다. 단, 불가항력에 의해 수확이 평년작의 반작(半作) 이상에
   미치지 못할 때는 1항에 기재된 자문기관에 자문하여 해당 결정에 따른다.

⑥ 소작미의 납입은 매년 1월 말일까지 기후현 생산검사 합격미로 그 전년분을 납
   입한다. 단, 그해 상황에 따라 합격미를 얻을 수 없을 때는 이 제한을 두지 않는
   다.

⑦ 소작인 중 장래 소작미의 납입을 1년간 태만히 하는 자가 있을 때 그 소작인은

지주에게 그의 임차지를 반환한다.

⑧ 신청인인 소작인 고모리(小森), 야마다(山田)는 상대방인 지주 기누가사(衣笠)로부터 빌린 소작지를, 또 신청인인 소작인 우루노(宇留野) 갑은 상대방인 지주 기누가사로부터 빌린 소작지를 각각 1935년 6월 10일까지 반환한다. 또한 신청인인 소작인 우루노 을의 토지 차수인(借受人)은 대주(貸主)에게 그가 사실상 2호(戶)로 분가(分家)를 하는 때에는 분가 1개년 이내에 소작지를 각각 반환한다.

⑨ 지주가 부득이하게 해당 토지를 매각하려고 할 때는 1년 이전에 예고하여 이를 행할 수 있다.

⑩ 이 쟁의에 대한 위 조정 조항에 의문이 생기거나, 또는 위 조정 조항으로만은 부족하여 다툼이 생기게 될 때는 1항의 자문기관의 결정에 따른다.

위와 같이 소작지 반환을 요구하는 지주들에 맞서 소작인들이 소작 계속을 요구하는 쟁의를 이어갔고, 가까스로 부락(대자 등)을 기반으로 한 '협조체제'의 중재를 통해 소작조정이 이루어진 것이다. 이 토지반환 투쟁도 소작료 협정에 갈등이 생기면서 일어난 것이었는데, 비교적 소작인들의 주장에 따라 조정이 이루어진 것을 볼 수 있다.[23]

1933년 사가현(佐賀縣)에서도 토지반환 및 소작조건 결정과 관련하여 쟁의가 일어났다. 1933년 8월 8일 사가현 미야키군(三養基郡) 기야마촌(基山村)·다시로촌(田代村)에서 지주 1명, 소작인 무려 158명, 72정 4반 2묘 14보에 관계된 큰 쟁의가 있었다.

쟁의의 대개는 다음과 같다. 해당 지주는 사가현 내 굴지(屈指)의 대지주로서 그 토지 대부분을 수십 년 전부터 소작인 158명에게 소작하게 해왔다. 이 사

---

23 農林省 農務局, 앞의 책, 1936a, 286~290쪽.

이 1924년, 1925년에 대쟁의가 일어났는데, 이때 소작료를 크게 개정하여 당시에 이르게 되었다. 그런데 이 무렵 지주는 가계가 여의치 않아져 집안 정리를 위해 해당 토지의 일부를 처분하려 하면서 소작인 측에 토지반환을 요구했다. 그러나 소작인들은 이에 응하지 않았다. 소작인 측 일부는 전국농민조합 후쿠사(福佐)연합회에 가입해 있으면서 토지반환 절대 반대를 제창하며 쟁의를 일으키려 하고 있었다. 이에 1933년 10월 11일부터 12월 26일까지 지주 측은 여러 차례에 걸쳐 조정 신청을 했다.

위 조정을 수리한 재판소는 계쟁의 범위상 소작인 측이 기야마촌, 다시로 촌 두 촌에 상당히 광범위하게 걸쳐 있어 일률적으로 조정을 진행하는 것이 불가능하다고 판단하여, 이를 고려해서 적당히 분할하여 조정을 하는 방침을 취했다. 1933년 10월 27일 이래 십 수 회에 걸쳐 현지에서 조사위원회를 개최하고, 가급적 지주 측에 가계 정리를 연기하라고 설득하여 소작 계속을 하는 방향으로 조정하기로 했다. 그때마다 사안에 적합한 조정 조항을 작성하여, 두세 건의 취하 외에는 원만하게 조정이 성립되어 각각 인가 결정되었다. 조정 결과 화해가 성립되었기 때문에, 취하한 것이 두세 건 있었으나 그 밖에는 대부분 소작계약 계속을 전제로 하여 장래에 소작조건을 확정하기로 했다. 기타 두세 건은 문제가 해결되지 않아 체납된 소작료를 전체 면제하거나 또는 작리료를 지급하고 소작지를 반환하게 했다. 그리하여 사건은 1933년 10월 27일부터 1934년 1월 15일에 걸쳐 일부 해결되었다. 이 소작계약 계속과 관련한 사건의 조정 조항을 보면 다음과 같다.

① 신청인인 지주는 상대방인 소작인 측에게 해당 토지를 종전에 이어 기한을 정하지 않고 소작하게 한다.

② 소작료는 소작인 측이 지주에게 매년도분을 다음 해 1월 말일까지 지주 집에

지참·납입한다.

③ 만약 소작료의 현물 납입을 할 수 없을 때는, 해당 납기(納期)에 사가현 곡물검사소에서 발표하여 후쿠오카일일신문(福岡日日新聞)에 게재된 사가역(佐賀驛) 출하 현미(玄米)·멥쌀[粳米]의 시가(市價)에서 산출한 사가현 4등미(等米) 가격에서, 1표(俵)당 검사 수수료, 하적(荷積) 운임 및 기타 제 잡비 최소액 20전을 감액한 가격으로 환산하여 금전으로 지불한다.

④ 소작인 측이 정당한 이유 없이 소작료 지불을 게을리하는 경우에는 지주가 즉시 무조건 소작지를 회수해도 소작인 측이 하등의 이의를 제기할 수 없다.

⑤ 지주가 가계 정리상 해당 토지를 다른 곳에 매각할 때, 지주는 소작지 반환에 대하여 소작인 측과 다시 협정을 해야 한다.

⑥ 소작인 측이 지주의 승낙을 얻지 않고 마음대로 소작지를 전대하거나 또는 지목(地目)을 변경할 수 없다. 해당 토지에 뽕나무 등을 심을 때는 지주의 허가를 받아야 한다.

이 사례는 대지주가 경제상의 이유로 일부 토지를 매각하려 하면서 소작인에게 토지반환을 요구하여 소작인들이 대거 소작권을 상실할 위기에 놓였으나, 소작조정을 통해 겨우 소작권을 회복한 것이었다.[24]

1930년대 중반에는 재산으로서 경작권을 둘러싼 지주와 소작농 간의 소작쟁의가 더욱 대두되어 지주소작관계가 새로운 국면에 들어섰다. 1936년 니가타현(新潟縣) 니시칸바라군(西蒲原郡) 사카이와촌(坂井輪村) 대자(大字) 고신(小新) 지역의 고시가사쿠(合子子作)에서 문제가 표면화되었다. 고시가사쿠는 원래 시나노가와(信濃川)의 강 가운데 모래톱이었는데, 하천을 변경하고 개수(改修)한

---

24 農林省 農務局, 앞의 책, 1934, 516~519쪽.

결과 니시칸바라군의 제외지(堤外地)[25]로 경지가 되었다. 그 관리는 현에서 맡아왔는데, 그 점용권(占用權)을 지주 다시로(田代)가 1933년까지 현으로부터 얻게 되었다. 그런데 지주, 지주에게 소작료를 지불하고 경작하던 농민, 고시가사쿠의 주민이던 야마다(山田) 부락의 주민 3자가 현으로부터의 토지불하를 둘러싸고 격렬한 쟁의를 벌이게 되었다. 경작 농민들은 황국농민연맹(皇國農民聯盟)에 가입하여 불하운동을 전개했다. 그리고 그해 11월 고시가사쿠의 주민들이 야마다 제외지의 과수를 전부 베어 쓰러뜨리는 사건이 발생하여 일시 사태가 긴박해졌다.

그러나 우여곡절 끝에 결국 소작조정을 통해 문제는 해결되는 방향으로 나아갔다. 이 쟁의는 일관되게 경작권 문제를 두고 다툰 것이었고, 이 시기 고신 지역에서는 소작료 감액을 둘러싼 쟁의는 거의 없었다. 또한 이 사례는 공황기에 각지에서 나타난 토지 회수를 계기로 한 사활이 걸린 소작권 방위 쟁의도 아니었다. 즉 재산으로서 가치가 있는 경작권을 둘러싼 경쟁이 쟁의로 드러났고, 이것이 일부 소작조정된 것이었다. 그런 의미에서 이 시기의 지주소작관계는 새로운 단계에 들어갔다고 할 수 있다.[26]

한편 소작계약을 청부계약으로 바꾸어 토지투쟁을 돌파하려는 경우도 있었다. 오사카(大阪) 고노이케(鴻池) 남작가(男爵家)에서 소유한 오사카부(大阪府) 가와치군(河內郡) 기타에촌(北江村)의 고노이케 신전(新田)은 1927년 고노이케가에서 해당 지역의 공장 및 주택지로의 발전을 위해 소작지 70여 정보를 회수한 것이었다. 그런데 불황의 여파에 떠밀려 겨우 확보한 토지가 잡초에 뒤덮인 채 3년간 방임되었다. 그러다가 휴한지(休閑地)를 이용하여 경작을 기획한 부(府)

---

25 제방 바깥 강가에 있는 땅.

26 「解題」, 『西山光一日記』, 1121~1133쪽(西田美昭, 앞의 책, 1997, 166~167쪽에서 재인용).

농무과의 알선에 따라, 1930년 봄 고노이케(鴻池)합명회사가 이 중 39정보 6단(段)여를 이 지역 농민 89명에 의해 조직된 4개의 농사실행조합에 '경작청부계약'의 새로운 형식으로 맡겨 부의 지도하에 공동경작하게 했다. 그 결과 토지는 양전(良田)으로 바뀌어 소작인들은 풍요로운 수확철을 맞이할 수 있었다. 이 경작청부계약의 주요 조항은 다음과 같았다.

① 지주는 이 토지에 1930년에 벼농사를 할 때 그 종류, 시비(施肥), 경작, 수확물 수입 등 일체의 노무를 위 실행조합원이 청부하게 하고, 경작에 필요한 농구는 조합 측에서 부담한다.

② 지주는 조합 측에 '경작보수'로 단보당 40엔(단, 그중 10엔은 경작 복구비)을 지불하고, 위 40엔을 시가(時價)에 따라 미곡량으로 환산한 것을 총 수확고에서 공제한 잔액의 3분의 1을 조합 측에 급부(給付)한다.

③ 만약 수확이 단보당 2석 7두를 초과한 경우에는 그 초과 부분의 3분의 2를 '증수특별상(增收特別賞)'으로 소작인에게 지급한다.

④ 흉작으로 단보당 수확량의 가격이 40엔 이내인 경우 지주는 수확물 전부를 소작인에게 주고 소작료를 면제한다.

이 경작청부계약은 종래의 소작제도에 대한 하나의 새로운 예가 되었다. 이에 그 성적이 어떨지 농림성, 협조회 등은 물론 각 방면의 커다란 기대를 모았다. 즉 이전의 소작계약에서는 보통 일정한 토지에 대해 단보당 몇 석이라는 식으로 처음부터 소작미를 정하여 풍흉에 상관없이 이를 징수했으므로, 풍년의 경우에는 소작인에게 이의가 없었으나 흉년 시에는 그 수확을 나누면서 지주와 소작인 간에 소작쟁의가 발생하기도 했다. 그런데 위와 같은 경작청부계약에 따르면, 소작인 측은 경작 노무 청부로 흉년에도 상관없이 단보당 40엔의 보수를 받을 수 있었다. 그리고 처음에 먼저 노사(勞使) 쌍방의 취득 비율을 정해두고 이 비율에 따라 해마다 실제 수확고를 쌍방이 나누는 것이었다. 그러므로 풍흉에 따라서도 노사 쌍방의 취득은 동률(同率)로 증감(增減)하고, 종래와 같이 공제하여 소작료의 비율을 정하는 등으로 풍흉에 따라 지주와 소작인 간에 심한 취득분의 차이가 발생하는 일이 없어졌다. 또한 심각한 흉작으로 단보당 수확고가 40엔에도 미치지 못할 경우, 완전히 전 수확을 청부인 측에게 부여하기로 합의했다. 물론 이전에도 기근 등의 경우 지주가 온정적으로 소작료를 완전히 면제하는 사례가 없지 않았으나, 이를 명문(明文)으로 하여 계약한 것은 소작인의 생활상 위험을 보장하는 내용으로 크게 주목을 받았다. 이러한 계약 방식은 당시 상당한 면적에 걸쳐 있던 휴한지의 개간에 하나의 지침을 보인 것인 동시에, 난관을 겪고 있던 일본의 소작제도에 새로운 하나의 시도로서 그 결과가 기대되었다.[27]

3. 소작료 관련 쟁의—토지투쟁으로의 비화

한편 소작료 관련 쟁의는 대공황을 계기로 1930년대 초중반에는 거의 각부(府)·현(縣)에서 일제히 소규모화되었다. 대공황은 개개의 소작료 관계 쟁의의 폭을 협소하게 만들었다. 공황의 영향은 소작료 감면에 대한 소작농민의 자세를 소극적으로 만들어 실제 발생한 쟁의에서도 태도를 연화(軟化)했다. 또한 공황은 농민조합에 대한 소작농민의 관심을 약화시키거나 그로부터의 이반(離

---

27 「行詰れる小作制度に投げた一新案: 鴻池家が農事實行組合に對し耕作請負制度を實施」, 『大阪朝日新聞』1930년 9월 21일.

反)을 조장하여 통일적 행동을 어렵게 만들었다. 공황에 의해 노동시장이 축소되면서 소작농민이 토지에 더 집중되어, 지주의 반격을 두려워하면서 소작료 감면 투쟁에도 소극적으로 된 것이다. 공황으로 지주와 농민층 모두 심각한 타격을 받은 가운데, 지주의 고액 소작료 착취에 불만을 가져도 현실적으로 지주도 곤궁한 상황에 놓여 있다면 소작농민이 자신의 요구를 쟁의 행위로 연결시키기가 상당히 힘들었다. 영세한 지주들이 방대하게 존재하고 그들이 공황하에 농민과 다름없는 경제 상태에 놓여 있다는 점이 소작료 감면을 요구하는 쟁의가 이 시기에 소극적으로 된 주원인이었다.

하지만 대공황기 소작료 관련 쟁의의 발생 상황은 지역에 따라 차이가 있었다. 소작료 관련 쟁의가 축소된 지역은 주로 서일본의 니가타현(新潟縣)·오카야마현(岡山縣)·후쿠오카현(福岡縣) 등지였다. 이에 반해 서일본 지역 중에서도 교토부(京都府)·나라현(奈良縣)·와카야마현(和歌山縣) 등지에서는 공황 후에도 다이쇼 말기와 같은 빈도로 소작료 관련 쟁의가 고양되었다. 특히 1931년, 1934년 두 해에는 흉작으로 인해 소작료 관련 쟁의가 더욱 증가했다.[28]

1930년대 초중반에 소작료 관련 소작쟁의는 소작권 관련 토지투쟁으로 전화(轉化)하는 양상을 띠었다.[29] 이하에서는 1930년대 초중반 소작료 관련 소작쟁의의 대표적인 사례로, 먼저 대공황기 나가노현(長野縣)에서 일어난 '3대 소작쟁의' 하나로 불리는 하니시나군(埴科郡) 고카촌(五加村)의 소작쟁의에 대해 살펴보겠다.

고카촌의 소작쟁의는 당시 좌익 계열 농민운동 중에서도 혁명적이라고 평가를 받았다. 이 쟁의는 코민테른에서도 주목했고, 1932년 『공산주의인터내셔

---

28 庄司俊作, 앞의 논문, 1982, 246·270~282쪽.

29 內務省 警保局 保安課, 앞의 논문, 1936, 15쪽.

널」지에 게재된 「일본의 정세와 일본공산당의 임무」에서도 "일본 농민 대중 투쟁의 성장하고 있는 투쟁"이며 "혁명적 형태를 취한 투쟁"의 하나라고 칭송할 정도였다.

소작쟁의의 무대가 된 지역적 배경을 먼저 살펴보면, 나가노현은 1927년의 금융공황 이후 소작쟁의가 두드러졌던 지역이었다. 다이쇼기 농민 조직화의 진전이 공황기 소작쟁의의 전제가 되었던 것이다.

나가노현 하니시나군 고카촌 지역은 나가노현 중에서도 지주적 토지소유가 매우 발달한 양잠 수전(水田, 물을 쉽게 댈 수 있는 논)지대였다. 나가노현은 잠사업(蠶絲業)이 매우 발달하여 그 상품생산화를 통해 근대적 경제조직이 강력하고 교환경제의 색채가 농후한 지역이었다. 고카촌에서는 대공황을 전후하여 다수의 소작쟁의가 발발했는데, 그 중심지는 거의 고카촌의 우치카와(內川) 부락이었다. 일반적으로 고카촌 쟁의라고 하면, 1930년 말부터 1931년에 걸쳐 일어난 우치카와 소작쟁의(관계 지주 24명, 소작인 67명, 관계 면적 밭 약 25정보)를 의미한다. 이 우치카와 부락을 중심으로 한 소작조합의 조직적 강화 속에서 1930년에 대공황의 파급, 곧 농산물 가격의 폭락을 직접적인 계기로 하여 소작쟁의가 발발했다. 앞서 1920년대에 소작조합이 결성된 후 우치카와 부락에서는 수차례 소작인들의 소작료 경감 요구가 있었고, 거의 소작인들의 요구가 관철되었다. 이에 대항하고자 지주들은 지주조합을 결성하여, 1920년대 후반부터 지주와 소작인의 대립은 이미 만성적인 것이 되어 있었다.

우치카와 부락의 쟁의는 1930년 11월 17일 소작조합인 전국농민조합 우치카와 지부가 그해의 밭 소작료를 2~4할 경감해줄 것을 관계 지주에게 요구하기로 결정하면서 시작되었다. 이후 11월 27, 30일 지주 측은 대책을 협의하면서 우치카와 소작조합의 소작료 경감 요구에 대해 공동보조를 취해 항쟁하기로 합의했다. 또 소작료 불납동맹 중인 소작인에 대해서는 내용증명우편으로 그 납입을 최고(催告)하고 납입하지 않을 경우에는 소송을 통해 '법정전(法廷戰)'으로 항쟁하기로 했다. 그러자 12월 3일 소작조합은 쟁의 대책 협의를 하여 소작료 미납 동맹을 벌이기로 결정했다. 이에 12월 5일 지주 측에서는 소작조합 간부 6명에게 12월 10일을 지정일로 하여 소작료 납입 권고서를 발송함과 동시에, 소작료 납입 거부에 대해 위 6명 중 3명에게 토지반환 청구 소송을 제기하기로 했다. 이에 대해 소작조합은 우치카와 부락에서 시위운동을 벌였다. 12월 8일에도 소작조합은 매각할 소작미를 짐차 20대에 나누어 싣고 적기(赤旗)를 걸고 시위행진을 했다. 그리고 12월 9일 소작조합 간부회를 열어 지주의 소작료 납입 최고서(催告書)에 대해 거부한다고 회답하고, 이른바 『쟁의일보(爭議日報)』 제1호를 발행했다. 12월 13일 전국농민조합(전농) 나가노현연합회 간부들은 지주를 방문하여 소작료 경감을 요구했으나 거부당했다. 이후 12월 22일 경찰이 나서서 고카촌 쟁의 조정을 권고했으나, 12월 26일 지주 측은 소작조합 간부 3명에 대한 토지반환 청구 소송을 우에다구(上田區)재판소에 제기했다. 그렇지만 12월 31일 지주 중 한 명은 개인적으로 소작인들이 요구하는 소작료 2할 경감을 승인하기로 했다.

그 후 이듬해 1931년 1월 20일 지주 측은 우에다구재판소에 자신들이 제소한 토지반환 청구 소송의 제1회 공판이 열릴 예정임을 경찰서장이 경고하자 해당 공판의 연기를 신청했다. 결국 1월 28일 쟁의는 나가노현 특고과장(特高課長)과 경찰서장의 조정에 의해 급작스럽게 타결되었다. 그리고 '우치카와 소작쟁의 해결 계약서'를 작성했는데, 첫째, 소작료를 지주가 소작인에게 평등하게 2할씩 경감해줄 것, 둘째, 지주가 요구하는 토지반환과 관련해서는 해당 지주 및 소작인 양자의 노동력 등을 고려하여 실정에 따라 원활한 경지 융통의 취지로 개별적으로 공정·타당한 결정을 내릴 것, 셋째, 지주 측에서는 현재 제기 중인 소작료 납입 및 토지반환 청구 소송을 취하하고, 소작인 측은 쟁의단을 즉시 해산할 것 등의 내용이었다. 소작인 측이 당초에 제기했던 소작료 2~4할 경감 요구는 충분히 관철되지 못하고 2할 경감으로 합의되었으나, 지주 측의 토지반환 청구 소송 취하로 이 쟁의는 소작인과 소작조합 측의 승리로 여겨졌다. 소작인들은 모두 우치카와 소작조합(전농 우치카와 지부)원이었기에 더 큰 단합력을 보일 수 있었다. 쟁의 주체인 소작인들은 쟁의 발발을 계기로 단결하게 된 것이 아니라, 이전부터 조합원으로서 조직적·일상적으로 단결해왔으므로 통일되어 있었다. 그리하여 소작료 경감을 지주 측에 요구하는 데 부락의 여러 정치기관을 직접 활용하는 등 정치적 역량을 발휘했다.

이 소작쟁의는 소작인의 밭 소작료 경감 요구로 시작되었고 그 요구의 부분적 관철로 끝이 났으나, 단순히 소작료 감면 투쟁으로만 볼 수 없다. 쟁의 과정에서 지주 측이 향후 번잡한 소작쟁의를 근절하겠다며 소유지 전부를 회수하여 자작화하기로 결의하는 등, 쟁의는 처음부터 토지투쟁으로 전개될 가능성을 안고 있었고 토지반환 청구 소송의 제기로까지 이어졌다. 그리고 우치카와 쟁의로 지주와 소작인의 대립은 더욱 격화되어, 쟁의 해결 후에도 양자 간의 갈등은 심각했다. 이 시기의 다른 소작료 관련 소작쟁의도 이 사례와 같이 소작권 관련 토지투쟁으로 전화하는 양상을 띠고 전개되었다.

요컨대 공황기의 나가노현 하니시나군 고카촌의 우치카와 소작쟁의는 중농층 중에서도 참가자가 있었으나, 그 기본적인 성격은 소작료 경감 요구를 내건 하층농민을 주체로 하는 빈농적 농민운동으로서 전개되었다. 여기서 유의할 것은 이 사례와 같은 소작료 감면 투쟁은 주로 1920년대에 일어난 양잠을 중심으로 상품생산자적 성격을 띠던 상층농민이 주도하던 쟁의와 그 성격이 달랐다는 것이다. 즉 대공황기 소작인의 소작료 감면 요구의 중점은 토지투쟁으로 전개될 가능성을 안고 경영 논리에서 생활 방위의 논리로 옮겨져 있었다. 하층농민을 주체로 한 우치카와 부락 소작농민의 강고한 통일과 투쟁의 비타

협적 성격은 여기에 근저를 두고 있었다고 할 수 있다.[30]

또 소작료 관련 소작쟁의가 토지투쟁으로 번진 사례로 미야기현(宮城縣)의 소작쟁의를 들 수 있다. 소작료 감액 요구와 관련한 소작쟁의가 많았던 미야기현의 농민운동은 선진지대의 운동이 침체기에 들어가던 쇼와 초년에 그 전성기를 맞았는데, 1928~1929년 대탄압 이후와는 구분해서 볼 필요가 있다. 그 이전의 운동은 노농(勞農) 좌익 계열의 지도권이 확립되어, 수도(水稻) 단작(單作) 지대를 주요 무대로 대지주에 대한 대규모 실력 투쟁으로 전개되었다. 이후 대대적인 탄압에 의한 조합 해체와 재건 과정을 거쳐, 전농 총본부파와 전국회의파로 분열된 후기에는 노농파 이론의 지도를 받은 미야기현 대중당(大衆黨) 계열 하의 운동이 주류를 차지했다. 후기에는 두 파의 심각한 대립으로 연합전선을 구축하지 못하여, 지주에 대한 투쟁은 침체기를 맞아 1촌(村) 규모의 운동이 많아졌다. 그렇지만 소작쟁의의 후진지대였던 도호쿠 지방에서 미야기현의 전기 농민운동은 일본농민조합 조직이 일찍이 확립된 아키타현(秋田縣)의 농민운동과 함께 지도적인 역할을 했다. 소작쟁의 건수는 도호쿠 6현 중 하위 그룹에 속했으나 그 규모는 상당히 컸다. 농민조합 수, 조합원 수에서 상위를 차지하고, 질적으로도 고도의 농민운동을 전개했다. 그런데 운동이 비약할 무렵 대탄압으로 치명적인 타격을 받은 것이다.

미야기현에서 소작조정법은 1924년 소작조정법 제정·시행으로부터 5년 늦은 1929년 7월에 시행되었다. 1929년에 조정 신청 건수는 1건에 그쳤으나, 그로부터 5년 이후에는 농민조합의 재조직화와 흉작, 공황의 영향으로 소작쟁의 건수가 증가함에 따라 조정 신청 건수도 급증했다. 1930년 미야기현의 소작쟁의 건수는 35건으로, 이때를 시작으로 양적 상승선을 그렸다. 쟁의 원인은 ①

---

30 林宥一, 앞의 책, 2000, 119~160쪽.

지주의 자작경영, 소작료 체납, 소작지 양도, 소작계약기간 만료를 이유로 한 토지 회수 요구, ② 소작인의 소작계약 계속, 소작권 확인 요구, ③ 미가·견가 폭락에 따른 생활 곤란, 수지가 맞지 않음을 이유로 한 소작료의 일시적 감액 요구 등이었다. 이 가운데 소작료 감액 요구에 대해서는 지주의 양보로 분쟁이 해결된 경우가 많았다.

이 시기에는 거의 중소지주의 토지 회수가 쟁의 원인의 중심을 이루었다. 중소지주들은 경영조건 악화로 소작료 수입이 감소하는 것을 방지하기 위해 소작료 징수를 더욱 엄중하게 하거나, 소작료 체납·미납에 대해서는 농민조합이 요구하는 단체교섭을 거절하고 역으로 토지반환, 소작료 청구 소송을 제기하며 가처분 신청 등의 수단을 사용했다. 이것이 이 시기 토지투쟁이 격화된 기본적인 이유였다. 이에 대해 소작인 측은 소규모 쟁의라도 농민조합, 무산정당을 의지하여 강경하게 집단적인 대항의 태도를 취했다. 지주의 출입금지, 입모 차압에 대해서는 공동경작, 공동수확을 대중적 규모로 결행하여 지주를 교섭의 장으로 이끌어내고자 했다. 단, 소작인 측의 조직적 행동에 대해 지주조합이 단체적으로 대항한 예는 거의 보이지 않는 것이 미야기현 쟁의의 특징이다.

이후 1933년부터 1935년까지 이 지역 소작쟁의 동향을 보면, 그 건수는 계속 증가했다. 소작쟁의의 원인으로 특징적인 점은 토지 이동에 따른 쟁의가 격증하는 현상을 보인 것이다. 이는 대지주의 경우에도 마찬가지였다. 토지 이동 시 지주와 소작인의 항쟁수단을 보면, 지주는 토지 구입 후 즉시 새로운 소작인과 소작계약을 체결하고 그 후에 구 소작인에게 토지반환을 요구했다. 이에 대해 구 소작인 측은 소작권을 주장하며 공동경작을 하거나 끝내는 난투극을 전개할 정도로 사태가 심각해졌다. 법외(法外) 조정을 포함하여 행해진 소작조정의 결과, 1930년과 같이 소작계약 계속 요구는 대체로 용인되었다. 그러나 소작 계속 기간은 전반적으로 짧아지는 경향을 보였다. 소작료 납입 기한이 명기되고, 제재 규정으로 채무 명의 조항이 채용되기도 했다. 1930년 쟁의 단계와 명백히 다른 점은 짧은 소작기간과 소작지 면적의 축소에 의해 소작권 관련 요구가 충분히 달성되지 않았다는 점이다.

미야기현의 구체적인 조정 사례를 보면 다음과 같다. 미야기현 도요사토촌(豊里村)의 소작조정 사례를 보면, 소작인들이 1929년분의 소작료 감액을 요구하며 잔액을 미납하고 1930년에 들어 농민조합원과 함께 검견을 요구했다. 검견 결과 지주는 완납을, 소작인은 2할 5분 감액을 주장했는데, 입회인의 중개에 따라 1할을 감액하기로 결정했다. 그리고 소작인들이 소작증서대로 납입하면 지주는 장려금을 제공하기로 약속했다. 그러나 소작인들은 하천 결빙과 수지가 맞지 않는다는 이유로 소작료 체납을 계속하여, 지주로부터 소작료 청구, 토지반환 요구의 소작조정 신청이 있었다. 해당 지주는 촌외에 거주했으며 토지 5정 6반을 소유한 소지주였다. 소작조정 결과, 소작료 체납률에 대해서는 소작인의 요구가 전면적으로 관철되어 그 점에서는 소작인 측의 승리로 돌아갔다. 그러나 소작료 감액은 일시적인 것에 그치고, 소작계약 계속 기간이 한정되었으며, 소작료 고정화, 채무 명의 조항 명문화 등의 점에서 지주 측의 이해도 존중되었다.

미야기현 도요사토촌의 다른 사례를 살펴보자. 촌외 소지주가 소유한 논을 A와 B 2명의 소작인이 공동으로 소작하고 있었는데, 1927년 소작료 체납을 이유로 A가 단독 명의로 소작하게 되고 B는 A 밑의 소작인이 되었다. A는 농민조합원이었는데, 1930년 가을 A는 B의 또 다른 소작지에서 다수의 인부에게 사역(使役)을 시켜 공동경작하면서 소작지 회수를 도모했다. 그래서 소작인 B는 지주와 A를 상대로 소작조정 신청을 했다. 이후 소작인 B는 토지 회수를 인정하는 소작조정 결과에 불복하여, 다시 소작계약 계속을 요구하는 소작조정을 신청했다. 두 번째 소작조정의 결과는 자료상 명확히 확인되지 않으나 아마도 지주와 A의 주장이 관철된 듯하다. 그러자 B는 다시 조정에 불복하여 지주의 최촉(催促, 재촉)에도 응하지 않고 1931년 소작료를 계속 체납했다. 이에 대해 지주는 그해 7월 3일 조정 조항 불이행을 이유로 소작료 청구 조정을 신청했다. 그러나 B는 1931년 4월 성립된 조정 조항 중 제3항인 '장래 우선 소작'의 이행이 없는 한 요구에 응하지 않겠다고 소작료 지불을 거부했다. 결국 1932년 8월, 1931년 미납분의 소작료를 감액하여 지불하라는 내용으로 소작조정이 성립되어 이 사건은 일단 마무리되었다. 이 사례는 농민조합의 토지 회수가 소작조정법에 의해 법적 조정을 받은 사례이다. 여기서 소작인 간의 소작지 쟁탈전이 격화된 모습을 볼 수 있다. 또한 농민조합이 지주의 행태를 방관하면서 비조합원이나 같은 소작계급의 토지 요구를 침해하는 모습도 확인된다.

도요사토촌의 또 다른 사례는 다음과 같다. 촌당국이 소작조정을 신청한 건으로, 소작인 2명에 대한 촌 소유 개간지의 소작료 청구, 토지반환 요구의 조정 사례이다. 촌 측에서는 1929년부터 매년 검견에 의해 소작료 감면율을 결정했고, 11월 말일을 소작료 납기로 하고 미납자에게는 최고(催告) 이후 일정 기간을 경과해도 소작료를 지불하지 않을 경우 소작계약을 해약하겠다는 통지를 했다. 또한 1932~1933년 신규 개간 계획에 앞서 소작료 미납자에 대해서는 신개간지의 소작권을 부여하지 않기로 촌회(村會)에서 결정했다. 이런 이유로 소작지 정리를 기회 삼아 소작료 미납자의 토지반환을 청구한 것이다. 이에 대해 소작인 측은 소작료 감액, 검견의 불공평을 주장하며 소작료 미납분의 분할 납부와 소작계약 계속을 강력히 요구했다. 그리하여 1932년 8월 소작조정은 미납 소작료를 납입하고, 소작료 납입은 분할 납부로 하며, 채무 불이행의 경우에는 최고를 하고 미납 시에는 즉시 토지를 반환하고, 소작인이 이행을 지체하지 않은 경우에 한해서만 1개년 동안 소작계약을 계속하게 하도록 성립되었다. 이 소작조정 사례에서 소작료 미납, 체납자가 속출했던 것을 알 수 있다.

이후 1932년 후반을 전환기로 도요사토촌의 농민운동은 후퇴의 길을 걷게 되는데, 개전(開田) 소작지를 둘러싸고 촌당국은 조정 신청을 통해 계속 반격을 했고, 촌이라는 행정권력이 지주 세력의 대리인이 되어 소작인 공격의 주도권을 잡고 소작료 관련 쟁의를 계기로 소작지 반환 요구를 강화했다. 촌당국은 1939년에 다시금 1929년 이후 1938년까지의 소작료 체납자에 대해 일제히 소작료 납입, 토지반환 요구의 소작조정을 신청했다. 전시통제 강화를 배경으로 촌당국이 더욱 후퇴하는 모습을 보이면서 농민조합운동 공격에 나선 것이었다.[31]

한편 오사카부에서도 소작료 감액을 요구하는 쟁의가 지주의 보복적인 소작계약 해약 조치로 인해 소작 계속 요구 쟁의로 전화되었다. 1931년 1월 무려 지주 36명, 소작인 155명, 논 29정 3반 1묘 26보, 밭 5정 7반 7묘 12보, 택지 981평 3합(合) 5작(勺)이 관계된 대쟁의가 일어났다.

쟁의의 원인은 다음과 같았다. 해당 지역은 순 농촌이지만 그 위치가 당시 '센난군(泉南郡)의 암(癌)'이라고 불리던 사노정(佐野町) 쟁의지구(地區)에 인접해 있어 일찍이 농민조합 사상이 전파된 곳이었다. 그런데 때마침 1929년에 미가뿐만 아니라 주요 이작물(裏作物)인 양파 가격이 급락했다. 이에 소작인들은 수지가 맞지 않는다며 고율의 소작료를 감면해달라고 요구했다. 또한 소작인들은 전농 전국회의파에 가입하여 일치하여 요구 관철에 매진했다. 그러자 당시 관할 사노경찰서장이 지주와 소작인 쌍방 간을 알선하여, 그해 소작료는 2할 5분 인하하기로 하고 일단 사태는 무마되었다. 그러나 다음 해 1930년에도 일반적으로 작황이 불량하고 농산물 가격이 하락하여, 이를 이유로 소작인들이 소

31　戒能民江, 「小作調停法と農民組合運動」, 『早稻田法學會誌』 23, 早稻田大學法學會, 1973, 8~25쪽.

작료 감액을 다시 요구하게 되었다. 소작인들은 소작료 6할 인하를 주장했다. 그런데 이에 대해 지주 측은 오히려 올해에는 풍작을 이루었다며, 당시 요구한 소작료액이 조금도 부당한 것이 아니라고 소작료를 감면할 필요가 없다며 응하지 않았다. 도리어 1931년 6월에 소작료 전액을 청구하는 내용증명우편을 발송했다. 당시 이미 소작인 측은 각각 현미 1표(俵)를 갹출하여 이를 신용조합에 기탁(寄託)하고 쟁의 준비를 하고 있었으므로, 지주들의 요구에 응하지 않고 반박서를 보내 서로 대치하게 되었다.

이후 지주와 소작인이 취한 수단과 경과를 살펴보자. 이에 지주는 보통의 수단으로는 쟁의 해결을 기대하기 어렵다고 보고, 우선 임대차계약 해약 최고(催告)를 했다. 이어서 소작인 6명에 대한 출입금지 가처분 신청을 하여 그 결정을 얻기에 이르렀다. 그러나 그 내용은 소작인이 상당한 보증금을 공탁(供託)하면 출입하여 경작을 할 수 있도록 한 것이어서, 지주가 기대했던 효과에는 미치지 못했다. 이에 1931년 9월 지주는 결국 오사카지방재판소에 토지 명도 및 손해금 등 청구 소송을 제기했다. 이후 공판을 십 수 회 거듭하면서 3개년이 경과했다. 1933년 12월 25일로 결심(結審)이 예정되자, 소작인들은 마침내 소작조정을 신청하기에 이르렀다. 그에 따라 부(府) 소작관은 현장에 출장하여 조사를 실시했고, 이후 1934년 1월 마침내 조정이 개시되었는데 소작인은 경작 계속 및 소작료 감액과 소작료 지불의 장기 분납을 주장했다. 이에 대해 지주는 전적으로 토지 일부를 즉시 반환할 것과 소작료 전액을 즉시 지불할 것을 주장했다. 그 후 조정위원회가 10회나 개최되었고, 당국에서는 이 사이 현지에 출장하여 당사자 사이에서 절충을 시도하고 또 비공식적으로 조합 간부를 설득하는 등 여러 가지 방법을 취했다. 그러나 양자는 양보하지 않고 여전히 입장에 큰 차이를 보여 타협이 성립될 전망이 보이지 않은 채 결국 5월 9일 조정이 취하되었다.

재차 소송이 속행되었는데, 그해 9월 26일 판결 언도 기일에 이르러 다시 소작인으로부터 소작조정 신청이 있었다. 조정위원회에서 지주는 체납 소작료의 감면 비율은 위원회에 일임하는 대신, 전회에도 주장한 것처럼 일부 토지의 반환을 요구한다고 주장했다. 이에 대해 소작인은 경작 계속과 체납 소작료 지불의 6개년 연부(年賦), 소작권의 임의매매 인정을 강경하게 주장하여 도저히 타협의 길이 보이지 않았다. 조정위원회는 이 사건의 해결을 위해서는 우선 소작인의 일임을 얻는 외에 방법이 없다고 판단하여, 11월 28일 쟁의지에 출장을 가서 소작인 개인별로 일임하는 것을 권고했다. 그러나 소작인들은 모두 전농조합원으로서 완강히 나와 쉽게 조정에 응하지 않았고 각하(却下) 외에는 방법이 없어 보였다.

이러한 때 조합 간부는 비공식적으로 조정위원 면회를 요구하여, 부 소작관이 직접 소작인의 집합소를 방문하여 조정의 취지를 자세히 설명했다. 이에 결국 소작인들은 소작관을 신뢰하고 사건 해결을 일임하기에 이르렀다. 소작관은 지주에 대해서도 똑같이 설득하여 일임을 얻었다. 그러나 각 소작인의 자본 소유상 차이가 있었으므로 소작료 지불은 일률적으로 정해지지 않았다. 그에 따라 부 소작관은 각 소작인의 지불 능력을 상세히 조사하여, 12월 20일 조정 조항 결정위원회를 개최하여 조사 결과에 따라 사람마다 소작료 지불 횟수를 결정했다. 또 장래 소작료 감면에 관련한 상세한 규정도 마련하기로 함으로써 1934년 12월 21일 쟁의는 종식되었다. 장래 소작료 감면은 흉작의 정도에 따라 점차 증가하는 누진적인 것으로 하기로 했는데, 이 점에서 부(府) 소작조정의 효시가 되었다. 이러한 누진적 소작료 감면 규정은 1934년에 미증유의 흉작 및 그에 따른 소작료 감면 쟁의의 경험에서 나올 수 있었고, 이후 부의 소작조

정은 모두 이를 따르게 되었다.[32]

나가사키현(長崎縣)에서도 소작료 개정 및 감액과 관련한 쟁의가 소작 계속을 요구하는 소작권 관련 쟁의로 비화(飛火)한 일이 있었다. 1934년 10월 15일 나가사키현 다카키군(高來郡) 야마다촌(山田村) 미쓰시마(三ツ島) 간척지에서 지주 1명, 소작인 무려 167명, 논 90정보가 관계된 큰 쟁의가 일어났다.

쟁의의 개요는 다음과 같다. 미쓰시마 간척지에서는 1894년 지방 유지들의 발기로 자금 40만 원을 투자하여 간척사업에 착수했으나, 조해[潮害, 간석지에 만든 농지에 조수(潮水)가 들어서 생기는 피해]로 인해 그 목적을 달성할 수 없었다. 이후 1926년 해당 지주가 권리금 10만 엔을 지불하고 이를 인수했다. 그런데 1927년 다시 조해로 인해 제방이 터져 무너지고, 그 후 1930년에도 제방이 무너져 상당한 경비를 출자해야 했다. 1931년부터 겨우 경작할 수 있는 정도에 이르자, 해당 소작인들이 경작을 의뢰했다. 그리하여 수확물 분배방법은 검견을 통해 4할을 지주의 몫으로 하고, 소작인들은 6할을 가지기로 협정했다.

그리고 나서 1931년부터 1933년까지 무사히 소작을 했는데, 1934년에 이르러 지주는 갑자기 소작인들에게 아무런 양해도 구하지 않고 소작료를 정액으로 바꾸겠다고 나왔다. 더욱이 1933년 소작료도 이 예를 따라야 한다고 주장하며, 부족한 쌀을 청구했다. 게다가 지주에게 유리한 내용의 소작증서로 계약을 다시 체결하려고 하면서, 여기에 응하지 않는 자는 토지를 반환하라고 요구했다. 이에 소작인들은 크게 분개하여 지주의 부당한 행위를 책망하며 그 철회를 위해 재차 교섭했다. 하지만 쌍방이 완고하여 서로 해결을 보지 못하고 쟁의는 더욱 격화되는 경향을 보였다. 해당 촌장, 촌농회장 등도 그 사이에서 중개하려고 노력했으나 효과가 없었다. 결국 1934년 10월 26일 소작인 측에서 나가사

---

32 農林省 農務局, 앞의 책, 1936b, 112~119쪽.

키지방재판소에 소작료 감액 및 소작 계속을 목적으로 하는 소작조정을 신청하게 되었다.

조정의 경과는 다음과 같다. 소작관은 소작인들이 소작조정 신청을 하자 현지에 출장하여, 군농회 및 촌농회 기술원 각 1명과 소작조정위원 2명과 함께 해당 경지를 검견하고, 또 평뜨기[坪刈]를 1필마다 행했다. 이때 지주와 소작인이 입회하도록 했으나, 지주는 검견 또는 평뜨기는 이미 시행했다는 이유로 이에 응하지 않았고 소작인들도 입회하지 않겠다고 했다.

그러다가 제1회 조정위원회를 10월 27일 현지에서 개최했는데 지주의 주장은 다음과 같았다. 첫째, 1933년의 소작료 부족액을 청구한 것은 증액한 것이 아니라 종래의 예에 따른 것이다. 둘째, 해당 토지는 간척사업 완성 후 이미 3개년이 경과하여, 보통 논 이상의 수확이 있다고 인정되어 정액 소작료를 징수하려는 것이다. 셋째, 소작증서는 부당한 조항이라고 보지 않는다는 것이었다. 이에 대해 소작인들이 주장한 내용은 다음과 같았다. 첫째, 지주가 1933년 소작료 부족분이라고 주장하는 부분은 종래의 예에 따른 완납 소작료 이외에 마음대로 증액한 것이므로 이를 인정할 수 없다. 둘째, 해당 토지는 간척지로서 완성후 3개년이 경과했으나, 경작 수확이 충분하지 않고 노동력도 보통의 논 이상을 필요로 한다. 이에 지금 즉시 정액 소작료로 하는 것은 시기상조로 보인다. 당분간 당사자 및 제3자의 입회하에 검견 또는 평뜨기를 하여 그 결과에 따라 수확고를 지주 4할, 소작인 6할 취득으로 하기를 바란다. 셋째, 지주가 자의로 만든 소작증서는 인정하기 어렵다는 것이었다. 이와 같이 당사자 쌍방이 그 주장을 고집하면서 양보하지 않았다. 그에 따라 조정위원회는 상호 간의 타협을 권유함과 동시에, 1934년 수확고는 소작관 및 기타의 자가 검견 및 평뜨기를 한 것을 인정하기로 하여 이에 쌍방이 이의 없이 승인함에 따라 조정을 속행하기로 했다.

제2회 조정위원회는 1935년 2월 6일부터 2월 8일까지 3일간 현지에서 개최했는데, 마침내 그해 2월 8일 타협이 성립하여 다음과 같은 조정 조항으로 사태가 해결될 수 있었다.

① 나가사키현 다카키군 아마다촌 미쓰시마 간척 논 중 일부는 1933년 소작료를 반보당 1석 3두 또는 반당 1석 2두 5승의 정액에서 1할 인하된 액수로 한다. 기타 논은 전부 검견에 의한 수확고의 4/10로 한다.

② 1934년 소작료는 전부 나가사키현 소작관의 촉탁(囑託)에 의해 실시된 검견 수확고에 그 2/100를 가산한 액수의 4/10로 한다.

③ 1935년 이후에도 종전대로 소작을 계속하고, 소작료는 현미 수확고의 4/10로 하여 매년 소작료는 수확한 해의 다음 해 2월 말일까지 지주에게 지불한다. 그 수확고는 입모의 검견에 의해 정한다. 검견은 나가사키현 소작관이 선임하는 권위 있는 기술원에게 실시하게 한다. 위 기술원의 검견의 결과에 대해서는 지주와 소작인 모두 이의를 제기할 수 없다. 단, 지주와 소작인이 검견에 입회할 수 있다.

④ 1, 2항에 따라 조정위원회에서 신청인인 소작인 총대(總代)와 상대방인 지주의 입회하에 1933년 소작료의 과부족(過不足) 분 및 1934년 소작료 분을 계산하여 쌍방이 이의 없는 것으로 한다.

⑤ 1934년 소작료 분의 현미는 전부 1935년 2월 말일까지 소작인 측이 상대방에게 각각 지불한다. 단, 1933년 소작료 분의 과지불(過支拂) 현미의 차액을 빼고 그 잔액을 지불한다. 또한 과잉된 분은 1935년 2월 말일까지 상대방이 반환한다.

⑥ 1933년의 부족한 소작료 분의 현미는 3표(俵) 미만의 미납자는 전부를, 3표 이상의 미납자는 그중 3표를 전항의 지불 기한까지 지불한다. 또 그 잔액은 전부 1936년 2월 말일까지 상대방에게 지불한다.

⑦ 장래 소작조건을 개정하는 경우 및 소작지 전대, 소작지 교환 등에 대해서는 지주 또는 소작인의 승낙을 얻지 않으면 이를 행할 수 없다.

⑧ 이 사건 조정 신청에 대한 비용은 각자 지불한다.

⑨ 지주와 소작인은 화합·협조하여 지질(地質)의 개선, 수확 증가에 힘쓴다.

이 사례는 지주가 갑자기 소작료 징수 방식을 변경하고 무리하게 소작계약 조건을 변경하려고 하며 여기에 응하지는 않는 소작인들의 소작지를 반환하려고 하다가, 소작료 감액과 소작 계속을 요구하는 소작인들의 조정 신청에 지주와 소작인 요구의 중간 지점 정도로 겨우 쌍방이 타협한 것이다.[33]

이처럼 문제는 소작료 관련 소작쟁의가 많은 경우 소작권에 대한 투지투쟁으로 비화하는 것이었다. 한편 소작인이 소작료를 체납하면 소작인 간에 소작권을 차지하기 위한 경쟁이 치열해져, 다른 소작인이 재빨리 소작권을 가져가버리는 경우가 종종 있었고 이 때문에 소작 보증금까지 생길 정도였다.

1930년대 중반 야마가타현(山形縣)에서는 소작료 '체납자[滯納持]', '체납을 만들다' 등의 말이 유행했다. 소작인 갑이 소작료를 체납하면 이 소식을 들은 다른 소작인 을이 해당 지주에게 가서 소작인 갑의 체납 분을 대신 지불할 테니 자신에게 소작권을 달라고 때때로 요청했기 때문이다. 야마가타현의 연안 지역인 쇼나이(庄內) 지방에서는 '연고금(緣故金)' 또는 '버리는 돈[捨金]'이라고 불리는 일종의 소작 보증금[敷金] 관행이 있었다. 소작료 보증금이라고도 할 수 있는 것으로, 비쌀 경우에는 논 반보당 100~120엔, 저렴해도 10~20엔, 보통 50~60엔의 시세였다. 물론 이는 몇 년간 두어도 무이자였고, 소작계약 해약 후에도 지주가 반환하지 않는 것이 보통이었다. 이 무렵 아오모리현(靑森縣)의 쓰가루

33 農林省 農務局, 앞의 책, 1936b, 414~418쪽.

(津輕), 니시쓰가루(西津輕), 기타쓰가루(北津輕) 지방에도 일반적으로 '버리는 쌀[捨米]'이라고 불리는 소작관행이 있었다. 이것은 대체로 세 종류가 있었다. 첫째, 야마가타현 지방의 '체납자'와 같이 소작인이 소작료를 미납하고 경제상황이 극단에 이르렀을 때, 다른 소작인이 그 소작지를 양수(讓受)하는 것을 조건으로 전 소작인의 미납 소작료를 지주에게 부담하는 것이다. 둘째, 소작지 쟁탈 시 경락미(競落米)[34]를 제공하는 것이다. 셋째, 소작인이 특히 희망하는 소작지를 현 소작인에게는 비밀로 하고 지주 또는 대작인(大作人, 지배인, 간사)에게 간절히 청하여, 그 소작지를 양수할 때 지주 또는 대작인에게 무엇인가를 제공하는 것이다. 또한 이와테현(岩手縣)에서는 소작지 회수에 대한 소작쟁의 결과 소작료가 일약 2배 이상으로 인상된 극단적인 사례도 있었다. 홋카이도(北海道) 조사보고에서도, 1933~1934년간 불황과 흉작이 계속되었는데도 지방에 따라 도리어 소작료가 등귀하는 추세가 나타났다. 도호쿠 지방의 흉작과 소작료 문제 역시 그 근본적 원인을 보면, 단순한 자연재해 때문이 아니라 소작료 인상 등의 측면에서 인과관계를 가지고 있었다.

이러한 소작관행이 있었다는 것은 일본 농촌의 토지 기근이 심각했음을 보여준다. 일본 농촌에서 아직 지주는 절대적인 지배권을 가지고 있었고, 토지 소유를 통해 도처에서 절대적인 위력을 발휘하고 있었다. 이에 반해 소작인의 입장은 상당히 불안정했고, 언제 그 토지에서 쫓겨날지 모르는 상태였다. 부채는 그렇지 않아도 과중한 소작료를 더욱 과중하게 만들었고, 소작료를 소작인의 지불 능력 최고 한도까지 상승시키는 작용을 했다. 이러한 사례는 상당히 많아 토지 회수 쟁의가 빈발했는데, 종종 지주의 소작료 인상 수단으로 이용되었다. 그리고 이로 인해 소작인의 경작 자본력은 점점 줄어들고, 극단적으로는

---

34 경락이란, 경매에 의하여 부동산의 경작권을 취득하는 일.

시비(施肥) 절감, 경영비 감축으로 이어져 농업생산력의 발전을 저해했다.[35]

1930년대 초중반에도 소작료 관련 소작쟁의는 계속되었다. 그런데 소작쟁의 중에서도 소작인들의 소작료 감면 요구는 때때로 당국에 의해 조정이 이루어졌다. 지주의 요구가 관철된 사례이기는 하나, 먼저 다음의 소작료 관련 소작쟁의 사례를 보자. 야마나시현(山梨縣) 히가시야쓰시로군(東八代郡) 하나부사촌(英村)은 소작지율이 매우 높은 지역이었다. 여기서 주로 상층의 소상품 생산 소작농과 하층의 영세한 비(非)소상품 생산 소작농이 주축이 되어 소작인 측의 공세 속에 첫 번째 쟁의와, 지주 측의 반공(反攻)하에 두 번째 쟁의가 있었다.

하나부사촌 소작쟁의는 1930년 초 소작인 26명이 지주 12명에 대해 '벼농사 수확 감소'를 이유로 1929년 소작료의 5할 내지 9할의 인하를 요구한 것에서 시작되었다. 하나부사촌은 양잠을 중심으로 하는 촌으로, 쟁의 관계 토지면적은 밭 6정 4반 3묘 3보로 밭이 중심이 되었다. 생산물로부터 직접 공제(控除)되는 현물 고율 소작료에 대한 항거로서 소작쟁의의 양상을 하나부사촌에서 전형적으로 확인할 수 있다. 이에 대해 지주 측은 소작인의 요구는 부당하다고 거절하고, 역으로 1930년 1월 11일까지 벼 납부를 하지 않으면 토지반환을 청구하겠다는 내용증명을 소작인에게 발송하겠다고 밝혔다. 하나부사촌농민조합[36]의 지도하에 있던 소작인 측은 소작료 감액 요구 부분을 공제한 소작료 상당분의 벼 납부 경매를 결행했다. 그러자 지주 측도 이에 대응하는 형태로 야마나시(山梨)토지주식회사에 소작료 청구를 위탁함과 동시에 토지반환 소송을 고후구(甲府區)재판소에 제기했다. 그리하여 불과 1주일도 지나지 않은 사이에

---

35 「庶政一新の彼方政治を地方に見る(29): 耕す大地は搖らぐ, 不安に戰く小作人小作法の制定を鶴首」, 『東京朝日新聞』, 1936년 8월 16일.

36 하나부사촌(英村)농민조합은 전일본농민조합동맹에서 1928년에 나온 야마나시(山梨)농민조합동맹에 소속되어 있었다.

소작쟁의로 번지게 되었다.

그 후 쟁의 자체는 '지구전(持久戰)'의 양상을 나타냈다. 그러다가 1930년 1월 7일에 소작인 측이 농번기이므로 가사를 돕게 해야 한다는 이유로 소학생(小學生) 아동 64명을 동맹휴교(同盟休校)시키면서 쟁의는 더욱 고양되었다. 이 동맹휴교 사건은 사회적 문제로 널리 신문에도 보도될 정도였다. 사태의 경과에 따라서는 촌내에서 나카가와구(中川區) 이외의 나리타(成田)·고쿠가(國衙) 등의 각 부락 조합원의 자제도 동맹휴교에 합류시킬 수도 있다고 하여, 하나부사촌의 유력자 사노 노부카쓰(佐野信雄) 및 기타 방면위원들이 조정에 분주해지는 등 긴박한 상황을 보였다. 그러자 촌장·촌회의원을 비롯해 촌의 유력자들이 농민조합 간부에게 조정을 요청했다. 소작인 측은 동맹휴교가 지주나 유력자에게 커다란 충격을 주어, 소작인 측이 절대로 불리했던 '소송'의 단계에서 '조정'의 단계로 나아가게 된 것을 보고 3일차에 동맹휴교를 해제했다. 농민조합의 촌내에서의 영향력을 배경으로 소작인 측이 공세하여 해결을 목전에 두고 지주 측을 밀어붙인 것이다.

그러나 며칠 후에 나온 조정안은 의외로 지주 측의 주장을 그대로 반영한 내용이었다. 특히 문제의 '1929년 소작료 인하는 촌내 기존 인하 방식을 표준'으로 한다는 조항은 지주가 마음대로 결정한 기존 인하 방식 표준에 소작인이 불만을 가진 데서 쟁의가 시작된 것이었으므로 소작인이 납득할 수 없는 것이었다. 토지반환 규정이나 소작지의 전대 금지 규정을 넣은 것도 지주 측의 의향에 따른 것이었다. 이는 촌내 유력자인 조정위원이 계층적으로 거의 지주 측이었던 점, 그런데도 소작인 측이 조정 내용에 대해서는 확약을 받지 않은 채 동맹휴교를 해제해버린 결과였다. 조정위원 중 4명은 경작 지주였고, 나머지 1명의 소작인도 판매소득의 농외소득이 커서 소작인의 입장을 순수하게 대표하지 않는 자였다. 따라서 조정위원은 소작인 측으로부터는 일절 의견을 청취하지 않고 지주 측과만 협의 결과 조정안을 작성한 것이다. 그리하여 소작인 측은 절대 불리한 소송이 진행될 심각한 사태에 직면했다.

결국 1930년 10월에 지주 측 승소 판결이 났다. 지주 측은 판결에 의거하여 토지반환 강제집행을 준비했는데, 소작인 측은 이를 저지하려고 하나부사촌 농민조합을 비롯하여 인근의 농민조합에 지원을 구했다. 이들은 그해 11월 4일 약 700명 규모로 공동수확, 공동경작을 실행하여 하나부사촌은 다시 긴장감에 휩싸였다. 그러나 지주 측은 승소 판결을 중심으로 거의 동요하지 않고 11월 7일 강제집행을 완전히 종료했다. 오히려 당일 농민조합 간부들이 경관(警官)의 설득에 의해 알선에 나선 촌내 유력자에게 다시 기대를 걸고 소작인 동원을 취소하는 등 동요하는 모습을 보였다. 지난번 쟁의 때에 비해 동원 규모가 더 컸는데도, 주도권이 완전히 지주 측으로 넘어가 있었다. 그리고 이후 별다른 움직임 없이 다음 해 1931년 3월에 쟁의는 완전히 끝이 났다. 이러한 결과는 소작인 측의 단결이 무너진 데도 원인이 있었다. 지주 측의 분리 조정 전술에 의해 맹휴 사건 이후 지주와 소위 '화해'하고 전선에서 이탈한 이들이 많았던 것이다. 예컨대 쟁의가 한창이던 1930년에 조합장을 비롯하여 7명의 소작쟁의 주도자가 소작쟁의의 진정을 위한 자작농 창설 유지정책 시행에 참여하기도 했다.

그러나 소작쟁의 이후 이 지역에서 문제가 되었던 밭의 대부지(貸付地)는 현격하게 줄어들었고 자작지가 늘어났다. 비록 소작쟁의는 소작인 측의 패배로 돌아갔으나 결과적으로 소작쟁의가 지주적 토지소유의 후퇴를 가져온 것이다. 이는 이후의 전시(戰時) 입법, 농지개혁의 방향을 준비하는 과정이었다고 평가할 수 있다.[37]

---

37 特高秘收 第791號, 「小作爭議報告表」, 1930년 1월 15일; 特高秘收 第12498號, 「小學兒童同盟休校ニ關スル件」, 1930년 7월 3일; 特高秘收 第13366號-1, 「小作爭議經過ノ件」, 1930년 7

한편 야마나시현(山梨縣)에서는 소작료 감액을 요구하는 쟁의가 일어나, 소작조정위원회의 조정으로 해결되었다. 1934년 7월 5일 야마나시현 나카코마군(中巨摩郡) 오치아이촌(落合村)에서 무려 지주 36명, 소작인 345명, 논 39정 8반 7묘, 밭 117정 2반 8묘에 관계된 대쟁의가 일어났다.

쟁의의 개요는 다음과 같다. 오치아이촌은 1925년 한발(旱魃) 피해에 더해 수해를 입어 소작료 반보당 평균 벼[籾] 6두 6승입 6표에도 미치지 못하는 큰 수확 감소가 있었다. 이에 소작인들은 조합을 배경으로 하여 맹렬하게 지주에게 소작료 감액을 요구했고, 이는 소작관의 알선에 의해 해결되었다. 그런데 그 후에도 소작인들은 해마다 여러 수단을 다하여 과감하게 쟁의를 전개하여 현하(縣下) 소작쟁의 격심지가 되었다. 쟁의는 매년 법상(法上) 또는 법외(法外) 조정으로 해결되었다.

그러다가 1934년에 이르러서도 예년과 같이 쟁의가 발생했다. 그해 소작인들은 견가(繭價)가 폭락했기 때문에 1933년 밭 소작료에 대해 법외 조정 조항 4할 8분 인하로는 도저히 소작료를 지불할 수 없다며 소작료 7할 6분 인하를 요구했다. 또한 논에서는 종래의 정면(定免) 5할 인하를 지속하려고 했다. 이에 대해 지주들은 밭에서는 이미 협정이 끝났고, 더욱이 1933년 견가는 근래 보기 드물게 올랐다며 여기에 응할 수 없다고 했다. 또한 매년 소작료 감액률을 협정했으나 미납자가 많아 이를 정산하지 않으면 어떠한 요구에도 불응하겠다는 태도를 보였다. 그리고 논에서는 종래 소작료 5할 인하로는 공조·공과에도 충당할 수 없다며, 1통(桶) 내지 1통 반의 가치를 요구하여 재차 쟁의가 발생했다.

월 19일; 特高秘收 第21326號, 「農民組合共同刈取卜地主ノ土地返還ノ假執行ノ件」, 1930년 11월 12일; 農政調査會舊所藏資料, 『山梨縣東八代郡英村』 등(西田美昭, 앞의 책, 1997, 191~206쪽에서 재인용).

소작관은 촌의 요망에 의해 현지에 출장을 나가 쌍방의 주장을 청취해서 조정을 시도했으나 쌍방의 의견이 강경하여 타협에 이르지 못했다. 따라서 소작관은 재고를 촉구하고 철수했다. 얼마 지나지 않아 소작관이 전임(轉任)하고 새로운 소작관이 부임하게 되었다. 새로운 소작관은 전임자에 이어 수차례 현지에 출장을 가서, 소작 문제의 근본적인 해결을 위해서는 농업위원회를 설립해야 한다고 주장했다. 그리하여 점차 쌍방에 위원회를 설립하려는 기운이 일어났다. 그리고 소작관은 해마다 법외 조정을 행한 노력은 많았으나 그 효과가 적었던 것을 생각하고, 쌍방의 양해 아래 법에 따라 조정을 하여 그 해결을 도모하기로 했다. 이에 1934년 10월 25일 고후(甲府)지방재판소에 조정 신청을 하게 했다.

조정의 경과는 다음과 같다. 조정의 진행을 원만하게 하기 위해 우선 지주와 소작인으로 하여금 각각 5명씩 위원을 선임하게 하여 농업위원회를 설치하고 협의를 했다. 이와 함께 조정위원회의 조정을 병행하는 형식을 취했다. 제1회 조정위원회를 그해 11월 24일 촌사무소에서 개최했는데, 이제 쌍방에 타협하려는 기운이 상당히 농후했다. 하지만 소작인 측은 1933년 및 1934년분 밭 소작료의 각각 7할 인하, 논 소작료(1933년은 지불 완료)의 장래 5할 인하 주장은 굽히지 않았다. 이에 대해 지주 측은 밭 소작료는 각각 5할 인하까지 양보했으나, 대신 논 소작료는 1통 내지 1통 반(1할 6분 내지 2할 4분)의 증액을 주장했다. 이에 쌍방에 재고를 촉구하며 조정 기일을 연기했다. 그 후 제3회 조정위원회를 개최하여 타협을 촉구한 결과, 연말이 다가오는 12월 26일 제4회 위원회에서 마침내 타협이 성립되었다. 조정 조항은 다음과 같다.

① 신청인인 지주가 상대방인 소작인에게 임대한 일부 토지에 대한 1932년까지의 지체 임료(貰料) 합계를 쌍방이 승인한 시기와 분량에 따라 소작인은 지불 완제

한다.

② 일부 토지 중 밭에 대한 1933년 분 임료는 계약 임료의 5할 2분을 1935년 1월 말일까지 지불한다.

③ 전항 밭에 대한 1934년분 임료는 5할 2분의 6할 인하로 하여 1935년 6월 말일까지 지불한다.

④ 1935년부터 1939년까지 위 밭에 대한 임료는 매년 6월 및 9월 각 말일까지 그 반액씩을 지불한다.

⑤ 일부 토지 중 논에 대한 1935년부터 1939년까지 임료는 풍흉에 상관없이 정면 액수로부터 5할 인하하는 것으로 정하여, 매년 12월 25일까지 지불한다. 단, 임료 벼 1표는 6두 6승입, 정미(正米) 17관 이상으로 한다.

⑥ 소작인은 해당 토지를 전대할 수 없다.

⑦ 소작인이 전 각 항에 기재된 소작료 지불 중 하나라도 위배한 때에는, 7일 이상의 기간을 정하여 최고하고 이에 응하지 않을 때에는 해당 토지를 그대로 즉시 무조건 반환·명도한다.

⑧ 1940년 이후의 임료 중 논의 소작료 분은 그 당시 경제사정에 따라 쌍방이 협의하여 이를 정하고, 논의 소작료 분은 1935년부터 5년간의 평뜨기[坪제] 성적에 따라 상당한 증액을 한다.

그리하여 오랫동안 쟁의 격심지로 당시 소위 '좌익촌(左翼村)'이라고 불리던 오치아이촌에도 평화가 왔다. 소작인들의 소작료 감액 요구가 받아들여져 당국에 의해 조정이 이루어진 것이다.[38]

이처럼 1930년대 초중반에도 소작료 관련 소작쟁의는 이어졌고, 소작료 감

---

38 農林省 農務局, 앞의 책, 1936b, 267~272쪽.

액과 일부 지불은 어느 정도 허용되는 분위기였다. 비록 소작법은 제정되지 못했지만, 소작인들의 열악한 경제상황을 고려해야 한다는 사회적 공감대가 형성되어 있었다고 할 수 있다. 아래에서 관련된 사례들을 더 정리해보겠다.

먼저 홋카이도(北海道)의 소작료 감액 관련 소작쟁의 사례를 들 수 있다. 1929년 11월 4일 홋카이도 우류군(雨龍郡) 우류촌(雨龍村) 하치스카농장(蜂須賀農場)에서 지주 하치스카 마사아키(蜂須賀正韶) 후작(侯爵)을 상대로 하여, 소작인 마에카와 쇼지(前川正治) 외 33명이 소작료의 6할을 감액해달라는 요구를 제출하여 소작쟁의가 일어났다. 지주 측의 강경한 태도에 대항하여 소작인 측도 소작미의 공동보관에서 공동매각으로 나아갔고, 12월에는 농민대회를 개최했다. 다음 해인 1930년 2월에는 지주 측이 동산 차압 절차를 밟은 것을 알고, 소작인 측이 가족 등을 총동원해 농장 사무소에 쇄도하여 경찰이 해산 명령을 내리는 소동도 있었다. 마침 그해 2월 총선거에 쟁의지인 제4구에서 전국농민조합 기다 시게하루(木田茂晴)가 노농당에서 입후보하여, 그의 선거 응원 연설이 쟁의 응원에서 지주에 대한 규탄 연설회로 발전했다. 또한 청년부, 여방단(女房團)도 활발하게 움직였고, 소학교 아동들은 시위를 했다. 마침내 소작인 대표가 도쿄까지 가서 하치스카 후작의 면회를 요구하는 데까지 쟁의가 진전되었다. 결국 정부에서 조정관이 나서서 1929년 소작료의 2할을 감액하고, 나머지 납입하는 소작료의 8할 중 1할은 현미, 1할은 현금으로 즉시 납부하며, 나머지 6할은 3개년 연부로 납입하도록 결정하여 쟁의가 종료되었다. 소작인들의 소작료 감액 요구가 어느 정도 수용된 것이다.[39]

사가현(滋賀縣)에서도 소작료의 감액을 요구하는 소작쟁의가 있었다. 1932년 12월 25일 사가현 고카군(甲賀郡) 이시베정(石部町) 대자(大字) 이시베(石部)에서

---

[39]   稻岡進, 앞의 책, 1954, 173쪽.

무려 지주 80명, 소작인 285명, 논 145정 2반 9묘가 관계된 대쟁의가 일어났다. 쟁의의 원인은 1932년에 기후 관계상 이삭[穗首] 도열병(稻熱病)이 발생하여 수확 감소가 현저했던 것을 이유로 소작인 측이 소작료의 일시 감액을 요구한 데 기인했다. 먼저 소작인 측은 기후가 좋지 않아 수확이 크게 감소했으므로 계약 소작료의 4할 5분을 감액해달라고 요구했다. 이에 지주 측은 정농회(町農會)에서 실시한 평뜨기[坪刈] 성적에 의하면, 본년의 실수확은 반 보당 2석 5두 5승 3합으로 평년작(소작료의 2배 액수)과의 차액의 반액을 감액할 때 그 감액률은 계약 소작료의 1할 4분에 상당하므로 이 정도로 감액해야 한다고 주장했다.

이후 경과를 보면, 소작인 측은 1932년 12월 25일 위원 14명이 회합하여 1932년 소작료 감액 요구에 대해 협의했다. 그 결과 4명의 총대를 두고, 올해는 심각한 흉작이므로 계약 소작료의 4할 5분을 감액해줄 것을 지주 측에 요구했다. 사실 지주 측은 그해 작황이 양호하지 않을 것을 예상했기 때문에 소작료 감액 문제 발생을 미리 고려하고 있었다. 그리하여 벼 수확기에 소작위원과 함께 정농회 기술원의 입회를 요청하여 평뜨기를 실시하고, 그 조제 시에는 정농회에 위촉하여 조사를 실시했다. 그 결과 반당 2석 5두 5승 3합의 수확은 확실하므로 소작료의 1할 4분 감액이 지당하고, 4할 5분 감액 요구는 적당하지 않다고 주장한 것이다. 그리고 지주회를 개최하여 총대 4명을 두고 당초 주장을 관철하려 하면서 소작인 측의 요구를 거절했다. 소작인 측은 지주 측의 주장이 논리에 맞지 않고 소작인의 고충을 해결해주지 않는 것이라며 크게 분개하여, 소작료 불납동맹을 조직하여 소작료 감액을 재차 요구하며 해결을 기다렸다.

지주 측은 해결이 쉽지 않자 정농회장(町農會長)에게 조정을 요청했다. 이후 정농회장은 수차례 쌍방의 총대를 집합시켜 조정을 했다. 지주 측은 전년의 소작료 감액 쟁의 해결 시에 앞으로는 정농회의 평뜨기 성적에 따라 감액 액수를 결정하자는 협정이 이루어졌다며, 조금 양보하여 평뜨기 오차로 1할을 더해 소작료 2할 4분의 감액을 승인하라고 요구했다. 그러나 소작인 측은 지주 측의 주장을 거절했고 조정은 결렬되었다. 이듬해 1933년 1월 15일 소작인 총대는 소작관에게 해결책을 요청했다. 소작관은 1월 17일 정사무소에 출장하여 지주 총대와 소작인 총대를 모아 실정을 조사했는데, 정장의 희망에 따라 재차 조정의 임무를 정장에게 위촉했다. 이후 정장은 수차례 조정을 거듭했고 2월 2일 철야로 최후의 조정을 시도했다. 하지만 지주 측은 2할 5분, 소작인 측은 3할까지 양보했으나 더 이상은 양보할 수 없다고 하여 다시 조정이 결렬되었다. 이로써 정장은 책임을 지고 곧바로 사직했는데, 2월 4일 긴급 정회를 소집하여 정장을 다시 선임했다. 조정이 결렬되자 2월 4일 소작인 측은 다시 소작관에게 조정을 요청했다. 같은 날 지주 측도 소작관을 방문하여 사정을 설명하고 소작 조정법에 의한 조정 신청으로 해결하는 방법밖에는 없겠다며 조정을 요청했다.

그리하여 소작관은 쌍방의 주장을 청취했다. 이제 양쪽 주장은 거의 접근해 있었다. 이에 지주 측에 일단 양보를 종용하여, 지주 측은 소작료를 2할 5분 감액하는 것 외에 금일봉(500엔, 소작료 1표당 약 1승 상당액) 지급을 승인했다. 또한 그해에 한하여 산미검사 등급 4등에 대해 1표당 1승의 소작 장려미를 지급하는 것이 가능하다고 하여, 사실상 조정이 성립될 전망이 확실했다. 이에 정장에게 그 뜻을 통지하고, 또 쌍방 총대에게 종용하여 정장의 조정에 따라 해결을 구하여 마침내 2월 14일 다음의 조정 조항으로 사태가 해결되었다.

① 1932년 소작료 감면액은 계약 소작료의 2할 5분으로 한다.

② 본년도에 한해 사가현 산미검사 등급 4등에 대해서는 1표당 1승을 상여(賞與)로 하고, 등외미(等外米)에 대해서는 종전대로 1표당 1승의 추징미(追徵米)를 징수한다.

③ 2월 20일까지 미납 소작료를 완납하고, 완납 후에는 지주 측이 금일봉(500엔)을
  증여한다.

④ 장래 감면에 대해서는 농회의 평뜨기 결과에 준거하여 농회장의 결정[裁定]에
  일임한다.

이처럼 흉작으로 인해 소작인들이 소작료의 감액을 요구했고, 소작인들의
요구치에는 미치지 못했으나 일부 소작료를 감액하는 조건으로 소작조정이
성립되었다. 특히 소작료 감액 조정에 소작관뿐만 아니라 정장, 정농회장 등
지역 지도자가 중재에 나선 것이 눈에 띈다.[40]

미에현(三重縣)에서도 소작료 감액을 요구하는 소작쟁의가 일어났다. 1933
년 1월 15일 미에현 와타라이군(度會郡) 시고촌(四鄕村) 대자(大字) 구스베(楠部)에
서 무려 지주 20명, 소작인 110명, 논 62정보가 관계된 큰 쟁의가 있었다. 쟁의의
원인은 소작인 측이 흉년을 이유로 소작미 감액을 요구했으나, 지주 측이 응하
지 않았기 때문이었다. 소작인 측은 1932년에 심각한 흉작이 되었으므로 소작
미의 8할 감액을 요구했다. 이에 지주 측은 그 요구가 과대하다며 도저히 응할
수 없다고 나왔다. 이러한 사정으로 소작인들은 원만한 해결을 바라며 현에 대
표자를 파견하여 진정(陳情)했다. 이후 소작관이 당사자 간에 개재하여 타협과
설득에 힘쓴 결과, 다음과 같은 조건으로 타협이 성립되어 2월 17일 사건이 종
료되었다.

① 1932년 소작료는 6할 5분 인하하고, 그 납기를 1933년 3월 5일까지로 한다. 단, 현
  물로 납부할 수 없는 자는 1표당 금 7엔의 비율로 환산하여 납입한다.

---

40 農林省 農務局, 앞의 책, 1934, 119~122쪽.

② 장래 흉년으로 인해 소작료 감면을 요구하는 경우에는 수확 전 소작인 측에서
　지주 측에 입회·검견을 요청하여 감면율을 협정한다. 만약 협정이 성립되지 않
　을 경우에는 소작관이 실상을 조사하여 구장 입회하에 감면율을 재결(裁決)한
　다. 이 재결에 대해서는 쌍방이 이의를 제기할 수 없다. 당사자의 입회·검견은
　쌍방의 대표자가 협조 취지에 따라 원만히 행한다.
③ 1933년 이후에는 소작료를 현행 소작료의 1할 4분 2리 인하된 가격으로 개정한
　다.

　이처럼 소작인의 소작료 감액 요구 비율에는 조금 미치지 못했지만, 대체
로 소작료 감액을 허용하는 방향으로 소작관에 의해 쟁의가 조정되었다.[41]
　오사카에서도 당국이 소작료 감액을 허용하여 조정이 성립되었다. 1934년
경 오사카 미나미카와치군(南河內郡) 신도촌(新堂村)의 지주 이시다 아사키치(石
田淺吉) 외 32명이 이 촌의 소작인 이즈이(泉井藤八) 외 110명을 상대로 논밭 30여
정보의 소작쟁의 조정을 신청하여 오사카지방재판소에서 조정을 진행했다.
소작인들의 소작료 3할 감액 요구에 대해 지주 측은 이전의 소작료대로 할 것
을 주장하여 맹렬하게 쟁의가 전개되었다. 그러다가 1934년 4월 30일 다나카(田
中) 주임관에 의해 이전의 소작료 1반 2묘 10보의 토지에 소작료 2석 2두 3승 2
합의 비율에서 2할 9분 5리를 감액하여 향후 5년간 이행할 것, 그리고 5년이 지
난 후의 소작료도 오사카지방재판소 조정부에서 결정한다는 내용으로 조정이
성립되었다. 이 사건은 당시 신문지상에서 전국 소작쟁의에 하나의 지침으로
삼을 만하다며 주목을 받았다.[42]

41　위의 책, 117~118쪽.

42　「思い切った調停で蘇った農民たち: 南河內の小作爭議漸く解決, 大阪地方裁判所の指針

한편 1930년대 중반에 소작인조합들은 소작료 감면 요구 등을 두고 강경한 태도에서 전환하여 지주의 온정에 호소하는 전략을 구사하기도 했다. 이는 어느 정도 효과가 있었는데, 각 군·정·촌 농촌의 지도원들이 부락(대자 등)을 기반으로 한 이른바 '협조체제'하에 나서서 중재가 더 가능했던 것으로 보인다.

이와 관련하여 나가노현(長野縣)의 소작쟁의 사례를 살펴보자. 해마다 유혈 참사를 빚던 나가노현의 소작쟁의는 1934년과 같은 흉년에는 더 어떠한 사태를 야기할지 몰랐으므로, 나가노현 특고과에서는 일찍이 각지 소작인조합의 동향을 주시하고 있었다. 이전의 소위 '적화 교원(教員) 사건'의 대검거로 지도부를 잃은 이 지역 소작인조합은, 비상시임을 인식하면서도 그해에는 '적기(赤旗)'를 내세우지 않고 '소요' 없이 비교적 평온한 모습을 보였다. 이는 소작료 감면 운동의 악화를 우려하여 소작인조합이 각지의 농촌에서 중개에 들어가 지주와 소작료 감액 방법을 교섭하고 있었기 때문이었다. 또한 소작인조합은 대중운동의 과오를 돌아보며 새로운 전술로 일제히 '지주에게 읍소(泣訴)하는 방책'에 나섰다. 이에 지주 측도 예년과 같이 악감정을 가지지 않고 오히려 소작인을 동정하여 소작료 감면에 호응하는 모습을 보였다. 이런 상황에 대해 나가노현 무산당(無産黨)의 총 지도자인 현의원(縣議員) 노미조 마사루(野溝勝)[43]는 이렇게 말했다. "전국적인 흉작이라고 보도되었기 때문에 지주도 금년에는 크게 생각하는 바가 있었다. 소작인도 대중적 시위운동은 항상 실패로 끝나고, 또

的斷案」, 『大阪每日新聞』 1934년 5월 1일.

43 노미조 마사루(1898~1978)는 나가노현 출신의 일본 쇼와시대 정치가, 농민운동가·노동운동가. 1926년 사회민중당의 창립에 참여하고, 1937년부터 중의원 의원에 3회 당선되었다. 전후 사회당 결성에 참여하여 서기장을 역임했으며, 1950년부터 참의원 의원에 3회 당선되었다. 아시다(芦田) 내각(1948. 3. 10~10. 15)의 국무대신, 지방재정위원회 위원장, 1959년 전일본농민조합연합회 초대회장을 역임했다. 講談社, 「野溝勝」, 『日本人名大辭典』, 2015; 「野溝勝」, 『위키백과』 일본어판.

국가 비상시에 소요를 일으키는 것은 좋지 않다는 것을 알고 전법을 바꾸어 읍소하는 전술을 취한 것이다. 그리하여 이 해에는 거짓말처럼 현(縣)에서 쟁의다운 쟁의를 한 건도 아직 보지 못했다. 또한 주목해야 할 것은 각 군·정·촌 농촌의 지도원이 각지에서 지주와 소작인 사이에서 활동하여 쟁의를 미연에 방지한 것이다."[44]

---

44 「大衆運動の非を悟り地主泣落しの戰術: 所謂爭議らしい爭議は皆無, 長野縣下の新現象」, 『中外商業新報』 1934년 11월 7일.

2장
조선농지령 시행 이후의 소작쟁의

1. 조선농지령 시행 이후 소작조건과 소작쟁의의 추이

1) 소작조건의 변화[45]

1930년대에 일제는 대공황의 탈출구로 침략전쟁을 감행하면서 식민지 조선과 만주국을 일본의 블록경제체제 내로 포섭하려 했다. 이때 총독으로 부임한 우가키 가즈시게(宇垣—成)는 향후 일본의 산업은 일(日)·선(鮮)·만(滿) 공통의 통제가 필요하다고 역설했다. 그러면서 식민지 조선은 내부의 풍부한 동력(動力)과 노동력, 만주의 풍부한 자원을 바탕으로 농업개발 대신 공업화의 길로 나아가야 한다고 천명했다. 즉 일제는 일본은 정공업지대(精工業地帶)로, 만주는 농업지대로, 식민지 조선은 양자의 결절지대(結節地帶)인 조공업지대(粗工業地帶)로 하여 일본 산업구조의 일환으로 포섭하려 했다. 이에 일제는 식민지 조선에서 식량 공급 기지화정책인 산미증식계획을 중단하고, 공업화를 위한 원료 공

45　이 항의 일부는 필자가 「일본과 식민지 조선의 지주제와 소작 문제 비교」, 『한국근현대사연구』 99, 한국근현대사학회, 2022, 125~131쪽에 발표한 내용이다.

(단위: 호)

연도	30정보 이상	50정보 이상	70정보 이상	100정보 이상	150정보 이상	200정보 이상	합계
1930	6,362	1,402	840	474	191	237	9,506
1931	6,147	1,435	807	475	205	236	9,305
1932	6,072	1,487	847	532	204	241	9,383

* 출전: 朝鮮總督府 農林局,「朝鮮小作令制定ヲ必要トスル理由」,『朝鮮小作關係文書: 朝鮮小作關係法規集』, 1936.

급 기지화정책으로 식민농정의 중점을 옮겨갔다.[46]

　이러한 정책적 배경에서 식민지 조선의 대지주들은 대공황기에도 오히려 토지소유를 확대·유지했다. 대공황으로 일본 본국에서는 지주들의 토지소유가 급격히 축소된 것과 다른 양상을 보인 것이다. 이 사실은 소작지율의 추세로 확인되며, 대토지소유자의 경우에서도 살펴볼 수 있다. 30정보 이상 대지주 호수의 추이를 보면 〈표 3-2〉와 같다. 1930년대 초반의 농업공황으로 인해 30정보 미만의 중소지주는 상당수 몰락한 것으로 추정된다. 그런데 30정보 이상의 대지주는 이 시기에도 존속했다. 당시 농산물 가격이 폭락했음에도 지주의 토지수익률과 토지에 대한 불입자본금(拂入資本金) 이익률은 여타 부문보다 여전히 높았다. 이에 대지주의 숫자는 증가·유지되는 추세를 보인 것이다. 공황기 지주들은 지주 경영의 기업화, 토지자본의 분산투자, 소작인에 대한 통제 강화, 공황 피해의 소작인 전가 등을 통해 피해를 최소화하려 했다. 또한 조선총독부는 지주의 요구를 반영한 농업정책, 금융지원을 통해 지주경제를 보호했다.

　1934년 조선농지령 시행 이후에도 대지주 수는 줄어들지 않았다. 〈표 3-3〉

46　정연태,「1930년대 '조선농지령'과 일제의 농촌통제」,『역사와 현실』 4, 한국역사연구회, 1990, 230쪽.

〈표 3-3〉 식민지 조선의 한국인·일본인별 대지주 수(1931~1936)

(단위: 명)

구분		1931	1933	1935	1936
100정보 이상	한국인	319	308	315	336
	일본인	361	406	363	380
	기타	2	2	3	4
	계	682	716	681	720
200정보 이상	한국인	49	43	43	49
	일본인	187	192	182	181
	기타	-	-	-	-
	계	236	235	225	230

* 출전: 朝鮮農會,『朝鮮農業發達史: 發達編』, 1944a, 附錄 第4表.

에서 100정보 이상 대지주의 추세를 보면, 1931~1936년간 100정보 이상의 소유자는 일본인이든 조선인이든 모두 증가했다. 표에는 나타나 있지 않으나 이후 1936~1942년에는 100정보 이상을 소유한 일본인은 증가한 반면 조선인은 현저히 감소했다. 하지만 전체적으로 보면 1936~1942년에도 100정보 이상의 토지를 소유한 지주 수와 그 소유 면적에 큰 변화가 없었다. 1936년 11월 당시 100정보 이상의 대지주 수는 972명, 그 소유 면적은 32만 2,382정보였고, 1942년에는 1,055명, 32만 1,477정보로 증가·유지되는 양상을 띠었다.[47]

---

[47] 지수걸,「1932~35년간의 조선농촌진흥운동」,『한국사연구』46, 한국사연구회, 1984, 120쪽; 김선미,「1930년대 농업정책과 조선 농업의 전개」, 부산대 대학원 석사논문, 1988, 45~46쪽; 장시원,「일제하 대지주의 존재 형태에 관한 연구」, 서울대 대학원 박사논문, 1989, 53~72쪽; 지수걸,「1930년대 전반기 조선인 대지주층의 정치적 동향」,『역사학보』122, 역사학회, 1989, 34~36쪽; 정연태, 앞의 논문, 1990, 234쪽; 김용섭,「일제 강점기의 농업 문제와 그 타개 방안」,『동방학지』73, 연세대 국학연구원, 1991, 261~262쪽; 지수걸,『일제하 농민조합운동 연구』, 역사비평사, 1993, 42~43쪽.

더욱이 일본인 지주 수는 꾸준히 증가·유지되었다. 〈표 3-3〉을 보면, 1933년에 100정보 이상의 지주 총 716명 중 한국인 지주 수는 308명으로 1931년보다 다소 감소한 반면 일본인 지주 수는 406명으로 격증했다. 이와 비슷한 추이로 1933년에 200정보 이상의 지주 총 235명 중 한국인 지주 수는 43명으로 다소 감소했고 일본인 지주 수는 192명으로 증가했다. 1936년에는 한국인 지주 수가 다시 증가했고 일본인 지주 수는 다소 감소했으나 거의 현상 유지 상태였다.[48]

지주 증가의 추세는 자작지 면적이 감소하고 소작지 비율이 계속 늘어난 점에서도 확인할 수 있다. 조선은행 조사부에서 발간한 『조선경제연보』(1948)에 의하면, 소작지 비율은 1914~1917년에 논의 경우 66%, 밭은 45%를 기록했으나, 1938~1940년에 이르면 논은 68%, 밭은 51%로 증가했다. 반면에 자작지 비율은 1930년에 45%에서 1943년에는 38%로 많이 감소했다.

1930년대 전반에 지주제의 양적 팽창은 사실상 매우 높은 수준에 달해 있었다. 그리고 1930년대 말까지 소작지 면적은 계속 증가했다. 소작지율은 1930년대 후반에도 대공황 이전은 물론이고 조선소작조정령이 시행되는 1933년에 비해서도 증가했다. 〈표 3-4〉를 보면, 전국 논밭의 평균 소작지율은 1934년에 58.7%에서 1938년에 58.9%로 증가했다. 그런데 이 시기의 소작지율 증가 추세는 전북·충남·경기·황해도 등지의 논 소작지율이 1930년에 약 72~79%로 거의 한계에 이른 상황에서도 계속된 점에 주목해야 한다. 이전에 북부 지방은 자작지의 비율이 높고 소작지는 적었으나 이제 북부 지방에서 지주제가 상대적으로 덜 발달된 지역을 중심으로 지주제의 확대가 진행되었다. 1934~1938년에 논 소작지율은 평북·강원·함남·함북 지역에서 모두 증가했다. 또 전국적으로는 밭을 중심으로 지주제의 확대가 진행되었다. 한편 1930년대 후반 농가 1호당

---

48 지수걸, 앞의 책, 1993, 43쪽.

(단위: %)

도별		1930	1932	1934	1936	1938	1944
전남	논	64.6	67.2	67.9	67.5	67.3	68.2
	밭	41.8	41.0	41.0	39.7	39.7	37.3
전북	논	78.9	79.8	80.2	81.0	80.1	80.2
	밭	67.4	69.2	69.9	70.3	69.7	68.7
경남	논	65.9	66.4	67.4	67.1	64.5	68.3
	밭	56.1	56.0	56.3	57.1	56.7	58.1
경북	논	56.4	57.6	58.4	58.2	55.3	63.3
	밭	51.6	51.9	52.5	51.6	52.0	50.2
충남	논	73.1	74.0	74.9	76.4	73.3	78.5
	밭	60.5	61.8	62.2	64.9	65.2	64.2
충북	논	65.7	67.5	67.8	67.5	67.5	67.5
	밭	63.1	64.9	65.2	65.3	65.4	65.0
경기	논	74.1	74.1	74.5	74.4	74.4	81.8
	밭	66.9	68.5	68.9	68.7	68.9	74.3
황해	논	72.4	73.1	73.1	72.1	72.4	81.4
	밭	62.8	63.3	64.0	62.9	63.5	63.5
평남	논	64.2	64.4	63.6	63.2	62.1	71.6
	밭	53.0	53.4	54.5	54.3	55.1	60.6
평북	논	63.3	63.9	67.4	68.6	69.0	74.5
	밭	54.8	54.9	61.3	61.9	62.1	63.2
강원	논	54.7	54.8	55.9	56.9	56.9	64.8
	밭	42.9	42.1	42.4	44.5	47.8	52.3
함남	논	43.6	46.7	48.3	49.5	49.8	60.2
	밭	29.3	31.7	30.8	30.0	30.0	37.0
함북	논	30.7	34.4	36.1	36.0	38.1	55.6
	밭	16.9	19.5	21.2	22.6	23.3	30.2
소계	논	66.4	67.3	68.1	68.1	67.8	72.6
	밭	49.3	50.1	51.0	51.1	51.7	54.6
평균		56.7	57.8	58.7	58.9	58.9	63.1

* 출전: 朝鮮總督府 農林局, 『(後編)朝鮮二於ケル小作二關スル參考事項摘要』, 1933, 1~2·21~39쪽; 朝鮮總督府 農林局, 『朝鮮農地年報』 1, 1940, 109·121~132쪽; 朝鮮銀行 調查部, 『朝鮮經濟年鑑』, 1948, I-38, 39(정연태, 『식민권력과 한국 농업』, 서울대학교출판문화원, 2014, 394쪽에서 재인용).

〈표 3-5〉 식민지 조선의 경지 중 자작지와 소작지 비율(1930~1940)

(단위: %)

연도	자작지	소작지
1930	44.4	55.6
1931	43.8	56.2
1932	43.5	56.5
1933	43.7	56.3
1934	42.8	57.2
1935	42.9	57.1
1936	42.6	57.4
1937	42.5	57.5
1938	42.3	57.7
1939	42.1	57.9
1940	42.2	57.8

* 출전: 『朝鮮總督府統計年報』, 매년판; 姬野實 編, 『朝鮮經濟圖表』, 朝鮮統計協會, 1940, 163쪽(엄기섭, 「일제하 소작·노동쟁의의 전개 과정에 관한 연구」, 동국대 대학원 박사논문, 1981, 67쪽; 박섭, 「식민지 조선에 있어서 1930년대의 농업정책에 관한 연구」, 장시원 외, 『한국 근대 농촌사회와 농민운동』, 열음사, 1988, 148쪽에서 재인용).
* 1932년까지는 토지대장에 등록된 경지만을 계산한 것이며, 1933년부터는 토지대장에 등록되지 않은 경지도 포함한 것이다.

경지면적은 대공황 이전보다 줄어들었고, 대공황으로 농가경제가 매우 악화된 1933년 수준을 유지하는 데 그쳤다.[49]

1934년 조선농지령 시행을 비롯한 농촌진흥운동의 전개에도 농민들의 몰락은 심화되었다. 〈표 3-5〉를 통해 경지면적을 자작지와 소작지별로 보면, 해마다 소작지는 증가하는 추세였다. 특히 농업공황이 식민지 조선의 농촌을 강타했을 때, 지주층은 오히려 소유 토지를 확대했다. 총 경지 중 소작지 비중은 1930~1932년 55.6%에서 56.5%, 1938년에는 57.7%로 증가했고, 농가 1호당 경지면

---

[49] 정연태, 앞의 책, 2014, 386~387·393~395쪽; 조선총독부 편, 박찬승·김민석·최은진·양지혜 공역, 『국역 조선총독부 30년사』 상, 민속원, 2018a, 381쪽.

적은 계속 감소했다. 1934~1937년 사이에도 소작지가 57.2%에서 57.5%로 증가했다. 다른 통계에 의하면 1929년에서 1931년 사이에 무려 4만 4,000여 정보의 자작지가 소작지로 바뀌었다. 이런 추세는 1930년대에 일관되게 나타나는데, 1931~1938년 사이에 무려 13만 정보의 자작지가 지주의 토지겸병 대상이 되었다. 1940년에는 자작지가 42.2%, 소작지가 57.8%가 되었다. 다른 통계를 보면 1944년에는 소작지가 62%까지 증대했다.[50]

또한 1930년대에 소작농은 계속 증가했고, 자작농은 계속 감소했다. 이러한 경향을 경영 형태별 농가 호수를 나타낸 〈표 3-6〉과 그 추이를 그린 〈그림 3-1〉을 통해 볼 수 있다. 구체적으로 지주 갑(대지주)은 1930~1932년에 이르는 3년 만에 2만 1,400명에서 3만 2,890명으로 약 154%로 증가했다. 또한 지주 을(중소지주)은 1930~1932년간 8만 2,604명에서 7만 1,933명으로 약 87%로 감소했다. 대공황기에 중소지주의 호수가 감소한 것이다.

자작농은 1930년에 50만 4,009명에서 1938년에 55만 2,430명으로 약 110%로 증가하고 이후 감소했는데, 이 시기나 그 후에도 전 농가 호수의 약 18% 이하에 불과했다. 자소작농은 1930년에 전 농가 호수의 약 31%를 차지했는데, 그 후 계속 감소하여 1941년에는 약 24%를 차지할 뿐이었다. 조선총독부는 1932년부터 자작농 창설 계획을 실시하면서, 1933년부터 지주 을을 자작농에 편입시켜 자작농의 구성비를 만회하고자 했으나, 그 감소 추이를 막을 수는 없었다. 1930년 조선 농가의 총 호수를 100으로 볼 때, 자작농이 17.6%, 자작 겸 소작농이 31.0%, 소작농이 46.5%였다. 그런데 1941년에는 자작농이 17.9%, 자작 겸 소작농

---

50 엄기섭, 앞의 논문, 1981, 66쪽; 김선미, 앞의 논문, 1988, 45쪽; 정연태, 앞의 논문, 1990, 260쪽; 신기욱, 「1930년대 농촌사회 변화와 갈등」, 『동방학지』 82, 연세대 국학연구원, 1993, 196쪽; 조선총독부 편, 박찬승·김민석·최은진·양지혜 공역, 앞의 책, 2018a, 381쪽.

〈표 3-6〉 식민지 조선의 경영형태별 농가 호수(1930~1941)

(단위: 천 호, %)

연도	총호수	지주 갑	지주 을	자작	자소작	소작	소작 겸 화전	순화전	피용자	백분비(%) 지주	자작	자소작	소작
1930	2,870	21	83	504	890	1,334	97	38		3.6	17.6	31.0	46.5
1931	2,882	23	82	489	854	1,393	96	41		3.6	17.0	29.6	48.3
1932	2,931	33	72	476	743	1,546	96	60		3.6	16.2	25.3	52.7
1933	3,010			546	725	1,563		82	94		18.1	24.1	51.9
1934	3,013			543	722	1,564		81	103		18.0	24.0	51.9
1935	3,066			548	739	1,591		76	112		17.9	24.1	51.9
1936	3,060			546	738	1,584		75	117		17.8	24.1	51.8
1937	3,059			550	738	1,581		73	117		18.0	24.1	51.7
1938	3,051			552	729	1,583		71	116		18.1	23.9	51.9
1939	3,023			540	719	1,583		69	112		17.9	23.8	52.4
1940	3,047			551	711	1,617		66	102		18.1	23.3	53.1
1941	3,070			548	723	1,647		59	93		17.9	23.6	53.6

* 출전: 朝鮮總督府, 『朝鮮總督府統計年報』, 1931, 1941; 朝鮮總督府, 『農業統計表』, 1941; 朝鮮農會, 앞의 책, 1944a, 附錄 第3表(박섭, 앞의 논문, 1988, 185쪽; 裵民植, 「植民地期朝鮮における農業政策の展開過程」, 東京大學 大學院 博士論文, 1994, 29쪽에서 재인용); 朝鮮總督府 農林局, 앞의 책, 1940, 139쪽.
* 1932년까지 조사된 '지주 갑'은 농지 전부를 소작으로 경영하는 지주, '지주 을'은 농지 대부분을 소작으로 경영하고 일부를 자작하는 지주를 가리킨다.
* 1933년부터 조사대상에서 '지주 갑'은 제외되고, '지주 을'은 자작농에 포함되었다.
* 총호수는 이 표에서 생략한 소작 겸 화전, 순화전, 피용자 수까지 포함된 것이며, 백분비는 총호수에 대한 것으로 100%가 안 되는 경우도 있다.

이 23.6%, 소작농이 53.6%로 자작 겸 소작농층이 줄어들고 순소작농층이 늘어났다.[51]

순소작농층은 1933년에 156만 3,056호로 전체 농가의 51.9%를 차지한 반면

---

51 김용섭, 앞의 논문, 1991, 264쪽; 지수걸, 앞의 책, 1993, 39~40쪽; 裵民植, 앞의 논문, 1994, 28쪽; 김용섭, 『한국근현대농업사연구』, 지식산업사, 2000, 392·396~398쪽.

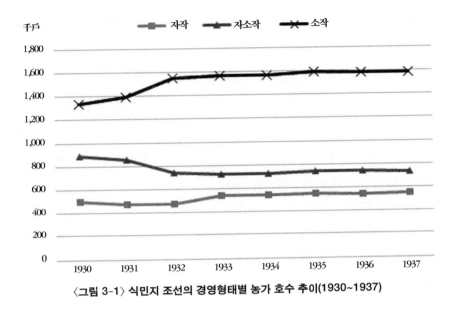

〈그림 3-1〉 식민지 조선의 경영형태별 농가 호수 추이(1930~1937)

에, 1940년에는 161만 6,703호로 전체 농가의 53.1%에 달했다.[52] 특히 자작농이 자소작농의 단계를 거치지 않고 바로 소작농으로 전락한 경우가 많았는데 부채 상환에 의한 몰락 때문이었다. 당시 일제가 자작농 창출의 식민농정을 표방하고 있었는데도, 이들은 농촌진흥운동이라는 명목으로 침투한 금융자본의 식민지 농촌 지배에 의해 희생당한 것이라 할 수 있다.

또한 순화전민의 경우, 1930년에 3만 7,514호에서 1933년에는 8만 2,277호로

---

52 농가 호수 추이에서 소작농 항목을 보면, 소작농 비율은 1932~1939년에 이전 시기보다 비교적 정체된 모습을 보인다. 그러나 그 이면에서는 걸인, 토막민, 해외이민자 등 농업 자체로부터 뿌리 뽑힌 이들이 광범위하게 발생하고 있었다. 이들의 존재는 농민층의 하향 분해가 결코 정지하지 않았음을 입증한다. 즉 농민층 내부의 하향 분해가 계속 일어나는 동시에 농민층 일부가 농촌 바깥으로 내몰리는 탈농 현상이 병행되었다. 김선미, 앞의 논문, 1988, 44쪽.

약 219% 증가했다. 이는 소작농층이 농촌에서 이탈되어 화전민으로 전락하거나 도시 변두리에 거주하는 토막민으로 몰락했음을 나타낸다. 소작지조차 상실해 농촌사회의 최하층인 농업노동자로 전락하는 이들도 증가했다. 조선총독부는 농업노동자의 통계 파악을 회피하다가 1933년부터 '피용자(被傭者)'란 명칭으로 농업노동자를 조사대상에 포함시켰는데, 농업노동자층의 증가가 사회문제로 부각되었기 때문이다. 농업노동자는 1933년에 9만 3,984호에서 1938년에는 11만 6,020호로 약 123% 증가했다.[53]

농민층 분해에 의한 빈농의 증가 현상은 식민지기 전 기간에 걸쳐 지속되었다. 1940년경 자작농 상층으로 구성된 부농은 전체 농가 호수의 약 2~5%, 자작농 중상층으로 구성된 중농은 약 10% 내외, 자작 1.5정보 미만과 자작 겸 소작 2정보 미만으로 구성된 빈농은 약 70~80%에 달했다.[54]

소작농의 증가는 곧 소작농의 경제적 몰락으로 이어졌다. 한정된 토지에 다수의 소작농이 존재하며 경쟁하면서, 지주가 소작인에게 계속 고율의 소작료를 강요할 수 있는 경제조건이 되었다. 조선농지령이 실시되었어도 소작료의 상한을 정하지 않고 당시 소작료율을 그대로 인정했으므로, 이러한 추세는 1930년대 전 기간에 걸쳐 대체로 존속되었다.[55]

그런데 소작료율의 추이와 관련하여 통계 〈표 3-7〉을 보면, 1930년대 중반까지 논 소작료율은 정체되어 있던 것으로 나타난다. 1920년대 말에 비해 1930년에 논 소작료율이 낮아진 이유는 대공황의 여파로 추정되며, 이후에도 소작

53 서승갑, 「소작조정령·자작농창정 이후의 농촌실태 연구」, 『국사관논총』 58, 국사편찬위원회, 1994, 81·84쪽; 정연태, 앞의 책, 2014, 387쪽.

54 지수걸, 앞의 책, 1993, 39쪽.

55 이경희, 「1930년대 소작쟁의 연구」, 충남대 대학원 석사논문, 1991, 37~38쪽; 조선총독부 편, 박찬승·김민석·최은진·양지혜 공역, 앞의 책, 2018a, 381쪽.

〈표 3-7〉 식민지 조선의 논 소작료율(1930~1938)

(단위: 엔, %)

연도	수확액	소작료액	소작료율
1930	5.04	2.69	53
1931	5.35	3.18	59
1932	6.27	3.29	52
1933	6.71	3.57	53
1934	8.09	4.45	59
1935	9.63	5.10	53
1936	11.25	5.31	47
1937	15.80	5.90	37
1938	15.31	6.48	42

* 출전: 소작료액 통계는 朝鮮殖産銀行, 『全鮮田畓賣買價格及收益調』, 1939; 수확액 통계는 朝鮮殖産銀行, 『朝鮮經濟年報』, 1939, 1940(박섭, 앞의 논문, 1988, 146쪽에서 재인용).
* 수확액과 소작료액의 통계는 100평을 기준으로 했다.
* 1937년부터 통계 방식이 바뀌어 수확량 측정액이 늘어났다. 村上勝彦 외, 「植民地期朝鮮社會經濟の統計的研究 (1)」, 『東京經大學會誌』 136, 東京經濟大學, 1984, 26쪽.
* 조선식산은행의 소작료액은 작년 7월부터 금년 6월까지 조사로 금년 결과를 산출한다.
* 소작료율 평균이 높은 편인데, 소작료액과 수확액 통계의 작성 기관이 다르기 때문이다.

료율은 계속 정체되어 있었다.

또한 〈표 3-8〉을 함께 보면, 1930년대 중반 이후 소작료율은 논과 밭 모두에서 하향세를 보였다. 이에 1930년대 중반 소작료율의 정체는 조선농지령에 기인하는 바가 크다고 본 연구도 있었다. 그러면서 이 시기 소작쟁의 건수가 계속 증가하면서도 소작료 관계 쟁의는 발생 건수와 비율이 모두 줄어들었던 점을 주목해야 한다고 했다. 이는 소작료율이 대체로 안정되었기 때문이라는 것이다. 1930년대 중반 이후 소작료율의 하향세를 두고, 지주제가 정체되었다고 해석하는 견해도 있었다.[56]

그러나 이러한 경향은 앞에서 언급한 것처럼 연구를 더 진행하여 확실히

---

56 박섭, 앞의 논문, 1988, 146~147쪽; 신기욱, 앞의 논문, 1993, 208~209쪽.

<table>
<tr><td colspan="5" align="center">〈표 3-8〉 식민지 조선의 소작쟁의(1933~1939)와 소작료율(1933, 1938)</td></tr>
<tr><td colspan="5" align="right">(단위: %)</td></tr>
<tr><td>구분</td><td>남부</td><td>중부</td><td>북부</td><td>전체/평균</td></tr>
<tr><td>소작쟁의
(1933~1939년)</td><td>56</td><td>35</td><td>9</td><td>100</td></tr>
<tr><td>소작료율</td><td></td><td></td><td></td><td></td></tr>
<tr><td>논(1933년)</td><td>48.7</td><td>48.1</td><td>49.0</td><td>48.6</td></tr>
<tr><td>논(1938년)</td><td>47.2</td><td>47.1</td><td>49.1</td><td>47.8</td></tr>
<tr><td>밭(1933년)</td><td>31.3</td><td>33.0</td><td>44.6</td><td>38.9</td></tr>
<tr><td>밭(1938년)</td><td>28.1</td><td>31.4</td><td>43.8</td><td>37.2</td></tr>
</table>

*출전: 朝鮮總督府 農林局, 앞의 책, 1940, 8~9쪽; 朝鮮總督府 農林局 農村振興課, 『朝鮮經濟槪況調査: 小作農家 (1933~1938年)』, 1940, 20쪽(신기욱, 앞의 논문, 1993, 208쪽에서 재인용).
*남부는 전라남북도 및 경상남북도, 중부는 충청남북도 및 경기도·강원도·황해도, 북부는 함경남북도 및 평안 남북도이다.

할 필요가 있다. 통계상 1930년대 후반에 소작료율은 다소 감소한 것으로 나오 지만, 실제로 조선농지령 시행을 전후해서 대지주를 비롯하여 소작료를 인상 하는 경우가 많이 나타났고, 지주의 각종 부담 전가가 더욱 심화되면서 이를 합치면 여전히 고율의 소작료를 납부하는 양상이 두드러졌다. 뒤에서 소작료 관련 소작쟁의 사례 연구를 통해 그 현실을 살펴보겠다.

또한 〈표 3-9〉에서 보듯이, 1930년대 전반기에 소작기간은 1년 정도가 약 70%로 가장 많았다.[57] 그래서 조선농지령에서는 특히 소작기간에 대해 제한하 는 규정을 두어 부정기(不定期) 소작과 단기간 정기 소작을 통제하고자 했다. 그 러나 그 조항이 얼마나 실효성이 있었는지는 뒤에서 분석하도록 하겠다.

그리고 〈표 3-10〉을 통해 마름의 지역별 분포를 보면, 마름은 부재지주가 많던 경기도와 충청남도에 집중되어 있었다. 이에 비해 북부 지방(강원·황해·평 안·함경도)에는 마름이 1934년에 전체의 16.5%, 1935년에는 15.7% 존재하여 남부

---

57 許洽, 『小作精解』, 農政研究會, 1938, 39~40·45~47쪽; 이경희, 앞의 논문, 1991, 7쪽.

<표 3-9> 식민지 조선의 1930년대 전반기 소작기간 관행

(단위: 천 호, %)

연간	1	1~3	4~5	6~8	9~10	11~15	16~30	30년 이상	계
농가호수	327	59	49	4	10	5	11	-	465
비율	70	12.8	10.6	0.9	2.2	1.0	2.5	-	100

*출전: 李勳求, 『朝鮮農業論』, 漢城圖書株式會社, 1935, 307쪽(강훈덕, 「일제하 농민운동의 一研究」, 경희대 대학원 박사논문, 1989, 62쪽에서 재인용).

<표 3-10> 식민지 조선의 마름 및 기타 소작지 관리자 수(1934~1939)

(단위: 명)

연도	경기	충북	충남	전북	전남	경북	경남
1934	13,360	3,429	8,294	6,698	6,684	5,230	6,648
1935	16,890	3,953	9,345	6,472	6,846	5,474	7,187
1936	17,260	4,193	9,628	6,535	7,301	5,832	7,171
1937	16,768	4,341	9,349	6,853	7,642	6,114	6,908
1938	16,931	4,454	9,619	7,140	8,010	6,535	7,136
1939	17,163	4,523	9,580	7,326	8,110	6,630	7,154

연도	황해	평남	평북	강원	함남	함북	계
1934	5,226	917	1,265	2,201	213	127	60,292
1935	5,512	950	1,293	2,327	238	137	66,624
1936	5,610	993	1,291	2,459	246	145	68,664
1937	5,646	1,204	1,266	2,531	254	147	69,023
1938	5,782	1,277	1,268	2,599	267	177	71,195
1939	5,770	962	1,274	2,648	264	180	71,584

*출전: 朝鮮總督府 農林局, 앞의 책, 1940, 91쪽.

지방의 1/5 이하였다. 경지면적이 넓고 대지주와 부재지주의 비율이 높던 중부·남부 지방은 소작지 관리를 위해 마름이 많이 필요했지만, 북부 지방은 자작농이 많아 마름 수가 적었던 것이다.

또한 <표 3-11>에서 마름의 소작지 관리면적을 비교해보면, 1934년 남부 지방(경기·충청·전라·경상도)의 마름 수는 5만 343명, 소작지 관리면적은 93만 6,968정

(단위: 정보)

연도	경기	충북	충남	전북	전남	경북	경남
1934	189,248.3	35,338.6	200,465.2	124,052.2	217,915.5	64,716.8	105,230.9
1935	198,925.4	37,024.9	97,165.8	115,718.1	133,328.8	66,127.1	104,563.9
1936	207,224.4	40,008.2	100,749.7	116,925.1	147,780.4	72,775.7	89,437.4
1937	202,080.4	42,530.6	100,664.1	125,235.5	163,167.4	101,291.0	69,256.3
1938	207,295.2	45,000.4	105,952.0	130,381.5	174,295.9	127,265.2	72,915.1
1939	217,073.4	47,888.7	110,801.0	137,431.1	156,082.9	130,200.2	75,468.1

연도	황해	평남	평북	강원	함남	함북	계
1934	351,068.8	21,654.4	23,592.3	39,128.6	4,485.0	2,212.0	1,379,108.6
1935	179,375.1	20,516.4	24,126.0	40,298.3	5,826.7	2,418.6	1,025,415.1
1936	186,697.6	20,445.8	22,658.0	42,649.8	8,438.9	2,613.8	1,058,404.8
1937	190,912.3	23,425.7	22,294.8	47,531.9	9,086.6	2,128.6	1,099,605.2
1938	197,630.6	23,513.7	23,128.8	49,632.8	9,531.0	2,301.6	1,168,843.8
1939	155,813.6	20,435.7	23,340.4	51,190.1	8,845.3	2,402.1	1,136,972.6

*출전: 朝鮮總督府 農林局, 앞의 책, 1940, 92쪽.

보로 마름 1인당 소작지 면적은 평균 18.6정보였으나, 북부 지방(강원·황해·평안·함경도)은 9,949명이 44만 2,141정보를 관리하여 마름 1인이 평균 44.4정보를 관리했다. 1935년 말 총독부 조사에 따르면, 소작지 관리자 수는 6만 6,624명, 소작지 관리면적은 102만 5,415정보로 마름 1인당 15.4정보를 관리했다. 조선농지령 공포로 마름의 권한을 축소시키는 방침을 취했는데도, 지주의 필요에 따라 마름은 계속 증가했고 그 관리면적은 줄어든 것이다.[58]

즉 1930년대 대공황은 농산물 가격의 폭락 등으로 농업생산을 위축시키고 농민 대중을 더 궁핍하게 했다. 대공황으로 인한 제반의 사회적 모순이 최하층인 빈농층에게 전가되었다. 소작농은 공황에 따른 지주 계급의 손실을 전가받

---

58 許洽, 앞의 책, 1938, 13·28~29쪽; 강훈덕, 앞의 논문, 1989, 72~74쪽.

아 더욱 어려운 처지에 놓였다. 지주계급은 생산과정에 대한 개입을 강화하여 소작농민의 노동력을 최대한 착취했고, 분배 과정에서는 소작권의 몰수를 무기로 소작료를 고율화했다. 이뿐만 아니라 각종 경제외적 수탈을 자행하고, 공조·공과를 소작농민에게 전가했다. 또한 농산물 가격의 폭락은 내부적으로 소작농과 지주 간의 갈등구조를 증폭시키고, 외부적으로는 식민지와 식민본국 간 이출 미곡의 수급 조정 문제를 야기했다.[59]

2) 소작쟁의의 추이와 소작 문제

농민운동은 1930년경 대중적 폭동 형태를 띠면서 대규모로 전개되었고, 이 시기부터 합법적 농민조합이 비합법적 조직으로 전국적인 규모로 재편되었다. 1930년 이후 각지, 특히 함경남북도를 중심으로 북부 지방에서 군 단위 빈농적 성격의 '혁명적 농민조합'이 속속 나타났다. 1928년 코민테른이 채택한 '12월테제', 곧 「조선 농민 및 노동자의 임무에 관한 결의」에 따라 조선공산당 활동이 재정비되는 한편, 농민층과의 혁명적인 유대 강화를 통한 토지혁명의 중요성이 강조되었다. 그리고 그 지침이 1930년 9월 프로핀테른 '9월테제'에서 '혁명적 농업노동조합' 결성 지시로 구체화되면서 조선공산당이 농민운동에 적극적으로 관심을 가지게 되었다. 그러면서 기존 농민조합을 강화하거나 새로운 농민조합을 만들어 혁명적 농민조합운동을 전개하는 양상이 나타났다.

그러자 식민권력은 공산주의자들의 농촌 활동 거점이 농민조합이라는 것을 탐지하고 농민조합을 잔인하게 탄압했다. 농민들의 각종 집회를 금지함과 동시에 농민들의 요구를 광포하게 진압했다. 농민조합에 대한 일제의 가혹한 탄압으로 인해 1920년대 이후 계속 증가해오던 농민조직은 1930년대에 점차

---

59 정연태, 앞의 논문, 1990, 234쪽; 서승갑, 앞의 논문, 1994, 71쪽.

감소되는 경향을 보였다. 이러한 식민권력의 탄압하에서는 농민조합이 지도하여 합법적인 농민운동을 전개하기가 매우 어려워, 농민조합들은 지하 활동에 알맞은 비합법조직으로 재편되었다. 이에 농민조합들은 '혁명적 농민조합'으로 변화하게 된다. 혁명적 농민조합은 농촌에서의 '대중적 비합법조직'으로서 그 체제와 힘을 정비했다.

그러나 비합법조직으로서 혁명적 농민조합도 식민권력의 철저한 탄압을 피할 수 없었다. 1931년에 단천농민조합, 정평농민조합, 홍원농민조합, 영흥농민조합(이상 함남), 1932년에는 양산농민조합(경남), 성진농민조합(함북), 양양농민조합, 삼척농민조합(이상 강원), 영주농민조합(경북), 영동농민조합(충북), 1933년에는 북청농민조합(함남), 안계농민조합(경북), 1935년에는 명천농민조합(함북) 등의 혁명적 농민조합이 대탄압을 받았다. 1933년경부터는 각지에서 농민조합을 재건·확대하기 위한 투쟁이 전개되었다. 1933년에도 수많은 농민조직이 존재하고 있었는데, 혁명적 농민조합 조직은 식민권력의 탄압에 의해 파괴되어도 즉시 재건에 착수하여 농민운동을 지속적으로 전개하려 했다. 명천농민조합(재건 농조 1934~1938년 활동) 등 일부 재건된 혁명적 농민조합은 교묘한 조직 형태로 농촌 깊숙이 그 조직망을 확대하고, 일제의 광포한 습격을 방지하기 위해 여러 가지 방어수단을 강구했다. 총독부 경무국 자료에 따르면, 1935~1936년경 함북 명천·길주·성진 3군에서는 군 단위의 혁명적 농민조합을 결성하고 산간벽지의 농산어촌 깊숙이 파고들어 각 지역마다 은신처를 구축해서 본거지로 삼았다. 그리고 경비력이 희박한 것을 틈타 활발하게 출몰하면서 단체의 위력을 보였다. 이렇게 '조선 좌경운동의 근원지'이고 '사상적 특수지대'이던 함경남북도에 대해 식민권력은 대검거·대탄압에 착수했다.[60]

---

60   淺田喬二, 「식민지 한국에서의 농민조직의 발전상황」, 淺田喬二 외, 『항일농민운동연구』, 동

또한 1930년대 초에 토착지주 및 일본인 지주에 대한 투쟁이 항일적 성격으로 대규모화하고 집단적인 항거의 방향으로 전환되었다. 이 시기 소작쟁의는 항일운동으로 질적인 전환을 이루면서 본격화되었다. 항일농민투쟁은 두 가지 형태로 전개되었다. 하나는 일본인 지주와 조선인 지주에 대해 폭동적 형태로 전개된 농민투쟁이었으며, 다른 하나는 혁명적 농민조합의 지도 아래 일제의 경제적 약탈과 정치적 억압에 대결하기 위해 전개된 항일농민운동이었다.[61]

소규모 쟁의를 합치면 1930~1933년경의 소작쟁의는 세 가지 방향으로 전개되었다. 첫째, 함남·함북의 국경지대에서 혁명적 농민조합의 조직적 지도 아래 식민지 지배체제와 정면으로 대결하는 정치투쟁의 형태를 띤 농민운동이다. 둘째, 일본인 지주가 기반을 잡고 있던 전남·전북 지방을 중심으로 대(對) 지주 폭동의 형태로 전개된 소작쟁의이다. 셋째, 전국에 걸쳐 일반적으로 일어난 소규모 형태의 소작쟁의이다.[62]

소작쟁의의 추이를 통계로 보면 1928년의 대흉작과 1929년의 세계대공황 이후 농업공황에 따라 농산물 가격이 폭락하고 농촌불황이 심각해지면서 소작쟁의가 증가했다. 이후 1933년 조선소작조정령 실시로 소작조정의 길이 열리면서 소작쟁의는 급증했다. 조선소작조정령과 1934년 조선농지령 시행 이후 소작쟁의는 점차 개인 간의 소규모 쟁의로 일상화되었다.

비교적 작은 쟁의들까지 모두 합친 조선총독부 농림국의 소작쟁의 통계인

녕, 1984, 22~27·65쪽; 지수걸, 앞의 논문, 1984, 122쪽; 백대영, 「일제강점기의 소작쟁의에 관한 연구」, 국민대 대학원 박사논문, 1996, 72쪽.

61 백대영, 앞의 논문, 1996, 74쪽.

62 이경희, 앞의 논문, 1991, 12~13쪽.

(단위: 건, 명)

연도	쟁의 건수	참가 인원	참가 인원 내역			쟁의 건당 평균 인원
			지주	관리자	소작인	
1930	726(93)	13,012(10,037)	860(6.6)		12,152(93.4)	17.9(107.9)
1931	667(57)	10,282(5,486)	1,045(10.2)		9,237(89.8)	15.4(96.2)
1932	300(51)	4,686(2,909)	359(7.7)		4,327(92.3)	15.6(57.0)
1933	1,975(66)	10,337(2,494)	1,693(16.4)	586(5.7)	8,058(77.9)	5.2(37.8)
1934	7,544(106)	22,454(4,113)	6,090(27.1)	1,767(7.9)	14,597(65.0)	3.0(38.9)
1935	25,834(71)	59,019(2,759)	22,842(38.7)	3,958(6.7)	32,219(54.6)	2.2(38.9)
1936	29,975(56)	72,453(3,462)	29,673(41.0)	3,262(4.5)	39,518(54.5)	2.4(61.8)
1937	31,799(24)	72,094(2,234)	29,546(38.1)	3,288(4.2)	39,260(50.6)	2.4(93.1)
1938	22,596(30)	50,178(1,338)	19,845(38.5)	2,213(4.3)	28,120(54.6)	2.3(44.6)
1939	16,452(-)	36,138(-)	15,432(41.7)	1,217(3.3)	19,489(52.6)	2.3(-)

* 출전: 朝鮮總督府 警務局,『最近に於ける朝鮮治安狀況』, 1934, 156~158·190~192쪽; 滿洲國 軍事部,『滿洲共産匪
研究』, 1937, 540~541쪽; 朝鮮總督府 農林局,『朝鮮小作年報』1~2, 1937~1938, 11~12·34~35쪽(淺田喬二,「항일농
민운동의 일반적 전개 과정」 淺田喬二 외, 앞의 책, 1984, 31쪽; 김선미, 앞의 논문, 1988, 48쪽; 이우재,『한국농민
운동사연구』, 한울, 1991, 38쪽; 이경희, 앞의 논문, 1991, 41~42쪽에서 재인용); 李如星·金世鎔,『數字朝鮮硏究』4,
世光社, 1933, 86~87쪽; 朝鮮總督府 農林局,「朝鮮小作令制定ヲ必要トスル理由」, 앞의 책, 1936; 朝鮮總督府 農
林局, 앞의 책, 1940, 26~28쪽.
* 쟁의 건수와 참가 인원의 괄호 밖 수치는 조선총독부 농림국(전 식산국), 괄호 안 수치는 경무국 통계에 의거했
다. 농림국 통계는 소작조정 사건 등 개별 쟁의를 포함한 것이며, 경무국 통계는 대규모의 경찰력이 동원되어
단속 대상이 된 사건만을 포함한다.

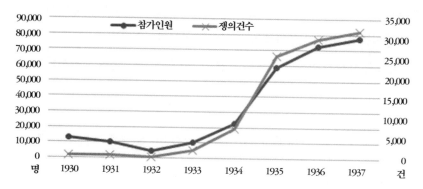

〈그림 3-2〉 식민지 조선의 소작쟁의 발생 건수 및 참가인원 추이(1930~1937)

〈표 3-12〉와 그 추이를 나타낸 〈그림 3-2〉를 함께 보자. 1930년에 쟁의 건수 726 건, 참가 인원 1만 3,012명에서 1933년에는 쟁의 건수 1,975건, 참가 인원 1만 337 명을 나타내 쟁의가 급증했으며, 1934년에는 무려 쟁의 건수 7,544건, 참가 인원 2만 2,454명에 달하여 쟁의가 더욱 급증했다. 이후 계속 쟁의가 급증하여 1937 년에는 쟁의 건수 3만 1,799건, 참가 인원 7만 2,094명에 이르러 식민지 조선에 서 소작쟁의 발생 이래 최고치를 보였다. 1935~1937년간 매년 3만 건 가까이, 관계 인원 약 7만 명의 소작쟁의가 발생하여, 그 이전의 쟁의 수치를 크게 압도 한 것이다. 〈표 3-13〉을 함께 보면, 소작쟁의 관계 토지면적은 1933년에 5,566정 보에서 1937년에는 2만 910정보로 증가했다. 그런데 1933년부터 소작쟁의의 규 모는 쟁의당 평균 참가 인원과 관계 면적에서 전에 비해 축소되었다.[63] 그 후 전

〈표 3-13〉 식민지 조선의 소작쟁의 관계 토지면적(1933~1939)

(단위: 정보, %)

연도	논		밭		기타		계		쟁의당 평균 면적
	실수	비율	실수	비율	실수	비율	실수	비율	
1933	4,401.9	79.1	1,138.0	20.4	25.9	0.5	5,565.8	100.0	2.82
1934	8,733.6	91.3	799.5	8.3	37.2	0.4	9,570.3	100.0	1.26
1935	12,782.9	78.7	3,292.5	20.4	101.5	0.9	16,176.9	100.0	0.62
1936	12,258.1	79.7	2,930.2	19.1	187.8	1.2	15,376.1	100.0	0.51
1937	16,539.0	79.1	3,181.7	15.2	1,189.0	5.7	20,909.7	100.0	0.65
1938	9,770.7	72.0	2,606.9	19.2	1,187.0	8.8	13,564.6	100.0	0.55
1939	6,864.1	75.3	2,210.9	24.3	41.3	0.4	9,116.3	100.0	0.55
계	71,350.3	79.0	16,159.7	17.9	2,769.7	3.1	90,279.7	100.0	0.89

* 출전: 朝鮮總督府 農林局, 앞의 책, 1940, 28~29쪽; 淺田喬二, 앞의 논문, 1984, 39쪽.
* 1932년까지는 쟁의 관계 경지면적이고, 1933년 이후는 쟁의 관계 토지면적이다.

---

63 李如星·金世鎔, 앞의 책, 1933, 88~89쪽; 朝鮮農會, 『朝鮮農業發達史: 政策篇』, 1944b, 525~526 쪽; 김동노, 「반농반노」, 『현상과 인식』 103, 한국인문사회과학회, 2007a, 15~16쪽.

시체제기에 소작쟁의는 감소하기 시작하여 1939년을 끝으로 홀연히 사라지게 된다.[64]

이처럼 분명 조선소작조정령이 시행된 1933년부터 식민지 조선에서 소작 쟁의는 빈도, 규모, 성격 등에서 이전의 쟁의와는 현격한 차이를 보였다. 조선 소작조정령이 시행되기 이전인 1930년대 초까지는 소작인 측의 집단적 쟁의 가 주를 이루었으나, 그 시행 후인 1930년대 중후반에는 개별적 쟁의가 크게 늘 어난 것이다. 즉 지주 또는 마름 등과 소작농이 거의 일대일로 벌이는 개별적 소작쟁의가 급증한 동시에 관련 토지면적도 소규모화했다. 1930년대 중후반에 소작쟁의가 급증한 것은 식민권력이 조선소작조정령을 통해 소작쟁의를 개별 화시키려 한 영향이었으며, 조선농지령 시행에 대비하여 지주들의 공세가 강 화된 탓도 컸다. 또한 소작농들도 지주의 권력을 제한하고 자신들의 권리를 보 호하기 위해 식민지배정책으로 주어진 기회를 활용하여, 구체적인 경제적 이 해를 쟁의를 통해 적극적으로 추구하려 한 측면도 있었다.[65]

그런데 이러한 소작쟁의 관계 통계 분석에서 주의할 점은 거의 모두가 식 민지배권력이 작성한 통계라는 것이다. 무엇보다도 유의할 점은 1932년까지

---

64 1939년 12월 '소작료통제령'이 공포되어 일체의 소작 문제를 쟁의의 대상으로 할 수 없게 되 면서, 일제하 소작쟁의 집계는 1939년으로 끝이 났다. 조동걸, 『식민지 조선의 농민운동』, 역 사공간, 2010, 367쪽.

65 朝鮮總督府 農林局, 앞의 책, 1940; 淺田喬二, 앞의 논문, 1984, 38~40·43쪽; 정연태, 앞의 논 문, 1990, 256~257쪽; 신기욱, 앞의 논문, 1993, 188~189쪽; Shin, Gi-Wook, *Peasant Protest & Social Change in Colonial Korea*, University of Washington Press, 1996, pp. 116~117; 松本武祝, 『植民地權 力と朝鮮農民』, 社會評論社, 1998, 117쪽; 소순열, 「1920~30년대 농민운동의 성격 변화」, 『지 역사회연구』 15-2, 한국지역사회학회, 2007, 3쪽; 이윤갑, 『일제강점기 조선총독부의 소작정 책 연구』, 지식산업사, 2013, 173~174쪽; 정연태, 앞의 책, 2014, 371~372쪽; 권철호, 「'조선농지 령'과 1930년대 농촌 소설의 전개」, 『한국현대문학회 학술발표회자료집』, 한국현대문학회, 2014, 138·144쪽.

의 통계와 1933년 이후의 통계가 이어지지 않고 불연속되는 것이다. 조선소작조정령 시행에 의해 소작쟁의의 조정이 일단 제도화되어, '조정'을 신청한 사건 전부가 '소작쟁의'로 기재되었기 때문이다. 그리하여 이제 지주·소작인 간의 소규모 대립·분쟁이 모두 '소작쟁의' 통계로 올라가게 되었다. 그러나 이러한 통계를 대신할 만한 연속성을 가진 통계가 없으므로 그간 이 비연속적인 통계가 사용되어왔다.

또 하나 주의할 점은 1933년 이후 전체적으로 소작쟁의가 소규모화했지만, 소규모 쟁의가 격증하는 한편 대규모 쟁의도 감소하지 않았다는 것이다. 이 시기에는 대규모 소작쟁의도 증가했다. 다만 그 증가도가 소규모 쟁의보다 낮았을 뿐이다. 1933년을 계기로 쟁의 평균 참가 인원이 감소한 것은 단체적 소작쟁의가 감소했음을 의미한다는 총독부 농림국의 지적과 다르게, 경무국이 파악한 쟁의 통계를 보면 1933년 이후에도 평균 참가 인원이 수십 명인 단체적 쟁의가 그 이전 시기와 같은 정도로 발생하거나 증가하고 있었다. 1933년 이후의 평균 참가 인원의 감소는 단체적 쟁의의 감소 결과가 아니라, 개별적 쟁의의 급격한 증가에 의한 것이었다.[66]

추가로 유의할 점은 조선소작조정령 시행 후 소작조정 건을 모두 소작인의 신청으로 봐서는 안 된다는 것이다. 소작료 차압 등을 위한 지주의 신청 건수도 상당수 있었다. 조선농지령 시행 후 소작쟁의 및 소작조정 신청이 격증하는 가운데, 지주와 마름이 소작인을 공격하는 데 조선농지령을 역용(逆用)하는 폐단이 적지 않았다. 지주 측 신청 건의 대부분은 소작권 해제에 관련한 것이었다. 조선농지령 시행 이후 오히려 토지경기가 좋아져 토지매매가 왕성해지면서 소작권을 이동하는 데 지주 측이 조선농지령을 활용하는 경우가 많았

---

66 淺田喬二, 앞의 논문, 1984, 39~40쪽; 松本武祝, 앞의 책, 1998, 117·138~139쪽.

다. 또한 지주들은 조선농지령 시행 이후 소작료를 체납한 소작인에게 대항하기 위해 소작료 가차압 신청 등에 조선농지령을 적극적으로 이용했다. 이처럼 지주가 제기한 쟁의는 법적 권위로 소작인을 탄압하려는 의도에서 나온 것이었다. 1930년대 중후반으로 갈수록 지주 측이 제기한 조정 신청은 점차 늘어났다.[67]

한편 일본인 지주 또는 한국인 지주와 대결하는 국적별 소작쟁의는 어떠한 동향을 나타냈을까. 조선소작조정령, 조선농지령 실시 이후 전체 소작쟁의에서 한국인과 일본인 간의 쟁의 비율은 점차 감소하고 한국인 간의 쟁의는 더욱 증가하여, 민족 대립이 완화되고 한국인 간 쟁의가 쟁의의 대부분을 차지하는 경향을 보였다. 1933~1936년에 일본인 지주 대 한국인 소작농 간의 쟁의는 평균 약 13%를 차지했다. 한국인 간 쟁의가 증가한 이유는 소작농들이 소작입법 후 기회를 활용하면서 전반적으로 지주에게 대항하는 계급의식을 성장시켰기 때문이라고 볼 수 있다.[68]

국적별 소작쟁의 통계를 나타낸 〈표 3-14〉를 보면, 한국인 대 일본인 지주의 쟁의건수는 1933년에 379건이었으나, 1934년에는 전년도의 3배가 넘는 1,178건으로 급증했으며, 1935년에는 전년도의 약 2.5배에 해당되는 2,997건으로 증가했다. 즉 1933~1935년에 일본인 지주에 대한 한국인 소작농의 쟁의는 조선소작조정령과 조선농지령 시행 후 전체 쟁의 수의 격증과 함께 급증했다. 그런데

---

67 「지주 측의 逆用으로 법령 일부를 개정: 농지령 실시 이후 조정 申立, 매월 격증하는 奇現象」, 『조선중앙일보』 1935년 5월 3일; 「농지령 逆用 관계, 소작쟁의 격증!: 작년 중에 966건 다수, 전년 同期의 2배」, 『조선중앙일보』 1936년 2월 8일; 「奄音輩의 중간 농간과 惡地主 등 법령 逆用: 농지령 실시 후 驚異的 현상, 소작쟁의 倍前 疊出」, 『매일신보』 1935년 5월 29일; 조동걸, 『일제하한국농민운동사』, 한길사, 1979, 265·271쪽; 이경희, 앞의 논문, 1991, 43~44쪽.

68 Shin, Gi-Wook, 앞의 책, 1996, p. 127.

〈표 3-14〉 식민지 조선의 일본인·한국인·외국인별 소작쟁의(1933~1936)

(단위: 건, %)

구분	1933		1934		1935		1936	
	건수	비율	건수	비율	건수	비율	건수	비율
일본인 간 쟁의	12	0.6	4	0.1	13	0.1	13	0.1
한국인 간 쟁의	1,584	80.2	6,360	84.3	22,810	88.2	28,008	93.4
한국인 대 일본인 쟁의	379	19.2	1,178	15.6	2,997	11.6	1,948	6.5
일본인·한국인·외국인 간 쟁의	-	-	2	0.0	14	0.1	6	0.0
계	1,975	100	7,544	100	25,834	100	29,975	100

* 출전: 朝鮮總督府 農林局, 『朝鮮小作年報』2, 1938, 36쪽(淺田喬二, 앞의 논문, 1984, 45쪽에서 재인용).

일본인 지주에 대한 한국인 소작농의 쟁의가 전체 쟁의 가운데 차지하는 비율은 1933년 약 19%에서 1935년 약 12%로 감소했다. 그리고 1930년대 후기로 갈수록 한국인 대 일본인의 쟁의는 감소하고, 한국인끼리의 쟁의가 대부분을 차지하게 되었다. 하지만 한국인 소작농이 일본인 지주와 대결하는 소작쟁의의 양적인 지표만 주목할 것이 아니라, 한국인 대 일본인 쟁의의 정치적·사회적 중대성을 인식할 필요가 있다.[69]

그렇다면 소작쟁의 가운데 소작조정은 얼마나 이루어졌을까. 〈표 3-15〉를 통해 전체 소작쟁의 중 소작조정에 들어간 쟁의의 비율을 보면, 1933~1939년에 연평균 36.2%에 달했다. 일본의 경우 1924년 소작조정법 시행 후 그 비율이 1920년대에는 약 5할, 1930년대에는 약 6할에 달하던 것에 비하면 상대적으로 적은 비중이었다. 소작조정 신청인을 보면, 같은 기간 소작인으로부터의 신청은 95.1%에 달하여, 조선소작조정령은 거의 소작인 측에 의해 이용되고 있었다. 일본에서 소작인의 신청이 전체 신청의 약 5~6할이던 것에 비하면 압도적인 비율이다. 일본은 소작조정법이 실시된 1924년에 소작인의 신청이 59.3%였

---

69 淺田喬二, 앞의 논문, 1984, 44~45쪽; 이경희, 앞의 논문, 1991, 42쪽.

〈표 3-15〉 식민지 조선의 신청자별 소작쟁의 조정 건수(1933~1939)

(단위: 건, %)

연도	총 쟁의	조정 수리 건수	지주	소작인	관리자	합의
1933	1,975	728(36.9)	8	719	1	-
1934	7,544	1,701(22.6)	11	1,689	1	-
1935	25,834	7,444(28.8)	115	7,323	4	2
1936	29,975	9,220(30.8)	394	8,818	8	-
1937	31,799	10,899(34.3)	626	10,250	23	-
1938	22,596	11,069(49.0)	642	10,422	5	-
1939	16,452	8,253(50.2)	568	7,682	3	-
합계	136,175	49,314(36.2)	2,364	46,903	45	2

* 출전: 朝鮮總督府 農林局, 앞의 책, 1940, 9·52~53·69~70쪽(裵民植, 앞의 논문, 1994, 174쪽에서 재인용).
* ( )는 총 쟁의에 대한 조정 수리 건수의 비율이다.

는데, 이에 비해 조선에서는 소작인의 소작조정 신청 비율이 조선소작조정령
이 시행된 1933년부터 98.8%로 매우 높았다. 그러나 지주 측에서도 소작쟁의를
유발한 것이 눈에 띄는데, 1930년대 중후반으로 갈수록 지주 측에서 제기한 조
정 신청이 점차 늘어나고 있었다. 이는 소작인에게 대항하기 위해 지주도 조선
농지령을 적극 이용했음을 말해준다.[70]

그런데 이러한 통계 분석에 따라 선행연구에서는 곧바로 조선소작조정령
과 조선농지령이 소작쟁의의 조정에 커다란 영향을 미쳐 소작쟁의가 점차 소
작인에게 유리하게 처리되었다고 보았다. 소작쟁의의 해결 상황이 1933년 조
선소작조정령의 시행을 분수령으로 하여 그 이전 시기와 커다란 차이를 보이
고 있다는 것이다.

〈표 3-16〉을 보면, 1933년 이전에는 매년 소작쟁의의 '요구 일부 관철(타협)'

---

70 이경희, 앞의 논문, 1991, 43~44쪽; 裵民植, 앞의 논문, 1994, 174쪽; 최은진, 「1920~1930년대 초
일본 정부의 소작입법 과정」, 『동북아역사논총』 69, 동북아역사재단, 2020a, 170쪽.

〈표 3-16〉 식민지 조선의 소작쟁의 처리 상황(1930~1936)

(단위: 건, %)

연도	요구 전부 관철	요구 일부 관철(타협)	요구 철회	자연 소멸	미해결	합계
1930	201(27.7)	215(29.6)	100(13.8)	195(26.9)	15(2.1)	726(100)
1931	209(31.3)	271(40.6)	80(12.0)	86(12.9)	21(3.2)	667(100)
1932	64(21.3)	134(44.7)	40(13.3)	57(19.0)	5(1.7)	300(100)
1933	750(38.0)	681(34.5)	341(17.3)	154(7.8)	49(2.5)	1,975(100)
1934	2,624(34.8)	2,515(33.3)	1,428(18.9)	509(6.8)	469(6.2)	7,545(100)
1935	16,393(63.5)	5,171(20.0)	2,723(10.5)	941(3.6)	606(2.4)	25,834(100)
1936	18,715(62.4)	6,407(21.4)	2,550(8.5)	1,741(5.8)	562(1.9)	29,975(100)

* 출전: 朝鮮總督府 農林局, 앞의 책, 1940, 36~38쪽(朴ソプ, 「植民地朝鮮における小作關係政策の展開」, 『日本史研究』 353, 日本史研究會, 1992a, 58쪽; 裵民植, 앞의 논문, 1994, 176쪽에서 재인용).

이 1위를 차지하여 1930~1932년 평균 38.3%에 달했고, '요구 전부 관철'이 평균 26.8%로 그 다음을 차지했다. 즉 1930~1932년간 소작쟁의의 해결 상황에서 확인되는 특징은 첫째, 소작쟁의를 통해 요구사항을 실현할 수 있던 비율은 2할 정도로 낮았다. 둘째, 소작쟁의 요구사항의 일부만 실현된 경우가 전체의 약 2~3할로 감소했다. 셋째, 소작쟁의 요구가 강권적으로 철회당하거나 쟁의가 미해결된 경우는 약 1~2할가량 되었다. 이에 기존 연구에서는 전체적으로 조선소작조정령과 조선농지령의 시행을 계기로 소작쟁의의 요구 실현 비율이 급상승했다고 해석했다.[71]

또한 부·군·도 소작위원회에서 권해 사건의 처리 결과를 〈표 3-17〉을 통해 보면, 1933년에는 '성립'이 4할로 '불성립'보다 약간 많은 정도였으나, 그 후 '성

---

71 淺田喬二, 앞의 논문, 1984, 41~43쪽; 朴ソプ, 「1930年代朝鮮における農業と農村社會」, 京都大學 大學院 博士論文, 1992b, 103·114~115쪽; 裵民植, 앞의 논문, 1994, 173쪽; 松本武祝, 앞의 책, 1998, 140쪽.

(단위: 건, %)

결과별	1933	1934	1935	1936	1937	1938	1939	계
권해사건	608 (100.0)	1,570 (100.0)	6,135 (100.0)	7,033 (100.0)	7,909 (100.0)	6,908 (100.0)	4,879 (100.0)	35,042 (100.0)
성립	260 (42.8)	971 (61.9)	4,714 (76.8)	5,892 (77.5)	6,338 (80.1)	5,540 (80.2)	4,096 (84.0)	27,811 (79.4)
일부성립	100 (16.5)	170 (10.8)	434 (7.1)	59 (0.8)	150 (1.9)	242 (3.5)	64 (1.3)	1,219 (3.5)
불성립	248 (40.8)	429 (27.3)	987 (16.1)	1,082 (14.2)	1,421 (18.0)	1,126 (16.3)	719 (14.7)	6,012 (17.1)

* 출전: 朝鮮總督府 農林局, 앞의 책, 1940, 81쪽(裵民植, 앞의 논문, 1994, 175쪽에서 재인용).

립'이 급격히 증가하여 1937년부터는 전체의 8할 이상을 차지한 것을 알 수 있다.[72] 그런데 여기서 유의할 점은 권해로 타결된 사항이라도 이를 이행하지 않는 지주들이 많았다는 것이다. 이로 인해 소작인이 불이익을 당하더라도 소작위원회는 지주에게 어떠한 제재도 할 수 없었다. 또한 소작쟁의에 관련한 소송을 합의부가 있는 법원에서 담당하게 한 조항을 이용하여, 지주가 조정에 불복하고 재판을 청구하여 소작인이 비용 부담으로 인해 권리 주장을 포기하기도 했다. 이에 총독부는 1936년 2월 조선소작조정령을 개정하여 단독 법원도 소작쟁의 소송을 담당하도록 했고, 권해 인가 재판을 신설하여 부·군·도 소작위원회의 권해가 소송상 화해와 같은 효력을 지닐 수 있도록 했다.[73]

소작쟁의의 조정과 관련하여 위와 같은 특징이 나타난 것은 첫째, 부재지주가 쟁의에 관련되는 경우가 많았기 때문이다. 부재지주의 쟁의인 경우 촌락 내의 규범에 의해 해결하는 것이 어려웠고, 중간관리자(마름 등)를 현지에 두는 것이 일반적이었으므로 이들이 소작쟁의 및 조정의 당사자가 되었다. 둘째, 소

---

72   裵民植, 앞의 논문, 1994, 173쪽.

73   이윤갑, 앞의 책, 2013, 178쪽.

작조정의 중심을 맡아야 할 촌락 내 지방유지의 성격이 변화하면서 이들은 그 해결 능력을 상실해버렸다. 셋째, 식민지 조선의 소작쟁의 조정자는 거의 행정에 의해 독점되었던 것이 일본과 대조적이다. 식민지 조선의 경우 지주와 농민 측의 촌락 유력자에 의한 소작조정을 제도 내에 적극적으로 도입하려던 노력이 보이지 않는다. 반면에 일본의 소작조정제도에서는 지주와 농민 측의 촌락 유력자를 소작조정위원에 선임하여, 촌락질서에 의거한 소작조정을 제도 내에 도입하는 것으로 실체법인 소작법의 부재를 보완했다. 1930년대에 일본에서는 소작권 이동을 원인으로 하는 소작쟁의가 많이 발생했는데, 그 해결을 위해 행정이 적극적으로 개입하는 한편 구장, 부락 총대, 혹은 지방유지가 독자적으로 또는 조정위원회를 통해 조정자로서 계속 관여했다. 일본에서는 실체법을 대신할 정도로 소작관행, 나아가 촌락질서가 사회적 규제력을 유지하고 있던 것이다.[74]

특히 조선소작조정령 시행의 결과 드러난 한계는 소작쟁의 조정에 행정기관, 경찰 및 준행정기관이 일관되게 개입한 것이었다. 소작조정의 주체는 어떠했는지 조정자별 소작쟁의의 해결 추이를 살피면 〈표 3-18〉과 같다. 1936년까지는 소작쟁의 조정에 경찰 및 부·군·도 직원이 관여하는 비율이 상대적으로 높았는데, 1936년 이후에는 부·군·도 소작위원회에 의한 조정 비율이 급증하여 다른 조정자의 수치를 상회하고 있다. 1930년대 후반에는 소작쟁의의 조정이 준행정기관인 소작위원회의 장에서 제도화되고 있던 것이다. 그리고 1930년대 중후반에는 읍·면 직원의 개입도 많았다. 한편 재판소의 조정이나 판결로 소작쟁의가 해결되는 비율은 조선소작조정령 시행 첫 해인 1933년을 빼

---

74 정연태, 앞의 논문, 1990, 257~258쪽; 裵民植, 앞의 논문, 1994, 173·182쪽; 松本武祝, 앞의 책, 1998, 146~152쪽; 이윤갑, 앞의 책, 2013, 175~176쪽; 최은진, 앞의 논문, 2020a, 170~171·193쪽.

(단위: 건, %)

구분		1933	1934	1935	1936	1937	1938	1939
소작쟁의 건수		1,975	7,544	25,834	29,975	31,799	22,596	16,452
해결 건수		1,735 (87.8)	6,437 (85.3)	24,664 (95.5)	27,903 (93.1)	30,245 (95.1)	21,084 (93.3)	15,025 (91.3)
당사자 간의 해결		296 (17.1)	925 (14.4)	3,541 (14.4)	6,479 (23.2)	8,758 (29.0)	6,020 (28.6)	4,302 (28.6)
판결에 의한 해결		8 (0.5)	4 (0.0)	168 (0.7)	274 (1.0)	670 (2.2)	298 (1.4)	343 (2.3)
조정·판정으로 해결		1,431 (82.5)	5,508 (85.6)	20,955 (85.0)	21,150 (75.8)	20,817 (68.8)	14,766 (70.0)	10,380 (69.1)
조정 또는 판정자	재판소	257 (17.7)	245 (4.4)	545 (2.6)	612 (2.9)	717 (3.4)	581 (3.9)	330 (3.2)
	소작관(보)	13 (0.9)	20 (0.4)	59 (0.3)	25 (0.1)	7 (0.0)	54 (0.4)	9 (0.1)
	소작위원회	429 (29.6)	1,594 (28.8)	5,233 (24.6)	5,926 (28.0)	6,472 (31.1)	6,031 (40.8)	4,340 (41.8)
	경찰관(서장)	345 (23.8)	2,034 (36.8)	4,298 (20.2)	2,655 (12.6)	3,004 (14.4)	866 (5.9)	456 (4.4)
	부·군·도 직원	186 (12.8)	765 (13.8)	4,429 (20.8)	3,991 (18.9)	3,002 (14.4)	2,362 (16.0)	1,891 (18.2)
	읍·면장, 吏員	70 (4.8)	362 (6.5)	4,737 (22.3)	4,103 (19.4)	3,925 (18.9)	2,965 (20.1)	1,773 (17.1)
	경찰관, 부·군·도 직원	84 (5.8)	430 (7.8)	1,437 (6.8)	2,160 (10.2)	1,898 (9.1)	1,235 (8.4)	1,030 (9.9)
	부·군·도·읍·면 직원	45 (3.1)	64 (1.2)	330 (1.6)	629 (3.0)	729 (3.5)	332 (2.3)	144 (1.4)
	농회·산업조합 직원	2	5	7	31	-	-	-
	구장·부락 유지	17 (1.2)	11 (0.2)	110 (0.5)	917 (4.3)	1,026 (4.9)	311 (2.0)	328 (3.2)
	기타	1 (0.2)	2 (0.1)	92 (0.5)	101 (0.6)	37 (0.2)	29 (0.2)	79 (0.8)
	계	1,449	5,532	21,277	21,150	20,817	14,766	10,380

* 출전: 朝鮮總督府 農林局, 앞의 책, 1940, 5~6쪽·40~43쪽(裵民植, 앞의 논문, 1994, 180쪽에서 재인용).
* 대부분의 쟁의에는 복수의 조정자가 관련되어 있으므로 합계치는 100%를 넘기도 한다.

면 3~4%에 지나지 않았다. 소작관 또는 소작관보에 의한 조정도 매우 적어, 1933~1939년 총 소작쟁의 조정의 0.3%만을 담당했다. 일본의 경우 소작조정법에 의한 조정 외 법외 조정에서 소작관 또는 소작관보가 가장 커다란 역할을 했으며, 경찰서장 또는 경찰관, 정(町)·촌장(村長), 사무소[役場] 이원(吏員)에 의한 조정 비율은 낮았던 것과 대조적이다.

반면 촌락 유력자에 의한 조정 비율은 매우 낮아졌다. 구장이나 부락 유지의 소작쟁의 조정에 대한 관여는 극히 저조했다. 1932년에 농회 또는 산업조합, 지방 유력자 등에 의한 조정은 9.5%를 차지했으나, 1933~1939년에는 구장 또는 부락 유지에 의한 조정은 2.3%에 그쳤고 농회 또는 산업조합 직원에 의한 조정은 거의 없었다. 즉 소작쟁의에 대해 촌락의 기구는 거의 그 기능을 발휘하지 못하게 된 것이다. 아울러 조선소작조정령 후 소작쟁의의 해결에서 당사자 간의 해결이 서서히 늘어났는데, 1933~1935년에 15.3%에 그치던 것이 1937년부터는 전체 해결의 약 3할 가까이에 이르렀다.

이와 관련하여 선행연구는 부·군·도 소작위원회의 활동이 매우 활발했다는 점에 주목했다. 그리하여 소작위원회에 의해 소작인 측에 상대적으로 유리한 형태로 쟁의가 해결되고, 지주에 의한 소작권 이동 등이 제한되었다고 보았다. 이에 조선소작조정령에 의한 조정이 지주보다는 소작농민에게 유리했고, 조선농지령의 결과 소작권이 확보되어 갔다고 했다. 〈표 3-19〉를 보면 1933~1937년간 소작조정 수리 건수의 83.6%를 소작위원회가 취급했고 그중 67.4%를 권해시킨 것을 볼 수 있다. 이에 기존 연구는 소작농들이 점점 소작위원회의 권해라는 소작쟁의 조정제도를 이용하여 소작 문제를 해결할 수 있다는 기대를 갖게 되었다고 보았다. 소작조정을 담당한 소작위원회의 위상이 지주와 거리를 둔 중립적·공익적 존재로 보이게 되었다는 것이다. 그리하여 소작위원회를 이용하여 소작 문제를 해결하려는 소작농민이 크게 늘어나게 되었다고 했다.[75]

---

[75] 朴ソプ, 앞의 논문, 1992a, 48~49·57~58쪽; 이윤갑, 앞의 책, 2013, 177쪽.

〈표 3-19〉 조선소작조정령에 의한 소작조정 상황(1933~1937)

(단위: 건, %)

구분		1933	1934	1935	1936	1937
조정 사건의 수리 건수		728	1,701	7,444	9,220	10,898
신청자별	지주	8	11	115	394	626
	소작인	719	1,689	7,323	8,818	10,250
	관리자	1	1	4	8	22
	합의	-	-	2	-	-
소작위원회의 처리 사건 수		641(88.0)	1,585(93.2)	6,398(85.9)	7,195(78.0)	7,958(73.0)
소작위원회의 처리 상황						
권해	권해 성립 건수	260(40.6)	971(61.3)	4,714(73.7)	5,892(81.9)	6,338(79.6)
	권해 일부 성립 건수	100(15.6)	170(10.7)	434(6.8)	57(0.8)	150(1.9)
	권해 불성립 건수	248(38.7)	429(27.1)	987(15.4)	1,082(15.0)	1,421(17.9)
판정		33(5.1)	7(0.4)	230(3.6)	147(2.1)	32(0.4)
관리자·관리계약 변경 명령		-	8(0.5)	33(0.5)	17(0.2)	17(0.2)

*출전: 朝鮮總督府 農林局, 앞의 책, 1940, 64~82쪽(朴ソプ, 앞의 논문, 1992a, 49쪽에서 재인용).

그러나 식민지 조선의 소작위원회는 일본의 소작위원회와 달리 대개 관료들로 구성된 문제점을 안고 있었다. 소작위원회의 구성을 보면, 위원장을 부윤(府尹)·군수(郡守)·도사(島司)가 담당한 것을 비롯하여, 위원과 예비위원에도 다수의 부·군·도 관리가 포함되어 있었다. 사실상 소작조정에서도 부·군·도·읍·면의 관리가 주요한 역할을 했기 때문에, 1933년 이후 일관되게 행정기구가 주된 소작쟁의의 조정자였다고 할 수 있다. 또 하나 주목할 것은 경찰당국이 조선소작조정령의 실시와 함께 소작위원회에도 중요한 소작쟁의의 조정자로서 등장한 점이다. 소작위원회 위원에 1933년에는 부·군·도 관리가 약 37%로 가장 많았고, 경찰관이 약 21%로 그 다음을 차지했다. 1934년에는 위원·예비위원에 경찰서장·경찰관이 각각 약 27%를 차지하여 최대의 비율로 되었다. 더욱이 경찰서장·경찰관은 법외 조정에도 적극적으로 개입하여, 1933~1939년 전체 조정의 약 17%를 담당했다. 기타는 부·군·도 관리 일부, 공리(公吏) 및 교원이었던 것으로 추정된다. 한편 소작관 또는 소작관보에 의한 조정은 매우 적어, 1933~1939년 총 소작쟁의 조정의 0.3%만을 담당했다. 즉 식민지 조선의 소작위원회는 총독부의 의도대로 움직였다고 해도 과언이 아니었다.[76]

기존 연구에서는 주로 통계 분석을 통해 조선소작조정령과 조선농지령 시행 이후 소작쟁의의 특성을 대체로 다음과 같이 설명했다. 첫째, 소작농민들은 조선소작조정령과 조선농지령의 조항을 활용하여 소작조건을 개선하려는 소작쟁의를 적극 제기해서 쟁의 건수가 급증했다. 둘째, 소작쟁의 해결은 비교적 소작인에게 유리하게 전개되었고, 이는 소작쟁의가 체제 내로 유입되는 것을 가속화시켰다. 셋째, 소작쟁의가 체제 내로 유입되어 1930년대 초의 집단적·반제운동적 성격이 사라지고, 주로 개인적인 소작조건 개선을 목적으로 하는 소작조정 사건으로서의 성격을 띠게 되었다. 따라서 1930년대 중후반의 소작쟁의는 독립운동 노선에서 일탈되었고, 이는 조선소작조정령과 조선농지령의 실시 효과라고 보았다. 이에 1930년대 중반에 들어서면서 지주의 자의적인 소작권 이동이나 박탈은 이전처럼 용이하지 않게 되었으며, 이는 불완전하나마 소작인의 권리를 보장하게 된 소작입법의 성과라는 것이다.[77]

그러나 과연 조선소작조정령과 조선농지령이 소작농민에게 유리하게 작용하여 소작권의 안정을 찾게 되었는지, 또 소작료 문제에서 어느 정도 해결을 보게 되었는지 등에 대해서는 이러한 양적 연구만으로 내린 평가를 재고할 필요가 있다.

조선소작조정령과 조선농지령의 한계로 소작 문제의 양상은 소작쟁의를

---

76 朴ソプ, 앞의 논문, 1992b, 104쪽; 裵民植, 앞의 논문, 1994, 178·182쪽.

77 이우재, 앞의 책, 1991, 41쪽; 이경희, 앞의 논문, 1991, 46~47쪽; 신기욱, 앞의 논문, 1993, 208쪽.

통해 계속 나타났다. 조선총독부 스스로도 절차법인 조선소작조정령은 소작쟁의를 방지하기 위한 응급대책에 불과했음을 인정했다. 이에 조선총독부는 소작관행의 폐습을 교정하고 소작관계를 조정하여 농업생산과 농촌의 안정을 기하기 위해 실체법인 조선농지령을 제정·시행했으나 소작 문제는 잘 해결되지 않았다.[78]

다음의 통계로 소작쟁의를 통해 제기된 소작 문제의 양상을 보자. 소작쟁의는 1930년대 중반에 들어 이전의 정치적·경제적 요구로부터 경제적 요구 중심으로 변화하는 특성을 나타냈다. 이 시기 대부분의 소작쟁의는 소작권의 회복을 요구하거나 지주의 소작료 인상에 반대하는 경제투쟁이었고, 1930년대 중반으로 갈수록 식민권력에 대한 정치투쟁이나 민족해방투쟁의 혁명적 성격을 나타내지는 못했다.[79] 그런데 1930년대 중반에 소작권과 관련된 경제적 요구 중심의 쟁의가 늘어난 것은, 관련 실제 사례들로 미루어보건대 조선농지령으로 3년의 최단 소작기간을 법정하게 되었는데도 지주들의 자의적인 소작권 이동이 계속되어 소작권은 보장되지 못하고 여전히 불안정했기 때문이다.

앞서 1927~1929년에 소작권 또는 소작지 관계 쟁의(소작권의 이동, 소작지 회수 등에 관련한 쟁의)는 47.3%, 소작료 관계 쟁의(소작료 감면·인상·고율·체납, 소작료 결정방법 변경, 소작제도의 변경 등에 관련한 쟁의)는 48.5%로 서로 비슷한 비율을 차지했다. 하지만 〈표 3-20〉에서 보듯이 조선소작조정령 시행 후 소규모 소작쟁의가 빈발하는 1933년 이후가 되면 소작권 또는 소작지 관계 쟁의가 8할 정도로 압도적인 비율을 보이게 되고, 소작료 관계 쟁의는 1할대로 격감한다. 소작권 또는

---

78 朝鮮總督府 農林局, 『朝鮮の農業』, 1936, 211쪽.

79 蘇淳烈, 「1930年代朝鮮における小作立法と小作爭議」, 『農林業問題研究』 110, 地域農林經濟學會, 1993, 6쪽.

(단위: 건, %)

원인	1930~1932	1933~1936	1937~1939
소작권 또는 소작지 관계 쟁의	986(58.2)	51,494(78.8)	58,638(82.8)
소작료 관계 쟁의	517(30.6)	12,080(18.5)	11,393(16.1)
기타 쟁의	190(11.2)	1,754(2.7)	816(1.1)
계	1,693(100.0)	65,328(100.0)	70,847(100.0)

* 출전: 朝鮮總督府 農林局, 앞의 책, 1940, 21~23쪽(淺田喬二, 앞의 논문, 1984, 40쪽에서 재인용).

소작지 관계 문제로 인한 쟁의가 계속 증가하여 1930년대 중반에 8할 가까이로 늘어나는 것은, 조선소작조정령과 조선농지령 시행 이후 소작권의 박탈·이동 등 소작권 문제가 심각했기 때문이다. 이는 고율의 소작료 문제가 지속된 것과도 밀접한 관련이 있었다. 즉 고율의 소작료 문제로 분쟁이 생기거나 소작료를 인상하기 위해 소작권을 박탈하는 경우가 많았기 때문에 쟁의의 중심 문제가 소작권 문제로 제기되었다.

무엇보다도 1933~1936년에 소작쟁의의 가장 큰 원인이 소작권 또는 소작지 관계 문제로 나타난 것은 조선농지령 실시하에서도 온갖 구실로 소작권의 박탈·이동이 자행되고 있었기 때문이었다. 소작권 보호가 법적으로 강화될수록 지주들은 자신에게 더 유리한 소작조건으로 소작지를 다른 소작농에게 이작(移作)시키는 경우가 많았다. 지주의 입장에서 빈약한 소작인을 도태시키고 비교적 우수한 소작인에게 소작지를 집중시키는 경향이 생겨난 것이다. 그리고 지주에 의한 소작지 회수의 주 대상은 영세 소작농층이었고, 이렇게 도태된 소작인들은 농업노동자로 전락할 수밖에 없었다. 당시 소작권 이동률과 소작쟁의 및 소작조정 사건 발생률 사이에는 통계적으로 유의미한 상관관계가 나타남을 볼 수 있다. 더욱이 개별적 쟁의는 곧 소작권 문제를 둘러싼 쟁의라는

관계가 전형적으로 나타났다.[80]

다음으로 1930년대 중반에 소작쟁의의 두 번째 원인이 된 소작료 문제 관련의 쟁의는 이 시기에도 소작료 인상과 소작료 감면 기피 등으로 인해 지속적으로 일어났다. 집단적 쟁의는 주로 소작료 문제에 관계된 쟁의가 많았다. 기타 쟁의는 소작료 관련 문제 및 그 밖의 제 비용 부담 문제를 둘러싼 것이었다. 즉 소작료의 포장·운반·납입기 관계, 소작료의 통일, 소작료의 품질 개선, 소작료의 부정한 양정(量定) 등 소작료 관련 문제와 공조·공과 부담, 제언·보·기타 용수비(用水費) 부담, 두세(斗稅)·장세(場稅) 등 기타 특수 부담, 소작인의 무상(無償) 노역, 소작지 개간비 및 기타 유익비 지급 또는 배상, 종자·비료·농량대(農糧代) 등의 지불, 가차압·가처분, 수지(收支) 불상(不償), 생활 곤란으로 인한 쟁의 등이 있었다. 한편 이 시기 마름 등 소작지 관리자 문제를 쟁점으로 한 소작쟁의도 빈발했다.[81]

이렇게 절차법인 조선소작조정령과 실체법인 조선농지령 시행 이후의 소작쟁의에 대한 통계 연구와 아울러 사례 연구를 종합해볼 때, 이들 제령의 시행에도 법령의 결함과 미준수로 인해 소작인은 여전히 불안정한 소작권과 고율의 소작료 문제에 시달리고 있었으며 소작농가 호수의 증가는 이를 더욱 조장하는 요인이 되었다. 조선농지령은 소작농의 경작권을 확보하기 위해 소작

---

80 全國經濟調査機關聯合會 朝鮮支部, 『朝鮮經濟年報』, 1939, 102쪽; 朝鮮總督府 農林局, 앞의 책, 1940, 21~23쪽; 淺田喬二, 앞의 논문, 1984, 40~41쪽; 이우재, 앞의 책, 1991, 39쪽; 이경희, 앞의 논문, 1991, 43~44쪽; 蘇淳烈, 앞의 논문, 1993, 6쪽; 松本武祝, 앞의 책, 1998, 140~144쪽; 松本武祝, 『朝鮮農村の'植民地近代'經驗』, 社會評論社, 2005, 204쪽; 최은진, 「1930년대 중반 조선농지령 시행 이후의 소작쟁의」, 『한국사연구』 189, 한국사연구회, 2020b, 299쪽.

81 李如星·金世鎔, 앞의 책, 1933, 94~95쪽; 朝鮮總督府 農林局, 앞의 책, 1940, 21~23쪽; 이경희, 앞의 논문, 1991, 43~44쪽; 최석규, 「식민지시대 '마름'에 관한 一研究」, 인하대 대학원 석사논문, 1993, 66쪽; 최은진, 앞의 논문, 2020b, 299~300쪽.

기간을 법정했으나 실제로 이를 강제하기에는 한계가 있었다. 또한 이 법령 자체가 지니고 있던 결함인 고율 소작료의 인정, 소작료 이외의 부담에 대한 규제 조항이 없는 점 등으로 소작료 문제가 계속되었다. 그리고 마름 등 소작지 관리자 문제도 계속 심각했다. 이에 소작권, 소작료, 소작지 관리자 문제를 중심으로 한 소작 문제가 계속되어 이를 쟁점으로 소작인들에 의해 소작쟁의가 지속적으로 빈발할 수밖에 없던 것이다. 조선소작조정령의 시행 결과 소작쟁의의 요구 관철 비율이 점차 높아지기도 했으나, 동시에 소작 문제는 계속되었기 때문에 소작인들에 의한 소작쟁의의 발생 양상이 지속되었다. 즉 조선소작조정령과 조선농지령 시행 후에도 소작 문제는 식민당국에 의해 해결되거나 통제되지 못했다.[82]

2. 소작권 문제를 둘러싼 쟁의[83]

조선소작조정령 및 조선농지령 시행 이후 식민권력이 소작쟁의를 충분히 통제하여 체제 내로 유입시켰으며 소작 문제를 해결해갔다고 볼 수 있는지 확인하기 위해서는 이 시기 소작쟁의 및 소작조정의 사례 연구가 진행되어야 한다. 조선소작조정령과 조선농지령의 효과를 평가하기 위해서는 통계에 의한 양적 분석뿐 아니라 실제 어떤 내용으로 소작쟁의가 발발하고 소작조정이 진

---

82 淺田喬二, 앞의 논문, 1984, 40~41쪽; 이우재, 앞의 책, 1991쪽; 최은진, 「일제하 조선고등법원 판례를 통해 본 소작 문제」, 『한국독립운동사연구』 59, 독립기념관 한국독립운동사연구소, 2017, 216~218쪽; 최은진, 앞의 논문, 2020b, 301~302쪽.

83 이하 2~4절의 일부는 필자가 「1930년대 중반 조선농지령 시행 이후의 소작쟁의」, 『한국사연구』 189, 한국사연구회, 2020, 261~307쪽에 발표한 내용이다.

행되었는지 사례 분석을 통한 질적 연구가 이루어져야 할 것이다.

조선농지령 시행의 소작 문제 해결에 대한 법적 효력과 실천력의 차원을 검증하기 위해서는 1930년대 중후반 소작쟁의의 사례 연구가 중요하다. 지주 우위의 사회경제적 상황에서 조선농지령은 최소한의 취지도 충분히 관철하지 못했고, 오히려 그 시행 이후 부정적인 측면이 드러났다. 조선농지령이 시행되었으나 소작쟁의는 도리어 증가하고 소작조건은 개선되지 않은 채 지주와 마름의 횡포가 계속되는 현상에 대해 당시에도 부정적인 평가가 이어졌다. 조선농지령이 지주와 소작인의 권리와 의무를 구체적으로 규정했다면, 그 실시 후 소작쟁의가 격증하는 현상은 일어나지 않았을 것이라는 견해도 있었다.

조선농지령에서는 소작권 이동을 방지하기 위해 소작기간을 보통작물의 경작을 목적으로 하는 소작의 경우 최저 3년, 영년작물의 경작을 목적으로 하는 경우 7년 이상이 되도록 규정했다. 이로써 소작권의 안정을 도모한다고 했으나, 실제로는 이 조항을 이행하지 않는 지주들이 계속 존재했다. 3년, 7년의 소작기간 설정도 지주 측에 '정당한' 이유가 있거나 소작인 측의 '배신행위'가 있다는 이유로 언제든 해제될 수 있었다. 또한 조선농지령은 소작료에 대해 아무런 제한 규정을 두지 않고, 소작료에 대한 분쟁이 있을 경우 소작위원회의 조정에 의한다는 방침만 견지하고 있었다. 불가항력의 재해에 의해 수확량이 현저히 감소했을 때만 실수익에 따라 소작인이 소작료 감면 신청을 할 수 있었다. 하지만 소작료 감면 청구를 위한 수확량 책정도 법규상으로는 소작인의 입회하에 하도록 되어 있었으나, 실제로는 집조(執租) 시와 마찬가지로 지주가 단독으로 결정하는 관습이 그대로 답습되었다.[84]

---

84 「사설: 소작쟁의의 경찰 조정책, 농지령의 결함이 크다」, 『조선중앙일보』 1936년 8월 22일; 전석담·이기수·김한주, 『일제하의 조선사회경제사』, 조선금융조합연합회, 1947, 166쪽.

이러한 문제적 현상은 조선소작조정령에 따라 소작조정이 이루어져도 강제집행할 권한이 없다는 결함에서 기인한 것이기도 했다. 1930년대 중반에 소작쟁의가 증가한 주요한 이유는 조선소작조정령이 만들어져 이전부터 잠재해 있던 '내적 쟁의'가 소작위원회나 법정에 공공연하게 나타나게 된 것이었다. 그러나 소작조정이 이루어져도 지주나 소작인이 조정에 불응할 경우 강제집행을 할 권한이 없으므로 조선소작조정령이 유명무실해졌다. 조선소작조정령에 따라 다만 조정만 가능하고 강제집행권이 없었기 때문에, 사법관회의·도지사회의 등에서 이 법령에 강제집행권을 가미하기를 바라는 의견들이 나오기도 했다. 총독부 법무국도 이를 고려하여 그 입안에 착수했으나, 일본 정부 법제국과의 관계도 있어 당장의 개정은 어려웠다.[85] 이후 1936년 2월 조선소작조정령 2차 개정 시 일부 집행력을 강화하는 방향으로 조항이 변경되었으나 실례를 보면 역부족이었던 것으로 보인다.

이하에서는 주목할 만한 소작쟁의 사례와 소작조정 판례들을 유형별·주제별로 선별하여 질적 연구하도록 한다. 소작 문제의 주요 유형별로 사례들을 구분하여, 크게 소작권, 소작료, 소작지 관리자 문제를 둘러싼 쟁의 사례 및 판례들을 연구한다. 그리고 각 유형 중에서도 세부 주제별로 사례를 묶어, 소작쟁의의 구체적 원인을 확인하고 소작입법의 실제 효과를 검증하도록 한다.

특히 소작인 다수가 연루된 대규모 소작쟁의 사례, 조선농지령 규정이 제대로 관철되지 않았거나 그 법적 강제력이 부족했던 사례 및 소작쟁의 조정에 실패한 사례 등을 집중적으로 살피고자 한다. 조선농지령 시행 전후의 신문기사와 민사판결문을 분석하여, 소작쟁의의 사실관계를 구체화하고 관련 관습

---

85 「강제집행의 권한 없는 半身不隨的 조정령: 조정은 하여도 집행은 못해, 소작령 결함의 번뇌」, 『매일신보』 1935년 7월 3일.

(단위: 건)

연도	소작권 관련	소작료 관련	소계
1934	25(7.6%)	305(92.4%)	330(26.5%)
1935	37(12.8%)	252(87.2%)	289(23.2%)
1936	35(11.0%)	282(89.0%)	317(25.5%)
1937	37(12.0%)	272(88.0%)	309(24.8%)
계	134(10.8%)	1,111(89.2%)	1,245(100.0%)

* 출전: 법원기록보존소, '광복 전 판결문'(민사) 데이터베이스.

등을 함께 정리해보겠다.

그중에서도 본 연구에서는 1934~1937년간 소작 문제 관련 민사판결문 중 소작인이 원고인 사건 위주로 판례들을 선별하여 검토하고 그중 주요 사건을 발췌·분석한다. 법원기록보존소의 '광복 전 판결문'(민사) 데이터베이스에서 '소작'으로 검색하여, 〈표 3-21〉과 같이 1934~1937년간 소작 문제에 대한 민사판결문(약식명령 외) 1,245건을 확인할 수 있었다.[86] 이 시기 민사소송에서는 소작료 문제를 둘러싼 쟁의가 대부분을 차지했다. 이 논문에서는 민사판결문 중에서도 소작인이 원고인 사건 중 주목할 만한 사례를 선정하여 심화 연구했다. 소작인 원고 사건은 대개 '소작권 회복 청구', '소작권 확인 및 토지 인도 청구'가 많았고, '소작료 반환 등 청구'도 일부 있었다. 원고가 소작인인 경우의 판례 위주로 연구하는 것은 당시 소작관계에서 상대적으로 불리한 상황에 놓여 있던 소작인이 제기한 분쟁을 중심으로 살펴봄으로써, 민중 다수인 소작농들의 경제조건이 실제로 얼마나 개선되었는지 검토하고 소작 문제가 근본적으로

---

86 이 표의 통계 수치는 앞서 〈표 3-18〉의 통계 중 재판소의 소작쟁의 해결 건수와는 다소 차이가 있음을 밝힌다.

해결되었는지 확인하기 위해서이다. 조선농지령 시행 이후에도 소작 문제가 충분히 조정·해결되지 않은 사례가 있다면 이에 주목하면서 실제 소작 문제가 통제되었다고 할 수 있는지, 또 소작 문제 현상이 계속되고 있었거나 소작조정 이 주로 지주에게 유리하게 전개되지는 않았는지 사례 연구를 통해 검증하도 록 한다.[87]

1) 소작권의 박탈·이동

소작권 문제는 소작농민의 생존과 직결되어 있었다. 농업 외의 영역에 고 용될 기회가 많지 않은 농업경제 위주의 식민지 조선 사회에서 소작권의 몰수 는 소작인에게 치명적인 생존의 위협이 되었다. 1920년대에 일찍이 소작쟁의 의 주요 원인이 소작료에서 소작권으로 변화하는 양상을 띤 것은 소작인들의 경제적 조건이 더욱 악화되었음을 보여준다. 1930년대 중반에는 소작권을 둘 러싼 쟁의가 크게 증가했다. 그러면서 지주와 농민 간 계급갈등이 더 심화되 고, 한편으로 소작지를 둘러싸고 농민들 사이의 경쟁이 강화되었다. 소작인이 소작료를 제때 지불하지 못하거나 지주에게 맞서 대항하면, 지주는 기존의 소 작인을 보다 유순한 태도를 취하는 새로운 소작인으로 교체하려 했다. 특히 조 선농지령 시행 후 소작권 배분이 편중되는 경향이 있었다. 지주들이 영세농이 나 농업노동자에 대한 소작지 대부를 피하고, 중·부농층에게 소작지를 대부하 는 양상이 나타났다. 최소 소작기간 3년간 농업생산력을 증대하고 소작료를 안정적으로 납부할 수 있는 소작농, 곧 규모가 큰 소작농이나 자소작 중·부농

---

87 소작조정 사례 가운데 조선고등법원의 판례 및 일부 신문기사의 소작쟁의 사례, 관련 소작 관행 등은 필자가 기발표한 「일제하 조선고등법원 판례를 통해 본 소작 문제」, 『한국독립운 동사연구』 59, 독립기념관 한국독립운동사연구소, 2017에서 일부 발췌·수정하여 수록했다.

에게 소작지 대부를 집중시킨 것이다. 이에 소작농이 소작지를 상실하여 빈농, 농업노동자로 전락하거나 이농하여 탈농가가 많이 나왔다. 그런 점에서 소농 경영과 농가경제는 불안정한 상태에서 벗어나지 못했다. 이에 농민들은 경제 적 생존 위기의 상황에 내몰려 지주에 맞서 저항했다.[88]

1933년경부터 '조선소작령'이 제정될 것처럼 보이자, 지주들은 조선소작령 제정 후의 대책으로 여러 가지 전략을 강구했다. 첫째, 지주들은 자영(自營)으로 전환하는 경향을 보였다. 조선소작령 제정 후 소작관계가 번거로워질까 염려 하여 서둘러 자영하는 형식으로 바꾸고, 소작인을 사용인으로 하여 소작계약 을 단순 고용계약으로 변경하려고 했다. 둘째, 소작인을 구축(驅逐)했다. 조선소 작령 제정 후 소작권이 어느 정도 물권화되면 '불령(不逞)한 소작인'도 쉽게 해 약·방축(放逐)할 수 없게 되고 토지매매에 곤란이 생겨 지가에도 중대한 영향을 미칠 것이라고 예상하여, 서둘러 소작인을 도태·정선(精選)하려고 했다.[89] 이 가 운데 첫째 방식은 일부 지주들에게 국한되었고, 대부분의 지주들은 두 번째 방 법을 취했다.[90]

그리하여 조선농지령 제정·시행을 앞두고 지주에 의한 소작권의 박탈·이 동이 증가함에 따라 소작권 관계 소작쟁의가 빈발하고 소작조정 신청이 격증

---

88 김동노, 앞의 논문, 2007a, 16쪽; 김동노, 「일제시대 식민지 근대화와 농민운동의 전환」, 『한국 사회학』 41-1, 한국사회학회, 2007b, 203~205쪽; 정연태, 앞의 책, 2014, 384~386쪽.

89 그리고 지주들은 소작계약에 소작권 몰수의 법적 근거를 마련했다. 소작계약서에 소작농민 이 불온한 언동을 할 경우, 각종 단체를 결성하여 지주에 대항할 경우, 공공질서와 미풍양속 을 저해할 경우, 농사개량에 협력하지 않을 경우, 수확 전에 수확물을 전매·양도·저당할 경 우, 농업경영에 불편한 장소로 이사할 경우 등에 소작계약을 해제한다고 명시했다. 소작농 들이 이 같은 조항을 어기면 '성적 불량' 등의 명목으로 소작권을 몰수했다. 정연태, 앞의 책, 2014, 366쪽.

90 久間健一, 『朝鮮農業の近代的樣相』, 西ケ原刊行會, 1935, 59~60쪽.

했다. 이미 조선소작조정령이 시행된 1933년 중에 소작쟁의는 1,975건에 달해, 1932년 300건에 비해 1,675건이 증가한 상태였다. 이에 조선총독부 농정과도 쟁의의 증가를 중대시하고 소작관회의 등을 통해 그 원인을 청취했다.[91]

총독부 법무국 조사에 따르면, 조선소작조정령이 실시된 1933년 2월 1일부터 그해 12월 말일까지 식민지 조선의 법원에서 접수받은 소작쟁의에 대한 조정 신청은 총 733건에 달했다. 그 조정 신청 내용을 보면, 소작료 등에 대한 쟁의는 23건(약 3%)에 지나지 않았고, 지주의 무리한 소작권 박탈·이동으로 인한 분규가 710건(약 97%)으로 거의 전부를 차지했다. 즉 지주·농감(農監)[92]·마름 등이 소작권을 박탈하려는 데 대해 소작인들이 대항하여 일어난 쟁의가 대부분이었다. 지역별로 보면, 이전에도 소작쟁의가 비교적 많이 발생했던 남부 지방, 그중에서도 호남평야 일대인 전라남북도에서 조정 건수가 가장 많았다. 이 지역에서 일본인 농업 기업가와 대지주의 토지겸병으로 말미암아 지주와 소작인 간의 이해 충돌이 격화된 것이었다.[93]

문제는 조선농지령 실시를 앞두고서 소작권을 이동하는 지주가 대다수로 증가한 것이었다. 지주에 의한 소작권 이동은 조선농지령 제정을 목전에 둔 1934년 봄에 집중적·대규모로 이루어졌다. 지주들은 조선농지령 제정·공포가

---

91 「小作令實施を控へ小作爭議が激增: 惡辣地主の小作權移動お警察當局が嚴重監視」, 『大阪每日新聞 朝鮮版』 1934년 2월 3일; 「소작령 제정 앞두고 作權 이동이 격증: 2개월에 230건을 돌파, 당국에서는 방지책 강구」, 『동아일보』 1934년 2월 4일; 「소작쟁의 증가 원인을 조사: 소작관회의에서 대책을 수립, 농정과 중대시」, 『매일신보』 1934년 5월 30일.

92 지주를 대신하여 소작인을 지도·감독하고 소작료를 받아들이는 일. 또는 그런 일을 하는 사람.

93 「조선 소작쟁의는 소작권 불안 원인: 조정 申立 727건 중에 作人 측 신립이 거의 전부」, 『조선일보』 1933년 12월 27일; 「조정 신청 700건, 원인은 전부 作權 이동: 지주의 무리한 행동으로 쟁의 유발, 지주 제어할 법규 필요」, 『조선중앙일보』 1934년 1월 18일.

다가오자 소작계약을 자신에게 더 유리한 내용으로 바꾸고 순종적인 이들로 소작인을 교체했다. 조선농지령 시행 전부터 소작권 강화를 우려하여 사전에 소작권을 이동해버리는 지주들이 많았던 것이다. 조선농지령 실시를 앞두고 지주가 소작인을 '불량·도태'하다고 지목하고 소작계약을 해지하는 일이 많아 소작권의 존속을 요구하는 쟁의가 속출했다. 예를 들어 국책회사이자 식민지 조선 최대의 지주였던 동양척식주식회사의 경우, 이미 1934년 1월 말 '조선소작령' 제정에 대한 대책의 첫 번째로 '불량 소작인의 배제' 방침을 결정했다. 이후에도 소작쟁의의 원인은 대부분 소작권 이동에 기인했다. 1938년 10월경에도 소작조정 신청의 98%가 소작권 이동에서 기인하므로 쟁의 근절을 위해 소작권이 확보되어야 한다는 보도가 있던 것으로 볼 때, 이때까지 소작권은 여전히 불안정했다고 할 수 있다.[94]

지주들은 소작권 이동의 구실로 소위 '불량 소작인'을 정리한다고 했으나, 실제로는 조선농지령이 시행되면 적어도 3년간 지주 마음대로 소작권을 이동할 수 없을까 염려해서 이 같은 행동을 자행한 것이었다. 이로 인해 소작권의 이동이 격심한 지역은 경북, 전남북 등 남부 지방이었고, 넓은 농장이 있던 황해도 방면에서도 이 문제가 두드러졌다.[95] 예를 들어 경상북도에서 1934년 1

---

94 「農地令を穿き違へ無茶な小作人虐め」,『京城日報』 1934년 10월 26일; 「農地令施行の影響」,『京城日報』 1934년 11월 15일; 이경희, 앞의 논문, 1991, 39쪽; 東洋拓殖株式會社 朝鮮支社,「朝鮮小作令制定對策ニ關スル件」, 1934년 1월 30일,『昭和9年度朝鮮農地令米穀統制法關係』[친일반민족행위진상규명위원회 사무처 조사3팀,『朝鮮農地令·米穀統制法 關係 1(1934): 일본 국립공문서관 츠쿠바 분관 소장 자료』, 친일반민족행위진상규명위원회, 2010a, 177~181쪽]; 이윤갑, 앞의 책, 2013, 173쪽.

95 「80餘件の小作爭議地主の橫暴が主因: 舍音の中間搾取も勘くない然し大半は委員會が調停ず」,『釜山日報』 1934년 1월 10일; 「농지령 발표 앞두고 소작권 이동 頻頻, 권력행사에 불리한 점 있어서: 춘경기에 중대 문제」,『조선중앙일보』 1934년 3월 21일; 「농지령 발표 전의 鐵棒: 소작권의 무리 이동과 作料 增率을 방지, 금일 총독부에서 통첩을 發附, 전 조선 小作官

월부터 4월 초까지 소작권 이동 건수는 무려 2만여 건에 달했다. 그중 조정위원회의 손을 거친 건은 100여 건에 불과했다. 1933년에 비해 경북의 소작권 이동 건수가 약 3,000건이나 증가한 것이었다.[96] 1934년 4월경 전라북도에서는 16만 명의 소작인 중 1할 이상인 2만 명가량이 소작권 이동으로 인해 5~10두락(斗落)의 영세한 소작지를 박탈당했다.[97] 전라남도에서도 소작권 이동이 격증하여, 1934년 1년간 전라남도 농무과에 제출된 소작조정원(小作調停願)만 해도 528건에 달해 전년도의 223건에 비해 약 2.4배 격증했다.[98]

소작권을 몰수하여 소작인을 교체함과 아울러 소작료 인상에까지 앞장선 것은 대지주들이었다. 1934년 4월 초부터 동양척식주식회사,[99] 구마모토농장(熊

에 지시」, 『동아일보』 1934년 4월 5일; 「농지령 실시 앞두고 惡地主 俄然 拔扈」, 『매일신보』 1934년 4월 5일; 「農地令施行を見越し小作權の移動激增: 當局防止に乘出す」, 『大阪朝日新聞 朝鮮版』 1934년 4월 5일; 「농지령 발포 전후하여 소작권의 이동 疊出」, 『조선일보』 1934년 4월 24일.

96 「不良地主に泣く小作人: 地方官憲と提携し嚴重に抑壓の方針」, 『京城日報』 1934년 4월 1일; 「小作爭議地位逆轉: 久しく重壓に泣いた小作人, 法の保護を信賴し鬱憤晴し, 小作爭議轉向風景」, 『京城日報』 1934년 5월 29일; 「小作人の心境變化, 御法の保護で苦惱を淸算: 一時は殖えた爭議ももはや峠を越す, 半分は調停で解決」, 『京城日報』 1934년 5월 31일; 「農地令の發布を見越す小作爭議: 8年度中移動2萬餘件, 前年より3千件も增加」, 『朝鮮民報』 1934년 4월 5일; 「惡德地主の暴虐から救はれる小作人: 朝鮮農地令愈よ決定, 發令見越しの移動一萬五千件」, 『釜山日報』 1934년 4월 10일; 「大慈大悲を看板のお寺にも小作爭議: 調停申請に現れた時代相」, 『大阪每日新聞』 1934년 5월 6일; 「경북의 소작 이동 1월 이래 2만 건」, 『조선일보』 1934년 5월 20일.

97 「농지령 시행을 앞두고 소작권 이동 격증: 조정위원회에 제출만 40건, 전북도는 1할 예상」, 『매일신보』 1934년 4월 15일; 「농지령 시행 앞두고 소작권 이동 빈번: 현재 50건이 係爭 중에 있어, 전북 소작인의 곤경」, 『조선중앙일보』 1934년 4월 15일.

98 「작년의 小作調停願 528의 다수: 지주의 횡포를 여실히 증명하는 전남도의 1년 통계」, 『조선중앙일보』 1935년 1월 15일.

99 1908년 서울에 설립된 국책회사로, 창립자본금을 1,000만 원으로 정하고 이를 20만 주(1주 50

本農場)[100] 등 일본인 대지주들은 소작료를 약 20~40% 인상한다고 하고 이를 받

원)로 나누어 그중 6만 주는 한국 정부에 토지로써 투자하게 했다. 동양척식주식회사는 설립과 더불어 한국 정부로부터 출자분으로 토지 1만 7,714정보(논 1만 2,523정보, 밭 4,908정보, 잡종지 283정보)를 우선 인수받았다. 이 밖에 1913년까지 식민지 조선에서 매입한 토지가 모두 4만 7,147정보(논 3만 534정보, 밭 1만 2,563정보, 임야 1,968정보, 잡종지 2,082정보)에 달했다. 이 회사의 토지소유는 조선에서 토지조사사업이 완료된 뒤 국유지 불하의 혜택으로 더욱 확대되었다. 그리하여 1920년 말 현재 소유지는 9만 700여 정보에 달했다. 그 소유 토지는 전국에 걸쳐 있었으나, 특히 전라남북도·황해도·충청남도의 곡창지대에 집중되어 있었다. 이와 같은 소유지는 일본으로부터 유치되어 온 일본인 농업 이민자에게 불하·양도되었으므로 직영지 면적은 점점 감소했다. 1937년 현재 이 회사가 직접 경영하고 있던 토지면적은 6만여 정보였다. 한국학중앙연구원, 「東洋拓殖株式會社」, 『한국민족문화대백과』.

100 구마모토 리헤(熊本利平, 1880~1968)는 시모노세키(下關)상업학교와 게이오의숙(慶應義塾) 이재과(理財科)를 졸업하고, 1902년 마스토미 야스자에몬(傑富安左衛門)의 농장(전북 김제, 금구, 고부 등지 380정보 소유) 지배인으로서 조선에 진출했다. 1903년 독립하여 전북 옥구군 박면(朴面) 내사리(內沙里)와 화호리(禾湖里) 두 지역에 농장을 개설했다. 오사카의 대자본가 히라가 사토시(平賀敏)[미쓰이(三井)은행 오사카지점장], 모토야마 히코이치(本山彦一)[오사카마이니치(大阪每日)신문 사장] 등에게 거액을 빌려 전북 옥구·김제 일대의 농지를 대리 매입하고 그 관리를 맡았다. 1905년 구마모토농장을 설립하고, 전북 옥구·익산·김제·전주·부안 등지에서 약 1,580정보를 경영했다. 1931년 오쿠라(大倉)재벌의 지경농장(地境農場)을 매입하여 약 3,500정보를 소유하는 대지주로 성장했으며, 1935년 구마모토 농장을 주식회사로 개편했다. 구마모토농장의 규모는 1909년 225정보에서 1916년 2,671정보, 1929년 2,938정보, 1931년 오쿠라농장을 매수한 후에는 3,518정보까지 늘어났다. 구마모토는 소유 농장을 5개 군 26개 면에 걸쳐 1본장, 3지장, 1분장, 즉 개정본장(開井本場), 지경지장(地境支場)·대야지장(大野支場)·화호지장(禾湖支場), 전주분장(全州分場)으로 나누어 관리했다. 개정·지경·대야는 금강과 만경강 사이에 있는 옥구·김제군 소재 약 1,300정보였고, 화호지장은 동진강 하류에 있는 부안·정읍군 소재 약 1,800정보로 가장 규모가 커 전체 농장의 60% 정도를 차지했으며, 전주분장은 완주군 소재 약 90정보 규모였다. 구마모토는 전북에 진출한 최초의 일본인 지주였고, 개인으로서는 전북 최대 지주였다. 최은진, 「群山米의 대일 수출구조」, 한양대 대학원 석사논문, 2010, 17쪽; 하지연, 「일제하 일본인 지주회사의 농장 관리 조직을 통해 본 식민지 지주제의 성격」, 『한국문화연구』 28, 이화여대 한국문화연구원, 2015, 52~54쪽.

아들이지 않는 소작농들의 소작계약을 모두 해약시켜 큰 파란을 일으켰다.[101]

대지주들은 조선농지령 시행을 전후하여 소작권을 박탈·이동하는 동시에 소작조건을 가혹하게 강화했다. 또한 대지주들은 조선농지령의 규제를 회피하거나 역이용할 방도를 찾으면서 새로운 소작정책에 반발했다. 조선농지령 시행 전에 식민지 조선의 5대 농업회사 대표들은 회견하여 조선농지령에 따라 소작계약의 '개선'을 도모하겠다고 협의했다. 1934년 10월 6일 동양척식주식회사, 불이흥업주식회사,[102] 선만개척주식회사, 조선식산은행, 성업사(조선식산은행의 부채 정리 회사) 대표들이 모여서, 종래의 소작관습과 조선농지령 조항을 비교 해석하여 소작계약 개정의 기본 사항에 대해 협의하고 '조선농지령 시행규칙' 공포 후 규범적인 소작계약을 작성하기로 했다. 그리고 1934년 11월경 조선

---

101 「농지령 발표 앞두고 東拓, 熊本 등 대지주 작료 2, 3할 인상」, 『동아일보』 1934년 4월 3일(이윤갑, 앞의 책, 2013, 173쪽에서 재인용).

102 불이흥업주식회사는 1914년 후지이 간타로(藤井寬太郞, 1876~?)에 의해 후지모토합명회사(藤本合名會社)로부터 독립하여 농장경영과 일본인 이민사업, 토지신탁관리 등을 목적으로 설립되었다. 그 발기인은 오사카·도쿄·구마모토현(熊本縣) 등지의 미곡상(米穀商)과 거상(巨商)이 주를 이루었다. 일찍이 1904년 전북 익산·옥구·임피군, 충남 은진군 등지의 토지 약 1,500정보를 매수하여 후지모토(藤本)농장(후에 전북농장)을 개설했다. 또한 1912년 평북 용천군(龍川郡)에 간척사업을 통해 3,500정보의 서선농장(西鮮農場)을 개설했다. 1918년 불이흥업의 소유지와 관리지는 5도(道) 1부(府) 18군(郡) 15개소에 산재하고, 그 면적은 약 6,400정보에 달하여 경영규모가 조선 최대의 지주 동양척식주식회사에 다음 갔다. 불이흥업은 1919년 강원도 철원군에도 농장을 건설하고, 1920년 옥구군 간척사업지에 불이농촌(不二農村)을 건설하여 일본인 이민을 주도했다. 불이흥업은 서울 본사를 거점으로 전북농장(전북 익산), 옥구농장 및 불이농촌(전북 옥구), 서선농장(평북 용천), 철원농장(강원 철원)을 운영했는데, 불이농촌만 일본인 이주민의 자작농촌이었고 나머지는 모두 지주제 농장으로 운영되었다. 1943년 불이흥업은 농경지 약 1만 2,954정보, 산림지를 포함하면 그 소유 면적은 1만 7,000여 정보에 달했다. 高崎宗司 著·이규수 譯, 『식민지 조선의 일본인들』, 역사비평사, 2006, 81·147쪽(최은진, 「群山米의 대일 수출구조」, 16쪽에서 재인용); 하지연, 앞의 논문, 2015, 39·43~45쪽.

농지령 시행 후 대책으로, 동양척식주식회사, 불이흥업주식회사, 선만개척주식회사, 조선식산은행, 성업사, 조선신탁은행 등 대지주 측은 모여서 '소작계약연구회'를 개최한다. 이들은 향후 소작계약 정정 시 지주들이 조선농지령 관계 소작계약 조항에 보조를 맞추는 것이 유리하다며, 법률적 의견을 청취하여 소작조건을 강화하고 조선농지령 규제를 역이용하는 내용으로 공통된 소작계약안을 작성했다.[103]

이하에서는 조선농지령 시행을 전후하여 1930년대 중반에 지주들의 소작권 박탈·이동으로 인한 소작권 문제로 발생한 소작쟁의 및 소작조정 사례들을 구체적으로 분석해보자.

1934년 봄에 조선농지령 제정·공포를 앞두고 지주들의 소작권 박탈·이동이 늘어나면서 소작쟁의가 빈발했다. 1934년 3월 10일 황해도 안악군(安岳郡) 대원면(大遠面)의 동화농장(同和農場)[104]에서 소작인 백준성(白俊成), 강용성(姜龍成),

---

103 「農地令に準據する小作契約の革新」, 『京城日報』 1934년 10월 9일; 박섭, 앞의 논문, 1988, 144~145쪽; 東洋拓殖株式會社 朝鮮支社, 「朝鮮農地令對策小作契約條項二關スル件」, 1934년 11월 19일, 『昭和9年度朝鮮農地令米穀統制法關係』(친일반민족행위진상규명위원회 사무처 조사3팀, 『朝鮮農地令·米穀統制 關係 2(1934): 일본 국립공문서관 츠쿠바 분관 소장 자료』, 친일반민족행위진상규명위원회, 2010b, 3~17쪽); 이윤갑, 앞의 책, 2013, 172~173· 177쪽.

104 동화농장은 1929년 평남 진남포의 일본인과 미국인의 합자로 황해도 안악군 대원면 송산리(松山里)에서 약 170정보의 간척지를 논으로 개간했다. 1936년 당시 진남포의 가토 헤타로(加藤平太郞) 외 2인이 경영하고 있었다. 동화농장에서는 1930년에 갈대밭[蘆田]을 논으로 개간할 당시 소작인들에게 보수를 지급할 것이니 그 지면을 균일하게 만들라고 시켜서, 1933년에 소작인들이 10만여 평의 작업을 완료했으나 농장에서 지균비를 지급하지 않아 소작쟁의가 일어나기도 했다. 이 소작쟁의는 1936년 6월에 가서야 일단락되었는데, 이때 현지 주재소에서 소작위원장인 군수, 경부보(警部補), 해주지방법원 검사가 농장 지주와 소작인 15명을 소환하여 11명의 소작권을 복구시키고 4명은 주동자라는 이유로 결국 소작권을 빼앗았다. 「荒野가 沃土化: 同和農場」, 『조선중앙일보』 1933년 9월 8일; 「40여 作人 결속, 同

임규영(林奎英), 장선일(張善一) 등 4명은 소작하던 110두락의 소작권을 무리하게 박탈당했다. 이에 함께 연서(連署) 날인해서 각 관계당국에 진정서를 제출하는 동시에 군당국에 소작 조정을 요청하는 탄원서를 제출했다. 소작인들은 1929년부터 농장 소유의 갈대밭을 개간하여 영구적으로 소작하기로 하고 300~400원의 경비를 들여 이를 논으로 만들어서, 1934년까지 5년간 소작하며 지주의 요구대로 소작료를 납부해왔다. 그런데 조선농지령 제정을 앞두고 농장 측이 소작인들이 추수 후 벼 이삭을 주워서 챙겨온 관행을 구실 삼아 갑자기 소작권을 박탈하여 쟁의가 일어난 것이다.[105]

특히 소작농민들에게 가장 고통스런 시기였던 춘궁기(春窮期)에 소작권을 이동한다는 것은 곧 이들의 생계를 끊는 것과 마찬가지였다. 1934년 4월 충남 아산군 선장면(仙掌面) 신문리(新門里)에서는 예년에 보지 못하던 소작쟁의가 일어났다. 그 무렵 이 지방 소작인들은 극심한 춘궁기를 겪고 있었다. 그런데 예산군 신례원수리조합(新禮院水利組合) 이사가 소작인들이 오랫동안 소작해온 토지를 매수하여 박모(朴某)를 대리인으로 하여 집단농장을 운영하겠다고 하면서, 춘궁기인데도 임의로 소작인들의 소작권을 전부 박탈하여 20여 명의 소작인들이 결속해서 이에 대항하게 된 것이었다.[106] 같은 달 경남 김해군에서도 지주와 마름의 소작권 박탈·이동으로 소작쟁의가 일어났다. 김해군에서는 그 즈

和農場 걸어 提訴: 노전 개간 당시에 주겠다던 開畓費 만 5,000원 청구」, 『동아일보』 1934년 11월 12일; 「이앙 임박 경지, 작권을 이동: 安岳 同和農場의 처사」, 『동아일보』 1936년 5월 18일; 「安岳 同和農場 소작쟁의 해결: 소작관과 검사까지 출동, 11인은 작권 복구」, 『동아일보』 1936년 6월 21일; 독립운동사편찬위원회, 『독립운동사자료집』 14, 독립유공자사업기금운용위원회, 1978, 268쪽.

105 「소작권 박탈, 安岳 同和農場에서: 郡당국에 조정 탄원」, 『동아일보』 1934년 3월 13일.

106 「소작권 박탈로 20여 作人 결속: 아산서도 소작쟁의」, 『조선중앙일보』 1934년 4월 11일.

음 7차례나 전에 없던 대홍수 등의 재해를 겪으며 소작인들이 크게 늘어났고 생활고를 겪고 있었다. 그러던 중 김해의 어느 농장에서 마름 김영표(金英杓)가 이유도 없이 500두락을 소작하던 소작인 20여 명에게 소작권 이동 통첩을 보냈다. 소작인 측은 20여 년 소작하는 동안에 제방(堤防)까지 쌓았고 3, 4년간 풍수해로 흉작을 겪으면서도 지주에게 소작료를 지체 없이 지불해왔는데, 이러한 공을 무시하고 이작(移作)한다는 것은 너무나 부당한 일이라며 소작조정 신청을 했다. 또한 같은 달 경북 대구부 서천정(西千町)의 지주 김태원(金台原)[107]은 자기가 경영하는 김해농장(金海農場)의 마름 변경을 이유로 갑자기 소작권을 이동하여 소작인 20여 명이 김해군당국에 소작조정 신청을 했다.[108]

춘경기(春耕期)를 앞두고 1934년 4월 수많은 소작인에게 일시에 소작계약 해제 통지를 발송한 지주도 있어, 전라남도당국은 그 조정에 들어갔다. '전남의 갑부'로 불리던 순천군 순천읍(順天邑) 매곡리(梅谷里)의 김종익(金鍾翊)[109]이 경영

---

107 경남 김해군 출신으로, 1931년 충남 부여군 소재 금·은광 83만 6,700평에 광업권을 설정하고, 1936년 강원도 화천군 소재 안티모니광[安質母尼鑛] 100만 평에 광업권을 설정했으며, 1939년 충북 괴산군 소재 금·은·동·중석광(重石鑛) 89만 8,000평에 광업권을 설정하는 등 상당한 부호(富豪)였다. 또한 대구의 남명보통학교(南明普通學校)를 설립하는 등 지역사회에서 활발하게 활동했다. 「鑛業權設定」, 『朝鮮總督府官報』 1931년 7월 2일; 「鑛業權設定」, 『朝鮮總督府官報』 1936년 3월 14일; 「鑛業權設定」, 『朝鮮總督府官報』 1939년 5월 10일; 「金台原 씨 사업인 南明普校를 신축: 인가 신청 제출, 12월에 개학, 一新學院을 南明으로」, 『동아일보』 1932년 8월 25일; 「경남 교육계 공로자 金台原 翁의 壽像: 21일 제막식을 거행」, 『조선일보』 1937년 2월 23일.

108 「頻頻한 소작쟁의, 春窮과 惡지주의 협공받는 作人들: 惡舍音의 발호도 滋甚하여, 김해에 조정 申込 격증」, 『조선중앙일보』 1934년 4월 11일.

109 우석(友石) 김종익(1885~1937)은 상당한 부호로, 전남 순천군 순천읍 매곡리에 본적을 두고 서울에 거주하면서 순천·보성 등지에서 농장을 경영했다. 그런데 1920년대 중후반 농장에서 소작인들에게 실제와 다르게 소작료 미납이 있다며 그 추가 납부를 강요하고, 소작권을 주겠다며 소작인으로부터 수천 원의 금전을 편취(騙取)했으며, 심각한 재해로 수확이 격

하는 순천군의 대평농장(大坪農場)에서는 춘경기를 앞두고 순천군 서면(西面) 판교리(板橋里)·운평리(雲坪里) 등지의 소작인 558명에게 갑작스레 소작계약 해제 통지를 발송했다. 이에 큰 쟁의가 되어 관계 군청·도청·경찰서·법원 등에서 동시에 조정에 들어갔다. 쟁의의 배경은 이러했다. 1933년 농사철에 전에 없던 폭풍우로 인해 추수가 격감했는데, 대평농장에서는 고율의 소작료를 그대로 요구했다. 소작인들이 이를 과도하다고 감액해달라고 여러 차례 간청했으나 지주 측은 소작인의 형편을 전혀 봐주지 않았다. 사실상 수확이 없는 것이나 마찬가지였으므로 소작인들은 지주가 요구하는 대로 소작료를 주지 못했고, 다음 해에 지불하기로 하고 일부 미납했다. 그런데 지주가 돌연히 소작료 일부 미납자에게 위와 같이 소작계약 해제 통지를 한 것이었다. 대평농장은 전남에서만 매년 1만 5,000여 석을 추수하고 그 소작인이 6,000여 명의 다수에 달하는 대규모 농장이었으므로 이는 중대한 사회문제가 되었다.[110] 한편 1934년 4월 16

감했는데도 소작료를 감면해주지 않아 소작쟁의가 일어났다. 1926년경 순천군 낙안면(樂安面)에서 마름세[舍音稅]를 받고, 수십 두락의 논을 소작하던 소작인들에게 실제와 다르게 소작료 미납이 있다고 소작료 추가 납부를 강요하여 소작쟁의가 있었다. 1929년경에도 심각한 재해로 인해 수확이 격감했는데 소작료를 감면해주지 않아 소작인들 십만여 명의 원성이 자자했다. 조선농지령 시행 후 1934년 11월에도 보성에서 수확 반감이 예상되는데 소작료를 감면해주지 않아 소작인들이 관계 당국에 소작조정원(小作調停願)을 제출했다. 1933년부터는 조선제사주식회사(朝鮮製絲株式會社) 사장을 역임하기도 했다. 「樂安金氏 토지 舍音稅 400원, 소작권까지도 팔아먹어」, 『매일신보』 1926년 5월 12일; 「金鍾翊 씨의 경영인 順天農校 위치, 石峴里로 결정」, 『매일신보』 1934년 10월 8일; 「故 友石 金鍾翊 씨, 향리에서 社會葬: 城東橋 광장서 葬式」, 『매일신보』 1937년 5월 15일; 「旱災로 수확 격감인데 소작료는 少無減額: 筏橋 大坪農場에 불평 籍籍, 경찰에서 사실 조사」, 『동아일보』 1929년 10월 31일; 「경영자 바뀌는 朝鮮製絲, 順天 金鍾翊 씨에게로, 13일 총회에서 결정할 터」, 『동아일보』 1933년 6월 10일; 「農令 실시 후 첫 調定願 兩件」, 『동아일보』 1934년 11월 3일.

110 「560소작인에게 소작계약 해제 통고: 도청 이하 관계 당국 조정 중, 요구대로의 作料 미납 원인」, 『동아일보』 1934년 4월 13일.

일에는 경남 함안농장(咸安農場)[111]에서 소작권을 갑자기 빼앗긴 100여 명의 소작인들이 농장 마당에서 연와(連臥)시위를 벌이기도 했다.[112]

심지어 관료가 개입하여 소작권 박탈·이동에 앞장선 경우도 있었다. 1934년 4월 중순경 소작권을 갑자기 박탈당한 소작인들이 부산지방법원에 소작조정 신청을 했다. 이전에 경남 통영군 용남면(龍南面) 동달리(東達里)에서는 논 2,644평과 포답(浦畓) 15만 9,400평을 통영읍 서정(曙町)의 대지주 오키모토 이타로(沖本伊太郎)[113]와 이치카와 후로(市川斧郎) 2명이 소유하면서, 같은 리 김옥동(金玉同), 추기연(秋基燕), 최경엽(崔璟燁), 이현실(李賢實), 홍익표(洪益杓), 양택민(梁宅敏) 외 수 명에게 소작권을 주었다. 그런데 현직 용남면장 남기반(南基伴)과 김지용

---

111 경남 함안군 가야면(伽倻面)에 소재한 남해척식주식회사(南海拓殖株式會社) 함안농장은 1930년 당시 설립 10주년을 맞았는데, 함안수리조합 구역 내 9할 이상인 약 800정보의 논을 소유하고 800여 명의 소작인을 두고 있었다. 앞서 1926년 농장 측이 소작료를 6할로 무리하게 징수하겠다며 이에 따르지 않는 소작인의 소작권을 박탈하겠다고 위협하여 소작쟁의가 일어났다. 원래 함안소작조합의 결의대로 소작료를 6할에서 5할로 인하하기로 했다가 농장 측에서 이를 번복하고 다시 6할로 무리하게 징수하겠다며 이에 따르지 않는 소작인은 소작권을 이동시킨다고 위협하고 비료대(肥料代)까지 거두겠다고 나와 대립한 것이었다. 1931년에도 농장 측이 시가보다 비싸게 비료대를 부당 징수하여 소작인 60여 명이 쟁의를 일으켰다. 「지주는 作料 强奪, 경관은 作人 捕縛: 형세 험악한 함안 소작쟁의」, 『동아일보』 1926년 11월 5일; 「2斗 7升 관계로 100여 명이 대격투: 지주는 6할, 作人은 5할, 함안농장 賭租에 作人 반항」, 『동아일보』 1926년 11월 6일; 「비료대 문제로 함안농장에 질문: 비료대가 너무 비싸다고, 30여 명 作黨 쇄도」, 『동아일보』 1931년 10월 23일; 「慶南咸安農場主任丹生氏の頌德碑, 農民が據金して建設, 盛大な除幕式を擧行」, 『朝鮮新聞』 1930년 5월 21일; 「咸安農場の恩人, 丹生照義氏頌德碑, 盛大なる除幕式」, 『南鮮日報』 1930년 5월 27일.

112 「作權 뺏긴 100여 作人, 농장 뜰에 連臥抗爭: 함안농장에서 春耕期 作權 이동, 農場主는 마산으로 피신」, 『동아일보』 1934년 4월 18일; 독립운동사편찬위원회, 앞의 책, 1978, 256쪽.

113 오키모토 이타로는 이후 1936년 5월 경남 통영군 용남면(龍南面) 동달리(東達里)의 간석지 5만 1,848평을 매립·준공한 대지주였다. 「埋立工事竣功認可」, 『朝鮮總督府官報』 1936년 5월 28일.

(金池用)이 위 소유주들로부터 토지관리권과 소작권 부여 권리 일체를 위임받게 되면서, 이들은 부당한 요구조건을 내세워 구 소작인들의 소작권을 박탈하고 자기 친척과 자기가 직접 소작하겠다고 나섰다. 해당 토지 중에서도 포담은 본래 바다였는데, 위 지주들이 해변을 횡단하는 방파제 공사를 기공하면서 소작인에게 여러 가지 약속한 사실이 있었기 때문에 소작인들은 지주의 말만 믿고 해변이 논이 될 때까지 수년간 방파제 공사에 매진했다. 그 후 또 지주가 농사개량을 한다고 해서 소작인들이 3년간 노력하여 1933년에 겨우 논을 만들어 비로소 소작권을 얻게 된 것이었다. 그런데 그해에 미증유의 큰 폭풍우로 해면 방파제가 파괴되고 농작물이 전멸하는 사태가 벌어졌고, 1934년에 겨우 방파제 복구공사를 완성한 상태였다. 그러나 지주들은 약속을 어기고 면장 남기반과 김지용에게 소작지 관리권을 넘겨줬다. 그리고 이 소작지 관리자들은 친지 등에게 소작권을 이동시켜버렸다. 심지어 지주인 오키모토도 기존의 소작인들에게 특별한 과실은 없었다고 말할 정도였다. 이 사건은 면장의 지위를 가지고 있고 상당한 자산이 있는 자가 앞장서서 소작인들의 소작권을 탈취한 사실로 주목을 받았다.[114]

그런데 소작권을 몰수당한 소작인들이 소작위원회 등에 조정을 신청하여 어떠한 조정 논의가 있어도, 지주가 이를 이행하려 하지 않을 경우에는 속수무책이었다. 1934년 4월 춘궁기를 당해 농가들이 불안정한 한편 농사 준비에 분망하던 때, 소작권을 잃게 된 소작인들이 평북 박천군(博川郡) 소작위원회에 소작권을 돌려달라고 진정을 했다. 그래서 그해 4월 7일 박천군수실에서 조정위

---

114 「현직 면장이 솖흠 되어 다수 作權을 이동: 자기 친척 또는 자기가 소작, 통영 龍南에 여론 비등」, 「조정을 신청: 공정 판결 기대, 혈루가 결정된 그 땅이오, 소작인 중 某氏 談」, 「관리권 부인: 면장 南基伴 씨 談」, 「南 면장에게 소작권 일임: 지주 沖本 씨 談」, 『동아일보』 1934년 4월 16일.

원회가 열렸는데, 쟁의의 구체적인 내용은 다음과 같았다. 박천군 동면(東面) 상강리(上講里)의 소작인 현익문(玄益汶) 외 15명은 평북 영변군(寧邊郡) 독산면(獨山面) 덕성동(德星洞)의 지주 장준익(張俊益)의 논 2,400여 평을 그의 부친인 장창한(張昌翰) 때부터 20여 년간 소작해왔다. 그런데 1932년 3월 23일 장준익은 돌연 소작료 평당 평균 1승(升) 2합(合)을 받던 소작계약을 해지하고, 새로 박천군 동면 당상동(堂上洞)의 이규방(李圭邦) 등과 5년간 소작계약을 체결하여 매평 1승 7합으로 소작료를 인상하여 받기로 했다. 그러면서 구 소작인 대표 현익문에게 소작권 취소 통지를 내용증명으로 보냈다. 이에 대해 소작인 측에서도 지주에게 소작권 취소 반대 회신을 보냈으나, 지주 장준익과 계약한 새로운 소작인 이규방은 강경한 태도를 취했고, 중간에 개재한 마름 이씨(李氏)도 지주에게 유리하도록 이규방 등 새로운 소작인 12명과 계약을 체결해버렸다. 그리하여 구 소작인들이 박천군당국에 호소하게 된 것이었다. 박천군 소작위원회는 군수 이하 소작위원들이 지주와 소작지 관리자 및 신구 소작인과 협의하여 소작료를 인상하여 매평 1승 5합씩 받는 조건으로 구 소작계약을 유지하도록 알선하려 했다. 그러나 지주의 태도가 강경하여 아무런 결정을 짓지 못하고 산회하고 말았다.[115]

또한 소작조정의 결과가 지주에게 유리하게 나오는 경우도 많았는데, 지주가 쉽게 소작인의 과실 책임을 물어 소작권을 회수할 수 있었다. 조선농지령 실시 전 갑작스레 소작계약이 해제되어 지주로부터 소작권을 박탈당한 소작인이 신청한 소작조정 판례를 살펴보면 다음과 같다. 1934년 4월 9일 대구복

---

115 「博川 소작쟁의 조정 遂 결렬: 소작위원회의 조정군 성립, 문제는 去益多難」, 『동아일보』 1934년 4월 10일.

심법원의 판결[116]을 보면, 전북 김제군 죽산면(竹山面) 죽산리(竹山里)에 사는 원고(공소인) 한순삼(韓順三)과 정성삼(鄭成三)은 10년 전부터 일본 가나가와현(神奈川縣)에 거주하는 피고(피공소인) 아이카와 분고로(相川文五郎)[117]가 소유한 김제군의 논 2,907평과 2,000평을 각각 소작해왔다. 이들은 1932년 소작계약에서 소작인에게 과실이 없는 한 향후 3개년간 해당 토지를 소작한다는 특약을 체결했다. 이후 한순삼과 정성삼은 소작료로 벼[籾] 17석(石) 4두(斗)를 기한 내에 납부했음은 물론 종자(種子)개량, 경운(耕耘)·시비(施肥) 등을 계약대로 우수하게 이행했다. 그런데 아이카와 분고로가 1933년에 이유 없이 위 토지의 소작권을 박탈하여 한순삼과 정성삼은 소작권 회복을 청구하게 된 것이었다. 아이카와는 이들에게 1930년부터 1932년까지 토지를 소작하게 한 것은 인정하면서도, 소작계약을 매년 갱신해왔으며 비료대(肥料代)를 지불하지 않은 등의 잘못이 있어 1933년부터 소작계약을 하지 않고 이들에게 소작을 중단하라고 통지한 것이라고 진술했다. 또한 아이카와는 1932년의 소작계약에서 과실 없는 한 3개년간 이들에게 소작하게 한다는 특약을 맺은 적이 없다고 소작인들의 주장을 부인했다. 결국 대구복심법원은 소작인들이 주장한 특약을 인정할 만한 근거 자료가 없다며, 소작인들이 1933년에도 해당 토지의 소작권을 가진다고는 인정할 수 없다고 공소를 기각하고 원판결인 대구지방법원 판결이 상당하다고 결정했다. 이 판례를 보면 지주가 소작인의 과실을 문제 삼아 소작권을 쉽게 박탈할 수 있었음을 알 수 있다. 그리고 소작권은 철저하게 소작계약 증서에 따라서만

---

116 「소작권 회복 청구 공소(昭和8年 民控 第877號, 1심 대구지방법원)」, 대구복심법원, 1934년 4월 9일.

117 아이카와 분고로(1875~1934)는 일본 가나가와현(神奈川縣) 구라키군(久良岐郡) 무쓰우라쇼촌(六浦莊村)의 유명 주상(酒商)이었다. 人事興信所, 「相川文五郎」, 『人事興信錄 第9版』, 1931.

보장되었다.

조선농지령 제정을 계기로 지주가 소작권을 이른바 '불량 소작인'으로부터 회수해서 지주에게 우호적인 소작인에게 부여하는 과정에서, 이중소작 문제가 발생하여 이로 인한 쟁의도 많이 일어났다. 이와 관련한 판례들을 보면, 지주나 그의 대리인이 악질적으로 자신에게 우호적인 소작인에게 소작권을 새로 부여하는 과정에서 한동안 소작권이 신구 소작인에게 이중으로 있게 되고, 구 소작인은 이러한 사실을 알지 못하다가 갑자기 경작지를 잃는 피해를 입었다.[118] 또한 전통적인 도지권(賭地權)[119]과 유사하게 영구적인 소작권을 인정하고 이를 조건으로 소작계약 특약을 체결했는데도, 지주나 소작지 관리자가 이를 무시하고 이중으로 소작권을 부여하는 경우도 있었다. 이중소작 문제로 소작인 간에 경쟁 상태가 되고 소송이 흔히 벌어졌는데, 이때 소작계약서로 소작권을 가지고 있음을 명확하게 입증하지 못하면 소작인 한편은 소작지를 불

---

118 「소작권 확인 및 토지 인도(昭和9年 民 第382號)」, 광주지방법원 순천지청, 1934년 6월 21일.

119 도지권(영구적인 소작권과 그 양도·매매·저당·상속권)은 19세기 말, 20세기 초에 단순한 임차관계가 아니라 근대 민법의 물권과 같은 종류로 발달하면서 토지에 대한 권리로서 고착되었다. 보통 농민들이 미개간 황무지를 자기 비용과 노동력을 동원하여 개간하거나 진전(陳田)을 일구어 경제적 가치가 적은 토지를 고효율의 경작지로 변경하면 도지권을 부여받았다. 도지권은 통상 소작권보다 저렴한 소작료율, 매매 경작권, 상속 및 전당 처분권, 영구 임대권으로 발전하면서 토지소유권에 버금가는 재산으로 확립되었다. 한말부터 1910년대 초까지 도지권은 토지소유권과 함께 발전하면서 서로 경쟁했고, 그 분쟁을 합리적으로 조정하는 민사법 제정이 필요했다. 그러나 조선총독부는 조선부동산등기령과 토지조사사업 등을 통해 토지소유권을 법제화하고 등기제도를 정비하면서, 두 물권 중에서 소유권을 절대적으로 보호했다. 도지권 등 종전에 소작권이 가지고 있던 물권적 성격은 영소작(永小作權)으로 분류되어 민법에서 제한적으로 인정되는 데 그쳤다. 이승일, 「민사관결문을 통해 본 근대 한국의 도지권 분쟁과 처리」, 『역사와 현실』 89, 한국역사연구회, 2013, 297~306, 323쪽.

법점유한 것이 되어 소작권을 박탈당할 수밖에 없었다.[120] 지주가 소작인들에게 이중으로 소작권을 부여하여 문제가 발생한 것인데도 책임은 불법점유한 것이 된 구 소작인에게 돌아갔다.[121]

즉 이중소작 문제는 주로 지주가 이중으로 소작인들과 소작계약을 체결하면서 발생했고, 이는 자연스레 소작인 사이의 소작권을 둘러싼 경쟁을 낳았다. 1934년 7월 25일 광주지방법원 목포지청의 판결[122]을 통해서도 이러한 쟁의를 확인할 수 있다. 전남 무안군 지도면(智島面) 내양리(內楊里) 소재 논 810평과 같은 리 소재 논 433평을 소외(訴外) 우치다 스케요시(內田祐義)[123]와 김봉주(金奉珠)가 공동소유하고 있었는데, 같은 리에 사는 원고는 1934년 4월 중 위 토지소유자들과 소작계약을 하여 소작권을 취득해 소작에 착수했다. 그런데 같은 리에 사는 피고가 아무런 이유 없이 원고의 소작권을 부인하고 이 소작지에 출입하여 원고의 소작을 방해하여 본 소송 청구에 이르게 되었다. 피고는 이 토지가 원래 피고의 아버지 박종섭(朴鍾燮)[124]의 소유였는데, 광주지방법원 목포지

120　「소작권 확인 및 토지 인도 청구(昭和9年 民 第357號)」, 광주지방법원 순천지청, 1934년 6월 27일.

121　「소작 답 인도 청구(昭和9年 民 第450號)」, 광주지방법원 순천지청, 1934년 7월 11일; 「화해조서(昭和9年 民 第450號)」, 광주지방법원 순천지청, 1934년 8월 15일.

122　「소작권 확인 및 출입금지 청구(昭和9年 民 第624號)」, 광주지방법원 목포지청, 1934년 7월 25일.

123　우치다 스케요시는 1935년경 전남 무안군 지도면에서 우치다농장(內田農場)을 경영하며 300여 명의 소작인을 두고 소작료 6할, 비료대 반분(半分)을 징수했다. 1939년 10월에는 무안군 지도면 자동리(自東里) 소재 해면(海面) 10만 8,654평을 다른 1인과 함께 전답으로 매립·준공하는 등 대지주로서 활발히 활동했다. 「300여 소작인이 內田氏 施惠碑 건립: 1,500원에 이자 가산, 춘궁기에 일제 배급」, 『매일신보』 1935년 3월 30일; 「埋立工事竣功認可」, 『朝鮮總督府官報』 1939년 10월 7일.

124　전남 무안군 지도면의 지주 박종섭, 우치다 스케요시, 나정환(羅正煥), 박시성(朴氏成) 등은

청의 경락(競落) 허가 결정에 따라 1933년 8월 중 우치다와 김봉주의 소유가 되었다고 진술했다. 그리고 피고가 1934년 3월 말경 우치다·김봉주와 소작계약을 체결하여 먼저 소작권을 취득했다고 주장했다. 1934년 봄 무렵 지도경찰관 주재소 순사 모모세 유지로(百瀬友次郎)의 설유(說諭)에 따라서도 피고가 그해 소작을 한다는 당사자 간의 화해가 성립되었다는 것이다. 그러나 원고가 1934년 4월 26일 위 토지소유자들과 소작계약을 체결한 증거는 있어도, 피고가 소작계약을 한 것은 인정할 만한 근거 자료가 없었다. 이에 광주지방법원 목포지청은 해당 소작지의 소작권이 원고에게 있다고 확정하고, 피고는 위 토지에 출입할 수 없다고 판결했다. 이 판례를 통해 소작인이 지주와 소작계약을 체결했는데도 다른 소작인이 그 지주와 또 소작계약을 체결하여 이중소작 문제가 발생할 수 있었고, 이처럼 이중소작 문제로 인한 쟁의가 발생했을 때 소작계약서가 명확히 있는 소작인만 소작권을 입증받을 수 있었음을 알 수 있다. 다른 판례를 보면 이중소작 문제로 인한 쟁의가 발생했을 때, 소작계약서보다 확실한 소작권 확인 방법은 소작권 등기였다. 그러나 당시 지주의 허가를 얻어 소작계약을 등기하는 경우는 드물었으므로, 소작권을 법적으로 인정받기는 쉽지 않았다.[125]

앞서 1930년 지주회를 조직하여, 소작인에게 '정도조(正賭租)'라는 명목을 붙여 소작료를 2배 이상 올려 소작계약을 하는 일로 소작인들의 원성을 사기도 했다. 본래 무안군 지도면에는 토지가 광활하여 지주도 많아, 이곳 전 인구의 8할 이상이 소작인이었다. 그런데 지주들의 착취가 날이 갈수록 극심해져, 소작인들은 1925년경 소작인조합을 조직하여 '지도 소작쟁의'를 크게 일으켰다. 당시 소작인조합 측에서는 간부 수십 명의 희생자가 있었는데, 결국 지주 측의 양보로 문제가 해결되어 소작인의 요구대로 논은 4할로 소작료를 정하여 계약을 체결한 이래 6~7년간 별반 시비 없이 지내왔다. 「불평 사는 地主會, 칭송 듣는 日 지주」, 『중외일보』 1930년 5월 3일.

125 「영소작권 확인 및 토지 인도(昭和9年 民 第589號)」, 광주지방법원 순천지청, 1934년 9월 12일; 「영소작권 확인 등 청구(昭和9年 民 第589號)」, 광주지방법원 순천지청, 1934년 10월 16

조선농지령이 시행된 후에도 지주의 소작권 박탈·이동은 막을 수 없었다. 지주들은 조선농지령에 구애받지 않고 소작권을 이동했다. 1935~1937년간 부당한 소작권 이동 등으로 인한 소작권 또는 소작지 관계 쟁의가 해마다 약 8할을 차지할 정도였다.[126] 조선농지령 실시 후 약 1개월이 지난 시점의 경상북도 상황을 보면 소작쟁의 건수가 예년에 비해 2배 이상 격증했으며 경지면적의 70%, 소작인의 65%가 소작계약 해제를 당했다. 소작쟁의의 원인은 조선농지령 시행과 함께 ① 지주들이 무리하게 소작권을 이동하고, ② 소작인들이 소작권 확립을 요구하며, ③ 지주들이 20~30% 정도 소작료를 인상하고, ④ 소작인들이 남부 지방 수해로 인해 소작료 감면을 요구하는 등으로 인한 것이었다.[127] 조선농지령에서 보통작물 소작지의 임대차 기간은 3년 이상이어야 하고(제7조), 소작지 임대차를 갱신하지 않을 경우 임대차 기간이 만료되기 전 3개월부터 1년 내에 상대방에게 갱신 거절 통지를 해야 하며(제18조), 임대인은 임차인에게 '배신행위'가 없으면 임대차 갱신을 거부할 수 없다(제19조)고 규정했으나, 이 조항들은 제대로 지켜지지 않았다.[128] 지주가 소작계약의 소작기한을 무시하고, 소작인이 소작료 납부 등에 아무런 과실이 없는데도 자의적으로 소작권을 박탈해 다른 소작인에게 이동·부여하는 과정에서 이중소작 문제도 계속되었다.[129]

일.

126 松本武祝, 앞의 책, 2005, 204쪽; 이윤갑, 앞의 책, 2013, 177쪽.

127 「농지령 실시 1개월에 소작쟁의는 倍增」, 『조선중앙일보』 1934년 12월 3일.

128 朝鮮總督府 農林局, 「朝鮮農地令」, 앞의 책, 1936, 1~11쪽. 선행연구에서는 조선농지령 시행 후 대체로 지주가 소작기간을 보통작물의 경우 최소 3년 이상 보장하는 등 조선농지령을 준수했다고 보았으나(소순열, 「식민지 조선에서의 지주·소작관계의 구조와 전개」, 『농업사연구』 4-2, 한국농업사학회, 2005. 83쪽), 사례들을 볼 때 실상은 달랐다.

129 「農地令を穿き違へ無茶な小作人虐め」, 『京城日報』 1934년 10월 26일; 「農地令施行の影響」, 『京城日報』 1934년 11월 15일; 「소작권 확인 청구(昭和10年 民 第367號)」, 광주지방법

함남 지방에는 1935년에 연일 소작조정 신청이 들어왔는데, 대부분 갑작스런 소작권 이동으로 인한 쟁의 건이었다. 그중 1935년 3월 15일 함흥지방법원에 제출된 소작조정 신청 건을 살펴보자. 함남 함주군(咸州郡) 주지면(州地面) 덕성리(德成里)의 소작인 김창학(金昌鶴) 외 5명은 지주인 함남 정평군(定平郡) 춘류면(春柳面) 신흥리(新興里)의 백문운(白文雲)이 소유하는 덕성리·신경리(新京里)·송흥리(松興里)의 7,000평 되는 토지를 6, 7년간 경작해왔다. 그런데 그동안 소작인이 소작료 및 각종 부담을 한 번도 연체한 적이 없었는데도, 1934년 12월 30일 소작지 관리자 김모는 소작권을 무단히 이동했다. 소작인들은 그 토지를 잃으면 생활할 수 없는 처지였으므로 수차례 사정했으나, 지주는 소작권을 이동하고 안 하고는 본인의 자유이므로 상관할 바 아니라고 강경히 주장하여 소작조정 신청에 이르게 된 것이었다.[130] 1935년 5월에는 함남 정평군 선덕면(宣德面) 호상리(湖上里)의 소작인 이사원(李仕元) 외 8명이 소작쟁의 조정 신청을 했다. 이들은 정평군 춘류면의 지주 이도순(李道舜)의 소유인 같은 군 춘류면 동흥리(東興里)의 논 10만 800여 평을 1932년부터 지주와 계약하여 소작하면서 소작료 및 제 부담을 지정한 대로 모두 납부했다. 또한 그 사이 배수구 설치 등에 400여 원을 내서 옥토(沃土)로 만드는 등 적지 않은 투자를 해왔다. 그런데도 돌연히 1934년 12월 중에 지주 이도순은 소작인들에게 무조건 소작권을 반환하라는 통지를 했다. 이에 소작인들은 여러 차례 지주에게 항의를 했으나 아무런 효과가 없어, 결국 1935년 1월 29일 함흥지방법원에 지주를 상대로 소작쟁의 조정 신청을 하게 된 것이었다. 그리하여 그해 5월 5일 지주는 이후 3년간 소작인들에게 계속 경작하게 하라는 조정 판결이 내려졌다. 그런데 지주 이도순은 다시

원, 1935년 3월 22일; 朝鮮總督府 農林局, 앞의 책, 1940, 21~23쪽.

130 「소작조정 신청 함흥법원에 遝至」, 『조선중앙일보』, 1935년 3월 19일.

그해 5월 25일 위 판결에 이의 신청을 하면서 이를 이행하려 하지 않았다.[131]

심지어 솔선해서 조선농지령을 시행해야 할 관청이 소작기간이 남아 있는 소작지의 소작권을 박탈하기도 했다. 1935년 8월경 전북 김제군에서 자작농 창정사업을 명목으로 소작인들의 소작권을 대거 몰수하는 일이 있었다. 과거 1925년경 김제군에 대규모로 동진수리조합(東津水利組合)이 설립될 때 약 55만 정보의 거대한 면적을 매수하여 소작인들에게 소작하게 했다. 그러나 1935년 김제군에서 자작농 창정사업으로 충당하기 위해 해당 토지를 모두 사들인 후, 구 소작인들은 자작농 창정 후보의 자격이 없다는 이유로 계약기간이 만료되지도 않은 소작권을 박탈해버린 것이다. 이로 인하여 소작인들은 소작권 반환을 요구하며 연일 김제군에 진정했다.[132]

평북 용천군(龍川郡) 부라면(府羅面)의 대지주 불이흥업주식회사(不二興業株式會社) 서선농장(西鮮農場)[133]에서는 1936년 8월 29일부터 무려 287일간 쟁의가 계속되었다. 불이흥업 서선농장의 논 804정보에서 소작인 무려 1만여 명, 1,600호가 소작권을 박탈당할 위기에 놓였다. 이에 소작인들은 소작권을 인정해달라고 요구하고 지주의 소작료 등 가혹한 착취를 견딜 수 없다고 탄원하며 쟁의를

---

131 「소작조정의 위력: 판정 = 금후 3개년을 주어라, 지주 불복에 南無阿彌陀佛」, 『조선일보』 1935년 5월 28일.

132 『조선일보』 1935년 8월 27일(이경희, 앞의 논문, 1991, 39~40쪽에서 재인용).

133 용천 불이흥업 서선농장에서는 이전에도 1925년부터 1932년까지 소작쟁의가 다섯 차례에 걸쳐 크게 전개되었다. 소작인들의 자본과 노력에 의해 간척지를 개간한 농장이었음에도, 농장 측은 영소작권, 소작권 매매를 인정하거나 개간비를 지불하지 않았다. 오히려 고율의 소작료를 부과하고, 수세와 수리조합 건설비 등 각종 부담을 소작인들에게 전가했으며, 소작권을 박탈하며 소작인들을 위협했다. 이에 소작권 이동 반대와 소작권 매매 허용, 소작료 인하, 종자대·비료대·수세의 지주 부담 등을 요구하며 소작쟁의가 이어졌다. 김용달, 「不二 西鮮農場소작쟁의조사보고」, 『한국근현대사연구』 25, 한국근현대사학회, 2003, 654쪽; 김용달, 『농민운동』, 독립기념관 한국독립운동사연구소, 2009, 106~129쪽.

〈그림 3-3〉 평북 용천군 불이흥업주식회사 서선농장의 소작권 관계 쟁의
출전: 「불이농장 만여 작인, 평북도청에 탄원」, 『조선일보』 1936년 9월 13일.

벌였다. 원래 이 농장은 간척지와 초생지(草生地)를 소작인들이 직접 개척한 것
이었다. 그 노력의 대가로 소작권을 획득하여 경작해왔는데, 불이흥업이 지주
가 된 후 교묘한 수단으로 소작권을 박탈해버리는 일이 많았다. 소작료도 평북
지방 관례에 없던 5할 8분의 고율로 징수하고, 농량(農糧) 대부금, 비료대·종자
대·수세(水稅) 등의 징수로 소작인의 차금(借金)을 늘렸다. 그리하여 소작인들의
수입은 모든 비용을 제하면 수확의 2할에도 미치지 못해 생활을 유지하기 어
려울 정도였다. 심지어 농장 측은 소작인을 학대하고 구타와 감금도 서슴지 않
았다. 이에 소작인들은 도지사·군수 등에게 소작권 승인 등에 대해 진정하게
된 것이었다. 소작인들은 도(道)의 조정 중 총독부에도 진정하여, 결국 군수, 도

농무과장과 소작관, 경찰서장 등 당국이 알선하여 농장과 소작인조합 측 양자의 주장을 절반씩 반영·조정하기로 해서 일단 사태가 무마되었다. 그 조정 사항은 다음과 같았다. ① 묘대(苗代) 고사(枯死)에 의한 감수(減收)의 손해 정도 및 그 원인은 용천군농회에서 조사하여 적당한 조치를 강구할 것, ② 가마니틀[叺織機] 구입 가격이 고가인 것에 대해서는 도농회에서 소작인에게 보조하는 방향을 고려하고 그 가격을 다른 곳과 균등하게 할 것, ③ 추수 시부터 농장 창고에 쌀을 납부할 때까지 수확물의 관리는 소작인에게 하도록 할 것 등이었다. 하지만 소작인 측이 요구한 소작권 보장과 소작료 및 각종 부담 인하 등의 요구는 수용되지 않았을 뿐 아니라, 그 밖에 비료대가 시가(市價)에 비하여 비싸니 인하해달라는 요구와 탈곡기(脫穀機) 사용을 금지하여 족답기(足踏機)로 개정해달라는 요구 등은 그 이유가 없다고 하여 각하되었다. 이후 소작인들은 조정안에 반발하여 총독부에 다시 연명(連名) 탄원서를 제출했다. 이 소작쟁의는 그 후에도 계속되었고 도당국에서도 속수무책이었다. 이후 1936년 11월 19일 농장의 1,000여 호의 소작인들이 신의주지방법원에 소작조정원(小作調停願)을 제출하면서 이 문제는 법정까지 가게 되었다.[134]

---

134 「不二農場 만여 作人, 평북도청에 탄원: 가혹한 착취에 견딜 수 없다고 8개 요구 조항을 주장」, 『조선일보』 1936년 9월 13일; 「龍川 不二西鮮農場 소작쟁의 원만 해결: 作人 대표 85명과 군수·署長 立會로, 岡崎 소작관이 조정한 결과」, 『매일신보』 1936년 10월 8일; 「평북 不二農場 소작쟁의 해결: 소작인의 제출 건은 擧皆却下」, 『매일신보』 1936년 10월 9일; 「不二 소작쟁의 調停願 제출: 좌우간 얼른 끝장을 내려고 해결을 괄목 주시」, 『매일신보』 1936년 11월 22일; 「平北不二農場の小作爭議再燃す: 道當局の調停案には不滿, 總督府へ連名陳情」, 『朝鮮新聞』 1936년 10월 26일; 「平北不二農場の小作爭議再燃す: 道當局の調停案には不滿, 總督府へ連名陳情」, 『朝鮮新聞』 1936년 10월 26일; 「不二農場紛糾法廷で爭ふ: 會社側に誠意なく小作人調停を出願」, 『京城日報』 1936년 11월 26일; 朝鮮總督府 警務局, 『第73回 帝國議會 說明資料』, 1937, 민족문제연구소 편, 『帝國議會 說明資料』, 한국학술정보, 2000, 170쪽; 독립운동사편찬위원회, 앞의 책, 1978, 268쪽.

더욱이 특별한 사유 없이 조선농지령의 소작기간 최소 3년 보장 규정을 지키지 않는 지주들도 많았다. 또한 소작인의 소위 '성적 불량', '배신행위'의 이유를 들어 지주가 마음대로 소작계약을 해제하는 경우도 많이 있었다. 수확 성적이 불량하다거나 소작지를 황폐하게 할 염려가 있다거나 소작인 신상의 이변이 있는 경우 등에 이를 소작인의 '과실'로 몰아 소작권을 박탈하는 것이었다.[135]

예를 들어 전북 전주군의 구보타농장(久保田農長)에서는 조선농지령 시행 후 처음으로 소작계약 해제에 관련한 조정이 제기되어 문제가 되었다. 1934년 11월경 구보타농장에서 소작인들의 소작권을 박탈했는데, 전주군 봉동면(鳳東面) 국덕리(國德里) 이창우(李昌雨) 외 7명의 소작인들이 농사를 열심히 짓지 않아 이들에게 3개년 계속하여 소작을 시키는 것은 농장으로서 두고 볼 수 없다는 것이었다. 그리하여 농장 측은 소작권을 회수하여 자작으로 직영하겠다고 했다. 그러자 군당국은 그렇다면 소작기간을 2년 정도로 하면 어떻겠냐는 식으로 알선을 시도했다. 당국에서조차 소작기간 최소 3년을 보장하지 않았던 것을 볼 수 있다. 그런데도 사건은 해결되지 않아 조정에 들어가게 되었다.[136]

조선농지령 시행 후 소작기간 최소 3년이 만료하기도 전에 소작권을 박탈당한 소작인이 소작권 확인을 청구한 사례는 이 밖에도 많이 확인된다. 예를 들어 1935년 3월 22일 소작권 확인 청구 사건에 대한 광주지방법원의 판결[137]을 보자. 1933년 1월 1일 전남 광주군에 사는 소작인인 원고는 같은 군에 사는 지

---

135 「소작조정 實話: 실제로 발생된 소작쟁의 비판, 新義州支局 活海生」, 『조선일보』 1934년 12월 28일.

136 「農地令が布かれて初めての調停: 農場が小作人變更を申請, お裁きを注目」, 『京城日報』 1934년 11월 6일.

137 「소작권 확인 청구(昭和10年 民 第367號)」, 광주지방법원, 1935년 3월 22일.

주인 피고가 소유하는 토지를 1933년부터 1935년까지 3년간 소작한다는 계약을 체결했다. 그리고 1933, 1934년에 해당 토지에 대한 소작료 벼[籾] 10석(石) 2두(斗)(1년분 5석 1두)를 지주가 정한 대로 전부 납입하여 아무런 과실이 없었다. 그런데 지주는 소작계약의 기한 전인데도 1935년의 소작권을 소외(訴外) 김성오(金成伍)에게 이동·부여하여 이 소송에 이르게 되었다. 지주는 본 소송의 구두변론기일에 출두하지 않아 궐석판결이 이루어졌는데, 피고가 원고에 대해 1935년의 소작권을 확인·보장해야 한다고 판결이 이루어졌다. 이 판례를 통해, 지주가 최소 3년의 소작기한을 무시하고 소작인이 소작료 납부 등에 아무런 과실이 없었는데도 자의적으로 소작권을 박탈하여 다른 소작인에게 이동·부여해 문제가 발생했음을 볼 수 있다.

또한 경남 함안군 가야면(伽倻面) 신음리(新音里)의 소작인 이치우(李致雨)는 같은 면 혈곡리(穴谷里)의 지주 김정곤(金正坤)의 소유 토지 4두락을 1931년경부터 소작해왔다. 그런데 1935년에 이르러 소작인에게 아무런 과실이 없었는데도 지주 김정곤은 자기가 자작하겠다는 구실로 소작권을 박탈해버려 쟁의가 일어났다. 이에 소작인 이치우는 군 소작관에게 소작조정을 신청했고, 소작관은 지주와 소작인을 호출하여 각각 2두락씩 반분하여 소작을 하고 반분은 3년간 소작인에게 경작하게 할 것을 명하여 문제를 일단락 지었다. 그런데 1936년 6월경 이앙기가 다가와 소작인이 이앙 준비를 하고 있었는데 지주는 갑자기 소작권을 박탈해버렸다. 소작인은 지주가 작년 소작관의 지시에 따르겠다고 해놓고 불응하는 데 대해 항의했으나, 지주는 내 돈을 가지고 내 마음대로 하지 못할 리 있겠느냐는 등의 폭언을 하며 맞서 결국 또 다시 쟁의가 일어나게 되었다.[138]

---

138 「조정 판결 불구코 作權을 任意 박탈: 전 지주의 무리한 이 폭거로 又復 쟁의 발발!」,「조선중

1937년 3월경에는 평남 강서군(江西郡)에서 소작권을 무조건 박탈당한 20여 명의 소작인이 군 소작위원회에 조정을 신청했다. 이로부터 약 15년 전 강서군 함종면(咸從面) 홍범리(洪範里)의 곽병희(郭炳熙) 외 1명은 공동소유 토지인 3만 9,000여 평의 소작권을 같은 군 신정면(新井面) 구련리(龜蓮里)의 22명에게 주어 소작을 시켜왔다. 그러다가 1936년에 비로소 밭을 논으로 개량하는 작업을 모두 마쳐, 소작인들은 안심하고 계속 소작을 할 것이라는 기대로 농사 준비를 하고 있었다. 그런데 지주 측에서 소작기간 최소 3년을 보장하지 않고 갑자기 소작권을 이동하겠다는 통지를 보내, 20여 호의 가족 100여 명이 면당국에 호소하게 되었다. 이어서 소작인들은 1937년 3월 1일 강서군당국에 소작조정을 신청한 것이었다.[139]

한편 조선농지령 시행 후에도 소작계약은 빈번하게 구두로 체결되었고 이를 악용하여 지주들은 소작권을 박탈·이동시켰다. 예컨대 조선농지령을 실시한 지 3년이 되던 1937년 충청북도에서는 소작권을 이동하려는 지주들이 많았다. 이에 소작위원회에서 소작권을 마음대로 이동할 수 없도록 권해(勸解)하자, 괴산군·음성군의 지주들은 구두로 소작계약을 체결했으므로 계약이 효력이 없다는 구실로 소작권을 빼앗으려 했다.[140]

이와 같이 조선농지령의 자의적인 소작권 이동 금지, 최소 3년 이상의 소작기간 보장 등의 규정은 제대로 지켜지지 않았다.

반면에 소작인 규제를 강화하기 위해 만들어진 조선농지령의 소작권 전대

앙일보」 1936년 6월 13일.

139 「10여 년 경작하던 20여 호 作權 이동: 100여 식구 돌연 生途를 잃었다고, 作人, 소작위원회에 호소」, 『조선일보』 1937년 3월 7일.

140 「구두계약을 奇貨로 奸計 쓰는 지주」, 『매일신보』 1937년 4월 10일; 최은진, 앞의 논문, 2017, 200쪽.

(轉貸) 금지 규정은 상대적으로 준수되어 소작권을 박탈하는 이유로 활용되었다.[141] 1935년 9월 19일 대구지방법원 김천지청 판결[142]을 보자. 경북 김천군 어모면(禦侮面) 중왕동(中旺洞)의 소작인인 원고 이원섭(李源燮)은 같은 군 어모면 옥표동(玉票洞)의 지주인 피고 강금술(姜今述)에 대해 김천군 소재 논 728평 중 400평의 소작권이 1934년 10월 20일부터 향후 3년간 본인에게 있음을 확인해달라고 청구했다. 그런데 다른 소작인인 소외(訴外) 김응식(金應植)은 1934년 음력 정월 중 소외(訴外) 석영목(石泳穆)[143]으로부터 그가 소유한 위 논 400평을 소작기간을 정하지 않고, 소작료를 매년 수확기에 당사자 쌍방이 입회하여 검견해서 협정을 통해 수확해 즉시 지불하기로 약속하고 임차했다. 그리고 이원섭은 같은 해 음력 정월 중 위 김응식으로부터 본건 토지를 김응식과 석영목 간의 해당 토지 임대차계약과 동일한 조건으로 전차(轉借)했다. 그리하여 이원섭은 1934년 10월 20일(조선농지령 시행일)부터 향후 3년간 해당 토지에 대해 소작권을 가지게 되었다. 그런데 석영목은 그해 12월 중 위 토지를 강금술에게 매각하여 강

---

141 일제 말기까지 소작권 전대는 절대 불허되었다. 1939년 6월 27일 고등법원에서는 소작권 전대 금지와 관련한 조선농지령 제13조 제1항은 공익(公益)에 관한 강행규정이므로, 이에 반대되는 법률행위나 관습은 어떠한 이유가 있더라도 그 존재를 허용치 않는다는 판결을 하여 농업 증산 유지를 도모하려 했다. 「소작권 轉貸는 不許: 어떤 계약과 관습도 농지령 13조엔 무관, 증산책이 반영된 신 판례」, 『동아일보』, 1939년 6월 28일.

142 「소작권 확인 청구(昭和10年 民 第309號)」, 대구지방법원 김천지청, 1935년 9월 19일.

143 석영목은 1935년 5월 인근 상주군 공성면(功城面)의 면협의원에 당선된 인물과 동일인인 것으로 보인다. 1935년 3월 상주군 공성면 옥산리(玉山里)에 거주하던 석영목은 동면 이화리(以花里)의 임야 5만 1,200정보도 소유하고 있었으며, 1939년 8월 상주군 상주읍(尙州邑) 남정(南町)에 합명회사 대평상회(大平商會, 신탄·잡곡 등 농림산물 판매, 부동산 매매, 기타 사업에 대한 투자)를 설립하여 공동 운영했다. 「森林令第1條ノ規定ニ依リ左記箇所ヲ昭和10年3月23日ヨリ保安林ニ編入ス」, 『朝鮮總督府官報』, 1935년 3월 26일; 「商業及法人登記」, 『朝鮮總督府官報』, 1939년 8월 14일; 「전 조선에 亘한 面議 당선 續報: 경상북도 상주군」, 『매일신보』, 1935년 5월 24일.

금술 명의로 토지소유권 이전 등기를 했다. 하지만 강금술은 원고와 김응식 간의 위 토지 전대차(轉貸借) 계약의 존재를 부인하고 토지 인도를 요구했고, 이에 이원섭은 강금술에게 위 토지 소작권이 본인에게 있다는 사실 확인을 청구하여 본 소송에 이르게 된 것이었다. 김응식은 구 지주 석영목의 승낙을 받지 않고 이원섭과 위 토지 전대차 계약을 체결한 점을 인정했다. 이에 새 지주인 피고 강금술은 김응식이 원고 이원섭과 토지 전대차 계약을 하면서 구 지주인 석영목의 승낙을 받지 않았다면 이 계약은 무효가 되기 때문에, 이 계약이 유효하게 성립되었다고 전제한 본 소송 청구는 부당하다고 주장했다. 이에 1935년 9월 19일 대구지방법원 김천지청은 전대를 통해 소작권을 획득한 원고의 소작권 확인 청구를 기각한다고 판결했다. 이 사례를 보면, 조선농지령 실시 전에 지주의 승낙을 받지 않은 전대차는 인정하지 않았음을 알 수 있다. 더욱이 조선농지령 시행 후에는 지주의 승낙 여부와 상관없이 소작지 전대는 무조건 금지되었다.

또한 소위 '청부소작(請負小作)'과 관련하여, 조선농지령 제2조에서 '토지의 경작을 목적으로 하는 청부 및 기타 계약은 임대차로 간주'하며 따라서 조선농지령 조항을 적용받는다고 했다. 그런데도 사실상 청부소작에 대해 조선농지령의 소작기간 최소 3년 보장 규정 등이 제대로 적용되지 않았음을 사례를 통해 볼 수 있다. 예컨대 소작인 채모(蔡某) 외 3명은 지주 곽모(郭某)의 소유인 평남 중화군(中和郡) 양정면(楊井面) 성현리(城峴里)의 논 2,911평과 같은 리 다른 곳의 논 1,384평, 같은 리 또 다른 곳의 논 723평을 함께 소작하고 있었다. 또한 지주 문모(文某)의 소유인 중화군 양정면 문정리(文井里)의 논 1,462평도 소작하고 있었다. 채모 외 3명의 소작인은 1937년 봄부터 지주 곽모 및 문모가 소유하는 토지의 청부소작권을 얻어, 쌍방의 계약하에 소작인들은 공동경작을 하며 해당 논에서 경작 중에 정지(整地)작업 등을 실시했다. 그리고 그해 가을에 수확을 하여 전 수확물을 지주의 집까지 운반했다. 이처럼 1937년 1년간 소작을 했는데도, 1938년에 들어 두 지주는 돌연히 소작권을 해제한다는 통보를 했다. 소작인들은 다수의 가족이 있을 뿐만 아니라 빈곤하여 생활에 곤란을 느끼면서 달리 소작지를 구할 수도 없는 형편이어서, 지주들을 방문하여 계속 소작을 하게 해달라고 간청했으나 거절당했다. 이에 청부소작인들은 조선농지령 조항에 따라 최소 3년간 소작권을 보장해달라는 소작조정 신청을 했으나 평양지방법원에서 결국 불성립되고 말았다. 또 다른 사건으로, 중화군의 소작인 이모(李某)와 윤모(尹某)는 같은 군의 지주 박모(朴某)가 소유한 중화군 양정면 문정리의 논 2,588평과 다른 박모(朴某)가 소유한 같은 군 양정면 정암리(停岩里)의 논 1,770평의 소작권 확인을 신청했다. 소작인들은 1937년부터 위 토지를 평당 1전으로 청부소작해왔는데, 지주들이 1938년부터 갑자기 최소 소작기간 3년을 보장하지 않고 청부소작을 허용하지 않겠다는 이유로 소작권을 회수하여 다른 이에게 이동한 것이었다. 이에 소작인들은 여러 차례 지주들을 방문하여 계속 소작을 시켜달라고 간청했으나 거절당하여 소작조정을 신청하게 되었다. 그러나 소작인들의 요구는 결국 받아들여지지 않았다.[144]

2) 토지소유권 변경 시 소작권 이동

조선농지령이 시행되면서 소작지 소유권이 변경되어도 별도의 소작계약이나 등기 없이 새 지주는 구 지주와 소작인의 소작관계를 승계하여 구 소작인의 소작권을 보장해야 한다고 했으나(제12조), 이 규정은 제대로 준수되지 않았다. 새 지주가 구 소작인의 소작권을 박탈하여 새로운 소작인에게 소작권을 일

---

144 朝鮮總督府 法務局 法務課, 「社會ノ耳目ヲ惹ク小作調停事件受理竝終局報告」, 『報告例ニ依ル民事事件報告』, 1938, 512~516쪽.

시에 이동해버리는 일이 계속되었다.

　조선농지령 실시를 앞두고 토지소유권 변경 시 소작인이 소작권을 박탈당하는 일들이 일어났다. 조선식산은행 청주지점은 청주군 오창면(梧倉面)과 옥산면(玉山面) 일대에서 30만여 평의 옥토를 소유하고 150명의 소작인을 두고 있었는데, 1934년 5월경 경기도 개성에 거주하는 김세진(金世鎭)에게 4만 3,500원에 위 토지를 매도했다. 그러자 김세진은 30여 명의 소작권을 이동하여, 파종기를 앞두고 소작권을 박탈당한 30여 명의 소작인들은 생계를 잃게 되었고 나머지 소작인들도 앞으로 소작권이 어떻게 될지 불안해했다.[145]

　또한 토지소유권 변경으로 농작물 이식(移植) 후 제초(除草)까지 마친 1만여 평 소작지의 소작권이 일거에 이동되면서 소작쟁의가 일어났고 유혈극까지 빚어졌다. 문제가 된 토지는 전북 옥구군 옥산면(玉山面)의 문종구(文鍾龜)[146]의 소유였는데, 1934년 봄에 다나카 도시코(田中利子)에게 소유권이 옮겨지고 나서 소작인 조동식(趙東式) 외 6명은 1만여 평에 대한 10여 년간의 소작권을 하루아침에 잃게 되었다. 그리하여 소작인들은 군산지방법원에 소작조정을 요청하고 문제가 해결되기를 기다렸다. 그러던 중 그해 7월 8일 지주 측은 갑자기 인부 27명을 거느리고 소작지에 쳐들어와, 이미 이앙(移秧)한 지 한 달이 지나 제초도 끝나고 농사를 반이나 지어놓은 셈인 모[苗] 약 600여 평가량을 뽑아버렸다. 그리고 이를 막으려던 소작인들과 일대 유혈극이 일어나 부상자까지 나왔

145　「지주 이동으로 소작인 낭패」,『동아일보』1934년 5월 5일.

146　문종구(1884~?)는 전라북도평의원, 옥구군 참사(參事), 임피수리조합(臨陂水利組合) 설립위원, 군산보통학교 학무위원, 옥구 진명학교(進明學校) 총무 등을 역임했다. 1936년 당시 500여 정보의 논을 소유했다. 大垣丈夫 編,『朝鮮紳士大同譜』, 朝鮮紳士大同譜發行事務所, 1913, 1069쪽; 朝鮮總督府,『朝鮮總督府及所屬官署職員錄』, 1919~1920; 鎌田白堂,『朝鮮の人物と事業: 湖南編(第1輯)』, 實業之朝鮮社出版部, 1936, 202·206쪽.

다. 이 같은 참혹한 변을 당했는데도 소작인들은 행여나 하는 마음에 소작조정이 이루어지기를 기다렸다. 그러나 결국 7월 13일 소작인들은 소작권을 박탈당했고, 지금까지 들어간 농사비용이나 지주에게 받으라는 결정으로 조정은 끝나버리고 말았다.[147]

조선농지령 시행 이후에도 지주가 바뀌고 나서 소작권을 이동해버리는 일은 계속되었다. 함남 영흥군(永興郡)의 동일은행(東一銀行)이 소유하던 영흥군 순녕면(順寧面) 갈전리(葛田里) 소재 약 12정보(3만 수천 평)의 토지를 1934년 가을에 원산에 거주하는 김상배(金商培)가 위 은행으로부터 매수했다. 그런데 새 지주인 김상배는 이와 동시에 그해 11월경 종전 소작인에게는 아무런 통지도 하지 않고 소작권을 이동해버렸다. 이에 소작지에 생계를 의탁해온 15명의 소작인들은 하루아침에 생활의 근거를 잃어버리게 되었다. 소작권을 이동한다는 소식을 들은 소작인 15명은 크게 놀라 김상배에게 사정을 호소했으나 듣지 않으므로, 군 소작위원회에 쟁의 조정 신청을 하려 했다. 그러나 이 역시 지주 측이 응하지 않아, 최후로 1935년 1월 9일 영흥군 소작위원회에 이 사실을 호소하고 쟁의에 나섰다. 형세는 계속 악화되어 신구 소작인 간에도 충돌이 야기될까 우려되는 지경에 이르렀다. 이후 경찰의 조정으로 신구 소작인 간에 서로 균등하게 경작을 하기로 타협이 되었다가, 그 후 타협이 결렬되어 구 소작인 측에서 다시 당국에 소작조정을 신청했다. 새로운 소작인 측에서 구 소작인 측에 타협 조건에 따라 양보한 토지는 척박한 사력지(砂礫地)[148] 등으로 소작료조차 생산하기 어려운 토지였다. 이에 분쟁이 다시 일어난 것이다. 그런데 신구 소작인

---

147 「移植 후 除草까지 한 만여 평 소작권 이동: 조정 중의 沃溝 소작쟁의 段落, 쌍방에 부상자만 연출」, 『동아일보』 1934년 7월 15일.

148 유수역(遊水域, 계곡, 하천, 강)에서 모래와 자갈이 퇴적되어 만들어진 땅으로, 주로 유수역이 갑자기 넓어지는 구간에서 관찰됨.

30여 호가 모두 한 동리에 거주할 뿐만 아니라 동일 문족(門族) 간이어서 이 문제로 인해 상호 간의 감정이 매우 악화되었다. 그런데도 소작위원은 구 소작인측의 잘못을 탓했다. 모처럼 소작조정을 해주었는데 또 다시 조건을 붙여 문제를 만드는 것은 바람직하지 못한 태도라고 비난했다. 그러므로 구 소작인 측이소작조정 신청을 했더라도 새로운 소작인들을 이기기는 어려울 것으로 보였다.[149]

비슷한 사례는 조선농지령 시행 후에도 수없이 발견된다. 1935년 2월경 평남 진남포부(鎭南浦府) 대대면(大代面) 어호리(漁湖里)에 있는 사이토농장(齋藤農場)은 서울의 민병도(閔丙燾) 소유 토지 6만 8,000여 평을 매수했다. 그러고 나서 그해 3월 마름 강태희(姜泰熙)와 함께 구 소작인 40여 명에게 소작권 이동을 명령했다. 이에 소작인들은 하루아침에 생계를 잃게 되었다. 해당 토지는 수십 년전부터 이들 소작인에 의해 개간되었을 뿐만 아니라 소작인들은 1934년 겨울부터 이때까지 농사지을 준비를 하여 이제 씨를 뿌릴 시기가 머지않은 때였다. 이러한 무렵에 소작권을 이동한다는 것은 소작인의 생명을 빼앗는 것과 같았으므로, 소작인 이달풍(李達豐), 이영칠(李永七) 외 23명은 연서하여 소작위원회와 지주에게 진정서를 제출했다. 앞서 1934년에도 사이토농장에서는 이와 유사한 소작쟁의가 두세 차례 발생한 적이 있었다.[150]

조선농지령이 실시되고 당국의 단속이 있었는데도 이런 새 지주의 소작권박탈 횡포는 근절되지 않았다. 1935년 2월 중순경 황해도 해주군(海州郡) 해주읍

---

149 「畓 2백 수십 斗落의 소작권을 일시에 이동: 신지주가 아무 통지도 없이, 作人 結束 조정 신청」, 『동아일보』 1935년 1월 12일; 「永興郡 順寧面의 소작쟁의 재악화: 신구 作人 간 타협한것이 결렬, 구 작인 측 조정 신청」, 『동아일보』 1935년 3월 19일.

150 「鎭南浦 齋藤農場에 소작쟁의 또 발생: 토지를 매수하자 作權을 이동, 死線에 선 40作人」, 『조선중앙일보』 1935년 4월 1일.

(海州邑) 동영정(東榮町)의 대지주 김상돈(金相敦)[151]은 해주군 천결면(泉決面) 척두리(尺頭里)에 있는 하자마농장(迫間農場)의 소유 토지 20여 정보를 매수했다. 이와 동시에 그 소작인 20여 명에게 소작권을 다른 곳에 이동하겠다고 통지했다. 춘경기에 임박해서 돌연 생활의 근거를 잃게 된 소작인들은 여러 차례 지주와 교섭을 시도했으나, 지주 김상돈은 단호하게 소작권을 이동하려 했다. 이에 소작인 20여 명은 군 소작위원회에 탄원서를 제출했다. 이뿐만 아니라 김상돈은 해주군 동강면(東江面)에 있는 다른 소유지에 대해서도 그해 2월 중순경 갑자기 도조(賭租, 定租)로 받던 소작료를 종전의 정해진 액수가 아니라 3할 이상 인상하겠다며 소작계약을 변경했다. 이것이 지주의 무리한 요구인 줄 알면서도 해당 토지의 소작인들 수십 명은 이를 거절할 수 없어 소작계약서에 도장은 찍었으나 지주에 대한 불평이 적지 않았다. 결국 이 소작인들도 김상돈의 무리한 소작료 인상에 대해 탄원하며 해주군당국에 진정했다. 이전부터 김상돈은 '해주 유일의 대지주'로 불리며, 다른 지주보다도 소작인을 가혹하게 착취하여 비난받던 인물이었다. 그런데 그가 조선농지령이 시행되었는데도 또 이처럼 무리하게 소작권 이동과 소작료 인상을 자행한 것이었다.[152]

조선농지령 시행 후에도 소작지의 소유권 이전 시 구 소작인의 소작권을

---

151 김상돈은 대지주이자 해주공립보통학교 학무위원 등을 역임했다. 1931년에도 김상돈이 황해도 재령군(載寧郡) 신원면(新院面) 지남리(指南里)의 토지를 매수하면서 소작인 28명의 소작권을 박탈하여 소작인들이 지주와 도·군당국에 진정한 일이 있었다. 「학무위원의 美擧」, 『매일신보』 1913년 9월 13일; 「舍音의 중간 횡포로 소작권 被奪: 金相敦 지주의 소작인 28명이 道·郡당국에 抑冤 호소」, 『매일신보』 1931년 12월 28일.

152 「弱い者虐めの冷酷無情な地主: 哀れな小作人に泣きつかれ乗り出した調停會」, 『京城日報』 1935년 4월 18일; 「새로 지주 되었다고 이유 없이 作權 이동: 농경기를 앞두고 작권 이동해, 海州郡下 소작쟁의」, 『매일신보』 1935년 4월 19일; 「小作人20餘名が春土に描く哀史: 地主に小作農地を奪はれて小作委員の調停に縋る」, 『平壤毎日新聞』 1935년 5월 17일.

부정하는 경우가 많았음을 1935년 9월 23일 대구지방법원 김천지청의 판결[153]을 봐도 알 수 있다. 이때에 원고 박희신(朴喜信)은 경북 김천군(金泉郡) 개령면(開寧面) 양천동(楊川洞)의 논 1,029평, 원고 박희의(朴喜義)는 같은 동의 논 989평, 원고 박철하(朴澈夏)는 같은 동의 논 923평에 대한 소작권을 확인해달라며 소송을 청구했다. 원고 3명은 1925년 2월 소외(訴外) 심계재(沈癸載)와 그가 소유하는 위각 토지에 대해 소작기간을 정하지 않고 소작료를 매년 지주 입회하에 검견하여 정해서 추수 후까지 지불하기로 하여 소작계약을 체결했다. 이후 원고 박희신, 박희의는 이 약정을 잘 이행했으며, 원고 박철하는 심계재와 소작계약을 합의 해제했다. 그리고 1934년 음력 1월 25일 심계재는 소외(訴外) 이을준(李乙俊)과 위 양천동의 논 중 일부에 대해 소작기간을 1년으로 하여 소작계약을 체결했다. 또한 1934년 중 박철하는 이을준이 소작하는 토지 외의 부분에 대해 소작기간을 1년으로 정하여 다시 심계재와 소작계약을 체결했다. 그러던 중 1935년 3월 30일 심계재는 피고 정수홍(鄭壽弘)에게 위 각 토지를 매각했다. 그러고 나서 새로운 토지소유권자가 된 정수홍은 원고들의 위 각 토지 소작권을 부인하고, 그해 음력 4월 10일경 원고들에게 각기 통지하여 토지를 회수하려 했다. 이에 구 소작인들은 새 지주에 대해 토지 소작권을 가진다고 주장하며 소송 청구에 이르게 된 것이다. 이에 대해 정수홍은 원고들과 심계재 사이에 맺은 각 토지 소작계약기간은 1년이어서 원고들은 심계재와 매년 계약을 갱신해왔으며, 심계재로부터 정수홍이 토지를 매입할 때 원고들은 소작권을 포기하여 소작권은 모두 소멸되었다고 주장했다. 그리고 이런 새 지주의 주장을 지지하여, 김천지청은 구 소작인들의 소작권 확인 청구를 기각했다. 이 판례와 같이 지주가 변경되고 나서 새 지주가 구 소작인의 소작권을 부정하려고 하여 문제가 발

---

153 「소작권 확인 청구(昭和10年 民 第247號)」, 대구지방법원 김천지청, 1935년 9월 23일.

생했다.

또한 1935년 10월에는 함남 안변군(安邊郡)에 있던 토지 5만여 평의 소유자가 바뀌면서, 이 새 지주가 과거 3, 5, 7년 등으로 계약을 하여 소작해온 소작인 30여 명 중 8~9명에게 약 1개월 전에 소작권을 취소한다는 통지를 보냈다. 새 지주는 소작료를 도조제(정조제)로 징수하던 것을 돌연 분작제(分作制, 타조제)로 바꾸겠다고 선언했는데, 이에 반발하는 소작인들의 소작권을 박탈해버린 것이었다.[154] 1936년 1월에는 함남 장진군(長津郡)의 부호가 1934년에 매수한 영흥 평야의 전답 60만여 평의 지가가 점점 오르는 기회를 틈타 그중 40만여 평을 방매했고 이 토지를 다른 이가 매수했다. 그런데 새로운 지주는 이전의 소작권을 무시하고 소작을 전부 이동하여, 수십 년 동안 이 전답에서 경작하던 수백 명의 소작인이 하루아침에 소작지를 전부 잃게 되었다.[155]

1936년 3월 23일 충남 서산군 대산면(大山面)에서는 지주 김순흥(金淳興)의 소작권 이동 행위에 대해 소작인 81명이 소작쟁의를 일으켰다. 새로 논 50정보를 소유하게 된 김순흥은 토지를 넘겨받은 후 상당한 범위의 소작권을 이동하려 했다. 이에 반발한 소작인들이 77일간 쟁의를 벌였으나, 결국 일정 범위의 소작권을 이동하기로 타협하게 되었다.[156]

1936년 5월경 경남 거창군 가조면(加祚面)에서는 200여 두락의 토지를 새로 소유하게 된 지주가 소작인 60여 명으로부터 파종기인 때에 소작권을 박탈하여 이동한다고 해서 소작인들이 일시에 살길을 잃을 처지에 놓였다. 앞서 1928년에 거창군 가조면 수월리(水月里)의 김종환(金宗煥)은 본인과 장남 김임술(金任

---

154 「소유권 획득하자 소작권 무리 박탈」, 『조선일보』 1935년 10월 27일.

155 「40만 평 作權 이동」, 『동아일보』 1936년 1월 10일.

156 민족문제연구소 편, 앞의 책, 2000, 163쪽.

述)의 토지까지 대구의 이장춘(李長春)에게 매도했다. 그런데 김임술이 미성년일 때 매매가 이루어진 관계로, 김임술은 이후 1929년 봄부터 소송을 시작해 1, 2심을 거쳐 상고까지 했는데, 결국 1936년 4월 승소하여 새로이 토지소유권을 얻게 되면서 돌연히 소작권 전부를 박탈·이동한 것이었다. 이에 60여 명의 소작인은 불의의 변을 당하여 어찌할 바를 모르고 면장과 경찰을 통해 군당국에 교섭하기도 했으나, 새 지주는 신 소작인을 데리고 구 소작인을 찾아다니며 소작권 이동을 선언하여 구 소작인들은 당국의 제재를 기다릴 뿐이었다.[157]

3. 소작료 문제를 둘러싼 쟁의

조선농지령 시행을 전후해 지주들은 소작인들에게 소작료 인상을 요구했다. 지주는 조선농지령에 소작료 제한 규정이 없는 점을 악용하여 무리하게 소작료를 증액하려 하고 이를 따르지 않는 소작인은 교체하려 했다. 소작료 관련 분쟁이 일어난 경우 소작위원회의 판정 등에만 위임한 조선농지령의 결정적인 한계로 인한 것이었다. 조선농지령 시행 이후 지주들이 소작료 징수를 증대시킨 것은 소작료의 상품화와 함께 식민당국이 바라던 생산력 증대의 결과로 나타났다. 물론 대다수 지주들은 농촌진흥운동의 목표나 총동원체제로 재편하기 위한 '생업보국(生業報國)'의 목표 등 시국의 변화와는 상관없이, 소작법령의 허점을 최대한 이용하면서 소작료 수탈을 높이는 데 주로 관심을 쏟았다.[158]

---

157 「60여 作人의 作權을 이동?: 소송에 승소하여 작인에 불리, 居昌郡·警 조정 노력」, 『동아일보』 1936년 5월 14일.

158 이윤갑, 앞의 책, 2013, 177·180쪽.

1) 소작료의 인상

조선농지령 제정을 앞두고 1933년 말경부터 지주들의 소작료 인상 움직임이 심각했다. 소작계약을 일정 기간 유지해야 하는 것에 대비하여 지주들은 서둘러 소작료를 이전에 비해 2~3할 정도, 심한 경우 전보다 4할까지 올리려고 했다. 지주들의 소작료 인상은 조선농지령에 소작료 책정을 제한하는 규정이 없는 것을 기화로 조선농지령 제정·시행 이후에도 계속되었다.[159]

조선농지령 제정을 전후하여 1933년 말부터 1934년 봄까지 대지주를 비롯하여 지주들이 소작료를 인상하거나, 그것이 여의치 않으면 소작권을 박탈·이동하는 일들이 빈번히 일어났다. 조선농지령 발포를 앞두고 각지의 지주들이 그 방어책으로 소작료 인상을 대대적으로 감행한 것이다. 특히 조선농지령 제정에 앞서 동양척식주식회사, 조선흥업주식회사,[160] 구마모토농장 등 대지주들이 앞장서서 소작료를 기존의 2~3할, 심지어는 5할에서 25배나 증액했다. 이에

---

159 정연태, 앞의 책, 2014, 366쪽.

160 1904년 한국흥업주식회사로 설립하고, 1910년 조선흥업주식회사로 개칭했다. 일본 재벌이며 일본 제일은행 두취(頭取)인 시부자와 에이치(澁澤榮一)를 비롯하여 27명의 일본인 실업가들이 발기해 한국에서 지주제 농장과 토지저당 금융업을 경영하기 위해 자본금 100만 원으로 설립했다. 1909년 한국창고주식회사를 흡수해 자본금을 130만 원으로 증자하고, 1910년에는 한국척식주식회사를 합병해 자본금을 150만 원으로 증자했으며, 1913년에는 자본금을 300만 원으로 증자했다. 사업 분야도 1920년대 후반에 식림·목축·창고업·운수업 등으로 확대했으나, 주력 사업은 여전히 지주제 농장경영이었다. 황주, 목포, 삼랑진, 대전, 경산, 해주 등지의 토지를 사들여 농장을 설치하면서 1935년 당시 약 1만 7,291정보의 경지를 소유했는데, 국책회사인 동양척식주식회사를 제외하고 개별 지주로는 최대 규모였다. 회사 총수입은 1935년 155만 5,963원으로 급증했고, 이 가운데 70~80%가 소작료 수입이었다. 이같이 높은 수입을 올릴 수 있던 것은 1935년 1만 6,376명의 소작인으로부터 고율의 소작료를 징수하고, 수세·종자값 등 각종 부담을 소작인들에게 전가하며, 고리대를 통해 농민들을 가혹하게 수탈했기 때문이다. 하지연, 『일제하 식민지 지주제 연구』, 혜안, 2010, 28~30·320~323쪽; 한국학중앙연구원, 「朝鮮興業株式會社」, 『한국민족문화대백과』.

소작료 인상에 반대하는 소작쟁의가 1934년 들어 속속 발생했다.

조선농지령 공포에 대비한 대지주들의 소작료 인상의 예로, 동양척식주식회사 김해주재소에서는 1934년 3월경 소작계약을 갱신하면서 소작료를 이전보다 5할이나 인상했다. 이곳 토지는 대체로 척박한 편이어서 매년 집도(執賭)[161]로 소작료를 징수해왔는데, 지주 측이 무리하게 소작료액을 증가시킨 것이었다. 또한 동양척식주식회사에서 운영하는 황해도 재령군(載寧郡) 북율면(北栗面) 농장[162]에서도 1934년 4월 초 조선농지령 공포 전에 비밀리에 소작료 5,000~6,000석을 올렸는데, 그 인상률이 기존의 3~4할이나 될 정도였다. 소작인들은 여기에 불응하면 전 가족의 생명이 걸린 소작권이 떨어지게 되므로, 할 수 없이 이를 수락하여 소작계약을 갱신했다. 이 무렵 전북 정읍군 용북면(龍北面) 화호리(禾湖里)에 있는 구마모토농장에서도 소작계약 개정기를 이용하여 이전보다 약 2~3할 소작료를 인상했다. 이에 300여 명의 소작인은 소작료 납입고지서를 농장 측에 반송하고 소작료 인하를 요구하며 인상된 부분은 불납하기로 결의했다. 정읍군 신태인(新泰仁) 동양척식주식회사 출장소에서도 기존의 1할 내지 1할 5분 소작료를 인상했다. 그 부근 김제군에 다수 토지를 점유하고 있던 이시카와농장(石川農場)[163]에서도 대지료(貸地料)와 소작료 등을 이전의 2할 가량이나 인상하여 소작인들이 두려워할 정도였다. 1934년 4월 10일에는 강원도 불이흥업 철원농장에서도 부당하게 소작료를 인상하여, 이에 대해 소작인

---

161 잡을도조. 지주가 소작인을 입회시키고 벼의 수확 예상량을 협정하여 정하는 도조.

162 황해도 재령군 북율면 동양척식주식회사 농장에서는 1928년에도 소작쟁의가 크게 벌어졌다. 조동걸, 앞의 책, 1979, 336쪽.

163 김제군의 이시카와농장에서는 1925년에도 무리한 간평(看坪)을 통해 소작료를 5할 이상 징수하려고 하여 쟁의가 일어났다. 「石川農場의 무리한 看坪: 소작인 大不平」, 『동아일보』 1925년 10월 16일.

들은 총독부 및 관계당국에 시정을 촉구하고 소작을 포기하고서라도 끝까지 항쟁하겠다고 결의했다.[164]

조선농지령 제정을 전후하여 지주의 소작료 인상으로 인한 소작쟁의는 더욱 거세졌다. 1934년 4월 2일 황해도 연백군(延白郡) 석산면(石山面) 구산리(九山里) 소재 경성사이토농장(京城齊藤農場)의 소작인 60명이 소작쟁의를 일으켰다. 이에 도당국과 군 소작위원회에서 소작조정에 들어가 4월 16일 연백군청에서 제1회 조정회를 개최했으나, 지주와 소작인 쌍방의 태도가 강경하여 해결을 보지 못했다. 소작쟁의가 일어난 원인은 지주가 종래 소작료를 절반으로 하던 것을 1934년부터 정조(定租)로 바꿔 소작료를 고율로 인상했기 때문이다. 그뿐만 아니라 종래 지주와 소작인이 절반씩 부담하던 비료대(肥料代)와 배수비(排水費)를 그해부터 소작인의 전담으로 하고 대신에 수리조합비만 지주가 부담한다고 했다. 결국은 종전보다 소작인의 부담이 수확의 5할 이상이 되어 이처럼 쟁의가 된 것이었다.[165]

소작료를 돌연 인상하고 소작인들이 여기에 응하지 않는다고 소작권까지 박탈·이동하는 지주도 많았다. 1934년 5월경 충남 천안군에서는 지주가 소작

---

164 「소작령 발포를 앞두고 쟁의가 속속 발생: 소작료를 인상하려는 까닭, 충주 위원회 조사 중」, 『매일신보』 1934년 3월 10일; 「갱신한 소작계약, 종래 5할 고등: 소작령 제정 발표를 전제로 김해 東拓 토지에 定賭」, 『동아일보』 1934년 3월 16일; 「熊本, 東拓, 石川 등 대지주 소작료 증가: 대체로 1할 내지 2할 올려, 다수 소작인은 불안 막심」, 『동아일보』 1934년 4월 1일; 「농지령 발표를 앞두고 東拓, 熊本 등 대지주 作料 2, 3할 인상: 載寧 北栗面과 井邑, 新泰仁에서, 철저 조사 후 대책 강구」, 『동아일보』 1934년 4월 3일; 「소작료 인상으로 40여 작인 진정」, 『동아일보』 1934년 4월 15일; 「농지령 실시 전 책동하는 지주들」, 『동아일보』 1934년 10월 16일; 「地稅, 轉嫁를 목표로 고율의 소작료 强徵」, 『조선일보』 1934년 11월 22일; 독립운동사편찬위원회, 앞의 책, 1978, 256·260쪽.

165 「延白郡 九山里의 60명 소작쟁의: 定賭와 비료 부담 문제로 강화, 郡당국 조정 무효」, 『매일신보』 1934년 4월 19일.

료를 턱없이 많이 올리고 소작인들이 이에 불응한다고 임농(臨農) 시 소작권을 박탈하여, 23명의 소작인들이 연명해서 군청과 경찰서에 진정을 했다. 또 충남 아산군에 사는 정인호(鄭仁好)의 토지인 천안군 천안읍(天安邑) 안서리(安棲里) 소재 4만여 평을 경기도 고양군 동막상리(東幕上里)의 송언호(宋彦鎬)가 토지 장사를 할 목적으로 사서 이익을 남기고 다른 곳에 팔려고 했으나 팔리지 않아 소작지로 경영하게 되었다. 그런데 위 안서리에 거주하는 김복성(金福誠)을 새로 마름으로 정한 후 평년 80여 석이던 소작료를 돌연 150여 석으로 2배 가까이 인상했으며, 여기에 불복하는 소작인들의 소작권을 박탈해버렸다. 이에 전 마름인 권용구(權容九)를 비롯하여 소작권을 박탈당한 구 소작인 23명은 새 지주와 마름을 상대로 천안경찰서와 군청에 진정을 했다.[166]

또한 조선농지령 제정에 즈음하여 지주가 소작료 수취 방식을 갑자기 바꾸어 실제로는 소작료를 인상해서 소작쟁의가 일어나기도 했다. 황해도 안악군(安岳郡) 안악면(安岳面) 서산리(瑞山里)의 대지주 김응석(金應石),[167] 원정박(元貞薄)은 장대공(張大共)을 농감으로 하여 논 129정보를 130명에게 소작하게 했다. 그러자 1934년부터 농감 장대공은 소작료 수취 방식을 이전에 타조(打租)로 수확을 지주와 소작인이 절반씩 나누던 것에서 돌연 정조로 바꾸고 동시에 비료대도 소작인의 부담으로 했다. 이에 소작인 130명은 이는 실제로 소작료가 인상되는 것이므로 납부하기 어렵다고 반대하여 대거 지주 집에 몰려가 반대 진

---

166 「作料 배나 인상, 불응한다고 作權 박탈: 논 뺏긴 작인들이 경찰·군에 진정, 소작인 등 조정 청원, 天安署長 談」, 『동아일보』 1934년 5월 17일.

167 김응석은 1927년 황해도 서부의 해서전기회사(海西電氣會社) 창립위원, 1928년 안악삼림조합(安岳森林組合) 특별위원, 1934년 안악군농회(安岳郡農會) 부회장 등을 역임했다. 「海西電氣會社 창립: 信川·安岳·載寧 3군 연합」, 『중외일보』 1927년 3월 2일; 「安岳森組委總」, 『매일신보』 1928년 10월 21일; 「황해도 각 군 농회 부회장 선거」, 『매일신보』 1934년 6월 7일.

정을 했다. 그러자 안악서(安岳署)에서는 이를 '불온'하게 여기고 경계에 힘쓰며 소작조정에 나섰다. 결국 그해 5월 20일 쌍방의 타협이 성립되었는데, 지주가 제방(堤防) 수리비를 부담하는 등의 조건하에 소작인들은 지주의 요구대로 소작료를 정조로 바꾸고 비료대도 부담하기로 하여 1개월간 계속된 분규가 끝이 났다. 소작인들은 소작권을 몰수당할까 두려워 부득이하게 지주 측의 요구사항에 합의한 것이었다.[168]

이렇게 대체로 조선농지령 시행에 닥쳐 지주들은 소작료 수취를 강화하는 움직임을 보였다. 평안북도 정주군(定州郡) 갈산면(葛山面)에 있는 요시무라(吉村, 가명)의 농장에서는 미간지(未墾地) 180여 정보의 개간을 비용도 주지 않고 전부 소작인들에게 맡겨, 1~3년씩 소작료를 내지 않는 조건으로 소작인들이 4~5년 동안에 전부 개간하여 논으로 만들었다. 그리하여 아직 소작료를 받을 시기가 되지 않은 토지가 2만 5,000평이 되었는데, 1934년 여름에 요시무라농장이 팔리게 되어 서울의 가토(加藤, 가명) 소유가 되었다. 그런데 가토의 마름 김수룡(金秀龍, 가명)은 이해 추수기에 전부 반타조(半打租)를 예고하여 실제로 소작료가 인상되었다. 이에 소작인들은 반발하며 전 농장주 요시무라의 대리인 오스기(大杉, 가명)에게 여러 번 항의했다. 또 그해 8월 30일에 농장 매매 중개인이자 이전 농장 지배인이던 이쿠타(生田, 가명)가 도쿄에 간다는 것을 듣고 소작인 임윤옹(林允翁) 외 5~6명이 50리나 떨어져 있는 정주역까지 가서 기차에 올라타 항의하여, 이쿠타가 책임을 지고 새 지주와 타협해보겠다고 약속했다. 그는 이튿날 서울에 가서 서면으로 타협했다고 하며 소작인들에게 안심하라고까지 말했으나, 이후 새 농장주 측에서는 아무런 답이 없었다. 새 마름은 계속 수확물을 반

---

168 「一ケ月にわたる小作爭議解決: 警察の調停で妥協成立す」, 『大阪每日新聞 朝鮮版』 1934년 5월 22일.

타작할 것을 고집하여, 소작인들은 또 다시 그해 9월 16일에 신의주에 있는 요시무라를 찾아가서 담판을 했으나 그 역시 타협해준다고 말만 할 뿐 실행에 옮기지 않았다. 만일 타조로 소작료를 수취하게 되면 소작인에게 미치는 손해액은 약 1,100원가량으로 막대할 것으로 예상되었다.[169]

조선농지령이 시행되고 나서도 지주들의 소작료 인상으로 소작쟁의는 빈발했다. 특히 대지주들이 앞장서서 소작료를 인상했다. 대표적인 예로 1934년 11월경 충남 지역에서는 조선흥업주식회사 대전관리소의 소작료 인상 문제로 1,500여 명의 소작인들이 쟁의를 일으켰다. 조선흥업주식회사 대전관리소는 충청남북도를 비롯하여 전북 지방과 경기도 등지에 광활한 토지를 가지고 수천 명의 소작인을 거느리고 있었다. 그 관할 아래 소작인들은 1934년 초가을의 소작료 사정(査定)이 가혹하고 불공평하여 당장 호구(糊口)할 수도 없을 정도이니 사정을 다시 해달라고 군 소작위원회와 관계 관청에 소작조정 신청을 했다. 더욱이 조선흥업주식회사 대전관리소에서 다음 해 소작료를 기존의 5할 이상 ~2배 이상이나 인상했는데, 이를테면 종래 1평(坪)당 5합(合)씩 내던 소작료를 1승(升) 1합(合)으로 올려 소작인들이 쟁의를 일으킨 것이었다. 회사 측은 병작(竝作, 半打作)을 하고 비료대를 지주와 소작인이 절반씩 부담하기로 내정했으며, 사정 시 제일 수확이 잘된 곳에서 수확량을 측정한 후 그 수확의 반을 소작료로 내기로 했다고 주장했다. 그런데 실수확 시 소작지 관리자 등이 정한 수확량이 나오지 않았기 때문에, 소작인 측에서는 직접 타작장(打作場)에 참석하여 간평(看坪)한 해당 소출을 병작하겠다고 요구했다. 하지만 회사는 소작인들의 요구를 일축하고 회사 측에서 사정해놓은 소작료대로 바치라고 하여 문제가

---

169 「추수기 임박한 昨今 定州에 소작쟁의: 未墾作畓 완성까지 수납 않기로 된 계약 무시코 징수 선언」, 『조선중앙일보』 1934년 9월 20일.

된 것이었다. 결국 추수를 해보니 종전보다 5할 이상~2배 이상 인상된 소작료를 내게 되고 1934년에 대출한 비료대도 지불할 수 없는 형편이 되어서, 20~30년간 경작해온 수천 명의 소작인이 조선흥업주식회사 대전관리소에 쇄도하여 항의하고 그해 수확을 반분(半分)하거나 이전과 같이 소작료를 정조로 해달라고 진정했다. 이에 충청남도 소작관이 그해 10월 23일 조선흥업주식회사 대전관리소장과 그 대리인을 불러 교섭하여 다음 해 소작료는 증액하지 않기로 했으나 문제는 계속되었다. 11월 13일에도 대전군 회덕면(懷德面) 오정리(梧井里)의 송석창(宋錫昌), 변종록(卞鍾錄), 김화서(金化西), 홍선순(洪先淳) 등 수십 명의 소작인 대표가 회사에 몰려가 소작료 인하를 요구하다가 거절당했다. 또 다시 11월 17일 대전장날에는 유천면(柳川面) 평리(坪里)의 이계환(李桂環), 서공서(徐公西), 이윤수(李潤秀) 등 30여 명의 소작인이 회사에 몰려가 소작료를 인하하지 않으면 낼 수 없다고 강경하게 항의했다. 이처럼 조선흥업주식회사 대 소작인들의 항쟁은 해결의 기미 없이 심각해지고, 소작인들은 재차 소작 관계당국과 경찰 및 세무감독국과 총독부에 진정원을 보냈으나 문제는 해결되지 않았다.[170]

또한 1934년 12월경 전북 고창군 신림면(新林面)과 벽사면(碧沙面) 등지에 토지를 소유하고 있던 동양척식주식회사의 소작료가 너무 고등하다는 이유로 소작인 측은 군청과 경찰서에 소작조정을 요청했다. 이에 고창경찰서는 사실 조사에 착수하여, 간평자(看坪者) 김기태(金基兌) 등을 호출하여 문제 중인 40여

---

170 「소작관의 교섭 결과, 田畓 作料 증액 계약 취소」, 『동아일보』 1934년 10월 26일; 「조선흥업 소작쟁의」, 『동아일보』 1934년 11월 15일; 「농지령 실시 이후에 빈발하는 소작쟁의: 충남도 관하에 대쟁의가 발발, 관계 당국도 중대시」, 『조선중앙일보』 1934년 11월 1일; 「소작관과 경찰에서 조정에 착수할 듯: 소작 기세 依然 험악」, 『조선중앙일보』 1934년 11월 21일; 「먹고살 방도 없어 천여 군중이 쇄도: 소작인의 간절한 감하 요구도 회사 측은 聽而不聞」, 『조선중앙일보』 1934년 11월 22일.

건에 대해 소작료를 전부 반분(半分)하도록 지시했다. 그러나 먼저 20여 건의 수확을 반분한 결과, 겨우 1건만 반분이 되고 그 밖에는 전부 소작료가 부족했다. 예를 들어 고창군 신림면 송룡리(松龍里)의 소작인 이병우(李秉雨)의 소작답 2두락에 대한 소작료는 580근이었는데, 지주 측과 경관의 입회하에 타조한 결과 총 수확이 620근뿐인 것이 판명되는 등 위 간평자 김기태의 감정(鑑定)이 무리했음이 확인되었다. 소작인들은 당국의 중재로 소작료를 반분하게 되었지만 이 또한 억울한 형편이라고 호소했다. 이뿐만 아니라 소작료 납부를 위해 소작인들이 직접 인부를 사들여 반타작해서는 마름의 집에까지 운반해줘야 해서 그 비용이 과다한 등 각종 부담이 한두 가지가 아니었다. 이에 마름 권태하(權台夏)는 김기태의 감정이 잘못되었다고는 시인하면서도, 이번 쟁의를 이유로 소작권 이동이 있을지도 모르겠다고 경고했다.[171]

구마모토농장의 소작쟁의 사례를 통해서도 조선농지령 실시 후 대지주의 소작료 인상과 고율의 소작료 유지 경향과 이에 대한 저항을 살필 수 있다. 1934년 11월 전북 김제군 부량면(扶梁面) 내 구마모토농장에서 소작인들의 소작료 감액 요구 운동이 일어났다. 구마모토 리헤(熊本利平)의 농장 463정보의 소작인 340여 명이 소작료 인상에 반대하여 소작료 인하를 요구한 것이다. 하지만 농장 측의 태도는 강경했고, 결국 식민당국이 1만 엔을 보조하면서 사태가 가라앉았다.[172]

그러나 구마모토농장의 소작료 인상에 대한 소작료 감액 요구 쟁의는 다

---

171 「看坪의 半으로 調定해도 전 수확이 猶爲不足: 군청·경찰이 各方으로 嚴査中, 東拓의 무리한 간평 방법」, 『동아일보』 1934년 12월 9일.

172 「熊本農場に小作爭議」, 『大阪每日新聞 朝鮮版』 1934년 11월 23일; 朝鮮總督府 高等法院 檢事局 思想部, 「昭和10年1月乃至10月社會運動情勢」, 『思想彙報』 5, 1935, 81쪽; 淺田喬二, 앞의 논문, 1984, 53쪽.

〈그림 3-4〉 전북 김제·정읍군 구마모토농장의 소작료 관계 쟁의
출전: 「점차 지구전에 드는 구마모토농장 소작쟁의」, 『조선일보』 1934년 12월 12일.

른 지역에서도 계속되었다. 1934년 12월경 전북 정읍군 용북면(龍北面) 화호리 (禾湖里)에 있는 구마모토농장에서도 소작쟁의가 있었다. 소작인 270여 명은 소 작료를 작년에 예정한 분만 납부하고 금년에 이전보다 2~3할 인상된 분은 절 대로 납부하지 않겠다며 대치했다. 그러나 구마모토농장에서는 소작인들의 요구 조건인 소작료와 비료대 인하를 절대 불허하고, 다만 소작인의 대우를 일 부 개선하고 향후 비료대를 더 저렴하게 대부하겠다고만 말했다. 그해 이 농장 의 수확은 1인 평균 2.6근[반당(反當) 4석 6두의 수확] 정도로 예상되었고, 소작료는 평균 1.15근(반당 2석 3승)으로 수확의 약 44%로 정해졌다. 그러나 실제로는 아무 리 구마모토농장의 경작지가 옥토(沃土)라 하더라도 평균 반당 수확이 4석 6두 가 되는 것은 어림도 없었으므로 소작료는 훨씬 고율인 셈이었다. 그해 풍수해 가 심해서 실제로는 농작물 수확이 많이 감소하여 예년만 못한 편이었기에 더 욱 그러했다. 그런데도 구마모토농장 측은 이를 표준으로 하여 소작료를 납부 해야 한다고 주장했다. 농장 측은 비료를 대부하고 과도한 대금을 납부하게 하 기도 했다. 계분(鷄糞)비료 3원 53전, 미강(米糠) 80전, 유안(硫安)비료 4원 4전이 부 과되었다. 그런데 계분비료나 유안비료대를 보면 다른 농장의 시세나 대량 구입한 원가의 시세보다 1원 이상 비쌌다. 이뿐만 아니라 농장에서는 소작인이 그 지휘에 조금이라도 불응하거나 성적이 나쁘면 구타나 욕설을 하기가 예사였다. 이에 소작인들은 이번 쟁의 때 여러 요구 조건을 들면서 더욱 강경한 태도로 나온 것이었다.[173]

이후에도 구마모토농장에서 소작료 인상으로 인한 쟁의는 계속되었다. 1935년 5월경 전북 김제군 부량면 일대의 소작인 300여 명이 다시 당국 및 관계 요로와 전북 옥구의 농장 본장(本場)에 20여 개 조의 요구 조건을 들어 진정서를 제출했다. 구마모토농장 화호지장(禾湖支場)에서 1934년 봄에 이전의 소작기간 1년 계약을 3년으로 연장하는 계약을 체결하면서 소작료를 기존의 1~4할 인상했는데, 당시 소작인들은 소작권 안정의 취지에서 이를 묵인했다. 그런데 그해 삼남에 수재가 발생하는 참담한 재해가 있었다. 그런데도 농장 측은 소작료를 감면하기는커녕 당년 인상분을 모두 징수하려 했다. 이에 소작인 300여 명이 김영식(金永植), 김윤창(金允昌), 김영선(金永先) 등 12인을 대표로 선출하여, 소작료 인하 등을 요구하며 총독부당국에 진정서를 제출한 것이었다. 그해 12월 중순경 구마모토농장에서는 소작인 대표와 농장 측이 합석하여 타협 조건을 협의했다. 여기서 농장 주임은 쟁의 해결 조건으로 1만 원을 제공하겠다고 했는데, 소작인 측이 이에 승낙하여 사태는 일단락되었다. 이후 농장에서는 1만 원을 활용하여 소작인들의 복리 증진과 생활안정을 도모한다는 미명하에 '복리계(福利稧)'를 조직한다고 하고, 1935년 3월 11일 소작인 1,500여 명을 대표하는 59인으로 하여금 이 계를 조직하게 했다. 그리고 계장, 감사, 이사, 평의원,

---

173 「재해에 減收도 불구 소작료 인상 요구」, 『동아일보』 1934년 12월 1일; 「점차 持久戰에 드는 熊本農場 소작쟁의: 농장 측의 무성의한 태도에 作人 측 結束 益 鞏固」, 『조선일보』 1934년 12월 12일.

고문, 간사 등 73인을 선출했다. 이어서 구마모토농장 소작지 2,000평 미만의 경작자를 1구, 2,000평 이상 4,000평 미만의 경작자를 2구, 4,000평 이상의 경작자를 3구로 나누어, 1935년에는 구당 3원씩, 그 다음 해부터는 매년 1원 50전씩 8개년간 저축하게 하기로 했다. 그리고 첫 해 계금 3원씩만 농장에서 제공한 1만 원으로 충당하고, 나머지는 매년 소작인에게 출자시키려 하고, 계금을 일반 소작인에게 대부하려 했다. 그리하여 300여 명의 소작인은 복리계의 존재를 근본적으로 부인하며 농장 측에 내용증명서를 발송했다. 그리고 문제의 1만 원을 소작인들에게 나눠주고, 1935년 소작료에서 1934년에 인상한 부분을 삭제해달라는 등의 내용으로 수십 개 조건을 들어 도 및 경찰서에 진정서를 제출했다.[174]

그 후 1937년 11월 6일부터 12월 26일까지 전북 정읍군 신태인면(新泰仁面)과 위 김제군 부량면에 소재한 구마모토농장에서 소작료 인상에 저항하는 소작쟁의가 계속되었다. 행정·경찰 측은 지주인 구마모토 리헤와 소작료 증액에 대해 논의하고 그 인상 보류를 설득하려 했으나, 지주 측이 계속 강경한 태도를 보여 결론이 나지 않았다. 지주 측은 소작료를 약 15% 인상하는 소작계약을 소작인 측에 통보하여, 소작인 측에서는 진정서를 제출하고 분규를 계속했다. 그러자 지주 측은 예상 수확량의 미달성 시 소작료를 감면하겠다는 조건으로 계약 체결을 제안했다. 이에 소작인 측은 예상 밖의 경우 실수확량을 살펴 소작료를 책정하도록 지주 측의 선처를 요구하며 진정했다. 지주 측은 소작료 납부 고지서를 발송했고, 소작인 측은 구두로 또 고지서 반송으로 그 수취를 거부했다. 경찰 측에서는 고등주임을 현지에 파견하여 실정조사를 하고, 지주와 소작인 양측에게 원만하게 해결하라고 경고했다. 소작인 측은 김제군수와 경

---

174 「禾湖 熊本農場에 소작쟁의 再燃」, 『동아일보』 1935년 5월 8일; 「禾湖 熊本農場에 소작쟁의 재발발: 作料 인하, 福利禊 반대 목표, 300作人이 결사 대항」, 『조선일보』 1935년 5월 10일.

찰서장에게 진정서를 보냈고, 지주 측은 소작인 유력자의 출두를 요구하며 12월 말 소작료 납입자에게는 연체이자를 징수하지 않겠다고 했다. 고등주임도 동석하여 양측을 설득했다. 그에 따라 결국 소작인 측은 소작료 감액 요구를 철회하게 된다.[175]

1937년 11월에도 전북 정읍군 화호리 구마모토농장에서 1,300여 명의 소작인들 상당수가 소작료가 고율이어서 전 수확으로도 소작료와 비료대가 부족하여 소작료 납입 거부 운동을 벌였다.[176]

조선농지령 실시 후 대지주의 소작료 인상 경향은 다른 사례를 통해서도 볼 수 있다. 1934년 12월경 충청남도 갑부 김갑순(金甲淳)[177]의 소유 토지를 경작하던 수백 명의 소작인은 지주 측이 소작료를 인상하여 지정한 석수(石數)에 근수(斤數)를 붙여서 소작료를 받으려고 하자 소작료를 납부하지 않고 있었다. 보통 관례에 의해 벼[正租] 1석을 180근으로 환산하던 것을, 지주 김갑순은 섬피[俵皮]를 제하고 1석을 191근으로 올려 받겠다고 하여 문제가 되었다. 더욱이 두세

---

175 「熊本農場 소작료 증액 청취 전말」, 『동아일보』 1937년 11월 13일; 「熊本農場小作爭議解決ニ關スル件」, 1939(蘇淳烈, 앞의 논문, 1993, 5쪽에서 재인용).

176 「熊本農場 作人 동요」, 『동아일보』 1937년 11월 23일.

177 김갑순(1872~1961)은 충남 공주에서 출생했고, 대한제국기부터 1911년까지 부여·공주·아산군수 등을 역임했으며, 군수직을 사임한 후 본격적으로 황무지 개간, 택지 매립 및 수리사업에 뛰어들었다. 한국병합 후 땅값이 오르면서 대지주로 성장했다. 특히 1913년 충청남도 지방토지조사위원회 위원으로 위촉되어 1918년까지 일제의 토지조사사업에 협력하면서, 계속 토지를 매입하여 1918년에는 몇천 석을 거두는 대지주가 되었다. 1931년 충남도청이 공주에서 대전으로 이전하면서 재산이 한 차례 더 늘어났다. 충남도청이 대전에 있는 그의 부지 위에 세워지면서, 도청 인근에 있던 그의 토지가 전부 대지로 변했고 집세가 4~5배 올랐다. 1930년대 공주와 대전에서 논 1,200여 정보, 밭 250여 정보, 기타 1,800여 정보 등 3,300여 정보를 경영하면서 2만 석을 거두는 충청남도 제1의 부호가 되었다. 식민지기에 중추원 참의, 유성온천주식회사 사장, 조선임전보국단 이사 등을 지냈다. 한국학중앙연구원, 「金甲淳」, 『한국민족문화대백과』.

(斗稅)까지 받아 김갑순에 대한 원성이 자자했다. 대전군 내 유성(儒城), 유천(柳川) 등지에서 천 수백 석을 추수하던 김갑순의 토지는 그 몇 해 전에 조선식산은행에 질권(質權) 설정이 되어 그 관리 감독을 조선식산은행이 취급하고 있었다. 이때 교묘한 수단으로 소작료를 인상한 것도 조선식산은행 소작계원(小作係員)의 소행이 더해진 것이었다. 다행히 소작 관계당국과 경찰당국의 지시에 따라 두세는 불법 소작료로 되어 소작인에게 돌려주기로 되었으나, 조선식산은행 측은 소작료를 수확물로 내지 못하는 소작인에게는 돈으로 환산하여 받겠다고 했다. 이 역시 다른 지주는 벼 한 섬에 13원 5전을 받는 것을 여기에서는 15원 50전으로 더 받으려 하여 문제가 되었다.[178]

조선농지령이 시행되면서 대지주들을 따라 중소지주들까지 소작료를 인상하여 고율로 유지하려는 움직임을 강화했다. 1934년 10월 19일 경북 대구부 하서정(下西町)에 사는 이장우(李章雨)[179]의 소유지를 경작하던 충남 논산군 양촌면(陽村面) 효촌리(孝村里)의 김영성(金永晟) 외 16명의 소작인은 공주지방법원에 조정 신청을 했다. 1934년에 소작료가 기존의 7할 이상 인상되어, 이러한 소작료로는 당해처럼 풍수해가 심한 때에 초가을부터 호구할 길이 없으니 소작료 문제를 공평하게 처리해달라는 것이었다. 지주 이장우의 마름 이정래(李正來)가 이 논산군 양촌면에 있는 100여 두락의 토지를 관리해왔는데, 1934년 소작

---

178 「金 지주의 수백 作人, 作料 不納코 항쟁: 斗量 稅外에 俵皮 斤數까지 除해, 不絕하는 충남 소작쟁의」, 『조선중앙일보』 1934년 12월 2일.

179 이장우(1871~?)는 1918년 대구부협의원, 1919년 대구상업회의소 상무위원, 1926년 경상북도평의원, 1934년 경상북도농회 부회장, 조선농회 통상의원 등을 역임했다. 1923년경부터 경상남도 김해군 대저면(大渚面) 맥도(麥島)에 있는 본인 소유의 황무지 약 100만 평을 개간하여 경영했다. 『朝鮮總督府官報』 1919년 12월 20일; 朝鮮新聞社 編, 『朝鮮人事興信錄』, 朝鮮人事興信錄編纂部, 1935, 529쪽; 森川淸人 編, 『朝鮮總督府施政25周年記念表彰者名鑑』, 表彰者名監刊行會, 1935, 1008쪽.

료를 평뜨기[坪제]로 사정(査定)한 후 소작인들에게 통지했다. 그런데 실수확이 평뜨기와는 큰 차이가 있어, 결국 소작료는 수확의 6~7할의 고율에 달했다. 그리하여 군 소작위원회와 도당국에서 재사정을 명하여 겨우 그해의 소작료는 5할로 낙착되었지만 소작료는 여전히 고율이었다.[180]

1934년 11월경 전남 장성군에서는 조선농지령 실시 후 처음으로 소작조정원이 제출되었다. 장성군 황룡면(黃龍面)의 소작인 김모(金某)가 소작인 수 명과 연명하여 영광읍(靈光邑)의 우메다(梅田)를 상대로 하는 소작조정원을 관계당국에 제출한 것이다. 본래 영광읍에 사는 조모(曹某)의 토지가 장성군 내 삼서면(森西面), 삼계면(森溪面), 동화면(東化面), 황룡면 등지에 수백 두락 있었는데, 조모가 1931년에 광주(光州) 조선식산은행에 저당 설정을 하여 결국 토지를 잃고 해당 토지는 조선식산은행의 소유가 되었다. 그러면서 조선식산은행은 소작료를 매년 인상했고, 1934년 봄에는 소작료를 더욱 인상하여 소작계약을 체결한 후 그 토지 전부를 그해 여름에 위 우메다에게 매도했다. 그 후 조선농지령이 실시되자 이전 소작료인 평균 매 두락 1석의 계약도 과중했는데, 설상가상으로 종전보다 매 두락 3두 이상씩 소작료를 인상했으므로 이같이 소작조정원을 제출하게 된 것이었다. 관계 당국에서는 그해 봄에 체결한 계약대로만이라도 소작료를 납부하게 허용하라고 했으나, 지주 측은 절대로 불응하는 태도를 보였다.[181]

그리고 1934년 11월 전북 옥구군 대야(大野)·서수(瑞穗)·임피(臨陂)·성산면(聖山面)에 산재한 토지의 지주 이인식(李仁植)의 소작인 113명은 소작료 인하와 이

---

180 「억울한 賭租는 折半 打作을 종용」, 『매일신보』, 1934년 11월 11일; 「7할 이상 高 소작료 소작인 등 조정 申立: 再査定으로 겨우 낙착」, 『조선중앙일보』, 1934년 11월 13일; 「농지령 실시도 불구 소작쟁의 依然 빈발」, 『조선일보』, 1934년 11월 22일.

181 「농지령 실시 후 첫 調停願 제출」, 『동아일보』, 1934년 11월 14일.

동한 소작권의 환부(還付)를 요망하는 진정서를 제출하고 확답이 있기까지 소작료를 불납하기로 했다. 앞서 1933년 9월 소작계약을 변경할 당시 지주는 소작료의 2할 이상을 인상하는 동시에 정조(正租)를 1석 190근으로 높게 환산하며 이에 응하지 않는 소작인들의 소작권을 이동했다. 이에 소작인들은 그대로 소작료를 납부하고 나면 소작인의 수입으로 남는 것이 없다며, 소작료를 감액해주고 농민의 생명선인 소작권을 이동하지 말아달라고 쟁의를 일으켰다. 소작인들은 지주의 소작료 인하가 있기까지 소작료 불납동맹을 하기로 결의했다.[182]

또 1934년 11월 충남 아산군 신창면(新昌面) 가덕리(佳德里)의 소작인 이성실(李成實) 외 37명은 서울 관철동(貫鐵洞)에 사는 지주 조의성(趙宜誠)을 상대로, 위 신창면 소재 논 38정 2반 4묘 29보에 대한 소작료 인하 쟁의를 벌였다. 그러면서 아산군 소작위원회를 경유하여 공주지방법원에 소작조정 신청을 했다. 1934년 4월 소작계약 체결 시 지주 측에서 평당 4합 5작~1승 4합의 소작료를 요구하자 소작인 측에서 이것이 고율이라며 이의를 제기했는데, 지주가 그대로 소작계약을 하면 수확 때 검견 또는 평뜨기로 결정하겠다고 약속하여 소작인들은 위 조건대로 계약을 했다. 그리하여 그해 가을에 검견을 했는데, 11월 14일 소작료 감면은 고사하고 총생산의 6할 내지 7할에 상당하는 고율의 소작료를 납입하라고 지주로부터 통지가 와서 쟁의가 크게 벌어진 것이었다.[183]

이처럼 지주들의 소작료 인상 움직임은 1935년 이후에도 계속되어 소작쟁의의 주요 발생 원인이 되었다. 지주에 의한 고율의 소작료 인상 문제는 조선

---

182 「作權 還附와 作料 감하를 113소작인이 진정」, 『동아일보』 1934년 11월 30일.

183 「牙山郡 新昌面에 又復 소작쟁의: 계약 시 약속을 지주가 무시, 공주법원에 조정 申立」, 『매일신보』 1934년 11월 30일.

농지령으로 통제되지 않은 것이다.

1935년 7월 26일에는 경남 창녕군 남지면(南旨面)에서 일본인 지주 다케마에 게지로(竹前慶次郞)[184]가 동양척식주식회사의 토지를 매수하여 소작료를 3~4배로 올렸다. 이에 대해 소작인 130여 명이 지주에게 절대 응할 수 없다는 뜻을 전하면서 쟁의가 발생했다.[185]

1935년 9월경에는 평남 순천군(順川郡) 선소면(仙沼面) 증산리(甑山里)의 조희진(趙希鎭)이 소유한 전답을 경작하던 소작인 100여 명이 소작쟁의 조정원을 군소작위원회에 제출했다. 이 전답에 대해 그동안 일정한 소작료를 물어왔는데, 그해 가을부터 지주가 돌연히 소작료를 인상하여 수확 반분의 소작료를 요구하자 이에 분개한 소작인들이 소작조정을 신청하게 된 것이었다.[186]

황해도 황주군 영풍면(永豊面)에서는 논 4,300정보를 소유하는 지주가 소작료를 인상하여, 1935년 12월 23일부터 144일 동안 81명의 소작인들이 소작료 감액을 요구하며 소작쟁의를 벌였다. 소작인들은 소작료의 3할 감액을 요구했으나 지주는 이유가 불충분하다며 일축하여 소작인들이 해주지방법원에 조정 신청을 하게 되었다. 이에 소작위원회에서 권해하려 했으나, 농장 측의 태도가 강경하여 결국 소작인들의 요구는 받아들여지지 않고 소작인 측이 양보하면서 조정은 취하되었다.[187]

---

184 다케마에 게지로는 1920~1929년 경상남도 창녕군 남지우편소장(南旨郵便所長)을 역임했다. 朝鮮總督府, 『朝鮮總督府及所屬官署職員錄』, 1920~1929.

185 「소작인 20여 명이 지주家에 쇄도, 진정: 무리한 소작료 감하해달라고, 牟麥 소작료 過酷으로」, 『동아일보』 1935년 8월 2일; 독립운동사편찬위원회, 앞의 책, 1978, 263쪽.

186 「秋收期 앞두고 順川에 소작쟁의: 조씨 전답 소작인 100여 명, 원인은 소작료 인상」, 『조선중앙일보』 1935년 9월 30일.

187 민족문제연구소 편, 앞의 책, 2000, 169쪽.

1936년 2월경 전남 완도군 고금면(古今面)에서도 지주의 소작료 인상과 관련하여 소작쟁의가 있었다. 해당 토지는 원래 목포에 사는 김상섭(金商燮)[188]의 소유로 소작인이 300여 명에 달했다. 그러다가 1935년에 김상섭이 이 토지를 완도군 완도읍(莞島邑)의 김민홍(金玟洪)[189]과 고금면 덕동(德洞)의 이시이(石井)에게 팔게 되었다. 그런데 새 지주들이 소작료를 인상하여, 소작료를 바치고 남는 것이 없게 된 소작인들의 원성은 날로 높아졌다. 그러자 지주 측에서는 감정(鑑定)을 변경하여 소작료를 조금 감액해주었으나, 여전히 이전의 소작료에 비해 과도했으므로 소작인들의 불만은 계속되었다. 결국 이 문제를 군 소작위원회에 호소하여, 1936년 2월 11일부터 13일까지 도 소작관의 입회하에 조정했으나 해결을 보지 못했다.[190]

경남 김해군 녹산면(菉山面)에서는 지주가 논 60정보를 소유하면서 소작료를 인상하여 81명의 소작인들이 1936년 8월 24일부터 22일 동안 소작쟁의를 벌였다. 지주가 소작료를 5할에서 5분 더 인상했기 때문에 소작인들은 조선소작조정령에 따라 조정해줄 것을 관에 요구했다. 그런데 군에서는 지주의 요구를 승인하고, 다만 지주에게 비료를 보조하고 그 밖에 소작인의 이익을 도모할 것

---

188 김상섭은 1920년 목포부 참사(參事), 목포부협의원, 목포청년기성회장, 1924년 전라남도평의원 등을 역임한 인물과 동일인으로 보인다. 朝鮮總督府, 『朝鮮總督府及所屬官署職員錄』, 1920; 「목포협의원 중임」, 『매일신보』 1920년 5월 6일; 「각 支·分局 통신란: 목포청년기성회 조직(續)」, 『매일신보』 1920년 5월 14일; 「신임 각 도평의원」, 『매일신보』 1924년 4월 6일.

189 김민홍(1889~?)은 측량과를 졸업하고, 1935년 전남 완도군 고금면협의원(古今面協議員), 1939년 완도군 청산면협의원(靑山面協議員) 등을 역임했다. 大垣丈夫 編, 『朝鮮紳士大同譜』, 朝鮮紳士大同譜發行事務所, 1913, 343쪽; 「당선된 각지 新面議」, 『매일신보』 1935년 5월 30일; 「각 면협의회원 당선자」, 『매일신보』 1939년 5월 29일.

190 「300여 명 소작인의 소작료를 돌연 증액: 전남 소작관에게 호소하여 3일간 조정도 미해결」, 『동아일보』 1936년 2월 18일.

을 지시한 것으로 조정을 끝냈다.[191]

전남 함평군 월야면(月也面)에서는 논 160정보를 소유한 지주가 소작료를 올려, 1936년 11월 9일부터 38일 동안 소작인 79명이 소작료 감액을 요구하며 쟁의를 일으켰다. 소작료가 고율이므로 그 인하를 요구한 것인데, 지주는 이에 응하지 않았다. 소작인들은 군·경찰서에도 진정했으나, 당국은 수확 후에는 조사할 수 없다며 타협을 권유할 뿐이었다. 이에 소작인들이 양해하는 것으로 쟁의는 끝나버렸다.[192]

그리고 1937년 11월 15일에는 경기도 안성군 공도면(孔道面) 진사리(珍沙里)의 소작인 31명이 연서하여 경성지방법원 수원지청에 소작료 인하 조정 신청을 했다. 서울 관훈정(寬勳町)에 본점을 두고 있는 계성주식회사[桂成株式會社, 대표 민병수(閔丙壽)][193]가 소유한 전답이 위 진사리 부근에 있었는데 소작인이 100여 명에 달했다. 그런데 이 회사에서 이전에 소작료를 정조로 하여 매년 일정하게 받아오던 것을 갑자기 1937년부터 평뜨기로 변경 청구하여 종전보다 소작료가 2할 이상 인상되었다. 이에 소작인들의 손해가 막대해지자, 해당 토지의 마름과 100여 명의 소작인 사이에 대립이 심화되었다. 그리하여 31명의 소작인이 먼저 소작조정 신청을 했고, 나머지 소작인들도 조정 신청을 준비 중이었다.[194]

특히 악질적인 것은 조선농지령 시행 전에 소작권을 이동하려던 지주들이

---

191 민족문제연구소 편, 앞의 책, 2000, 166쪽.

192 위의 책, 165쪽.

193 계성주식회사는 1937년 기준 경남합동은행주식회사 및 동일은행(東一銀行)주식회사 대주주였다. 東亞經濟時報社, 『朝鮮銀行會社組合要錄』, 1937.

194 「定賭를 坪刈로 변경, 소작료 無理 加徵: 소작인은 소작료 감하 조정 신청, 안성군하 소작쟁의」, 『동아일보』 1937년 11월 20일.

여기에 실패한 후, 소작료를 고율로 인상하는 방법으로 소작인이 경작을 포기하게 만들어 실제로 소작권을 이동하는 전략을 쓴 것이다. 1934년 11월 21일 충남 서산군에 수천 석을 추수하는 토지를 두고서 서울에 거주하던 지주 방규환(方奎煥),[195] 박인희(朴仁熙)의 소작인 수백 명은 무리한 소작료를 바치고서는 도저히 살 수가 없다며 소작관에게 공정한 처치를 해달라고 진정서를 제출했다. 앞서 1933년 9월경 지주 방규환, 박인희는 서산군 지곡면(地谷面) 이공우(李公雨)의 토지를 매수하고 서산군 대산면(大山面) 대산리(大山里)의 우시정(禹始鼎)을 마름으로 하여 500여 명의 소작권을 이동하려 해서 수백 명의 소작인이 소작쟁의를 일으킨 일이 있었다. 방규환, 박인희는 1934년 11월경 또 다시 무리하게 소작료를 인상하는 방법으로 소작권을 이동시키려 해서 수백 명의 소작인이 다시 쟁의를 일으킨 것이었다.[196]

　　지주가 소작료를 무리하게 인상하고 소작인이 이에 따르지 않으면 소작권을 이동한 사례는 많이 찾아볼 수 있다. 예를 들어 1936년 8월 20일 광주지방법원 순천지청의 판결[197]을 보자. 소작인인 원고 손규섭(孫奎燮)은 자신에게 전남 순천군 상사면(上沙面) 마륜리(馬輪里)의 논 1,379평 중 구(舊) 3두(斗) 6승락(升落) 및 같은 리의 논 149평에 대한 소작권이 있는 것을 확인해달라고 청구했다. 손규섭은 약 10년 전 소외(訴外) 임정모(任正模)로부터 그가 소유하는 위 토지 외 6필의 소작권을 매년 벼[籾] 11석 6두씩 소작료를 내기로 정하여 취득한 이래 과실

---

195 방규환은 서울 무학정(舞鶴町)의 동방농사회사(東方農事會社) 사장이었다. 「瑞山의 소작쟁의는 2할 增收가 원인: 지주 타살 운운은 虛傳이다, 도당국 화해 강구」, 『매일신보』 1934년 2월 9일.

196 「作權 이동에 실패코 賭租를 인상 强徵: 京畜 부치는 수백 명 소작인들 소작관에게 조정 申立」, 『조선중앙일보』 1934년 11월 25일.

197 「소작권 확인 청구(昭和11年 民 第636號)」, 광주지방법원 순천지청, 1936년 8월 20일.

없이 경작해왔다. 그런데 1935년 4월 중 피고 조형민(趙亨敏)이 해당 토지를 매수하고, 그해 5월 1일 소작료를 벼 15석으로 인상하는 조건으로 손규섭과 다시 소작계약을 맺었다. 그런데 손규섭은 이후 지주 조형민이 부당하게도 1935년의 소작료를 벼 16석 7두로 하여 청구했다고 주장했다. 이에 손규섭은 소작료 지불을 유보했는데, 조형민은 돌연 소작계약 해제 통지도 하지 않고 소작권을 다른 곳에 이동해버렸다. 손규섭은 1936년에 소작권 계속 조정 신청을 했으나 조형민은 이를 듣지 않아 조정이 성립되지 못한 채 끝나버려 이번에 다시 소송을 제기하게 된 것이었다. 이에 대해 조형민은 원래 이 토지에 대해 손규섭과 벼 16석 3두로 소작료를 약정했는데, 손규섭이 여기에 불복하고 자기가 주장하는 소작료를 내겠다고 본인에게 말했다고 했다. 소작료 액수에 대해서도 훗날 조정·해결할 수 있는 방법이 있었는데도 소작료를 지불하지 않았다는 것이다. 1935년 11월 말일 소작료 지불 기한을 경과하여 조형민이 재차 소작료를 독촉했으나 손규섭이 지불하지 않아, 1936년 1월 중 조형민은 손규섭에 대해 등기[書留]우편으로 소작계약 해제를 통지했다고 했다. 소작료 액수에 불복하더라도 불가항력의 흉년에 의한 수확 감소 등의 사유가 없는 한 약정된 소작료를 지불하거나 지불을 위해 공탁(供託)해야 하는데 모두 이행하지 않았다는 것이다. 이에 법원은 피고 조형민의 소작계약 해제의 의사 표시가 타당하다고 하여 원고 손규섭의 청구를 기각했다. 이 판례를 보면, 지주의 소작료 인상은 허용하면서도 소작인이 소작료를 제때 납부하지 않은 과실 책임만 물어 소작권을 박탈·이동하는 것을 허용했음을 알 수 있다.

이와 같은 조선농지령 시행 이후 소작료 문제를 둘러싼 쟁의는 근본적으로 조선농지령이 고율의 소작료 징수와 지주의 여러 가지 수탈 관행에 대한 제한 규정을 두지 않고 방임해버린 데 기인했다. 앞서 1928년 정무총감 통첩 「소작관행 개선에 관한 건」에서 권장사항으로 제시된 조항들, 즉 고율 소작료 인하, 수리(水利) 안전 전답에서의 정조법 시행, 지세·공과의 지주 부담, 소작료 두량(斗量)과 운반비 부담에 대한 규제, 지주의 자의적인 노동력 수탈 억제 등 소작료 개선과 관련된 중요한 항목들은 조선농지령에 전혀 반영되지 않았다. 특히 소작료 책정 문제를 관행 규범에 맡김으로써 지주의 고율 소작료 징수 관행을 그대로 방임해버렸다. 당시 농민들과 조선인 사회단체는 대체로 소작료율을 4할 범위로 제한할 것을 강력히 요구했고, 총독부 스스로도 1932년 소작관행조사 결과 소작료 상한 4할제를 제시했던 점에 비춰 보면 조선농지령의 한계는 분명했다.[198]

조선농지령 제정 과정에서 논란이 되었던 소작료율 규정 문제는 1936년부터 조선농지령 개정이 추진되면서 다시 쟁점이 된다. 조선농지령 제정 전에 지주 4할 및 소작인 6할, 또는 5할 대 5할, 3할 대 7할 등으로 소작료를 규제하자는 논쟁이 있었으나 무산되고 말았는데, 조선농지령 시행 후에도 이 문제로 소작쟁의가 빈발했으므로 총독부 측은 이제 소작료 비율을 정하자는 입장이었다. 그리고 소작료 지불방식은 타조·집조 등의 제도를 버리고 정액 소작료제도로 획일화해야 한다고 밝혔다.[199]

이러한 식민당국의 태도 변화는 전시체제하에서 1938년 4월 '국가총동원법'이 시행된 가운데 식량·원료 확보를 위해 소작료를 통제하려는 것으로 나타났다. 결국 1939년 12월 6일 일본 본국에서 '소작료통제령'이 공포되고 그해 12월 11일 조선에서도 실시되어, 소작료 신규 인상이 금지되고 부·군·도 소작위원회나 재판소에서 적정 소작료를 결정하게 된다.[200] 그러나 토지개량 등으

---

198 정연태, 앞의 책, 2014, 331~332·355쪽.

199 「농지령의 전면적 개정」, 『동아일보』 1939년 4월 22일.

200 「소작통제령 급속히 실시하라」, 『동아일보』 1939년 10월 11일.

로 증산에 이바지한 지주들에게는 도지사 허가로 소작료 인상을 허용했고, 당시까지 이미 한계 수준으로 인상된 고율 소작료에 대해서는 규제하지 않았다.[201]

2) 소작료 감면 기피 및 각종 부담 전가

조선농지령 실시를 앞두고 지주들은 소작료를 인상할 뿐만 아니라 소작료 감면을 기피하면서 오히려 각종 부담을 소작인들에게 더 전가하려고 했다. 조선농지령에서는 재해 등 불가항력으로 인해 수확고가 현저히 감소한 경우, 소작인이 소작료 감면 신청을 할 수 있도록 했다(제16조).[202] 소작료 감면 조건 등이 쟁점이 되자 일본인 재계(財界)에서도 이를 특히 주시했다. 그 직간접적 영향이 이미 경지 가격에도 영향을 미치고 있다고 보았기 때문이다.

그러나 조선농지령 시행 이후에도 소작료 감면 조항은 제대로 이행되지 않았다. 조선농지령이 실시된 첫 해인 1934년 가을에 공교롭게 대흉년이 들었고 소작인들은 지주에게 소작료 감면을 요구했으나 이는 잘 받아들여지지 않았다. 특히 동양척식주식회사 등 대지주들이 앞장서서 소작료 감면을 기피했다. 1934년 11월경 충남 아산군 신창면(新昌面) 가덕리(佳德里)에 있는 동양척식주

---

201 이윤갑, 앞의 책, 2013, 186~188쪽; 정연태, 앞의 책, 2014, 445쪽.

202 기존 민법 제609조에 의하면 "토지의 임차인이 불가항력으로 차임(借賃)보다 적은 수익을 얻을 경우에는 그 수익액에 이르기까지 차임의 감액을 청구"할 수 있었다. 이 규정을 보완한 조선농지령 제16조는 1936년 12월 26일 고등법원 판결에 따르면, 기존의 '총생산액[粗收益]주의'를 깨고 '순수익주의'에 입각해 소작료 감면 규정을 마련한 것으로 해석되었다. 「소작료 청구 사건(昭和11年 民上 第582號)」, 고등법원(1심 광주지방법원, 2심 대구복심법원), 1936년 12월 26일, 司法協會, 『高等法院判決錄』 23, 1937, 420~429쪽; 久間健一, 「農地令第16條と民法第609條」, 『朝鮮農政の課題』, 成美堂書店, 1943, 128~129·139~157쪽; 정연태, 앞의 책, 2014, 353~354쪽.

식회사의 소유지 논 280두락(18정 6반 6묘 20보)의 소작인 김건수(金建洙) 등 34명은 박복래(朴福來) 외 2명을 대표로 하여 동양척식주식회사 대전지점장 다카하시 도미조(高橋富藏)[203]를 상대로 소작료 감액 조정 신청을 공주지방법원에 제기했고, 법원에서는 아산군 소작위원회에 정식 조정을 명령했다. 동양척식주식회사 측은 1934년 4월 위 논에 대한 소작계약을 갱신할 때 소작료를 1~2할 이상 인상하면서, 만약 흉작 등으로 소작료가 과중한 경우에는 실지(實地) 조사를 해서 소작료를 감면하겠다고 말했다. 그러나 그해에 미증유의 풍수해로 전례 없는 대흉작이 되었는데도, 그해 11월 11일 소작지 관리자 김상섭(金尙燮), 모리우라(森浦)는 검견을 하고도 소작료를 감면해주지 않고 계약대로 모두 받으려고 했다. 더욱이 그해 봄에 소작료를 인상한 대로 1~2할 더 납부하라고 하여, 34명의 소작인은 동양척식주식회사에 분개하며 소작료 불납동맹을 하고 지주 측의 무리함에 대해 규탄했다. 이와 동시에 인상된 소작료 중 4할을 감면해달라고 공주지방법원에 조정 신청을 한 것이었다. 이후 사건은 다시 충청남도 소작관에게로 넘어갔다.[204]

또한 전남 목포에 분점을 둔 대지주인 목포흥업회사의 해남군 문내면(門內面)의 소작인 200여 명은 소작료 감면 문제로 소작쟁의를 일으켰다. 1934년 12월 1일 이들 소작인의 대표 장봉식(張奉植) 외 3인은 군당국을 방문하여 진정을

---

203 다카하시 도미조는 1934년 4월 동양척식주식회사 대전지점장으로 취임했으며, 1935년 6월 동양척식주식회사 도쿄 본사로 전임했다. 「東拓 사원 이동」, 『매일신보』 1934년 4월 21일; 「高橋富藏氏 22日 出發」, 『釜山日報』 1935년 6월 21일.

204 「凶歉 시 作料 감하를 약속코도 불이행: 牙山 佳德里 東拓 소작인 連署로 소작조정을 신청」, 『매일신보』 1934년 11월 28일; 「재해로 減收도 不拘, 作料 2割 增徵: 34명 작인은 불납코 조정원, 아산군 東拓 소작쟁의」, 『동아일보』 1934년 11월 28일; 「東拓과 孫氏의 作人, 관계 당국에 陳情, 소작계약 위반코 增收한다고: 連發하는 충남 소작쟁의」, 『조선중앙일보』 1934년 11월 29일.

하는 동시에 소작조정을 의뢰했다. 목포흥업회사에서는 해남군 문내면, 화원면(花源面)에 많은 토지를 가지고 있었는데 소작료를 5할로 하여 소작계약을 체결했다. 그러나 1934년에 농작은 전답 할 것 없이 전멸 상태에 가까워, 소작인의 몫은 고사하고 소작료도 부족한 형편이었다. 이에 11월부터 소작인들은 목포흥업회사에 소작료 감면을 수차례 탄원했으나 회사는 불응했다. 그리하여 하는 수 없이 군 소작위원회에 소작조정을 의뢰하게 된 것이었다.[205]

1935년 11월에도 전남 구례군에서 한해(旱害)를 입은 토지의 소작인 25명이 연서하여 지주를 상대로 소작조정원을 제출했다. 구례군 구례면(求禮面) 내 소작농 김정의(金正義) 등 25명이 지주인 순천에 사는 김모(金某)를 상대로 소작조정을 신청한 것이었다. 그해 구례군에서는 60년 만에 대한(大旱)이 발생하여 수확이 평년의 절반에 불과했다. 그런데 지주의 대리인이 소작료를 검견하면서 평년과 같이 소작료를 정했으므로, 소작인들은 그렇게 납부할 수 없다고 하면서 소작료를 감면해주지 않으면 벼를 눈이 올 때까지도 거두지 않겠다고 맞섰다. 그러자 지주 대리인은 지주와 상의하여 적당히 소작료를 감면하겠다며 일단 추수하라고 말하여 소작인들은 전부 수확을 했다. 그런데 이후 소작료 납입 고지서를 받아보니 전 수확을 가지고서도 소작료가 부족한 상황이어서, 이처럼 소작인들이 연서하여 조정원을 제출하게 된 것이었다.[206]

더욱이 지주는 재해로 인한 소작인의 소작료 감면 요구를 묵살해도 되지만, 이로 인해 소작인이 소작료를 연체하기라도 하면 이는 곧바로 소작권을 몰

---

205 「災地 소작료 감하를 陳情: 회사와 군에서도 과중을 인정, 海南 200여 作人들」, 『동아일보』 1934년 12월 7일.

206 「生産稻 전부라도 청구, 소작료엔 부족: 흉년의 대감수 불구코 집도, 25명 連署 調停願」, 『동아일보』 1935년 11월 10일.

수할 수 있는 사유가 되었다.[207] 1936년 6월 22일 전주지방법원 군산지청의 판결[208]을 보자. 원고 유수근(柳水根)은 피고 우콘 곤자에몬(右近權左衛門)[209]에 대해 1936년 소작권을 확인해달라는 소송을 청구했다. 당시 우콘 곤자에몬은 일본 오사카시에 거주하면서 전북 김제군 공덕면(孔德面)의 토지를 소유하고 있었는데, 유수근은 1935년 3월 1일부터 1938년 3월 31일까지 소작기간을 3년여로 하고 소작료를 정조(定租)로 토지별로 벼[籾]를 매년 추수기 지주가 지정한 때에 납입하기로 정하여 우콘과 소작계약을 체결했다. 유수근은 1935년부터 소작을 하면서, 우콘이 지정한 소작료 납입 기한인 11월 20일까지 소작료를 납부했다. 그러나 일부 토지의 소작료는 한발로 인해 흉작이 심각하여 감액을 청구했다. 그러나 우콘이 이를 거절하여 소작료를 연체하게 되었다. 우콘은 이에 지불 명령 신청 절차를 밟았고, 유수근은 겨우 1936년 1월 16일 해당 소작료를 환산 대금으로 지불하여 완납했다. 그런데 우콘은 소작료 연체를 이유로 해당 토지 전부에 대한 유수근의 소작권을 몰수하려 하여 본 소송에 이르게 된 것이었다.

---

207 이전에도 불가항력의 재해를 입은 경우 소작인은 민법을 통해 지주를 상대로 소작료 감면을 요청할 수 있었으나, 이를 문제 삼아 지주가 소작계약을 갱신하지 않으면 소작인이 대처할 방어수단은 전혀 없었다. 이윤갑, 앞의 책, 2013, 102쪽.

208 「소작권 확인 청구(昭和11年 民 第456號)」, 전주지방법원 군산지청, 1936년 6월 22일.

209 우콘 곤자에몬(1889~1966)은 일본 오사카에서 일본해상운송화재보험주식회사(日本海上運送火災保險株式會社), 오사카상선주식회사(大阪商船株式會社), 우콘상사주식회사(右近商社株式會社) 등을 경영하던 상업자본가였다. 러일전쟁 이후 해운업이 불황에 빠지자, 한국에 진출하여 고율의 투자 이익을 남길 수 있는 토지 등에 투자하는 길을 모색했다. 식민지 조선에서 토지집적을 도모하면서 1911년부터 전남 무안군 하의도(荷衣島)에서 전답을 사들였는데, 1914년 이곳에서 강압적으로 토지를 매수하려 하여 농민들이 목포재판소 소송 등을 통해 토지회수 운동을 벌였다. 1931년 당시 그의 토지 소유 면적은 논 2,059정보, 밭 791정보, 기타 13정보, 총 2,863정보에 달했다. 人事興信所, 『人事興信錄 第14版』上, 1943; 이규수, 「일제하 토지회수 운동의 전개 과정」, 『한국독립운동사연구』 19, 독립기념관 한국독립운동사연구소, 2002, 269~274쪽.

유수근은 소작인으로서 의무를 불이행한 사실이 없으므로 우콘에게 소작계약 해제의 권리는 없다고 주장했다. 유수근에게 소작료 지불 지체의 책임이 있다고 해도, 소작료가 지연된 1필의 토지에 대한 소작계약 해제라면 몰라도 소작지 전부에 대한 계약 해제는 부당하다는 것이었다. 이에 대해 우콘은 소작인이 소작료 지불 등 소작에 관한 의무의 불이행이 있는 경우에는 지주 단독의 의사로 소작계약을 해제할 수 있다는 특약을 두었다고 답했다. 그런데 유수근이 논 1,270평에 대한 소작료를 한발로 인해 흉작이 되었다는 이유로 그 감면을 요구하고서 해당 납기에 이를 고의로 지불하지 않았기 때문에, 우콘은 부득이하게 유수근을 상대로 지불 명령 신청을 했다고 했다. 그러면서 동시에 위 특약에 의거하여 1935년 12월 22일 유수근에 대해 소작계약을 해제하겠다고 통지했다는 것이다. 유수근이 1936년 1월 16일에 이르러서야 소작료 지불 명령 집행을 우려하여 지체된 소작료를 지불했지만, 우콘은 유수근의 본 소송 청구가 부당하다고 말했다. 우콘은 유수근과 본건 소작지의 각 필지마다 소작계약을 한 사실이 없고 하나로 계약을 했으므로, 일부 소작지의 소작료 연체가 있던 것으로도 이 소작계약 전체를 해지할 수 있다고 주장했다. 결국 법원은 지주 우콘의 주장에 따라 소작인 유수근의 청구를 기각했다. 이 판결을 통해, 지주가 소작료 감면을 허용하지 않고서 소작료 연체를 이유로 소작권을 박탈할 수 있었음을 알 수 있다.

이와 유사한 사례로 1937년 11월 10일 전주지방법원의 판결[210]을 보자. 소작인인 원고는 지주인 피고에 대해 원고가 전북 완주군의 논 1,556평에 대해 소작권이 있는 것을 확인해달라고 청구했다. 원고는 1934년부터 위 토지를 피고로부터 소작료를 연 벼[籾] 8석으로 정해 빌려서 경작해왔다. 하지만 1936년에 풍

---

210 「소작권 확인 청구(昭和12年 民 第1256號)」, 전주지방법원, 1937년 11월 10일.

수해로 인해 위 토지의 총 수확은 거우 벼 7석 정도에 불과하게 되었다. 그런데도 피고는 소작료를 2석만 감액하여 벼 6석을 지불하라고 했다. 이 소작료 감액 협정을 하는 데도 오랜 시일이 소요되었기 때문에 소작료 납부는 자연히 지연되었다. 그리고 피고는 원고가 소작료 벼 6석을 완납하면 소작을 계속하도록 하겠다고 말했기 때문에, 원고는 위 소작료 감액이 부당하다고 생각하면서도 어쩔 수 없이 소작료를 완납했다. 그러나 피고는 위 소작료를 수취한 후 돌연 1937년에 원고에게 소작계약을 해제하겠다고 통지했으며, 해당 토지를 소외인(訴外人)에게 경작하게 했다. 원고는 아무런 과실이 없어 피고로부터 소작계약을 해제당할 이유가 없으므로, 본건 토지에 대한 소작권은 조선농지령에 따라 임대차 기간을 당연히 갱신해야 할 것이라고 주장했다. 이에 대해 피고는 1936년에 풍수해로 인해 수확이 감소하여 소작료를 벼 6석으로 감액했는데도 원고가 소작료를 납입하지 않아, 1937년 1월 27일 원고에 대해 본건 토지의 소작계약을 해제한 것이라고 말했다. 원고는 그해 4월경에야 위 소작료를 완납했다는 것이다. 더욱이 피고는 본건 토지의 1936년 총 수확이 적어도 벼 13석 이상이었는데도, 원고가 감액된 소작료도 납입하지 않았을 뿐만 아니라 매년 소작료 납입을 지연시켜왔기 때문에 피고가 입은 손해가 매우 크다고 주장했다. 결국 지주인 피고의 주장을 증명하는 증언을 참고하여 소작인인 원고는 패소하게 되었다.

그런데 조선농지령(제16조) 규정은 기존 민법(제609조) 규정을 보완하여, 불가항력에 의해 실수확이 감소해 순이익이 적어질 경우 소작료를 감면할 수 있게 해서 소작인을 보호한다고 했다. 앞서 1936년 12월 26일 고등법원 판결[211]에서

---

211 「소작료 청구 사건(昭和11年 民上 第582號, 1심 광주지방법원, 2심 대구복심법원)」, 고등법원, 1936년 12월 26일, 司法協會, 『高等法院判決錄』 23, 1937, 420~429쪽.

도 이런 취지의 판례를 확인할 수 있다. 1935년 2월 말일 피상고인(원고, 항소인) 오종섭(吳鍾燮)은 그가 소유한 전남 곡성군 소재 논 2,133평 외 2필의 논을 상고인(피고, 피항소인) 김재희(金在熙)에게 매년 10월 말일 정조로 소작 벼 15석을 지불하는 조건으로 소작하게 약정했고, 이 사실을 상고인(피고, 피항소인) 이남수(李南洙)·이암우(李岩宇)가 연대보증을 했다. 그런데 김재희는 1935년 흉년을 겪으면서 소작료를 지불하지 못했다. 이에 대해 오종섭은 위 토지가 비옥하므로 그해에 별도로 수확이 감소된 사실이 없다고 주장했다. 그러나 증인들의 진술까지 종합하면, 그해에 한해로 인해 이 토지의 수확은 현저하게 감소했다. 김재희는 수확에 앞서 1935년 10월 하순경 오종섭에게 거듭 검견을 요구하며 소작료 감액을 신청했으나 오종섭이 응하지 않아 부득이 곡성군 소작위원회에 조정을 신청하게 되었다. 그리하여 소작위원회의 명에 따라 그해 11월 9일 곡성군 서기 조모(趙某)가 입회한 가운데 위 토지의 입도(立稻) 전부를 수확하여 김재희가 보관한 후, 1936년 1월 16일 소작위원회 서기 장모(張某)가 입회하여 수확한 벼를 탈곡했다. 그 사이 1935년 12월 24일 소작위원회는 권해를 통해 오종섭에게 실수확량의 반액까지 소작료를 감면하라고 했으나 오종섭은 응하지 않았다. 수확이 벼 15석에 달하지 못해 소작료 상당량을 감액하지 않으면 소작료를 납부할 수 없는 상황이었는데도 지주는 소작료 감액을 허용하지 않은 것이다. 이에 고등법원은 조선농지령에 따라 순이익을 고려하여 소작료를 감액하라고 판결했다.[212]

---

212 이 쟁의에서 김재희는 ① 1단계 투쟁: 1년 이상 장기간 지주 방문, 서류 우편 발송을 통한 소작료 감면 요구와 지주의 불응, ② 2단계 투쟁: 세 차례나 반복된 소작위원회의 권해와 지주의 불응, ③ 3단계 투쟁: 민사소송(지방법원 승소 → 복심법원 패소 → 고등법원 상고)을 거쳐서야 마침내 승리할 수 있었다. 홍성찬, 『한국근대 농촌사회의 변동과 지주층』, 지식산업사, 1992, 126~129쪽(정연태, 앞의 책, 2014, 369쪽에서 재인용).

원래 임대차계약에서 당연히 발생하는 의무인 임차료 채무는 임차인이 자기의 과실 또는 불가항력으로 인해 완전히 사용수익을 얻지 못했을 경우라도 이를 이유로 임차료의 감액을 청구할 수 없는 것이 원칙이었다. 그러나 민법 제609조에서는 "수익을 목적으로 하는 토지의 임차인이 불가항력으로 차임(借貸)보다 적은 수익을 얻을 경우에는 그 수익액에 이르기까지 차임의 감액을 청구할 수 있다"고 했는데, 이처럼 예외 규정을 둔 것은 소작인을 보호하기 위한 목적이었다. 그런데 고등법원은 이 조항에서 소위 '수익'이라는 것은 규정의 취지상 원심 판결과 같이 토지의 총 수확을 가리키는 것이 아니라, 총 수확에서 필요한 농비(農費)를 공제한 '순수익'을 가리키는 것이라고 해석했다. 그리고 이 규정이 있는데도 다시 조선농지령 제16조로 "불가항력으로 인해 수확량이 현저하게 감소했을 경우 임차인은 임대인에게 소작료의 경감 또는 면제를 신청할 수 있다. 전항의 신청은 늦어도 수확 착수일로부터 15일 전에 해야 한다"고 정한 것은 민법 규정만으로 소작인의 보호에 충분하지 않아 특별 규정을 둔 것이라고 보았다. 또 소작료의 감면 청구는 형성권(形成權)[213]이므로, 소작인으로부터 감액 또는 면제 청구가 있을 경우에는 당연히 소작료의 감액 또는 면제의 효과가 발생해야 한다고 했다. 고등법원에서는 이러한 판결을 내리는 데 해당 전남 지역의 소작관행도 참고했는데, 정액 소작료가 매우 저율(低率)의 한도에서 정해지는 소위 '정면성(定免性) 정조'가 아닌 한, 불가항력에 의해 현저하게 수확이 감소한 경우에는 실수익의 절반액의 한도까지 소작료를 경감하는 것이 관습이었다.

　　그런데 조선농지령 시행 후 2년여가 지난 1936년 12월까지도 조선농지령의

213　일방의 행위로 다른 일방의 의사와 관계없이 권리의 창설, 변경, 소멸, 기타 법률상의 효력을 발생할 수 있는 권리.

소작료 감면 조항을 준수해야 한다는 판결에 대해 상고가 제기되고 고등법원에서까지 논란이 오고 갔다는 것은, 그때까지도 이 조항이 충분히 이행되지 않았을 수 있음을 반증한다. 실제 다른 사례를 봐도 조선농지령 시행 이후 소작료 감면 조항을 지주에게 강제할 수 없었음을 확인할 수 있다. 더욱이 조선농지령은 지주와 소작농 간 수익의 공정한 분배 원칙하에서 흉년 시의 소작료 경감·면제 조항만 있을 뿐 평상시의 소작료 책정 자체는 규제하지 않았다. 그러므로 조선농지령 시행 후 지주가 소작료를 책정할 때 경작비를 고려하거나, 실제로 소작인의 부담을 개선하려는 모습은 쉽게 찾아볼 수 없었다.

이런 상황에서 실수익에 따른 소작료 감면을 강조한 위 1936년 고등법원 판결은 '소작인에게 유리한 새로운 판례'로 보도되며 주목받았다.[214] 이 판례는 그 후에도 회자되었다. 예를 들어 1939년 8월 22일 전라북도에서는 한해(旱害)대책위원회의 결정에 따라 소작료 감면율을 구체적으로 발표하고 각 군수에게 통첩하면서, 위 1936년 고등법원 판례가 특수한 한해 대책으로서 의의가 있다는 점을 강조했다. 이제 소작료는 소작인의 노동력과 관개비·비료대 등 경작비를 공제하고 순이익을 반분하게 된 것이며, 불가항력의 흉작인 때 전 수확이 소작료보다 부족할 수 있으므로 이런 경우 재해에 필요한 노력비까지 참작하여 부담의 균형을 잃지 말아야 한다고 했다. 당국은 위 1936년 고등법원 판례를 지주들에게 강의하기 위해 지주회를 열 예정이었고 그 취지를 팸플릿을 배포하여 널리 인식시키기로 했다.[215] 하지만 1939년의 이러한 상황을 보면 반대로 이때까지도 조선농지령의 소작료 감면 조항이 충분히 준수되고 있지 않았음

---

214 「소작쟁의에 新判例: 純收益이란 수확 중에서 諸 비용 控除하고 남은 것, 訴狀 返戾되어 覆審 판결 飜覆」, 『매일신보』 1936년 12월 28일; 「소작쟁의 新判例」, 『매일신보』 1937년 1월 23일; 「高等法院の判決で小作人に凱歌揚がる」, 『元山每日新聞』 1937년 9월 8일.

215 「耕作費를 참작하여 地主, 作人 균형 도모」, 『동아일보』 1939년 8월 25일.

을 추정할 수 있다.

한편 소작인들은 과중한 소작료뿐만 아니라 지주가 전가한 농사 관련 각종 부담에 계속 시달렸다. 지주들은 소작료를 인상할 뿐만 아니라 소작료에 부수하는 각종 부담까지 소작인에게 계속 전가했다. 예를 들어 수세, 비료대, 소작료 포장료 및 검사료 등을 소작인에게 부담시키는 경우가 많아 소작료와 함께 실질적인 부담이 가중되었다. 그 밖에 지주가 검사에 합격될 품질의 벼나 쌀을 요구하여, 그 품질에 미치지 못하는 것은 소작료에 충당할 수 없어 평균적으로 소작료 부담이 1할 정도 가중되는 경향이 있었다.[216]

예를 들어 1934년 11월 충남 천안군 목천면(木川面)에서는 악덕 지주와 마름이 조선농지령을 무시하고 악착스럽게 빈약한 소작인들을 착취한 사실로, 소작인 일동이 연명하여 군 농회에 하소연했다. 서울 교남동(橋南洞)에 사는 지주 박익보(朴益輔)는 평년 140여 석을 추수하는 천안군 목천면의 토지에서 목천면 서흥리(西興里)의 박춘근(朴春根)을 마름으로 정해 해마다 수확해왔다. 그런데 1934년 가을에는 박익보가 직접 내려와 마름 박춘근과 협의하여 소작인들로부터 소작료를 가혹하게 징수하는 한편, 당국에서 받지 말라는 지세까지 걷었다. 이에 억울한 70여 명의 소작인은 10여 명의 대표를 선정하여 군 소작위원회에 소작조정을 신청했다. 이에 대해 박익보는 지세를 받은 것은 사실이나, 소작인들이 문제 삼아 소작위원회에 진정을 했으니 당국에서 도로 내 주라고 하면 반환하겠으며, 그래도 이미 받은 것이니 반만 내 주겠다고 말했다. 이에 대해 천안군수도 지주로서 소작인에게 지세를 부담시키는 것은 온당치 못한 일이며, 더욱이 시세를 무시하고 과중하게 지세를 책정하여 소작료와 함께 받은

---

216 「檢査制로 賭租 精選, 소작인 부담은 이중, 삼중: 실질로 1할 加捧, 包裝과 檢料도 作人 담당, 온정적 장려금도 유명무실」, 『동아일보』 1935년 11월 19일.

것은 잘못된 일이라고 비판했으나 지주는 이에 크게 개의치 않았다.[217]

또한 1934년 12월경 평북 정주군(定州郡)에서는 서수농장(瑞穗農場)[218] 대 정주농민사(定州農民社) 남면지사(南面支社) 간에 소작쟁의가 일어났다. 쟁의의 원인은 서수농장에서 공인기[空引機, 당기(唐機)][219]와 채를 사용하게 하면서 소작인들에게 이를 설비하게 한 것이었다. 하지만 대체로 소작인들이 공인기를 설비할 자금이 없어, 지주는 농장 자금으로 이를 공동구입하여 소작인들에게 나누어 주고 그 대금을 추수 때 별도로 지불하라고 했다. 소작인들은 하는 수 없이 공인기를 구입하고 가을에 그 대금을 지불했으나, 정주농민사 남면지사에 소속된 11명의 소작인들은 이에 불복하고 쟁의를 일으켰다. 이들은 예상 밖의 지출인 공인기 대금을 도저히 한꺼번에 지출할 수 없으니 3개년으로 나누어 지불하게 해달라며, 만일 이를 허용하지 않으면 공인기를 사용하지 않겠다고 했다. 그리고 정주농민사가 이들의 주장을 지지하면서 쟁의는 심각해졌다. 이에 군소작위원회에서 몇 차례 조정을 했고, 정주농민사에서도 여러 차례 위원회를 열어 대책을 토의했다. 이후 정주농민사의 대표 전찬배(田贊培)[220]가 서수농장장

217 「賭租 외 添徵: 소작인은 연맹 애소」, 「판결 보아 반환: 지주 朴益輔 氏 談」, 「엄중히 처단: 천안 金 군수 談」, 『동아일보』 1934년 11월 21일.

218 서수농장주식회사[대표 시부야 젠사쿠(澁谷善作)]는 1921년 4월 설립되어, 농업 및 개간, 토지·건물의 임대차, 권업 자금의 대부 등을 경영했다. 평북 정주군 남면(南面) 보산동(寶山洞)에 본점을 두었고, 자본금은 150만 원이었다. 中村資良, 『朝鮮銀行會社要錄』, 東亞經濟時報社, 1921.

219 직기(織機, 피륙을 짜는 기계)의 일종.

220 전찬배는 1927년 천도교청년당 정주군(定州部) 서기, 1930년 정주농민사(定州農民社, 조선농민사 가입 단체) 의장, 1932~1933년 상무이사, 1933년 총무이사, 1934년 상무 등을 역임했다. 「定州天靑 총회」, 『중외일보』 1927년 4월 14일; 「문제의 '법적 관계'로 필경 양파로 분열: 非천도교계 대표는 단연 퇴장, 定州農民社 대회 詳報」, 『중외일보』 1930년 7월 29일; 「定州農民社 社勢 확장: 알선부 신설」, 『매일신보』 1930년 12월 17일; 「定州郡農民社 社勢 진흥 결

히노하라 겐신(日野原信)을 방문하여 2개년 연부로 대금을 지불하게 해달라고
요구했다. 히노하라는 농장의 돈을 절대 이처럼 할 수 없고 금년에 전부 다 내
야만 하나, 사정이 그렇다면 그 대금을 자신이 대납하겠으니 2년으로 나누어
자신에게 지불하라고 답했다. 결국 이렇게 타협하여 소작쟁의가 일어난 지 한
달 반 만에 겨우 사태가 무마되었다.[221]

1935년 12월경에는 부산의 일명 '토지왕'으로 불리던 하자마 후사타로(迫
間房太郎)[222]가 그의 소유인 경남 김해군 가락면(駕洛面) 해포도농장(海浦島農場)에

의」,『매일신보』 1933년 10월 19일; 「定州에 농민 강좌: 郡農民社에서 주최, 본보 지국 후원으
로」,『중앙일보』 1932년 2월 12일; 「定州農民社 대표회」,『조선중앙일보』 1933년 10월 18일;
「農民社 대표 대회」,『조선중앙일보』 1934년 8월 24일.

221 「소작조정 實話: 실제로 발생된 소작쟁의 비판, 평북의 산간부는 쟁의가 없어, 신의주지국
活海生」,『조선일보』 1934년 12월 22일.

222 하자마 후사타로(1860~1942)는 1878년 오사카에 위치한 이오이 조헤(五百井長平) 상점에
입사했다가, 이듬해 상점이 파산하자 그 재건을 위해 1880년 지배인으로 부산에 왔다. 1890
년경 미두, 우피, 석유, 금속, 면사포 등의 무역으로 이오이 조헤 상점을 조선의 대표적인 일
본인 무역회사로 키워냈다. 1904년 이 회사를 이타니(井谷義三郎)에게 맡기고 독립하여 하
자마상점(迫間商店)을 경영하면서, 무역과 농사경영 및 토지사업 등에 투자했다. 1888년 일
본 규슈에서 우량 벼 품종을 수입하여 마산 등지에 보급하여 미곡 품종개량을 시도하고, 부
산의 일본인 거류지 지역과 초량(草梁), 영도(影島) 및 경남, 전남, 전북 지역에서 많은 토지
를 매입했다. 특히 1928년 김해평야의 갈대밭[蘆田] 1,000여 정보를 개간하여, 논 700정보
에 1,200호를 이민하여 소작하게 해서 2만 석을 거두었다. 같은 해 경남 창원군 동면(東面)
과 김해군 진영면(進永面)에서 농장을 매입했다. 진영농장(進永農場)을 경영하면서 조선
인 소작농들과 갈등을 빚었고, 결국 1931년 1월부터 1932년 2월까지 대규모 소작쟁의가 일
어났다. 부산에서도 토지와 가옥매입, 차가업(借家業) 등으로 조선인과 갈등을 빚었다. 부
산일본인상업회의소 의원·회두(會頭)·특별의원, 부산번영회 회장, 부산거류지회 의원, 부
협의회 회원, 부산부회 의원 및 부의장, 경상남도평의원, 경상남도회 부의장 등을 역임했다.
朝鮮公論社,『在朝鮮內地人紳士名鑑』, 1917, 62쪽; 大陸民友社,『半島官財人物評論』, 1926,
26쪽; 朝鮮新聞社 編,『朝鮮人事興信錄』, 朝鮮人事興信錄編纂部, 1935, 367쪽; 森川淸人 編,
『朝鮮總督府施政25周年記念表彰者名鑑』, 表彰者名監刊行會, 1935, 920·1031쪽; 民衆時論
社 朝鮮功勞者銘鑑刊行會,『朝鮮功勞者銘鑑』, 1935, 55쪽; 高橋三七,『事業と鄕人』 1, 實業

3부 1930년대 초중반 소작쟁의 비교   555

서 '수세(水稅)'라 칭하고 실제 급수(給水)에 드는 비용의 약 3배, 전 수확의 2할가량을 요구하여 문제가 되었다. 이에 소작인 55명이 결속하여 소작료를 납부하지 않고 군 소작위원회에 조정 신청을 했다. 해당 토지는 8년 전부터 소작인들이 매 정보 100원 이상 거액의 자비를 지출하여 개간한 것이었다. 그리고 나서 직후에는 염분으로 4, 5년간 수확을 하지 못하다가, 이후 지주와 소작인이 수확을 절반으로 나누기로 하고 근근이 생활을 계속해왔다. 그런데 설상가상으로 1933, 1934년에는 대수재(大水災)를 겪었다. 이렇게 소작인들이 겨우 농사를 지어왔는데, 1935년 7월 지주 측은 소작료를 5할 5분에서 6할로 인상하고 심지어 그해 말에는 '급수비(給水費)'라 하여 수확의 2할이나 추가로 요구한 것이었다. 그러나 결국 이 쟁의는 소작인의 패배로 돌아갔다.[223]

황해도 해주군(海州郡) 취야평야(翠野平野)의 흥업회사(興業會社)에서는 매년 소작쟁의가 발생하여 분규가 거듭되고 있었다. 1935년에도 소작인 95호가 돌연 지주로부터 과중한 소작료 납입 통지서를 받아, 그중에서도 영세농민 10여 호는 닥쳐오는 엄동설한에 빈사지경에 빠지게 되었다. 해주군 가좌면(茄佐面) 취야리(翠野里)와 국봉리(菊峯里)의 농민 95호는 흥업회사의 토지를 소작하고 있었다. 그런데 1935년 7월 회사에서는 금비(金肥)를 소작인에게 배분해주고 비료대금은 소작인이 전부 부담하라고 했다. 이에 소작인 200여 명은 흥업회사 용당포(龍塘浦)출장소로 몰려가 진정을 하여 일시 긴장상태가 되었다. 또한 그해 10월에는 출장소 직원과 토지감독자 장인봉(張仁峯)이 현장에 출장하여 소출

タイムス社·大陸研究社, 1939, 675쪽.

223 「移秧 종료된 금일에 돌연 作料 인상?」, 『동아일보』 1935년 7월 31일; 「迫間農場의 水稅 實費의 3배 징수: 55作人은 作料를 不納코 소작위원회에 調停願」, 『동아일보』 1935년 12월 3일; 「迫間農場 쟁의 소작인이 패배」, 『동아일보』 1935년 12월 19일; 「농장의 약속 불이행으로 소작쟁의가 재발」, 『동아일보』 1936년 4월 24일.

곡(所出穀) 감정을 했는데, 이때 소작인들은 소출곡 지정이 부정확하다고 이의를 제기했으나 이를 듣지 않고 회사에서는 과중한 소작료 납입통지서를 발부했다. 결국 소작인들이 수확을 전부 제공하여 소작료는 겨우 면했으나, 소작인 부담인 비료대와 농량채(農糧債)까지 갚을 방법은 없었다. 추수기에도 곡식을 얻지 못한 10여 호의 영세농민들은 식량 문제에 당면하여 참혹한 지경에 놓여 있었다.[224]

이 밖에 1936년 11월 4일부터 21일 동안에는 경북 청도군 풍각면(豐角面)에서 지주가 논 16정보를 소유하면서 소작료 운임을 소작인들에게 전가하여, 소작인 71명이 소작료 수납 장소 변경을 요구하며 소작쟁의를 일으켰다. 소작인들이 소작료를 납입하고 운반하는 데 많은 비용이 소요되므로 그 수납 장소를 변경해달라는 요구였다. 결국 군 소작위원회에 신청하여 3리 이상의 거리일 경우에는 지주가 1석당 10전의 운임을 지불하도록 권해가 성립되었으나, 소작인들의 소작료 운임 부담은 여전히 남았다.[225]

이처럼 소작정책이 소작료 문제를 둘러싸고 지주들의 반발과 소작쟁의의 발발로 기대한 효과를 내지 못하자, 조선총독부는 1936년부터 지주들에게 농사개량에 협력할 것을 촉구하면서 소작료 책정과 징수방법을 통제할 수 있도록 조선농지령을 개정하는 방안을 모색했다. 1936년 8월 정무총감은 기자회견을 통해 "내년 봄에 시행할 예정으로, 소작농의 농사개량을 독려하기 위해 타조법을 정조법으로 전환하는 조선농지령 개정을 준비하고 있다"고 밝혔다. 이후 1937년 전쟁총동원체제 구축이 시급해지자, 총독부는 시범사업으로 '지주

---

224 「作料 除하고 보니 오직 赤手空拳뿐: 肥料代와 目前 식량은 어떻게? 興業會社의 작료 과중」, 『조선중앙일보』 1935년 12월 15일.

225 민족문제연구소 편, 앞의 책, 2000, 165~166쪽.

의 영농개선 5개년 계획'을 실시했다. 이 계획은 지역별로 농사개량에 비협조적인 대지주를 선정하여, 시범적으로 지주가 비료와 농구를 부담하고 소작인들의 농사개량을 지도할 기술원을 고용하게 하여 향후 5개년 안에 수확을 50% 증수하는 사업을 실시하는 것이었다. 그러나 이런 대책들은 농업경영 개선의 필요성을 선전하거나 촉구하는 시범사업 수준에 머물렀고 지주경영 전반의 변화를 가져오지는 못했다. 그러다가 침략전쟁이 확대되어 전쟁총동원체제의 구축과 생산력 확충이 최대의 과제로 떠오르자, 총독부의 소작정책도 전시총동원정책으로 바뀌어갔다.[226]

4. 소작지 관리자 문제를 둘러싼 쟁의

마름 문제는 조선소작령을 입안하는 데 난관으로 거론되었다. 식민지 조선에는 부재지주가 많은 관계상 지주의 위임을 받은 대리인이 권한을 악용하여 횡포를 부리는 실례가 많아 총독부는 이를 단속상 큰 문제로 인식했다.[227] 1934년 1월 18일 일본 정부는 도쿄에서 '조선소작령 요강'을 발표하면서, 조선의 소작관행의 가장 큰 폐해로 마름 및 기타 소작지 관리자 문제를 지적하고 관련 규정을 마련할 필요성을 제기했다.[228]

조선총독부는 조선농지령을 제정하면서 마름 등 소작지 관리자를 식민지

---

226 「농지령을 대개정, 正租制 설정 방침」, 『朝鮮民報』 1936년 8월 26일; 「지주의 영농개선 5개년 계획을 수립」, 『朝鮮民報』 1937년 6월 10일(이윤갑, 앞의 책, 2013, 181~182쪽에서 재인용).

227 「소작령 입안의 난관, 舍音과 執租」, 『매일신보』 1932년 7월 17일; 박섭, 앞의 논문, 1988, 139쪽.

228 「소작령 제정은 중앙정부도 양해」, 『매일신보』 1934년 1월 20일.

조선의 농촌에서 가장 큰 폐해 곧 '암종(癌腫)'으로 지목했다.[229] 지주의 대리인이 권한을 남용하여 횡포를 부리는 사례가 많아 조선총독부는 이를 큰 문제로 인식했다. 이는 지주소작관계의 사이에서 중간착취하는 '중간적 존재'를 없애야 농업생산력을 최대한 증진시킬 수 있다는 구상이었다.[230] 소작지 관리자에 대한 조항이 조선농지령 전 40조항 중 5조항이나 거론되고, 조선농지령 시행규칙 전 13조항 중에서 제1~5, 10, 12~13조가 모두 관련 규정으로 과반수를 차지한 것을 봐도 총독부가 소작지 관리자 단속에 얼마나 신경을 썼는지 알 수 있다.[231]

조선농지령이 제정·실시되면서 소작지 관리자를 신고하도록 하고 그가 부적당하다고 인정될 경우 부·군·도 소작위원회에서 그의 변경을 명할 수 있도록 했으나, 조선농지령에는 소작지 관리자의 문제행위를 구체적으로 정의하여 직접 규제하는 조항은 없었다. 조선농지령 중에서 소작지 관리자에 대한 조항은 임대인이 마름 혹은 소작지 관리자를 둘 때 부윤·군수·도사에게 신고할 것(제3, 33조), 이를 이행하지 않을 때 벌금에 처할 것(제31조), 부윤·군수·도사는 마름 및 기타 소작지 관리자가 부적당하다고 인정할 때는 부·군·도 소작위원회의 의견을 들어 임대인에게 그의 변경을 명할 것(제4~5조), 위 조항에서 제정한 것 외에 마름 및 기타 소작지 관리자에 대하여 필요한 사항은 조선총독이 이를 정할 것(제5조) 등이 있었다. 또한 조선농지령 시행규칙은 주로 마름 등 소작지 관리자에 대한 조항으로 이루어졌는데, 조선농지령의 소작지 관리자 신고 내용을 구체화했으며(제1조), 중층적 마름구조(제2조), 부당한 마름 계약 문제(제5조)

229 「농지령 실시 전의 一方針」, 『동아일보』 1934년 4월 20일.

230 김인수, 「범주와 정치」, 『일본역사연구』 38, 일본사학회, 2013, 171~172쪽.

231 朝鮮總督府 農林局, 「朝鮮農地令」, 「朝鮮農地令施行規則」, 앞의 책, 1936, 1~14쪽.

에 대해 제재하는 내용이었으며, 이상의 규정을 위반한 마름에 대한 200원 이하의 벌금형(제10조)을 마련했다.

이처럼 대체로 식민권력이 조선농지령과 조선농지령 시행규칙을 통해 마름 등 소작지 관리자에 대한 통제를 강화했다고 볼 수도 있지만, 마름에 대해 구체적인 규제책 없이 미온적인 행정지도 정도의 방안만을 제시했을 뿐이다. 첫째, 지주가 소작지 관리자를 부윤·군수·도사 등 지방 행정관에게 신고하는 것이 과연 지주에게 불리하게 작용했겠는가 하는 문제를 들 수 있다. 보통 마름 등 소작지 관리자는 지주와 친척관계에 있거나 아니면 우호적 종속관계에 있는 경우가 많았고, 만약 마름이 지주의 마음에 들지 않으면 지주는 관례대로 마름을 마음대로 바꿀 수 있었다. 따라서 지주가 지방 행정관에게 마름에 대해 작성·제출한 내용이 지주에게 불리할 이유가 없었다. 둘째, 설사 부윤·군수·도사가 마름이 부적당하다고 하여 부·군·도 소작위원회의 의견을 듣고 난 뒤에 지주에게 소작지 관리자의 변경을 명해도, 주로 지주의 입장을 반영하던 소작위원회의 성격상 마름의 변경이 지주 측과 행정관의 의사에 따라 결정될 소지가 컸다. 셋째, 마름 등 소작지 관리자에 대하여 기타 필요한 사항은 조선총독이 정하기 때문에, 그 밖의 마름 규제는 총독부 권력의 일방적이고 임의적인 의사에 따를 수밖에 없었다.

즉 조선농지령에서 도입한 마름의 통제책에서 소작인의 입장은 개입되기 어려웠고, 지주에 의한 마름의 신고나 주로 지주 측 입장을 반영하던 소작위원회의 의견에 따른 마름의 변경 등에서 여전히 지주 측의 마름 지배권이 유지되었다. 이런 상황에서 마름은 조선농지령 시행 후에도 계속 발호하면서 각종 명목으로 소작인을 착취하며 중간이득을 취했다.[232] 이러한 '불량 마름'에 대한

---

232 「朝鮮農地令の解り易い解說」, 『京城日報』 1934년 4월 17일; 「소작쟁의 격증: 농지령의 관계

처벌 규정은 실제로는 면직 정도에 불과했고, 지주와의 결탁으로 이마저 거의 실현되지 못했다. 따라서 각도 경찰부에 제출된 의견서 중에는 '악한 마름[惡舍音]'에 대한 처벌로 체형(體刑)이나 벌금형(罰金刑) 등을 실시해야 한다는 주장도 상당히 많았다.[233] 그러나 지주들은 마름에 대한 일부 규제도 교묘하게 형식 요건만 충족시키면서 회피했다. 총독부는 마름의 통제를 통해 지주가 소작지의 농사개량에 보다 관심을 기울이도록 유도하려 했으나, 마름의 통제가 실효를 거두지 못하면서 지주경영 전반에 의미 있는 변화는 거의 일어나지 않았다.[234] 조선농지령 시행 후에도 소작지 관리자는 기대만큼 잘 통제되지 않았다고 할 수 있다.

1) 소작지 관리자의 문제행위 지속

조선농지령 시행을 전후하여 소작지 관리자 문제와 관련해서 발생한 소작쟁의 및 소작조정 사례를 구체적으로 살펴보면 다음과 같다. 조선농지령 실시 전 이른바 '악한 마름'의 착취에 시달려오던 소작인이 갑자기 소작권을 박탈당하게 되어 소작조정을 신청했다. 경북 달성군 성서면(城西面)의 소작인 박일권(朴一權)은 경북 영천군 금호면(琴湖面)의 지주 서석(徐錫)의 수답(水畓)[235]을 소작해

도 많거니와 대개는 舍音의 탐욕」, 『매일신보』 1935년 4월 16일; 최석규, 앞의 논문, 1993, 68~70쪽.

233 「소작쟁의의 격증은 舍音 取締 불철저에: 惡舍音 取締 강화책, 體刑·罰金刑論 대두, 오는 각도 경찰부장 회의에서 구체적 토의가 있을 모양」, 『조선일보』 1936년 5월 29일; 「惡舍音 取締 강화코자 '體刑'의 制裁論 대두: 소작쟁의 頻出의 원인이라고, 당국자 간 논의 紛紛」, 『조선중앙일보』 1936년 5월 29일; 「농지령을 무색케 하는 惡德舍音의 중간 농간」, 『매일신보』 1936년 5월 30일.

234 이윤갑, 앞의 책, 2013, 178~179쪽.

235 바닥이 깊고 물길이 좋아 기름진 논. 물을 쉽게 댈 수 있는 논.

왔는데, 1933년 10월경 마름인 달성군 달서면(達西面) 내당동(內唐洞)의 김주호(金周鎬)로부터 돌연히 이작(移作) 명령을 받았다. 소작인은 기존에 지주에게 소작료를 수확의 반액씩 지불하고, 수리세(水利稅) 12엔 20전까지 전액 부담해왔는데 돌연 이작 명령을 받은 것이었다. 이에 소작인 박일권은 추가로 5엔을 보내서 마름 김주호도 이작하지 않겠다고 약속했으나, 이후 다시 말을 바꿔 이작하겠다고 통보해 왔다. 소작인으로서 소작지를 회수당하면 당장 생활에 곤란을 겪게 되므로, 박일권은 김주호의 환심을 사기 위해 조기 10마리를 보냈는데도 효과가 없어 다시 소고기와 넙치를 보냈다. 그래도 문제가 해결되지 않자 결국 1934년 5월경 박일권은 못자리[236] 준비를 하지 않으면 안 될 시기이므로 소작조정을 신청하게 되었다. 김주호는 박일권이 소작조정 신청을 한 것을 알고 증여받은 금품을 그에게 재빨리 반환하여 문제를 피하려 했다. 이처럼 '악한 마름'으로부터 고통받는 소작인들의 사례는 표면에 드러나지 않은 것까지 합치면 상당히 많았을 것으로 예상된다.[237]

조선농지령 시행 후에도 소작지 관리자가 일으키는 문제를 충분히 규제할 수 없는 조선농지령의 결함을 악용하여 소작지 관리자의 문제행위가 지속되었다. 1935년 1월 충남 예산군·아산군에서 마름이 소작료를 착취하고 소작료 운반비 등 부당이득을 취하여 소작쟁의가 크게 일어났다.[238] 또한 1935년 4월 충남에서는 춘경기를 앞두고 소작쟁의가 격증했는데, '조선농지령의 불비(不備)'를 이용하여 농민을 위협하는 악덕 마름의 횡포가 가장 큰 원인이었다.[239]

---

236 볍씨를 뿌려 모를 기르는 곳.

237 「暴戾きわまりなき惡舍音絶えず: 甘心を買はんと努める小作人の苦哀を無視して搾取橫暴の極み, 達西面の小作調停訴へ」, 『朝鮮民報』 1934년 5월 15일.

238 「농지령 실시 후에도 소작쟁의는 依然 격증」, 『동아일보』 1935년 1월 9일.

239 「소작쟁의 격증」, 『매일신보』 1935년 4월 16일.

1935년 11월에는 경북 경주군에서 마름이 소작계약을 무시하고 소작료 지불방법을 돌연 변경하여 과중한 소작료를 요구해서 문제가 되었다.[240] 1936년 5월 24일에는 전남 영광군 염산면(鹽山面)에서 지주가 논 270정보를 소유하며 농감을 두었는데, 소작인 161명이 농감의 문제를 지적하고 지주의 각성을 촉구하면서 대거 농장에 쳐들어가 진정했다. 그러나 지주는 소작인들의 요구를 수용하지 않았고, 14일간 쟁의가 지속되자 후일 군과 경찰서에서 지주와 소작인에게 주의를 주어 사태가 무마되었다.[241] 1937년에도 평남 안주군(安州郡) 연호면(燕湖面) 질자정(蛭子井)농장에서 소작인 62명이 마름 배척을 비롯하여 수세의 소작인 부담 반대, 소작조건 개선 등을 요구하며 쟁의를 벌였다. 이에 대해 경찰은 안주군에 거주하는 무정부주의자 이용전(李龍田)이 선동한 것이라 하여 그를 주동자로 체포했다.[242]

조선농지령 시행 이후 소작지 관리자 문제를 둘러싼 소작쟁의 사례의 유형을 자세히 들여다보면 다음과 같다. 우선 소작지 관리자는 자의적으로 소작인의 소작권을 박탈·이동시켰다. 1935년 5월 4일 소작인 유건식(兪建植) 등이 충남 공주군 소작위원회에 소작조정을 신청했다. 조선농지령이 실시되었을 뿐 아니라 임농기(臨農期)인 이때에, 악덕 마름 박병칠(朴炳七, 가명)이 소작권을 무리하게 박탈하여 200여 명의 소작인을 토지에서 유리(流離)시키고, 심지어 소작인들이 살던 집까지 헐값에 사서 다른 곳에 소작권을 끼워 비싸게 팔아 일거양득(一擧兩得)하려고 했기 때문이다. 관계토지는 200여 두락으로 온 동리가 소작하

---

240 「斗量 계약 무시코 石當 180근 징수」, 『조선중앙일보』 1935년 11월 20일.

241 민족문제연구소 편, 앞의 책, 2000, 164쪽.

242 朝鮮總督府 高等法院 檢事局 思想部, 『思想彙報』 15, 1938, 35~36쪽(이경희, 앞의 논문, 1991, 40쪽에서 재인용).

여 살아가는 생명선과도 같았다. 이는 본래 대전의 스즈키(鈴木) 소유지이던 것을 박병칠이 1935년 예산의 윤인석(尹仁錫)에게 소개하여 매수하게 한 후, 본인이 마름이 되어 소작권을 이작시킨 것이었다.[243]

또한 소작지 관리자는 소작료를 인상·착취하거나 각종 부담을 소작인에게 전가하는 데 앞장섰다. 황해도 안악군(安岳郡) 서하면(西河面) 일대에서도 농감의 착취와 지주의 방관으로 쟁의가 끊이지 않았다. 황해도 봉산군(鳳山郡) 사인면(舍人面) 월산리(月山里)에 살던 부호(富豪) 김치구(金致龜)[244]의 수답이 황해도 안악군(安岳郡) 서하면(西河面) 중도리(中島里) 일대에 약 28만 평 있었는데, 김치구는 중도리에 사는 유의현(柳儀鉉)을 농감으로 하여 농장 일 일체를 맡겼다. 그런데 유의현은 1931~1932년경 수확이 300~400석이 넘지 못하는 토지에서 소작료를 1,000석이나 받아서 소작인에게 큰 어려움을 주었다. 또한 유의현은 4~5개 조항의 조건을 붙여 소작인을 곤란하게 했다. ① 소작인과 지주 간에 '지공(支供)'이라고 하여 10두락당 콩 1두씩을 받고, 수문(水門)지기료 등 각종 부담을 따로 받았다. ② 15~16년간 남녀를 불문하고 소작인의 공인부(工人簿)를 만들어서, 농

---

243 「토지매매 중개코 舍음 되어 200여 명 作權 이동: 그들 집까지 헐가로 빼앗아, 소작인들은 조정을 신청」, 『동아일보』 1935년 5월 11일.

244 1923년에도 김치구를 상대로 황해도 봉산군 서종면(西鍾面) 좌곡리(左曲里)의 소작인 50여 명이 소작권 이동에 반발하여 쟁의를 일으켰다. 1926년에도 같은 리에서 김치구가 소작권을 몰수하여 쟁의가 발생했다. 1932년에는 김치구의 재령군(載寧郡) 남률면(南栗面) 좌곡리(左曲里) 토지 소작인 80여 명이 무리한 소작료 인상에 항의하여 쟁의를 벌였다. 한편 김치구는 1943년 조선애국부(朝鮮愛國部)에 5천 석의 군납미(軍納米)를 전달하는 등 여러 차례 군용미를 헌납하여 일본 육군대신으로부터 표창장을 받기도 했다. 「소작권 遷動으로 소작인의 결속」, 『동아일보』 1923년 3월 10일; 「新舊 소작인 又復衝突, 西鍾面에서」, 『시대일보』 1926년 5월 16일; 「鳳山郡 舍人面 소작쟁의 해결」, 『매일신보』 1932년 5월 30일; 「매년 運用米 헌납, 鳳山郡 金致龜 씨에 陸相의 표창장」, 『매일신보』 1943년 4월 6일; 金奉雨 編, 『일제하사회운동사자료집』 6, 한울아카데미, 1989, 88·170쪽.

감의 수백 석씩 분량의 농사일을 시켰다. ③ 소작인에 대한 부역 관례가 불공평하여, 소작인 중에서도 친척에게는 절대로 부역을 시키지 않고 빈농에게만 부역을 많이 시켜 60~70호의 소작인들을 힘들게 했다. ④ 법에 위반하는 작도제(作圖制)를 써서, 25관(貫)씩 들이던 작도를 5관씩 늘려 30관씩 넣게 해서 수확한 벼의 많은 양을 지주에게 바치게 했다. 이에 소작인들은 더 이상 견디지 못하고 1936년 3월 3일 안악군 소작위원회에 진정을 했다. 이 농장은 비료·식량 대부 등 지주가 해야 할 일은 하지 않으면서도 소작료는 매년 5,560여 관씩 인상하여 소작인들의 원성이 자자했다.[245]

1936년 10월 경남 밀양군 상남면(上南面) 외산리(外山里)에서도 70여 정보를 소작하던 190여 명의 소작인이 경남 김해군 대저면(大渚面)에 살며 외산리에서 토지를 관리하던 정영호(鄭永浩)에게 대항하여 부산에 있는 지주 야마모토 라이노스케(山本賴之助)[246]에게 진정했다. 소작인들은 목적을 달성할 때까지 끝까지 쟁의를 계속하겠다는 의지를 보였는데 사건의 전말은 이러했다. 마름 정영호는 위 토지에 있던 제방이 1933, 1934년 수해 때 무너져 이에 지주가 지불하여 오던 개간비를 중간에서 착취했을 뿐 아니라 소작인들이 납부한 소작료도 일부 착복했다. 또한 마름이 비료대 대부금도 소작인에게 알리지 않고 사용해 버렸다. 그 밖에 보리는 소작인 각자가 경작해 먹도록 내버려두었던 것을 이에 대해 소작료를 받는 등 마름이 지난 3년간 중간착취를 계속해서 소작인들이

245 「무리한 農監 배격, 소작인 등이 궐기: 소작위원회에 억울한 陳情, 安岳 金農場의 소작쟁의」, 『조선일보』 1936년 3월 7일.

246 야마모토 라이노스케는 와세다(早稻田)대학 상과(商科) 출신으로, 오사카에서 상업 활동을 하다가 1887년 조선으로 건너와 조부 야마모토 분조(山本文藏, 1884년 부산 진출, 간장·된장 양조, 포목점 등 경영)의 가업을 이어 사업을 확장했다. 주식회사 야마모토 오복점(山本吳服店), 야마모토 양조소(山本釀造所)를 경영했다. 民衆時論社 朝鮮功勞者銘鑑刊行會, 『朝鮮功勞者銘鑑』, 1935, 756쪽.

쟁의를 일으킨 것이었다.[247]

소작지 관리자는 각종 명목으로 소작인을 착취했다. 1935년 11월 14일에는 경기도 진위군(振威郡) 고덕면(古德面) 문곡리(文谷里) 일대에서 소작쟁의가 일어났는데, 이 또한 이른바 '악한 마름'의 부정행위로 인한 것이었다. 마름 이장환(李章煥)은 소작인 홍병모(洪秉模) 외 수 명에게 태만하다는 이유로 벼[正租] 120근을 사형(私刑)으로 추가 징수했다. 또한 마름은 소작조합의 명목으로 100근을 거두면서 1인당 10근씩을 강제징수했다. 이 밖에도 일상적으로 소작인으로부터 암암리에 무수히 착취한 사실이 드러났다. 이에 군·경찰당국의 취조가 있었으나, 지주 윤희태(尹熙泰)가 부정한 금액을 징수한 것에 대해서는 대신 반환하겠다고 하여 마름 이장환은 결국 석방되었다. 그리하여 200여 명의 소작인은 장차 어떠한 보복이 있지 않을까 하고 불안해했다.[248]

2) 소작지 관리자의 신고 의무 미준수

이처럼 조선농지령 시행 후에도 소작지 관리자가 소작권을 자의적으로 박탈·이동하고, 소작료 및 각종 부담을 중간착취하는 등으로 소작인을 괴롭히는 일이 계속 발생했다. 이뿐만 아니라 조선농지령의 소작지 관리자 신고 의무를 준수하지 않은 지주들도 상당수 있었던 것으로 보인다.

소작지 관리자에 대한 신고 의무를 미준수한 사례들을 다음과 같이 살펴볼 수 있다. 1935년 9월 10일 부산지방법원 통영지청에서는 '조선농지령 시행

---

247 「惡舍音을 배척하여 소작인 결속 궐기: 경찰은 전기 舍音을 인치, 취조, 密陽郡에 소작쟁의」, 『매일신보』 1936년 10월 5일.

248 「惡舍音의 부정행위 白日下에 遂曝露: 강압수단으로 作料를 불법 增收, 振威 소작쟁의 後聞」, 『조선중앙일보』 1935년 11월 18일.

규칙 위반' 사건에 대한 소작조정[249]이 있었다. 피고인 경남 통영군에 사는 지주 문모(文某)는 해당 군의 논을 소유하면서 이를 소작시켜왔다. 그러면서 소작지 관리자를 두어 논을 관리하게 하고 소작인의 소작료 납부 독려, 소작인의 부담인 공과금 징수 독려, 소작인의 변경·선정 및 소작계약 체결의 알선 등 일체의 권한을 행사하게 했다. 그런데 1935년 6월 6일 통영군수로부터 소작지 관리자 행위 적부(適否)의 조사상 필요하다고 하여 소작지 관리자 신고와 그에 관련한 사항의 보고를 명령받았는데도 이에 대해 보고하지 않았다. 이에 조선농지령 시행규칙 제3조 및 제10조와 형법 제18조 위반으로, 피고에게 벌금 30원이 부과되었다.

또한 1938년 3월 24일 고등법원 판례[250]를 보면, 1936년 3월부터 상고인(피고, 항소인) 박원달(朴源達)은 서울의 세일합명회사(世一合名會社)가 소유하는 경남 김해군 및 창원군 소재 논 2,000두락의 소작지 관리자를 담당했다. 그런데 그해 4월경 박원달은 부재중에 김해군의 문모(文某)를 다시 소작지 관리자로 설정했다. 이후 1937년 봄까지 문모에게 소작계약의 체결·해지 및 소작료 징수 등 소작지 관리사무에 종사하게 했는데, 소작지 관리자를 새로 설정한 후 15일 이내에 해당 소재지 관할 군수에게 신고해야 하는 의무를 지키지 않았다. 이에 고등법원은 조선농지령 시행규칙의 소위 소작지 관리자를 두는 경우는 관리자를 정하여 계약을 하는 모두를 일컫는 것이라고 판결했다. 즉 조선농지령 시행규칙 제1조에 따르면, 임대인이 소작지 관리자를 둔 경우 소정의 사항을 갖추

---

249 釜山地方法院 統營支廳, 「略式命令」, 『판결문 원본』, 1935, 911쪽.

250 「조선농지령 시행규칙 위반 사건(昭和13年 刑上 第2號, 1심 부산지방법원, 2심 대구복심법원)」, 고등법원, 1938년 3월 24일, 司法協會, 『高等法院判決錄』 25, 1939, 650~665쪽; 朝鮮總督府, 「刑事上告事件判決ノ件(第1審釜山地方): 朝鮮農地令施行規則違反」, 『檢察事務報告書類』, 1938, 945~951쪽.

어 15일 내에 행정관청에 신고해야 했다. 조선농지령 시행규칙 제2조에 따라 이 판례와 같이 소작지 관리자가 다시 소작지 관리자를 둔 경우에도 마찬가지였다.[251] 이를 위반하여 소작지 관리자를 제대로 신고하지 않으면 제10, 13조에 따라 벌금에 처해졌다. 소작지 관리자를 신고하지 않은 행위는 조선농지령 위반에 해당하므로, 소정의 벌금에 처하고 벌금을 완납하지 않을 경우에는 환형(換刑)으로 형법을 적용하기로 했다.

이 판례에서도 조선농지령의 마름 등 소작지 관리자 신고 의무 규정을 준수해야 했음을 알 수 있다. 이 판례는 당시 여러 차례 보도되었다. 조선농지령에서 소작지 관리자란 합의로 설정된 관리자만을 지칭하는 것이 아니라 사실상 소작지 관리 행위를 하는 사람까지 일컬으므로, 그 모두를 신고해야 한다는 신판례로 볼 수 있었다.[252]

그런데 조선농지령이 시행된 지 3년여가 지난 1938년에도 소작지 관리자 신고 의무에 대한 판결이 계속 나오고 그 내용이 계속 회자되고 있었다는 점에서, 조선농지령 시행 후 과연 소작지 관리자가 얼마나 잘 신고·통제되었는지 그 효력에 의심을 갖게 된다.

1938년 9월 23일 광주지방법원 목포지청에서도 '조선농지령 위반' 사건에

---

251 조선농지령 시행규칙 제1조는 "마름[舍音], 기타 소작지 관리자(이하 '소작지 관리자')를 둘 경우 임대인은 소작지 관리자에 대하여 다음의 사항을 갖추어 15일 내에 소작지의 소재지를 관할하는 부윤·군수·도사에게 신고해야 한다. 그 신고한 사항에 변경이 있을 경우에도 같다. 1. 주소, 씨명 및 직업, 2. 관리하는 소작지의 소재지, 지목 및 면적, 3. 관리에 관련한 계약 연월일, 4. 관리사무의 범위 및 관리사무를 행하는 기간, 5. 보수 및 그 지급방법"이라고 되어 있고, 제2조는 "전조의 규정은 소작지 관리자가 다시 소작지 관리자를 두는 경우에 준용한다"고 했다.

252 「농지령 위반 최초의 판례」, 『매일신보』 1938년 3월 29일; 「舍音 取締 강화」, 『동아일보』 1938년 3월 29일; 「소작관리인 無屆出과 고등법원 新判例」, 『조선일보』 1938년 3월 29일.

대한 소작조정[253]이 있었다. 피고인 전남 목포부에 사는 지주 안모(安某)는 두 곳의 논 약 60두락을 소유하면서 소작하게 하고, 1932년 8월 상순경 같은 군의 문모(文某)에게 이 토지의 소작관리를 의뢰했다. 그런데 조선농지령 시행 후 소작지 관리자의 신고 의무가 있는데도 신고 절차를 등한시하여, 1938년경에 가서야 이 사실이 탄로나 소작조정에 이르게 되었다. 이에 조선농지령 제3, 31조 및 형법 위반으로, 피고는 벌금 10원에 처해졌다.

이상으로 조선농지령 시행 이후 유형별·주제별로 소작쟁의 및 소작조정 사례들을 살펴보았다. 먼저 소작권 문제를 둘러싼 쟁의 사례들에서 지주들의 자의적인 소작권 박탈·이동이 증가했고, 소작지의 토지소유권 변경 시 새 지주가 구 소작인의 소작권을 박탈하여 새로운 소작인에게 소작권을 이동해버리는 일도 지속되었음을 알 수 있다. 또한 소작료 문제를 둘러싼 쟁의 사례들에서 조선농지령에 소작료 제한 규정이 없는 점을 악용하여 지주들이 소작료를 인상해서 고율로 유지하려는 움직임을 강화했음을 확인할 수 있다. 이뿐만 아니라 지주들은 소작료 감면을 기피하면서 오히려 각종 부담을 소작인들에게 계속 전가했다. 그리고 소작지 관리자 문제를 둘러싼 쟁의 사례들에서 조선농지령에 소작지 관리자의 문제행위를 구체적으로 정의하여 직접 규제하는 조항이 없는 것을 이용하여, 소작지 관리자들이 계속 각종 명목으로 소작인을 착취하며 중간이득을 취했음을 볼 수 있다. 심지어 조선농지령의 소작지 관리자 신고 의무를 준수하지 않은 지주들도 많았던 것으로 보인다.

이처럼 조선농지령 시행 후에도 소작 문제가 조정·해결되지 않은 사례들이 많이 나타난 것을 볼 때, 조선농지령으로 실제 소작 문제가 통제되었다고 보기 어렵다. 소작 문제 현상이 지속되는 가운데 소작조정도 지주에게 유리하

---

[253]　光州地方法院 木浦支廳, 「略式命令」, 『刑事裁判原本綴』, 1938, 1109쪽.

게 전개된 사례가 많았다. 특히 이러한 결과를 낳은 소작조정 사례들은 다른 조정에도 하나의 판례로 적용되어 조정의 표준으로서 영향을 미쳤으므로 그 의미가 더욱 크다고 할 수 있다. 소작조정 판례 분석을 통해 소작 문제 분쟁을 처리하는 과정에서 식민농정의 기본 방침을 확인할 수 있고 조선농지령의 법적·사회적 이행 실태를 엿볼 수 있다.

결론

결론

이 책에서는 일본과 식민지 조선의 지주제에 대해 소작관행, 소작입법, 소작쟁의를 중심으로 전면 비교연구했다. 특히 1930년대 조선농지령의 제정 과정과 시행 이후 소작실태와 소작쟁의에 대해 분석하여, 조선총독부의 소작입법으로서 조선농지령의 성격과 그 시행 효과를 평가하고자 했다. 이 글의 결론을 주제별로 정리하면 다음과 같다.

1. 지주제와 소작 문제 비교

우선 일본과 식민지 조선의 지주제 변화와 관련하여, 일본과 조선의 농업과 소작조건을 전반적으로 살펴보았다. 그리고 일본과 조선의 소작쟁의와 소작관행, 소작 문제의 추이를 정리했다.

일본은 메이지 신정부가 지조개정(1873~1880)과 질록처분(1876)을 실행하여 사적 토지소유를 공인하면서 지주소작관계의 제도적 틀이 형성되었다. 일본 농촌에서 지주제는 마쓰카타 디플레이션기(1881~1889)에 자작농의 몰락과 토지를 집적한 '기생지주'의 지배체제로 성립되었다. 그런데 일본은 제1차 세계대전에 따른 호황과 공업화·도시화의 진전과 함께 세계시장으로의 비약적 진출을 계기로 본격적으로 금융자본을 축적하고 독점자본주의체제를 확립했고, 이 무렵부터 지주적 토지소유는 동요기에 들어갔다. 지주경영은 1920년 공황 후에 쌀값이 폭락하는 한편 조세·공과 부담이 증가하고, 소작쟁의가 급증하며 소작료가 감액되면서 악화했다. 이로 인해 대지주를 중심으로 소작지를 매각하고 경영의 중심을 유가증권 투자 등으로 옮기는 경향이 나타났다. 1920년대 말 대공황을 계기로 그 변모는 더 명확해졌다. 이런 상황에서 농민계층의 변화를 보면, 자작농은 정체, 자소작농은 완만히 증가, 소작농은 1920년 공황을 계기로 감소하는 경향을 보였다. 농가경영 규모는 전체적으로 영세해졌고, 대공황의 타격으로 농민계층 간 격차는 더욱 벌어졌다. 그렇지만 일본의 소작농가는 전통적인 '촌(村)'의 구성원으로서, '이에(家)'를 기초로 한 소농경영에는 크게 변화가 없었다. 또한 사적 토지소유를 촌락이 자치적·공동체적으로 규제하여 경작권이 어느 정도 보전되었다.

일본에서 지주에 대한 과세가 강화되고 쌀값이 하락하면서 토지투자의 채산이 낮아지자, 지주는 부담을 소작인에게 전가하려 했고 이에 강한 저항이 일어났다. 일본 소작쟁의의 근본 원인은 독점자본주의의 확립에 따라 필연화된 만성 불황, 그리고 자본주의 경제의 본격적 침투에 따라 압박을 받은 농민의 일반적인 궁핍화가 지주와 소작인의 경제적 대항관계를 격화시킨 것이었다. 일본에서 소작쟁의는 1920년 공황 이후 광범하게 전개되었다. 1920년대에 들어 소작쟁의 발생 건수는 가파르게 증가했다. 1920년대 쟁의의 특징은 ① 농업취락을 기초적 범위로 한 집단적인 소작쟁의가 주류였다. ② 소작료 감면이 중심적인 요구 내용이었다. ③ 긴키 지방 등 서일본을 중심으로 전개되었다는 것이다. 1920년대에 소작쟁의는 소작인조합의 주도로 더욱 확산되었다. 그러다가 대공황이 일본 전국의 농업에 영향을 미치자 소작쟁의의 발생 양상이 달라졌다. 대공황을 겪은 후 소작쟁의는 비교적 낙후된 일본의 주변부에서 증가하고 중심부에서는 서서히 퇴조했다. 하지만 대공황을 겪으면서 농민운동은 농촌의 광범위한 계층으로 확대되었다. 소작쟁의의 전체 건수는 1930년대 중엽까지 절정을 향해 증가했고, 그 후 전시체제기에 들어 감소했다. 1930년대 쟁의의 특징은 ① 토지쟁의를 중심으로 한 개별적인 소작쟁의가 주류가 되었다. ② 토지 회수에 대해 소작 계속을 요구하는 쟁의가 중심이 되었다. ③ 도호쿠 지방 등 동일본으로 주요 무대를 옮겨 갔다는 것이다. 소작쟁의의 주체적 측면을 보면, 다이쇼 말기부터 공황기를 거치며 쟁의 주체의 계층성이 하강한 것을 볼수 있다. 한편 1924년 소작조정법이 시행되면서 소작쟁의의 과반수는 소작조정제도 내로 흡수되어 통제·관리되었다. 일본의 소작조정제도가 비교적 소작인 측에 유리한 결과를 가져왔기 때문인데, 이는 조정위원회의 구성원으로 농민들이 참여한 데서 기인했다. 또한 소작쟁의의 법외 조정에서 소작관이 큰 역할을 했다.

한편 한국은 봉건적 사회의 주요한 생산관계인 지주소작관계를 청산하지 못한 채 일본 제국주의의 식민지로 전락하고 말았다. 이미 러일전쟁을 전후하여 일본인 지주들이 대거 조선에 진출·정착하여 일본으로 곡물을 이출하기 위해 지주제 농장을 경영했다. 일본인 지주들은 토지개량을 추진하고 농사개량을 도모하며 '식민지지주제'를 구축해갔다. 그리고 식민농정의 농업생산력 향상 방침 아래 식민지지주제의 지주소작관계가 고도로 발달했다. 식민지지주제란, 토지조사사업과 등기제도를 통해 체제적으로 확립·재편된 일본식 지주제를 가리킨다. 즉 일본의 기생지주제가 도입되어 토착적인 지주제와 혼성되어 '자본주의적 근대성'과 함께 '식민지성'과 '반(半)봉건성'을 띠고 식민지지주제화한 것이다. 한국병합과 토지조사사업 이후 일본인 대자본의 토지겸병은 급격화했다. 1920년대에도 일본인 지주와 한국인 지주를 포함하여 대지주가 점점 많아졌다. 한편으로 식민지기에 자작농 및 자소작농은 지속적으로 감소하고 소작농은 계속 증가하여 농민층 분해가 심각했다. 소작농의 증가는 곧 소작농의 경제적 몰락으로 이어졌다. 한정된 토지에 다수의 소작농이 존재하게 되어 경쟁 상태를 이루면서, 지주가 소작인에게 계속 고율의 소작료를 강요할 수 있는 경제조건이 되었다.

이런 상황에서 1920년대에 집단적인 소작쟁의가 다수 발생했다. 이 시기 소작쟁의의 전개 양상은 경제 권익 투쟁에서 점차 정치 투쟁으로 변해갔다. 소작쟁의는 1920년대에 본격화되어 그 발생 횟수가 계속 증가했다. 식민지 조선에서 소작쟁의의 주된 원인은 일찍이 1920년대 중반부터 소작료에서 소작권으로 변화하는 양상을 띠었는데, 이는 농민들의 경제적 조건이 급격히 악화되었음을 보여준다.

일본과 식민지 조선의 지주제 성격을 비교해보면, 두 지역 모두 메이지민법에 의해 지주적 토지소유가 제도적으로 보장되었다. 일본 민법의 토지법제는 자본주의의 육성을 전제로 하는 것으로, 식민지 조선에도 적용되었다. 그 특성은 일본 자본주의가 형성되면서 성립된 지주적 토지소유를 공인하고, 이것을 자본주의체제의 구조적 일환으로 위치시키는 것이었다. 일본 민법에서 설정한 영소작권과 채권적 임대차 규정은 식민지 조선의 사회 속에서 새로운 관행으로 구축되어갔는데, 그 기조는 토지소유권을 위주로 한 것이었다. 일본과 식민지 조선의 소작관행과 소작 문제를 소작권, 소작료, 소작지 관리자 문제 등을 중심으로 볼 때, 식민지 조선의 지주제는 일본 본국의 지주제보다 열악하고 불안정했다. 소작기간과 관련하여 보통 일본에서는 부정기계약이나 계속 소작하는 경우가 많고 정기계약일 경우 3~5년 정도였지만, 식민지 조선에서는 지주가 일방적으로 자주 해약하는 부정기계약이 많고 정기계약은 1년

정도로 짧아 소작권이 보장되지 않았다. 소작료는 일본에서는 주로 정조법에 의해 일정액을 수취했지만, 식민지 조선에서는 보통 훨씬 고율의 타조법으로 징수했다. 더욱이 일본에서는 촌락 내 소작료 감면 관행 등이 살아 있었다. 이에 일본에서는 소작료율이 1920년대 초중반부터 점차 하락하는 추이를 보였다. 그러나 식민지 조선에서는 1920년대와 1930년대 초반까지 소작료율이 계속 상승했다. 그리고 소작지 관리자의 폐해가 일본보다 식민지 조선에서 심각했는데, 소작지 관리자는 소작인에게 소작료를 부당하게 부과하거나 무상노동의 제공을 강요하는 등 중간착취자로 기능했다.

즉 일본에서 대토지소유 해체 경향이 나타나던 중에도 식민지 조선에서는 지주제가 발달하는 상반된 현상이 나타났으며, 조선의 식민지지주제는 일본에 비해 더 열악하고 불안정했다. 식민지 조선의 지주제는 훨씬 뒷시대까지 지속되면서 앞 시대 일본의 지주제와는 다른 특징을 보였고, 특히 상대적으로 심각한 소작 문제가 계속 심화되었다. 일본과 달리 농업 아닌 다른 산업으로 경영의 중심을 옮겨갈 여지가 별로 없는 상황에서, 식민지 조선의 지주들은 고율의 소작료 등의 소작경영으로 최대한의 이윤을 추구했으며, 식민농정은 이를 규제하지 못했을뿐더러 오히려 조장했다고 할 수 있다.

2. 소작입법 과정과 법안 특성 비교

다음으로 일본과 식민지 조선의 소작입법 과정과 법안 특성을 비교해보았다. 일본에서는 제1차 세계대전과 1920년 공황 이후 1920년대에 소작쟁의가 본격적으로 전개되면서, 소작쟁의 확대로 인한 폐해를 방지하기 위해 소작관계특별법으로서 소작입법이 정책 현안으로 등장했다. 이에 일본 농상무성 관료들은 1920년 11월 소작관계법을 심의하고 소작 문제 해결 방안을 모색하기 위해 농상무성 내에 '소작제도조사위원회'를 설치했다. 간사 등 소작제도조사위원회를 주도한 세력은 개혁 성향의 농림관료들로서 지주적 토지소유의 폐해를 인식하고 있었다. 소작제도조사위원회는 관민 합동의 조사기관을 지향했으며, 농상무성으로부터 연구자료를 받아 특별위원회에서 논의를 진행했다. 1921년 6월 제4회 특별위원회에서 간사 측은 「소작법안 연구자료」를 제출했는데, 소작권을 현저하게 강화하려 한 점이 특징이었다. 이는 소유권을 절대 보장하는 일본 민법 체계가 소작관계에는 해당되지 않도록 하는 혁신적인 내용이었다. 이후 1921년 7월 제5회 특별위원회에서 약간의 수정을 거쳐 「제2차 소작법안 연구자료」를 제출했다. 이는 소작기간과 소작권 양도 절차, 소작료 지불 의무 등의 내용에서 지주의 의향을 배려한 것이었으나 기본적인 변화는 없었다. 일본 정부는 소작법안을 소작제도조사위원회 본회의에 상정하고, 의회에 제출하기에 앞서 신문지상을 통해 여론조사도 했다. 그런데 소작법안은 지주 측의 거센 반발을 낳았다. 그러면서 1922년 2월 제6회 특별위원회를 통해 우선 소작조정법을 제정하는 방향으로 논의가 옮겨갔다.

그리하여 1922년 6월 제8회 특별위원회에 「소작조정법안 연구자료」가 제출되어 심의가 이루어졌다. 일본 정부는 이 소작조정법안을 수정하여 1924년 7월 제49회 제국의회(1924. 6~7) 중의원에 상정하여 가결했고, 귀족원에서도 원안대로 가결하여 그해 12월 1일부터 실시했다. 소작조정법은 소작 문제를 조정하여 소작쟁의를 진정시켜 농업생산력을 증진하는 것이 목표였다. 이에 소작조정법에 따라 조정 신청이 있는 쟁의에 대해 행정 및 지주·자작농·소작농 등으로 구성된 조정위원회에서 조정, 곧 사실상 화해에 부칠 수 있는 규정을 마련했다. 또 주요 지방에 소작관을 특설하여 조정에 협력하게 했다. 하지만 소작조정법은 어디까지나 절차법으로서 실체법인 소작법 제정이 수포로 돌아간 상황에서 그 운용에 한계가 있어 소작 문제의 근본적인 해결책은 되지 못했다. 그러나 소작조정법이 시행되면서 소작쟁의의 과반수는 소작조정제도 내로 흡수되어 통제·관리되었다. 이처럼 일본의 소작조정제도가 성과를 거둔 것은 조정위원회의 구성원으로 농민들이 다수 참여한 데 기인했다. 또한 구장(區長), 부락 총대(總代) 및 지방 유력자에 의한 조정도 큰 비중을 차지했다. 그리고 소작관이 소작조정법을 통한 소작쟁의의 조정 외에 법외 조정에서 큰 역할을 했다. 이렇게 집단적인 소작조정이 이루어지면서 일본에서는 협조주의적인 소작질서가 광범위하게 형성되어갔다. 이것이 가능했던 이유는 일본에서는 이에(家)와 촌(村)이 소작 문제의 계급모순을 완화시키는 역할을 했기 때문이다. 이를 전제로 촌락 내 소작조정 시스템이 형성될 수 있었다.

그러나 1920년대 중후반에 들어 소작쟁의가 지역적으로 확산되고 쟁의 내용도 악화되면서, 실체법으로서 소작법을 제정하려는 움직임이 다시 활발해졌다. 이에 일본 정부는 1926년 5월 '소작조사회'를 설립하여 6월 제1회 총회를 열어 소작법 제정 방침을 결정하고, 앞선 논의를 계승하는 형태로 심의를 계속했다. 그러나 소작조사회는 소작권이 보다 약화된 내용으로 소작법 요항을 결정하여, 그해 10월 「소작법 제정상 규정해야 하는 사항에 관한 요강」 등을 농림대신에게 답신했다. 이 답신에 기초하여 농림성 농무국은 소작법 초안을 작성하고 이를 사법성과 심의했다. 1927년 3월 농림대신·사법대신의 이름으로 소작법안이 내각에 제출되었다. 그리고 같은 달 농림성 농무국은 이를 「소작법초안」으로서 공표했다. 이는 제1차 소작법안 연구자료에 비하면 경작권의 강화를 통한 소작인 보호라는 의도 측면에서 어느 정도 후퇴해 있었다. 더욱이 입헌정우회의 '자작주의' 정책과 입헌민정당의 '소작주의' 정책의 대립으로 소작법 입법은 지연되는 경향을 보였다. 한편 소작농 측은 1920년대 초중반부터 일본농민조합, 전일본농민조합동맹을 필두로 소작입법을 주장했으며, 정부의 소작법안에 대해 대안적인 소작법안을 제시하기도 했다. 반면에 소작법안의 심의·입안 과정에서 대일본지주협회 등 지주들의 반대는 매우 강경했다. 지주 측의 소작법 반대 운동 및 소작인 측의 소작법안 수정 요구의 영향으로, 소작법 초안은 법제국의 심의를 통과하지 못하고 제52회 제국의회(1926. 12~1927. 3)에 제출되지 못했다.

소작법안은 이후 1929년 7월 입헌민정당의 하마구치 내각(1929. 7~1931. 4)에 의해 계승되어, 같은 해 10월 '사회정책심의회'에서 소작법 요강에 따라 속히 소작법을 제정·실시하기 바란다는 답신안을 가결했다. 사회정책심의회 내 소작법위원회는 헌정회(입헌민정당 전신)의 제1차 와카쓰키 내각(1926. 1~1927. 4) 시절 작성한 소작법안대로 그해 11월 답신안을 결정하여 소작법에 대한 심의를 마쳤다. 소작법안은 1930년 12월 법제국에서 심사되어, 1931년 1월 말 각의에 부의·결정된 후 의회에 제안되었다.

마침내 1931년 2월 일본 정부는 소작법안을 제59회 제국의회(1930. 12~1931. 3) 중의원에 제출했다. 하지만 귀족원은 이미 정부의 소작법안에 반대할 것을 결의하고 있었다. 특히 입헌정우회는 소작법, 노동조합법 등 중요 법안을 모두 철저히 규탄하기로 했다. 소작법안은 약간의 수정을 거쳐 그해 3월 중의원 본회의에서 가결되었다. 그러나 결국 지주적인 이해가 반영된 보수적인 귀족원은 소작법안을 특별위원회에서 한 차례 심의하고 심의 미료로 묵살했다.

일본의 소작법안은 영소작에까지 적용되었고 소작기간(최단기간 5년) 보장을 비롯하여 소작권 해제 제한, 소작계약의 제3자에 대한 효력 보장, 소작료 감면 등에 대한 규정들이 담겨, 민법이 보장한 지주의 권익을 제한하고 소작농의 안정을 보장하는 내용으로 되어 있었다. 이를 통해 농업생산력을 실질적으로 담당하고 있는 자·소작농을 사회적 지주(支柱)로 만들어 농촌 지배체제의 근대화를 달성하려고 했다. 일본에서 소작입법은 지주제를 위로부터 부르주아적으로 개혁하고자 기획된 것이었다.

이러한 배경에서 식민지 조선의 조선농지령도 입안되었다고 할 수 있다. 그러나 식민지 조선의 소작입법 취지는 일본 본국과는 차별적이었다. 일본의 소작법안은 비록 그 제정에 실패했으나 개혁 성향의 관료 주도로 고안되어 상대적으로 소작권 보호와 지주제 개혁을 목표로 한 데 반해, 식민지 조선의 조선농지령은 농업증산과 체제안정을 위해 기존의 지주 권익을 보장하면서 입법이 이루어진 측면이 있었다. 이어서 조선농지령의 제정 과정을 추적하고 그 내용을 해석해보자.

식민지 조선에서 1920년대 초부터 소작쟁의가 본격화되던 가운데 식민당국은 1921년경부터 '조선소작인법' 제정 문제를 논의하기 시작했다. 조선총독부는 1923, 1924년 연이어 소작관행 개선 방안을 비밀훈령으로 발표하며 소작문제에 관심을 보였다. 그런데 소작쟁의가 격화될수록 오히려 식민당국은 소작법 제정에서 한 걸음 유보적인 태도를 보였다. 총독부는 조선에서 소작법을 시행하는 것은 각성되지 않은 소작인의 이익을 보호할 뿐이므로 시기상조라는 입장이었다. 총독부는 1924년경부터 더 이상 소작제도 개선에 무게를 두지 않는 대신, 지주들을 적극적으로 비호하면서 소작운동을 탄압하는 태도로 나왔다. 그러다가 농민 빈궁화와 농업생산력의 위기가 심각해지자 이를 타개하고 계급적·민족적 저항에 대처하고자, 총독부는 1928년 7월 정무총감 명의로 「소작관행 개선에 관한 건」 통첩을 발표했다. 한편 총독부 식산국 농무과는 1929년 칙령으로 소작관제를 신설하여 소작쟁의가 거센 주요 각도에 소작관을 배치했다. 소작관은 소작쟁의의 조사와 조정을 돕는다는 목적에서 설치되었지만, 이후 식민지 조선에서 소작관이 농촌 내 계급 간 사회조정기구로서 제도적으로 안착하는 데는 한계가 있었다. 이후 1931년경 총독부는 '조선소작령'을 심의 중인 것으로 알려졌다.

한편 조선총독부는 '조선소작쟁의조정법'안을 먼저 마련하고 그 제정·공포를 준비하기로 했다. 당시 농민 측은 총독부가 소작법보다 소작쟁의조정법을 먼저 제정하려는 데 반감을 나타냈다. 그러나 1932년 8월 우가키 가즈시게 조선총독은 사이토 마코토 내각총리대신에게 '조선소작조정령 제정의 건'을 올렸다. 조선에서 소작쟁의가 빈발하는 실정에서 그 신속하고도 원만한 해결을 위해 조선소작조정령의 제정이 필요하다는 것이었다. 식민당국은 소작쟁의 발생 시 당국이 개입 알선해서 지주와 소작인이 화해하는 '평화적 해결'을 기도하려 했다. 조선소작조정령안은 일본에서 1924년 제정된 소작조정법을 모범으로 했으나, 본국과 달리 조정위원회제도를 두지 않고 사법기관만을 조정기관으로 했으며, 그 시행 지역을 한정하지 않고 전 조선을 범위로 했다. 이후 조선소작조정령 제정의 건은 사법대신이 내각총리대신에게 허가를 구하고 천황의 재가를 얻는 수순을 거쳤다. 1932년 11월 일본 각의에서 결정된 '조선소작조정령'은 천황의 재가를 거친 후, 그해 12월 10일 제령 제5호로 제정되고 1933년 2월 1일부터 시행되었다. 조선소작조정령의 시행으로 지주와 소작인 간 쟁의의 조정은 당사자의 신청에 따라 지방법원 또는 그 지청의 합의부에서 취급하게 되었다. 그 조정에는 소송상의 화해와 같은 효력이 부여되어 강제집행을 할 수 있었다. 또한 조정사건이 재판소에 계속(繫屬)되었을 때 부(府)·군(郡)·도(島) 소작위원회 및 기타 적당하다고 인정되는 자에게 권해(勸解)하게 하여 조정절차에 들어가지 않고 타협하여 종료시킬 수 있었다. 그러나 조선소작조정령은 소작위원회 조직이 관료적이고, 소작쟁의에 대한 농민단체의 조직적 개입을 부정했으며, 조정 시 기준이 되는 소작법이 없는 등의 문제점을 안고 있었다. 이러한 결함이 지적되면서 조선소작령 제정은 더욱 급무가 되었다.

조선총독부 식산국 농무과는 1932년 4월경 조선소작령 초안 작성을 마치고 조항별 검토에 들어갔다. 그리고 1933년 6월 총독부 농림국과 관계 국·과는 본격적으로 조선소작령 심의에 착수했다. 그해 8월경 총독부는 조선소작령을 탈고하여 정무총감에게 제출했다. 이때 조선소작령안은 소작권을 물권으로서 인정할 것, 조선의 특수사정을 참작하여 마름의 단속을 엄중히 할 것 등을 강조했다. 이후 조선소작령안을 총독부 심의실에 회부한 상태에서, 총독부는 조선소작령안에 대해 의견을 청취하고 세부 사항을 협의·결정한다면서 1933년 10월 24~26일에 '조선 소작에 관한 타합회'를 개최했다. 이 심의회에 총독, 정무총감을 비롯하여 총독부 농림국·법무국·내무국·경무국·심의실과 일본 척무성·법제국·농림성의 관계 관료, 소작관, 도지사, 중추원 참의, 지주, 금융업자, 학자 등이 참석했고 소작인 측은 제외되었다. 여기서 대체로 지주와 소작인의 '공존공영'을 고려하여 농촌개발·농사개량에 이바지하는 조선소작령을 제정하자는 데 합의했으며, 조선소작령안은 거의 농림국의 원안대로 결정되었다. 이에 더해 그해 10~11월 총독부는 '조선소작령제정위원회'를 개최하여 조선소작령 제정에 참고한다며 주로 대지주 측의 의견을 청취했다. 그리고 같은 해 11월 조선소작령안은 농림국안을 중심으로 심의실에서 확정되었다. 이를 총독부 수뇌부 회의에 부의·토의하여 조선소작령안을 탈고하고 조항별 심의를 마쳤다. 이때 조선소작령안은 소작농의 생활안정을 통한 소작지의 생산력 증진, 소작관행의 폐해 교정과 소작쟁의의 방지를 목적으로 한다고 했다. 조선소작령 제정이 임박해지자 지주들은 '전선농업자대회(全鮮農業者大會)'를 개최하는 등 소작법에 대해 거세게 반대하는 태도를 보였다. 반면에 농민단체를 포함하여 각계 조선인 인사들은 '조선소작령제정촉진회'를 조직하여 총독부에 조선소작령 제정을 촉구했다.

1933년 12월 조선총독부는 일본 내각에 '조선소작령 제정의 건' 제령안을 올렸고, 정무총감 및 총독부 심의실과 척무성·법제국 간에 구체적인 교섭이 시작되었다. 척무성에서는 조선소작령안 검토를 위해 총독부와 연합협의회를 개최했는데, 대체로 조선소작령 원안을 승인하여 법제국으로 회부했다. 1934년 1월 총독부는 척무성과 법제국에 조선소작령 합의 심사를 구하여 각각 개별적으로 절충·심의에 들어갔고, 각의에서도 논의가 시작되었다. 총독부는 조선소작령이 일본 정부가 본국에서 제정하려던 소작법안을 골자로 하며, 여기에 조선 특유의 관습을 고려하여 입안되었다고 밝혔다. 척무성은 조선소작령이 조선의 산업개발과 농촌진흥에 불가결한 법령이라며 그 제정에 찬성했다. 법제국도 총독부 안을 지지하여, 삼자 간의 절충은 거의 의견의 일치를 보았다. 다만 이즈음 척무성과 법제국은 '조선소작령'이라는 명칭이 지주와 소작인의 대립을 연상시킨다고 지적하며 '조선농지령'으로 개칭하기로 결정했다. 또한 총독부와 척무성 및 법제국은 조선소작령 합의 심사에서 지주들이 요구한 중요 내용을 수용했다. 소작기간을 총독부의 5년 안에서 척무성·법제국의 3년 안으로 줄이고, 법제국의 의견에 따라 소작인이 소작료나 채무를 체납하는 '배신행위'를 하면 즉시 소작 해제가 가능하도록 한 것이 대표적인 예이다. 그해 2월 총독부는 척무성과 법제국의 위와 같은 이견을 받아들여 조선소작령 원안을 일부 수정했고, 척무성은 내각에 이 제령안을 올렸다.

　제령을 성립시키기 위해 일본 의회의 협찬을 받을 필요는 없었으나, 1934년 2월부터 3월까지 정무총감과 척무대신은 의회 중의원·귀족원 예산위원회에 출석하여 조선소작령안에 대해 설명하고 의원들의 질문을 받는 과정을 거쳤다. 그런데 의회에서는 이른바 '조선통'이라고 할 만한 입헌정우회 등의 보수적인 의원들을 중심으로 조선소작령 제정에 반대하는 의견이 일부 제기되었다. 이들은 조선소작령의 시행은 시기상조라며, 소작 문제를 법령이 아닌 행정처분으로 해결하자는 등의 제안을 했다. 이는 일본인 지주와 자본가의 이익이 반영된 견해였다. 이에 대해 정무총감과 척무대신은 일본인 지주들이 조선의 농업개발에 커다란 공헌을 해온 데 동의한다며, 조선소작령으로 지주와 소작인의 '공존공영'과 토지·농사개량, 생산증진을 도모하려 한다고 강조했다. 척무대신은 일본 본국과 달리 식민지 조선에서는 소작법을 통해 농민의 통제가 필요하다고도 말했다.

의회에서 반대 의견이 있었는데도, 척무성·법제국과 총독부는 그해 3월 '조선소작령'을 '조선농지령'으로 개칭하여 심의를 완료했다. 법제국장관은 내각총리대신을 비롯하여 각 대신 앞으로 제령안의 승인을 청의했다. 하지만 조선농지령의 각의 승인은 다소 늦어졌는데, 농림성에서 조선농지령의 제정과 일본 본국 농업과의 관계 등을 내세우며 제동을 걸어 농림성과 척무성·법제국 간에 협의가 더 이어졌다. 결국 1934년 4월 6일 조선농지령은 일본 각의를 통과하여 결정되었다. 조선농지령은 그해 4월 10일 천황 재가의 절차를 밟아 4월 11일 제령 제5호로 제정·공포되었고, 같은 해 10월 20일부터 시행되었다. 총독부는 조선농지령이 일본 본국의 소작법보다 먼저 실시되는 '최초의 소작입법'으로서 획기적이고 진보적인 '사회입법'이라고 대대적으로 선전했다.

조선농지령은 마름 등 소작지 관리자에 대한 규정(신고 의무 등), 소작기간에 대한 규정(최단기간 3년 등), 임대차 계약의 효력(소작권 상속 가능, 등기 없이도 제3자에게 대항 등), 소작료의 감면 조건과 결정(불가항력으로 인해 수확 감소 시 소작료 감면 등), 부·군·도 소작위원회의 소작쟁의 조정 등의 내용으로 구성되었다. 조선농지령의 의의는 소작기간을 최소 3년으로 법제화하는 등 소작권에 대해 어느 정도 규제한 점에 있었다. 그러나 조선농지령은 다음과 같은 문제점을 안고 있었다. 첫째, 소작쟁의의 핵심 문제인 소작료에 대한 언급이 없어 종전의 고율 소작료가 그대로 인정되었다. 둘째, 마름 등 소작지 관리자의 소극적인 규제로 인해 이들의 횡포가 계속 나타났다. 셋째, 지주가 정당한 사유 외의 이유로 소작인의 소작계약을 해약했을 때 지주가 소작인에게 손해배상 해야 하는 책임이 없었다. 넷째, 소작위원회에 대한 판정 요구는 당사자의 합의로만 할 수 있었기 때문에 사실상 지주의 동의 없이는 불가능했다.

제1차 세계대전 후 전 세계적으로 토지소유권 제한을 위한 사회입법이 추진되던 흐름 속에서 일본 정부는 10여 년간 소작입법에 대해 연구했다. 일본에서는 소작쟁의의 악화로 인한 폐해를 방지하고자 지주적 토지소유제도에 일정한 제한을 가해 소작권을 보호할 목적으로 소작법을 제정하려고 했다. 그 결과 1931년 소작법안에 상대적으로 선진적인 내용을 담았는데 이를 제정하지 못했다. 그리고 일본의 소작법과 조선의 조선농지령 제정 목적은 애초에 차이가 있었기에, 이러한 조항은 조선농지령에도 충분히 반영되지 못했다.

3. 1930년대 초중반 소작쟁의 비교

이 책은 또한 일본의 소작입법 실패 또는 식민지 조선의 소작입법 성공 후 1930년대 초중반 일본과 식민지 조선의 소작쟁의 사례를 비교연구했다.

비록 일본에서 소작법 제정을 위한 움직임은 중단되었으나, 소작법안의 '경작권 강화'의 방침은 1930년대 초중반에도 소작쟁의 조정에서 어느 정도 실현되었다. 특히 농민운동이 고양되면서 소작료는 전반적으로 인하되는 경향을 보였는데, 소작조정법 체제가 성립되고 각 촌락에서 지주·자작농·소작농 3자가 소작료를 결정하는 이른바 '협조체제'가 구축되면서 일본 농촌은 변화해 갔다. 실제로는 소작법안의 내용이 소작조정법 시행 과정에서 지도적으로 작용하여, 현실적으로 소작법안의 취지가 소작쟁의 조정에서 어느 정도 실현된 것이다.

1930년대 초중반 일본의 소작쟁의를 분석하기 위해서는 대공황기 고유의 농민층 분해의 특질, 즉 농민 제 계층의 전반적인 몰락 경향 속에서 지주와 소작인 대항의 성격을 고려할 필요가 있다. 1930년대 초중반 소작쟁의에서 가장 주목할 만한 현상은 토지반환에 관련한 쟁의가 증가한 것이었다. 토지반환에 대한 투쟁은 소작관계의 존속·소멸에 관한 것으로, 소작인이 가장 핍박받는 사정에 놓인 것이었다. 1930년대 초부터 농업공황이 심각해지면서 농민투쟁이 격화되고, 1930년대 중반까지 소작쟁의의 성질이 소작료 감면에서 나아가 토지반환 투쟁 등 소작권 그 자체를 둘러싼 쟁의로 변하여 그 건수가 증가하고 내용이 심각해졌다. 소작쟁의 참여 인원과 관련해서는 1930년대 초중반에도 소작쟁의의 대다수는 여전히 단체적 성질을 띠었으나, 쟁의 규모가 점차 작아졌다. 또 하나의 특징은 1930년대 초중반에 들어 중소지주에 대한 소작쟁의가 심각해진 것이다. 무엇보다도 1930년대 초중반에는 장기에 걸친 농업공황으로 소작농뿐 아니라 자작농을 포함한 전 농민층의 경영이 파탄에 직면했다.

일본의 1930년대 초중반 상황을 보면, 먼저 소작권과 관련하여 대공황 후에는 농촌의 불황과 흉작 속에 토지반환을 요구하는 지주의 공세로 토지쟁의가 점차 증가하는 움직임이 나타났다. 소작권을 보장받기 위한 쟁의에서 소작인은 소작권을 비롯하여 소작계약의 내용, 실체 등을 소작계약 증서로 명확히 증명해야 이를 인정받을 수 있었다. 소작권과 관련하여 소작인이 불안정했던 이유는 당시 일본 민법의 결함에 따른 것이었다. 민법에 따르면 소작인은 소작계약의 등기가 없는 한 물권을 취득한 자에게 대항할 수 없었는데, 현실적으로 지주는 소작계약 등기를 거의 승낙하지 않았다. 그리하여 지주가 소작지를 매각하고 새로운 지주가 구 소작인의 소작권을 인정하지 않을 경우, 구 소작인은 소작권을 상실할 수밖에 없었다. 또한 민법에 따르면 지주는 소작기간을 정하지 않았을 때 1개년의 예고기간으로 언제라도 토지반환을 요구할 수 있었다. 이에 소작인은 안심하고 경작을 계속하거나 토지개량과 생산증진에 노력할 수 없는 구조였다. 이에 대공황 후 1930년대 초반부터 소작권 문제를 둘러싼 토지반환 투쟁이 증가했다.

구체적으로 이 시기 지주의 토지반환 요구에 대한 소작권 관련 쟁의 사례들을 살펴보면, 공황 후 주로 중소지주들이 자작 등을 이유로 토지반환을 요구하여 쟁의가 되고, 여기에 소작료 감면 문제가 연관되어 있는 경우가 많이 있었다. 소작지 반환을 요구하는 지주들에 맞서 소작인들이 소작 계속을 요구하는 쟁의를 이어가다가, 가까스로 부락(대자 등)을 기반으로 한 '협조체제'의 중재를 통해 소작조정이 이루어진 경우도 상당수 있었다. 1930년대 중반에는 재산으로서 경작권을 둘러싼 지주와 소작농 간의 소작쟁의가 더욱 대두되어 지주소작관계가 새로운 국면에 들어섰다.

한편 소작료 관련 쟁의는 대공황을 계기로 1930년대 초중반에는 거의 각 부(府)·현(縣)에서 일제히 소규모화되었다. 대공황은 개개의 소작료 관계 쟁의의 폭을 협소하게 만들었다. 공황의 영향은 소작료 감면에 대한 소작농민의 자세를 소극적으로 만들어 실제 발생한 쟁의에서도 태도를 연화(軟化)했다. 그러면서 소작료 관련 소작쟁의는 소작권 관련 토지투쟁으로 전화(轉化)하는 양상을 띠었다. 그 기본적인 성격은 소작료 경감 요구를 내건 하층농민을 주체로 하는 빈농적 농민운동으로서 전개되었다. 즉 대공황기 소작료 감면 요구의 중점은 토지투쟁으로 전개될 가능성을 안고 경영 논리에서 생활 방위의 논리로 옮겨져 있었다. 소작지 회수에 대한 소작쟁의 결과 소작료가 일약 인상되는 경향도 있었는데, 이 같은 추세는 아직까지 일본 농촌의 토지 기근이 심각했음을 보여주는 것이다. 일본 농촌에서 아직 지주는 절대적인 지배권을 가지고 있었고, 토지소유를 통해 도처에서 절대적인 위력을 발휘하고 있었다. 이에 반해 소작인의 입장은 상당히 불안정했고, 언제 그 토지에서 쫓겨날지 모르는 상태였다.

1930년대 초중반에도 소작료 관련 소작쟁의는 계속되었다. 그런데 소작쟁의 중에서도 소작인들의 소작료 감면 요구는 종종 받아들여져 당국에 의해 조정이 이루어졌다. 그중에서도 소작료 감액과 소작료 일부 지불은 어느 정도 허용되는 분위기였다. 비록 소작법은 제정되지 못했지만, 소작인들의 열악한 경제상황을 고려해야 한다는 사회적 공감대가 형성되어 있었다고 할 수 있다. 1930년대 중반 소작인조합들은 소작료 감면 요구 등을 두고 강경한 태도에서 전환하여 지주의 온정에 호소하는 전략을 구사하기도 했다. 이는 어느 정도 효과가 있었는데, 각 농촌의 지도원들이 부락을 기반으로 한 이른바 '협조체제' 하에 나서서 중재하기도 했다.

그렇다면 조선농지령은 지주소작관계를 얼마만큼 변화시켰으며 소작권·소작료·소작지 관리자 문제 등을 둘러싼 쟁의를 해결하는 데 어느 정도 시행효과가 있었는지, 조선농지령 시행 이후의 소작실태와 소작쟁의 및 소작조정 사례를 분석해보았다.

먼저 조선농지령 시행 전후의 소작조건과 소작쟁의의 추이를 보면, 일제는 공황의 탈출구로 침략전쟁을 감행하면서 만주를 일본 블록경제체제 내로 포섭하려 하고, 식민지 조선에서는 식량공급기지화정책인 산미증식계획을 중단하고 공업화를 위한 원료공급기지화정책으로 식민농정의 중점을 옮겨갔다. 식민지 조선의 지주들은 일본과 달리 대공황기에도 토지소유 규모를 증대·유지했다. 1930년대에 대공황은 농산물 가격의 폭락 등으로 농업생산의 위축과 농민대중의 궁핍화를 가속화했다. 그런데 일본과 달리 조선의 지주층 일반은 공황을 이용하여 오히려 토지소유를 확대·유지했다. 1930년대 전반에 지주제의 양적 팽창은 사실상 매우 높은 수준에 달해 있었는데, 1930년대 말까지 소작지 면적은 계속 증가했다. 소작지율은 1930년대 후반에도 대공황 이전은 물론이고 조선소작조정령이 시행된 1933년, 조선농지령이 시행된 1934년에 비해서도 증가했다. 반면에 조선농지령 시행을 비롯한 농촌진흥운동의 전개에도 농민들의 몰락은 심화되었다. 소작농은 공황에 따른 지주 계급의 손실을 전가받아 더욱 어려운 처지에 놓였다. 1930년대에 소작농은 계속 증가하고 자작농은 계속 감소했으며, 빈농의 증가 현상은 식민지기 전 기간에 걸쳐 꾸준히 지속되었다. 소작농의 증가는 곧 소작농의 경제적 몰락으로 이어졌다. 한정된 토지에 다수의 소작농이 존재하게 되어 경쟁상태를 이루면서, 지주가 소작인에게 계속 고율의 소작료를 강요할 수 있는 경제조건이 되었다. 조선농지령이 실시되었어도 소작료의 상한을 정하지 않고 현행 소작료율을 그대로 인정했으므로, 이러한 추세는 1930년대 전 기간에 걸쳐 대체로 계속되었다. 1940년대 초까지 대지주 수와 그 소유 면적은 증가·유지되었고, 1940년대 중반까지 소작지율이 계속 증가하는 등 식민지지주제는 확대·유지되었다.

이런 상황에서 조선소작조정령 시행으로 소작조정의 길이 열리면서 소작쟁의는 급증했다. 조선소작조정령과 조선농지령 시행 이후 소작쟁의는 점차 개인 간의 소규모운동으로 일상화되었다. 그런데 여기서 주의할 점은 조선소작령이 실시된 1933년 이후 전체적으로 소작쟁의가 소규모화한 것은 소규모 쟁의가 격증했기 때문이지 대규모 쟁의가 감소했기 때문은 아니라는 점이다. 이 시기에는 대규모 소작쟁의도 증가했다. 다만 그 증가도가 소규모 쟁의보다 낮았을 뿐이다. 추가로 유의할 점은 조선소작조정령 시행 후 소작조정 건을 모두 소작인의 신청으로 봐서는 안 되고, 소작료 차압 등을 위한 지주의 신청 건수도 상당했다는 것이다. 또한 식민지 조선의 소작조정 주체는 거의 행정에 의해 독점되었던 것이 일본 본국과 대조적이다. 일본의 소작조정제도에서는 지주와 농민 측의 촌락 유력자를 소작조정위원에 선임하여, 촌락질서에 의거한 소작조정을 제도 내에 도입하는 것에 의해 실체법인 소작법의 부재를 보완했다. 그러나 식민지 조선의 경우 지주와 농민 측의 촌락 유력자에 의한 소작조정을 제도 내에 도입하려는 노력이 거의 보이지 않는다.

과연 조선소작조정령과 조선농지령이 소작농민에게 유리하게 작용하여 소작권의 안정을 찾게 되었는지, 또 소작료 문제에서 어느 정도 해결을 보게 되었는지 등에 대해서는 기존의 평가를 재고할 필요가 있다. 이 시기 대부분의 소작쟁의는 소작권의 회복, 지주의 소작료 인상에 반대하는 경제투쟁이었다. 1930년대 중반에 소작권과 관련된 쟁의가 늘어난 것은 조선농지령으로 최단 소작기간을 3년으로 법정(法定)했는데도 법령의 내용과는 달리 소작권은 여전히 불안정했기 때문이다. 또한 이는 고율 소작료 문제가 지속된 것과도 밀접한 관련이 있었다. 소작료 문제로 분쟁이 생기거나 소작료를 인상하려는 이유로 소작권을 박탈하는 경우도 많았기 때문에 쟁의의 중심 문제가 소작권 문제로 제기된 것이다. 무엇보다도 1930년대 중반에 소작쟁의의 가장 큰 원인이 소작권 관계 쟁의로 나타난 것은 조선농지령이 시행되는 중에도 온갖 구실로 소작권의 이동이 자행되고 있었기 때문이었다. 소작료 관계 쟁의는 1930년대 후기로 갈수록 약간 감소하는 경향을 보였으나, 집단적인 쟁의는 소작료 문제에 관계된 쟁의가 비교적 많았다. 한편 1930년대 중반에 마름 등 소작지 관리자 문제를 쟁점으로 한 소작쟁의도 증가했다.

1930년대 중반 조선농지령 시행 이후의 유형별 소작쟁의 및 소작조정 사례 연구를 통해 조선농지령이 실시된 후에도 소작 문제가 상당히 심각했음을 구체적으로 확인해보았다.

우선 소작권 문제로 인한 쟁의와 관련하여, 조선농지령 제정·시행을 앞두고 지주에 의한 소작권 박탈·이동이 증가함에 따라 소작권 관계 쟁의가 빈발하고 소작조정 신청이 격증했다. 지주들은 소작권 이동의 구실로 소위 '불량소작인'을 정리한다고 했으나, 실제로는 조선농지령이 시행되면 적어도 3년간 지주 마음대로 소작권을 이동할 수 없으므로 암암리에 이 같은 행동을 감행한 것이었다. 소작권을 몰수하여 소작인을 교체함과 아울러 소작료 인상에까지 앞장선 것은 동양척식주식회사, 구마모토농장, 불이흥업주식회사 서선농장 등 대지주들이었다. 소작권을 몰수당한 소작인들이 소작위원회 등에 조정을 신청하여 어떠한 조정 논의가 있어도, 지주가 이를 이행하려 하지 않으면 속수무책이었다. 소작조정의 결과가 지주에게 유리하게 나오는 경우도 많았는데, 지주가 쉽게 소작인의 과실 책임을 물어 소작권을 회수할 수 있었다. 지주가 소작권을 이동시키는 과정에서 이중소작 문제가 발생하여 이로 인한 쟁의도 많이 일어났다. 이중소작 문제는 주로 지주가 이중으로 소작인들과 소작계약을 체결하면서 발생했고, 이는 자연스레 소작인 사이의 소작권을 둘러싼 경쟁을 낳게 되었다. 조선농지령이 시행되고 나서도 지주들의 자의적인 소작권 이동은 계속되었고, 지주의 소작권 박탈·이동과 그 과정에서 이중소작 문제로 인한 소작쟁의도 지속되었다. 더욱이 조선농지령의 소작기간 최소 3년 보장 규정을 지키지 않는 지주들도 많았다. 한편 조선농지령 시행 후에도 소작계약은 흔히 구두로 체결되었고 이를 악용하여 지주들은 소작권을 박탈·이동시켰다. 또한 조선농지령이 시행되면서 소작지 소유권이 변경되어도 별도의 소작계약이나 등기 없이 새 지주는 구 지주와 소작인의 소작관계를 승계하여 구 소작인의 소작권을 보장해야 한다고 했으나, 이 규정은 제대로 준수되지 않았다. 새 지주가 구 소작인의 소작권을 박탈하여 새로운 소작인에게 소작권을 일시에 이동해버리는 일은 계속되었다.

다음으로 소작료 문제로 인한 쟁의와 관련하여, 조선농지령 제정을 앞두고 지주들의 소작료 인상으로 소작료 관계 쟁의가 심각했다. 소작계약을 최소 3년마다 갱신해야 하는 것에 대비하여 지주들은 서둘러 소작료를 인상하려고 했다. 지주들의 소작료 인상은 조선농지령에 소작료 책정을 제한하는 규정이 없는 것을 기회로 조선농지령 시행 이후에도 계속되었다. 동양척식주식회사, 조선흥업주식회사, 구마모토농장, 불이흥업주식회사 철원농장 등 대지주를 비롯하여 지주들이 소작료를 인상하거나, 그것이 여의치 않으면 소작권을 박탈·이동하는 일들이 빈번히 일어나 소작쟁의는 더욱 거세졌다. 지주가 소작료 수취 방식을 갑자기 바꾸어 실제적으로 소작료를 인상해서 소작쟁의가 일어나기도 했다. 조선농지령 시행 이후 소작료 관계 쟁의는 근본적으로 조선농지령이 지주의 고율 소작료 징수와 여러 가지 수탈 관행에 대해 제한 규정을 마련하지 않고 방임해버린 데 기인했다. 이렇게 지주들은 소작료를 인상할 뿐만 아니라 소작료 감면을 기피하면서 오히려 각종 부담을 소작인들에게 더 전가하려고 했다. 조선농지령에서는 재해 등 불가항력으로 인해 수확고가 현저히 감소한 경우, 소작인이 소작료 감면 신청을 할 수 있도록 했다. 그러나 조선농지령 시행 이후에 소작료 감면 조항은 제대로 이행되지 않았다. 흉년이 들고 소작료가 고율인 상태에서 소작인들은 지주 측에 소작료 감면을 요구했으나 그 요구는 잘 받아들여지지 않았다. 특히 동양척식주식회사 등 대지주들이 먼저 소작료 감면을 기피했다. 한편 소작인들은 과중한 소작료뿐만 아니라 지주들이 전가한 농사 관련 각종 부담에 계속 시달렸다. 지주들은 소작료에 부수하는 각종 부담까지 소작인들에게 계속 전가하여 문제가 발생했다.

그리고 소작지 관리자 문제로 인한 쟁의와 관련하여, 조선농지령이 시행된 후에도 소작지 관리자는 기대만큼 잘 통제되지 않았다. 조선농지령이 제정·실시되면서 소작지 관리자를 신고하도록 하고 그가 부적당하다고 인정될 경우 부·군·도 소작위원회에서 그의 변경을 명할 수 있도록 했으나, 조선농지령에는 소작지 관리자의 문제행위를 구체적으로 정의하여 직접 규제하는 조항은 없었다. 더욱이 조선농지령에서 도입한 마름의 통제책에서 소작인의 입장은 거의 개입될 수 없었고, 여전히 지주 측의 마름 지배권이 유지되었다. 이런 상황에서 마름은 조선농지령 시행 후에도 여전히 발호하면서 각종 명목으로 소작인을 착취하며 중간이득을 취했다. 이러한 '불량 마름'에 대한 처벌 규정은 실제로는 면직 정도에 불과했고, 지주와의 결탁으로 이마저 거의 실현되지 못했다. 소작지 관리자가 일으키는 문제를 충분히 규제할 수 없는 조선농지령의 결함을 악용하여 소작지 관리자의 문제행위, 즉 마름의 자의적인 소작권 박탈·이동, 소작료 인상·착취, 각종 부담의 소작인 전가, 각종 명목의 소작인 착취 등이 지속되었다. 심지어 조선농지령의 소작지 관리자 신고 의무를 준수하지 않은 지주들도 많았다.

4. 조선농지령의 성격과 시행 효과

이상의 내용을 통해 조선농지령의 성격과 그 시행 효과에 대해 이 책에서 도출한 결론을 정리하면 다음과 같다.

첫째, 조선농지령은 일본 정치경제를 위해 복무(服務)하면서 농업생산력 증진과 체제안정을 최대 목적으로 했다. 식민당국이 왜 일본 본국에서보다 먼저 조선농지령을 제정했을까 그 입안 의도를 보면, 표면상으로도 지주와 소작인의 '공존공영'을 통해 농업을 개발한다고 하면서, 식민지지주제를 유지하며 생산력을 증진할 것을 내세웠음을 확인할 수 있다. 그리고 그 이면에서는 만주 침략 이후에 일(日)·선(鮮)·만(滿) 경제블록화의 일환에서 식민지 조선의 농업증산 경제정책 기조를 이어 나가며, 소작쟁의와 농민운동으로부터 체제안정과 농업·농촌의 통제를 도모한 취지였다고 해석된다. 조선총독부와 척무성의 이해관계는 이 점에서 대체로 일치했다. 이에 비해 일본 농림성은 1930년대 전반에 조선쌀 통제 등의 방침을 통해 일본 본국의 농업경제사정을 우선시하여, 상대적으로 식민지 조선의 소작입법에는 소극적이었던 것으로 보인다. 결과적으로 식민당국은 식민지 조선에 투자하는 지주 및 자본가의 요구를 가급적 고려하여, 식민본국에서 소작법을 제정하지 않은 상태에서 먼저 '최초의 소작입법'을 단행했다. 일본의 소작법안이 지주적 토지소유제도에 일정한 제한을 가해 소작권을 보호할 목적으로 입법 추진된 것과는 다른 차별적 취지였으므로, 일본의 소작법안 조항은 조선농지령에 충분히 반영되지 않았다. 따라서 조선농지령이 표방한 진보적 근대성은 표피적 근대화에 불과했으며 이보다 식민성을 더 엿볼 수 있다.

둘째, 조선농지령 제정 과정에서 조선총독부 관료행정의 폭력성을 볼 수 있다. 조선농지령과 같은 제령 등 식민지 조선의 법령은 일본의 법률·칙령과 달리 의회의 협찬이 필요하지 않아 그 실질적인 견제를 받지 않고 조선총독의 명령과 내각의 승인으로 식민지배정책으로 결정되었다는 의결상의 문제점이 있었다. 일본 정부의 법령은 정부 내 위원회의 심의와 의회의 논의를 거쳐 통과될 수 있었으나, 식민지 조선의 제령은 조선총독부와 일본 정부의 일방적인 입안으로 제정될 수 있었다. 다만 총독부와 일본 정부 관료는 제령 제정 시 관례적으로 의회에 출석하여 설명하고 의원들의 질문을 받는 과정을 거쳤는데, '외지' 조선의 제령이라도 '내지' 일본의 법령과 충돌하지 않고 그 기조는 일치해야 했기 때문이다. 조선농지령 제정 시 총독부와 일본 정부가 의회와 크게 대립관계에 있었다고 보기는 어렵다. 더욱이 당시 '거국일치내각'하에 일부 이견을 보인 보수적인 의원들도 결국 식민당국과 타협했다. 그간 기존 연구에서는 총독부를 중심으로 식민당국이 조선농지령 제정을 얼마나 '주도적'으로 추진했는지 강조하며 긍정적으로 해석하는 경향이 없지 않았다. 그렇지만 뒤집어 보면 식민당국이 조선농지령을 '주도적'으로 추진했다는 것은 의회 등을 통해 이해관계를 반영할 수 없는 법령 의결구조상 참정권이 제한된 상황에서, '근대적 사회정책(사회입법)'이라는 미명 아래 당사자인 조선인 농민과 소작인 단체의 여론 수렴 없이 법령을 '강제적', '폭력적'으로 제정한 것이다. 조선농지령 제정 과정에서 소작인들의 의견을 반영할 수 있는 통로는 없었다.

셋째, 조선농지령은 지주 측의 요구를 중심적으로 반영함에 따라, 소작 문제 해결에 역부족인 내용을 담고 있었다. 1934년 제정된 조선농지령은 1931년 입법에 실패한 일본의 소작법안과 비교하면 그 성격이 근본적으로 달랐다. 일본의 소작법안이 상대적으로 '농민적 입법'으로서 비교적 소작농민을 보호하는 내용을 담고 있던 데 비해, 조선농지령은 '지주적 입법'에 가까웠다. 그에 따라 일본의 소작법안(전문 74조)의 많은 부분이 조선농지령(전문 40조)에는 포함되지 않았다. 일본의 소작법안에서 소작료 체납을 일정하게 인정한 조항, 지주의 소작지 매각 시 소작인에게 매입우선권을 부여한 조항, 지주의 소작지 회수 시 소작인에게 작리료(作離料)를 지급하게 한 조항 등이 조선농지령에는 누락되었다. 또한 일본의 소작법안에 비해 조선농지령의 문제점으로 적용 범위가 영소작에는 적용되지 않은 점, 소작기간이 짧은 점(일본 최소 5년, 조선 최소 3년), 관료 위주의 소작위원회 구성원 문제 등을 들 수 있다. '최초의 소작입법'이라는 선전이 무색하게 조선농지령에는 의도적으로 상당히 제한된 조항만 제시된 것이다.

넷째, 조선농지령 시행 이후의 소작실태를 보면 여전히 법제도 밖의 논리가 통용되고 조선농지령의 최소한의 취지도 관철되지 못했다. 실제 조선농지령은 소작농민들을 위해 기능하지 못했고, 농민들에게 결코 유리하지 않았다. 일본에서는 소작법이 유산(流産)되었지만 '경작권 강화'의 취지가 사회적으로 일정 부분 실현되어 자치촌락의 자율적인 소작 문제 규율과 함께 소작조정법 체제가 상당히 성과를 거둔 것으로 보인다. 이에 반해 식민지 조선에서는 조선농지령을 시행했는데도 지주들의 자의적인 제령 미준수나 결함의 악용으로 인해 그 제한적 목적도 제대로 달성되지 못했다. 식민당국은 조선농지령을 통해 농업·농촌을 포섭·통제하려 했으나, 법조문의 한계와 법적 강제력 부족으로 그 의도가 관철되었다고 보기 어렵다. 특히 소작권, 소작료, 소작지 관리자 문제를 둘러싸고 농촌사회의 불안정성이 지속·심화되었다. 소작기간 최소 3년 보장 규정을 지키지 않고 지주들의 자의적인 소작권 박탈·이동이 지속되었고, 소작료 감면 조항은 잘 이행되지 않은 채 지주들의 소작료 인상 문제가 계속 심각했다. 소작지 관리자 신고 의무는 제대로 준수되지 못하고, 소작지 관리자가 일으키는 문제는 충분히 규제되지 않았다. 일본 본국에서와 달리 식민지 조선에서는 소작위원회에 농민 측 대표의 참여의 길이 막히는 등으로 소작조정도 한계를 드러냈다.

요컨대 1930년대 조선농지령 제정으로 식민지지주제를 유지하며 생산력을 증진시키고 체제를 안정시키기 위해 소작 문제를 통제하려던 식민권력의 정책 의도는 제대로 달성되지 못했다. 조선농지령 시행 이후에도 식민지지주제가 유지되면서 소작 문제는 통제·해결되지 못하고 지속되었고 소작농민들의 저항은 계속되었다. 근본적으로 조선농지령 제정 목적 자체의 문제, 그 태초적 한계로 인해 소작 문제의 진정한 해결은 기대하기 어려웠고 이러한 조선농지령의 시행 결과는 불가피한 귀결이었다.

부록

참고문헌

1. 자료

1) 관찬문서

(1) 조선

朝鮮總督府,『慣習調査報告書』, 1913.

朝鮮總督府,『朝鮮に於ける小作制度』, 1925.

朝鮮總督府,『朝鮮·內地·臺灣比較統計要覽』, 1925.

朝鮮總督府,「小作令案(第1稿)」, 1929.

朝鮮總督府,『朝鮮の小作慣習』, 1929.

朝鮮總督府,『朝鮮ノ小作慣行』上·下, 1932.

朝鮮總督府,『朝鮮總督府官報』, 1934, 1936.

朝鮮總督府,『檢察事務報告書類』, 1938.

朝鮮總督府 取調局,『小作農民に關する調査』, 朝鮮總督府 調査局, 1912.

朝鮮總督府 殖産局,『朝鮮農務提要』, 1921.

朝鮮總督府 殖産局,『朝鮮の農業事情』, 1921, 1923, 1930.

朝鮮總督府 官房文書課,『朝鮮の群衆』, 1926.

朝鮮總督府 內務局 社會課,『小作慣例及驛屯賭に關する調査書』, 1928.

朝鮮總督府 中樞院,『小作ニ關スル慣習調査書』, 1930.

朝鮮總督府 中樞院,『民事慣習回答彙集』, 1933.

朝鮮總督府 中樞院,『朝鮮舊慣制度調査事業概要』, 1938.

朝鮮總督府 農林局,「朝鮮小作令案(第2稿)」, 연도미상.

朝鮮總督府 農林局,『(前編)朝鮮ニ於ケル小作ニ關スル法令』, 1933.

朝鮮總督府 農林局,『(後編)朝鮮に於ケル小作ニ關スル參考事項摘要』, 1933.

朝鮮總督府 農林局,『朝鮮小作關係文書: 朝鮮小作關係法規集』, 1936.

朝鮮總督府 農林局,『朝鮮の農業』, 1936, 1942.

朝鮮總督府 農林局,『朝鮮小作年報』 1~2, 1937~1938.

朝鮮總督府 農林局,『朝鮮農地年報』 1, 1940.

朝鮮總督府 農林局 農務課,『內地に於ける小作法草案と其の解說』, 1927.

朝鮮總督府 農林局 農務課,『朝鮮農地價格統制便覽』, 朝鮮行政學會, 1944.

朝鮮總督府 農林局 農村振興課,『朝鮮經濟槪況調査: 小作農家(1933~1938年)』, 1940.

朝鮮總督府 法務局 法務課 民事係,『民事例規』, 1932~1936.

朝鮮總督府 法務局 法務課 民事係,『昭和9年他局課主管事項合議關係書類(議會議關係書類)』, 1934.

朝鮮總督府 法務局 法務課,『報告例ニ依ル民事事件報告』, 1938.

朝鮮總督府 警務局,『最近に於ける朝鮮治安狀況』, 1934.

朝鮮總督府 警務局 圖書課,『朝鮮出版警察月報』, 1935.

朝鮮總督府 高等法院 檢事局 思想部,『思想月報』, 1931~1934.

朝鮮總督府 高等法院 檢事局 思想部,『思想彙報』, 1934~1937.

大丘高等法院,『小作調停事件 관련 자료』, 1933~1939.

京城地方法院 檢事局,『思想에 關한 情報』 7, 1934.

釜山地方法院 統營支廳,『판결문 원본』, 1935.

光州地方法院 木浦支廳,『刑事裁判原本綴』, 1938.

(2) 일본

農林省 農務局,『小作法制ノ整備ニ關シ審議スベキ事項ニ關スル各方面ノ意見』, 1900.

農林省 農務局,『小作調停年報: 第1次, 第2次』, 1926~1927.

農林省 農務局,『小作法草案ニ對スル意見ノ槪要: 其ノ一』, 1928.

農林省 農務局,『小作法草案ニ對スル意見ノ槪要: 其ノ二』, 1928.

農林省 農務局,『小作年報: 第3次, 昭和4~6年, 昭和14年』, 1928, 1931~1933, 1940.

農林省 農務局,『著書雜誌二表ハレタル小作法二對スル意見』, 1929.

農林省 農務局,『小作爭議及調停事例: 昭和4, 8, 9年』, 1930, 1934, 1936.

農林省 農務局,『本邦小作慣行』, 大日本農會, 1933.

農林省 農務局,『地方別小作爭議概要: 昭和7, 9年』, 1934, 1936.

農林省 農務局,『小作爭議·調停及地主小作人組合の概要』, 1933, 1936~1938.

農林省 農務局,『朝鮮及臺灣二於ケル小作事情』, 1937.

農林省 農務局,『小作事情調査』, 1938.

農商務省 農務局,『小作參考資料: 諸外國二於ケル小作制度 第1卷(佛蘭西, 英吉利, 北米合衆國及獨逸)』, 1921.

農商務省 農務局,『小作制度調査委員會第二回總會議事錄』, 1923.

農商務省 農務局,『(大正元年及明治18年)小作慣行二關スル調査資料』, 1924.

農商務省 農務局,『永小作に關する調査』1~2, 帝國農會, 1924.

內閣,『公文類聚』, 1932, 1934, 1936, 1943.

內閣,『勅令』, 1934, 1940.

大藏省 印刷局,『官報』, 1934.

衆議院事務局,『衆議院議案件名錄: 自第1回議會至第60回議會』, 1932.

衆議院事務局,『第73回帝國議會 衆議院議事摘要』中, 1938.

2) 보고서

(1) 조선

朝鮮農會,『朝鮮農務提要』, 1929, 1931, 1936.

朝鮮農會,『朝鮮の小作慣行: 時代と慣行』, 1930.

朝鮮農會,『朝鮮農業發達史: 政策篇』, 1944.

朝鮮農會,『朝鮮農業發達史: 發達編』, 1944.

司法協會,『朝鮮小作調停法令集』, 1933.

司法協會,『朝鮮農地令·朝鮮小作調停令 解說: 附 關係法令』, 1936.

司法協會,『朝鮮高等法院判例要旨類集』, 帝國地方行政學會朝鮮本部, 1937.

司法協會,『高等法院判決錄』23·25·28, 1937, 1939, 1942.

朝鮮殖産銀行,『全鮮田畓賣買價格及收益調』, 1939.

全國經濟調査機關聯合會 朝鮮支部,『朝鮮經濟年報』, 1939, 1940.

(2) 일본

法律新聞社, 『小作調停法原義』, 1924.

法律新聞社, 『大審院裁判例』 9, 1936.

興農會, 『小作調停法註解: 附 農會法註解』, 周文書院, 1924.

協調會 農村課, 『農村事情に關する調査』 1·3, 1924, 1925.

協調會 農村課, 『小作爭議地に於ける農村事情の變化』, 1928.

協調會 農村課, 『小作立法に關する重要問題』, 1931.

協調會, 『最近の社會運動』, 1930.

國民法曹會, 『(日本六法)現行法規總覽』, 弘文堂, 1926.

産業勞動調査所, 『小作法草案の正體: 農民運動暴壓, 貧農奴隷化の陰謀』, マルクス
　　書房, 1927.

帝國農會, 『小作料の減免に關する慣行調査』, 1927.

北蒲原郡協和會, 『小作法草案ニ對スル地主·小作人·其ノ他ノ意見』, 1928.

日本勸業銀行 調査課, 『小作爭議に關する調査』, 1928.

月曜會, 『小作法草案に對する研究』, 1929.

新潟縣農政協會, 『大日本地主協會小作法運動報告書』, 1930.

二松堂編輯所 編, 『帝國議會議事錄: 第59回』 1~3, 二松堂, 1931.

立憲民政黨本部, 『第59議會報告書』, 1931.

中央情報社, 『第65帝國議會 拓務議事詳錄』, 1934.

法學研究會 編, 『事項類纂判例大集 第8卷: 貸借關係』, 常磐書房, 1938.

3) 단행본
(1) 조선

井上蘇人, 『朝鮮現勢の考察』, 朝鮮經世時報社, 1927.

李如星·金世鎔, 『數字朝鮮研究』 1~5, 世光社, 1931~1933, 1935.

吉田正廣, 『朝鮮に於ける小作に關する基本法規の解說』, 朝鮮農政研究同志會, 1934.

崔秉錫, 『朝鮮小作調停令解說及書式』, 帝國地方行政學會朝鮮本部, 1934.

久間健一, 『朝鮮農業の近代的樣相』, 西ケ原刊行會, 1935.

久間健一, 『朝鮮農政の課題』, 成美堂書店, 1943.

久間健一, 『朝鮮農業經營地帶の研究』, 農業綜合研究刊行會, 1946.

李勳求, 『朝鮮農業論』, 漢城圖書株式會社, 1935.

林昌變,『朝鮮小作關係諸法規解說及新稅令』, 靖菴山房, 1935.

許洽,『小作精解: 實例書式』, 農政研究會, 1938.

高橋三七,『事業と鄕人』1, 實業タイムス社·大陸研究社, 1939.

印貞植,『朝鮮の農業地帶』, 生活社, 1940.

(2) 일본

半田鍵次郎,『判決總攬』, 判決例調査所, 1921~1937.

吉澤直 編,『小作調停法: 早わかり』, 暸文堂, 1924.

末弘嚴太郎,『農村法律問題』, 改造社, 1924.

末弘嚴太郎,『小作調停法大意』, 科學思想普及會, 1924.

末弘嚴太郎,『法窓雜話』, 日本評論社, 1936.

林增之丞,『小作爭議調停法註釋及理由』, 深谷中央社, 1924.

土井權大·水本信夫,『小作調停法原理』, 良書普及會, 1924.

小野武夫,『農民運動の現在及將來』, 日本學術普及會, 1925.

長島毅,『小作調停法講話』, 清水書店, 1925.

江口春園,『小作爭議調停解說』, 博法社, 1926.

水谷長三郎,『法廷に於ける小作爭議』, 同人社書店, 1926.

澤村康,『小作法と自作農創定法』, 弘造社, 1927.

奈良正路,『小作法案の嚴正批判』, 叢文閣, 1928.

布施辰治,『小作爭議の戰術と調停法の逆用』, 生活運動社, 1928.

布施辰治,『小作爭議にたいする法律戰術: 小作爭議をいカに鬪ひぬくか』, 淺野書店,
    1931.

田中博隆,『小作問題と法律の實際: 及附錄』, 二松堂書店, 1928.

水本信夫,『(實例手續)借地借家商事小作勞動調停法總攬』, 大同書院, 1929.

中澤辨次郎,『濱口內閣の小作立法批判』, 帝日通信社出版部, 1930.

松村勝治郎,『小作權に關する研究』, 勞動公論社, 1931.

橫尾惣三郎,『小作法案に就て』, 農村研究會, 1931.

相川春喜,『農村經濟と農業恐慌』, 岩波書店, 1933.

小林已智次,『農業法研究: 農地法の根本問題』, 有斐閣, 1937.

增田福太郎,『農業法律講義』, 養賢堂, 1938.

野間海造,『現代農政論考』, 東晃社, 1941.

小野木常,『調停法概說』, 有斐閣, 1942.

4) 정기간행물
(1) 조선
① 신문
『東亞日報』,『朝鮮日報』,『時代日報』,『中外日報』,『中央日報』,『朝鮮中央日報』,『每日
申報』,『京城日報』,『朝鮮新聞』,『釜山日報』,『南鮮日報』,『西鮮日報』,『木浦新
報』,『北鮮日報』,『大邱日報』,『朝鮮民報』,『平壤每日新聞』,『元山每日新聞』,
『鴨江日報』,『國境每日新聞』.

② 잡지
開闢社,『開闢』; 開闢社,『別乾坤』; 開闢社,『第一線』; 開闢社,『彗星』; 東光社,『東光』; 東
亞日報社,『新東亞』; 府邑面雜誌社,『府邑面雜誌』; 三千里社,『三千里』; 新民
社,『振興』; 朝鮮農民社,『農民』; 朝鮮農民社,『朝鮮農民』; 朝鮮司法協會,『司法
協會雜誌』.

(2) 일본
① 신문
『大阪每日新聞』,『大阪每日新聞 朝鮮版』,『大阪每日新聞附錄 西部每日』,『大阪朝日
新聞』,『大阪朝日新聞附錄 朝鮮朝日』,『大阪朝日新聞 朝鮮版』,『東京朝日新
聞』,『東京日日新聞』,『中外商業新報』,『時事新報』,『大阪時事新報』,『北鮮時
事新報』,『大阪新報』,『讀賣新聞』,『法律新聞』,『北海タイムス』,『福岡日日新
聞』,『新愛知』,『國民新聞』,『報知新聞』,『大正日日新聞』,『神戶新聞』,『神戶又
新日報』.

② 잡지
京都帝國大學經濟學會,『經濟論叢』; 北海道帝國大學法經會,『法經會論叢』; 日本評論
社,『法律時報』.

5) 자료집
(1) 한국
『新聞切拔: 朝鮮關係 4, 노동문제·인구·이민, 1931(4)』(서울대학교 중앙도서관).
독립운동사편찬위원회,『독립운동사자료집』14, 독립유공자사업기금운용위원회,

1978.

김봉우 편, 『(지방별기사모음) 일제하사회운동사자료집』 1~12, 한울아카데미, 1989,
1991.

민족문제연구소 편, 『帝國議會 說明資料』, 한국학술정보, 2000.

조선총독부 편, 박찬승·김민석·최은진·양지혜 공역, 『국역 조선총독부 30년사』 상·중·
하, 민속원, 2018.

(2) 일본

小早川九郎, 『朝鮮農業發達史: 資料篇』, 友邦協會, 1960.

農地制度資料集成編纂委員會, 『農地制度資料集成 4·5: 小作立法に關する資料 (上·
下)』, 御茶の水書房, 1968.

農地制度資料集成編纂委員會, 『農地制度資料集成 2: 小作爭議に關する資料』, 御茶
の水書房, 1969.

農地制度資料集成編纂委員會, 『農地制度資料集成 3: 地主及び小作人團體·小作調停
法に關する資料』, 御茶の水書房, 1969.

荻野富士夫 編, 『特高警察關係資料集成 第10~11卷: 農民運動』, 不二出版, 1992.

宮田節子 監修, 辻弘範 解說, 「未公開資料 朝鮮總督府關係者 錄音記錄(6): 朝鮮總督
府時代の農政」, 『東洋文化研究』 7, 學習院大學 東洋文化研究所, 2005.

『昭和9年度朝鮮農地令米穀統制法關係』[친일반민족행위진상규명위원회 사무처 조
사3팀, 『朝鮮農地令·米穀統制法 關係 1~2(1934): 일본 국립공문서관 츠쿠바
분관 소장 자료』, 친일반민족행위진상규명위원회, 2010].

6) 기타
(1) 한국
『광복전 판결문』(법원기록보존소 소장).

『조선고등법원판결록』(법원도서관 홈페이지).

『중추원조사자료』(국사편찬위원회 한국사데이터베이스).

국가보훈처, 『독립유공자공훈록』 15, 2003.

(2) 일본
帝國議會會議錄檢索システム(http://teikokugikai-i.ndl.go.jp).

2. 연구

1) 단행본
(1) 한국
가지무라 히데키 외, 『한국근대경제사연구』, 사계절출판사, 1983.

김건태, 『조선시대 양반가의 농업경영』, 역사비평사, 2004.

김용달, 『일제의 농업정책과 조선농회』, 혜안, 2003.

김용달, 『농민운동』, 독립기념관 한국독립운동사연구소, 2009.

김용섭, 『한국근현대농업사연구: 한말·일제하의 지주제와 농업 문제』, 지식산업사, 2000.

독립운동사편찬위원회, 『독립운동사』 10, 독립유공자사업기금운용위원회, 1978.

박섭, 『한국 근대의 농업변동: 농민경영의 성장과 농업구조의 변동』, 일조각, 1997.

이송순, 『일제하 전시 농업정책과 농촌 경제』, 선인, 2008.

이승일, 『조선총독부 법제정책: 일제의 식민통치와 조선민사령』, 역사비평사, 2008.

이우재, 『한국농민운동사연구』, 한울, 1991.

이윤갑, 『일제강점기 조선총독부의 소작정책 연구』, 지식산업사, 2013.

이준식, 『농촌사회변동과 농민운동: 일제 침략기 함경남도의 경우』, 민영사, 1993.

이호철 외, 『한국근대민족운동사』, 돌베개, 1980.

장시원 외, 『한국 근대 농촌사회와 농민운동』, 열음사, 1988.

전석담·이기수·김한주, 『일제하의 조선사회경제사』, 조선금융조합연합회, 1947.

정연태, 『식민권력과 한국 농업』, 서울대학교출판문화원, 2014.

조동걸, 『일제하한국농민운동사』, 한길사, 1979.

조동걸, 『식민지 조선의 농민운동』, 역사공간, 2010.

조성운, 『일제하 농촌사회와 농민운동: 영동 지방을 중심으로』, 혜안, 2002.

조윤선, 『조선 후기 소송연구』, 국학자료원, 2002.

주봉규·소순열, 『근대 지역농업사 연구』, 서울대학교출판부, 1998.

지수걸, 『일제하 농민조합운동 연구: 1930년대 혁명적 농민조합운동』, 역사비평사, 1993.

淺田喬二 외, 『항일농민운동연구』, 동녘, 1984.

최윤오, 『조선 후기 토지소유권의 발달과 지주제』, 혜안, 2006.

최은진, 『식민지지주제와 소작정책의 식민성』, 동북아역사재단, 2021.

하지연, 『일제하 식민지 지주제 연구: 일본인 회사지주 조선흥업주식회사 사례를 중심으로』, 혜안, 2010.

한국농촌경제연구원, 『한국 농업·농촌 100년사』 상·하, 농림부, 2003.

한국사연구회 편, 『한국근대사회와 제국주의』, 삼지원, 1985.

한국정신문화연구원, 『식민지시대 농업불황과 소작쟁의』, 한국정신문화연구원, 1990.

홍성찬, 『한국 근대 농촌사회의 변동과 지주층』, 지식산업사, 1992.

(2) 일본

勁草書房, 『講座日本近代法發達史』 7, 1959.

高崎宗四 著·이규수 譯, 『식민지 조선의 일본인들: 군인에서 상인, 그리고 게이샤까지』, 역사비평사, 2006.

堀和生·中村哲, 『日本資本主義と朝鮮·臺灣: 帝國主義下の經濟變動』, 京都大學學術出版會, 2004(호리 가즈오·나카무라 사토루 편저, 박섭·장지용 역, 『일본 자본주의와 한국·대만: 제국주의 하의 경제변동』, 전통과현대, 2007).

大內力, 『日本農業の財政學』, 東京大學出版會, 1950.

大內力, 『農業史』, 東洋經濟新報社, 1960.

大石嘉一郎, 『日本資本主義百年の步み: 安政の開國から戰後改革まで』, 東京大學出版會, 2005.

大栗行昭, 『日本地主制の展開と構造』, 御茶の水書房, 1997.

稻岡進, 『日本農民運動史: 日本農業の起源から太平洋戰爭終末まで』, 靑木書店, 1954.

島袋善弘, 『近代日本の農村社會と農地問題』, 御茶の水書房, 2013.

東畑精一·宇野弘藏 編, 『日本資本主義と農業』, 岩波書店, 1959.

木村茂光 編, 『日本農業史』, 吉川弘文館, 2010.

朴ソプ, 『1930年代朝鮮における農業と農村社會』, 未來社, 1995.

飛田雄一, 『日帝下の朝鮮農民運動』, 未來社, 1991.

西田美昭, 『近代日本農民運動史研究』, 東京大學出版會, 1997.

小倉武一, 『土地立法の史的考察』, 農業評論社, 1951.

松本武祝, 『植民地權力と朝鮮農民』, 社會評論社, 1998.

松本武祝, 『朝鮮農村の'植民地近代'經驗』, 社會評論社, 2005(윤해동 역, 『조선 농촌의 식민지 근대 경험』, 논형, 2011).

松田利彦·岡崎まゆみ 編,『植民地裁判資料の活用: 韓国法院記錄保存所所藏 日本統治期朝鮮の民事判決文資料を用いて』, 國際日本文化研究センタ-, 2015.

鹽田正洪,『朝鮮農地令について: 小作立法としての意義と制定のいきさつ』, 1959.

友邦協會,『朝鮮近代史料研究: 友邦シリーズ』 7, クレス出版, 1971.

友邦協會·朝鮮史料研究會,『朝鮮近代史料研究集成』 2, 1959.

林宥一,『近代日本農民運動史論』, 日本經濟評論社, 2000.

齋藤仁,『アジア土地政策論序說』, アジア經濟研究所, 1976.

朝尾直弘 外 編,『要說 日本歷史』, 東京創元社, 2000(아사오 나오히로 외 편, 이계황 외 역,『새로 쓴 일본사』, 창비, 2003).

中村政則,『近代日本地主制史研究』, 東京大學出判會, 1979.

倉內宗一,『地主·小作制の展開過程』, 農林統計協會, 1999.

川口由彦,『近代日本の土地法觀念: 1920年代小作立法における土地支配權と法』, 東京大學出版會, 1990.

淺田喬二,『日本帝國主義下の民族革命運動』, 未來社, 1973.

淺田喬二,『增補 日本帝國主義と舊植民地地主制: 臺灣·朝鮮·'滿洲'における日本人大土地所有の史的分析』, 龍溪書舍, 1989.

坂根嘉弘,『戰間期農地政策史研究』, 九州大學出版會, 1990.

平賀明彦,『戰前日本農業政策史の研究(1920~1945)』, 日本經濟評論社, 2003.

暉峻衆三 編,『日本の農業150年(1850~2000年)』, 有斐閣, 2003(데루오카 슈조 편, 전운성 역,『일본농업 150년사(1850~2000)』, 한울아카데미, 2004).

(3) 서양

Gordon, Andrew, *A Modern History of Japan: From Tokugawa Times to the Present*, Oxford University Press, 2002(앤드루 고든 저, 김우영 역,『현대일본의 역사』, 이산, 2005).

Jansen, Marius B., *The Making of Modern Japan*, Havard University Press, 2000(마리우스 B. 잰슨 저, 김우영 외 역,『현대일본을 찾아서』 1~2, 이산, 2006).

Shin, Gi-Wook, *Peasant Protest & Social Change in Colonial Korea*, University of Washington Press, 1996.

Shin, Gi-Wook, Michael Robinson, eds., *Colonial Modernity in Korea*, Harvard University Asia Center, 1999(신기욱·마이클 로빈슨 편, 도면회 역,『한국의 식민지 근대성: 내재적 발전론과 식민지 근대화론을 넘어서』, 삼인, 2006).

Waswo, Ann, *Japanese Landlords: The Decline of a Rural Elite*, Unv. of California Press, 1977.

2) 학위논문
(1) 한국
강훈덕, 「일제하 농민운동의 一研究: 소작쟁의를 중심으로」, 경희대 대학원 박사논문, 1989.

기유정, 「일본인 식민사회의 정치활동과 '조선주의'에 관한 연구: 1936년 이전을 중심으로」, 서울대 대학원 박사논문, 2011.

김선미, 「1930년대 농업정책과 조선 농업의 전개: 공황하의 미곡정책을 중심으로」, 부산대 대학원 석사논문, 1988.

김인수, 「일제하 조선의 농정 입법과 통계에 대한 지식국가론적 해석: 제국 지식체계의 이식과 변용을 중심으로」, 서울대 대학원 박사논문, 2013.

백대영, 「일제강점기의 소작쟁의에 관한 연구」, 국민대 대학원 박사논문, 1996.

양영환, 「1930년대 조선총독부의 농촌진흥운동」, 숭실대 대학원 석사논문, 1988.

엄기섭, 「일제하 소작·노동쟁의의 전개 과정에 관한 연구」, 동국대 대학원 박사논문, 1981.

이경희, 「1930년대 소작쟁의 연구: 조선농지령과의 연관성을 중심으로」, 충남대 대학원 석사논문, 1991.

이송순, 「일제 말기 전시 농업통제정책과 조선 농촌경제 변화」, 고려대 대학원 박사논문, 2003.

이승일, 「조선총독부의 법제정책에 대한 연구: 조선민사령 제11조 '관습'의 성문법화를 중심으로」, 한양대 대학원 박사논문, 2003.

이준식, 「일제 침략기 농민운동의 이념과 조직: 함경남도 평지대의 경우」, 연세대 대학원 박사논문, 1991.

이태훈, 「일제하 친일정치운동 연구: 자치·참정권 청원운동을 중심으로」, 연세대 대학원 박사논문, 2010.

장시원, 「일제하 대지주의 존재 형태에 관한 연구」, 서울대 대학원 박사논문, 1989.

전영욱, 「寺內正毅의 총독정치와 제27회 제국의회의 논의: 제령권과 재조일본인의 법적 지위를 중심으로」, 서울시립대 대학원 석사논문, 2010.

전희진, 「식민지시기 소작쟁의와 농업정책의 변화」, 연세대 대학원 석사논문, 2000.

정문종, 「1930년대 조선에서의 농업정책에 관한 연구: 농가경제안정화정책을 중심으로」, 서울대 대학원 박사논문, 1993.

정연태, 「일제의 한국 농지정책(1905~1945년)」, 서울대 대학원 박사논문, 1994.

정충실, 「1933~1937년의 농촌진흥운동에서 농가갱생계획의 성격」, 서울대 대학원 석
　　사논문, 2007.

조성운, 「일제하 영동지방 농민운동 연구」, 동국대 대학원 박사논문, 1998.

지수걸, 「1932~35년간의 조선농촌진흥운동: 운동의 체제안정화정책적 측면에 대한
　　연구」, 고려대 대학원 석사논문, 1982.

최석규, 「식민지시대 '마름'에 관한 一研究: 소작쟁의 및 사건 기사를 중심으로」, 인하
　　대 대학원 석사논문, 1993.

최은진, 「群山米의 대일 수출구조: 개항(1899년)~1910년대를 중심으로」, 한양대 대학
　　원 석사논문, 2010.

최은진, 「1930년대 조선농지령의 제정 과정과 시행 결과」, 한양대 대학원 박사논문,
　　2020.

(2) 일본

朴ソプ, 「1930年代朝鮮における農業と農村社會」, 京都大學 大學院 博士論文, 1992.

裵民植, 「植民地期朝鮮における農業政策の展開過程: 1930年代農業恐慌期を中心と
　　して」, 東京大學 大學院 博士論文, 1994.

韓相仁, 「1930年代植民地期朝鮮農村の再編成」, 東京大學 大學院 博士論文, 1992.

3) 학술지논문
(1) 한국

권철호, 「'조선농지령'과 1930년대 농촌 소설의 전개」, 『한국현대문학회 학술발표회자
　　료집』, 한국현대문학회, 2014.

김건태, 「조선 후기 지주제하 농민층 동향」, 『경제사학』 22, 경제사학회, 1997.

김기혁, 「조선 후기 소작 형태의 지역적 차이에 관한 연구」, 『한국지역지리학회지』 2-2,
　　한국지역지리학회, 1996.

김동노, 「일제시대 식민지 근대화와 농민운동의 전환」, 『한국사회학』 41-1, 한국사회
　　학회, 2007.

김동노, 「반농반노: 일제시대 농민운동의 근대적 전환과 노동운동의 형성」, 『현상과
　　인식』 103, 한국인문사회과학회, 2007.

김병선, 「일본 메이지민법(물권편: 地上權/永小作權)의 입법이유」, 『민사법학』 60, 한국민사법학회, 2012.

김석연, 「Japan's Farm Tenancy Conciliation Law of 1924: Ishiguro Tadaatsu and His Statist Agrarianism」, 『일본연구논총』 32, 현대일본학회, 2010.

김용달, 「不二西鮮農場 소작쟁의 조사보고」, 『한국근현대사연구』 25, 한국근현대사학회, 2003.

김용달, 「일제의 농업정책과 농민운동」, 『동양학』 41, 단국대 동양학연구소, 2007.

김용덕, 「大正期 소작조정법의 제정과 그 성격」, 『아세아연구』 76, 고려대 아세아문제연구소, 1986.

김용섭, 「일제 강점기의 농업문제와 그 타개방안」, 『동방학지』 73, 연세대 국학연구원, 1991.

김위상, 「근대적 경제개발과 농업의 잉여축적: 일본·한국·대만의 비교연구」, 『협동조합경영연구』 1-14, 농협대 협동조합경영연구소, 1993.

김인수, 「식민지 지식국가론: 1930년대 '조선사회성격논쟁'에 대한 재고」, 『한국사회학회 2012 후기 사회학대회 논문집』, 한국사회학회, 2012.

김인수, 「범주와 정치: 식민지 조선에서 소작관행조사의 사회적 결과」, 『일본역사연구』 38, 일본사학회, 2013.

김인수, 「일제하 이훈구의 토지이용조사의 정치적 의미」, 『사회와 역사』 107, 한국사회사학회, 2015.

김인수, 「식민지 조선에서의 '소작' 개념의 정치」, 『석당논총』 67, 동아대 석당학술원, 2017.

김종식, 「1910년대 식민지 조선 관련 일본 국내 정치 논의의 한 양상: 제국의회의 식민지 조선 제령 입법 과정을 중심으로」, 『한일관계사연구』 38, 한일관계사학회, 2011.

남기현, 「일본과 식민지 조선에서 성립된 토지소유권의 성격 검토」, 『개념과 소통』 27, 한림과학원, 2021.

박섭, 「식민지 후기의 지주제」, 『경제사학』 18, 경제사학회, 1994.

박진숙, 「1930년대 농촌진흥운동과 농민소설의 텍스트화 양상」, 『동아시아문화연구』 52, 한양대 동아시아문화연구소, 2012.

박찬승, 「1924년 암태도 소작쟁의의 전개 과정」, 『한국근현대사연구』 54, 한국근현대사학회, 2010.

배항섭, 「조선 후기 토지소유구조 및 매매관습에 대한 비교사적 검토」, 『한국사연구』 49, 한국사연구회, 2010.

서승갑, 「소작조정령·자작농창정 이후의 농촌실태 연구」, 『국사관논총』 58, 국사편찬 위원회, 1994.

소순열, 「식민지 조선에서의 지주·소작관계의 구조와 전개」, 『농업사연구』 4-2, 한국농 업사학회, 2005.

소순열, 「1920~30년대 농민운동의 성격 변화: 전북 지역을 중심으로」, 『지역사회연구』 15-2, 한국지역사회학회, 2007.

松本武祝, 「조선의 '식민지 근대'에 관한 최근의 논의에 대해서: 일본의 문맥에서」, 『동 방학지』 147, 연세대 국학연구원, 2009.

신기욱, 「1930년대 농촌사회 변화와 갈등: 그 기원과 유산」, 『동방학지』 82, 연세대 국 학연구원, 1993.

신용하, 「조선노동공제회의 창립과 노동운동」, 『사회와 역사』 3, 한국사회사학회, 1986.

여박동, 「근대 일본의 국민생활상태와 생활보호 시설에 관한 연구: 특히 1910~20년대 를 중심으로」, 『일본학지』 9, 계명대학교 국제학연구소 일본연구실, 1989.

이규수, 「일본 제국의회의 성립, 전개와 관계법령」, 『한국일본학회 학술대회』 8, 한국일 본학회, 2013.

이송순, 「전시기 조선의 지주권 약화와 지주경제의 실태」, 『한국사학보』 14, 고려사학 회, 2003.

이송순, 「1930년대 식민농정과 조선 농촌사회 변화」, 『현대문학의 연구』 25, 한국문학 연구학회, 2005.

이승일, 「조선총독부 공문서를 통해 본 식민지배의 양상: 조선총독의 제령의 제정을 둘러싼 갈등을 중심으로」, 『사회와 역사』 71, 한국사회사학회, 2006.

이승일, 「민사관결문을 통해 본 근대 한국의 도지권 분쟁과 처리: 평안도·황해도 지역 의 분쟁을 중심으로」, 『역사와 현실』 89, 한국역사연구회, 2013.

이윤갑, 「일제 강점 전반기(1910~1931년)의 조선총독부의 소작정책」, 『계명사학』 15, 계명사학회, 2004.

이윤갑, 「우가키 가즈시게 총독의 시국인식과 농촌진흥운동의 변화」, 『대구사학』 87, 대구사학회, 2007.

이윤갑, 「농촌진흥운동기(1932~1940)의 조선총독부의 소작정책」, 『대구사학』 91, 대구 사학회, 2008.

이헌창,「조선시대 경지소유권의 성장」,『경제사학』58, 경제사학회, 2015.

이형식,「조선총독의 권한과 지위에 대한 시론」,『사총』72, 고려대 역사연구소, 2011.

이형식,「1910년대 일본 제국의회 중의원과 조선통치」,『사총』82, 고려대 역사연구소, 2014.

전영욱,「한국병합 직후 일본 육군 및 제국의회의 '제국통합' 인식과 그 충돌의 의미: 제27회 제국의회의 제령권과 재조일본인 논의를 중심으로」,『아세아연구』57-2, 고려대 아세아문제연구소, 2014.

전희진,「식민지시기 소작쟁의와 농업정책의 변화」,『사회발전연구』6, 연세대 사회발전연구소, 2000.

정연태,「1930년대 '조선농지령'과 일제의 농촌통제」,『역사와 현실』4, 한국역사연구회, 1990.

정용상·송순근,「토지소유권의 역사적 변천과 외국의 토지규제입법의 비교법적 고찰: 영국, 불란서, 독일, 자유중국, 일본을 중심으로」,『외대논총』9, 부산외국어대, 1991.

지수걸,「1932~35년간의 조선농촌진흥운동: 식민지 '체제유지정책'으로서의 기능에 관하여」,『한국사연구』46, 한국사연구회, 1984.

지수걸,「조선농민사의 단체성격에 관한 연구: 천도교청년당과의 관계를 중심으로」,『역사학보』106, 역사학회, 1985.

지수걸,「1930년대 전반기 조선인 대지주층의 정치적 동향」,『역사학보』122, 역사학회, 1989.

지수걸,「일제의 군국주의 파시즘과 '조선농촌진흥운동'」,『역사비평』47, 역사비평사, 1999.

최윤오,「조선 후기 사회경제사 연구와 근대: 지주제와 소농경제를 중심으로」,『역사와 현실』45, 한국역사연구회, 2002.

최은진,「群山米의 대일 수출구조: 개항(1899년)~1910년대를 중심으로」,『역사와 현실』81, 한국역사연구회, 2011.

최은진,「일제하 조선고등법원 판례를 통해 본 소작 문제」,『한국독립운동사연구』59, 독립기념관 한국독립운동사연구소, 2017.

최은진,「1930년대 조선총독부의 조선농지령 입안과 일본 정부의 심의·의결 과정」,『한국근현대사연구』88, 한국근현대사학회, 2019.

최은진,「1920~1930년대 초 일본 정부의 소작입법 과정」,『동북아역사논총』69, 동북아역사재단, 2020.

최은진, 「1930년대 중반 조선농지령 시행 이후의 소작쟁의」, 『한국사연구』 189, 한국사
연구회, 2020.

최은진, 「1920~1930년대 중반 소작입법을 둘러싼 식민지 조선과 일본 사회의 대응과
인식」, 『한국근현대사연구』 96, 한국근현대사학회, 2021.

최은진, 「1920년대 후반 전북 옥구 이엽사농장 소작쟁의의 전개 과정과 성격」, 『사학연
구』 142, 한국사학회, 2021.

최은진, 「1930년대 조선소작조정령의 제정과 시행의 한계」, 『역사문제연구』 45, 역사문
제연구소, 2021.

최은진, 「일본과 식민지 조선의 지주제와 소작문제 비교」, 『한국근현대사연구』 99, 한
국근현대사학회, 2021.

최은진, 「1930년대 장흥의 전남운동협의회 관련 활동과 지역사회」, 『사학연구』 148, 한
국사학회, 2022.

최은진, 「일제하 토지 투자 열풍: 일본인 지주·자본가의 한국 토지 매입 전략과 수익」,
『역사비평』 139, 역사문제연구소, 2022.

하지연, 「일제하 일본인 지주회사의 농장 관리 조직을 통해 본 식민지 지주제의 성격」,
『한국문화연구』 28, 이화여대 한국문화연구원, 2015.

한상인, 「식민지하 '조선농지령'에 있어서 제문제」, 『영남경상논총』 10, 영남경상학회,
1992.

한승연, 「제령을 통해 본 총독정치의 목표와 조선총독의 행정적 권한 연구」, 『정부학연
구』 15-2, 나남출판, 2009.

홍성찬, 「일제하 기업가적 농장형 지주제의 존재 형태」, 『경제사학』 10, 경제사학회,
1986.

(2) 일본

戒能民江, 「小作調停法と農民組合運動: 宮城縣仙北平野小作調停事例分析を手が
かりに」, 『早稻田法學會誌』 23, 早稻田大學法學會, 1973.

菅野正, 「小作爭議の研究(上): 獨占資本主義展開期の村落構造」, 『福島大學敎育學部
論集』 18-1, 福島大學敎育學部, 1966.

宮田節子, 「1930年代日帝下朝鮮における'農村振興運動'の展開」, 『歷史學研究』 297,
歷史學研究會, 1965.

宮田節子,「'朝鮮農地令': その虚像と實像」,『季刊現代史』5, 現代史の會, 1974.

朴ソプ,「植民地朝鮮における小作關係政策の展開: '朝鮮農地令'を中心として」,『日本史研究』353, 日本史研究會, 1992.

富田晶子,「準戰時下朝鮮の農村振興運動」,『歷史評論』377, 校倉書房, 1981.

富田晶子,「農村振興運動下の中堅人物の養成: 準戰時體制期を中心に」,『朝鮮史研究會論文集』18, 朝鮮史研究會, 1981.

小林巳智次,「二つの北海道小作法草按竝に理由書」,『法經會論叢』8, 北海道帝國大學法經會, 1940.

蘇淳烈,「1930年代朝鮮における小作立法と小作爭議: 全北地域の事例分析」,『農林業問題研究』110, 地域農林經濟學會, 1993.

林宥一,「初期小作爭議の展開と大正期農村政治狀況の一考察」,『歷史學研究』442, 歷史學研究會, 1977.

庄司俊作,「昭和恐慌期の小作爭議狀況」,『社會科學』30, 同志社大學人文科學研究所, 1982.

齋藤仁,「日本農政の史的構造」,『思想』497, 岩波書店, 1965.

田中學,「1920年代の小作爭議と土地政策 (I)」,『經濟學季報』18-1, 立正大學經濟學會, 1968.

田中學,「1920年代の小作爭議と土地政策 (II)」,『經濟學季報』18-2, 立正大學經濟學會, 1968.

川口由彦,「小作調停法の法イデオロギー」,『法社會學』44, 日本法社會學會, 1992.

坂根嘉弘,「協調體制の歷史的意義: 後退期地主制下における農村支配の一形態」,『日本史研究』224, 日本史研究會, 1981.

坂根嘉弘,「小作調停法體制の歷史的意義: 後退期地主制下における農村支配體制の一形態」,『日本史研究』233, 日本史研究會, 1982.

坂根嘉弘,「小作調停法運用過程の分析: 滋賀縣の事例を中心として」,『農業經濟研究』55-4, 農業經濟學會, 1984.

八木謙一郎,「小作爭議と小作調停における地主團体の動向: 大正末~昭和初期の山梨縣を事例に」,『駒澤大學大學院史學論集』42, 駒澤大學大學院史學會, 2012.

平賀明彦,「1920年代農政官僚の政策構想」,『白梅學園短期大學紀要』38, 白梅學園短期大學, 2002.

平賀明彦,「1920年代後半の農業政策: 地方小作官制度と小作法草案」,『白梅學園短

　　期大學紀要』39, 白梅學園短期大學, 2003.

河田嗣郎,「小作制と小作法 (5)」,『經濟論叢』14-6, 京都帝國大學經濟學會, 1922.

찾아보기
—인명—

찾아보기
― 기관·단체 ―